台湾史研究的传承与创新

中国社会科学院台湾史研究中心
二十周年论文选集

中国社会科学院台湾史研究中心　主编
中国社会科学院近代史研究所台湾史研究室　编

九州出版社｜全国百佳图书出版单位
JIUZHOUPRESS

图书在版编目（CIP）数据

台湾史研究的传承与创新 ： 中国社会科学院台湾史
研究中心二十周年论文选集 / 中国社会科学院台湾史研
究中心主编 ； 中国社会科学院近代史研究所台湾史研究
室编. -- 北京 ： 九州出版社，2023.7
　　ISBN 978-7-5225-1966-1

　　Ⅰ. ①台… Ⅱ. ①中… ②中… Ⅲ. ①台湾－地方史
－文集 Ⅳ. ①K295.8-53

中国国家版本馆CIP数据核字(2023)第134192号

**台湾史研究的传承与创新：中国社会科学院台湾史研究中心
二十周年论文选集**

作　　者	中国社会科学院台湾史研究中心　主编
	中国社会科学院近代史研究所台湾史研究室　编
责任编辑	黄瑞丽
出版发行	九州出版社
地　　址	北京市西城区阜外大街甲 35 号（100037）
发行电话	(010)68992190/3/5/6
网　　址	www.jiuzhoupress.com
电子信箱	jiuzhou@jiuzhoupress.com
印　　刷	北京盛通印刷股份有限公司
开　　本	710 毫米 ×1000 毫米　16 开
印　　张	33.75
字　　数	536 千字
版　　次	2023 年 8 月第 1 版
印　　次	2023 年 8 月第 1 次印刷
书　　号	ISBN 978-7-5225-1966-1
定　　价	158.00 元

序：建设台湾史学科，为正确阐明台湾历史而努力
——纪念中国社会科学院台湾史研究中心成立20周年

　　2002年4月，中国社会科学院批准在近代史研究所成立台湾史研究室。同年9月，中国社会科学院台湾史研究中心成立。到今年，已经满了20周年。为此，近代史研究所台湾史研究室收集本室学者文章，编成一本纪念文集，作为对台湾史研究室和中国社会科学院台湾史研究中心的纪念。李细珠研究员作为台湾史研究室主任兼台湾史研究中心秘书长提议我写几句话。我作为台湾史研究室首任主任（兼）和台湾史研究中心主任，没有理由推辞，爰以命笔。

　　台湾是中国领土不可分割的一部分。中国历史文献很早就有关于台湾的记载，毫无疑问，台湾历史是中国历史不可分割的一部分。台湾在1684年成为福建省的台湾府，在1885年升格为台湾省。1894年日本发动侵略战争，迫使战败的清政府于翌年4月签订了《马关条约》，强行霸占台湾和澎湖列岛。1945年10月，同盟国中国战区台湾省受降仪式在台北举行，台湾及澎湖列岛正式重入中国版图。1949年，国民党退据台湾，此后，一些国际势力始终利用台湾问题，鼓吹并支持"一中一台""两个中国"，支持"台独"势力，"以独制台""以台制华"，试图遏制中华民族复兴的伟业，遏制中国在世界上的和平崛起。1990年，中国国民党主席李登辉上台，1994年后露出"台独"倾向，喊出"中华民国在台湾"口号，提出"两国论"。2000年，民进党上台后，"台独"势力更加猖獗。

　　台湾作为中国的一个省在中国历史上的这个特点，是中国领土上任何一个省都不能比拟的。

一、台湾史研究室和台湾史研究中心的成立

2001 年，中共中央政治局委员、中国社会科学院院长李铁映提出了开展台湾史研究的任务，中国社会科学院副院长朱佳木组织院内相关研究所和职能部门负责人就如何落实李铁映院长提出的任务进行了研究。经过半年多的商讨，形成的简报发给了中央有关部门。简报指出，台湾史研究不是为学术而学术，而是为现实需要服务的，是服从于党和国家的对台工作方针的。鉴于台湾历史的主要问题在于近代，故中央有关部门决定在近代史研究所成立台湾史研究室，组织研究人员开展台湾史研究。

2002 年 4 月，近代史研究所成立台湾史研究室，以所长张海鹏兼任研究室主任。在研究室成立大会上，朱佳木副院长代表李铁映院长对近代史所成立台湾史研究室表示祝贺。朱佳木指出，在我院开展台湾史研究，是李铁映院长提出的关系到我院为祖国统一大业做出贡献的具有现实意义和战略意义的重大课题。李铁映同志自 2001 年 5 月以来，多次提出社科院要开展台湾史研究，要成立台湾史课题组和研究中心；研究中心要建立资料库，使之成为台湾史研究的资料中心、文献中心和信息中心；要吸收全国研究台湾史的专家学者，组织全国性的学术活动，并就台湾史研究问题与国内外学者展开学术交流；台湾史研究要加快，可以"先搞简编，以简带全"。朱佳木进一步指出，根据李铁映院长的指示，院科研局、外事局、近代史所、历史所、台湾所、当代所、地方志办公室等有关部门的领导同志专门召开会议，研究在我院开展台湾史研究的相关问题。随后，又成立了由近代史所、科研局、人事局领导同志组成的台湾史研究课题筹备小组。经过各有关部门，尤其是近代史所党委、所领导和科研人员近一年的努力，台湾史研究室终于成立了。这是在我院开展台湾史研究的一个实质性进展，是近代史所和台湾史学界的一件大事。

2002 年 9 月，中国社会科学院台湾史研究中心成立。中共中央政治局委员、中国社会科学院院长李铁映在贺信中指出："推动台湾历史研究，不仅对于完善中国历史学的学科体系具有重要的学术意义，而且对于维护祖国统一具有深远的战略意义。"中共中央政治局委员、国务院副总理钱其琛在贺信中指出："台湾史是中国历史的重要组成部分。开展台湾史研究，对于我们深入了解台湾的

历史和现状，展望台湾的未来，扩大两岸史学界交流，推进祖国统一进程，都具有十分重要的意义。"国台办副主任王在希代表中央台办、国台办及陈云林主任致辞："不知历史，难知现实，更难知未来。台湾历史是中国历史的一个组成部分，而且是一个重要部分，它的发展过程和事实是十分清楚的。当前，台湾分裂势力企图从历史文化领域入手，模糊台湾与祖国大陆源远流长的血脉联系，抹杀台湾历史与中国历史不可分割的关系，以达到淡化台湾民众中华民族意识，最终将台湾从祖国大陆分割出去的政治目的。歪曲、篡改台湾历史，是当前'台独'分裂势力推动'渐进式台独'的重要手段之一。开展台湾史研究，不仅有利于我们了解台湾问题的历史和现状，也有利于我们当前展开对'台独'分裂势力的斗争。因此，这是一项具有重要意义的工作。"中国社会科学院常务副院长王洛林在讲话中指出："台湾史研究中心是中国社会科学院一个非营利、非实体的研究机构。无论从哪个角度说，中国社会科学院都应该大力支持台湾史研究，支持台湾史研究中心的工作，要经常给予关心和帮助。希望你们利用中国社会科学院在学术上的整体优势，团结全国有志于台湾历史研究的学者，协调好课题研究的关系，发挥大家的力量，经常召开各种形式的学术讨论会，集体攻关，努力解决好台湾历史研究中的难点问题，完成好多卷本《台湾通史》的写作任务。同时也要组织好与台湾学者的对话，与外国学者的讨论，在台湾历史研究中做好学术交流工作。"

中国社会科学院副院长兼台湾史研究中心理事会理事长朱佳木在讲话中指出，社科院台湾史研究中心的成立，不仅对加强台湾史研究具有重要学术意义，而且对反对"台独"势力、促进祖国统一大业具有重要的政治意义。据了解，台湾史研究中心成立后，将主要承担协调、组织社科院和国内有关单位的台湾史研究，加强与台湾、香港、澳门地区学者和国外学者的合作，推动台湾史学科建设，为祖国统一和学术进步服务等职责，努力成为党中央、国务院对台工作部门咨询有关台湾历史问题的权威机构，并争取尽快编撰完成一部多卷本的《台湾通史》。①

时任中共中央台湾工作办公室、国务院台湾事务办公室主任陈云林等、国家

① 李铁映、钱其琛的贺信，王在希、王洛林、朱佳木的讲话，参见《中国社会科学院台湾史研究中心通讯》（成立大会专号），2002年9月28日，第3—13页。

安全部负责人以及中国社会科学院常务副院长王洛林、副院长朱佳木等出席了成立仪式。台湾史研究中心成立理事会，以朱佳木为理事长，茅家琦、陈孔立、张海鹏为副理事长，以张海鹏为研究中心主任。

建立台湾史研究室，在近代史研究所内增加了一个研究台湾史的实体；成立中国社会科学院台湾史研究中心，则搭建了一个推动台湾史研究的重要的学术平台。

二、在社科院建立台湾史学科

在中国社会科学院，与哲学社会科学有关的二级学科有数百个，但在中国历史学科下，没有台湾史学科。台湾史作为一个学科，哪怕是二级学科，在中国大陆也是很弱的。刘大年、丁名楠、余绳武著的《台湾历史概述》于1956年出版后，近代史所就没有新的台湾史著作问世。社科院历史研究所、近代史研究所的个别学者虽然发表过台湾史研究的学术论文，但数量少得可怜。

在中国大陆，较早开展台湾史研究的是厦门大学。1979年中美建交，全国人大常委会发表《告台湾同胞书》以后，厦门大学成立了台湾研究所。1982年，厦门大学台湾研究所所长陈碧笙出版了《台湾地方史》。随后，在中国史学会的支持下，厦门大学台湾研究所所长陈孔立主编的《台湾历史纲要》，于1996年出版。在台湾地区，中国史研究本来是主体，但是李登辉上台后，岛内的研究机构和大学逐渐转向台湾史研究，台湾史逐渐成为显学。随着"台独"势力的扩张，所谓"外来政权"说、"福尔摩萨"说、"台湾从来是国家"说、"日本有功于台湾"说等，成为台湾地区某些政界人物的口头禅。因此，加强台湾史研究，正确阐明台湾历史的真实面貌，对于批判"台独"理论、反对"台独"势力，都是极有必要的。

近代史研究所台湾史研究室成立之初，只有5名研究人员。我卸任台湾史研究室主任以后，王键、李细珠先后任主任。考虑到现有的台湾史研究主要集中在清代，日本殖民统治时期的研究比较欠缺，光复以后以及1949年以后的台湾历史研究更是远远不够。在台湾地区，研究1949年以后的台湾历史，基本上是禁区。有鉴于此，我在安排台湾史研究室的研究计划时，把研究重点放在了日本殖民统治时期及其以后，台湾史研究室成立20年来的研究成果，大体上体现了这些方面。为集中呈现台湾史研究室的研究成果，我们组织了中国社会科学

院台湾史研究中心丛刊编辑委员会，在凤凰传媒集团凤凰出版社推出了若干种研究著作。（见表1）

表1 中国社会科学院台湾史研究中心丛刊书目

作者	书名	卷数	字数（万）	出版时间
王键	日据时期台湾米糖经济史研究	1	57.6	2010 年 1 月
张海鹏、陶文钊主编	台湾简史	1	33.8	2010 年 10 月
杜继东	美国对台湾地区援助研究（1950—1965）	1	27.4	2011 年 10 月
张海鹏、陶文钊主编	台湾史稿	2	108	2012 年 12 月
李理	日本殖民统治时期台湾警察制度研究	1	25.6	2013 年 5 月
冯琳	中国国民党在台改造研究（1950—1952）	1	36.4	2013 年 10 月
程朝云	战后台湾农会研究（1945—1975）	1	33.7	2014 年 7 月

表2 台湾史研究室学者其他书目

作者	书名	卷数	字数（万）	出版时间	出版社
褚静涛	二二八事件实录	2		2007 年 6 月	（台北）海峡学术出版社
褚静涛	台海冲突与交流	1		2007 年 7 月	（台北）海峡学术出版社
李理	日据台湾时期警察制度研究	1	25.6	2007 年 12 月	（台北）海峡学术出版社
王键	战后日台经济关系的演变轨迹	1	56	2009 年 3 月	台海出版社
李理	另一个视角看台湾史	1		2009 年 7 月	（台北）海峡学术出版社
王键	日本殖民统治时期台湾总督府经济政策研究（1895—1945）	2	99.7	2009 年 8 月	社会科学文献出版社
李理	教育改造与改造教育——教育部审定高中台湾史课程纲要及教科书研究	1		2010 年 2 月	（台北）海峡学术出版社
张海鹏	书生议政：中国近现代史学者看台湾的历史与现实	1		2010 年 8 月	（台北）海峡学术出版社
张海鹏	书生议政：中国近现代史学者看台湾的历史与现实	1	36	2011 年 1 月	九州出版社

续表

褚静涛	二二八事件研究	2		2011 年 7 月	（台北）海峡学术出版社
褚静涛	二二八事件研究	1	63.4	2012 年 3 月	社会科学文献出版社
程朝云	台湾史话	1	11.1	2012 年 6 月	社会科学文献出版社
褚静涛	中日钓鱼岛争端研究	2	45	2013 年 5 月	（台北）海峡学术出版社
李理、赵国辉	日本各界人士对日本"尖阁列岛"主张的反驳	1	15	2013 年 5 月	（台北）海峡学术出版社
李理	日本馆藏钓鱼岛文献考纂（1885—1895）	1	15	2013 年 5 月	（台北）海峡学术出版社
李理	近代日本对钓鱼岛的非法调查及窃取	1	33.4	2013 年 6 月	社会科学文献出版社
褚静涛	国民政府收复台湾研究	1	55	2013 年 7 月	中华书局
王键	战后美日台关系史研究（1895—1945）	1	26.6	2013 年 12 月	九州出版社
汪小平	美国对台政策的起源与演变（1941—1960）	1	21.3	2014 年 4 月	社会科学文献出版社
李理	日本吞并琉球与出兵侵台关系探析	2	30	2014 年	（新北）花木兰文化事业有限公司
Zhang Haipeng &Tao Wenzhao 王之光、陶正桔译	*A History of Taiwan-From Prehistory to The Present*	1	30	2014 年 10 月	Foreign Languages Press
张海鹏、李细珠主编	当代中国台湾史研究	1	52	2015 年 12 月	中国社会科学出版社
李细珠主编	中国大陆台湾史书目提要	1	53.6	2015 年 12 月	中国社会科学出版社
张海鹏主编	台湾光复史料汇编	6		2017 年 4 月	重庆出版社
冯琳	走向"同盟"：台美接近中的分歧与冲突（1949—1958）	2		2021 年 3 月	（新北）花木兰文化事业有限公司
冯琳	台美分歧研究（1949—1958）	1	41.9	2021 年 7 月	社会科学文献出版社
李理	日据台湾时期鸦片问题研究	1		2021 年 9 月	（新北）花木兰文化事业有限公司

表 3　台湾史研究中心编辑出版会议论文集及学术集刊目录

书名	卷数	字数	出版时间	出版社
割让与回归：台湾光复六十周年暨海峡两岸关系学术研讨会论文集	1	50	2008 年 8 月	台海出版社
林献堂、蒋渭水与台湾历史人物及其时代学术研讨会论文集	2	71.7	2009 年 7 月	台海出版社
日据时期台湾殖民地史学术研讨会论文集	1	65	2010 年 11 月	九州出版社
台湾光复六十五周年暨抗战史实学术研讨会论文集	1	105.9	2012 年 11 月	九州出版社
台湾历史研究（第 1 辑）	1	42.8	2013 年 12 月	社会科学文献出版社
台湾历史研究（第 2 辑）	1	44.5	2014 年 12 月	社会科学文献出版社
清代台湾史研究的新进展：纪念康熙统一台湾 330 周年国际学术讨论会论文集	1	67.4	2015 年 7 月	九州出版社
台湾历史研究（第 3 辑）	1	30.7	2016 年 3 月	社会科学文献出版社
台湾历史研究（第 4 辑）	1	31.3	2016 年 11 月	社会科学文献出版社
近代台湾史研究的新进展：纪念抗战胜利与台湾光复 70 周年国际学术研讨会论文集	2	93.2	2019 年 5 月	社会科学文献出版社
中国近代史学科体系的理论建构与学术反思：庆贺张海鹏先生八十华诞暨史学研究 55 周年	2	100.8	2020 年 8 月	社会科学文献出版社

　　这里，要把我们编写《台湾史稿》强调一下。当年李铁映院长提出要编写台湾通史，这个任务很重要，经过五六年的准备，台湾史研究室才于 2007 年开始组织研究室学者集中精力撰写此书。恰逢此时，陈水扁发表元旦讲话，强调"台湾主体性"，称台湾"绝对不是中国一部分"，未来将继续"坚持台湾主体意识"。[1]2008 年陈水扁下台后，代表中国国民党的马英九上台。马英九上台后，提出中华民族和平共荣的目标，愿意在"九二共识"的基础上恢复协商，放弃了以"台独"诉求主导两岸经贸关系的理念；在大陆主动采取推动两岸经贸交流举措的引导下，推行务实开放的两岸经贸发展政策；开放大陆民众赴台旅游，积极推动两岸直接"三通"，逐步实现两岸经贸关系的正常化。这是我们编写

---

　　① 　（香港）中国评论网，2007 年 1 月 1 日。

《台湾史稿》的历史背景。

我们编写《台湾史稿》的学术目的，是要在新的历史背景下搭建台湾通史的框架，确立在一个中国立场上的台湾通史，阐明中国学者对台湾历史的全盘看法。在《台湾史稿》出版前，我们先推出了《台湾简史》。《台湾简史》出版后，外文出版社推出了英文译本，在国际图书界抢占台湾史的学术高地。

《台湾史稿》采取了详今略古的写法。全书分成二十章，上卷为台湾的古代与近代，分成九章，第一章为台湾的早期开发以及荷兰人对台湾的侵占；第二章为郑成功收复台湾后，对台湾的开发与经营；第三章至第五章为清代时期的台湾，具体包括康熙统一台湾、台湾建省以及日本占领台湾和台湾人民的反抗；第六章至第八章为日本殖民统治时期的台湾，包括日本建立台湾的统治体制、日本殖民统治时期台湾的经济和文化教育；第九章为台湾光复与中国政府对台湾主权的重建。下卷为台湾的现代，共分为十一章，第十章是国民党改造与蒋介石主政时代的政治；第十一章是蒋介石主政时代的经济与社会；第十二章是蒋经国主政时代；第十三章是台湾经济的起飞与调整；第十四章是台湾社会结构的变化；第十五章是台湾地区与美国、日本的关系；第十六章是李登辉主政时代——"台独"势力的形成和发展；第十七章是陈水扁主政时代——民进党"执政"与"台独"危机；第十八章是 20 世纪 80 年代后海峡两岸关系的演变与发展；第十九章是光复以后的台湾教育与文化；第二十章是国民党重新"执政"，两岸关系走向和平发展的新阶段。

《台湾史稿》简略地勾勒了台湾的考古时期和台湾早期的历史，重点阐述了清代以后的历史，下限至 2010 年，海协会、海基会在重庆签署了《海峡两岸经济合作框架协议》（英文简称"ECFA"），标志着海峡两岸已经到了积极发展的时期。该书叙述了自古代以来的台湾历史，是大陆出版的最大的一部台湾通史，也是海峡两岸出版的台湾历史延续到 2010 年的唯一专著。① 这是台湾的台湾史叙述不可能达到的高度，也是大陆地区的台湾史著述中无人企及的。该书从理论高度和历史事实两个角度，有力驳斥了"台湾自古就是一个国家""台湾历史四百年""日本殖民统治有利于台湾的现代化"之类的"台独"谬论，提出从大

---

① 2020 年 11 月，福建人民出版社出版了闽南师范大学组织、陈支平主编的六卷本《台湾通史》，近 200 万字，字数超过了《台湾史稿》，但下限只写到陈水扁"执政"，马英九上台只是虚写。

中国历史的视角探究台湾历史的学术主张，对台湾史学界近年来以"台独"理念为指导的、脱离中国历史的、片面强调"台湾主体性"的错误研究方向进行了批驳。

《台湾史稿》出版后，我在回答媒体询问时指出，20 世纪 50 年代至 80 年代，台湾学者研究台湾历史，无论是古代史还是近代史，大都坚持中国主体性，认为台湾史是中国历史的一部分。但是近年来，研究风向发生了变化，"台湾主体性"超过了中国主体性。过去说"荷据台湾"、郑成功收复台湾、康熙统一台湾、"日据台湾"，现在变成了"荷领台湾""明郑领台湾""清领台湾""日领台湾"，或者"荷治台湾""清治台湾""日治台湾"等。一字之差，却充分说明了台湾历史研究中基本立场的转变。可以说，以"台独"理念为指导的、脱离中国历史的、片面强调"台湾主体性"的台湾历史研究，在台湾地区的高等院校和科研院所已成气候。强调"台湾主体性"的台湾历史研究，正是"两国论""一边一国""台湾是一个独立的国家"在历史观和文化观方面的反映，是"文化台独"走向深入的突出表现。台湾史学界关于台湾历史的这一研究走向，迫切需要大陆史学界做出学理上的回应，也迫切要求大陆方面出版一部材料扎实、观点正确、行文流畅的台湾通史，以便于广大读者正确、全面地了解台湾的历史。

我曾告诉媒体记者，《台湾史稿》的内容大体上包括了五个方面：

第一，写成台湾历史的平实客观的著作，努力全面反映台湾历史。目前，海内外关于台湾历史的著作很多，或者有明显的"台独"史观，或者描述比较肤浅，或者未能概括台湾历史发展的全貌。为了维护国家统一，论证台湾与祖国大陆之间的密切联系，探讨台湾社会的发展轨迹，我们借鉴已有的学术成果，在分析历史资料的基础上，对台湾历史特别是近百年的历史做了简明的概括与分析，探讨重大问题的成因，剖析台湾的发展走向。我们尤其强调，从大中国的角度来观察台湾历史。过去，一些台湾史学者常常讲台湾历史是 400 年，我们不赞成这个观点。从历史记载来看，台湾的历史将近两千年。从大中国历史的视角来撰写台湾史，使得《台湾史稿》的写作完全摒弃了"台独"史观，确立了台湾历史是中国历史一部分的中国史观。《台湾史稿》从台湾的古代一直写到 2010 年，完整地再现了从古及今的台湾历史。

第二，传播准确的台湾历史知识，正确解释有关台湾历史的观点，使读者了解台湾历史的由来，认识台湾自古以来就是中国版图一部分的历史事实，正确理解台湾和大陆都是中国的一部分、一个中国的领土和主权不容分割的历史依据。这对于在 21 世纪解决祖国统一问题，将大有助益。唯有了解台湾的历史，才能在理论上和历史事实上驳斥"台独"谬言。

第三，说明台湾经济起飞的成因。台湾经济之所以能取得骄人的成绩，首先在于农业的发展。清代，经过闽粤移民二百余年的努力耕耘，以及台湾巡抚的着意经营，台湾从一个荒芜之岛发展成为一个农业较为先进的地区。日本殖民统治时期，日本从殖民统治的需要出发，对台湾展开大规模的调查，运用先进的技术，改良品种，建立水电站，进一步推动了台湾农业的发展，建立初步的工业体系。1949 年前后，伴随着国民党败退台湾，数万的大陆技术精英来到台湾，依靠"美援"，以计划方式，走市场经济的道路，终使台湾经济迅速发展。这为落后国家和地区的经济成长提供了宝贵的经验。

第四，研究西方列强侵略与台湾发展的关系。特殊的地理位置，使台湾成为西方列强侵略染指的目标，荷、西、英、美、法等国都曾侵略过台湾，日本在台湾推行殖民统治长达 50 年。"台独"势力与美、日有着非常密切的关系。为了破坏中国统一、遏制中国发展，帝国主义惯于打台湾牌。尤其是"二战"以后，日本与台湾始终保持着密切的关系，在美国的远东战略下形成的美、日、台三角关系成为"台独"势力的温床。《台湾史稿》将对美台关系及日台关系的演变轨迹进行历史回顾和客观叙述。

第五，客观叙述"台独"意识形态和民进党的活动，以及李登辉和陈水扁先后 20 年的"执政"与"台独"活动。客观阐述 1949 年后国民党在台湾的统治措施，1949 年后特别是 1979 年后两岸关系的发展和演变。

《台湾史稿》是中国社会科学院台湾史学科建设中的重要阶段性研究成果，也是近代史研究所台湾史学科建设的开拓之作和奠基之作。作为研究者，我们希望用台湾历史研究的实际业绩，加强台湾史学科体系建设，从学术领域里为反对"台独"和促进祖国统一大业服务。

2013 年，由台湾史研究中心主办、台湾史研究室编辑的《台湾历史研究》创刊，到 2016 年共出版了 4 辑，发表文章 150 万字。

2021 年，经国家新闻出版署批准，创办《台湾历史研究》（季刊），2021 年

10 月出版创刊号，从 2022 年起每年出版 4 期。

上述事实表明：聚集了一批研究台湾史的专业学者，产出了一批具有代表性的学术专著和通史性著作，编辑了一套"台湾光复史料"，出版了台湾史研究的工具书，创办了国家级学术期刊，再加上一系列学术讨论会的召开，台湾史作为中国历史学科的分支学科，应该是站立起来了。质言之，中国社会科学院有了台湾史学科这一独立的学科了。

三、团结台湾同胞，开展台湾史的学术研讨

中国社会科学院台湾史研究中心自 2002 年成立以来，本着协调、推动台湾史研究的宗旨，举办了十多场学术讨论会。

2004 年在北京，中国社会科学院台湾史研究中心举办了"海峡两岸台湾历史研究现状与未来趋势学术研讨会"。台湾学者王晓波带着张安乐与会。我在会上发表的《关于台湾史研究中"国家认同"与台湾史主体性问题的思考》一文中指出："所谓台湾史就是本国史，明显是把台湾作为一个国家看待。纵观整个中国史和世界史，台湾从来不是一个国家，只是中国的一部分。即使根据不平等条约《马关条约》，台湾曾经割让给日本，台湾成为日本的殖民地，也不曾成为一个国家；1945 年 10 月回归祖国怀抱，台湾依然是中国的一个省。讲历史，最重要的是要讲出历史根据。根本就没有'台湾是一个国家'的历史根据，怎么能把台湾史讲成本国史呢！讲不出历史根据，却硬要把台湾史说成本国史，就是数典忘祖，就是分裂国家。数典忘祖、分裂国家的人就是'乱臣贼子'，人人得而诛之的。台湾人和大陆各省人一样，他们的本国史只能是中国史。站在这个立场上讲台湾史，或者鉴于台湾历史的某种特殊性，突出台湾历史的重要性，是可以理解的，也是应该的；但是跳出中国史的立场讲台湾史，不仅违背了中国历史的真实，也违背了台湾历史的真实，那不是讲台湾史，而是乱台湾史，乱中国史。乱台湾史、乱中国史的结果，酿出许多令人苦涩的笑话。所谓中国是'外国'，是'敌国'；'中华民国史是外国史'；'孙中山是外国人'；等

等。听到这些无知妄语，我们不知道是要笑呢，还是要哭呢？"①此外，我还就台湾史中的"国家认同"问题，驳斥了"台独"势力的其他谰言。

　　2005 年 8 月在长沙，中国社会科学院举办了"台湾光复 60 周年暨海峡两岸关系学术研讨会"。与会的台湾学者有陈鹏仁、王仲孚、杨开煌、吴昆财、郑政诚、张力、周阳山等 17 位。我在回顾台湾历史的基础上指出：第一，台湾与祖国的历史渊源十分久远，虽遭殖民主义、帝国主义的历次掠夺，始终不能破坏。第二，台湾的苦难，也就是祖国的苦难；台湾光复的光荣，是台湾人民和祖国人民共同奋斗得来的。第三，中国人民以自己在"二战"中的牺牲和奋斗，换来了自己应有的国际地位，但是国际上的不正义力量，却以"台湾地位未定"的谬论回报中国人民，这是国际政治中最大的不公平，并且在国际上引发了至今仍然引人注目的台湾问题。这是我们研究中国近代历史和台湾近代历史的学者们，必须努力去追究的。第四，在纪念中国人民抗日战争胜利 60 周年、台湾光复 60 周年之际，我们进一步认识到，所谓"两国论"、所谓"一边一国论"，都是"台独"谬论，都是与历史相违背的，是与中国人民的感情相违背的，是与中国的国家利益相违背的。②这次会议的论文集，以《割让与回归：台湾光复六十周年暨海峡两岸关系学术研讨会论文集》为题，由台海出版社于 2008 年出版。

　　2006 年在厦门，中国社会科学院台湾史研究中心联合中华全国台湾同胞联谊会、厦门大学台湾研究院、夏潮联合会等单位邀集海峡两岸学者开会，专门研讨二二八事件。与会台湾学者 15 人，包括王晓波、蓝博洲、许介鳞、潘朝阳、朱浤源、戚嘉林、曾健民、郑梓等。我在会议上的发言中指出，日本殖民统治扭曲了台湾社会面貌，极大地增加了陈仪当局处理事变的困难，影响了其处理事变的能力。由"缉私血案"引发的二二八事件，其主流是台湾人民反暴政、争民主、求自治的群众运动，这个运动正好融入了全体中国人民反独裁、反内战、反饥饿的民主运动的漩涡。从这个角度来说，二二八事件所反映的台湾人

---

① 张海鹏：《关于台湾史研究中"国家认同"与台湾史主体性问题的思考》，《中国社会科学院院报》2005 年 3 月 15 日，第 3 版；该文后被收录在《张海鹏文集》第 4 卷，社会科学文献出版社，2020，第 145—146 页。

② 张海鹏：《纪念台湾光复 60 周年，推动台湾史研究朝着正确的方向努力》，载中国社会科学院台湾史研究中心主编：《割让与回归：台湾光复六十周年暨海峡两岸关系学术研讨会论文集》，台海出版社，2008，第 10 页。

民的意愿与全体中国人民的意愿是吻合的。因此，二二八运动绝不是要求台湾"独立"的运动。

2008 年在开封，台湾史研究中心联合北京联合大学台湾研究院、河南大学历史文化学院等单位共同举办了"林献堂、蒋渭水——台湾历史人物及其时代学术研讨会"。与会台湾学者 26 人，包括王晓波、蓝博洲、戚嘉林、许雪姬、黄富三、朱浤源、陈慈玉、赖泽涵、李功勤、李力庸、吴昆财等。我在致辞中指出，台湾蓝绿阵营都在纪念蒋渭水逝世 77 周年，都在借蒋渭水来阐述各自的政治主张。这些说明，林献堂、蒋渭水这样的历史人物都还活在台湾的现实社会中，因此，学术界特别是历史学界对这些历史人物是否认识清楚了，怎么在学术上阐明这些历史人物的思想和业绩，怎样认识这些历史人物的社会影响和历史影响，都是值得深入探索的题目。这些就是我们提出进一步探讨林献堂、蒋渭水等台湾历史人物的现实的和历史的理由。[1] 这次会议的论文集，以《林献堂、蒋渭水与台湾历史人物及其时代学术研讨会论文集》为题，由台海出版社于 2009 年出版。

2009 年 8 月在大连，台湾史研究中心联合中华全国台湾同胞联谊会、大连外国语学院共同举办了"台湾殖民地史学术研讨会"。与会的台湾学者有赖泽涵、戚嘉林、许雪姬、黄富三、郑政诚、翁嘉禧、孙若怡、许毓良等 27 人，日本学者有 13 人。我在会上致辞时说，此次会议的主题主要包括：日本殖民统治时期台湾殖民地社会变迁、经济发展以及日本殖民统治时期岛内民众反抗日本殖民统治的过程及其历史意义、日本殖民统治时期台湾总督府殖民地统治政策等。我们希望通过这次学术讨论会，进一步探讨日本殖民统治时期台湾的社会变化，探讨台湾与日本、台湾与大陆的关系，探讨台湾各阶层人民在殖民地时期的生活状况及思想文化底蕴，深切把握台湾历史的发展走向及其发展规律。我深信，这样的学术探讨对我们深入认识台湾的历史是有好处的。2010 年，九州出版社出版了《日据时期台湾殖民地史学术研讨会论文集》。

2010 年 11 月在重庆，台湾史研究中心联合重庆中国抗战大后方历史文化研

---

[1] 张海鹏：《在林献堂、蒋渭水与台湾历史人物及其时代学术讨论会开幕式上的致辞》，载中国社会科学院台湾史研究中心主编：《林献堂、蒋渭水与台湾历史人物及其时代学术研讨会论文集》上册，台海出版社，2009，第 3 页。

究中心举办了"台湾光复65周年暨抗战史实学术研讨会"。除了桧山幸夫、川岛真等7位日本学者外，与会的台湾学者有陈鹏仁、陈慈玉、陈芳明、王晓波、杨开煌、赖泽涵、翁嘉禧、颜义芳、谢国兴、林美莉、卞凤奎、林德正、傅琪贻等30人。我在会上指出：1945年10月25日，被日本帝国主义割占半个世纪的祖国宝岛——台湾光复，正式回归祖国怀抱。这是中国历史上的一件大事。台湾光复，洗雪了中华民族在甲午战争中遭受的历史耻辱，是中国人民坚持长期抗战的结果，是台湾人民坚持反抗日本殖民统治、争取回归祖国的斗争的结果，是海峡两岸人民用鲜血和牺牲换来的。台湾光复，回归祖国，不仅在近代中国历史上是极具纪念意义的，在台湾历史上也是极具历史意义的。2012年，九州出版社出版了《台湾光复六十五周年暨抗战史实学术研讨会论文集》。

2013年8月在兰州，台湾史研究中心与兰州大学历史文化学院、西北民族大学历史文化学院联合举办了"纪念康熙统一台湾330周年国际学术讨论会"。与会的学者中，除日本学者、韩国学者外，还有台湾学者13人，包括宋光宇、陈慈玉、陈秋坤、陈世岳、洪丽完、刘石吉、翁嘉禧、郑政诚等。我在开幕词中指出：330年前，清朝入关之后的第二个皇帝康熙一举实现了对隔海相望的台湾的统一，是清朝历史的一件大事，也是中国和台湾历史的一件大事。康熙统一台湾，削除了南明郑氏与清朝对立的最后一点象征性根据地，结束了台湾可能为外人占领的最后一点机会，实现了中国国土的事实上的大统一。康熙统一台湾，在台湾设置郡县，传播中华文化，开辟草莽，改变了禁海和迁界的政策，为台湾的发展和海峡两岸的交流奠定了基础。[①]2015年，九州出版社出版了《清代台湾史研究的新进展——纪念康熙统一台湾330周年国际学术讨论会论文集》。

2015年10月，"纪念抗战胜利与台湾光复70周年学术研讨会"在广州召开。与会的学者中，除日本、韩国、加拿大等国的学者外，还有台湾学者22人，包括王晓波、刘石吉、许介鳞、陈慈玉、金智、郑梓、赖泽涵、郑政诚、傅琪贻、颜义芳等。这场学术研讨会的指导单位是国务院台湾事务办公室，主办单位是中国社会科学院、台湾民主自治同盟中央委员会、中华全国台湾同胞联谊会、

---

① 张海鹏：《纪念康熙统一台湾330周年国际学术讨论会开幕致辞》，载中国社会科学院台湾史研究中心主编：《清代台湾史研究的新进展——纪念康熙统一台湾330周年国际学术讨论会论文集》，九州出版社，2015，第1页。

中山大学，承办单位是台湾史研究中心、中山大学历史系。我在会议上致辞说：台湾自古以来是中国的一部分，台湾从来不是一个国家，这是我们从台湾历史演变中得出的一条基本结论。世界上没有任何人比中国人更早地发现、开发、认识台湾。台湾考古发掘早已证明，台湾有旧石器和新石器时期的文化遗存，生活在台湾的早期人大多是从大陆过去的，台湾史前文明与大陆文明具有同源性。宋元以来，中国历代中央政府就在澎湖、台湾设治，实施了管理台湾的行政责任。17 世纪初期，虽然台湾一度为荷兰人占领，但荷兰人明确认识到，只有中国皇帝才有资格在台湾收税。也就是说，17 世纪初的西方占领者知道，中国皇帝是台湾的管理者，只有中国人有资格对台湾提出权利要求。其他人，不管是西方的荷兰人、西班牙人，还是后来的美国人、法国人，还是东方的日本人，都是窃据者，都是侵略者。清朝在康熙时期，彻底消灭南明小王朝，从明郑手里收回台湾，完成了国家的统一，建立了对台湾的有效统治。1895 年，清政府因甲午战败被迫割让台湾；1945 年，台湾光复。1949 年，国民党政府在大陆发动内战失败后，其残部退到台湾至今，但两岸没有发生领土分裂，两岸还是在一个中国的大屋顶下。两岸再次统一，不是主权和领土再造，而是结束政治对立。以上历史事实，有力地证明了台湾自古以来是中国的一部分。所谓"台湾只有四百年历史"是站不住脚的；所谓"台湾建省与大陆只有十年的关系"，是无知的说法；所谓"台湾的政权是外来政权""台湾从来是一个国家"的说法，都是没有历史事实支持的，是某些人一厢情愿的政治操弄。台湾无论是在历史上还是在法理上，都是无可争辩的中国领土的一部分；台湾的中国人，是中华民族大家庭血脉相连的成员。任何把海峡两岸的中国人分离开来的想法，是永远达不到目的的！[1]2019 年，社会科学文献出版社出版了《近代台湾史研究的新进展——纪念抗战胜利与台湾光复 70 周年国际学术研讨会论文集》。

2017 年 10 月在遵义，台湾史研究中心与遵义师范学院合办了"台湾历史与两岸关系国际学术研讨会"。与会的学者中，除美国、韩国、日本、新加坡等国的学者外，还有台湾学者 25 人，包括陈慈玉、陈秋坤、谢国兴、陈世岳、

---

[1] 张海鹏：《抗战胜利和台湾光复是中华民族走向民族复兴的起点——在纪念抗战胜利与台湾光复 70 周年国际学术研讨会上的致辞》，载中国社会科学院台湾史研究中心主编：《近代台湾史研究的新进展——纪念抗战胜利与台湾光复 70 周年国际学术研讨会论文集》上册，社会科学文献出版社，2019，第 3—5 页。

许介鳞、傅琪贻、侯坤宏、赖泽涵、蓝博洲、林文凯、戚嘉林、石佳音、王晓波、翁嘉禧、郑政诚等。我在会议上致辞说：我们研究中国历史，研究台湾历史，有充分的史料证明所谓"两国论"、所谓"一边一国论"，都是"台独"谬论，是与历史相违背的，是与中国人民的感情相违背的，是与中国的国家利益相违背的。台湾无论是在历史上还是在法理上，都是无可争辩的中国领土的一部分；台湾的中国人，是中华民族大家庭血脉相连的成员。所谓"两岸一家亲"，是血浓于水的事实描绘。任何把海峡两岸的中国人分离开来的想法，都是得不到历史事实支持的！历史是现实的镜子，可为现实问题提供思想资源。在台湾岛内再次政党轮替、两岸关系处于微妙状态之际，为了从历史中吸取智慧，促进两岸关系和平发展，推动相关问题的学术研究，我们筹划举办了这次研讨会，邀请海内外学者共聚一堂，探讨台湾历史和两岸关系，推进学术交流。台湾学者王晓波的祖籍是遵义，他本人出生于南昌。1990年，他曾陪同父亲回到遵义。此次他再来遵义，发现这里发生了翻天覆地的变化，并满怀感慨地告诉父亲，遵义已经脱胎换骨了。

2018年12月在北京，台湾史研究中心举办了"'台独''去中国化'历史教育批判"座谈会。两岸20位史学领域的专家学者，围绕"'台独''去中国化'历史教育批判"这一主题，展开了热烈讨论。与会者对台湾学者抗议、抵制台当局修改高中历史课纲的行为表示了支持，对民进党逆历史潮流而动的"台独课纲"展开了全方位的批判。希望推动历史"自己救、自己写、自己教"的台湾嘉义大学教授吴昆财、台湾师范大学教授潘朝阳，以及孙若怡、石佳音等教授也做了精彩发言。[①]

2019年在汉中，台湾史研究中心与陕西理工大学合办了"台湾历史人物与两岸关系国际学术研讨会"。与会台湾学者8人，包括陈慈玉、孙若怡、郑政诚、刘石吉等。与往年会议相比，此次与会的台湾学者相对少一些。这是台湾"独派"政治势力操纵的结果。台湾的政治生态不改变，就连我们这种学术性的会议也会受到影响。我在会议上致辞说：我们研究台湾史的过程中，发现了大量汉人开发台湾的记载。许多台湾人的先祖可能就是从汉中南迁而来的，这次学

① 卢树鑫：《"'台独''去中国化'历史教育批判"座谈会纪要》，《中国社会科学院台湾史研究中心简报》2019年第1期（总第97期）。

术讨论会旨在讨论台湾的历史人物与两岸关系，如果要寻根，可能要寻到汉中来。台湾的历史人物，与祖国大陆血脉相通、文化相连。台湾本来就是中国领土的一部分，台湾的历史文化与祖国大陆是源与流的关系。研究台湾的历史与文化，不明白这个源与流的关系，就会得不到要领。"独派"学者声称："自有历史活动以来，台湾岛上先有'原住民'社会的存在，然后才出现移民社会，最后又产生了殖民社会。""独派"学者把台湾历史上出现过的政权，都称为"外来政权"，似乎台湾从来是一个"独立的"社会。已故的台湾著名学者陈映真驳斥了这种观点。陈映真指出："台湾史最突出的特点在于，它不是一个向来独立的社会，或历来独立的'国家'或'民族'的历史。""一方面，台湾的先住民和拓垦汉族都在历史上不曾在台湾'独立建国'；另一方面，台湾历来是汉族人长期移垦并且具体地逐渐编入中国政权的建制……台湾不存在因丧失原有的独立而恢复独立的问题，也不存在目前正遭受外族、外国'殖民统治'而'独立建国'的问题。以故，1945 年日本战败时，朝鲜面临的是恢复因日本并吞而丧失的独立，建立新国家的问题；而台湾则是迎接光复，复归中国的问题。"① 陈映真讲出了历史的真相，尤其是讲出了台湾历史的真理。

2021 年 9 月在徐州，台湾史研究中心、江苏师范大学合办了"台海两岸关系历史国际学术研讨会"。有 12 位台湾学者报名参会，但受新冠疫情的影响，只有孙若怡等台湾学者与会，其他台湾学者则在线上报告了论文。此外，日本、新加坡等国的学者以及中国大陆福建、广东等地区的学者也在线上参会。收到的参会论文，涉及台湾历史上的各个时期，包括清朝时期、日本殖民统治时期、台湾光复时期、国民党当政时期以及民进党上台时期。我在会议上致辞说：台湾史讨论，无论是从学术上还是从政治上，都脱不了一个中国的大框架。脱离了一个中国的大框架，无论是从学术上还是从政治上，都是无根的浮萍，是站不住的。"台独"的理论家说什么"台湾自古就是一个国家"，是没有任何历史根据的。从历史上看，台湾始终与祖国命运与共，支持和追求国家统一是民族大义。实现祖国完全统一，离不开台湾同胞的理解、支持与参与；实现中华民族伟大复兴，同样需要台湾同胞的理解、支持与参与。相信会有越来越多的台湾同胞积极参与到推进祖国和平统一的正义事业中来。在中华民族走向伟大复

---

① 陈映真：《台湾史琐谈》，（台北）《历史月刊》，1996 年第 105 期。

兴的进程中，台湾同胞定然不会缺席。两岸同胞必将携手同心，共圆中国梦，共担民族复兴的责任，共享民族复兴的荣耀！祖国完成统一，台湾历史将翻开新的一页！

综上所述，中国社会科学院台湾史研究中心自成立以来，共举办了 12 次学术研讨会，这些研讨会对于团结台湾学者、加强与国外学者的交流与合作、推动台湾史研究等，均起到了积极的作用。

四、尾语

在中国社会科学院近代史研究所台湾史研究室和中国社会科学院台湾史研究中心成立 20 周年之际，我对这 20 年来的台湾史研究工作做了一番简略回顾。我们在开展台湾史研究、推动台湾史学科的建立、推动台湾史学科的学术讨论会方面，在创办台湾史学术园地方面，在搜集整理台湾史料方面，都开展了一系列的工作。

我个人已经老迈，在推动台湾史研究方面，已经心有余而力不足了。我殷切期望，台湾史研究还要继续下去，台湾史学科建设还要加强，与台湾学者的学术联系还要增加力度。我还希望，台湾史学术资料的搜集整理还要有所推动。我们已经有了一部《台湾史稿》，应该说还不够，我建议，将撰写一部更有深度、广度的《台湾通史》提上日程。

总之，我期望在中国历史学科的学术园地里，台湾史的成长能够不负众望，能够为驳斥"台独"歪理、为国家统一大业提供更好的学术支撑。

张海鹏

2022 年 3 月 7 日

目 录

三、日本殖民统治时期台湾史研究

四、战后台湾史研究

一、台湾史研究理论方法

60 年来有关台湾通史的撰写及理论方法问题

张海鹏

一、60 年来中国大陆有关台湾通史的撰述

中国学者有关台湾通史的著作不多，有之，则以 20 世纪初出版的连横著《台湾通史》为起点。此后有过几个本子，都不如《台湾通史》重要。由于内战的结果，1949 年以后，中国政治版图发生重大变化，台湾当局长期与大陆呈现对峙状态。虽然台湾和大陆都是中国的一部分，中国的主权并未分裂，但是，大陆和台湾分别由两个不同的政治势力治理着。中华人民共和国是联合国安全理事会常任理事国，根据联合国决议，台湾当局不能加入主权国家组成的任何国际组织。在这样的大政治背景下，两岸学术界对台湾历史的认识不尽相同。实际上，在台湾，很长时期没有像样的台湾通史著述问世。

表 1　1954 年后台湾出版台湾通史举例

作者	书名	出版社	出版年
郭廷以	《台湾史事概说》	（台北）正中书局	1954
黄大受	《台湾史纲》	（台北）三民书局股份有限公司	1982
戚嘉林	《台湾史》	（台北）自立晚报社	1985
沈云龙	《台湾通史》	（台北）文海出版社	1990
林衡道	《台湾史》	（台北）众文图书股份有限公司	1990
简后聪	《台湾史》	（台北）五南图书出版股份有限公司	2001

续表

黄秀政等	《台湾史》	（台北）五南图书出版股份有限公司	2002
李筱峰等	《台湾史》	（台北）华立图书股份有限公司	2003
高明士	《台湾史》	（台北）五南图书出版股份有限公司	2006
黄源谋	《台湾通史》	（台北）新文京开发出版股份有限公司	2007
戴宝村	《简明台湾史》	（南投）台湾文献馆	2007
林丽容	《台湾史》	（新北）上大联合公司	2010

大陆第一本带有通史性质的台湾史，是1956年生活·读书·新知三联书店出版的刘大年等编著的《台湾历史概述》。[①]

①《台湾历史概述》的写作背景

1949年国民党在大陆的失败，使长期支持其的美国政府很失望，发表了白皮书。1950年初，美国国务院发表声明，台湾不在其保护范围之内，美国做好了人民解放军解放台湾的心理准备。同年朝鲜战争爆发，美国改变了不支持台湾的政治立场，进入了敌视苏联和中国、反对社会主义阵营的冷战时期。美国第七舰队进入台湾海峡，美军进驻台湾。美国出于要把台湾建成不沉的航空母舰的目的，不仅违背了其在开罗会议期间做出的承诺，提出了"台湾地位未定"的谬说，甚至准备由美国来托管台湾。后来就有人造出来"旧金山和约"的法律位阶高于《开罗宣言》的说法。这就是20世纪50年代的国际环境，或者说历史背景，也就是《台湾历史概述》写作的历史背景。《台湾历史概述》作为论文首先发表于《中国科学院历史研究所第三所集刊》第2集（1955年7月），1956年由生活·读书·新知三联书店出版单行本。

②《台湾历史概述》的撰述体系和特点

《台湾历史概述》是一部只有5万字的小书。它记载了新石器时期台湾的历史，也记载了从公元3世纪《临海水土志》以来1700年的历史，包括台湾的早期居民、汉族移民，包括台湾的政治经济和文化，也包括外国势力对台湾的侵略以及台湾人民的反抗，包括日本割占台湾和台湾的光复，等等，记载了有史以来至20世纪50年代中期台湾的全部历史，毫无疑问是一部台湾通史。

①　刘大年、丁名楠、余绳武：《台湾历史概述》，原载《中国科学院历史研究所第三所集刊》第2集（1955年7月），1956年由生活·读书·新知三联书店出版单行本，1962年再版，1978年香港生活·读书·新知书店根据1962年版本重印。

《台湾历史概述》将台湾历史分成三个时期：1661 年以前是封建制以前的时期；1661—1840 年是封建制度时期；1840—1945 年是半殖民地半封建和殖民地时期。1840 年以后的历史又分为：1. 1840—1895 年台湾的社会发展、变化；2. 1895 年人民坚决抵抗日本的侵略；3. 1895—1945 年日本帝国主义的殖民统治与人民反殖民统治的斗争；4. 1945 年台湾归还中国。

自有历史记载以来，台湾就是中国的一部分。虽然台湾曾经被割让，但是，1945 年又回归祖国。这部简短的台湾通史，按照中国的历史分期，对台湾的历史进行了分期，观点鲜明。这部台湾通史，从历史事实上论证了台湾是中国的一部分，维护了《开罗宣言》《波茨坦公告》所确立的第二次世界大战战后体制，反对了美国企图改变这一体制，混淆是非，制造"台湾地位未定"的谬论。

20 世纪 50 年代有多种台湾历史的小册子出版，据学者评论，相对而言，《台湾历史概述》较具学术性。1956 年被学者评价为"一本态度谨严、撰写认真、观点正确、叙述明白而有系统的著作"。[1]20 世纪 90 年代初，有学者指出："其中较有影响的是刘大年一书。此书的特点是，叙史简明，评论得体，在追述台湾历史发展的基础上，重点论述了近代殖民主义者，尤其是美帝对台湾的侵略，以及台湾人民的反抗斗争，既有研究性，又较通俗易懂。"[2]

1982 年中国社会科学出版社出版的陈碧笙著《台湾地方史》[3]，是第二部台湾通史。

① 《台湾地方史》写作背景

该书出版于 1982 年，正是海峡两岸关系发生重大转变的时候。1972 年 2 月，中美发表《上海公报》，对立了几十年的中美关系开始进入了中美关系正常化的历程。

1978 年 12 月，中国共产党召开十一届三中全会，决定将工作重点转移到经济建设上来。要想以经济建设为中心，就必须对内改革，对外开放；就需要一个和平稳定的内部环境和外部环境。妥善解决包括台湾问题在内的历史遗留问题，就是为了构建这样的内外环境。改革开放的决策不仅奠定了此后中华民族

---

① 张国光：《评"台湾历史概述"》，《光明日报》1956 年 9 月 20 日。

② 林增平、林言椒主编：《中国近代史研究入门》，河南人民出版社，1990，第 185—186 页。

③ 陈碧笙：《台湾地方史》，中国社会科学出版社，1982 年初版，1990 年增订版。

复兴的政策基础，也奠定了台湾与祖国和平统一的政策基础。

构建和平的外部环境是从中美建交开始的。1978 年 12 月 16 日，中美发表建交公报，宣布中华人民共和国和美利坚合众国"自 1979 年 1 月 1 日起互相承认并建立外交关系"，美国"承认中华人民共和国政府是中国的唯一合法政府。在此范围内，美国人民将同台湾人民保持文化、商务和其他非官方关系"；美国政府"承认中国的立场，即只有一个中国，台湾是中国的一部分"。在建交公报发表当天，美国政府声明，在中美建交的同日，"即 1979 年 1 月 1 日，美利坚合众国将通知台湾，结束外交关系，美国和'中华民国'之间的共同防御条约也将按照条约的规定予以终止"。[①] 中美两个长期敌对的大国建立了外交关系，为和平解决台湾问题创造了重要的外部环境。

1979 年 1 月 1 日，中美宣布建立外交关系的同时，全国人民代表大会常务委员会发表了《告台湾同胞书》，郑重宣告了中国政府和平解决台湾问题的大政方针，呼吁两岸就结束军事对峙状态进行商谈，尽快实现"通商、通邮、通航"，标志着中国共产党对台政策正式由"一定要解放台湾"转向通过和平协商、政治谈判的方式实现国家统一。1981 年 9 月 30 日，全国人大常委会委员长叶剑英发表了关于实现国家和平统一的重要讲话，进一步阐明解决台湾问题的方针政策（也称"叶九条"），主要内容是：建议举行中国共产党和中国国民党两党对等谈判，实行第三次合作，共同完成祖国统一大业；双方可先派人接触，充分交换意见；建议双方共同为通邮、通商、通航、探亲、旅游以及开展学术、文化、体育交流提供方便，达成有关协议；国家实现统一后，台湾可作为特别行政区，享有高度的自治权，并可保留军队；中央政府不干预台湾地方事务，台湾现行社会、经济制度不变，生活方式不变，同外国的经济、文化关系不变；私人财产、房屋、土地、企业所有权、合法继承权和外国投资不受侵犯；台湾当局和各界代表人士，可担任全国性政治机构的领导职务，参与国家管理；欢迎台湾工商界人士回祖国大陆投资，兴办各种经济事业，保证其合法权益和利润；欢迎台湾各族人民、各界人士、民众团体通过各种渠道、采取各种方式提供建议，共商国是。[②] 1982 年 1 月，邓小平在会见李耀滋时说："九条方针是以

---

① 《中美建交公报》《美国政府声明》，《人民日报》1978 年 12 月 17 日。
② 《叶剑英委员长谈话》，《人民日报》1981 年 10 月 1 日。

叶剑英委员长名义提出来的，实际上就是'一个国家，两种制度'。"①"叶九条"表明了反对"台独"，以和平方式解决台湾问题的基本立场。

②《台湾地方史》的撰述体系及特点

如果说只有 5 万字篇幅的《台湾历史概述》还只是一部台湾通史的大纲的话，《台湾地方史》有近 26 万字篇幅，可以说是一部真正的台湾通史了。作者自述，鉴于中华人民共和国成立三十多年来出版的有关台湾历史的著作寥寥不过三数种，而且篇幅不多，这对于增进祖国大陆与台湾同胞之间的相互了解和团结，无疑是不利的。作者目力所及的二三十种中外文台湾史著作，除了 20 世纪 50 年代国内出版的少数几种外，不少都是用历史唯心主义观点写成的，有的还掺杂了相当浓厚的殖民主义和民族分裂主义的毒素，有的与历史事实不符合。作者自述，该书所接触到的关于台湾历史发展的动力问题、历代民族关系问题、海上商业资本的形成发展问题、郑氏后期政权和清代台湾人民起义的性质问题、日本殖民统治时期地主资产阶级的地位作用问题等，都是有较大争议的问题。作者把自己对这些问题的意见写出来，是学术上的探讨，是可贵的。书名用了"台湾地方史"，作者认为较好地表明台湾历史在中国历史中的地位，也是有深意的。

《台湾地方史》全书 21 章，叙述了三国吴黄龙二年（230）卫温等率甲士到夷洲以及沈莹作《临海水土志》以后直至台湾从日本占据下回归祖国的历史。该书以唯物史观为指导，以阶级分析方法，对台湾的开发、汉人的移入、汉人与平埔族群和其他族群的融合，对地主阶级土地所有制从大陆移入台湾的作用，对外国特别是日本、荷兰、英国、美国和法国对台湾的觊觎和侵略以及台湾人民的反抗，都有专章论述。除了中文史料外，作者还利用了日文、英文和西文书籍，书末附录了大事年表和参考书目。目录前面插有多幅台湾地图。

《台湾地方史》没有像《台湾历史概述》那样，对台湾历史进行明确的分期，从章节安排上看，作者显然认为早期台湾历史是它的原始社会时期；汉人移入后，地主土地所有制随之移植过来，台湾进入了封建社会时期；鸦片战争以后，台湾进入了半殖民地时期。

1996 年由九州出版社出版的陈孔立主编的《台湾历史纲要》②，是 20 世纪末

① 转引自蒋永清：《邓小平殚精竭虑解决台湾问题》，中国共产党新闻网，2014 年 11 月 24 日。
② 陈孔立主编：《台湾历史纲要》，九州出版社，1996。

大陆出版的一部重要的台湾通史。

①《台湾历史纲要》写作背景

20 世纪 90 年代，海峡两岸关系的发展又有了新的内容。这时候，"两蒋"时代虽然过去，中国国民党在台湾仍具有统治地位。农学专家李登辉以"副总统"的身份接替蒋经国，同时兼任国民党主席。蒋经国的本土政策开始发酵，原先的党外运动结束，民主进步党登上台湾政治舞台。过去噤若寒蝉的"台独"言论堂而皇之地登上大雅之堂。1991 年民进党正式通过决议，以"台湾共和国"代替"住民自决"的党纲。统"独"之争成为台湾政治上的话题，统派开始作为台湾社会的非主流而存在。族群之争成为台湾地区的热门话题。

由开放老兵回大陆探亲到允许台商到大陆投资，台湾学者也纷纷到大陆的学术机构访问。1992 年 5 月，开始有大陆学者到台湾访问，单向交流变成双向交流。

1991 年李登辉召开"国是"会议，最终通过了"国家统一纲领"，把"国家统一"分成近程、中程、远程三个阶段，设置了诸多条件。为因应海峡两岸关系的发展，台湾在 1990 年成立了财团法人海峡交流基金会（简称"海基会"），1991 年大陆成立了海峡两岸关系协会（简称"海协会"），以便"促进海峡两岸交往，发展两岸关系，实现祖国和平统一"。1992 年，海协会和海基会在香港就两岸事务性交流，口头达成"一个中国"的共识。1993 年，海协会会长汪道涵和海基会董事长辜振甫在新加坡举行会谈，两岸关系出现了好的前景。但是1994 年春，李登辉将千岛湖事件无限夸大，大肆攻击大陆，恶化了两岸关系，也鲜明地暴露出"台独"倾向。1995 年，李登辉在美国康奈尔大学演讲，鼓吹"去中国化"，提出"中华民国在台湾"，导致两岸关系跌到了低点，出现了 1990 年以来的一个转折。

20 世纪 90 年代初，史明的《台湾人四百年史》在台湾火起来。这是一本鼓吹"台独"的书，鼓吹台湾的历史是从荷兰占领开始的。大陆学者认为有必要做出反应。1993 年 11 月，中国史学会和全国台湾研究会举办"台湾史学术讨论会"，探讨台湾历史。与会学者一致认识到以科学态度研究台湾历史的急迫性和重要性，对台湾历史研究中的"台独"倾向要加强研究，并做出学术上的反应。与会学者们建议，有必要编写以科学态度指导的台湾简明历史。1994 年春，由中国史学会、全国台湾研究会联合组成了编委会，开始《台湾历史纲要》的编写工作。

②《台湾历史纲要》的撰述体系及特点

这是大陆学者集体编撰的第一部较为大型的台湾通史，全书共 30 万字。该书编写下限为 1988 年。这一年是两岸关系具有标志性意义的一年。1987 年 10 月，台湾当局宣布开放老兵回乡探亲，1988 年 1 月，第一批回乡探亲的老兵成行。这个举动为 1949 年以来两岸关系解冻迈出坚实的一步。

该书根据台湾考古资料，叙述了石器时代的台湾先民；还根据历史记载，叙述了自三国吴国黄龙二年（230）以来大陆与台湾的往来与关系；指出成书于 264 年以后的《临海水土志》留下了世界上有关台湾情况最早的记录。大陆汉族人对台湾的开发，大体上从唐代就开始了。元代开始在澎湖设置巡检司，进行行政管辖。明代中叶以后，内地农民和渔民到澎湖和台湾开发的情况逐渐多了起来。明末，荷兰人占领台湾南部，开始了在台湾 38 年的殖民统治。明郑时期和清代时期对台湾的开发和统治，是该书叙述的重点。清代时期用了清代前期和清代后期两章，日本殖民统治时期用了一章，当代台湾用了一章。

《台湾历史纲要》叙述了自古及今（1988）的台湾历史的来龙去脉，以实证叙事的方法，反驳了"台湾四百年史"的说法，从而在台湾历史阐述上与"台独"倾向的历史学著述划清了界线。在章节安排上，清廷对台湾的统治用了两章，一是表明了在两百多年时间里清代开发和统治台湾的事实，二是表明了那个阶段的历史学者们对清代台湾史的研究有了较高的水平。

《台湾历史纲要》采用了当时能够搜集到的各种历史资料，甚至包括荷兰文史料，有关注释和每章后面所附参考文献，都符合史学著作的学术规范。这部书反映出 20 世纪 90 年代大陆学者有关台湾历史的研究和认识已经达到了较高的水平。日本殖民统治时期和当代台湾的内容，则显得较为简略。

2007 年，人民出版社出版了台湾学者宋光宇的《台湾史》。[①] 这是大陆出版的第一部台湾学者写作的台湾历史书。2011 年，海南出版社出版了台湾学者戚嘉林的《台湾史》。[②]

①两位台湾学者写作《台湾史》的历史背景

---

① 宋光宇：《台湾史》，人民出版社，2007。
② 戚嘉林：《台湾史》，海南出版社，2011。

20 世纪 90 年代初以来，两岸关系的发展出现了许多新的变数，台湾历史的发展也出现了许多新的变数。这个时期正是"台独"倾向的李登辉上台和以"台独"为党纲的民进党及其党首陈水扁主政时期。这是台湾历史上走向民主政治而未成熟的时期，也是两岸关系出现恶化的时期。1998 年，汪道涵、辜振甫在上海举行第二次会谈，会谈所取得的成果扭转了李登辉在美国康乃尔大学演讲对两岸关系所造成的损害。上海会谈期间，达成了汪道涵次年访问台湾的共识。李登辉不愿意看到两岸关系的改善，于 1999 年 7 月发表"两国论"，坚称海峡两岸是"一边一国"，引起了两岸关系的紧张。2000 年，国民党在台湾地区领导人选举中败北，陈水扁上台。陈水扁上台后，继续执行李登辉的"一边一国"路线，采取一系列措施推行"去中国化"，推动"法理台独"。为了制止"台独"倾向，2005 年全国人民代表大会通过的《反分裂国家法》明确规定了解决台湾问题使用非和平方法的底线，对于制止陈水扁当局的"法理台独"发挥了十分重要的作用。

因为陈水扁当局"台独"声浪甚嚣尘上，钳制了台湾学者的言论自由，一些主张中国统一的台湾学者有关台湾历史的研究成果难以在台湾出版。"中研院"历史语言研究所原研究员、时任台湾佛光大学人类学系系主任宋光宇的《台湾史》，以及台北《祖国文摘》杂志社社长、世新大学教授戚嘉林的《台湾史》获得了在大陆出版的机会。

②宋光宇《台湾史》的撰述体系及特点

宋光宇的《台湾史》有一个很有趣的自序。他在自序里把中华民族比作一家规模庞大、实力雄厚的"电影公司"，这家电影公司已经推出了周、秦、汉、唐、宋、元、明、清等巨型大片。一部新片拍出，等于一个盛世出现。新片放映过了，要筹拍下一部大片，就可能出现"乱世"。民国史和 50 多年来的台湾史，可以看作正在筹拍新片过程中的"混乱"时期，下一部大片应当由全体中华儿女共同来担纲演出。他说："台湾是要在这部未来的正片中再添上一角，还是完全退出，这才是像我这样土生土长的外省台湾人对台湾前景的忧心之处。"该序鲜明地表达了著者这一类土生土长的外省台湾人对中国统一的期待和对台湾在国家统一过程中的地位及作用的担忧。这也是该书的宗旨。

这部书分成 20 章。第一章讲史前文明与农业的传入，包括南岛民族的由来、台湾文化与中华文化的关系；第二章讲中国古书中所见的台湾；第三章讲少数民族；第四章讲西班牙人、荷兰人的入侵；第五章叙述明郑时期的台湾；第六章、第七章叙述清代时期的台湾开发；第八章、第九章叙述日本殖民统治时期以及殖民地的经济剥削；第十章至第十四章叙述收复台湾后引起的社会震动和1949 年后台湾社会政治与经济的发展与变化，分析台湾奇迹的原因及意义；第十五章至第十八章叙述台湾的教育、社会、文化和宗教信仰；第十九章分析台湾史研究中的各种史观；第二十章分析台湾的发展、繁荣与虚弱，批判了"去中国化"的迷思。

该书的特点：第一，叙述了从史前文明迄该书出版前的台湾历史，批判了"台湾 400 年史"的悲情史观。第二，分析了台湾 1949 年后逐渐形成政党政治的历史过程，指出："不是一厢情愿地以为要有'民主'就立刻有'民主'，更不可能有百分之百的西方式民主政治。"第三，较为详细地分析了 20 世纪 50 年代以来台湾经济发展的轨迹，详细介绍了推动台湾经济发展的三个重要人物：尹仲容、李国鼎、孙运璇。第四，著者凭借宗教学和人类学的知识背景，对台湾的宗教信仰及其社会文化意义进行了非常专业的讨论。第五，评论了台湾史研究中的各种史观，包括方志的清代统治史观、台湾通史的汉族正统史观、日本的强权史观、中国国民党的正统史观、美国的"美援论"与"依附理论"、"台湾人 400 年"悲情史观、"台湾中心"论与"同心圆理论"、"新台湾人"史观、统派理论、依赖发展理论、海洋争霸史观等。

③戚嘉林《台湾史》的撰述体系及特点

戚嘉林博士长期被台湾的外事部门派往海外工作，因有感于台湾社会存在着台湾意识和"台独"倾向，利用业余时间钻研台湾历史，1985 年在台湾出版了五卷本的《台湾史》。此后又在五卷本的基础上改写成一卷本的《台湾史》。大陆的本子是海南出版社从台湾买下的版权。戚博士的所有著述，均明确地、强烈地体现了中国情怀。他是出生在台湾的台湾人，也是祖籍湖北的湖北人，更是中国人。他爱台湾和爱中国，是完全统一的。他的台湾史研究，是依据历史事实铺陈叙述的，通篇灌注了对台湾分离主义和"台独史观"的批评，对台湾历史、台湾人的祖国意识的赞扬，对台湾人民抵抗外来侵略精神的宣扬，对祖国统一的期待。戚博士指出："台湾属于中国，是天经地义的事，也是国际所公认的事。如果台湾'不属于中国'，那日本何须侵略中国，强迫中国割让台湾？如果台湾'不属于中国'，那台湾人为何发动长达数十年的武装抗日，接着又从事数十年的非武装抗日。"掷地有声，无可辩驳。

全书分成27章。第一章叙述早期台湾，包括史前台湾和三国以后台湾与大陆的关系。第二章至第四章，叙述荷兰人占领台湾的经过、荷兰人在台湾的统治以及台湾人民的反抗。第五章讲明郑时期的台湾。第六章至第十三章叙述清代时期的台湾，包括汉人移植台湾以及对台湾的开发，台湾的少数民族，清中央政府对台湾的治理，台湾的社会情况以及民变，台湾的文化与科举考试，刘铭传对台湾的开发与治理，日本对台湾的侵略等。第十四章至第二十一章叙述日本殖民统治时期的台湾，包括日本在台湾的屠杀与殖民当局对人民起义的镇压，台湾的经济发展与日本对台湾人民的压榨，台湾的教育情况以及日本对台湾人民的教育歧视，台湾人民的抗日活动和非武装抗日启蒙运动，日本在台湾开展的"皇民化"运动，抗日战争中台胞投入祖国抗日的历史事实等。第二十二章专讲抗战胜利后台湾的光复。第二十三章讲台湾光复后发生的二二八事件。第二十四章和第二十五章叙述1949年后蒋介石退据台湾的经过和国民党在台湾的统治，包括从"白色恐怖"到经济建设的卓越成就。第二十六章论述国民党当局的台湾化，第二十七章分析两岸关系。

该书的特点：第一，全书坚持一个中国的观点，从一个中国的立场观察台湾的历史毫不动摇。第二，用大量篇幅叙述日本殖民统治时期的历史，详细揭示日本对台湾腥风血雨的统治和台湾人民对日本殖民统治的反抗。第三，用一章篇幅阐述1945年台湾光复的经过，强调台湾光复的伟大历史意义。用一章篇幅叙述台湾光复后发生的二二八事件的前因后果，指出日本对台湾发动的粮荒是二二八事件的起因之一。陈仪的红线只有一条，即台湾永久为中国领土的一部分。第四，设专章论述国民党当局的台湾化，很有新意。第五，设专章论述两岸关系，论述了"一国两制"和邓小平的两岸统一理念，明确提出两岸统一是天命。

以上是1949年以来，大陆出版的比较有代表性的五部台湾通史。其中，两位台湾学者的著作以台湾学者的眼光写成，有一定新意。

最新一部台湾通史著作，是2012年12月出版的由张海鹏、陶文钊主编的

《台湾史稿》①。

①《台湾史稿》的写作背景

中国社会科学院台湾史研究中心和近代史所台湾史研究室组建的时候，就有编写台湾史的计划。经过五六年的筹备，撰写新的台湾史著作正式提上了日程。《台湾史稿》策划写作的时候，台湾正处于陈水扁主政时期。

陈水扁在 2007 年发表元旦讲话，强调"台湾主体性"，称台湾"绝对不是中国一部分"，"在没有民意共识下，不松绑两岸经贸政策"，未来将继续"坚持台湾主体意识"与"落实社会公平正义"两大施政主轴，全力达成"增加投资台湾""创造就业机会""拉近城乡距离""缩短贫富差距"四大目标。陈水扁还推动以"台湾"名义申请加入联合国，决意举办"入联公投"，为民进党在 2008 年台湾地区领导人选举中造势。

2008 年台湾地区领导人选举中，中国国民党获胜，这证明民进党借"公投绑大选"、催化台湾主体意识的选举战术的失败。针对这一结果，国台办发言人在接受台湾媒体采访时表示，"我们注意到了台湾地区领导人选举的结果。陈水扁当局推动的所谓以'台湾名义加入联合国'的'公投'遭到失败，再次说明'台独'分裂势力搞'台独'是不得人心的"，"两岸关系和平发展是两岸同胞的共同愿望，大家共同为此努力"。②

面对台湾局势变化，胡锦涛表示："在'九二共识'的基础上恢复两岸协商谈判是我们的一贯立场。我们期待两岸共同努力、创造条件，在一个中国原则的基础上，协商正式结束两岸敌对状态，达成和平协议，构建两岸关系和平发展框架，开创两岸关系和平发展新局面。"③马英九就职后，即提出在"九二共识"的基础上恢复协商，进一步提出了中华民族和平共荣的目标。两岸关系走出了民进党上台以来的困境，迎来了一个新的发展时期。

马英九上台后，放弃了以"台独"诉求主导两岸经贸关系的理念，在大陆主动采取推动两岸经贸交流举措的引导下，推行务实开放的两岸经贸发展政策，开放大陆民众赴台旅游，积极推动两岸直接"三通"，逐步实现两岸经贸关系的

---

① 张海鹏、陶文钊主编：《台湾史稿》，凤凰出版社，2012。
② 《搞"台独"不得人心》，新华社 2008 年 3 月 23 日电。
③ 胡锦涛：《在"九二共识"基础上恢复两岸协商谈判》，中国新闻网，2008 年 3 月 26 日。

正常化。

两岸关系出现的积极发展的新局面，成为《台湾史稿》撰写人员的新推动力量。

②《台湾史稿》的撰述体系及特点

与《台湾史稿》同时编撰的是《台湾简史》①。《台湾简史》在 2010 年由凤凰出版社出版。《台湾简史》从台湾的考古时期写起，下限至 2008 年中国国民党胜选。2012 年出版的《台湾史稿》简略地交代了台湾的考古时期和台湾早期的历史，下限则到了 2010 年海协会、海基会领导人在重庆签署《海峡两岸经济合作框架协议》（英文简称 ECFA），标志海峡两岸进入积极发展的时期。该书分两卷，共计 108 万字，是迄今为止大陆出版的台湾通史中最大的一部。

《台湾史稿》采取了详今略古的写法。全书分成二十章。上卷为台湾的古代与近代，分成九章，第一章为台湾的早期开发以及荷兰人对台湾的侵占；第二章为郑成功收复台湾后，对台湾的开发与经营；第三章至第五章为清代时期的台湾，包括康熙统一台湾、台湾建省以及日本占领台湾和台湾人民的反抗；第六章至第八章为日本殖民统治时期的台湾，包括日本建立台湾的统治体制、日本殖民统治时期台湾的经济和文化教育；第九章为台湾光复与中国政府对台湾主权的重建。下卷为台湾的现代，共分成十一章，第十章是国民党的改造与蒋介石主政时代的政治；第十一章是蒋介石主政时代的经济与社会；第十二章是蒋经国主政时代；第十三章是台湾经济的起飞与调整；第十四章是台湾社会结构的变化；第十五章是台湾地区与美国、日本的关系；第十六章是李登辉主政时代——"台独"势力的形成和发展；第十七章是陈水扁主政时代——民进党"执政"与"台独"危机；第十八章是 20 世纪 80 年代后海峡两岸关系的演变与发展；第十九章是光复以后的台湾教育与文化；第二十章是国民党重新上台，两岸关系走向和平发展的新阶段。

有学者评论："《台湾史稿》在结构安排方面的'薄古厚今'，即将重点置于近代史部分之日据时期和现代史部分，不但极大地弥补了大陆迄今台湾史研究中的若干薄弱环节，而且大致符合大陆 20 世纪 90 年代以来台湾史研究的发展

---

① 张海鹏、陶文钊主编：《台湾简史》，凤凰出版社，2010。

趋势，①故可以视为是一种非常合理且具有远见的学术考量。此外，鉴于'台湾史'尚属于中国史学科中的一个颇为年青的专门史学科，本书关于台湾近现代史的专门研究，大大拓展并丰富了中国近现代史的研究领域和内容。"②

此外，《台湾史稿》按照中国历史的一般分期法，将台湾史分为古代史、近代史、现代史，而将 1949 年后的台湾历史称作台湾现代史。这正好与中国近代史、中国现代史的分期相符合。

二、台湾史研究中的理论与方法问题

讨论台湾史研究中的理论和方法问题，首先要弄清楚研究台湾史的基本立场问题，其次是历史观和方法论问题。

(一) 基本立场问题

讨论台湾史，为什么有一个基本立场问题呢？因为台湾史有它的特点。讨论台湾史，必须明确是站在中国史的立场上，还是站在"台湾是一个独立的国家"的立场上？台湾在历史上曾经有 50 年时间被割让给日本，光复后没几年又长期与大陆隔离、对峙，至今没有完成与祖国的统一。这就是台湾与大陆各省不同的地方。东北以及大连曾长期被日本占领过，收复后再也没有与祖国分离。中国沿海的辽南、胶东、香港、广州湾有五块地方为外国划为租借地数十年，后来也陆续回归祖国，没有分离问题。澳门曾长期为葡萄牙统治，也已经收回，没有分离问题。大陆各省都没有像台湾那样的，孤悬海外的历史经历。这就是台湾史研究的特殊性所在。

台湾历史上的特殊性，是台湾现实与政治问题上的特殊性的反映。

1949 年 10 月，中华人民共和国中央人民政府成立，成为中国唯一的合法政

---

① 有学者根据《台湾研究集刊》创刊后发表的历史类论文的统计结果指出：进入 20 世纪 90 年代以后，晚清、日本殖民统治时期以及战后台湾历史的研究论文数量明显增多；《集刊》的历史类论文的重心逐渐转移到晚清、日本殖民统治时期以及战后台湾历史的研究领域。参见陈忠纯：《大陆台湾史研究的历史与现状分析——以〈台湾研究集刊〉历史类论文（1983—2007）为中心》，《台湾研究集刊》2009 年第 3 期。
② 臧运祜：《十年共铸一剑 青史赓续台湾——〈台湾史稿〉读后》，载张海鹏、李细珠主编：《台湾历史研究（第 1 辑）》，社会科学文献出版社，2013，第 372 页。

府，从法理来说，完成了国家继承。1971 年第 26 届联合国大会恢复中华人民共和国联合国安全理事会常任理事国的地位，从国际法上完成了中华人民共和国对"中华民国"作为国家的完全继承。但是在事实上，作为中华人民共和国一个省的台湾，还没有实现中华人民共和国政府对"中华民国政府"遗产的完全继承。在台澎金马地区，还有一个以"中华民国中央政府"名义实施治理的政治实体存在。这个政治实体虽然不具备国际法上主权国家的地位，但是仍然得到 22 个国家的"承认"。尽管这 22 个国家都是很小很小的国家，在国际上的发言权也很小。

1943 年《开罗宣言》明确规定，台湾及其附属岛屿、澎湖列岛从日本占领下回归中国。但是美国在战后食言，又以"旧金山和约"的名义，制造了"台湾地位未定"的谬论。这个"台湾地位未定"论虽然是伪命题，却成为"台独"人士的理论依据。所谓《开罗宣言》的法律位阶低于"旧金山和约"，就是这样鼓吹出来的。至今还有不少美国人和台湾的政客持这样的观点。

1972 年的《中美联合公报》声明，海峡两岸的中国人都认为只有一个中国，台湾是中国的一部分，但是美国国会却通过了"与台湾关系法"。美国表面上尊重国际法，但在台湾问题上常常把它的国内法"与台湾关系法"凌驾于中美三个联合公报之上。美国对台军售就是一个明显的例子。美国当今世界第一大强国的地位，给一些人造成了"强权就是公理"的错误认识，给"台独"人士造成一种"一中一台"的错觉。

因此，究竟是站在一个中国的立场上，还是站在"一中一台"的立场上，还是站在"两个中国"的立场上，就给认识和解说台湾的现实与历史带来不同的观点。

台湾的这种情况在世界上并不多见。如：朝鲜半岛上的朝鲜与韩国历史上同属一个国家，"二战"后根据雅尔塔会议的安排，朝鲜半岛被划分为南北两个国家，这两个国家后来都加入了联合国。又如"二战"结束后，德国被分裂为"联邦德国"与"民主德国"两个国家，随后这两个国家都加入了联合国。1990 年10 月，柏林墙倒塌后，两个德国完成了统一。再如，1995 年加拿大的魁北克地区要求独立，公民投票拒绝独立。

因此，台湾史研究中所持的基本立场问题，决定了台湾史研究的基本方向。

静宜大学副教授陈芳明于 1996 年发表文章讨论台湾史观问题时指出："在现阶段，任何建构有关台湾史观的讨论，仍然很难摆脱政治立场的影响。……任何历史解释都充满了高度政治性。"这个基本判断是准确的。陈芳明所主张的台湾史观是"后殖民地史观"。在他看来，台湾从一开始就是殖民地，"汉人在岛上出现，是台湾殖民地社会之滥觞"。此后，无论是荷占时期、明郑时期、清时期、日本殖民统治时期还是 1949 年以后国民党退台，都是外来政权，"自有历史活动以来，台湾岛上先有'原住民'社会的存在，然后才出现移民社会，最后又产生了殖民社会。较晚产生的社会，往往后来居上，对于岛上居民进行权力的支配。殖民体制一旦建立之后，凡是在台湾出现的统治者都先后接受了这个体制的权力结构。荷兰、郑氏、清廷、日本、国民政府各自代表了不同时期的文化与政治霸权，但他们对岛上的掠夺与剥削却是同条共贯的"。[①] 不难看出，陈芳明所追求的台湾史观，就是"台独"史观。这既是一种政治立场，也是作者追求的政治立场。

同期的《历史月刊》上还发表了台湾作家陈映真的文章。陈映真认为："台湾史最突出的特点，在于它不是一个向来独立的社会，或历来独立的'国家'或'民族'的历史。""一方面，台湾的先住民和拓垦汉族都在历史上不曾在台湾'独立建国'；另一方面，台湾历来是汉族人长期移垦并且具体地逐渐编入中国政权的建制；至……1885 年，正式建省，划入中国的版图。因此，台湾不存在因丧失原有的'独立'而恢复'独立'的问题，也不存在目前正遭受外族、外国'殖民统治'而'独立建国'的问题。以故，1945 年日本战败时，朝鲜面临的是恢复因日本并吞而丧失的独立，建立新国家的问题；而台湾则是迎接光复，复归中国的问题。"[②] 陈映真的台湾史观，也体现了一种政治立场，即台湾从来不是一个国家，而是中国的一部分。陈芳明和陈映真的对立，是台湾史研究中两种对立的政治立场的反映。今天所谓的台湾史问题，甚而至于台湾问题，都可以作如是观。

---

① 陈芳明：《台湾研究与后殖民史观》，（台北）《历史月刊》1996 年第 105 期。

② 陈映真：《台湾史琐谈》，（台北）《历史月刊》1996 年第 105 期。这里要指出陈映真文章中一个小的失误，台湾不是在 1885 年建省才划入中国的版图，而是从明郑驱逐荷兰时起就已经成为中国版图，1683 年康熙统一台湾，确定了台湾是中国的版图。1885 年台湾建省，只是把原属于福建省的台湾府升格为台湾省。

（二）台湾史研究的理论与方法问题

指导思想问题。研究台湾史，与研究中国史、世界史一样，不同的研究者从不同的角度展开研究，形成了不同的指导思想。但是，从思想体系来说，唯物主义历史观是最正确的指导思想。唯物主义历史观最核心的是尊重历史事实，在历史研究中尽可能搜集有关历史过程、历史事件、历史人物的全部史料，进行考证、辨识、逻辑梳理，弄清楚历史的来龙去脉、因果关系，追求历史的发展规律。

唯物史观对历史研究、历史著作的要求，其实并没有那么复杂高深，无非是处理历史问题，一切以时间地点为转移，也即是历史的方法，因为离开了时间和地点，历史事件将无法获得正确的说明和解释。对历史发展的重要情节，要运用阶级分析的方法，因为人类历史的关键环节，往往受经济利益的支配，离开了生产力的发展状况，离开了受经济利益支配的阶级博弈，很难说明历史上的政治斗争动向。对历史发展的大势，不能忽略历史发展的规律，不注意历史发展中的规律性，只关注历史进程中的某些细枝末节，难以说明和解释历史发展的方向。

在台湾史研究中，指导思想上的分歧，史观上的分歧很明显。海峡两岸的台湾史研究者由于政治立场的差异，历史观差异是很大的。尤其是在台湾史研究的宏观认识上，在台湾历史的规律性认识上，差异几乎难以抹平。在具体历史问题的研究上，差异可能不那么显著。

史观问题。史观即历史观，表示用什么观点看待历史问题，或者如何看待历史问题。随着台湾问题的突显，台湾史研究逐渐成为显学，台湾历史的史观问题引起学者的重视和讨论。

《历史月刊》第105期专辟《两岸对峙下的台湾史观》专辑，收录王明珂、陈芳明、陈映真、陈其南、陈孔立五位学者的文章。这五篇文章基本上代表了台湾史观认识上的几种不同的或者说对立的观点。

"中研院"史语所副研究员王明珂指出："数千年来，历史记忆与失忆使得许多人群成为中国人；也赖历史记忆与失忆使得许多人群成为非中国人。在现实的两岸关系中，历史失忆与重建历史记忆，成为台湾人试图脱离中国、建立本土认同的工具。"他还说，"台湾在历史记忆的本土化方面，目前面临的重要问题之一，便是如何建立一个岛内各族群皆能接受的本土历史记忆以凝聚台湾人认同"，"近年来在台湾进行的重建历史记忆与失忆风潮，其主要倾向便是以'日据时代的经验'与'南岛民族的本质'，来诠释台湾人与台湾文化的特质，并借此脱离中国联系"。[①] 这篇文章隐约指出了台湾史观正处在演变过程中。

静宜大学副教授陈芳明则主张"后殖民史观"。他指出："所谓后殖民史学，系指殖民地社会在殖民体制终结后，对其历史经验进行的反省与检讨。……对于殖民经验的全面检讨，从而理清何者属于外来者的观点，何者属于本土的观点，正是后殖民史学的重要课题之一。从这样的观点来看台湾历史的发展，后殖民史观的建立是值得追求的。"所谓"后殖民史学"，是指"二战"后通过民族解放斗争而取得独立的国家对于脱离殖民地的历史反思，是有其合理性的。问题是台湾从来不是一个国家，不存在民族独立问题，在这样的前提下，从后殖民史学去追求台湾历史的真相，无疑是立场站错了，故对台湾历史的解释也是错的。其实，陈芳明的"后殖民史学"并不新鲜，基本观点都是从史明的《台湾人四百年史》中抄过来的。

应当指出，台湾作家陈映真对于台湾史观的见解是值得称赞的。陈映真从唯物史观（他在文章中称作"社会经济史论"或者"社会史论"）的立场出发，对台湾的历史做了历史的、阶级的分析，认为台湾历史上从来不是一个"独立的国家"。他指出："台湾的殖民地化……并不是一个原本独立的社会、民族或国家的殖民地化，而是从中国被分断窃占出去的领土之殖民地化。因此，殖民地化期间台湾的反殖民地压迫的斗争，就历来不是反帝→独立的斗争，而是反帝→复归祖国的斗争。而当支配的殖民者败亡时，台湾的斗争也历来不是'恢复独立'的斗争，而是复归祖国的斗争，这是理所当然的。"[②] 这是完全符合历史史实的。

陈其南认为，台湾历史研究所遇到的棘手问题之一，是无法摆脱不同历史时期的政治立场之纠葛。他指出："有些论著更是清楚地在为台湾的政治独立寻求历史研究和学术理论的根据。如果将之视为政治意识形态化的历史或区域研究样本，当然也不能说有何不妥。"他自己的看法是："在不同的中国人社会中，不

---

① 王明珂：《台湾与大陆的历史记忆与失忆》，（台北）《历史月刊》1996 年第 105 期。
② 陈映真：《台湾史琐谈》，（台北）《历史月刊》1996 年第 105 期。

论他们是属于一个或多个国家，均应体现出理性的政治生活之本质；国家的性质和国籍的归属应以人民的意愿和福祉为前提，而不能单由历史传统或既存政体的主体势力来规定；政治问题的解决应着眼于民主政治的建立，而不是一味地以民族感情和文化主义来强求。"①作者时任"行政院文化建设委员会副主任委员"，他的立场貌似公正，实为"台独"史观。

厦门大学陈孔立教授认为："台湾历史作为中国历史的一个组成部分，它与全国的历史有着共同性；但台湾作为中国的一个比较特殊的地区，它的历史也必然有其特殊性。如果只强调共同性，而忽略其特殊性，就不能正确地认识台湾的历史，也不能正确地认识台湾的现实；如果只强调特殊性，而忽略了共同性，就不能正确地认识历史上的两岸关系和当前的两岸关系，也无法正确地认识和对待台湾的前途问题。"②陈教授的台湾史观大体上代表了大陆学者的台湾史观，即从一个中国的立场来观察台湾的历史。

此外，台湾历史研究中还有一种"兼顾史观"。所谓"兼顾史观"，即既要照顾到台湾人的观点，也要照顾到（台湾的）大陆人的观点。陈孔立将美籍华人教授许倬云的史观概括为台湾史研究中的"兼顾史观"，指出"兼顾史观"难以兼顾的"难题"："有史观就有认同，有认同就有'我者'与'他者'的区别，就很难做到'兼顾'，兼顾史观无法避免'认同不能兼顾'的难题。"③

宋光宇在《台湾史》中设专章讨论了台湾学界在台湾史研究中的11种史观。他评论说："这些理论也都不是全面的、完整的。有如瞎子摸象，看谁摸到什么部位，就说长得像那个样子。……可以清楚地看到，有些史观非常狭隘，如'日本强权论''新台湾人论''同心圆论'等。也有的史观是从全世界来看，如依赖理论。理论的涵盖面越大，内容就越容易粗疏；涵盖面小，却只见树木不见森林。因此，要想找到一个切中时弊，又可以用来解释同一的时候，东亚、已开发国家乃至全世界的理论，似乎相当不容易。"④

① 陈其南：《民族、社会、国家与历史：台湾史研究的政治意涵》，（台北）《历史月刊》1996年第105期。
② 陈孔立：《台湾历史与两岸关系》，（台北）《历史月刊》1996年第105期。
③ 陈孔立：《台湾史研究的"兼顾史观"——评许倬云著〈台湾四百年〉》，载张海鹏、李细珠主编：《台湾历史研究（第1辑）》，社会科学文献出版社，2013，第381—388页。
④ 宋光宇：《台湾史》，人民出版社，2007，第451页。

可以说，前文阐述的五种史观，大体上代表了两岸学者在台湾史观方面的不同见解。

陈孔立撰文指出："总之，两岸存在不同的史观，这就影响到对具体历史的不同看法。"① 我可以举出大量例证来证明这个判断。

例如，陈芳明假设台湾自古就是一个国家，那里的住民就是今天的台湾少数民族。早期汉人来台湾开发就是殖民，以后在台湾建立的所有政权都是殖民地政权。所有在台湾建立过政权的政治力量，都一贯在压迫台湾少数民族。如果用陈芳明这样的"后殖民史观"解释台湾历史，实现"台湾独立"，就应该把所有的汉人（包括坚持"台独"立场的汉人）都撤出台湾。2000—2008 年的民进党政权也是"殖民地政权"，也应该撤出去，还政于台湾少数民族。"台独"人士的目的是要使台湾脱离中国，由"台独"人士在那里"独立建国"，他们不想与国民党分享政权，也不想与台湾少数民族分享政权。因此，认识台湾历史问题的最重要关键，是厘清台湾历史上是否存在过一个国家这一历史事实？正如陈映真文章指出的，台湾史最大的特点，就是它从来不是一个独立的"国家"或"民族"，也从来不是一个独立的社会。这才是台湾史最基本的历史事实。让这个基本的历史事实回归台湾史，那么，一切所谓"台独"史观（包括所谓"后殖民史观"），都只是子虚乌有，好似建筑在沙滩上的高楼大厦，沙滩一旦松动，大厦立即垮塌。因此，"台独"史观既没有确凿的历史事实作为支撑，也没有坚实的理论基础作为支撑。

不同的史观对台湾历史总体发展的认识，差异也极大。如有关台湾四百年史，一些书的书名就如此标出。② 著名"台独"理论家史明最早推出《台湾人四百年史》，明确把台湾历史与祖国大陆加以切割。此后，台湾一些政客开口闭口台湾四百年。事实上，三国吴黄龙二年（230）卫温等率甲士到夷洲以及随后沈莹作《临海水土志》，是汉文典籍最早记录台湾的历史，也是台湾最早进入人类史册。元朝在澎湖建立巡检司，都要比荷兰侵入台湾早得多，都要比葡萄牙人命名"福摩萨"早得多，为什么不用中国的历史记录呢？ 2003 年春台北故宫

---

① 陈孔立：《台湾史研究的史观问题》，载张海鹏、李细珠主编：《台湾历史研究（第 1 辑）》，社会科学文献出版社，2013，第 13 页。

② 2013 年，浙江人民出版社出版的许倬云著的《台湾四百年》是一个新的例子。

博物院院长杜正胜组织的"福尔摩沙展",就是要把台湾与祖国区隔开来,就是"去中国化"的表示。究竟是 400 年还是 1700 年,不同的台湾史观在这里区别得再清楚不过了。

"台独"史观者极力表彰"日据时期的经验",大谈日本对台湾的开发,却对清朝对台湾的开发视而不见;大谈"南岛民族的本质",却对自宋以来汉族人对台湾的辟荆拓莽视而不见。台湾的少数民族固然值得认真研究,早期汉族人对台湾的开发就不值得认真研究吗? 只强调汉族人对台湾少数民族的"掠夺",不研究汉族人与台湾少数民族的合作,这样公平吗? 陈芳明的文章判定:"综观整个清代,统治者并未负起开发台湾的责任。"[1] 这句话太不公平了! 清朝的统治固然是封建统治,但是清朝统治者对台湾的建设与开发的史迹也不能抹杀。这就是尊重基本的历史事实。康熙以后,台湾的政治制度建设日臻完善,文化教育建设也在逐渐开展,难道不是事实吗? 1885 年建省,是一个重大举措。那时候祖国大陆拟议中的建省也还没有实现。台湾建省前后沈葆桢、刘铭传等在台湾开展的开山抚番以及早期现代化事业,不仅载诸史籍,而且有口皆碑。台湾的洋务事业不仅不落后于大陆各省,甚至还走在前列呢! 怎么能说清廷没有负起开发台湾的责任呢! 可见台湾史观的不同,导致了对具体历史事实的解释相差玄远。

"日据""日治"之争,是近几年台湾中学历史教科书编纂方面的一大争议,也恰好反映了两种对立的台湾史观对日本殖民统治时期评价的差异。我在前些年写的一篇文章中指出:"在台湾出版的台湾史著作中,出现了一些值得注意的主体性倾向。比如一些著作,把清朝时期的台湾称作'清领时期',又把日据时期的台湾称作'日治时期',抑此扬彼,泾渭分明。所谓'清领',是指台湾曾经为清朝占领或领有的意思。台湾自有文字记载以来,就是中国的领土,历史上曾经有短暂的时期为荷兰、日本占据,不久便为中国收回。所谓'荷领''清领''日治',分明是把台湾的主体性无限扩大为'台湾国',是为'台独'制造历史根据的用语,虽然一字之差,却体现了一种春秋笔法。"[2]

更有甚者,由于把"台湾史"与"中国史"对立起来,判"台湾史"为本国

① 陈芳明:《台湾研究与后殖民史观》,(台北)《历史月刊》1996 年第 105 期。
② 张海鹏:《关于台湾史研究中"国家认同"与台湾史主体性问题的思考》,《中国社会科学院报》2005 年 3 月 15 日,转载于《新华文摘》2005 年第 10 期,收入张海鹏:《书生议政:中国近现代史学者看台湾的历史与现实》,(台北)海峡学术出版社,2010,第 125 页;九州出版社,2011,第 71 页。

史，判"中国史"为外国史，以致出现所谓中国是"外国"，是"敌国"，"中华民国史是外国史""孙中山是外国人"等让人忍俊不禁的苦涩笑话。

历史分期问题。台湾史的分期问题也是研治台湾通史的过程中，一定会遇到且必须正确处理的问题。

《台湾史稿》出版后，有学者对该书的分期质疑道，该书分成上卷、下卷，上卷是台湾的古代与近代，下卷是台湾的现代，书中找不到古代、近代、现代的起讫点；再结合该书下限截至 2010 年，似乎应该从现代中划出一个当代。[①]

刘大年等著的《台湾历史概述》将台湾历史分期为：封建制以前的时期（1661 年以前）；封建制度时期（1661—1840）；半殖民地半封建和殖民地时期（1840—1945）。这是将马克思主义社会形态学说与中国的历史实际相结合所作的分期，大体上与整个中国史的历史分期相同。用马克思主义学说对台湾历史进行这样的分期，这是第一次。我认为这是一种科学的分期。

陈碧笙著的《台湾地方史》没有明确的历史分期，全书 21 章大体上是按时间顺序安排的。从章节安排来看，台湾历史可以分为原始社会时期、封建社会时期和半殖民地时期。

陈孔立主编的《台湾历史纲要》按照早期台湾、荷兰入侵的 38 年、明郑时期、清代前期、清代后期、日本殖民统治的 50 年、当代台湾来分章，这也是一种分期方法。这种分期方法大体上类似于中国通史按照朝代分期的方法。宋光宇和戚嘉林的《台湾史》，大体上类似于《台湾历史纲要》的分期法。

也有台湾学者按照马克思主义社会形态学说对台湾历史进行分期，陈映真就是一个典型代表人物。陈映真认为，从社会史的角度看台湾历史的各阶段，最概括地说，荷据时期的台湾，是一个殖民地的、在荷兰东印度公司支配下的欧式封建社会；明郑时期，台湾的殖民地性格消失，明郑在台湾实行豪族部曲的封建制；鸦片战争以前的清代，台湾社会进一步成为较为发达的封建社会；鸦片战争（1840）到马关割台（1895）期间，台湾和大陆一道遭到帝国主义列强侵略，中国丧失了独立自主的地位，包括台湾在内的中国社会沦为半殖民地半

---

① 参见张振鹍《漫议台湾历史分期》，载张海鹏、李细珠主编：《台湾历史研究（第 1 辑）》，社会科学文献出版社，2013，第 14 页。

封建社会;1895 年马关割台,台湾进一步沦为日帝总督府直接统治下的殖民地。[①]这样的认识,大体上与《台湾历史概述》相同。

我作为《台湾史稿》的主持者,是认同马克思主义社会形态学说的,但考虑到台湾一般读者的接受程度,《台湾史稿》没有按照马克思主义社会形态学说对台湾历史进行分期,而是把台湾历史分作古代、近代和现代。这既与他们对中国历史的总体认识是一致的,其中也隐含了社会形态的分期,即古代是封建社会,近代是半殖民地半封建和殖民地社会。1949 年后,台湾走上了与大陆完全不同的发展道路,这是台湾历史的特殊点。从社会形态的角度来说,台湾作为一个政治实体在 1949 年后仍然是半殖民地半封建社会。这是因为台湾处在美国的控制下,接受美国的经济援助,政治上、军事上不能不在一定程度上接受美国的安排。1979 年中美建交后,美国从国际法上放弃了对台湾的政治保护。1979 年以前,台湾就放弃了"美援";此后,台湾社会无论是在政治形态上还是在经济体制上,都在沿着美式资本主义道路发展。

《台湾史稿》没有标明台湾古代、近代和现代的时限,似是一个缺点,但是编写者的指导思想是明确的,鸦片战争前是古代,鸦片战争后进入近代。该书第四章《中国边疆危机与台湾建省》从鸦片战争讲起,就包含了时限的概念;下卷从 1949 年开始叙述,也是一个时限的标志。当然,如果从现代中划出一个当代,那么,隐含的社会形态分期就会更清楚一些。因此,这个意见在修订时可以采纳。

(原载《台湾历史研究(第 2 辑)》,社会科学文献出版社,2014)

---

① 陈映真:《台湾史琐谈》,(台北)《历史月刊》1996 年第 105 期。

两岸一体史观发微

李细珠

　　史观或历史观，是历史研究的立场与指导思想，涉及对历史的根本看法以及历史研究的理论与方法问题。关于台湾史观，学界有不少探讨。[①] 由于历史与现实的原因，台海两岸学界关于台湾史研究的史观不尽相同，甚至不无对立，这样便使两岸学界交流难有对话，要么有意回避，要么自说自话。整体而言，台湾学界的台湾史观经历了从统一史观转向"台独"史观的历程，现在"台独"史观是主流；而大陆学界的台湾史观则始终坚持统一史观，一般笼统地用中国史观。这里针对"台独"史观，谨提出两岸一体史观与之对应，略加分梳，以就教于学界同仁。

一、两岸一体史观提出的学术背景

　　为什么要提出两岸一体史观？

---

　　① 台湾学者陈芳明的《探索台湾史观》（自立晚报社文化出版部，1992），在批判各种史观尤其是统派史观的基础上，提出要建立"完整的台湾史观"，就是建立"台独"史观。宋光宇的《台湾史》（人民出版社，2007）则专辟一章（第十九章《台湾史史观 各家争鸣》），评说各种台湾史观。张亚中的《建立两岸共同体史观（一）：现有史观的问题在哪里》（《中国评论》月刊，2010年11月号，总第155期），也批评了台海两岸的各种史观。大陆学者陈孔立的《台湾史研究的史观问题》（载张海鹏、李细珠主编载张海鹏、李细珠主编：《台湾历史研究（第1辑）》，社会科学文献出版社，2013），详细评述了台湾史学界各种不同的史观。张海鹏的《60年来有关台湾通史的撰写及理论方法问题》（张海鹏、李细珠主编《台湾历史研究》第2辑，社会科学文献出版社，2014），也涉及台湾史研究的史观问题。另外，旅美华人学者王晴佳的《台湾史学史：从战后到当代》（上海古籍出版社，2017），对台湾学界的各种台湾史研究理论与方法均有所评介。

一方面，是因为台湾学界"台独"史观泛滥，早已成为台湾史研究的主流话语。

其实，台湾岛内台湾史研究的史观有一个转变的过程，就是从统一史观转向"台独"史观，也是"台独"史观从边缘走向中心。其中的关键人物是史明与曹永和、杜正胜，而李登辉当局与陈水扁当局、蔡英文当局不断推行修改历史课纲，实行"去中国化"的"台独"历史教育，则是"台独"史观在政治与社会层面的具体落实。

有"台独教父"之称的史明，也是"台独"史观的鼻祖。1962 年他出版了日文本《台湾人四百年史》，1980 年出版了中文增订版，是"台独"史观重要的宣传品。史明的"台独"史观最眩人耳目之处，就是标榜用唯物史观撰写台湾史，有谓"站在台湾人劳苦大众的立场"，"以分析基层构造，即社会经济为出发点，来观察台湾社会各阶段的形成发展"，"阐述台湾民族的形成及发展过程"。又谓："要站在四百年来从事开拓、建设台湾而备受外来统治者欺凌压榨的台湾人的立场，来探索'台湾民族'的历史发展，以及台湾人意识的形成过程，同时也希望透过台湾民族发展的历史过程，寻到一条我们一千万台湾同胞求生存所能遵循的途径"。[1] 史明晚年仍然宣称："《台湾人四百年史》最与众不同之处，还是在于它的立场。因为历来关于台湾的史书与文献，毫无例外的，都是由外来统治者，即荷兰人、日本人、中国人及其他外国人所写，都是站在外来统治者的立场。即使是身为台湾人的连横所写的《台湾通史》，像林爽文这些台湾大众眼中的抗暴义士，都被他写成匪徒。《台湾人四百年史》是第一本站在四百年来从事开拓、建设台湾而备受外来统治者欺凌压榨的台湾人的立场，来探索'台湾民族'的历史发展，以及'台湾人意识'的形成过程的著作。"[2] 史明不是学者，是"台独"活动家。他撰写此书，是为其"台独"运动寻找历史依据。有台湾学者认为："它是一本运动性的书，它要展现所谓台湾'独立''台湾人意识''台湾民族论'的运动性的书。"[3] 因为史明此书不是严肃的学术著作，而是带有极端偏见、任意剪裁史料的政治宣传，所以其影响极为恶劣。有鉴于此，国台办

---

① 史明：汉文版序、日文版序，《台湾人四百年史》，(台北) 蓬岛文化公司，1980。

② 史明：《史明回忆录》，(台北) 前卫出版社，2016，第 436 页。

③ 参见齐青海：《台独理论的大黑洞》，载许南村编：《史明台湾史论的虚构》，(台北) 人间出版社，1994，第 309 页。

曾组织台湾史研究的专家撰文，汇编成《史明台湾史论的虚构》一书，在台湾出版。^①该书不但从学理上批判了史明虚构的所谓"台湾民族"论、"台湾人意识"论、"台湾汉人"与"大陆汉人"区分论、"反唐山"论、"台湾独立建国"论、"荷据以来台湾和中国大陆属于不同的经济圈"论、明郑与清朝及民国时期台湾是中国的"殖民地"论、日据时期"台湾近代化（资本主义化）"论、战后台湾"（美蒋）双重殖民地性经济"论和"（中国—台湾）民族矛盾"论等诸多谬论，而且从政治上揭穿了史明"台独"史观的反动本质，揭露了其"以伪托的历史唯物论，欺世盗名，为反民族、反华、反统一的逆流服务；为反共和当代新帝国主义'拆散中国'的阴谋服务"^②的反动面目。但不可否认的是，史明的《台湾人四百年史》作为披着学术外衣的政治宣传品，对台湾岛内及境外"台独"人士的"台独"运动与台湾学界的"台独"史观仍然有着直接而巨大的影响。

著名台湾史学者曹永和，是台湾岛内台湾史研究的史观发生转变的枢纽性人物，这个转变的枢纽就是他首倡的所谓"台湾岛史"概念。如果说史明的影响主要是在一般社会层面，那么，曹永和的影响则直接深入到了学界。曹永和早期研究台湾史抱持典型的统一史观，认为台湾历史是中华民族发展史的一部分，台湾与大陆是不可分割的统一体。他说："台湾史的基本性格是在于数千年来，发源于黄河流域的中华民族，不断地分向四方扩展，终于自大陆滨海地方，将其活动范围推进到台湾来，前仆后继，入殖经营，终于建设了汉人社会的过程。所以台湾的经营也是整个中华民族发展史上的一章，也是中华民族所蕴蓄深厚潜力的发挥。"康熙二十二年（1683）台湾被置于中央政府管辖之下，"至是，台湾与大陆名实连成一体，变成不可分的一部"。^③曹永和史观转变的标志，是1990年提出所谓"台湾岛史"概念。他自称，这个史观转变是受法国年鉴学派的影响，"法国年鉴学派主张拓展研究领域和视野，提倡以地域和人民为主，而非国家与政治挂帅的整体历史研究，也使我的台湾岛史研究脱离故步自封的

① 李祖基：《大陆台湾史研究三十年的回顾与感想》，《台湾研究》2009年第1期。
② 许南村编：《史明台湾史论的虚构》，（台北）人间出版社，1994，"编者的话"第3页。
③ 曹永和：《中华民族的扩展与台湾的开发》，载氏著：《台湾早期历史研究》，（台北）联经出版事业股份有限公司，1979，第21—22、24页。

本土沙文主义，在本土化与国际化的视野下，展开台湾与世界的对话"。① 关于
"台湾岛史"概念，他自称："台湾是一个独立的历史舞台，从史前时代起，便有
许多不同种族、语言、文化的人群在其中活动，他们所创造的历史，都是这个
岛的历史。"他提出"台湾岛史"概念的初衷，是希望"台湾史研究跳脱出学界
目前泛政治化的解释模式"，唯有"站在人民的立场研究历史、解释历史"，"在
台湾岛的基本空间单位上，以岛上人群作为研究主体，纵观长时段以来台湾透
过海洋与外界建立的各种关系，及台湾在不同时间段落的世界潮流、国际情势
内的位置与角色，才能一窥台湾历史的真面目"。他还特别提出，鉴于台湾正向
"海洋文化"转型，"台湾岛史"概念"有助于海洋文化基础工作的建构"。台湾
史研究不能局限于汉人的观点与政治变迁，"要架构出结构性（structural）、总
体性（total）、全球性（global）的史观"，提倡要超越"过去的汉人中华沙文主
义"，研究"多族群的台湾岛史"。② 作为学者的曹永和并不明确提倡"台独"主
张，其"台湾岛史"概念的表述也较为模糊隐晦，但无论是其历史观还是其政
治立场业已开始明确地转向"台独"是毋庸置疑的。从历史背景来看，20 世纪
80 年代末，西方掀起一股强烈的用西方蓝色海洋文明批判中国黄色内陆文明的
思潮，曹永和于 1990 年提出"台湾岛史"概念与海洋史研究，其意何在，不言
自明。在历史观方面，曹永和自称其提出"台湾岛史"概念，是其研究观点的
重大调整，也是对台湾岛内当时日益高涨的本土化思潮的因应。他说："我过去
的研究，是以台湾汉人开发的过程作为核心问题。然而台湾'解严'以来，本
土化的思潮冲击台湾社会，置身在社会脉动中的历史学者，不得不对过去的研
究观点进行反思，也因此产生了重大的调整。我的研究主体，由原本的特定族
群调整为土地，以及在这片土地上活动过的所有族群，所以我才提出'台湾岛
史'概念，来架构台湾史研究的主体。"③ 与历史观调整同步发生的，是其政治立
场向"台独"转变。他通过加入台湾历史学会与北社等"台独"社团，完成了

---

① 钟淑敏等访问，吴美慧等纪录：《曹永和院士访问纪录》，（台北）"中研院"台湾史研究所，
2010，第 160—161 页。

② 曹永和：《台湾史研究的另一个途径——"台湾岛史"概念》《台湾史的研究》《台湾史研究及
其文献资料》《多族群的台湾岛史》，载氏著：《台湾早期历史研究续集》，（台北）联经出版事业股份有
限公司，2000，第 448—449、457、468、473 页。

③ 钟淑敏等访问，吴美慧等纪录：《曹永和院士访问纪录》，（台北）"中研院"台湾史研究所，
2010，第 160 页。

政治认同的变迁。曹永和在访谈中自述:"1995 年,台湾历史学会成立,我也应邀入会。虽然这是个政治性较强的社团,但是身为台湾人,应该对台湾有所认同,这是一个认同变迁的过程吧!所以 2002 年北社成立时,虽然我不在台湾,也未参加过相关活动,但他们将我列为发起人,我也觉得可以接受。"① 曹永和的"台湾岛史"概念提出后,在李登辉时期"建构台湾主体性"与陈水扁民进党当局"去中国化"的"文化台独"政策推动下,迅速占据主流地位。曹永和的"台湾岛史"概念反映的"台独"史观,在学界尤其是中小学校历史教育中的具体推广,杜正胜建构的"同心圆史观"起了关键作用。

杜正胜在 20 世纪 90 年代中期提出"同心圆史观"。他说:"这个新史观即是我提出的'同心圆'历史架构,简单地说,以台湾作中心,一圈圈往外认识世界,认识历史。这个新历史观是我对历史研究与教育的初步纲领,也是我思考台湾现实处境和未来走向而提出的方针。"杜正胜的"同心圆史观"不仅是一个历史观,更是一种历史教改方案。他认为,这个贯彻"同心圆史观"的教改方案,要"扬弃过去四十多年以中国史为主体的历史教育,改以台湾为核心。首先明白宣示'同心圆'的历史课程设计,从小学到大学大约十至十二年的一贯规划。第一圈是乡土史(县市或台湾北、中、西、南、东地区),第二圈是台湾史(含闽粤东南沿海),第三圈是中国史,第四圈是亚洲史(含西太平洋),第五圈是世界史。……此一规划是依同心圆方式,由内到外,从乡土史、台湾史、中国史、亚洲史到世界史,循序渐进"。② 杜正胜深得李登辉信任,曾以"中研院"院士、史语所所长身份兼任台湾当局教育部门学术审议委员会委员、顾问及负责编印台湾地区的中小学教科书的"中学认识台湾(社会篇)教科书编审委员会"主任委员、"高级中学历史教科书编审委员会"主任委员等职;陈水扁上台后,杜正胜又出任台北故宫博物院院长和台湾当局教育部门负责人。这些经历,使杜正胜得以趁主导"台湾历史课纲修订"与教科书编纂之机,用所谓

---

① 钟淑敏等访问、吴美慧等纪录:《曹永和院士访问纪录》,(台北)"中研院"台湾史研究所,2010,第 159 页。按:曹永和的长子曹昌文访谈时说,晚年曹永和只看绿媒《自由时报》《台湾时报》,不看蓝媒《联合报》《中国时报》。晚年史明在其回忆录中叙述自己学习台湾史时,还特别提出曹永和。史明回忆 60 多年前的事情时,所说未必真实,但这些并不重要,重要的是,史明如此重视这个细节,显然有引曹永和为同道之意。

② 杜正胜:《一个新史观的诞生》,载氏著:《新史学之路》,(台北)三民书局,2004,第 67、70 页。

"同心圆史观",将"台独"史观直接渗透到中小学历史教科书之中,企图通过学校教育的方式,使"台独"史观成为所谓"天然独"世代的文化基因。

大陆学界的台湾史研究在改革开放之后全面展开,各个领域虽获得不同程度的进展,[①]但在台湾史观方面缺乏总结提炼。一般来说,大陆学者都坚持台湾是中国的一部分,台湾历史是中国历史的一部分,只是笼统地用中国史观,没有形成一个与"台独"史观针锋相对的台湾史观。

大陆学界较早思考台湾史观的学者,是陈孔立。早在 1996 年,陈孔立在应台湾《历史》月刊之邀参与"两岸对峙下的台湾史观"讨论时,就鲜明地提出了中国史观的观点。他说:"台湾历史作为中国历史的一个组成部分,它与全国的历史有着共同性;但台湾作为中国的一个比较特殊的地区,它的历史也必然有其特殊性。如果只强调共同性,而忽略其特殊性,就不能正确地认识台湾的历史,也不能正确地认识台湾的现实;如果只强调其特殊性,而忽略了共同性,就不能正确地认识历史上的两岸关系和当前的两岸关系,也无法正确地认识和对待台湾的前途问题。"[②]

张海鹏对台湾史研究中的中国史观的阐释,也有一定的代表性。他认为:"从历史和现实来说,台湾从来是中国的一部分,从来不是一个独立的国家。站在中国史和台湾史的立场,所谓'国家认同'自然是认同中国,不存在其他的所谓'国家认同'问题。研究台湾史,研究中国史,没有也不可能有根本的利害冲突。从中国史的角度看台湾史,我们可以看出台湾史在中国历史中的独特性;从台湾史的角度看中国史,我们可以看出台湾史与中国史的同质性。台湾史与大陆各省的历史相比较,各有独特的史实,表现出各种不同的特色。贯穿其中的共同特点,是中国历史文化的传统,是共同的经济、政治发展的路向。尽管日据五十年,日本的殖民文化曾经强行影响了台湾,但是,中国历史文化特点的共相在台湾社会有着强烈的存在,难以消灭。"[③]坚持台湾是中国不可分割的一

---

① 张海鹏、李细珠主编:《当代中国台湾史研究》,中国社会科学出版社,2015。
② 陈孔立:《台湾史研究的史观问题》,载张海鹏、李细珠主编:《台湾历史研究(第 1 辑)》,社会科学文献出版社,2013,第 4—5 页。
③ 张海鹏:《关于台湾史研究中"国家认同"与台湾史主体性问题的思考》,《中国社会科学院院报》2005 年 3 月 15 日。张海鹏:《书生议政:中国近现代史学者看台湾的历史与现实》,九州出版社,2011,第 71 页。

部分的中国史观，是大陆学界研究台湾史的基本指导思想。

此外，在两岸的台湾史观泾渭分明、难有交集的基本形势下，尚有一些调和折中的史观探索，也值得注意。

台湾学者张亚中提出建立两岸共同体史观的主张。作为政治学者，张亚中讨论史观问题，难免最终落实到现实政策方面。他认为，"史观"是"论述"的基础，"论述"是"政策"的依据，"政策"的实践又会强化"史观"的认知。他详细分析两岸现有的台湾史观后得出结论："北京方面的'内战史观'与'统一史观'与台北方面的'分离史观'（包括'台独史观'与'独台史观'）恰恰成为两个对立的史观，也自然形成了两个对立的论述，也产生了会有冲突的政策。台北方面必须思考，不论是'台独史观'或'独台史观'，是否真能为台湾人民带来利益？长远来看，反而可能减弱了台湾在面对大陆时的参与机会，甚而给台湾自己带来灾难。北京方面必须思考，如何在终结'内战史观'与完成'统一史观'中间，建立一个有助于两岸和平发展、共荣共利，属于两岸和平发展期的史观，让两岸可以在这样的史观下发展论述并推动符合两岸人民整体利益的政策？"他呼吁大家一起努力，建立两岸共同体史观。[①] 为什么要建立两岸共同体史观？他认为："由于独立或偏安有太多人性的理由，统一的道理总是没有办法说服分离主义者，所以，历史统一几乎从来不是用讲道理，而是用流血的方式完成。"唯有共同体史观，可以用尊重与包容化解分离史观。他把两岸目前的"和平发展期"定位为"统合期"或"共同体期"，近期目标是追求"两岸统合"。"'两岸统合'则是透过共同体的建立……让两岸在整个中国人的事务上可以'共同治理'"。[②] 张亚中所谓的"两岸共同体史观"并不针对台湾史学术研究，而是现实政策论述的基础。

旅美华人学者许倬云提倡"兼顾史观"。他以自己的人生经历观察台湾历史后提出："我对台湾的观察和体验，也是既非完全台湾人的，也非完全大陆人的，而是尝试着两面兼顾，所以看得较为清楚。"[③] 陈孔立概括其史观为"兼顾史观"，

---

① 张亚中：《建立两岸共同体史观（一）：现有史观的问题在哪里》，《中国评论》2010年11月号，总第155期。

② 张亚中：《建立两岸共同体史观（二）：为何应该选择共同体史观》，《中国评论》2011年1月号，总第157期。

③ 许倬云：《台湾四百年》，浙江人民出版社，2013，"前言"第2页。

在肯定其对台湾史研究的启示的同时，也客观地指出其实际上难以"兼顾"的困境。陈孔立评论说："兼顾史学要做到不偏不倚，对'完全的台湾人'和'完全的大陆人'都要照顾到，这是十分困难的。因为既然有史观，就有认同的问题。许教授不认同'切断与中国文化的关系'，说明他认同中国文化，这就与不认同中国文化的人'不兼顾'，因此对于不认同中国文化的人来说，他们是否承认许教授的'不兼顾'，是否承认许教授'不偏不倚'就成了问题"。"有史观就有认同，有认同，就有'我者'与'他者'的区别，就很难做到'兼顾'，兼顾史观无法避免'认同不能兼顾'的难题"。①

陈孔立则直接呼吁建立两岸共同史观。他认为，"中国史观"与"台湾史观"都不可能是两岸学界能够接受的共同史观。"共同史观应当是在当前条件下，双方或多方都能接受的一种史观。换句话说，不能要求任何一方放弃自己的史观，凡是有一方不能接受的史观，都不能成为共同史观"。至于如何来建构两岸共同史观，他认为："建构共同史观并不是要建构一种完整的史观来取代现有的各种史观，而是要吸取各种史观中若干双方可以接受的基本要素，形成具有两岸特色的共同史观。"他还提出，可以从共同研究"抗日战争史"这一个案入手，通过共同编写以及吸收各种史观中可以接受的要素，进而建构两岸共同史观，然后不断地充实与完善。② 这也是学者的一个善良愿望。其实，单就抗战史而言，国共两党共有的历史记忆能否成为两岸"共有观念"，就成问题。所谓"建立两岸共同史观"或许可以尝试，但结果不一定乐观。

总之，无论是张亚中的"两岸共同体史观"，还是许倬云的"兼顾史观"，或者是陈孔立的"两岸共同史观"，都是希望两岸有一个相同的史观。在目前的两岸形势下，这一愿望是很难达成的。

二、两岸一体史观的史实基础

历史研究的史观的提出，要符合历史实际。两岸一体史观作为对台海两岸关

---

① 陈孔立：《台湾史研究的"兼顾史观"——评许倬云著〈台湾四百年〉》，载张海鹏、李细珠主编：《台湾历史研究（第1辑）》，社会科学文献出版社，2013，第386、388页。

② 陈孔立：《建构两岸共同史观的尝试》，《台海研究》2017年第2期。

系历史变迁的理论概括，是从基本史实中提炼出来而又可用于指导具体历史研究的史学理论或历史观。

两岸一体史观的史实基础有三方面依据：

一是考古学、人类学、民族学依据，这便涉及台湾史前文化渊源与"原住民"的来源问题。

关于台湾史前文化的起源与流变，大陆学者主要关注的是其与大陆史前文化的关系。陈国强等从考古学的角度，系统地论述了闽台史前文化的关系。台湾的旧石器时代文化以台东八仙洞的长滨文化为代表，距今 5000 年至 15000 年以上。长滨文化的石器工具同东亚大陆砾石砍器传统完全一致，特别是同湖北大冶石龙头（中更新世）、广西百色上宋村（晚更新世）的石器类型与制作技术相同；骨器的类型与制造技术则与山顶洞文化特征一致。闽台区域最早的新石器时代文化，是福建的壳丘头文化和台湾的大坌坑文化，二者大致均存在于公元前 5000 年至公元前 2500 年前后，都属于海岸文化。这两类文化的关系非常密切，当属于同一文化区。闽台新石器时代晚期文化，是福建的昙石山文化和台湾中南部的凤鼻头文化、台北芝山岩文化、圆山文化。这几种文化基本上分布在台湾海峡的东西海岸地区，都具备有段石锛、有肩石斧、印纹陶以及黑陶、灰陶、彩陶共存等文化特征，而有段石锛起源于长江下游地区，有肩石斧起源于广东珠江三角洲，然后广泛分布于大陆东南地区，其传播途径必然是先福建而后台湾。台湾在相当于大陆商代晚期的圆山文化晚期步入青铜时代，其青铜时代与大陆东南沿海地区，特别是福建地区具有许多相同的文化因素。由于台湾史前文化发展的相对滞后性，大陆魏晋隋唐时期在考古学上大致相当于台湾史前文化发展的晚期阶段，即铁器时代的十三行文化、番仔园文化和茑松文化。三者依次分布于台湾西海岸的北、中、南部，三者的绝对年代约在公元前后延续至十六世纪。[①]尽管台湾史前文化的发展有其自身特点，但其与大陆东南地区文化的渊源关系是不可否认的。

事实上，日本考古学者也曾注意到这种关系。日本学者金关丈夫、国分直一、鹿野忠雄都曾论及台湾史前文化与中国大陆北方地区或华南地区的关系。

---

① 参见陈国强、叶文程、吴绵吉主编：《闽台考古》，厦门大学出版社，1993，第 31—42、67—86、143—146、177—178 页。

金关丈夫、国分直一均认为："台湾先史时代有北方文化的因素……这里所说的'北方性'不是指西伯利亚或北极，而是指华北。"[①] 鹿野忠雄有言："台湾先史文化的基层是中国大陆的文化，此种文化曾分数次波及台湾。"[②] "二战"后相当长一段时期内，林朝棨、宋文薰、臧振华等台湾考古学者也都强调台湾史前文化是由大陆直接或间接传入的。[③] 据古地质学家考证，台湾岛是在第三纪中新世末由于喜马拉雅运动而形成的，到第四纪更新世（约距今 300 万年前），地球发生多次全球性冰期，台湾海峡海水多次升降，使台湾岛与福建大陆多次离合。更新世是人类出现和进化的时期，由于台湾岛的地质很不稳定，早期灵长类动物和人科成员无法进入台湾，台湾迄今也未曾发现灵长类动物和人科成员化石，故台湾不具备从猿到人进化的自然地理条件，台湾的古人类只能从岛外迁入。大陆古人类与史前文化进入台湾的最早通道是横亘于台湾海峡的"东山陆桥"。从考古学来看，福建漳州莲花山文化与台湾长滨文化乾元洞期、漳州文化与长滨文化潮音洞期关系密切，是闽台旧石器文化的两次重要交流。在新石器时代，大陆文化也曾有三波越海入台，第一波大体可以确定在大坌坑文化与壳丘头文化时期，第二波可以认为在凤鼻头文化与东张中层文化时期，第三波应在战国秦汉时期。闽台史前文化交流，以大陆向台湾单向传播为主，而且是先到台南，然后逐步向北推移，并受制于自然气候条件的变化，呈波浪式发展的特征。[④]

　　与台湾史前文化的起源直接相关的问题，是台湾"原住民"的来源问题。既然台湾岛不能自然进化出人类，那么，台湾"原住民"是从何处传来的呢？日本殖民统治时期与"二战"后初期，日本与美国出于侵占台湾或控制台湾的政治阴谋，肆意割裂台湾与祖国大陆的关系，鼓吹"台湾高山族源于南洋马来人

---

　　① ［日］金关丈夫、［日］国分直一：《台湾考古志：光复前后时期先史遗迹研究》，谭继山译，（台北）武陵出版有限公司，1990，第 164 页。

　　② ［日］鹿野忠雄：《台湾考古学民族学概观》，宋文薰译，（台北）台湾省文献委员会，1955，第 115 页。

　　③ 林玉茹、李毓中编著：《战后台湾的历史学研究（1945—2000）》第七册《台湾史》，（台北）"行政院国家科学委员会"，2004，第 33—34 页。

　　④ 参见陈存洗：《从考古学看台湾文化的起源》，《福建师范大学学报（哲学社会科学版）》1994年第 4 期；陈存洗：《旧石器时代闽台文化关系》，载吴绵吉、吴春明主编：《东南考古研究（第 1 辑）》，厦门大学出版社，1996，第 25—30 页。

种"。中国学者认为，所谓高山族"南来论"是错误的，并从考古发掘材料、汉文历史记载与高山族民间传说等方面反复论证，高山族的来源是多元的，而主要来源于中国东南沿海地区，是古代南方"百越"的一支。[①] 至于中国华南地区史前人类最早是在何时、经由何地抵达台湾岛的问题，有学者通过研究福建旧石器时代考古资料以及台湾海峡的地质构造与变迁，提出史前时期人类应是从中国东南的福建迁入台湾的，途经台湾海峡南部的"东山陆桥"，其最早时间在距今约 60000 年前。[②]

关于台湾"原住民"的来源，特别值得注意的一个问题是所谓"南岛语族"或"南岛语系"研究。旅美华人考古学家张光直、台湾语言学家李壬癸以及大陆考古学者郭志超、吴春明、焦天龙等均认为，以"闽台说"为基础的中国大陆起源论已逐渐成为南岛语族起源研究中的主流观点。这个主流观点认为，既然台湾"原住民"属于南岛语族，而南岛语族又主要起源于中国大陆，那么，台湾"原住民"无疑便主要来源于中国大陆，从人种上就无法切割台湾与中国大陆的关系。换句话说，如果南岛语起源于台湾，然后向南太平洋岛屿传播，就只能说明台湾人是南岛语族的来源，而不是相反。[③]

考古学、人类学、民族学研究的成果表明，台湾"原住民"是中国古代"百越"民族的一支。翦伯赞认为："台湾的番族，是'百越之族'的支裔。这种番族之占领台湾，不在宋、元之际，而是在遥远的太古时代。"[④] 林惠祥也曾注意到这一点，并在研究台湾新石器时代遗物后明确指出，台湾新石器时代人类应是由大陆东南部漂去的。因为台湾对岸大陆东南部古时的土著是越族，所以台湾的新石器时代人类便应是古越族的一支。"这种从大陆过去的新石器时代人，便成为后来高山族的一支来源"。[⑤] 现代百越民族史与台湾南岛语民族文化研究也

---

① 陈国强：《高山族来源的探讨》，《厦门大学学报（社会科学版）》1961 年第 3 期。陈国强：《从台湾考古发现探讨高山族来源》，《社会科学战线》1980 年第 3 期。施联朱：《高山族族源考略》，《民族研究》1982 年第 3 期。

② 尤玉柱：《史前时期人类迁徙台湾诸问题的探讨》，《文物季刊》1996 年第 4 期。

③ 参见李细珠：《试析蔡英文当局"原民史观"的学理谬误与现实困境》，《台湾研究》2019 年第 5 期。

④ 翦伯赞：《台湾番族考》，载氏著：《翦伯赞全集》第 4 卷，河北教育出版社，2008，第 218 页。按：该文写于 1946 年 10 月 16 日，原载上海《开明书店二十周年纪念文集》，开明书店，1947。

⑤ 林惠祥：《台湾石器时代遗物的研究》，《厦门大学学报（社会科学版）》1955 年第 4 期。蒋炳钊编：《天风海涛室遗稿》，鹭江出版社，2001，第 214、216 页。

印证了这一点。中国东南地区的古越族活动的公元前 1600 年至公元前后这段时期内,台湾尚在史前时期的圆山文化后期和凤鼻头文化第二期,而圆山文化与凤鼻头文化都是从中国东南部传过去的。其时古越族从浙江迁移到福建,又从福建迁移到台湾,因而台湾史前时期的"原住民"便是古代"百越"的一支派,他们既是古越族的一部分,又是后来台湾高山族的祖先。[①] 反过来,如果从台湾"原住民"的角度追本溯源,也可顺理成章地追溯其与古越人的渊源关系。可见,台湾的史前文化与"原住民"都与大陆有不可分割的密切联系。

二是历史学依据,提供了历代中央政府与台湾长期的密切关系,以及两岸不可分离的历史铁证。

中国古代典籍《尚书·禹贡》中的"岛夷"与《汉书·地理志》中的"东鳀"是否指称台湾,在学界颇有争议。[②]《三国志》中的"夷洲"就是台湾,基本上得到了学界认可。一般认为,三国时期东吴黄龙二年(230),孙权遣将军卫温、诸葛直率甲士万人,浮海远规台湾,是中国历史上大陆和台湾大规模交往的最早记录,也是中原王朝第一次以政府名义出航台湾,并在台湾行使国家权力的最早证明。张崇根、陈国强详细考证了"夷洲"即台湾,二人的主要依据是三国时期东吴丹阳太守沈莹的《临海水土志》。他们认为,《临海水土志》所记"夷洲"的自然地理条件(地势、气候、矿产)与台湾(特别是北部)酷似,所记"山夷"之民的语言、风俗习惯(缺齿、猎头)等均可在台湾高山族中找到,故"夷洲"就是台湾,"夷洲"人就是高山族的先民。[③]《临海水土志》又名《临海水土记》《临海水土异物志》等,约成书于 264—280 年之间,《隋书·经籍志》

---

① 陈国强、蒋炳钊、吴绵吉、辛土成:《百越民族史》,中国社会科学出版社,1988,第 257 页。陈国强:《台湾高山族与古越族的关系》,载魏桥主编:《国际百越文化研究》,中国社会科学出版社,1994,第 429—430 页。

② 周维衍:《台湾历史地理中的几个问题》,《历史研究》1978 年第 10 期。陈碧笙:《也谈台湾历史地理中的几个问题——与周维衍同志商榷》,《学术月刊》1979 年第 6 期。施联朱:《略谈台湾历史地理中的几个问题——兼与周维衍同志商榷》,《中央民族学院学报》1979 年第 3 期。张崇根:《鸟夷、东鳀补证》,《贵州社会科学》1981 年第 3 期。陈家麟:《"岛夷""雕题""东鳀"非台湾早期名称》,《复旦学报(社会科学版)》1985 年第 2 期。李祖基:《〈禹贡〉岛夷"卉服""织贝"新解》,载氏著:《台湾历史研究》,台海出版社,2006,第 3—8 页。

③ 张崇根:《三国孙吴经营台湾考》,《安徽大学学报(哲学社会科学版)》1981 年第 1 期;陈国强:《〈临海水土志〉夷州即台湾考》,载氏著:《台湾高山族研究》,上海三联书店,1988,第 90—100 页。

《旧唐书·经籍志》《新唐书·艺文志》皆有著录，北宋之前亡佚，后有元朝陶宗仪和清末民初杨晨、王仁俊辑本，均较简略，今人张崇根辑注本最为详尽。《临海水土志》所记"夷洲"材料主要来源于卫温等远规台湾之役，既是有关台湾历史的最早文献记录，也是研究台湾早期历史非常珍贵的文献资料。①

隋炀帝时期曾多次派朱宽、陈稜出征"流求"，此"流求"为台湾还是琉球，也是学界颇有争议的问题。大陆学者中少数持"流求"即琉球说，大多数持"流求"为台湾说。至于隋炀帝经略"流求"的意义，论者多认为隋朝延续了三国时期吴国对台湾的经略，加深了海峡两岸的交往，此举甚至为宋元在澎湖明确治权，并以澎湖遥治台湾奠定了基础。②

唐宋时期称台湾为"流求"，与元朝的"瑠求"一脉相承。元朝加强对澎湖管辖的重要举措，是设立澎湖巡检司。元代地理学者汪大渊《岛夷志略》明确指出，澎湖"地隶泉州晋江县，至元间立巡检司"。③元朝也曾出兵经略"瑠求"。据徐晓望考证，元代"瑠求"就是台湾，元朝出兵"瑠求"的基地汀路尾澳即在澎湖列岛。澎湖巡检司的设立，是为了配合出兵的需要，其时间应在元世祖至元二十八年（1291）九月前后，该司所辖澎湖乡兵到过福建沿海，也有可能到过台湾西南沿海。④周运中详细考证元初东征台湾的航线后提出，元军在澎湖岛的驻泊地汀路尾澳是澎湖岛南端的猪母落水澳，元军曾到达台湾南部今高雄市附近；元朝末年，元军追击海盗到达的"流求"地界，其实就在今台湾海域。此外，他还考订汪大渊《岛夷志略》所记台湾岛上的四个山名，其地在今台南、高雄及鹅銮鼻附近。⑤

台湾在明朝又称"东番"。明人陈第、周婴的同名著作《东番记》和张燮的《东西洋考·东番考》，是研究早期台湾历史与"原住民"文化的重要史料。

① 张崇根：《一部记载有台湾历史的最早著作》，载沈莹撰、张崇根辑注：《临海水土志》，中央民族大学出版社，1998。

② 胡沧泽：《隋炀帝与流求》，《武陵学刊》1997 年第 5 期。孙炜：《隋朝经略台湾考辨》，《信阳师范学院学报（哲学社会科学版）》2013 年第 5 期。

③ 汪大渊著，苏继庼校释：《岛夷志略校释》，中华书局，1981，第 13 页。

④ 徐晓望：《元代瑠求及台湾、澎湖相关史实考》，《福建师范大学学报（哲学社会科学版）》2011 年第 4 期。

⑤ 周运中：《元朝台湾历史新考》，载年继业主编：《国家航海（第四辑）》，上海古籍出版社，2013，第 97—110 页。

李祖基梳理了陈第与沈有容的生平以及陈第随沈有容前往"东番"（台湾）剿倭，并根据自己的亲身经历和实地采访记录而写作《东番记》的经过。李祖基指出，陈第《东番记》不仅记载了台湾"原住民"社会生活的情况，同时也记述了沈有容率水师"东番"剿倭的史实。尽管明朝军队并未在台湾岛上长期固定驻防，但当时台湾已正式列入明朝军事防卫的区域内，成为中国海防的战略要地，已是不争的事实。周婴所撰《东番记》虽说主要源自陈第《东番记》，但周婴长期在厦门等与台湾关系密切的地区活动，故其《东番记》中那些不同于陈第《东番记》的内容，也许就是周婴本人在台湾所见所闻的记录。[1] 张彩霞、林仁川均认为，张燮《东番考》主要描述了台北鸡笼、淡水"原住民"的社会经济情况。该书内容除可能参考了陈第的《东番记》外，主要是从到鸡笼、淡水经商的月港海商口中得到的，甚至存在着张燮本人到鸡笼、淡水搜集材料的可能。[2]

　　明朝末年，在荷兰人来台（1624）之前，已有大量汉人移民开发台湾。早在万历三十年冬（1603年初），福建浯屿把总沈有容前往台湾追剿倭寇奏捷。事后，其友人屠隆撰《平东番记》，其中便记载了当时已有汉族商人、渔民与台湾当地少数民族进行商业贸易活动。该书称："东番者，澎湖外洋海岛中夷也。横亘千里，种类甚繁，仰食渔猎，所需鹿麂，亦颇嗜击鲜。惟性畏航海，故不与诸夷来往，自雄岛中。华人商渔者，时往与之贸易。"[3] 荷兰史料亦载，荷兰人初到大员时，便发现有大量汉人渔民和商人在当地从事渔业及商业活动。据《巴达维亚城日记》1625年4月6日记载："中国人不喜余等来福尔摩沙，因而煽动土番对付余等，盖惧怕我方于鹿皮、鹿肉及鱼类之贸易，有所妨碍于彼等故也。据闻鹿皮每年可得二十万张，鹿脯及鱼干甚多，可得相当数量之供给。……台窝湾（安平）港有戎克船约计一百艘，来自中国从事渔业，并为采购鹿肉运往中国，搭乘该戎克船前来之多数中国人，将进入内地采购鹿皮鹿肉等物。"[4] 至于当时汉人赴台移民到底有多大规模，中外史籍中并没有确切数据。康熙统一台

---

① 李祖基：《陈第、沈有容与〈东番记〉》，《台湾研究集刊》2001年第1期。李祖基：《周婴〈东番记〉研究》，《台湾研究集刊》2003年第1期。

② 张彩霞、林仁川：《论张燮〈东番考〉的资料来源》，《中国社会经济史研究》2009年第2期。

③ 屠隆：《平东番记》，载［明］沈有容辑：《闽海赠言》卷2，（台北）大通书局，1987，第21页。

④ 郭辉译：《巴达维亚城日记》第1册，（台北）台湾省文献委员会，1989，第49页。

湾之后，施琅在奏陈台湾弃留问题时，追述汉人入台历史称："台湾一地，原属化外，土番杂处，未入版图也。然其时中国之民潜至、生聚于其间者，已不下万人。"① 据此可知，在荷兰人到台湾之前，当地汉人已经有上万人的规模。据学界先行研究，曾经流窜到台湾或在台湾盘踞多年的重要海商海盗集团头目，有林道乾、林凤、袁进、李忠、李旦、颜思齐、郑芝龙等。他们都比荷兰人窃踞台南大员港的时间（1624）要早。②

在赴台追剿海盗与倭寇的过程中，明朝政府的军事管辖权已经及于台湾，一个典型的事例，是福建水师军官赵若思（秉鉴）曾经在台南赤崁修建了城堡。陈小冲依据张燮《霏云居续集》卷四十《海国澄氛记》中的史料提出，以赵若思（秉鉴）为首的福建水师右翼军联合厦门把总林志武和澎湖把总方舆，于万历四十五年（1617）率军进驻台湾西南部，在赤勘（嵌）建设城堡，实施管理，这代表中国政府的管辖权已正式及于台湾本岛，比荷兰殖民者侵入台湾早了整整 7 年。③

郑成功于 1662 年驱逐荷兰人之后，建立明郑政权，改台湾为东都，改台南赤崁地方为东都明京，设置承天府与天兴县、万年县。这是第一次在台湾实施真正建制化的行政管理，从而使台湾成为中国东南海疆的门户与屏藩。1683 年康熙统一台湾，结束了南明残余势力在台湾的遗存，实现了中国主权与领土的完全统一。清政府把台湾收归版图，在台湾设立一府三县，一府即台湾府，下设台湾县、凤山县、诸罗县，由台厦兵备道分辖，隶属福建省。台湾设府置县，被纳入清朝中央政府管辖之下，加快了台湾从边陲到内地化的进程，进一步强化了台湾作为中国东南海疆的门户与屏藩的角色。④

清政府对台湾实施有效管辖，并在对外贸易方面长期实行较封闭的海禁政

---

① 施琅：《恭陈台湾弃留疏》（康熙二十二年十二月二十二日），载 [清] 施琅撰，王铎全校注：《靖海纪事》，福建人民出版社，1983，第 120—121 页。

② 参见林仁川：《明末清初私人海上贸易》，华东师范大学出版社，1987，第 108—116 页。徐晓望：《早期台湾海峡史研究》，海风出版社，2006，第 150—153、192—193 页。徐晓望：《郑芝龙之前开拓台湾的海盗袁进与李忠——兼论郑成功与荷兰人关于台湾主权之争》，《闽台文化交流》2006 年第 1 期。陈思：《从各方史料看颜思齐与李旦及荷兰殖民者之间的关系》，《台湾研究集刊》2017 年第 5 期。

③ 陈小冲：《张燮〈霏云居续集〉涉台史料钩沉》，《台湾研究集刊》2006 年第 1 期。

④ 详细论述参见李细珠：《从东亚海域到东南海疆——明清之际台湾战略地位的演化》，《台湾研究》2018 年第 6 期。

策，一方面使台湾作为海盗据点及商贸转运站的功能日渐丧失，另一方面使台湾在中国海防战略中的重要地位不断得以强化，故被关注海疆安危者所重视。正如清代"筹台宗匠"蓝鼎元所说："台湾海外天险，治乱安危，关系国家东南甚巨。其地高山百重，平原万顷，舟楫往来，四通八达。外则日本、琉球、吕宋、噶啰吧、暹罗、安南、西洋、荷兰诸番，一苇可航；内则福建、广东、浙江、江南、山东、辽阳，不啻同室而居，比邻而处，门户相通，曾无藩篱之限，非若寻常岛屿郡邑，介在可有可无间。"① 事实上，康熙统一台湾之后，清政府便不断加强对台湾的政治军事管辖，逐步把台湾纳入东南海疆国防体系之中。据王宏斌研究，如同中国沿海各省各府一样，清代前期福建台湾府不仅按照朝廷旨意，严格划分了内洋与外洋，明确了水师官兵的水陆汛地，而且建立了比较严格的巡逻会哨制度。凡是靠近台湾府和澎湖厅治所所在岛屿（台湾岛和澎湖岛）岛岸的岛屿和洋面均被划入内洋，纳入文武官员共同的管辖范围；凡是远离台湾府和澎湖厅治所所在岛屿（台湾岛和澎湖岛）岛岸的岛屿和洋面均被划入外洋，由水师官兵负责巡洋会哨。台湾海峡在清代前期已经形成了"两纵八横"的海道网络。水师的管辖范围大致包括台湾海峡全部水域和台湾岛周围海道以内的内外洋水域。台湾南面的琉球屿、七星岩，东面的兰屿（红头屿）、绿岛（火烧屿），北面的鸡笼、花瓶屿、棉花屿、钓鱼台等作为商船、渔船、兵船或海匪船只的临时港口及其所在洋面是清代环台湾海道的重要组成部分，已经被纳入清军水师巡哨、管控范围。② 台湾及其周边附属岛屿均被纳入清军水师有效防区之内，表明台湾作为中国东南海疆门户与藩篱的地位得到空前的强化。

近代以来，随着西方列强与日本不断发动侵略战争，中国东南沿海边疆危机日益严重。为加强东南海疆防御，光绪十一年（1885）九月，清廷谕令仿照新疆与甘肃之例，改福建巡抚为台湾巡抚，把台湾从福建分离出来，单独建立行省。闽浙总督杨昌濬与首任台湾巡抚刘铭传会商后上奏称："台湾为南洋门户，七省藩篱，奉旨改设巡抚，外资控制，内杜觊觎，实为保固海疆至计。惟

---

① 蓝鼎元：《东征集卷三·复制军台疆经理书》，载蒋炳钊、王钿点校：《鹿洲全集》下册，厦门大学出版社，1995，第 551 页。

② 王宏斌：《清代前期台湾内外洋划分与水师辖区——中国对钓鱼岛的管辖权补证》，《军事历史研究》2017 年第 3 期。

沿海仅数县之地，其余番地尚待归化外，气局未成，海外孤悬，与新疆情势迥异。闽台本为一省，今虽分疆划界，仍须唇齿相依，方可以资臂助，诚应遵旨，内外相维，不分畛域，乃能相与有成。"① 他们强调，台湾与新疆的情形完全不同，作为海防要地，必须与福建相与联络，才能力保东南海疆安全。台湾由福建的一个府升格为行省，表明清政府对台湾作为中国东南海疆战略要地的重视。

自 1683 年康熙统一台湾以后，清政府治理与开发台湾 212 年，台湾在政治、经济、文化与社会生活等方面基本上完成了与大陆各省一体化的进程，并在清末洋务运动之中，由边陲海岛一跃成为全国最先进的省份之一，当然是中国主权与领土不可分割的一部分。1895 年清政府在甲午战败之后与日本签订《马关条约》，被迫把台湾及其附属岛屿割让给日本，台湾从此被日本侵占 50 年。1945 年 8 月 15 日，日本战败无条件投降。10 月 25 日，中国战区台湾省受降仪式在台北市公会堂（中山堂）举行，日本台湾总督兼日军第十方面军司令官安藤利吉向中华民国政府台湾省行政长官兼警备总司令陈仪递呈投降书，随后陈仪发表广播演说，宣布："从今日起，台湾及澎湖列岛正式重入中国版图，所有一切土地、人民、政事皆已置于中华民国国民政府主权之下。"② 这标志着日本侵占中国台湾省 50 年之后，台湾重归中国版图。台湾的回归，可谓"台湾是中国不可分割的一部分"的最好例证，更是台海两岸不可分离的历史铁证。

三是当代台海两岸关系历史演变的现实依据，自 1949 年国民党退台以来，台海两岸已经分隔 70 多年了，尽管两岸关系发展颇为曲折，但曲折中仍在前进，21 世纪统一是必然趋势。

1949 年以后，大陆与台湾走上了不同的发展道路。由于政治体制不同、经济发展水平不平衡、思想文化观念与民众心态有异，两岸关系存在不少隔阂，但总的趋势是从对峙到缓和、从封闭隔绝走向交流融合。从两岸关系大势来看，统一始终是主流，分裂只是一小股逆流。

在台湾岛内，蒋介石、蒋经国时期（1949—1988），始终主张两岸统一，

---

① 《遵议台湾建省事宜折》（光绪十二年六月十三日），载马昌华、翁飞点校：《刘铭传文集》，黄山书社，1997，第 215 页。

② 《台湾澎湖重归版图 陈仪受降后发表广播》，《"中央日报"》1945 年 10 月 28 日。

"台独"势力在岛内没有生存空间，只能在日本、美国等海外活动。李登辉时期（1988—2000），逐渐走上分离主义道路，"台独"势力开始在岛内活跃起来。2000年民进党陈水扁上台，"台独"势力甚为猖狂。2005年，《反分裂国家法》颁布实施，抑制了"麻烦制造者"陈水扁的嚣张气焰。2008年国民党马英九上台后，主张"不统、不独、不武"，两岸关系虽暂时和缓，但是"台独"势力仍在潜滋暗长甚至坐大。2016年民进党蔡英文上台，"台独"活动变本加厉。2020年蔡英文连任之际公然再炒"两国论"，"台独"气焰甚嚣尘上。但从两岸关系大势来看，这只不过是"茶壶里的风暴"，无论如何都翻不起大浪。

大陆始终是两岸统一的主导力量。大陆对台政策有一个从"一定要解放台湾"到和平解决台湾问题的"和平统一，一国两制"基本方针的转变过程，这个转变正是适应两岸政治、经济形势发展的现实需要的战略调整。大陆自1978年改革开放以来，经济飞速发展，到2010年GDP总量超过日本，正式成为世界第二大经济体。两岸经济力量对比早已发生惊天大逆转，成为完全不对称状态。据统计，1994年台湾GDP约为大陆的45.27%，2019年台湾GDP约为大陆的4.2%。[①] 大陆在奋力走向中华民族伟大复兴的征途上，充分显示了完成国家统一的坚定信念与坚强意志。2017年，习近平在庆祝中国人民解放军建军90周年大会上的讲话中坚定地表示："我们绝不允许任何人、任何组织、任何政党、在任何时候、以任何形式、把任何一块中国领土从中国分裂出去，谁都不要指望我们会吞下损害我国主权、安全、发展利益的苦果。"[②]2019年，习近平在《告台湾同胞书》发表40周年纪念会上的讲话中庄严宣告："两岸关系发展历程证明：台湾是中国一部分、两岸同属一个中国的历史和法理事实，是任何人任何势力都无法改变的！两岸同胞都是中国人，血浓于水、守望相助的天然情感和民族认同，是任何人任何势力都无法改变的！台海形势走向和平稳定、两岸关系向前发展的时代潮流，是任何人任何势力都无法阻挡的！国家强大、民族复

---

① 朱高正在《中时电子报》发表署名文章称："在1993年台湾的经济总量，达到大陆的45.3%，但是经过26年之后，台湾现在的经济总量，只剩下大陆的4.2%而已。"参见《民进党创党元老朱高正：台湾现在的经济总量，只剩下大陆的4.2%》，http://www.taihainet.com/news/twnews/twdnsz/2020-03-15/2365677.html.

② 《庆祝中国人民解放军建军90周年大会在京隆重举行 习近平出席并发表重要讲话》，新华网，2017年8月1日。

兴、两岸统一的历史大势，更是任何人任何势力都无法阻挡的！……回顾历史，是为了启迪今天、昭示明天。祖国必须统一，也必然统一。这是 70 载两岸关系发展历程的历史定论，也是新时代中华民族伟大复兴的必然要求。两岸中国人、海内外中华儿女理应共担民族大义、顺应历史大势，共同推动两岸关系和平发展、推进祖国和平统一进程。"① 历史难免有波折，但总会不断前进。回顾历史，正视现实，统一乃历史必然，回归是大势所趋。

三、两岸一体史观的内涵、特征及其效用

两岸一体史观的基本内涵是，台海两岸是一个历史形成的不可分割的命运共同体。这句话有四层含义：第一，台海两岸是一个命运共同体，两岸关系历来是休戚与共的。台湾的史前文化的源头与所谓"原住民"的来源主要是大陆，中国历代中央政府与台湾均有非常密切的关系，这种关系随着时间的推移而呈现越来越强化之势，任何外力都无法改变和割裂台海两岸血浓于水的亲缘关系。

第二，这个共同体不只是地缘的接近，更是历史形成的制度体系。且不说早在荷兰人来台之前就有大量汉人移民开发台湾，也不说明郑政权首先在台湾创设府县行政体制，单就清政府在台湾长达 212 年的治理与开发而言，已从根本上完成了台海两岸政治、经济、文化与社会生活等各个方面的一体化进程，使台湾从一个边陲小岛成为中国行政体制内的一个直属于中央政府的行省。

第三，这个共同体是不可分割的，即使短暂分离，但终归是要统一的。1895年清政府因甲午战败，与日本签订屈辱的《马关条约》，被迫把台湾及其附属岛屿割让给日本，日本殖民统治台湾 50 年。1945 年中国人民取得抗日战争的胜利，通过《开罗宣言》与《波茨坦公告》等国际法文件，② 台湾得以光复而回归祖国，

① 《习近平在〈告台湾同胞书〉发表 40 周年纪念会上的讲话》，新华网，2019 年 1 月 2 日。

② 1943 年 12 月，中、美、英三国政府首脑发表《开罗宣言》，明确宣告"使日本所窃取于中国之领土，例如东北四省、台湾、澎湖群岛等，归还中华民国"。1945 年 7 月，中、美、英三国政府首脑再次发表《波茨坦公告》，其第八条又确认"《开罗宣言》之条件，必须实施；而日本之主权，必将限于本州、北海道、九州、四国及吾人所决定其他小岛之内"。参见《一个中国论述史料汇编史料文件》（一），（台北）"国史馆"，2000，第 6、9 页。

即是明证。1949 年以后台海两岸再次分离，如今正走在统一的路上。尽管道路可能并不平坦，但台湾回归与祖国统一的前景必然充满光明。

第四，从台海两岸的历史进程来看，这个共同体就是中国，台湾是这个共同体，也就是中国不可分割的一部分。尽管李登辉、陈水扁、蔡英文等"台独"势力一再炒作"两国论"或"一边一国论"，但一个中国原则已经获得国际社会的普遍承认，任何"台独"势力都无法分裂中国的主权与领土完整。《反分裂国家法》第八条明确规定："'台独'分裂势力以任何名义、任何方式造成台湾从中国分裂出去的事实，或者发生将会导致台湾从中国分裂出去的重大事变，或者和平统一的可能性完全丧失，国家得采取非和平方式及其他必要措施，捍卫国家主权和领土完整。"

两岸一体史观的特征有二：一是实证性，是基于台海两岸关系历史演进的基本史实的理论概括。大陆学者一般笼统使用的中国史观主张，研究台湾史要站在一个中国的立场上，强调台湾是中国的一部分。中国史观作为一种台湾史研究的指导思想，当然没有问题，却是较宽泛的概念，不如两岸一体史观更贴切，而且还可能被别有用心的人误解，把"中国"与"台湾"对立起来。统一史观则是政治性较强的概念，不如两岸一体史观更具学术性。两岸一体史观对于台湾史研究来说，既是符合台海两岸关系历史实际的理论概括，更有学理探讨与理论解释的张力。

二是针对性，就是针对各种"台独"史观。史明虚构的所谓"台湾民族"论、曹永和的"台湾岛史"概念、杜正胜的"同心圆史观"、陈芳明的"后殖民史观"、张炎宪的"台湾主体史观"等"台独"史观，最根本的核心理念就是切断台湾与大陆的历史联系，把台湾历史与中国历史割裂开来，甚至把台湾历史与中国历史对立起来，把中国史看作外国史，把明郑政权、清政府与国民党政权看作与荷兰、西班牙、日本殖民者一样的外国政权，其政治企图都是要把台湾从中国分离出去。两岸一体史观与此针锋相对，从台海两岸关系历史实际出发，强调台海两岸是一个历史形成的不可分割的命运共同体，有助于破解各种"台独"史观的谬论，有助于维护中国主权与领土的完整。

两岸一体史观的效用也可从两方面来看：一是学术价值。即在学术上指导台湾史研究，是编纂台海两岸关系史与台湾通史的思想指南。台湾史是一门兼具学术意义与政治意义的新兴特色学科。自1949年海峡两岸分隔以来，具有高度敏感性的台湾问题逐渐进入学术研究的视野，经过海内外学界70年来的开拓研究，业已形成一门独具特色的台湾史学科。两岸一体史观的提出，有助于加强和深化台湾史前文化与"原住民"来源问题研究、荷西与明郑以前早期台湾史研究，以及清代台湾史、日本殖民统治时期台湾史与战后台湾史等时段的专题研究；并在这些专题研究的基础上，以两岸一体史观为指导，建构台海两岸关系史与台湾通史的理论体系，为编纂史观正确、体系完整的《台海两岸关系史》与《台湾通史》奠定良好的学术基础。

二是社会政治意义，有助于促进国家认同。张海鹏早就注意到台湾史研究中"国家认同"问题。他说："台湾岛内，在李登辉、陈水扁的主导下，台湾史研究成为一个具有高度敏感性的话题。如果说台湾史是中国历史的一部分，就会发生所谓'国家认同'问题，这在具有正常思维、有一些基本历史知识的人们看来，是难以理解的。所谓'国家认同'，到底要认同哪一个国家呢？显然那不是要认同中国，而是要把台湾作为一个国家来认同。它反映的是陈水扁的'一边一国'的基本主张，这也就是'台独'的主张。"[1] 陈孔立认为，"史观问题归根结底是认同问题"。他在分析台湾史研究的史观时指出："在台湾史研究方面，两岸现有不同的史观都是与政治立场分不开的。大陆坚持两岸统一的立场，在史观上必然认定'台湾史是中国史的一个组成部分'；'台独'主张'一边一国''独立建国'，在史观上则力图切断台湾与大陆的联系，'去中国化'；有些人主张'维持现状'，在史观上则强调'台湾主体''台湾中心'，淡化和模糊台湾与大陆的关系。"[2] 显然，与各种"台独"史观导致部分台湾人在"国家认同"方面发生严重偏差，形成所谓"台湾是主权独立国家"的错乱"国家认同"观念截然不同，两岸一体史观有助于引导包括台湾人在内的全体中国人形成正确的国家认同，也就是认同世界上只有一个中国，台湾是中国的一部分。

---

[1] 张海鹏：《关于台湾史研究中"国家认同"与台湾史主体性问题的思考》，《中国社会科学院院报》2005年3月15日。张海鹏：《书生议政：中国近现代史学者看台湾的历史与现实》，九州出版社，2011，第67页。

[2] 陈孔立：《台湾史研究的史观问题》，载张海鹏、李细珠主编：《台湾历史研究（第1辑）》，社会科学文献出版社，2013，第7页。

最后需要说明的是，这里提出两岸一体史观，只是笔者个人一些非常粗浅的看法，还需要学界同仁进一步加强台湾史学术研究，并进行台湾史观的理论探讨，使其理论体系得以不断丰富与完善，以开创台湾史研究的新局面与新境界。

（原载《台湾研究》2020 年第 5 期）

二、清以前台湾史研究

从东亚海域到东南海疆

——明清之际台湾战略地位的演化

李细珠

　　台湾在明清之际战略地位的演化，与其天然独特的地理位置有关，更与中国、东亚及世界相互交错的历史演变有关。就自然地理而言，台湾地处亚洲大陆东南部与一连串弧形岛屿之间的所谓"亚洲地中海"[①]中控扼东海与南海孔道的关键位置，是古代中国"东洋"与"西洋"航路[②]的交汇点，具有重要的战略

---

　　①　中国台湾学者凌纯声教授较早提出"亚洲地中海"的概念，认为："亚洲地中海的东南西三岸为环形的岛屿所环绕，自北向南而西，有阿留申弧、千岛弧、日本弧、琉球弧、菲律宾弧、摩鹿加弧，自帝汶而爪哇至苏门答腊的马来弧，再北上有安达曼弧。在这一连串的弧形岛屿中之海，可称之为广义的亚洲地中海。欧洲地中海是东西向的，以西西里岛分为东西地中海。亚洲地中海为南北向，可以台湾分开为南北两地中海，有时我们称北洋和南洋。"[凌纯声：《中国古代海洋文化与亚洲地中海》，《海外杂志》1954 年第 3 卷第 10 期。凌纯声：《中国边疆民族与环太平洋文化》上册，（台北）联经出版事业股份有限公司，1979，第 335 页。] 法国学者弗朗索瓦·吉普鲁出版了关于"亚洲的地中海"的专著，其所谓"亚洲的地中海"又称"东亚海上走廊"，这条走廊北起海参崴、南达新加坡，连接日本海、黄海、南海、苏禄海和西里伯斯海。（参见 [法] 弗朗索瓦·吉普鲁：《亚洲的地中海：13—21 世纪中国、日本、东南亚商埠与贸易圈》，龚华燕等译，新世纪出版社，2014，第 1—2 页。）日本学者小川雄平曾把日本海、黄海、东海通称"东亚地中海"，并提出"东亚地中海经济圈""东亚地中海自由贸易圈"的概念。（参见 [日] 小川雄平：《"东亚地中海经济圈"与城市间经济合作》，《东北亚论坛》1997 年第 4 期。[日] 小川雄平：《东亚地中海自由贸易圈形成的可能性》，《东北亚论坛》2000 年第 4 期。）大陆学者张生也曾从"东亚地中海"的视角分析钓鱼岛问题，他把东海、黄海及其附属各海峡通道和边缘内海称为"东亚地中海"。（参见张生：《"东亚地中海"视野中的钓鱼岛问题》，《抗日战争研究》2015 年第 3 期。）其实，无论是"亚洲地中海"还是"东亚地中海"，所指范围或有大小，但台湾在其中的地理位置都很关键。

　　②　宋代以后，中国海船出洋有两条航路：一是从福建、广东沿东亚大陆海岸线南下过印支半岛向西所经各地为"西洋"；一是从中国大陆向东横渡台湾海峡沿台湾岛南下菲律宾群岛再南下所经各地为"东洋"。参见刘迎胜：《"东洋"与"西洋"的由来》，载氏著：《海路与陆路：中古时代东西交流研究》，北京大学出版社，2011，第 17—18 页。

地位。这个战略地位在明清易代之际，随着中国内外局势的演变，以及新航路开辟以后欧人东来在东亚世界的轮番竞逐，而完成了具有划时代意义的历史性演化：从东亚海域的海盗据点与商贸转运站交互演化为中国东南海疆的门户与屏藩。

关于台湾在明清之际的战略地位问题，学界相关研究多有涉及，但都没有系统清晰的论证。这个问题涉及汉人海上势力在台海活动、欧人东来侵扰、明郑政权及康熙统一台湾等相关史事。大陆学者多强调早在欧人来台之前，汉人海商海盗势力便在台湾建立据点，从事中国与日本及东南亚贸易，即使在荷兰、西班牙窃据台湾南、北之时，汉人势力在台海地区仍相当活跃，最后导致郑成功驱荷复台与康熙统一台湾。① 台湾学者早期也关注汉人海上势力在台活动，后

① 关于早期汉人势力在台海活动及欧人东来前后台海地区海权与商贸竞争研究的重要著作有：林仁川：《明末清初私人海上贸易》，华东师范大学出版社，1987；杨彦杰：《荷据时代台湾史》，江西人民出版社，1992；徐晓望：《早期台湾海峡史研究》，海风出版社，2006；李德霞：《17世纪上半叶东亚海域的商业竞争》，云南美术出版社，2009；陈思：《台湾传统海洋文化与大陆》，载杨国桢主编：《中国海洋文明专题研究》第九卷，人民出版社，2016；王涛：《明清海盗（海商）的兴衰：基于全球经济发展的视角》，社会科学文献出版社，2016。关于郑成功与明郑政权及其时台海地区商贸活动研究的重要著作，首先值得关注的是厦门大学曾经举办的三次重要的郑成功研究学术研讨会论文集：厦门大学历史系编：《郑成功研究论文集》，上海人民出版社，1965；郑成功研究学术讨论会学术组编：《郑成功研究论文选续集》，福建人民出版社，1984；厦门大学台湾研究所历史研究室编：《郑成功研究国际学术会议论文集》，江西人民出版社，1989。重要的个人研究论集有：陈碧笙：《郑成功历史研究》，厦门大学出版社，1995；邓孔昭：《郑成功与明郑台湾史研究》，台海出版社，2000；邓孔昭：《郑成功与明郑在台湾》，厦门大学出版社，2013。最新研究论著是：王昌：《郑成功与东亚海权竞逐》，载杨国桢主编：《中国海洋文明专题研究》第四卷，人民出版社，2016。明确讨论台湾在明清之际地位问题的重要论文有：何丙仲：《试论16、17世纪台湾在远东的地位及郑成功之驱荷复台》，载杨国桢主编：《长共海涛论延平——纪念郑成功驱荷复台340周年学术研讨会论文集》，上海古籍出版社，2003，第11—29页；徐晓望：《论郑成功复台之际台湾的法律地位》，《福建论坛（人文社会科学版）》2012年第10期；陈孔立：《康熙二十二年：台湾的历史地位》，《台湾研究集刊》1983年第2期。

来则明显转向更关注荷兰、西班牙势力在台活动及其对台湾的影响。[①] 至于日本及欧美学者，也主要关注荷兰、西班牙在台势力以及当时东亚海域的国际商贸活动。[②] 这些研究均从不同角度深化拓展了相关专题领域，但并没有从宏观上系统论述明清之际台湾战略地位的演化历程。本文拟在既有相关研究的基础上，从东亚海域与东南海疆的双重视角，较长时段地展示明清之际台湾战略地位演变的历史脉络——不是单向度的转变过程，而是交互演化的复杂进程，以期对早期台湾历史有更进一步的理解。

---

① 首先值得注意是方豪的研究，1949 年从大陆赴台的方豪的基本观点与大陆学者相近，其重要论著有：《台湾早期史纲》，（台北）学生书局，1994；《方豪教授台湾史论文选集》，（台北）捷幼出版社，1999。在早期台湾历史研究中，曹永和的观点颇有代表性。他在前期与大陆学者并无二致，后期则倡导"台湾岛史"研究，台湾史观发生明显转向，并直接影响岛内台湾史研究，其重要论著有两种：《台湾早期历史研究》，（台北）联经出版事业股份有限公司，1979；《台湾早期历史研究续集》，（台北）联经出版事业股份有限公司，2000。新一代台湾学者的代表性著作有：陈宗仁：《鸡笼山与淡水洋：东亚海域与台湾早期研究（1400—1700）》，（台北）联经出版事业股份有限公司，2005。郑维中：《荷兰时代的台湾社会——自然法的难题与文明化的历程》，（台北）前卫出版社，2004。康培德：《台湾"原住民"史——政策篇：荷西明郑时期》，（南投）台湾文献馆，2005。翁佳音：《荷兰时代台湾史的连续性问题》，（台北）稻乡出版社，2008。周婉窈：《海洋与殖民地台湾论集》，（台北）联经出版事业股份有限公司，2012。康培德：《殖民地想象与地方流变——荷兰东印度公司与台湾"原住民"》，（台北）联经出版事业股份有限公司，2016。

② 日本学者村上直次郎、岩生成一、中村孝志是荷兰时代台湾史研究的先驱学者，三人的代表性论文均载于村上直次郎等著《荷兰时代台湾史论文集》，许贤瑶译，（宜兰）佛光人文社会学院，2001。岩生成一 1936 年在《东洋学报》发表《明末侨寓日本支那人甲必丹李旦考》，认为颜思齐与李旦事迹多有重合，怀疑颜思齐其人在历史上的真实存在，引起学界关于是否真有颜思齐其人的论争。中村孝志的代表性著作是《荷兰时代台湾史研究》上、下卷，吴密察、翁佳音、许贤瑶编，（台北）稻乡出版社，1997、2002。另外，尚可参 [日] 考松浦章主编：《东亚海域与台湾的海盗》，卞凤奎译，（台北）博扬文化公司，2008。最新的研究参见 [日] 羽田正：《东印度公司与亚洲的海洋：跨国公司如何创造二百年欧亚整体史》，林詠纯译，（新北）八旗文化公司，2018。欧洲学者的相关研究的重要著作有：[荷兰] 包乐史（Leonard Blussé）：《巴达维亚华人与中荷贸易》，庄国土等译，广西人民出版社，1997；[意] 白蒂（Patrizia Carioti）：《远东国际舞台上的风云人物——郑成功》，庄国土等译，广西人民出版社，1997；[比] 韩家宝（Pol Heyns）：《荷兰时代台湾的经济、土地与税务》，郑维中译，播种者文化公司，2002；[西] 鲍晓鸥（José Eugenio Borao）：《西班牙人的台湾体验（1626—1642）：一项文艺复兴时代的志业及其巴洛克的结局》，Nakao Eki（那瓜）译，（台北）南天书局，2008。美国学者的相关研究著作有：邵式柏（John R. Shepherd）：《台湾边疆的治理与政治经济（1600—1800）》（英文版，1993）上下册，林伟盛等译，（台北）台湾大学出版中心，2016；邓津华（Emma Jinhua Teng）：《台湾的想象地理：中国殖民旅游书写与图像（1683—1895）》（英文版，2004），杨雅婷译，（台北）台湾大学出版中心，2018；欧阳泰（Tonio Andrade）：《福尔摩沙如何变成台湾府？》（英文版，2006），郑维中译，（台北）远流出版公司，2007。

一、东亚海域的海盗据点与商贸转运站

日本学者羽田正教授认为，16—18 世纪由葡萄牙人及欧洲各国东印度公司控制的印度洋海域是"经济之海"，海上贸易与陆上政权（国家）关系不大；17—18 世纪由沿岸陆上政权管理、支配的东亚海域是"政治之海"，海商海盗与陆上政权息息相关。[①] 其实，此前的东亚海域既是"政治之海"，也是"经济之海"，有着复杂的政治经济结构。在明清之际的东亚海域中，台湾是东西海商海盗势力活动的舞台，充当了海盗据点与商贸转运站的角色。这个角色首先是汉人海上势力对台湾的塑造。其时，在明朝政府实施海禁政策控制之下，汉人海商海盗势力在台湾海峡颇为活跃，一度盘踞台湾南部北港地区，从事中国—日本—东南亚转口贸易。随着新航路开辟，欧人势力东来，台湾海峡局势日显复杂，荷兰人在澎湖被明军击退之后转而侵占台湾南部大员港，西班牙人侵占台湾北部鸡笼、淡水。值得注意的是，当时荷兰东印度公司与西班牙人在台湾建立的贸易据点，及其所从事的中国—日本—东南亚—欧洲转口贸易，只不过是带有明显政府背景的海商海盗活动，这就进一步强化了台湾作为海盗据点与商贸转运站的角色。

（一）汉人海上势力与台湾在东亚海域政治经济结构中的位置

明清之际的东亚海域，首先是中国与日本之间各种政治经济势力角逐的舞台。为因应倭寇对中国沿海地区的侵扰，明朝初年政府实行严厉的海禁政策，禁止民间私自出海贸易、捕鱼。洪武十四年（1381），"禁濒海民私通海外诸国"；洪武十七年（1384），"禁民入海捕鱼，以防倭故也"。[②] 然而，随着时间的推移，海禁政策逐渐松弛，民间私人贸易禁而不绝。嘉靖"倭乱"平息之后，明朝政府于隆庆年间（1567—1572）有限度地开放海禁，允许商人从月港（海澄）一地出海贸易，但禁止直接到日本贸易。其后，不法商人便到台湾（东番）

---

① 参见 [日] 羽田正：《东印度公司与亚洲的海洋：跨国公司如何创造二百年欧亚整体史》，林詠纯译，（新北）八旗文化公司，2018，第107—108页。

② 李国祥、杨昶主编：《明实录类纂·福建台湾卷》，武汉出版社，1993，第511页。

与日本商人交易，而沿海渔民也经常到澎湖、北港（台南地区）捕鱼。万历四十四年（1616），福建巡抚黄承玄奏称："顷者，越贩奸民往往托引东番输货日本。……至于濒海之民，以渔为业，其采捕于澎湖、北港之间者，岁无虑数十百艘。"① 可知，明朝末年，台湾北港已经成为汉人海商海盗势力与渔民聚集之地。

汉人移居台湾的确切时间虽难以稽考，不过据多种零星史料记载，明朝末年汉人在台湾已成一定规模。早在万历三十年冬（1603 年初），福建浯屿把总沈有容前往台湾追剿倭寇奏捷。事后，其友人屠隆撰《平东番记》，其中便记载了当时已有汉族商人、渔民与台湾当地少数民族进行商业贸易活动。该书称："东番者，澎湖外洋海岛中夷也。横亘千里，种类甚繁，仰食渔猎，所需鹿麂，亦颇嗜击鲜。惟性畏航海，故不与诸夷来往，自雄岛中。华人商渔者，时往与之贸易。"② 曾随沈有容赴台的陈第根据亲历见闻所撰之《东番记》记载得更详细。陈第称，"东番"之民"始皆聚居滨海，嘉靖末，遭倭焚掠，乃避居山。倭鸟铳长技，东番独恃镖，故弗格。居山后，始通中国，今则日盛。漳、泉之惠民、充龙、烈屿诸澳，往往译其语，与贸易，以玛瑙、瓷器、布、盐、铜簪环之类，易其鹿脯皮角"。③ 这些记载还可与荷兰史料相互印证。荷兰人初到大员时，便发现有大量汉人渔民和商人在当地从事渔业及商业活动。据《巴达维亚城日记》1625 年 4 月 6 日记载："中国人不喜余等来福尔摩沙，因而煽动土番对付余等，盖惧怕我方于鹿皮、鹿肉及鱼类之贸易，有所妨碍于彼等故也。据闻鹿皮每年可得二十万张，鹿脯及鱼干甚多，可得相当数量之供给。……台窝湾（安平）港有戎克船约计一百艘，来自中国从事渔业，并为采购鹿肉运往中国，搭乘该戎克船前来之多数中国人，将进入内地采购鹿皮鹿肉等物。"④1624 年 12 月 12 日，荷兰大员商馆负责人宋克（M. Sonck）致巴达维亚总督卡本提耳（C. de Carpentier）函称："现在此地约有 100 艘〔中国人的〕渔船来捕鱼，这些渔船载

---

① 《为海氛多警饬备宜严敬陈防守事宜恳乞圣明采择允行以责实效事》（福建巡抚黄承玄，万历四十四年八月上奏），载台湾史料集成编辑委员会：《明清台湾档案汇编》第 1 辑第 1 册，（台北）远流出版公司，2004，第 171 页。

② 屠隆：《平东番记》，载沈有容辑：《闽海赠言》（《台湾文献丛刊》第 56 种）卷 2，（台北）大通书局，1987，第 21 页。

③ 陈第：《东番记》，载沈有容辑：《闽海赠言》（《台湾文献丛刊》第 56 种）卷 2，（台北）大通书局，1987，第 26—27 页。

④ 郭辉译：《巴达维亚城日记》第 1 册，（台北）台湾省文献委员会，1989，第 49 页。

很多中国人来此地，这些人进入内地蒐购鹿脯和鹿皮，要运回中国。"① 此为上述《巴达维亚城日记》后半段所本，清楚地说明当时约有 100 艘渔船运载很多汉人到台湾捕鱼，并从事鹿皮、鹿肉贸易。至于当时汉人赴台移民到底有多大规模，中外史籍中并没有确切数据。康熙统一台湾之后，施琅在奏陈台湾弃留问题时，追述汉人入台历史称："台湾一地，原属化外，土番杂处，未入版图也。然其时中国之民潜至、生聚于其间者，已不下万人。郑芝龙为海寇时，以为巢穴。及崇祯元年，郑芝龙就抚，将此地税与红毛为互市之所。"② 由此可知，在荷兰人到台湾之前，当地汉人已经有上万人的规模。其实这个数字未必准确，因为当时到台湾的汉人主要有三类：一是渔民，多为季节性移民，秋冬渔季在台捕鱼，春夏农季则返陆；二是商人，大都流动不居，或在台与当地少数民族及日本商人交易，或搜购台湾鹿皮、鹿肉等产品到内地及日本等地贸易；三是海盗，兼做商业贸易及劫掠活动，更是居无定所，流动性很大。其中商人与海盗往往难以区分，甚至合二为一。

当时台湾在东亚海域政治经济结构中的位置，可以说主要是汉人海上势力从事亦盗亦商活动的根据地，既是海盗盘踞的据点，也是海商对日本及东南亚进行商业贸易的转运站。

一方面，台湾是地处中国大陆边陲的海岛，朝廷统治力薄弱，因而成为闽粤海盗盘踞的巢穴。崇祯八年（1635），给事中何楷在奏陈闽省海盗情形时称："自袁进、李忠初发难而后寇祸相继者二十余年。……二十年以前之贼，未有如今日之多也。初亦谓渠魁斯得，则清晏可期耳，而正不其然。进忠之后，有杨禄、杨策；禄、策之后，又有芝龙；芝龙之后，有李芝奇；芝奇之后，有锺斌；而斌之后，又有刘香也。驱逐未几，旋复哨聚。……且今欲靖寇氛，非墟其窟不可。其窟维何？台湾是也。台湾在澎湖岛外，距漳泉止两日夜程，地广而腴。初，贫民至其地，不过规渔猎之利已耳。其后见内地兵威不及，往往聚

---

① 《宋克寄总督卡本提耳函》（1624 年 12 月 12 日于大员商馆），载江树生主译注：《荷兰台湾长官致巴达维亚总督书信集（1），1622—1626》，（台北）南天书局，2007，第 144 页。

② ［清］施琅：《恭陈台湾弃留疏》（康熙二十二年十二月二十二日），载［清］施琅撰，王铎全校注：《靖海纪事》，福建人民出版社，1983，第 120—121 页。

而为盗。"①何楷历数了万历四十三年（1615）以来，福建海盗袁进、李忠、杨禄、杨策、郑芝龙、李芝奇（李魁奇）、钟斌、刘香相继为乱，并以台湾为巢穴的基本历史，大体符合事实。据学界先行研究，曾经流窜到台湾或在台湾盘踞多年的重要海商海盗集团头目，有林道乾、林凤、袁进、李忠、李旦、颜思齐、郑芝龙等人，他们都比荷兰人窃踞台南大员港的时间（1624）要早。林道乾、林凤是广东潮州海盗，他们在闽粤水师追剿之下，无法在闽粤沿海立足，于万历元年至四年（1573—1576）多次被迫流窜澎湖、台湾，继而远逃柬埔寨、菲律宾等地，最终客死南洋。福建漳泉海盗袁进、李忠于万历三十九年（1611）进入台湾北港活动，四十七年（1619）投降明朝。他们盘踞北港八年期间，对台湾进行了一定程度的开发与经营。福建泉州人李旦、漳州人颜思齐都是明末著名的海商海盗集团领袖，他们长期在日本经商，并以台湾魍港一带为根据地，从事对日本及东南亚的走私贸易及海上劫掠活动。福建泉州人郑芝龙于天启元年（1621），随颜思齐到台湾。天启五年（1625）颜思齐、李旦去世之后，郑芝龙成为台湾海峡最大的海商海盗集团首领。②这些汉人海商海盗集团以台湾为根据地，成为游离于明朝政府统治边缘的重要政治势力，甚至是与福建地方政府相抗衡的敌对势力。

台湾地处东亚海域东西洋航路交汇点，是东西洋商业贸易的转运站，在荷兰人到来之前已为既成事实。因明朝政府实施海禁政策，尤其禁止中国商人直接到日本贸易，台湾便成为中国商人与日本商人私自贸易的场所。据荷兰史料记载，当时被称为"小琉球"（Lequeo Pequeno）的台湾，是"中国人与日本人暗地里贸易的地方"。台湾南部地区的大员更是日本商人向当地居民购买鹿皮，并

---

① 《论闽省海贼疏》[给事中何楷，崇祯（推测）]，《明清台湾档案汇编》第1辑第1册，第438—439页。按：何楷此疏应在崇祯八年。据《明史》记载，"崇祯八年，给事中何楷陈靖海之策，言：'自袁进、李忠、杨禄、杨策、郑芝龙、李魁奇、钟斌、刘香相继为乱，海上岁无宁息。今欲靖寇氛，非墟其窟不可。其窟维何？台湾是也。台湾在澎湖岛外，距漳、泉止两日夜程，地广而腴。初，贫民时至其地，规鱼盐之利，后见兵威不及，往往聚而为盗。'"参见[清]张廷玉等：《明史》卷323，列传第211，外国4，鸡笼，中华书局，1997，第2145页。

② 以上参见林仁川：《明末清初私人海上贸易》，华东师范大学出版社，1987，第108—116页。徐晓望：《早期台湾海峡史研究》，海风出版社，2006，第150—153、192—193页。徐晓望：《郑芝龙之前开拓台湾的海盗袁进与李忠——兼论郑成功与荷兰人关于台湾主权之争》，《闽台文化交流》2006年第1期。陈思：《从各方史料看颜思齐与李旦及荷兰殖民者之间的关系》，《台湾研究集刊》2017年第5期。

与中国海商进行丝绸贸易的重要地点。"在大员，每年有日本商贾乘帆船而至，在当地购买大量鹿皮，特别是与中国的海上冒险商做大宗丝绸生意，这些冒险商从泉州、南京及中国北部沿海各地运出大批生丝和绸缎"。[①] 荷兰人在退出澎湖之前，荷兰舰队司令雷尔松（C. Reijersen，又译雷也山、雷约兹、莱尔森）曾专门考察过台窝湾（大员湾）。据其 1622 年 7 月 30 日的日记记载，据随行汉人翻译称，"此港为日本人每年以戎克船二三艘渡来，经营贸易之处。此地多鹿皮，日本人向土番采购之。而中国每年亦有戎克船三四艘载运丝织品前来，与日本人交易"。[②] 不仅中国商人与日本商人在台湾私自贸易，台湾因地处传统东西洋航路交汇点，更是中国商人与日本商人前往东洋——吕宋（菲律宾）、西洋——越南、暹罗、柬埔寨等地贸易的必经之地。据日本学者岩生成一统计，1614—1625 年间，侨居日本的中国人甲必丹李旦（Andrea Dittis）及其弟华宇（Whowe）共有 23 艘商船取得日本将军之贸易御朱印状，往返交趾、东京（越南北部）、高砂（台湾别称）、吕宋等地贸易。其中，直接往返高砂（台湾）的贸易船达 11 艘之多。[③] 可见，在荷兰人侵占大员港之前，由于中国商人与日本商人的经营，台湾作为东西洋商贸转运站业已略具规模。

（二）欧人东来与台湾在东亚海域政治经济结构中位置的强化

15 世纪末 16 世纪初，葡萄牙人、西班牙人开辟新航路，开启了欧洲殖民主义者向美洲新大陆和古老的亚洲进行海盗式殖民活动的新时代。从此，东亚海域也被卷入全球化的进程之中。葡萄牙人于 1557 年侵占澳门，建立殖民据点。由于明朝政府禁止对日贸易，澳门遂成为中国丝绸、日本白银和东南亚香料的重要贸易基地。1571 年，西班牙人占据吕宋岛的马尼拉，开始在菲律宾（马尼拉）建立殖民地。由于西班牙从美洲殖民地带来大量白银，马尼拉很快成为中国商人与日本商人的重要贸易基地。1602 年荷兰联合东印度公司成立后，也步葡萄牙、西班牙后尘，在爪哇岛的巴达维亚（现在印尼雅加达）建立殖民据点，凭借更先进的军事装备和航海技术，迅速把海盗式贸易的触角伸到东亚海

---

① 程绍刚译注：《荷兰人在福尔摩沙》，（台北）联经出版事业股份有限公司，2000，第 8、28 页。
② 郭辉译：《巴达维亚城日记》第 1 册，（台北）台湾省文献委员会，1989，"序说"第 11 页。
③ 岩生成一：《明末侨寓日本支那人甲必丹李旦考》，载 [日] 村上直次郎等编：《荷兰时代台湾史论文集》，许贤瑶译，（宜兰）佛光人文社会学院，2001，第 75—77 页。

域。荷兰与葡萄牙、西班牙在东亚海域进行激烈角逐的过程中，台湾充当了重要角色，其在东亚海域政治经济结构中作为海盗据点和商贸转运站的位置进一步得到强化。

荷兰继葡萄牙、西班牙之后闯入东亚海域，一开始就在寻求贸易据点。1622年，荷兰攻打葡萄牙侵占的澳门失败之后，便从中国东南沿海北上进入台海地区，继续寻找贸易据点。当时，荷兰人以葡萄牙人、西班牙人为敌，其之所以要占领澎湖和台湾，就是希望在中国东南沿海获得一个从事中日转口贸易的据点，"取代葡人与西人以中国货物对日本贸易，从而在日本换取大批银两来购买运回荷兰的货物"。[1] 荷兰人于1622年占据澎湖，修筑了城堡。1624年，荷兰在明军强大压力之下，被迫拆毁城堡并退出澎湖，转而于同年侵占台湾南部的大员港。荷兰占据大员后，截断了中国、日本与菲律宾（马尼拉）的贸易。1626年初，马尼拉贸易告急，西班牙总督给国王报告称："现在他们〔荷兰人〕之所以兴筑这防御工事〔热兰遮要塞〕，是因为其控制着由泉州到这个城市〔马尼拉〕的船只通路。他们达成此一目的之法，是对明官员行贿，并威胁要像迄今这般劫掠他们。也就是说，要保护生丝并带往日本及荷兰，一如他们现今所为，将之从这个国家劫走。这样一来便毁了它〔马尼拉〕，因为除了这桩贸易，〔马尼拉〕也没什么重要的东西了。这〔对我们〕造成的伤害很是明白。"[2] 对此，马尼拉大主教崙兰貂（Miguel García Serrano）认为，要制衡荷兰人的商贸活动，就必须征服北台湾："时间将会分晓〔我们前去攻占福岛之举〕的重要性，荷兰人〔因为我们此举而〕未能采取他们之前扬言的行动，〔也就是〕自中国取得生丝，并快速将之带往……日本出售，换取那王国〔日本〕所富有的银条，这将使他们有足够的财富持续与中国经商，而省去他们每年将'生丝'送回他们自己的土地〔才能卖钱的麻烦〕。"[3]1626年以后，西班牙人相继侵占了台湾北部的鸡笼、淡水，并开始修筑城堡，力图突破荷兰人对马尼拉的封锁，恢复马尼拉对中国和日本的贸易。荷兰与西班牙因分别在台湾南、北建立贸易据点，从而得以在

[1] 程绍刚译注：《荷兰人在福尔摩沙》，（台北）联经出版事业股份有限公司，2000，第12页。
[2] 转引自鲍晓鸥：《西班牙人的台湾体验（1626—1642）：一项文艺复兴时代的志业及其巴洛克的结局》，那瓜译，（台北）南天书局，2008，第35页。
[3] 转引自鲍晓鸥：《西班牙人的台湾体验（1626—1642）：一项文艺复兴时代的志业及其巴洛克的结局》，那瓜译，（台北）南天书局，2008，第232页。

台湾安享短暂的和平之局。西班牙侵占北台湾的鸡笼、淡水，主要是为了与荷兰势力抗衡，开展与中国、日本的贸易，并在中国、日本传教。但是，事与愿违。1637年初，西班牙人拆毁了淡水的城堡，主动退守鸡笼。①1642年，西班牙人被荷兰人赶出北台湾。

值得注意的是，荷兰、西班牙侵占台湾大员、鸡笼与淡水的时期（1624—1662），不仅没有改变台湾在东亚海域政治经济结构中作为海盗据点和商贸转运站的角色，从某种意义上说，反而进一步强化了这个角色的功能。

其一，荷兰人、西班牙人到台湾的主要目的是谋求商业贸易。荷兰人来到东亚海域之前，葡萄牙、西班牙已经在中国澳门与菲律宾马尼拉建立了自己的贸易据点。1622年初，荷兰人决定攻打葡萄牙侵占的澳门，如果攻打澳门失利，将在澎湖或小琉球（Lequeo Pequeno）建立贸易据点，以阻止西班牙人、葡萄牙人与中国贸易，从而独占与中国的贸易。他们宣称："若有能力则攻占澳门；不然，则放弃这一计划，并在最适合之处筑堡驻扎，然后分别派舰队到澳门和漳州附近巡逻。如此一来，我们认为，可阻止马尼拉、澳门、满剌加、果阿的敌人从事与中国的贸易，从而使我们获得这一贸易。只要有充足的资金，获得与中国的贸易将毫无疑问。"②因此，在攻打澳门失利之后，荷兰人一度侵占澎湖。1624年初，在撤离澎湖之前，荷兰驻澎湖司令官莱尔森（亦译雷尔松）到厦门与中国官员商谈时，曾明确表示他们到中国沿岸，"只有一个目的，即要求友好地进行贸易，二十多年以来一直如此"。③为此，荷兰人迫切需要在中国东南沿海寻找一个合适的贸易据点。他自称："我们的目标是，把马尼拉与中国的贸易引至我处，以保证对大部分贸易的永久垄断权。这一目标将无法甚至永远不能达到，除非我们在中国沿海找到落脚之处，并保住这一地盘，以根据实际情况对中国人软硬兼施，终会如愿以偿。"④于是，荷兰人在退出澎湖之后，侵占了台湾的大员港。如前所述，荷兰人侵占大员之后，直接威胁到西班牙人在马尼拉与中国、日本的贸易，促使西班牙人侵占了北台湾的鸡笼、淡水。在史籍中

① 参见鲍晓鸥：《西班牙人的台湾体验（1626—1642）：一项文艺复兴时代的志业及其巴洛克的结局》，那瓜译，（台北）南天书局，2008，第347页。

② 程绍刚译注：《荷兰人在福尔摩沙》，（台北）联经出版事业股份有限公司，2000，第8—9页。

③ 程绍刚译注：《荷兰人在福尔摩沙》，（台北）联经出版事业股份有限公司，2000，第26页。

④ 程绍刚译注：《荷兰人在福尔摩沙》，（台北）联经出版事业股份有限公司，2000，第33页。

不乏关于荷兰人在台湾（大员）和西班牙人在鸡笼、淡水与汉人海商私自贸易，以及荷兰人与西班牙人在台湾争夺贸易的记载。史称："海滨之民，惟利是视，走死地如鹜，往往至岛外瓯脱之地曰台湾者，与红毛番为市。红毛业据之以为巢穴，自台湾两日夜可至漳、泉内港。而吕宋佛郎机之夷见我禁海，亦时时私至鸡笼、淡水之地与奸民阑出者市货。……至若红毛番一种，其夷名加留巴，与佛郎机争利，不相得。曩虽经抚臣大创，初未尝我怨，一心通市，据在台湾，自明禁绝之，而利乃尽归于奸民矣。"① 这是时人对荷兰人、西班牙人来到东亚海域谋求通商的直接观察。

其二，到台湾的荷兰人、西班牙人，实际上是有明显政府背景的海盗。荷兰人初到澎湖之时，当地的中国人感觉他们"不过是海盗而已"。② 为了阻止中国商人前往马尼拉与西班牙人贸易，荷兰人便在澎湖和马尼拉附近拦劫中国贸易船只，纯粹一派海盗行径。荷兰东印度公司驻澎湖司令官雷尔松向巴达维亚总督顾恩报告称，1623 年 5 月 11 日，荷兰人在澎湖附近劫掠了一艘 300 人的中国商船。6 月 4 日，又在马尼拉附近劫掠了 3 艘约载有 800 人的中国商船。③ 为了获得与中国人贸易的机会，荷兰人不仅竭尽全力抢劫前往马尼拉贸易的中国商船，而且伺机抢劫从澳门前往日本贸易的葡萄牙商船。雷尔松致函巴达维亚总督卡本提耳称："我们要把此地派得出去的大船或快艇，尽量都派去中国沿岸，即漳州河的前面，去攻打中国人，因为他们完全不肯交易通商。……我们的船只要全力去追捕欲航往马尼拉的戎克船。虽然我方的人认为那是不可能的事情，因为那里有很多他们可以出海的港湾，我们还是要去设法阻止他们出海，竭力使他们的戎克船无法航往马尼拉；也要尽多地捕捉中国人。如果在那里守候数天，看到没有机会夺取欲航往马尼拉的船只，就要往下方〔南方〕去攻击所有的海湾和河流，去破坏他们的船，捕捉他们的人。并要在季节风一开始，就去

---

① 《初论开洋禁疏》[工部给事中傅元初，崇祯十二年三月（推测）]，载中国第一历史档案馆、海峡两岸出版交流中心编:《明清台湾档案汇编》第 1 辑第 1 册，九州出版社，2009，第 403—404 页。按：此处"红毛番"指荷兰人，"吕宋佛郎机"指在马尼拉的西班牙人，所谓"奸民"则指汉人海上势力。

② 《雷尔松寄总督顾恩函》（1623 年 3 月 5 日于澎湖），载江树生主译注:《荷兰台湾长官致巴达维亚总督书信集（1），1622—1626》，（台北）南天书局，2007，第 34 页。

③ 《雷尔松寄总督顾恩函》（1623 年 9 月 26 日于澎湖），载江树生主译注:《荷兰台湾长官致巴达维亚总督书信集（1），1622—1626》，（台北）南天书局，2007，第 50—51 页。

澳门的前面守候，去截捕〔据 Van de Wercke 先生所说的〕要在季节初期航往日本的葡萄牙人的小型帆船。"[1] 其实，荷兰东印度公司在台湾是一个海盗性质的组织，其占据澎湖与台湾只是作为海盗据点，以海盗方式从事国际商贸活动。据中文史籍记载："台湾位于漳州、泉州二府之南。……此处又为海贼巢穴，自故明丁巳年以后，荷兰国贼船扰犯东山岛东北漳州、泉州二府沿海诸岛时，皆由郑芝龙指引，并以台湾为爨汲栖身之所。从此筑城居住，屯货贸易。"[2] 可见，荷兰人盘踞台湾，只是在东亚海域建立了一个海盗贸易据点而已。

其三，荷兰、西班牙在台湾只是占据了大员、鸡笼与淡水几个据点，并没有控制整个台湾，其对台湾汉人及少数民族也没有进行实质性的政治统治。荷兰人占据大员后不久，郑芝龙继承颜思齐、李旦的衣钵，成为台海地区的汉人海商海盗集团首领。据《巴达维亚城日记》1628 年 6 月 1 日记载："余等又闻中国海贼在海上称霸，我国人不得已退避之。贼人一官拥有戎克船一千艘……侵入陆上二十哩追逐土番，占领厦门及海澄，破坏焚杀，故人皆畏惧。"[3] 可见，当时郑芝龙（一官）在台海地区的势力极大，连荷兰人也不得不畏惧避之。崇祯元年（1628）六月，郑芝龙（一官）接受明朝政府招抚，担当"擒贼擒夷"[4] 的重任。此后，郑芝龙（一官）作为明朝政府的"海防游击"，既要对付台湾海峡的李魁奇、钟斌、刘香等海盗势力，还要应对盘踞台湾的荷兰、西班牙势力。郑芝龙凭借自己多年积累的海上实力，不仅连续击败了李魁奇、钟斌、刘香等海盗集团，而且一度压制荷兰东印度公司，实际控制了台湾海峡贸易主导权。[5] 郑

---

[1] 《雷尔松寄总督卡本提耳函》（1624 年 1 月 25 日于澎湖），载江树生主译：《荷兰台湾长官致巴达维亚总督书信集（1），1622—1626》，（台北）南天书局，2007，第 77 页。

[2] 《浙江来降都督史伟琦题本·切断钱粮来源以破郑锦》（康熙七年七月初七日），载中国第一历史档案馆、海峡两岸出版交流中心编：《明清宫藏台湾档案汇编》第 6 册，九州出版社，2009，第 272—273 页。

[3] 郭辉译：《巴达维亚城日记》第 1 册，（台北）台湾省文献委员会，1989，第 61 页。

[4] 《福建巡抚朱一冯题本·郑芝龙自愿立功赎罪》（崇祯元年六月初四日），载中国第一历史档案馆、海峡两岸出版交流中心编：《明清宫藏台湾档案汇编》第 3 册，九州出版社，2009，第 125 页。

[5] 据学界最新研究，从天启四年 (1624) 至崇祯十七年 (1644)，台湾海峡两岸间的贸易经过起步、发展和衰落三个阶段。崇祯八年 (1635) 之前的十年，是以郑芝龙为首的明朝海商主导台海贸易时期，也是台湾转口贸易刚刚兴起的阶段。崇祯八年 (1635) 之后至明朝灭亡时（1644），荷兰东印度公司逐步控制台海贸易的主导权。随着明朝灭亡，中国大陆因战乱使商品生产量下降，加上日本市场对中国商品需求的短暂萎缩，使海峡两岸间的贸易开始衰落，台湾作为转口贸易站的功能随之丧失。参见黄俊凌：《17 世纪上半叶台湾海峡贸易主导权问题新探——以荷兰侵占台湾初期的转口贸易为中心》，《世界历史》2016 年第 5 期。

芝龙集团不仅垄断了台海贸易，而且在台湾岛上也有一定的势力。崇祯年间，福建因大旱而发生严重饥荒，郑芝龙曾向巡抚熊文灿建议招饥民赴台移垦。经熊文灿批准，郑芝龙"乃招饥民数万人，人给银三两，三人给牛一头，用海舶载至台湾。令其芟舍，开垦荒土为田。厥田惟上上，秋成所获，倍于中土。其人以衣食之余，纳租郑氏。后为红夷所夺，筑城数处：曰台湾，曰鸡笼，曰淡水；此外又有土城数十处。台湾之城……城中红夷不过千余人，其余皆郑氏所迁之民也"。① 郑芝龙不仅招徕大批汉人移垦台湾，而且在所谓"荷据台湾时期"，郑芝龙、郑成功势力在台湾具有一定的控制力。他们曾长期在台南魍港一带向汉人渔民征收年税，这一行为直到 1651 年 4 月，荷兰人抓捕到一艘从大陆来收税的戎克船时才被意外发现。② 可见，所谓"荷据台湾时期"，汉人海上势力仍在台海地区及台湾岛上非常活跃，荷兰人与西班牙人并没有完全控制台湾。

　　至于荷兰人、西班牙人与台湾汉人及少数民族的关系，也值得重新检讨。荷兰东印度公司在大员建立的机构是商馆，主要功能是贸易；西班牙人在鸡笼、淡水建立的城堡，也属从事贸易活动的商馆性质。无论是荷兰人还是西班牙人，均未在南、北台湾实行严格的行政管辖，故他们与台湾汉人及少数民族的关系，主要是邻居或敌人、商业贸易伙伴或对手、不同信仰的异教徒。荷兰与西班牙在台湾究竟实行了多大程度的政治统治，是值得商榷的。一个显著的事例是，1662 年 2 月 1 日，荷兰人在被郑成功大军围困九个月之后，与郑成功签订投降"条约"。该"条约"共计 18 款，但没有任何一条涉及台湾的领土、主权及治权交接转让等问题，都只是关于荷兰商馆人员及其附属物品如何撤离热兰遮城的事宜。③ 荷兰并不曾拥有台湾的领土、主权及治权，是不言而喻的。稍微放宽视野、拉长时段来看，其实荷兰人、西班牙人在台湾一直在与汉人海上势力竞争，郑成功最终把荷兰人赶出台湾，可谓汉人海上势力的最后胜利。所谓经济统治的征税问题，则较为复杂。西班牙人并未向北台湾的土著征过税。④ 荷

---

　　① 黄宗羲：《赐姓始末》，载厦门大学郑成功历史调查研究组编：《郑成功收复台湾史料选编（增订本）》，福建人民出版社，1982，第 34 页。

　　② 江树生译注：《热兰遮城日志》第 3 册，（台南）台南市政府，2004，第 204—205 页。

　　③ 江树生译注：《热兰遮城日志》第 4 册，（台南）台南市政府，2011，第 788—790 页。

　　④ 参见鲍晓鸥：《西班牙人的台湾体验（1626—1642）：一项文艺复兴时代的志业及其巴洛克的结局》，Nakao Eki（那瓜）译，（台北）南天书局，2008，第 83—84、214—215 页。

兰人曾试图向来台贸易的日本人征税，因遭到激烈抵制而作罢。[①] 荷兰人于 1644 年开始向台湾少数民族征税，但 1647 年就取消征税制了。[②] 至于荷兰人向台湾汉人征收人头税，则被汉人视为"地头抽取保护费"一样，汉人并不承认荷兰政权的正当性。[③] 同样，郑芝龙、郑成功势力长期向台南魍港一带汉人渔民征收年税，则是对"那些年年缴税的贫穷可怜的渔夫"收取"保护费"。[④] 学界还有一种所谓"荷兰人与汉族移民在台湾共同构建殖民地"（所谓"共构殖民"，co-colonization）的观点，[⑤] 其并不是真实的历史存在。[⑥]

随着新航路开辟与欧洲人闯入东亚海域，荷兰东印度公司在台湾南部大员建立海盗式贸易据点，开辟了从福建到台湾，再从台湾至日本或巴达维亚—东南亚、欧洲的贸易路线；西班牙人在台湾北部鸡笼、淡水建立海盗式贸易据点，开辟了从福建到台湾，再从台湾至日本或马尼拉—东南亚、美洲、欧洲的贸易路线。如此一来，便把此前由中国海上势力与日本商人开辟的以台湾为转口贸易中心的中国—日本—东南亚贸易，扩展到欧洲、美洲，使台湾作为商贸转运站的功能进一步强化。虽然这种功能的强化非常明显，但并没有发生实质性变化，即没有从根本上改变台湾作为海盗据点和商贸转运站的性质。

二、中国东南海疆的门户与屏藩

台湾自古以来便与大陆关系紧密，不仅地理上一衣带水，文化上与人种上也是渊源颇深，台湾考古学界多年来的一系列重要的考古发现，就是坚实的证据。[⑦]

---

① 《德·韦特寄总督卡本提耳函》（1625 年 10 月 29 日于大员商馆），《荷兰台湾长官致巴达维亚总督书信集（1），1622—1626》，（台北）南天书局，2007，第 188—189 页。

② 参见杨彦杰：《荷据时代台湾史》，江西人民出版社，1992，第 91 页；鲍晓鸥：《西班牙人的台湾体验（1626—1642）：一项文艺复兴时代的志业及其巴洛克的结局》，Nakao Eki（那瓜）译，（台北）南天书局，2008，第 167 页。

③ 参见郑维中：《荷兰时代的台湾社会——自然法的难题与文明化的历程》，（台北）前卫出版社，2004，第 185、308 页。

④ 江树生译注：《热兰遮城日志》第 3 册，（台南）台南市政府，2004，第 205 页。

⑤ 参见欧阳泰：《福尔摩沙如何变成台湾府？》，郑维中译，（台北）远流出版公司，2007，第 22 页。

⑥ 参见王玉国：《荷据时期台湾荷兰人与汉族移民关系》，邓孔昭主编：《闽粤移民与台湾社会历史发展研究》，厦门大学出版社，2011，第 115—129 页。

⑦ 陈支平：《早期台湾史与中国大陆关系的重新审视》，《东南学术》2018 年第 1 期。

明朝末年，福建水师还曾到台湾追剿海盗，甚至在赤勘（赤崁）筑城，台湾开始被纳入明朝政府国防防区的范围。1662 年郑成功驱逐荷兰人之后建立的明郑政权，是第一次在台湾实施真正建制化的行政管理，从而使台湾成为中国东南海疆的门户与屏藩。1683 年康熙统一台湾，结束了南明残余势力在台湾的遗存，实现了中国领土与主权的完全统一，进一步强化了台湾作为中国东南海疆的门户与屏藩的角色。

（一）明郑以前台湾在中国东南海疆中的战略地位

明朝中后期，随着倭寇侵扰的加深以及闽粤海盗势力的猖獗，明朝政府加强了对东南沿海地区的防御与管控。当时被称为"北港"或"东番"的台湾，因被日本所垂涎，引起福建地方官府的极大关注，甚至萌发在台湾派遣军屯、设置郡县的设想。可见，从中国东南海疆防务的角度来看，至少在明末，台湾已被纳入明朝政府国防防区的范围。

福建水师还曾到台湾岛上追剿海盗，这里举两个典型事例。其一是胡居仁赴台追剿林凤集团。万历二年（1574）六月，潮州海盗林凤（又称林凤鸣、林阿凤）在福建总兵胡守仁、参将呼良朋追剿之下，从澎湖逃到台南魍港。在台湾岛上，明军联合当地少数民族合攻林凤，迫使林凤远走吕宋（菲律宾）。据《明实录》记载："逋贼林凤鸣拥其党万人东走，福建总兵胡守仁追逐之，因招渔民刘以道谕东番合剿，远遁。……福建海贼林凤自澎湖逃往东番魍港，总兵胡守仁、参将呼良朋追击之。传谕番人夹攻贼船，煨烬，凤等逃散。"万历四年（1576）九月，林凤在吕宋被西班牙军队击败，再次突围远逃。"巡抚福建金都御史刘尧海奏报，把总王望嵩等，以吕宋夷兵败贼林凤于海，焚舟斩级，凤溃围遁，复斩多级，并吕宋所赍贡文方物以进"。[①] 据西班牙史料记载，1574 年林阿凤从澎湖逃到班萨（Banzán）岛（可能是台湾岛的某处），亲率 62 艘船舰远征吕宋，"其他的兵力与人员则于班萨（Banzán）岛留守"。可见，班萨（Banzán）岛是林阿凤在台海的根据地。福建巡抚派把总王望高（似为"王望嵩"之误）

---

① 李国祥、杨昶主编：《明实录类纂·福建台湾卷》，武汉出版社，1993，第 495—496、497 页。

等一路搜寻林阿凤，直到吕宋，与西班牙人联合击败林阿凤。[①]

其二是沈有容赴台追剿倭寇。万历三十年（1602），曾在广东、福建、浙江沿海流窜的一股倭寇到达台湾后建立据点，四出劫掠，严重影响台湾海峡的商业、渔业活动及台湾岛上少数民族的生活。据有关史料记载，"先是倭众六七艘流劫东粤，迤逦闽、浙间；至东番，披其地为巢，四出剽掠，商渔民病之"。"贼据东海三月有余，渔民不得安生乐业，报水者（渔人纳赂于贼名曰报水）苦于羁留，不报水者束手无策，则渔人病倭强而番弱；倭据外澳，东番诸夷不敢射雉捕鹿，则番夷亦病"。[②]是年冬（1603年初），福建浯屿把总沈有容率大军从金门料罗湾出发，经澎湖前往台湾追剿倭寇，在台南近海与倭寇大战，将盘踞台湾的倭寇一举歼灭，一时大快人心，"东夷踊跃于山，渔民歌颂于海"。随后，沈有容率军在台南登陆，"东番夷酋扶老携幼，竞以壶浆、生鹿来犒王师，咸以手加额，德我军之扫荡安辑之也。"[③]胡居仁、沈有容赴台追剿海盗的事例，均表明台湾已在福建水师的军事防御与管控范围之内。

日本侵犯台湾对中国东南沿海边疆防务的冲击，迫使福建地方官员从东南海疆安危的角度思考台湾问题。万历四十四年（1616），日本长崎代官村山等安派遣13艘兵船侵犯台湾（鸡笼、淡水与东番），引起中国东南沿海一场边疆危机。福建巡抚黄承玄高度警觉，认为日本侵占台湾将对闽、浙、粤沿海造成严重威胁："鸡笼淡水，俗呼小琉球焉，去我台、礵、东涌等地，不过数更水程；又南为东番诸山，益与我澎湖相望。此其人皆盛聚落而无君长，习镖弩而少舟楫；倘今倭奴遂得装舰率徒，以下琉球之余劲，抚而有之，侦我有备则讲市争利，乘我隙瑕则阑入攻剽。闽及浙、广之交，终一岁中得暂偃其枪燧乎。……今鸡笼实逼我东鄙，距汛地仅数更水程。倭若得此而益旁收东番诸山，以固其巢穴，然后蹈瑕伺间，惟所欲为。指台、礵以犯福宁，则闽之上游危；越东涌以趋五虎，则闽之门户危；薄澎湖以瞷泉、漳，则闽之右臂危。即吾幸有备，

---

① 李毓中主编、译注：《台湾与西班牙关系史料汇编》第1册，（南投）台湾文献馆，2008，第153—154页、156—157、165、172页。

② 黄凤翔：《靖海碑》、陈第：《舟师问答》，载沈有容辑：《闽海赠言》（《台湾文献丛刊》第56种）卷1，（台北）大通书局，1987，第11页、卷2，第30页。

③ 陈第：《舟师问答》、屠隆：《平东番记》，沈有容辑：《闽海赠言》（《台湾文献丛刊》第56种）卷2，（台北）大通书局，1987，第30、22页。

无可乘也，彼且挟互市以要我，或介吾濒海奸民以耳目我。彼为主而我为客，彼反逸而我反劳。彼进可以攻，退可以守，而我无处非受敌之地，无日非防汛之时。此岂惟八闽患之，两浙之间恐未得安枕而卧也。"① 黄承玄主张加强澎湖防守，把澎湖与浯屿、铜山连为一体设防，既可以防控民间海商通过台湾与日本的走私贸易，也可以管控沿海渔民到台南北港地区的捕鱼活动，更为重要的是，还可以为防范日本侵犯台海地区建立"海上干城"。有谓："闽海中绝岛以数十计，而澎湖最大；设防诸岛以十余计，而澎湖最险远。其地内直漳、泉，外邻东番。……鸡笼地属东番，倭既狡焉思逞，则此澎湖一岛正其所垂涎者。万一乘吾之隙，据而有之，彼进可分道内讧，退可结巢假息，全闽其得安枕乎？……澎湖之险，患在寡援。而浯铜一游实与澎湖东西对峙，地分为二，则秦越相视；事联为一，则唇齿相依。今合以澎湖并隶浯铜，改为浯彭游，请设钦依把总一员，专一面而兼统焉。浯铜原设二十二船，澎湖原设十六船，邻寨协守四船；今议再添造一十二船、增兵四百名，俱统之于钦总。而另设协总二人，一领二十舟扎守澎湖，一领十二舟往来巡哨，遇有警息，表里应援。臂指之势既联，犄角之功可奏矣。夫浯铜系漳、泉门户，澎湖为列郡藩篱。今一设重镇，而有虎豹在山之形，一得内援，而无蛇豕荐食之患，其便一也。顷者，越贩奸民往往托引东番输货日本。今增防设备，扼要诘奸，重门之析既严，一苇之航可察，其便二也。……至于濒海之民，以渔为业，其采捕于澎湖、北港之间者，岁无虑数十百艘。倭若夺而驾之，则踪影可涸；我若好而抚之，则喙息可闻。此不可任其自为出没者，宜并令该总会同有司联以什伍，结以恩义，约以号帜，无警听其合舟宗佃渔，有警令其举号飞报，则不惟耳目有寄，抑且声势愈张。兹险之设，永为海上干城矣。"② 万历四十五年（1617），村山等安派家臣明石道友送回掳去的福建侦探把总董伯起，在交接过程中，福建地方官员毫不客气地诘问日人何故侵扰鸡笼、淡水？何故谋据北港？特别是对日本曾经"欲窥占东番、

---

① 《为飞报琉球船只事》[福建巡抚黄承玄，万历四十四年六月（推测）]，载中国第一历史档案馆、海峡两岸出版交流中心编：《明清台湾档案汇编》第1辑第1册，九州出版社，2009，第164、165页。

② 《为海氛多警饬备宜严敬陈防守事宜悬乞圣明采择允行以责实效事》[福建巡抚黄承玄，万历四十四年八月（推测）]，载中国第一历史档案馆、海峡两岸出版交流中心编：《明清台湾档案汇编》第1辑第1册，九州出版社，2009，第170—171页。

北港"极为不满，并不惜断绝一切对外贸易，向日本提出严正警告："汝若恋住东番，则我寸板不许过海，寸丝难过番，兵交之利钝未分，市贩之得丧可睹矣。"据说明石道友等各指天拱手，连称"不敢"。[①] 尽管村山等安谋筹侵犯台湾之举因飓风吹散船队而未见功，但此举迫使福建地方官员清楚意识到中国东南海疆面临着被外敌侵犯的严峻形势，故不得不慎重思考台湾与东南海疆安危的现实问题。

值得注意的是，万历末年，在台湾岛上海盗与倭寇猖獗的复杂形势下，明朝政府的军事管辖权已经及于台湾。一个典型的事例，是福建水师军官赵若思（秉鉴）曾经在赤崁修建城堡。据张燮《霏云居续集》卷四十《海国澄氛记》记载："东番者，在澎湖岛外，去漳仅衣带水。奸民林谨吾通归彼中为酋主互市，与倭奴往还。长泰人沈国栋亦子衿也，集众海外行劫，声势渐盛，便欲谋据东番，窃此为夜郎王。自以为形陋不足威远夷，推杨钟国为渠帅，而自立为军师。若思既谋攻郡县，翻念安顿处所，莫如东番。遂收杨、沈为唇齿，厦门把总林志武、澎湖把总方舆皆附焉，盖七日而筑城赤勘（嵌）矣。"陈小冲教授由此提出，尽管赵若思（秉鉴）后来因反叛被福建巡抚王士昌镇压，但他以明朝军官身份筑城赤崁之举颇有象征意义。这表明万历四十六年（1618）之前，中国政府的管辖权已正式及于台湾本岛了。他进而论证，赵若思（秉鉴）最有可能于1617年在台湾赤崁设置城堡，如此一来，就比荷兰殖民者侵入台湾早了整整7年。[②]

另一个关键人物是郑芝龙。郑芝龙先以海商海盗起家，后于崇祯元年（1628）受抚为明朝官员。他不仅在荷兰人入侵台湾之前就对台湾进行了开发，而且在荷兰人入侵台湾以后仍然一度控制着台湾海峡的贸易主导权，并在台湾岛上拥有一定势力。清代"筹台宗匠"蓝鼎元明确指出郑芝龙在台湾早期开发历史脉络中的位置："台地宋元以前，并无人知。至明中叶，太监王三保舟下西洋，遭风至此，始知有此一地。未几，而海寇林道乾据之，颜思齐、郑芝龙与倭据之，荷兰据之，郑成功又据之。"[③] 郑芝龙在崇祯元年（1628）就抚以后，还曾从大陆

---

① 《为飞报倭船事》[福建巡抚黄承玄，万历四十五年八月（推测）]，载中国第一历史档案馆、海峡两岸出版交流中心编：《明清台湾档案汇编》第1辑第1册，九州出版社，2009，第181—184页。

② 参见陈小冲：《张燮〈霏云居续集〉涉台史料钩沉》，《台湾研究集刊》2006年第1期。

③ 蓝鼎元：《东征集卷三·复制军台疆经理书》，蒋炳钊、王钿点校：《鹿洲全集》下册，厦门大学出版社，1995，第552页。

招集大量汉人开发台湾。从林道乾、颜思齐，经郑芝龙到荷兰人，再到郑成功，可见郑芝龙是台湾早期开发历史中非常关键的一环。

郑芝龙、郑成功父子与荷兰人在台湾的关系颇为复杂。荷兰人侵入台南以后，并没有迅速控制台南地区，而是在相当长时期内与郑芝龙等海盗势力争逐，荷兰人在台湾能否开展自由贸易，都取决于郑芝龙的态度。一个关键的史实是，郑芝龙在荷兰人入台初期，曾经与其达成协议，允许荷兰人在台湾自由贸易通商。据荷兰史料记载，福建海盗李魁奇打败郑芝龙后一度在台湾海峡横行，导致荷兰在大员的商贸状况非常糟糕，"从日本完全没有船来，跟中国的交易在短期内也显然非常微小"。[①] 郑芝龙受抚为明朝官员后，荷兰人企图通过郑芝龙获得大员与福建的自由贸易。崇祯三年初（1630 年 2 月），荷兰人在协助郑芝龙（一官）、钟斌对付李魁奇前，曾经提出一个重要条件："一官须于获胜之后，让我们在漳州河（福建月港）进行贸易，对商人来跟我们交易的通路不得有任何限制，而且要热心地向军门争取承诺已久的长期的自由贸易。"荷兰人的目的很明确，就是要郑芝龙帮助实现在台湾海峡的自由贸易，当时郑芝龙在台湾海峡的影响力之大，由此可见一斑。在打败李魁奇之后，荷兰人与郑芝龙在厦门谈判，郑芝龙向荷兰人承诺："一、他将终生让我们在漳州河及大员享受通商，他去世之后，他的继承者也要继续遵守这个原则。二、他将为我们写信给军门，帮我们取得承诺已久的自由贸易，可永远享受的自由贸易。"[②] 荷兰人在"漳州河及大员享受通商"需要获得郑芝龙的承诺，充分表明郑芝龙对台湾海峡及台湾岛上具有一定控制力。这个事实，后来成为郑成功驱荷复台的正当理由。施琅在叙述台湾历史时亦称："郑芝龙为海寇时，以为巢穴。及崇祯元年，郑芝龙就抚，将此地税与红毛为互市之所。"[③] 正因此层关系，郑成功因北伐南京失败而退踞厦门之际，有人建议他进取台湾，收复"故土"。据黄宗羲《赐姓始末》记载："成功之败而归也，以厦门单弱，为谋所向，中途遇红夷船，其通事乃南安人也，谓成功曰：'公何不取台湾？台湾，公家之故土也。有台湾，则不患无饷

① 江树生译注：《热兰遮城日志》第 1 册，（台南）台南市政府，2011，第 3 页。
② 江树生译注：《热兰遮城日志》第 1 册，（台南）台南市政府，2011，第 15、18 页。
③ 施琅：《恭陈台湾弃留疏》（康熙二十二年十二月二十二日），载 [清] 施琅撰，王铎全校注：《靖海纪事》，福建人民出版社，1983，第 120—121 页。

也。'"① 荷兰史料中也有不少类似的记载。郑成功率大军进攻台湾，在抵达鹿耳门的第二天（1661年5月1日），就给荷兰驻台长官揆一等送去书信和告示。郑成功宣称：

澎湖群岛（Piscadores）距离漳州诸岛不远，因此隶属漳州；同样，台湾因靠近澎湖群岛，所以台湾也应在中国政府的统治之下；因而，也应该明白，这两个滨海之地〔指澎湖群岛与台湾〕的居民都是中国人，他们是自古就已据有此地，并在此地耕种的人。以前，当荷兰人的船来谋求贸易通商时，荷兰人在这些地方连一小块土地也没有；那时家父一官出于友谊，指这块土地给他们，但只是借用而已。……但是现在，我率领强大的军队来到此地，不仅要来改善这块土地，也要在这块土地上建造几个城市，开创繁衍一个庞大的人群社区。您阁下也当知道得很清楚，还要继续占据别人的土地（那个原本属于我们的祖先，因而现在属于我的土地）是不妥当的。这道理，您阁下和贵议会的人（如果足够聪明）也应当都了解得很清楚。……

现在，我要来取用我的土地。这块土地是家父借给荷兰公司的，对此有谁可以反对？现在我且亲自来了，要来改善这块土地，并且要在这块土地上建造几个美丽的城市。因此，现在要想好，并且要迅速地，来向我归顺。

随后，郑成功不断写信敦促荷兰人尽快投降归顺，并进一步强调说："我来此地，不是要来用不公正的态度夺取什么，只是要来收回属于家父，因而现在属于我的这块土地；这块土地只是给公司借用的，从未给过公司所有权。这件事，现在无论如何都必须被承认。"② 他当面对荷兰使者说道："该岛一向是属于中国的。在中国人不需要时，可以允许荷兰人暂时借居；现在中国人需要这块土地，来自远方的荷兰客人，自应把它归还原主，这是理所当然的事。"他还明确表示："此来的目的并非同公司作战，只是为了收回自己的产业。"尽管荷兰人极力狡辩，甚至指责郑成功"入侵是非法的"，但郑成功重申自己"坚定不移的目

---

① 黄宗羲：《赐姓始末》，载厦门大学郑成功历史调查研究组编：《郑成功收复台湾史料选编（增订本）》，福建人民出版社，1982，第34页。

② 江树生译注：《热兰遮城日志》第4册，（台南）台南市政府，2011，第417、418、428页。

的是要荷兰人放弃全岛"。① 郑成功从中国人最早居住、最早开发利用,事实上占有台湾的角度——所谓"这两个滨海之地〔指澎湖群岛与台湾〕的居民都是中国人,他们是自古就已据有此地,并在此地耕种的人"——来论证台湾应该归属中国,相对于荷兰只是暂时借用作为贸易通商之地来说,无疑具有更加充足的理由。② 他对荷兰使者宣称的"该岛一向是属于中国的",明确宣示了中国对于台湾的领土主权。

台湾汉人大都是郑芝龙时期从大陆迁来的,他们给予郑成功攻台以有力的支持。郑军在鹿耳门海湾实施登陆时,"随即有几千中国人出来迎接他们,用货车和其他工具帮助他们登陆。这样,不到两个小时……几千个士兵就完成了登陆"。"由于得到中国居民中二万五千名壮丁的帮助",郑军在三四小时内就包围普罗文查要塞,切断了其同热兰遮城的联系。③ 正是在成千上万汉族移民的多方面支持下,郑成功才最终迫使荷兰人投降。郑成功攻取台湾之后所作《复台》诗云:"开辟荆榛逐荷夷,十年始克复先基。田横尚有三千客,茹苦间关不忍离。"郑成功在"十年始克复先基"后面特别注明:"太师会兵积粮于此,出仕后为红毛荷兰夷酋弟揆一王窃踞。"④ 这一认知成为郑成功向荷兰殖民者庄严宣示中国领土主权的思想基础。

尤其值得一提的是,郑成功驱逐荷兰殖民者,收复台湾,使台湾的战略地位开始发生根本性的改变:一是使台湾成为明郑政权经营海上贸易的根据地,继续发挥台湾作为国际商贸转运站的功能;二是使台湾成为明郑政权的抗清基地,以及南明王朝的东南海疆要地。第二方面的改变至关重要,既与明郑政权的性质相关,也与郑成功及明郑政权在台湾的各项建设相关。

郑成功在台湾建立的政权,并不是独立王国,而是南明王朝的一部分,亦

---

① C.E.S.:《被忽视的福摩萨》,载厦门大学郑成功历史调查研究组编:《郑成功收复台湾史料选编(增订本)》,福建人民出版社,1982,第153、154页。

② 荷兰人也曾明确地对日本人说:"台湾土地不属于日本人,而是属于中国皇帝。"参见甘为霖:《荷兰人侵占下的台湾》,载厦门大学郑成功历史调查研究组编:《郑成功收复台湾史料选编(增订本)》,福建人民出版社,1982,第95页。

③ C.E.S.:《被忽视的福摩萨》,载厦门大学郑成功历史调查研究组编:《郑成功收复台湾史料选编(增订本)》,福建人民出版社,1982,第142、147页。

④ 郑成功:《复台》,载厦门大学郑成功历史调查研究组编:《郑成功收复台湾史料选编(增订本)》,福建人民出版社,1982,第1页。

可谓南明之余绪。郑成功在与荷兰人交涉的过程中，常常以"大明招讨大将军国姓"自称，便清楚表明了郑成功与明朝的关系。事实上，在驱荷复台过程中，郑成功便开始着力经营台湾。第一是行政建制。南明永历十五年（1661）五月，郑成功"改赤崁地方为东都明京，设一府二县。以府为承天府，天兴县，万年县，杨戎政为府尹，以庄文烈知天兴县事，祝敬知万年县事。行府尹查报田园册籍，征纳□银。改台湾为安平镇"。[①] 由于郑成功遥奉南明永历政权为正朔，这里所谓的"东都明京"，就是南明永历皇帝的东方首都。台湾由此被纳入南明王朝疆土之中，成为其东南海疆前哨。尤可注意者，其府县建制是大陆自秦汉以来基层政权形式在台湾的首次出现，也是台湾行政机构内地化的典型表征。第二是寓兵于农，实行屯垦制度。即允许文武各官及总镇大小将领家眷，在承天府或其他各处圈地，开垦建庄，"永为世业，以佃以渔及经商，取一时之利，但不许混圈土民及百姓现耕田地"。[②] 第三是招徕移民，推广大陆先进的农业生产技术。[③] 郑成功在驱荷复台之后不久（1662 年 6 月 23 日）就去世了，其子郑经继承郑成功的事业，进一步开发台湾。尽管清政府对台湾实行禁海迁界的封锁政策，但在明郑时期（1661—1683），台湾的社会经济仍然得到一定程度的发展。据统计，明郑时期，台湾耕地总面积达 30054 甲，比荷据时代扩大了 1.45 倍；台湾汉人达 10—12 万人，比荷据时期增加了 6 万人左右。[④] 奉康熙皇帝之命进取台湾的施琅曾亲至其地，"备见沃野土膏，物产利溥，耕桑并耦，鱼盐滋生，满山皆属茂树，遍处俱植修竹。硫磺、水藤、蔗糖、鹿皮，以及一切日用之需，无所不有。向之所少者布帛耳，兹则木棉盛出，经织不乏。且舟帆四达，丝缕踵至，饬禁虽严，终难杜绝。实肥饶之区，险阻之域。……今台湾人居稠密，户口繁息，农工商贾，各遂其生。"[⑤] 可见，经过明郑政权的经营开发，台湾逐渐成为中国东南沿海一个富庶的宝岛。

---

① 杨英撰、陈碧笙校注：《先王实录校注》，福建人民出版社，1981，第 253 页。

② 杨英撰、陈碧笙校注：《先王实录校注》，福建人民出版社，1981，第 254 页。

③ 参见陈国强：《郑成功在台湾的建设》，载氏著：《民族英雄郑成功》，厦门大学出版社，1997，第 167—172 页。

④ 参见陈孔立：《清代台湾移民社会研究〈增订本〉》，九州出版社，2006，第 93 页。

⑤ 施琅：《恭陈台湾弃留疏》（康熙二十二年十二月二十二日），载 [清] 施琅撰，王铎全校注：《靖海纪事》，福建人民出版社，1983，第 121 页。

（二）康熙统一台湾与台湾在中国东南海疆中地位的强化

1661—1683年间，由于南明王朝与清朝的对峙，台湾与大陆是分治的。康熙皇帝派施琅平台，使台湾由此成为中国东南海疆的门户与藩篱，成为大一统中国不可分割的一部分。

清朝与明郑政权对峙时期，清廷因尚未平定大陆，故对台实行招抚政策，双方断断续续进行了多次和平谈判。谈判期间，郑成功、郑经父子曾多次提出“照朝鲜事例，不削发，称臣纳贡”的要求，康熙皇帝均坚决予以拒绝：“至于比朝鲜不剃发、愿进贡投诚之说，不便允从。朝鲜系从来所有之外国，郑经乃中国之人。若因住居台湾，不行剃发，则归顺悃诚，以何为据。”[①]“台湾贼皆闽人，不得与琉球、高丽比。”[②]从康熙皇帝数次坚拒台湾郑氏“照朝鲜事例”的史实可见，其对台招抚政策的底线就是国家统一，就是要把台湾纳入大一统中国之内。因此，在平定“三藩之乱”以后，康熙皇帝认为：“今天下已尽荡平，所余者海上一区耳。”[③]康熙皇帝所心系之“海上一区”，就是台湾。施琅平台后，被康熙皇帝加官晋爵。他不无得意地说：“自明朝以来，逋诛积寇，始克殄除，濒海远疆，自兹宁谧。”[④]平定台湾并使东南海疆得以安宁，既是康熙皇帝完成国家统一的重要步骤，也是其引以为傲的不世之功。

康熙统一台湾之后，由于对台湾地位认知的差异，清政府内部曾发生台湾弃留问题的争议。平台主将施琅上《陈台湾弃留利害疏》，坚决主张留住台湾。施琅认为，台湾的战略地位非常重要，“台湾地方，北连吴会，南接粤峤，延袤数千里，山川峻峭，港道迂回，乃江浙闽粤四省之左护。”因此，他主张台湾决不可弃，必须坚守：“盖筹天下之形势，必求万全。台湾一地，虽属外岛，实关四

① 《敕明珠等谕》（康熙八年九月），载中国第一历史档案馆、海峡两岸出版交流中心编：《明清宫藏台湾档案汇编》第7册，九州出版社，2009，第86页。

② 《圣祖仁皇帝实录（二）》卷109，康熙二十二年五月甲子，《清实录》第5册，中华书局，1985，第118页。

③ 《起居注·谕令攻取台湾所需钱粮由福建给发》（康熙二十二年七月初七日），载中国第一历史档案馆、海峡两岸出版交流中心编：《明清宫藏台湾档案汇编》第7册，九州出版社，2009，第419页。

④ 《御制诗文·谕令施琅加授静海将军封世袭靖海侯》（康熙二十二年九月初十日），载中国第一历史档案馆、海峡两岸出版交流中心编：《明清宫藏台湾档案汇编》第8册，九州出版社，2009，第4—5页。

省之要害。勿谓彼中耕种，尤能少资兵食，固当议留；即为不毛荒壤，必借内地挽运，亦断断乎其不可弃。……弃之必酿成大祸，留之诚永固边圉。"① 康熙皇帝采纳了施琅的主张，将台湾正式纳入清朝版图，在台湾设立一府三县。一府即台湾府，下设台湾县、凤山县、诸罗县，由台厦兵备道分辖，隶属福建省。台湾设府置县，重新回到清朝中央政府的管辖之下，加快了台湾从边陲到内地化的进程。康熙时期，中国东北、西北、西南边疆是康熙皇帝长年征战之地，而以台湾为中心的东南沿海也是其用心经营的地区。康熙皇帝常对臣下说，"今天下太平日久，曾经战阵大臣已少，知海战之法者益稀，日后台湾可虞。台湾一失，难以复得"。② "朕思台湾、澎湖之地，关系甚大"。③ "即如台湾、南澳，人以为孤悬海外，无关紧要。自得其地，福建、广东之贼，便无容身之地，所系匪轻"。④ 正是在经营台湾的过程中，康熙皇帝逐渐萌发了海疆观念。在其上谕中，已可见用"海疆要地"⑤ 来称呼台湾。显然，在康熙皇帝的心目中，台湾已经成为中国东南海疆重要的战略基地。

雍正、乾隆时期，清政府治理台湾已与"海疆"建设密切相关。雍正元年（1723），巡视台湾御史吴达礼等奏称："台湾民番错处，全在地方官调剂得宜，方于海疆有济。"⑥ 雍正五年（1727），雍正在一道关于台湾班兵换防的上谕中称："台湾防汛兵丁，例由内地派往更换，而该营将弁往往不肯将勤慎诚实、营伍中得力之人派往，是以兵丁到彼不遵约束，多放肆生事。此乃历来积弊，朕知之甚悉。嗣后台湾换班兵丁，着该管官弁将勤慎可用之人挑选派往，倘兵丁到彼有生事不法者，或经发觉，或被驻台官员参出，将派往之该管官一并议处。如

---

① 施琅：《恭陈台湾弃留疏》（康熙二十二年十二月二十二日），载 [清] 施琅撰，王铎全校注：《靖海纪事》，福建人民出版社，1983，第 120、123 页。

② 中国第一历史档案馆整理：《康熙起居注》第 3 册，康熙四十五年十月初六日，中华书局，1984，第 2022—2023 页。

③ 《圣祖仁皇帝实录（三）》卷 252，康熙五十一年十一月甲辰，《清实录》第 6 册，中华书局，1985，第 497 页。

④ 《圣祖仁皇帝实录（三）》卷 274，康熙五十六年九月丙午，《清实录》第 6 册，中华书局，1985，第 691 页。

⑤ 《圣祖仁皇帝实录（三）》卷 295，康熙六十年十月丙戌，《清实录》第 6 册，中华书局，1985，第 864 页。

⑥ 《巡视台湾御史吴达礼等奏折·纠参台湾府同知杨毓健失职》（雍正元年八月初六日），载中国第一历史档案馆、海峡两岸出版交流中心编：《明清宫藏台湾档案汇编》第 8 册，九州出版社，2009，第 314 页。

此则各营派拨兵丁不敢苟且塞责,而海疆得防汛之益矣。"① 雍正十一年（1733）,福建总督郝玉麟等奏称:"闽省台湾一隅,地处外洋,田土富饶,人民蕃庶,自我朝始归版图,为内地之屏障,控夷岛之雄封,路达广东、浙江等处,最关紧要。……而海疆要区,重资保障,亦不便缓待以苟延。"② 雍正十三年（1735）,浙闽总督郝玉麟等奏称:"台湾地方远隔重洋,番民杂处,最关紧要。道府二缺,有统理表率之责,必得老成练达之员,始于海疆有益。伏查台湾文武各员,均蒙皇上俯念海外重地,酌量调补,迄年以来,所用人员,咸皆尽心供职,得收实效。"③ 乾隆元年（1736）,浙闽总督郝玉麟奏称:"惟是台湾孤悬海表,为闽粤浙江等处各省屏障,民番杂处,地方最为紧要,文武员弁全在得人,苟非人地相宜之员,弗克胜任。"④ 鉴于台湾是东南各省屏障的重要战略地位,清政府在台湾设府置县以后选派赴台官员时特别慎重,以期保证东南海疆的安全。

清政府对台湾实施有效管辖,并在对外贸易方面长期实行较封闭的海禁政策,一方面使台湾作为海盗据点及商贸转运站的功能日渐丧失,另一方面使台湾在中国海防战略中的重要地位不断得以强化,并被关注海疆安危者所重视。正如蓝鼎元所谓:"台湾海外天险,治乱安危,关系国家东南甚巨。其地高山百重,平原万顷,舟楫往来,四通八达。外则日本、琉球、吕宋、噶啰吧、暹罗、安南、西洋、荷兰诸番,一苇可航;内则福建、广东、浙江、江南、山东、辽阳,不啻同室而居,比邻而处,门户相通,曾无藩篱之限,非若寻常岛屿郡邑,介在可有可无间。"⑤ 事实上,康熙统一台湾之后,清政府便不断加强对台湾的政

① 《起居注·谕令更换台湾兵丁将挑选勤慎可用之人派往》（雍正五年十月初六日）,载中国第一历史档案馆、海峡两岸出版交流中心编:《明清宫藏台湾档案汇编》第10册,九州出版社,2009,第156—157页。

② 《福建总督郝玉麟等奏折·台湾城池外种植竹篱》（雍正十一年十一月初一日）,载中国第一历史档案馆、海峡两岸出版交流中心编:《明清宫藏台湾档案汇编》第11册,九州出版社,2009,第183、186页。

③ 《浙闽总督郝玉麟等奏折·请将尹士俍升补台湾道徐治民升补台湾府知府》（雍正十三年九月十二日）,载中国第一历史档案馆、海峡两岸出版交流中心编:《明清宫藏台湾档案汇编》第11册,九州出版社,2009,第322页。

④ 《浙闽总督郝玉麟奏折·请令新任台湾镇总兵官马骥在任守制》（乾隆元年正月初六日）,载中国第一历史档案馆、海峡两岸出版交流中心编:《明清宫藏台湾档案汇编》第11册,九州出版社,2009,第378页。

⑤ 蓝鼎元:《东征集卷三·复制军台疆经理书》,载氏著:《鹿洲全集》下册,厦门大学出版社,1995,第551页。

治军事管辖，逐步把台湾纳入东南海疆国防体系之中。据王宏斌教授研究，如同中国沿海各省各府一样，清代前期，福建台湾府不仅按照朝廷旨意，严格划分了内洋与外洋，明确了水师官兵的水陆汛地，而且建立了比较严格的巡逻会哨制度。凡是靠近台湾府和澎湖厅治所所在岛屿（台湾岛和澎湖岛）岛岸的岛屿和洋面均被划入内洋，纳入文武官员共同的管辖范围；凡是远离台湾府和澎湖厅治所所在岛屿（台湾岛和澎湖岛）岛岸的岛屿和洋面均被划入外洋，由水师官兵负责巡洋会哨。台湾海峡在清代前期已经形成了"两纵八横"的海道网络。水师的管辖范围大致包括台湾海峡全部水域和台湾岛周围海道以内的内外洋水域。台湾南面的琉球屿、七星岩，东面的兰屿（红头屿）、绿岛（火烧屿），北面的鸡笼、花瓶屿、棉花屿、钓鱼台等作为商船、渔船、兵船或海匪船只的临时港口及其所在洋面是清代环台湾海道的重要组成部分，已经被纳入清军水师巡哨、管控范围。① 台湾及其周边附属岛屿均被纳入清军水师有效防区之内，表明台湾作为中国东南海疆门户与藩篱的地位得到空前的强化。

三、结语

综上所述，本文从东亚海域与东南海疆的双重视角，较长时段地展示了明清之际台湾战略地位演变的历史脉络。笔者认为，明清之际台湾战略地位的演化，经历了双向演进与交互演化的历史过程。

一是从世界史的角度看，台湾是东亚海域的海盗据点与国际商贸转运站。明清之际的东亚海域，首先是中国与日本之间各种政治经济势力角逐的舞台，汉人海商海盗势力与日本海商及倭寇先后盘踞台湾，并以台湾为中国大陆、日本与东南亚之间的商贸转运站。新航路开辟以后，欧人势力东来，葡萄牙、西班牙、荷兰等早期殖民主义国家都曾不同程度地觊觎过台湾，尤其是荷兰人与西班牙人还曾短暂（1624—1662）占据台湾南部大员与北部鸡笼、淡水，作为各自在东亚海域的海盗式商贸据点，使台湾作为东亚海域国际商贸转运站的地位得以强化。明清之际，台湾在东亚海域政治经济结构中的角色，首先是汉人海商海盗势

---

① 王宏斌：《清代前期台湾内外洋划分与水师辖区——中国对钓鱼岛的管辖权补证》，《军事历史研究》2017 年第 3 期。

力塑造的，荷兰人、西班牙人作为具有西方殖民主义国家背景的海商海盗势力，只是强化了这个角色，并没有从根本上改变其性质。

二是从中国史的角度看，台湾又是中国东南海疆的门户与屏藩。明朝中后期，随着倭寇的不断侵扰以及闽粤海盗势力的猖獗，明朝政府加强了对东南沿海地区的防御与管控，并把台湾纳入东南海疆国防防区的范围之内，使其成为中国东南海疆的前哨。1662 年，郑成功驱荷复台，明郑政权在台湾设府置县，建设与开发台湾，使台湾成为南明王朝的海疆要地以及与清朝对抗的重要基地。1683 年，康熙统一台湾，按照内地规制建设与开发台湾，加速了台湾从边陲到内地化的进程，也进一步强化了台湾作为中国东南海疆门户与屏藩的战略地位。

台湾无论是作为东亚海域的海盗据点与国际商贸转运站，还是作为中国东南海疆的门户与屏藩，都曾经历了一个相对独立演进的历史过程。明清易代之际，尤其是康熙统一台湾之后，台湾的战略地位则经历了一个交互演化的复杂进程，真正完成了从东亚海域的海盗据点与国际商贸转运站到中国东南海疆的门户与屏藩的根本转变。

（原载《台湾研究》2018 年第 6 期）

17 世纪初荷兰人的东亚认识与入据台湾

徐鑫

16 世纪末、17 世纪初，荷兰人的身影开始出现在东亚诸港口，成为东亚海域最为活跃的成员之一。其后，荷兰人通过战争、外交、贸易等多种形式游走于东亚诸方势力之间，并尝试从中获得利益。在这个过程中，荷兰人对台湾的地理重要性与中国政府的对外政策产生了不尽相同的认识。这些认识之中，有些准确深刻，大部分则荒诞不经。造成这一情况的原因，是荷兰人的认识根植于自身经验，而非对于中国的理解。但不可否认的是，这些认识指引了荷兰人在亚洲的行动，并牵动了东亚海域的诸多事件。16 世纪末、17 世纪初，荷兰人究竟对台湾的地理重要性，乃至东亚局势究竟是如何认识的？这种认识来自何种经验？其对荷兰人在亚洲的行动产生了怎样的影响？这些问题都是值得我们探究的。

一、八十年战争与荷兰东印度公司

荷兰王国 (The Kingdom of the Netherlands) 位于欧洲西部，东面与德国为邻，南接比利时，西、北濒临北海，地处莱茵河、马斯河和斯凯尔特河三角洲。1566 年，尼德兰爆发了反对西班牙统治的人民起义，史称"尼德兰革命"。1581 年，北部七省成立尼德兰联省共和国。在联省共和国中，荷兰省的居民数量、财富等都是最重要的，"荷兰"遂成为联省共和国的代称。

独立之前，荷兰曾被不同的国家统治。中世纪时，荷兰是神圣罗马帝国的领土。到了 16 世纪初，因为复杂的王室联姻，荷兰实际上属于西班牙哈布斯堡王朝的领地。因此，荷兰与西班牙之间的八十年战争（1568—1648）对于早期荷兰的国家塑造有着重要的意义。1648 年，荷兰成为独立国家。17 世纪，荷兰是世界上最强大的海上霸主，被称为"海上马车夫"。16 世纪末、17 世纪初荷兰人大举进入东亚。①

在荷兰获得独立的八十年战争中，两个因素起到了重要作用。其一，这一战争中，荷兰事实上得到了英国、法国等欧洲主要国家的支持。因此，有学者将这场战争视为反哈布斯堡王朝国际战争的一部分，"荷兰人的独立战争得到英、法等国的支持，实际上成为一场连续百余年的国际反哈布斯堡王朝战争的重要阶段和组成部分"。② 在进攻葡萄牙和西班牙的殖民地时，荷兰可以请求英国舰队支援。如荷兰船长威·伊·邦特库在《东印度航海记》中援引了科恩总督写给马尼拉群岛威廉·詹兹司令的信，称"他率领了几艘英国船远征到那里，信中要他调拨几艘船同我们会合。此事后来也实现了"。③ 荷兰军队中出现了其他国家的连队，"1600 年时的荷兰军队包括了 43 个英国连队、32 个法国连队、20 个苏格兰连队和 9 个德国连队"。④ 因此，当时的荷兰军队实际上是一支国际联合部队。

其二，荷兰人卓越的海洋能力。西班牙人在陆地战争中尚可与荷兰军队一较高下，但是在海上完全处于劣势。"（1579）虽然在陆地上西班牙人仍然掌握着控制权，但在海上，荷兰人已完全成为主宰。海洋塑就了他们的国家……为他们提供了将财富运回家的交通干线"。⑤ 英国史学家霍尔亦认为："他们（荷兰人）在作为欧洲马车夫和代理商方面所起的作用，使他们取得了充当经纪人的经验，这种经验是没有人能比得上的。"⑥

16 世纪末、17 世纪初，荷兰的造船业和航海业虽然极为发达，但都控制在私人公司手中，甚至连海军的组建也要依赖私人船只，"与西班牙作战的初期，

---

① 史滇生：《世界海军军事史概论》，海潮出版社，2003，第 99—100 页。
② 董正华：《"联省共和"与 17 世纪荷兰的崛起》，《科学与现代化》2007 年第 4 期，第 51 页。
③ [荷] 威·伊·邦特库：《东印度航海记》，姚楠译，中华书局，1982，第 68 页。
④ 董正华：《"联省共和"与 17 世纪荷兰的崛起》，《科学与现代化》2007 年第 4 期，第 51 页。
⑤ [荷] 亨德里克·威廉·房龙：《荷兰航海家宝典》，肖宇、杨晓明译，河北教育出版社，2004，第 5 页。
⑥ [英]D·G·E·霍尔：《东南亚史》，中山大学南亚历史研究所译，商务印书馆，1982，第 359 页。

舰队是在市政司法权限内,视地方利益,由私人船只组合而成"。① "出于战略利益的考虑,奥伦治亲王和阿姆斯特丹的大商人,应用了王国的某些组织原则,要求海上作战的士兵既要完成军事任务,又要保证商业日益发展的需要"。因此,荷兰"一方面大公司纷纷开张,另一方面也成立了海军部。不管怎么说,到17世纪,商船队之于私人的,与战船之于国家的,区别并不明显"。② 1595—1601年间,至少有八家公司的十五支舰队到亚洲进行贸易,③ 他们被称为"早期公司"。早期公司的竞争相当激烈,1602年3月20日荷兰议会颁发了《公司成立特许状》,荷兰东印度公司正式成立。荷兰人在东亚的行动充分表明,贸易和军事只是荷兰东印度公司在东亚行动的不同形式,二者无法截然分开。

根据特许状的条款,荷兰东印度公司拥有两项权力:第一,从荷兰到好望角以东及经由麦哲伦海峡的为期21年的船运贸易垄断权;④ 第二,准许荷兰东印度公司以荷兰议会的名义建造防御工事、任命长官、为士兵安排住处以及同在亚洲的列强签署协议。尽管荷兰东印度公司在法理上是荷兰议会的执行工具,但在实践中,荷兰议会对其几乎没有控制能力。⑤ "荷兰东印度公司在共和国的政治和经济构架下,为自己建立了永久性的地位,并被共和国授予了垄断权。然而,公司和政府官员间的密切关系并不意味着公司总是作为官方政策的附加部分运作的,董事们通常会非常关注他们的利益,有时甚至会同议会发生矛盾。"⑥董事会事实上成为荷兰东印度公司的最高权力机关。

除了董事会之外,荷兰东印度公司内部还实行总督与评议会结合的决策机制。我们可以从其处理东亚事务的相关记录入手,来解读这一决策机制。《热兰遮城日志》中有一则记录颇具代表性:

关于一官(郑芝龙)写给特劳牛斯先生的书信,将由长官普特曼斯阁下,以渐进暗示,严厉劝告准许我们和平自由的贸易的方式答复一官。在这答复中,要提及

① [法]保罗·祖姆托:《伦勃朗时代的荷兰》,张今生译,山东画报出版社,2005,第241页。
② [法]保罗·祖姆托:《伦勃朗时代的荷兰》,张今生译,山东画报出版社,2005,第241页。
③ [荷]伽士特拉:《荷兰东印度公司》,倪文君译,东方出版中心,2011,第9页。
④ [荷]伽士特拉:《荷兰东印度公司》,倪文君译,东方出版中心,2011,第9页。
⑤ [荷]伽士特拉:《荷兰东印度公司》,倪文君译,东方出版中心,2011,第15页。
⑥ [荷]伽士特拉:《荷兰东印度公司》,倪文君译,东方出版中心,2011,第12页。

在对付李魁奇时,一官用庄严的宣誓向公司承诺过什么,结果如何,去年他履行得如何;也要提及,对中国发动战争,不能只咬住长官普特曼斯阁下一个人,因为那是我们在祖国的主人们,以及在巴达维亚的总督与东印度(评)议会坚持决定要继续的事,除非他们履行屡次承诺的自由贸易,并且使我们全国的敌人——西班牙人在马尼拉的贸易遭受挫折,这种战争可能还会继续一百年。[①]

根据荷兰人的描述,荷兰人在东亚的行动并非仅仅取决于负责具体行动的长官。一方面,具有最高决定权的是"我们在祖国的主人们",即荷兰东印度公司的最高权力机关——董事会。另一方面,真正决定荷兰东印度公司在东亚的行动的是"巴达维亚的总督与东印度(评)议会"。巴达维亚为荷兰东印度公司在亚洲的总部,东印度评议会是荷兰在亚洲的最高权力机关。"该评议会由几名委员和总督组成,总督虽为评议会成员之一,而且在议会中具有举足轻重的影响力,但他不能未经评议会同意,即就重要事务擅自做主"。[②] 可见,荷兰东印度公司在东亚的行动一方面要遵循董事会的总体战略规划,另一方面要按照东印度评议会的决定行动。

16 世纪末、17 世纪初,八十年战争进入决胜时期,荷兰人和葡萄牙人、西班牙人在亚洲的主要目标是进入亚洲市场内部的经济贸易体系,从而赚取丰厚的利润,而与葡萄牙、西班牙的战争却是危及国家存亡的战争。因此,荷兰东印度公司不仅是一个与东方贸易的私人公司,更是一个全面和葡萄牙人、西班牙人进行贸易竞争和军事战斗的实体。因此,在亚洲,"荷兰东印度公司首先攻击的对象是葡萄牙人,而不是亚洲人"。[③]

16 世纪末、17 世纪初,荷兰人一方面在欧洲与西班牙人直接作战,另一方面又在全球范围内在商业和海上力量方面与西班牙人、葡萄牙人全面竞争。无论面对的国家、地区、民族有何不同,与西班牙人和葡萄牙人竞争始终是荷兰人的重要任务。这成为荷兰人对东亚认识的前提。

---

① 江树生译注:《热兰遮城日志》第一册,1633 年 12 月 1 日,(台南)台南市政府,1999,第138 页。
② 程绍刚译注:《荷兰人在福尔摩沙》,(台北)联经出版事业公司,2000,第 xiii 页。
③ [荷]伽士特拉:《荷兰东印度公司》,倪文君译,东方出版中心,2011,第 37 页。

二、荷兰与西班牙人、葡萄牙人在东亚的竞争关系

荷兰东印度公司成立后的行动，与葡萄牙人、西班牙人建立航路和贸易体系的过程较为类似。其建立的贸易路线、商馆往往与葡萄牙人和西班牙人类似，甚至直接攻取葡萄牙人和西班牙人的贸易点。"新公司的第一批船队有大量的武器装备，舰队司令曾下令袭击葡萄牙人在亚洲的补给站"。[①] 在内部的信件和报告中，荷兰人常将葡萄牙人视为自己最大的敌人。1623 年台湾长官在写给巴达维亚总督的信中称："真希望……我们最大的敌人葡萄牙人要开始跟中国成为亲密伙伴的协谈时间会更拖延一下。"[②] 开拓航路和贸易通道后，荷兰和葡萄牙的竞争无处不在。"尼德兰人开拓了东印度贸易……这些地区的贸易从前是葡萄牙人独占的，他们认为一旦把葡萄牙人的领有权据为己有之后，他们就是葡萄牙人特权的当然继承者"。[③] 在宗教问题上，因为荷兰人力求谋取的是经济利益，传教只是附带行为，所以荷兰人初到东南亚之时，"几乎毫无例外地处处受到友好的接待，（东南亚人）到处谋求荷兰人的帮助，以反对葡萄牙人"。[④]

在东亚地区，荷兰与葡萄牙、西班牙的作战频率远超欧洲本土，"一个重要的原因是，在同西班牙签订的'十二年休战协议'中，亚洲并未包括其中，因为战争还将继续，公司必须有足够的财力在那里作战"。[⑤] 欧洲本土的同盟态势在东亚也得到了同样的延续。荷兰和英国建立的联合舰队在对葡萄牙、西班牙的进攻中，大部分时间采取了共同行动。"1619 年詹姆斯一世和尼德兰为了解决争端，签订了防守条约，产生了一种暂时的和平效果；英荷船只相互致礼，而英荷船队则联合向'驶往马尼拉'的中国帆船进行抢劫（科克斯向董事部的报告，1621 年 9 月 30 日于平户）。他们又联合向果阿和马尼拉进攻"。[⑥]

---

① ［荷］伽士特拉：《荷兰东印度公司》，倪文君译，东方出版中心，2011，第 9 页。
② 江树生主译注：《荷兰联合东印度公司台湾长官致巴达维亚总督书信集 1（1622—1626）》，（南投）台湾文献馆，2010，第 71 页。
③ ［美］马士：《东印度公司对华贸易编年史》（第一、二卷），区宗华译、林树惠校，中山大学出版社，1991，第 12 页。
④ ［英］D·G·E·霍尔：《东南亚史》，中山大学南亚历史研究所译，商务印书馆，1982，第 362 页。
⑤ ［荷］伽士特拉：《荷兰东印度公司》，倪文君译，东方出版中心，2011，第 9 页。
⑥ ［美］马士：《东印度公司对华贸易编年史（第一、二卷）》，区宗华译、林树惠校，中山大学出版社，1991，第 12 页。

对于澳门争夺以及澳门和大员之间的竞争，尤能体现荷兰与葡萄牙、西班牙之间的全面竞争关系。进入亚洲之初，荷兰人便觊觎在澳门的葡萄牙人所经营的与中国贸易的利润丰厚。"由于澳门的影响，麻韦郎在 1604 年开拓荷兰与中国贸易的努力受到了挫折。1607 年，梅特利夫前来考察这个地方的实力，此地的贸易和繁盛引起了他们同胞的贪婪，与曾和葡萄牙合并在一起的西班牙战斗，以保卫他们的特许权"。① 其后，为了获得与中国的贸易，东印度评议会决定派船去攻占澳门或占据中国沿海另一合适的地方。

评议会最终一致认为，应派船前往中国沿海，调查我们是否可夺取敌人与中国的贸易（对此我们盼望已久）……攻取澳门或占据中国沿海另一合适的地方，是我们获取对中国贸易的当务之急。②

当时的"澳门是一处可随便出入的地方，无军队把守，只有几座炮和一些工事。我们（荷兰人）如果派出 1000 至 1500 人的兵力即可轻易夺取。再加强防守，可抵御一切外来攻击"。③ 关于澳门防御较差的原因，荷兰人有着清醒的认识，"澳门敌人最大的忧虑是：无工事，无兵力防守，秩序紊乱。去年他们已修筑几座工事，并配备十二座炮，但中国人不许他们继续修建工事"。④

1622 年，莱尔森被任命为东印度评议会特别委员，并兼任舰队司令。4 月 10 日，莱尔森受命率 8 艘船、1024 人从巴达维亚出发去攻打澳门。如有可能，再占据中国沿海的澎湖群岛等其他地方，甚至进一步筑堡驻扎。莱尔森攻打澳门的行动，最终以失败告终。⑤ 东印度评议会认为，莱尔森未能获得关于葡萄牙人实力的足够可靠的消息，便盲目下令攻打澳门，造成了这次失败。⑥ 其后，荷

---

① [瑞典]龙思泰著：《早期澳门史》，吴义雄、郭德焱、沈正邦译，章文钦校注，东方出版社，1997，第 89 页。

② 程绍刚译注：《荷兰人在福尔摩沙》，voc 1075, fol.94–102，（台北）联经出版事业公司，2000，第 7—8 页。

③ 程绍刚译注：《荷兰人在福尔摩沙》，voc 1075, fol.2–10，（台北）联经出版事业公司，2000，第 4 页。

④ 程绍刚译注：《荷兰人在福尔摩沙》，voc 1075, fol.2–10，（台北）联经出版事业公司，2000，第 7 页。

⑤ 程绍刚译注：《荷兰人在福尔摩沙》，（台北）联经出版事业公司，2000，第 xxii 页。

⑥ 程绍刚译注：《荷兰人在福尔摩沙》，（台北）联经出版事业公司，2000，第 xxii 页。

兰人多次攻打澳门,并对澳门实施封锁。澳门在葡萄牙人与西班牙人的共同防御下,才得以转危为安:

尽管荷兰人攫取澳门的首次企图被挫败,1627年,又有四艘荷兰船来到,停泊在岛屿之间,打算截击从马尼拉来的澳门船只,他们同时也将本地封锁起来。据《葡属亚洲》的作者说,这一次,"富裕的人乘划艇而出,登上对方为首的那艘船,将其占领并焚毁。他们杀死了37名荷兰人,俘获了50名。战利品是24门大炮,2000枚炮弹和一些钱"。一支西班牙分遣舰队正前来援助澳门的消息,使得其余的荷兰船只被迫离开。[①]

荷兰人攻占澳门失败后,转而通过大员与澳门进行商业竞争。即使后来大员兴盛时,荷兰人仍没有放弃彻底攻占澳门,将葡萄牙人赶出与中国的贸易圈的意图。荷兰人占领澳门的目的,是"把马尼拉与中国的贸易引至我处,以保证对大部分贸易的永久垄断权。这一目标将无法甚至永远不能达到,除非我们在中国沿海找到落脚之处,并保住这一地盘,以根据实际情况对中国人软硬兼施,终会如愿以偿"。[②]因此,对于荷兰人而言,占领澳门可以一举实现获得与中国的贸易、打击并替代葡萄牙人两个目标。而在中国沿海找到另一个贸易地点和葡萄牙人竞争,只是第二选择。因此,入据台湾并非荷兰人的当务之急。

为了获得贸易垄断权,荷兰人提出一个庞大的计划:

派舰艇攻占澳门也是当务之急,以阻止葡萄牙人与日本及马尼拉的贸易。不然,那里的货物出入量将剧增。占领澳门、漳州、澎湖和大员,拦截马尼拉水域的商船,以及派船前往中国北部沿海和日本……这是除上帝帮助外,获取贸易垄断权的唯一方式。[③]

---

① [瑞典]龙思泰:《早期澳门史》,吴义雄、郭德焱、沈正邦译,章文钦校注,吴义雄、郭德焱、沈正邦译,章文钦校注,东方出版社,1997,第90页。

② 程绍刚译注:《荷兰人在福尔摩沙》,voc 1079, fol. 1–55,(台北)联经出版事业公司,2000,第32—34页。

③ 程绍刚译注:《荷兰人在福尔摩沙》,voc 1079, fol. 1–55,(台北)联经出版事业公司,2000,第35页。

为实现获得贸易垄断权这一最终目标，荷兰东印度公司有意将贸易与战争、国家事务与公司事务混合为一，从而导致荷兰人与葡萄牙人、西班牙人的贸易竞争和军事战斗波及整个亚洲乃至全世界。英国人观察到："葡萄牙人，则在澳门已从事直接贸易；通过他们可以获得所想望的立足点。荷兰人……把葡萄牙人和澳门隔断。两年后（1637），荷兰舰队有效地封锁了果阿。"① 在荷兰人的认识中，与西班牙人、葡萄牙人在欧洲的战争才是至关重要的，在亚洲的事务只是双方在欧洲对抗的延续。因此，荷兰人在处理与中国的关系时，中国人的言行并非其最重要的考量因素。

三、大员——荷兰人妥协的选择

进入亚洲之初，荷兰人考虑的是"为开拓与中国的贸易，究竟是在中国选择几个适切的地方为妥，还是把中国商人招引到雅加达更好，对此我们仍难以定夺。因此，是否将派船前往漳州，也尚未决定"。② 但是，随着与中国商人和海盗的接触增多，荷兰人很快改变了这一想法。"按中国人的说法，只要我们（荷兰人）不能在中国沿岸找到地方驻扎，并在那里与中国贸易，他们就不会放弃往马尼拉的航行，即使我们每年派舰队在马尼拉附近巡逻也无济于事，中国人仍将为巨额贸易利润而冒险前往售货"。③ 因此，荷兰人认为，"我们能在他们（中国人）的国家找到地方驻扎……他们很快会与我们来往，再迫使他们放弃对马尼拉的贸易将会轻而易举"。④ 于是，荷兰人试图攻占澳门，在中国沿海地区寻找合适的贸易点。

如前所述，荷兰人在未能攻占澳门的情况下，转而寻找新的贸易点：

---

① ［美］马士：《东印度公司对华贸易编年史（第一、二卷）》，区宗华译、林树惠校，中山大学出版社，1991，第 13 页。

② 程绍刚译注：《荷兰人在福尔摩沙》，voc 1073, fol.52–62,（台北）联经出版事业公司，2000，2000，第 2 页。

③ 程绍刚译注：《荷兰人在福尔摩沙》，voc 1074, fol.4–28,（台北）联经出版事业公司，2000，第 3 页。

④ 程绍刚译注：《荷兰人在福尔摩沙》，voc 1074, fol.4–28,（台北）联经出版事业公司，2000，第 3 页。

若攻占澳门的计划不可行或不能成功，则按我们的建议在澳门或漳州附近寻找地方筑堡驻守。依我们之见，澎湖或 Lequeo Pequeno 将适于这一目的。我们获悉，澎湖有一个特别优良的港湾，而且该群岛距离漳州不远，我们认为极宜于驻扎。但缺点是这些岛屿多沙、土地贫瘠，既无树木，也无石头。Lequeo Pequeno 则美丽而多鹿，但我们未能获悉那里有适合泊船的港湾。①

在荷兰人看来，澎湖和大员各有利弊，澎湖虽然港口优良，但是土地贫瘠；大员尽管土地肥沃，却缺少良好的港湾。荷兰人起初倾向于有着优良港湾的澎湖，但西班牙人在台湾岛上建立城堡的意图让荷兰人产生了一定的紧迫感。1622 年 3 月 26 日，一份给巴达维亚的报告称，西班牙人试图在大员建立贸易点，"从我们同时送回的西人与马尼拉所写的信件中，您可看出敌人所述先于我们在福岛南端大员（Lamang）一地建堡的必要性。否则，他们不仅将失去与中国的贸易，而且整个东印度也将难以维持"。②但是，荷兰人进入大员后，却发现那里水深不过 10 至 12 荷尺。至于他们所言是否涉及另一港湾，尚有待前往探察，并先于敌人占据最为合适的地方"。③

西班牙人不仅产生了在福建沿海地区建立贸易点的想法，而且认为台湾是适合的地点。1617 年，一份来自马尼拉的报告称："为使此港（马尼拉）在免于遭受荷兰人或其他海盗前来袭击的风险下，得以保有贸易往来，并进而使其大幅增长，在艾尔摩莎岛一个名为北港（Paean）的地区中，一座从他人口中获悉的港口，建立为我方要塞是极为有利的。"④

西班牙人认为，台湾的地理位置极为优越，在那里建立贸易点有很多好处。首先，"商品价格比在澳门和宾那低廉许多"。这是因为在台湾，"通行船只毋须经过查验，因而不必缴纳贡赋"。再加上"物资充裕，故商品价格相对来说也会

---

① 程绍刚译注：《荷兰人在福尔摩沙》，voc 1075, fol.94–102，（台北）联经出版事业公司，2000，第 6—7 页。

② 程绍刚译注：《荷兰人在福尔摩沙》，voc 1075, fol.94–102，（台北）联经出版事业公司，2000，第 8 页。

③ 程绍刚译注：《荷兰人在福尔摩沙》，voc 1075, fol.94–102，（台北）联经出版事业公司，2000，第 8 页。

④ 李毓中主编、译注：《台湾与西班牙关系史料汇编 1》，（南投）台湾文献馆，2008，第 480 页。

较为低廉"。① 其次,可以使荷兰人无法获得来自中国的布料。"当他们(荷兰人)从卡加扬(Cagaydn)抵达此处海岸时,自艾尔摩莎岛可以迅速发出通知。而当敌人一航行至该岛和中国之间,替告讯息可在一天一夜的时间内传到中国"。因此,中国人只能以小型快船来运输布料,"(荷兰人)他们要拦截这些小船实非易事"。② 最后,可以使西班牙船只在亚洲海域获得停靠点,从而增加安全性。即"如果自西班牙前来的船只因受强风袭击而无法停靠菲律宾。他们则可以前往艾尔摩莎岛的港口寻求庇护,再从那里回到新西班牙(Nueva Espafia)或载货来马尼拉。这比起航经日本,冒着落入我们敌人手中的危险,要来得安全多了"。③ 不仅如此,西班牙人还认定,"荷兰确实想占据艾尔摩莎岛",但仍未下定决心入据大员。

荷兰人和西班牙人都有在大员建立贸易点的意图,荷兰人对于西班牙人优先占据大员的恐惧,很有可能是其最终决定占据大员的一大因素。

关于贸易点的选择,还有荷兰人建议到离中国大陆海岸更近的岛屿或者直接在陆地上驻扎:

尼沃劳德(Nieuroode)先生建议(正如您在同时寄去的 1623 年 1 月 3 日、写于 Teysenkitt 湾的报告中可以读到),到离中国大陆海岸更近的一座岛上或在漳州附近的沿岸陆地上筑堡驻扎。据他所言,那里有许多可供我们驻扎的地方,而且两个月内在那里修筑的工事也要比一年内在澎湖所筑工事坚固得多,同时可更好地得到所需物品;从那里还可给中国人以沉重的打击,这是在澎湖远远做不到的,从而更早地获得对中国的贸易。对中国人的大军,我们可不必过于忧虑,只要能保证我船在港湾不受火船的威胁,而他认为我们完全可以做到这一点。有关情况尚有待详细了解。④

---

① 李毓中主编、译注:《台湾与西班牙关系史料汇编 1》,(南投)台湾文献馆,2008,第 481—482 页。

② 李毓中主编、译注:《台湾与西班牙关系史料汇编 1》,(南投)台湾文献馆,2008,第 481—482 页。

③ 李毓中主编、译注:《台湾与西班牙关系史料汇编 1》,(南投)台湾文献馆,2008,第 481—482 页。

④ 程绍刚译注:《荷兰人在福尔摩沙》,voc 1077, fol.3–40,(台北)联经出版事业公司,2000,第 19 页。

他收到的答复是"眼下不宜到中国沿海比澎湖更近的地方驻扎"。①

可见，在荷兰人的认识中，中国附近可供选择的贸易点中，澳门最好，澎湖稍嫌鸡肋，大员只是无法占领澳门、澎湖的情况下的备选项而已。在1622—1624年的澎湖危机期间，无论是由中国人带领的探索周边岛屿，还是荷兰人独自对于周边岛屿的探索，都没有寻找到适合的贸易点。

在和福建巡抚商周祚商谈期间，荷兰人虽然派人去了大员尝试贸易，但对于入据大员尚存犹豫。南居益于天启三年（1623）就任福建巡抚后，对荷兰人的态度愈加强硬，由此导致荷兰人的态度为之一变：

依我们之见，在这种情况下取中间之策最为合适，即用现有的有限势力保住澎湖供公司船只停泊和保证有贮存货物的地方，同时给中国人以希望。即一旦他们的许诺成为事实，我们在别处有利可图，证明他们从前对我们以诚相待，我们定会撤出澎湖。

其二，备几艘快船占领大员湾，并保留相当数量的资金吸引冒险商，泊至的人定会与日俱增，因为其中有些人已与我们贸易而相互结识。②

尽管澎湖评议会对于中国人的强硬态度很愤怒，在决定"直航漳州，再次以武力对中国发起攻击"③的同时，打算先占领大员，并以此争取冒险商。大员是否能够满足垄断中国贸易的要求，能否吸引足够的商人前去贸易，仍然让荷兰人惴惴不安。"如果这样持续时间太久，特别是如果冒险商不前来贸易，将为公司事务增加重重困难。但我们坚信，只要处理得当，而不是操之过急，就不会出现这种情况。一旦人们认为这些中间途径无效，仍可采取强硬措施，随机应变以达到目的"。④

---

① 程绍刚译注：《荷兰人在福尔摩沙》，voc 1077, fol.3-40，（台北）联经出版事业公司，2000，第19页。

② 程绍刚译注：《荷兰人在福尔摩沙》，voc 1079, fol. 1-55，（台北）联经出版事业公司，2000，第33—34页。

③ 程绍刚译注：《荷兰人在福尔摩沙》，voc 1079, fol. 1-55，（台北）联经出版事业公司，2000，第36页。

④ 程绍刚译注：《荷兰人在福尔摩沙》，voc 1079, fol. 1-55，（台北）联经出版事业公司，2000，第35页。

天启三年（1623）的厦门之战中，荷兰人被明朝军队打败，发现自己是难以和明朝相抗衡的。

我们的人见中国人的兵力与日俱增，同时听说中国皇帝已下诏令，与我们宣战……除驻扎在澎湖列岛的中国军队外，上述三省（福州、广州和南京所在的三省）集中了令人难以置信的大量军队、战船、货船和沉船备战。中国人天天在向我们逼近，已到达澎湖岛附近，并在我们的城堡前面聚集了大批人和船。我们发觉，中国人真正地大动干戈。鉴于我们兵力薄弱，无力抵御中国人的进攻，而且我们的饮用水源将被中国人截断。我们停泊在湾内的舰队将受到中国火船的极大威胁，即使我们能抵御一段时间，最终仍将因寡不敌众在激战中败北，而不得不撤出澎湖。①

荷兰人决定撤出澎湖，前往大员。"因为这一因素和其他因素，特别是鉴于我们微弱的力量，此事不宜拖延，澎湖评议会决定撤离澎湖，屯驻大员。随后与中国驻澎湖军队将领达成协议，我们撤出澎湖，迁往大员"。②这一行动只是荷兰人的权宜之计，"与其等到最后不能与中国人达成适当的协议，不如撤离澎湖，签订条约……若中国人不守信用，我们随时都可用兵攻占（因澎湖地理位置重要）"。③

商周祚结束与荷兰人的谈判后上疏说："今计止遵旧例，给发前引原贩彼地旧商，仍往咬𠺕吧者，不许在我内地另开互市之名，谕令速离澎湖，扬帆归国。如彼必以候信为辞，亦须退出海外别港以候，但不系我汛守之地，听其择便抛泊。"④南居益亦称："夷舟十三只所为望之如山阜，触之如铁石者，即于是日远遁，寄泊东番瑶波碧浪之中，暂假游魂出没，不足问也。"⑤随后，南居益又在澎

① 程绍刚译注：《荷兰人在福尔摩沙》，voc 1082, fol. 129–178，（台北）联经出版事业公司，2000，第45页。
② 程绍刚译注：《荷兰人在福尔摩沙》，voc 1082, fol. 129–178，（台北）联经出版事业公司，2000，第46页。
③ 程绍刚译注：《荷兰人在福尔摩沙》，voc 1082, fol. 129–178，（台北）联经出版事业公司，2000，第46页。
④ 《明熹宗实录》，天启三年正月乙卯条。
⑤ 《福建巡抚南居益奏捷疏残稿》，《明季荷兰人侵据澎湖残档》，（台北）台湾文献委员会印行，1996，第8页。

湖善后事宜疏中指出："又该本官题为澎湖既复，海甸方清，而夷倭交通，尚伏近岛，谨陈用间方略，以靖余孽，以永奠南陲事内称。"① "候信""寄泊""暂假"，都意味着让荷兰人入据大员只是一种暂时的措施。

荷兰人在入据大员之前，对台湾并无足够的了解。荷兰人所期望的是在中国沿海找到一个贸易点，来和葡萄牙人、西班牙人抗衡。荷兰人认为大员港口过浅，更倾向于获得澎湖。但是，一方面受到西班牙人欲攻占大员的刺激，另一方面中国人强力反对荷兰人在澎湖驻留，荷兰人最终决定入据大员。对于中荷双方而言，这仅仅是暂时的选择。荷兰人认为这是实力不足而进行的暂时妥协；明朝官员认为这是暂时停泊。

经验决定认识，认识指引行动。荷兰经过与西班牙的八十年苦战获得独立，并依靠航海业的优势取得了全球海上霸主的地位。八十年战争期间，荷兰与西班牙、葡萄牙的军事战斗与商业竞争在全球范围内展开，荷兰人对于东亚的认识亦根植于此。在亚洲，无论是贸易竞争还是军事战斗，荷兰人都紧盯着其最大的敌人——西班牙人和葡萄牙人。荷兰人入据台湾只是在与葡萄牙人和西班牙人争夺对中国贸易垄断权的过程中，在进攻澳门、澎湖无果的情况下所做的暂时选择。

（原载《河北学刊》2021 年第 6 期）

---

① 《兵部题行〈条陈澎湖善后事宜〉残稿（二）》，（台北）台湾文献委员会印行，1996，第 25 页。

务实的抉择：清前期在台筹设土司述论

卢树鑫

台湾被正式纳入清朝版图之后，清政府如何治理台湾，是台湾史研究的一个重点议题。以往学界的研究，常将清前期的治台政策定性为"消极防台"，即"为防台而治台"。[①] 近年来，随着大量实证研究的推进，学界对"消极防台"的观点进行了修正。这些研究从中央和地方的角度论证了清政府收复台湾后，对台湾的治理与开发加快了台湾内地化的进程。[②]

清政府收复台湾后，是否在台湾设立世袭土官、土司管理土著居民的讨论，贯穿康熙、雍正、乾隆三朝。直至乾隆初年，清中央政府与闽浙地方当局多次讨论后认为，元、明、清三朝主要施行于南方少数民族地区的世袭土司制度，并不适用于台湾。自元朝施行的世袭土官、土司的羁縻之治，是在中央政府的统治力量尚无法深入的少数民族地区实施的一种权宜之计。因为土司制度具有半独立、割据性质，土司之间的争斗以及土司内部的争袭常引致地区的动荡，所以从明末以来，中央政府在南方少数民族地区逐步进行改土归流，加强行政管理。由此观之，清政府放弃在台湾设立世袭土司管理土著居民，直接以流官

<hr>

① 张世贤：《晚清治台政策：同治十三年至光绪二十一年》，博士学位论文，台湾政治大学政治研究所，1976；安京：《清朝消极治台政策与台湾行政区划的设置》，《中国边疆史地研究》2008 年第 3 期。

② 李细珠：《略论康熙皇帝对台湾的认识及其理台政策的演变》，载张海鹏、李细珠编著：《台湾历史研究》（第 1 辑），社会科学文献出版社，2013。李细珠：《清代前期台湾选官协办制度初探》，《广东社会科学》2018 年第 2 期。李细珠：《从东亚海域到东南海疆——明清之际台湾战略地位的演化》，《台湾研究》2018 年第 6 期。贾小叶：《论清人对台湾地位认知之变迁（1661—1875）：以官方为中心》，《近代史研究》2014 年第 4 期。陈忠纯：《雍正时期闽台地方官治台主张探析：以沈起元的治台论为中心》，《厦门大学学报（哲学社会科学版）》2014 年第 6 期；等等。

治理，从而将台湾的治理置于边疆内地一体化治理的考量之中。① 这是我们进一步认识清政府积极治理台湾的一个重要窗口，但遗憾的是，学界对于相关议题尚未进行全面、系统的梳理。

有鉴于此，本文主要以时间脉络为线索，系统梳理、呈现清政府关于是否在台设立土司的历次讨论，并深刻揭示不在台设立土司所蕴含的制度成因、区域实际等诸多考量。

一、康熙收复台湾后的土官设立之议

康熙统一台湾之后，由于对台湾地位认知的差异，清政府内部发生了关于台湾弃留的争议。考虑到台湾的重要战略地位，康熙皇帝最终决定把台湾收归清朝版图，在台湾设立一府三县，一府即台湾府，下设台湾县、凤山县、诸罗县，由台夏兵备道分辖，隶属福建省。台湾被纳入清朝中央政府管辖之后，加快了从边陲到内地化的进程。②

值得注意的是，康熙二十二年（1683）六月，施琅率清军攻克澎湖，郑克塽投降之后，福建总督姚启圣明确主张台湾应守不应弃。③ 不过，由于相关档案的缺失，姚启圣提出的治台主张，较少受到研究者的关注。

幸运的是，《闽颂汇编》一书中记载有姚启圣的治台谋划。因为姚启圣的个人作品集《忧畏轩遗稿》，在清代中期即已失传，我们只能借由他人转抄的姚启圣的奏疏、文告等，来分析姚启圣的生平事迹和思想主张。《闽颂汇编》自称由福建"工士农商"编撰，不分卷数，是清康熙二十三年（1684）前后的刊本。该书除收录有"工士农商"们撰写的褒扬姚启圣功德恩惠的文字之外，还收存

---

① 清初内地划分18省，即直隶、山西、山东、安徽、江苏、浙江、江西、河南、湖北、湖南、广东、广西、四川、贵州、云南、福建、陕西、甘肃。其中，云南、广西，以及台湾、海南岛和南海诸岛虽划入18省，但地处边陲，与邻国接壤，清政府对这些地区的政策与内地有所区别，从这个角度而言，台湾亦属于清代的边疆。参见马大正：《中国边疆学构筑札记》，中央广播电视大学出版社，2016，第11页。

② 李细珠：《从东亚海域到东南海疆——明清之际台湾战略地位的演化》，《台湾研究》2018年第6期。

③ 李祖基：《论施琅〈台湾弃留利弊疏〉的背景与动机——兼谈清初台湾的官庄及武职占垦问题》，《史学月刊》2014年第1期。

姚启圣在福建任职期间的各种奏疏、文告近十卷，约占全书的三分之二。陈支平先生指出，此书洵为孤本，研究清前期及郑氏集团历史者罕得引用。陈支平先生主要侧重于利用《闽颂汇编》来探讨姚启圣治闽平台史事，对于姚启圣治台史事并未涉及。[①]

康熙二十二年（1683）八月二十一日，时任福建总督姚启圣发布告示，咨访台湾利弊。该告示称："台湾今甫新定，所应立章程法度，自须为彻始彻终之虑，务期垂久安长治之规，使海波不扬，万民乐从……所有应行事宜，胪列开后请政外，至于地方大利大害亟应兴革者，合行虚心咨访晓谕。"[②] 姚启圣认为，台湾新定之后所应行的事宜包括"台湾利弊亟宜咨访""台湾人口亟宜安插""征输苛政亟宜蠲除""台湾正供亟宜题免""新附官爵厚颁即至""台湾之土官宜设"六条。"台湾之土官宜设"一条称："查云贵之猡猡、楚粤之畲黎，其地方未辟之先，类虽各异，迨及归附，设立土官、土司统辖，以信义相加，尽俱倾心皈顺。尔台湾各路土番，前有为郑氏所属者，亦有未为郑氏所属者，今郑氏官兵人等悉已归诚，削发登岸，凡尔等有怀才之士，宣布皇仁，能使稽首来归，本部院立即具题，即以其官官之。其中应行事宜，惟以一毫无犯，使其安享为主，断弗使其来归而后苦之、扰之也。"[③]

清初以来，为了谋求边疆地区的稳定，清政府继续在南方少数民族地区推行土司制度，允许归附的土司继续世袭。这些土司在平定三藩之乱中，大力协助清政府，并立有战功。[④] 因此，姚启圣这番动议，是清初以来，中央政府封授当地少数民族首领为世袭土司，令其协助地方流官治理边疆社会政策的延续。

姚启圣"以其官官之"涉及的台湾宜设之"土官"的内涵，与元明时期的世袭职官——土官有所不同。在台湾，"土官"最初是荷兰人据台期间，汉人对荷兰人任命的台湾少数民族村社头目"长老"的称呼。[⑤] 康熙《诸罗县志》卷八：

---

① 参见陈支平：《台湾文献与史实钩沉》，中华书局，2015，第44—84页。

② 姚启圣：《为特宣皇仁并咨利弊以除从前苛政以立万代鸿模事》（康熙二十二年八月二十一日），陈支平主编：《台湾文献汇刊》第二辑第五册，九州出版社，2004，第343—344页。

③ 姚启圣：《为特宣皇仁并咨利弊以除从前苛政以立万代鸿模事》（康熙二十二年八月二十一日），第349—350页。

④ 李世愉：《清代土司制度论考》，中国社会科学出版社，1998，第24—30页。

⑤ 陈国强：《略谈"结首制"——荷兰奴役台湾和高山族人民的制度商榷》，载厦门大学历史系等编：《民族研究论文集》第一集，厦门大学历史系，1980，第164页。

"土官之设，始自荷兰，郑氏因之。国朝建设郡县，有司酌社之大小，就人数多寡，给牌，各为约束。有大土官、副土官名目，使不相统摄，以分其权，且易为制。"① "土官"的内涵十分丰富：一是指主管水土之官；二是指五行属土之官；三是指土地神；四是指土人或部落的酋长；五是指统治少数民族的官职或官员；六是指土司制度下的土官。② 显然，台湾的"土官"实指当地土著人群社区——番社的头目。这些土官并非世袭，更非由清政府任命，因此，姚启圣希望对这一人群进行招徕、笼络，以尽快稳定台湾的局势。

康熙二十三年（1684），首任台湾镇总兵官杨文魁也提出，要在台湾专设世袭土官。③ 他的建议遭到首任诸罗县令季麒光的反对。④

季麒光撰文请求停止给予台湾土官职衔、札付的做法。他认为，台湾的土番人丁较少，文明开化程度不高，同云贵两省聚族而居的非汉人群情况不同。而番社中统摄番众的正、副土官徒有其名，实等同于地方基层社会的里长、保长等职役。遽授予这些正、副土官以世袭职衔，并不利于清廷对于台湾番众的控驭和管辖。他进一步阐释道："今镇台欲专设土官，授以职衔，以为鼓舞责成之法。不知授衔必给札，非守备之名，即千总之号。在土官未必知荣感德，而虚名一出，保无奸民从而诱惑，启其夜郎自大之心。是予之以荣，反动之以争也。抑既加以千总、守备之称，势必统隶于营，非县官之所得问矣。倘恃此以衡抗，不特辖制不能行，更虑饷税之难征。且一社一官，不胜其多，欲并几社而设一官，在各番又皆自分名目，不相往来；欲以此社隶彼社，其习既有所不同，其情亦有所不服。强弱之争，必自此而始，恐非安辑之计也。卑县深知土番之性愚而实狡狠，而且顽，所谓'可使由，不可使知'，而以不治治之者，驭番之善法也。"⑤

---

① 康熙《诸罗县志》卷八"风俗志"之"番俗"，[清]沈茂荫纂辑：《台湾文献史料丛刊》第一辑第12册，（台北）大通书局，1984，第168页。

② 李良品：《中国土司学导论》，中国社会科学出版社，2017，第28—29页。

③ 杨文魁的具体设想未直接见诸史籍，惟以下文季麒光的文告可佐证。

④ 按李祖基先生最新的研究，康熙二十三年，季麒光由福建闽清知县调任诸罗县首任知县，康熙二十五年六月离职，虽然任职时间不长，但在台湾的历史上留下诸多影响。李祖基：《季麒光与台湾》，《台湾历史研究集刊》2020年第4期。

⑤ 季麒光：《详停土官给札文》，载季麒光著，李祖基点校《蓉洲诗文选辑 东宁政事集》，（香港）香港人民出版社，2006，第194页。

职衔代表中央政府授予土司的官职、品级，而札付（号纸）是中央政府对土司的任命文书。土司的职衔在札付（号纸）上得到体现。因此，职衔、札付（号纸）是土司制度的核心内容。明末以来，南方少数民族地区常出现土司之间的争土仇杀及土司家族内的争袭事件，严重影响到地方社会的安宁。而南方少数民族地区的动荡，无不源于中央政府封授土司职衔所蕴含的特权。因此，季麒光提出，封授土司职衔乃"予之以荣，反动之以争"。

土司制度是元明清时期，中央王朝主要在南方少数民族地区实行的一种特殊的地方政治制度，即由中央政府任命少数民族首领为世袭地方官，并向其颁发诰敕、印信、号纸等信物，令他们协助流官管理当地民众，以此来加强对边疆地区的统治。土司制度历经元代的初建，明代的发展，至清代逐渐走向衰落。明代中后期，土司制度的弊病已充分暴露出来，特别是它的割据性已经不适应统一多民族国家发展的需要。因此，清前期中央王朝边疆政策的核心是促进边疆地区与内地的一体化。控制土司势力的发展，由此成为清初以来中央王朝加强边疆治理的一个重要任务。雍正朝在云南、贵州、广西、四川等南方地区大规模推行的改土归流，便是强化边疆治理的重要举措。[1] 季麒光之所以反对在台湾专设世袭土官，是为了规避台湾番社之间为争夺世袭权、领地而相互仇杀、内讧。

综上所述，康熙收复台湾之后，从福建总督到台湾镇总兵再到治台地方官员由于对于台湾土著居民的社会结构、风俗习惯等存在不同的认知，在设置土司（土官）一事上形成了截然相反的意见。因档案史料的缺失，我们无法得知康熙年间，闽台官员关于台湾设立土司（土官）的讨论是否上达中央。

二、雍正年间改土归流情境下重提设立台湾土官之议

有清一代，清政府一般称台湾土著人群为"番"，并按照汉化程度将其进一步区分为"生番"与"熟番"。"生番"是不接受政府管辖与教化的土著人群，多居住在界（土牛沟）外的内山地区。"熟番"是接受政府管辖，向政府纳税、

---

[1] 李世愉：《清政府对云南的管理与控制》，《中国边疆史地研究》2000 年第 4 期。李世愉：《清前期治边思想的新变化》，《中国边疆史地研究》2002 年第 1 期。

服役，并接受其教化的土著人群，绝大部分居住在界内的西部平原地区。少数夹在中间的土著人群则被称作"归化生番"（偶尔亦被称为"界外熟番"）。归化生番虽然宣称接受政府的管辖，但只缴纳象征性的赋税，并不和熟番一体当差应役，保持自己原有的生活方式与经济活动，且不得移入界内居住。①

　　台湾的生番归化，兴起于康熙末年。当时，清廷只要求归化生番缴纳微薄的番饷，作为将其纳入版图的象征，并未真正对其进行统治，也没有形成一套有效规范番、汉关系的制度架构。直至雍正中期，清廷才意识到，仅仅劝诱生番归化，对朝廷的税收与劳役的贡献相当有限，故改为严格执行划界隔离政策。②

　　雍正七年（1729），台湾知府沈起元在《治台湾私议》中提出，仿照云贵两省之例，任命归化生番为世袭土司："归化生番之宜结其心也。熟番固极驯朴，惟在有司视同赤子，恩恤为主。即生番间为民害，其间犷悍者，亦第如虎狼之性与人殊，见人搏噬，要无争夺计谋，其畏汉人亦甚。兵防稍严，窜匿不暇。至于归化生番，如内悠六社。……其人虽悍，性本朴直。既已归化，即无二心。每次征番，一经调度，率先效力；不但不为民害，兼能助剿凶番。宜约云、贵土司之例，即其土官，奏明皇上，给以冠带俸食，使治其番众，毋为凶暴；与之约法，毋得招匿通逃。彼益鼓舞效顺，不特可使之固结而无叛志，即有梗化者，彼更可为我之捍御，应胜于兵力数倍。俸食之需，计岁费布数百疋、盐数百石而已足。我国家威德远布，日盛月新，将来生番且渐化为熟番，其机已动，其势亦所必至；岂得仅以毒蛇猛兽待之，遂为长策乎？"③

　　有学者认为，这些没有出现在官府公牍中的"私议"，更能真实反映清代士人对治台问题的认知。如陈忠纯指出，有清一代，地方官留下的关于治台的"私议"并不多见，此类"私议"往往更能真实反映时人对治台问题的认知，是对清廷虽将台湾纳入版图但缺乏系统治理思路的纠正。④ 结合前述柯志明的论述

---

　　① 柯志明：《番头家：清代台湾族群政治与熟番地权》，（台北）"中研院"社会学研究所，2001，第3—4页。

　　② 柯志明：《番头家：清代台湾族群政治与熟番地权》，（台北）"中研院"社会学研究所，2001，第40—41页。

　　③ 沈起元：《治台湾私议》，[清]沈茂荫纂辑：《台湾文献史料丛刊》第4辑《清经世文编选录》，（台北）大通书局，1984，第10—11页。

　　④ 陈忠纯：《雍正时期闽台地方官治台主张探析：以沈起元的治台论为中心》，《厦门大学学报（哲学社会科学版）》2014年第6期。

可知，雍正中期，从中央到地方都在检讨对台的治理策略。基于不同的认识，双方在台湾开发的议题上虽然存在争议，但在"羁縻"治理的思路上则存在一致性。

沈起元仅在台湾知府任上半年，便因受人排挤参劾而去职，他的治台建议没能传递至清廷中枢。贺长龄认为，沈起元的治台建议具有一定的建设性与代表性，故将其收入自己编撰的《清经世文编》之中。

雍正八年（1730），署理福建水师提督的南澳总兵官许良彬将在台湾设立土司的建议奏报给清廷中枢。[1] 同年四月，雍正皇帝谕令福建总督高其倬劝勉许良彬"严管兵丁，缉惩盗贼，详察营务，筹防台湾"，恪尽职守。[2] 雍正元年（1723），蓝廷珍升任福建水师提督。他在任内积极开发、治理台湾，并卓有成效。他不幸卒于任上后，署理福建总督印务的吏部侍郎史贻直保荐许良彬继任福建水师提督。因为许良彬不久前，因保举的属员失职而向雍正皇帝自请处分，所以雍正在任命其为福建水师提督时，谕令福建总督高其倬对其加以敲打、警示。高其倬对许良彬说："至于令出如山，管兵严肃，责惩不法兵丁，不顾乡情，不避怨詈，此处你尚不及蓝提督。你必须十分勉力，十分严肃，务要赶上蓝提督。"[3] 有鉴于此，许良彬于同年五月上奏，力陈钤束台湾番民的举措。其中一条，便是设立土巡检司以安"番"民。

许良彬指出，此前台湾各番社称为"土官"的正、副酋长之所以发挥的治番效果有限，主要是因为中央政府没有在制度上对其进行授职赋权，使其由一普通的番民晋升为王朝国家的职官。因而，许良彬提出："臣按：云、贵、川、广土府有世袭之土司，责成守围。今台湾既入版图，久设汉官，固无庸议及改土设流。而社多番稠，必于彼处按其社之联络处所，或数十社分设一土巡检司，使钤束教导，稽察防闲，俾已附之番咸知圣朝教泽，未附之番俾其感奋招徕。

---

① 许良彬（1670—1733），福建龙海人。曾任福建闽安水师协烽火门营参将，福建澎湖水师协副将、浙江瑞安协副将、福建南澳镇总兵、福建金门镇总兵、福建水师提督。

② 高其倬：《为奏劝导福建水师提督许良彬事》（雍正八年四月二十二日），载台北故宫博物院编印：《宫中档雍正朝奏折》第16册，1982，第278—279页。

③ 高其倬：《劝勉许良彬语》（雍正八年四月二十二日），载中国第一历史档案馆编：《雍正朝汉文朱批奏折汇编》第18册，江苏古籍出版社，1989，第527—528页。与《宫中档雍正朝奏折》收录的高其倬劝勉许良彬一事的奏折相比，《雍正朝汉文朱批奏折汇编》的版本还收入了高其倬劝勉许良彬言语内容的折件。

而巡检职守，令择大社中才干笃厚之酋长为之，给与号纸，与以顶戴，如云贵土司之例，各守其地，管辖各社土酋长，一应番民行止，惟巡检是责，征粮输课皆出其手，毋使汉官、衙役入乡渔猎。"① 而择土酋长为土巡检的另一用意，是裁汰过往克剥各番社的汉人管事。如此一来，"盖以番治番，其情易得，其番尤易服也"。此外，许良彬强调指出，拟设的土巡检司归地方州县管辖，并从制度方面对其进一步加强管控、约束。

土巡检乃明清土司职衔之一，属文职从九品，有自己管辖的地区，受地方流官的约束。明代，中央政府在平定广西少数民族的动乱之后，在流官任职的州县多有设置。② 清代，南方少数民族地区继续保留、增置土官职衔。如雍正年间，鄂尔泰在广西、贵州、云南推行改土归流，较为彻底地解决了元明以来的土司问题，但由于云南独特的民族情况和区位特点，在边疆和内地山区的局部地区仍保留了一些级别较低的土司，令其协助流官政府维持地方治安、防守边疆。许多土司一直到民国时期才逐步改流或废止。其中，就包括了大量的土巡检司。③

雍正皇帝览阅许良彬的奏折后，只是朱批告知许良彬需"与督、抚商酌具奏，应题者会题请旨"，并没有直接允准许良彬所奏请的包括设立土巡检在内的筹防台湾的诸项建议，在台湾番社中设立土巡检一事遂被搁置起来。究其缘由，则与当时台湾的形势动荡有关。雍正九年至十年间（1731—1732），台湾北路熟番集体反抗清政府简化税制，尝试对熟番招佃开垦番地采取与汉人一体对待的政策——番业户制。经过清廷的武力镇压后，熟番不复成为清廷统治台湾的威胁。④

有论者认为，由于部分官员的因循守旧和雍正帝未能充分认识到少数民族治理的重要性，许良彬此议最终未能付诸实施，造成清代台湾民族管理事业的巨大损失。⑤ 柯志明指出，雍正朝在台湾利用少数民族来防制汉人的政策，与同时期推行的将中国西南原属羁縻关系的土著地区，不分生、熟一律纳入直接控制、

① 许良彬：《为谨陈台湾钤束番民以资永远善后事》（雍正八年五月二十四日），载台北故宫博物院编印：《宫中档雍正朝奏折》第 16 册，1982，第 504—505 页。
② ［日］谷口房南：《明代广西的土巡检司》，王克荣译，《学术论坛》1985 年第 11 期。
③ 王文光等：《中国西南民族通史（中）》，云南大学出版社，2015，第 417 页。
④ 柯志明：《番头家：清代台湾族群政治与熟番地权》，（台北）"中研院"社会学研究所，2001，第 58 页。
⑤ 陶道强、李颖：《台湾少数民族政策研究（1624—1925）》，厦门大学出版社，2017，第 165 页。

设官建制的"改土归流"政策，形成强烈对照。其实不然。雍正朝，在西南少数民族地区，清中央政府尽管建立了流官政权，但是仍然无法对土司地区进行直接统治，不得不依靠原土司的僚属——土目等协助流官去治理当地的少数民族，从而形成了"以土目管土人，流官管土目"的统治方式。[①] 需注意的是，这些土目已不再是土司的佐治之官，其地位和作用已非昔日可比。[②] 在西南地区，特别是在姚启圣、许良彬等人提出的苗疆地区，清政府亦始终强调民、苗隔离政策。此举一方面是为了防止民、苗勾结，造成地方的动乱；另一方面是为了防止"民人"欺诈、蒙骗苗人的山林、土地等财产，导致"苗乱"。[③]

因此，窃以为清政府不愿意在台湾设置土巡检司等土官的做法，需置于中央政府治理边疆的总体思路中去理解。当然，清中央政府与地方官府的思路与步调并不一致，在地方治理上，鉴于地方官府更为了解实际的情形，中央政府仍会尊重督抚等地方官员的建议。乾隆初年，贵州"新疆六厅"的治理筹划就是明证。清雍正年间开辟贵州东南部苗疆后，围绕是否设立土司管辖苗民一事，君臣之间展开反复讨论。张广泗提出并坚持"土司之设，于理于势均有不可"。清廷最终决定，在新辟苗疆不设土司治苗。[④] 另，张广泗强调，仿照内地州县的乡约、保长，金立苗疆基层村寨的头人，供地方官府差遣。于是，清廷直接在新辟苗疆地区建立起流官治理的"新疆六厅"。由此推测，清政府不愿在台湾少数民族地区设立土司，正是其加强边疆管控，强调边疆内地一体化治理总体思路的体现。

---

① 尹继善：《筹酌普思元新善后事宜疏》，载方国瑜主编：《云南史料丛刊》第八卷，云南大学出版社，2001，第449页。相关的论述可参见秦树才：《清代云南绿营兵研究——以汛塘为中心》，云南教育出版社，2004，第29页。胡绍华：《土流并治的典范——清末民初西双版纳土流并治研究》，《中南民族大学学报（人文社会科学版）》2005年第5期；等等。

② 李世愉：《清代土司制度论考》，中国社会科学出版社，1998，第186—187页。

③ 张中奎：《改土归流与苗疆再造：清代"新疆六厅"的王化进程及其社会变迁》，中国社会科学出版社，2012，第155—157页。

④ 张广泗强调，于理——黔东南苗疆的村落、族群互不统属、不相联结，因此不可设土司使其得到联结；于势——雍正朝在西南地区改土归流的推行，是对具有割据性的土司政治的制止，这一加强管理的趋势不可中断、逆转，参见卢树鑫：《再造"土司"：清代贵州"新疆六厅"的土弁与苗疆治理》，《近代史研究》2020年第1期。

三、乾隆初年间中央与闽台地方官关于台湾土司设立再议

继雍正八年（1730），许良彬奏请在台湾设立土司未果之后，乾隆九年（1744）十二月，福建布政使高山又有设立土司的建议。乾隆皇帝朱批"该部议奏"。[①] 通过对档案的梳理可以发现，高山的奏请经部议后复称准行。乾隆皇帝亦朱批"依议"。随后，闽浙总督、福建巡抚纷纷上奏反对高山所奏设立土司、酌定民番贸易时日两条建议。清中央政府与闽台地方政府经过反复讨论之后，最终决定不在台湾设立土司。[②]

乾隆九年（1744）高山赴台，乃是奉皇帝旨意，会同巡台御史，清厘台湾历任武职大员创立庄产而侵占民、番地界事项，以求民产归民，番地归番。[③] 此后，高山根据其在台的亲历见闻，提出治台的详细建议。[④]

事实上，高山欲在台地设立土司的主张，与福建水师提督许良彬奏请在台设立土巡检的思路相同，都是强调"以番治番"。"以番治番"与"以夷治夷"只是称谓不一，实际内涵相同。与明代相比，清中央政府在充分认识到土司政治存在的割据性后，在边疆地区逐渐放弃了"以夷治夷"的土司政治，转而强调边疆内地一体化治理。这不仅体现在清初以来的对台治理上，而且体现在对云

---

① 陶道强、李颖：《台湾少数民族政策研究（1624—1925）》，厦门大学出版社，2017，第165页。

② 美国学者邵式柏（John R. Shepherd）亦曾注意到高山建议在台湾设立土司的申请，不过他的分析并不精当。如邵式柏认为，高山这一奏请乃"一项不寻常的建议"，并称"他（指高山）建议依据四川与湖广苗族的先例，在台湾创建一个土地行政区，并选择一位熟番担任本地的土司，由官方赋予其管理熟番与生番的权限"，以及"这个建议很快便被否决"。事实上，透过上述档案梳理可以发现，高山的奏请由来有自，是基于地方官对于边疆治理的惯性思维，并且，其奏请设立的亦不是仅设一位土司。参见邵式柏著，林伟盛等译：《台湾边疆的治理与政治经济（1600—1800）》（下），（台北）台大出版中心，2016，第372页。此外，柯志明注意到高山提出的在台设置土司制度之议最终未被采纳的结果，他指出土司制度之议因督、抚认为台湾生熟番各社不相统属，与华南实行土司制度的情境不合，而未采纳。参见柯志明：《番头家：清代台湾族群政治与熟番地权》，（台北）"中研院"社会学研究所，2001，第155页。笔者则认为需进一步指出，高山的这一建议是先经过了清廷中枢的同议，再经闽浙总督、福建巡抚的反对之后，才最终未被采纳。

③ 李祖基：《论施琅〈台湾弃留利弊疏〉的背景与动机——兼谈清初台湾的官庄及武职占垦问题》，《史学月刊》2014年第1期。

④ 奏议原文，出自高山：《台湾民番应行应禁各事》（乾隆九年十二月十八日），载中国第一历史档案馆、海峡两岸出版交流中心编：《明清宫藏台湾档案汇编》第21册，九州出版社，2009，第405—415页。

贵两省非汉族群的治理上。

闽浙总督马尔泰、福建巡抚周学健指出，高山所奏的禁止民垦番地、划清番社地界、稽查生番出入隘口、移查眷属渡台四条建议，"或系从前原有定例，应再行申禁；或因从前定例未经分析，应详加增定；均属有益台地民番，应遵照部议，详定章程，题复遵行"。① 在闽台地方督抚看来，高山的建议虽有益于台湾治理，但并无多少新见。

此外，马尔泰、周学健明确指出，高山所奏设立土司、酌定民番贸易时日两条，与台湾番众情形不符，恐难行之有效。马尔泰等称："以臣等所闻，台郡熟番、生番虽同有土番之名，性情、语音迥然各别。熟番不但不能约束生番，并且贸易交关并不与生番往来。即就熟番之中，一社各为一类，彼此亦不相联属，似与川、广、苗、猺、狑、獞各就其类，有统摄者情形不同。事关海外土番交涉，必须与该处番众情形相宜，行之始有裨益。臣等不敢因已经部议复准，奉旨俞允之事，不加详查斟酌；亦不敢因臣等所见如此，即为悬断定议，随经谕行台湾道、府各官，详察番众性情、地方形势，筹番改设土司一事，行之有益与否，据实确覆。"②

台湾道庄年、台湾府知府褚禄在全面考察了台地熟番、归化生番、生番等不同人群的地理分布和其他情形后，称台湾熟番与生番虽似一类，但互不统属；归化生番虽与熟番交易，但并不熟络。"台湾一厅四县境内，土番有熟有生，熟番住居沿山平埔，听土目、通事约束，纳饷当差，与民人无异，然各有番社，此社熟番与彼社熟番不相联属。台郡南、北两路，番社不下一百数十处，就熟番之内，已不能联之使归统辖。至于内山生番，巢居穴处，不食五谷，虽具人形，实同猛兽，不特内地民人越入伊界，或猝然相遇，尽遭戕杀；即熟番相遇，亦肆杀害，熟番畏之如虎。近山一种生番，名曰归化生番，与熟番之社目、通事互相交易。此种归化生番，亦未尝与熟番联络往来。若内山梗化生番，即社

---

① 马尔泰等：《台湾设立土司贸易》（乾隆十年十月初三日），载中国第一历史档案馆、海峡两岸出版交流中心编：《明清宫藏台湾档案汇编》第23册，九州出版社，2009，第33页。

② 马尔泰等：《台湾设立土司贸易》（乾隆十年十月初三日），载中国第一历史档案馆、海峡两岸出版交流中心编：《明清宫藏台湾档案汇编》，九州出版社，2009，第33—34页。

目、通事亦见而却走，不敢与之交易"。①

此外，庄、褚二人进一步指出，台湾熟番各社土目，与大陆基层社会的乡约、保长相似，"地方官得以钤束驱策，稍有违犯，即行革换。一社土目止能管理本社番众事务，别社番众即不听其呼应。台郡番社一百数十处，既不便一社设一土司，又断不能强素不联属之社番，令其听别社土目管束。若内山生番，土目等素不相习，势不能强之使归统辖；且无知嗜杀，土目等亦何敢加以约束驱使……改设土司，实属无益"。②在这里，庄、褚二人针对的是高山所谓"熟番可以统摄生番"的说法。高山称："台属各社熟番虽现有土目名色，要皆众番私立之长，并非经制额设，原无责成；是以生番戕杀之案甚多，难以饬令查究。臣请嗣后台地社目，援照川、广苗疆土司之例，令该地方官于众社土目中，择其老成诚实、才具明干者数人，呈报督、抚及巡台御史，秉公验看，会奏请旨，部颁土司职衔，量与顶戴，令其分管各社番众，统辖生番。"③可见，基于管理便利与基层社会稳定等考量，台湾道、台湾府并不愿台湾番社土目演变成土司职官。过往无数土司割据的个案以及雍正朝以来大规模推行的改土归流，令台湾道、台湾府意识到，对少数民族地区的土著首领进行制度赋权，使其转变成为王朝国家的世袭职官，对台湾少数民族地区的治理并无益处。

因此，闽浙总督与福建巡抚在审核台湾道、台湾府的报告后，进一步明确了台湾毋庸设立土司的决定。"是就熟番情形而论，实无庸更设土司管束、弹压……是就生番之性情、形势而论，即使设立土司，亦断不能使生番皆听其统辖、弹压，且恐从此愈滋衅端"。④乾隆皇帝朱批同意了闽浙总督等议定的结论，不在台湾设立土司。这场自康熙收复台湾以后，延续了康雍乾三朝的是否在台设立土司的讨论终于尘埃落定了。

在清政府开发台湾的进程中，汉人移民、熟番、生番三者之间的关系，始终

① 马尔泰等：《台湾设立土司贸易》（乾隆十年十月初三日），载中国第一历史档案馆、海峡两岸出版交流中心编：《明清宫藏台湾档案汇编》，九州出版社，2009，第34—35页。

② 马尔泰等：《台湾设立土司贸易》（乾隆十年十月初三日），载中国第一历史档案馆、海峡两岸出版交流中心编：《明清宫藏台湾档案汇编》第23册，九州出版社，2009，第35页。

③ 高山：《台湾民番应行应禁各事》（乾隆九年十二月十八日），载中国第一历史档案馆、海峡两岸出版交流中心编：《明清宫藏台湾档案汇编》第21册，九州出版社，2009，第409—410页。

④ 马尔泰等：《台湾设立土司贸易》（乾隆十年十月初三日），载中国第一历史档案馆、海峡两岸出版交流中心编：《明清宫藏台湾档案汇编》第23册，九州出版社，2009，第36—38页。

是其无法回避的问题。康熙收复台湾以后，大量汉人入台，与熟番、生番等土著居民一起开垦台湾。土地开发进程中的利益争夺，致使汉人移民与熟番、生番之间冲突不断。康熙六十一年（1722）的朱一贵事件后，清政府以立石为界的方式，于台湾西部平原与丘陵的交界处划定生番界址，禁止汉人越过番界进行土地开垦。后来，这一界线随着汉人、熟番的移垦而不断变动。乾隆二十五年（1760），清廷又兴筑土牛沟，严禁汉人越界开垦。清中央政府的初衷是要利用熟番来钤制、招徕生番，后来却演化为牵制、防止汉民对"番社"及内山生番的侵蚀。此即柯志明强调的三层制的族群隔离政策，清政府利用熟番作为中间夹心层族群，在地理空间上形成汉民、熟番、生番的三层制族群分布。[①]乾隆三十一年（1766），为更有效地管理和安置"番社"、防止汉民侵蚀"番社"的利益，清中央政府特意在台湾设立了理番同知衙门，试图用加强番界管理的办法，避免汉民和"番社"的土地纠纷，维护"番社"的经济利益。[②]

此后，界外私垦现象仍持续存在，争垦纠纷亦不断发生，最终演变为乾隆五十一年（1786）至五十三年（1788）的林爽文之乱。林爽文之乱平定后，清中央政府在台湾推行多项改革措施。乾隆五十五年（1790），为处理土牛沟界外的土地问题，清中央政府结合台湾多族群的现实，务实地实施了番屯制。

四、土司制度与台湾番屯制度的关系

关于乾隆五十五年（1790）推行的番屯制的内容及运作方式，学界已有非常详细、精彩的研究，兹不赘述。[③]需要说明的是，笔者之所以在这里将清代台湾的番屯制度与土司制度进行比较分析，乃是基于以下两点考量：其一，在制度渊源上，番屯制乃仿自四川的屯练制度，而屯练制度是清廷在废除了四川杂谷、金川等地区土司政治后做出的制度选择。其二，在时间维度上，从雍正朝

① 柯志明：《番头家：清代台湾族群政治与熟番地权》，（台北）"中研院"社会学研究所，2001，第58页。

② 陈支平：《台湾文献与史实钩沉》，中华书局，2015，第240—241页.

③ 除前述柯志明的研究外，还可参考戴炎辉：《清代台湾之乡治》，（台北）联经出版事业股份有限公司，1979。陈志豪：《清代北台湾的移垦与"边区"社会（1790—1895）》，（台北）南天书局，2019，等等。

到乾隆朝，清政府在逐渐废除土司制度的同时，以土弁制度对边疆少数民族地区进行治理，而番屯制度就是土弁制度框架下的重要内容。所谓土弁，专指雍正朝改土归流后，按照绿营职衔在四川、云南、贵州等地设置的土守备、土千总、土把总等土职。① 土弁与土司的区别主要体现在：程序上，土弁应系经中央政府批准后，由督抚颁给委牌委任；土司则由中央政府颁给印信、号纸进行直接任命。隶属关系上，土弁始终归属地方流官管辖；土司则相对独立，并与流官形成"流土并治"格局。一般情况下，土弁虽能终身任职，但不能世袭。因此，清代土弁制度是一套新的边疆管理体制。② 这一制度充分反映了清中央政府对边疆治理的理性与务实。

实施番屯制度之前，清中央政府在台湾推行的是"隘番制"。即由官府拨派熟番前往界外守隘，并将隘寮附近的埔地拨给守隘熟番管耕，充作口粮。但实际上，熟番并没有派出番丁驻守，而是委托汉人负责防卫的工作，汉人亦得以从事界外荒埔的开垦工作，由此导致番界外垦地的产权归属等一系列问题，并进而引发激烈的冲突。陈志豪指出，番屯制度的规划并非只是为了解决族群问题，其背后的深刻寓意是清政府已经在思考如何将已经开垦的界外埔地纳入国家控制体系之中。③

乾隆五十一年（1786），台湾爆发了林爽文动乱。数月之后，乾隆帝授福康安为将军赴台平乱。于是，福康安奏请调拨四川屯练兵 2000 名及黔、楚二省官兵渡台平乱。事后，福康安在"酌筹善后事宜"中提出，将四川的屯练制度移植到台湾。也就是将台湾的熟番编成屯丁，并以林爽文案内所有抄没的田园资产作为屯丁养赡之资，从而使熟番成为戍守台湾的武装力量之一。

需要注意的是，在屯弁人员的拣选上，福康安等主张："查各社原有民人充当通事，管理一社之事，代为交纳社饷；但此等通事，积年充役，系地方官金派，本非番人同类，未便用为弁目。应于番社头目内，择其曾经打仗出力及番社素所信服者，如岸里社潘明慈之类，拣选拔补……应请照川省屯练之例，毋

---

① 李世愉：《土司制度基本概念辨析》，《云南师范大学学报（哲学社会科学版）》2014 年第 1 期。
② 卢树鑫：《论清代的土弁恩赏与惩处》，载中国社会科学院古代史研究所清史研究室编：《清史论丛（2020 年第 2 辑）》，社会科学文献出版社，2020，第 103—119 页。
③ 陈志豪：《清代北台湾的移垦与"边区"社会（1790—1895）》，（台北）南天书局，2019，第44 页。

庸归营操演。点验屯丁、拔补屯弁等事，统归台湾镇总兵、台湾道管辖，详报督抚给与札付，报部存案。经管六年后，如果董率有方、曾有劳绩，由镇、道核明，详报督、抚，加一等赏给职衔，以示鼓励。倘所管内有生事、废业之人及苦累番众情弊，即行咨革究处。凡有事故出缺，仍拣选番社悦服之人，详报拔补。"[①] 军机大臣会同兵部等部妥议后，同意了福康安等的奏请，并要求"所有该弁等应给札付，由镇、道详报督、抚颁给，并仍随时报部存案"。[②]

基于此，台湾番屯制中的屯弁并非职官，更不令世袭，遇有事故出缺，需经拣选拔补。[③] 与世袭土司职官有所不同。有论者指出，改土归屯对改土归流体制的最大修正，莫过于在屯政体制下，重新任用土弁，"以苗治苗"或"以番治番"。土屯弁隶于绿营及厅县，与世袭土司已有根本区别。土司政治中，世袭土官领有土地人民，几同于半独立的国中之国。改屯后，土屯弁虽领有土地人民，但对于土地已无支配大权。屯兵屯民词讼由各道厅负责，日常军务及出征皆隶于绿营将弁。[④] 此外，福康安对台湾屯弁人员的拣选、拔补、管辖等程序的慎重态度，与其清厘云贵两省土职的经历有关。乾隆四十三年（1778），时任云贵总督的李侍尧鉴于云贵两省存在许多由地方流官擅自设立的土职，请求中央政府查明并予以裁汰。李侍尧离任后，由接任的福康安负责具体的查核、清厘及裁汰工作。[⑤]

是故，乾隆晚期，清中央政府在台湾设立番屯制度的深刻用意，是因地制宜地对台地熟番社目加以委任、重用，此举与在台设立土司的制度设计明显不同。这无疑表明，清中央政府之所以始终审慎地对待边疆土司政治议题，主要是为了以防止割据与动荡局面的出现。

---

① 福康安：《为熟番募补屯丁悉心酌议章程仰祈圣鉴事》（乾隆五十三年四月二十六日），台北故宫博物院编印：《宫中档乾隆朝奏折》，1982，第85—89页。

② 《军机大臣会同兵部等部议奏福康安等奏请台湾设置番屯事宜折》（乾隆五十三年六月十七日），台湾银行经济研究室编印：《台案汇录壬集》，1966，第1—8页。

③ 戴炎辉：《清代台湾之乡治》，（台北）联经出版事业股份有限公司，1979，第470页。

④ 潘洪钢：《清代改土归屯简论》，《贵州社会科学》1990年第10期。

⑤ 福康安：《奏陈清厘黔省土职并分别汰留》（乾隆四十六年七月初九日），台北故宫博物院藏清代宫中档奏折及军机处档折件，文献编号：031831。详细的讨论参见卢树鑫：《清代土弁设置与管理制度调适》，《社会科学研究》2021年第3期。

五、结论

元、明时期以及清代前期，由于行政成本、语言风俗等因素的制约，中央政府在南方少数民族地区施行土司制度，由此形成羁縻的治理体系。从土司制度的发展历史看，从明代中后期开始，土司制度的弊病已充分暴露出来，特别是它的割据性已经不适应统一多民族国家发展的需要。清前期以来，中央王朝边疆政策的核心是促进边疆地区与内地的一体化治理。因此，控制土司势力的发展，就成为清初以来中央政府加强边疆治理的一项重要任务，雍正朝在南方少数民族地区大规模推行的改土归流，便是强化边疆内地化治理的产物。

自康熙朝收复台湾之后，是否在台设立土司的讨论贯穿了康雍乾三朝。这场讨论经历了从个人私议到地方官府再到中央政府的过程。经过各方的反复讨论，清廷最后做出了在台"改设土司，实属无益"的决议。放弃在台设立土司充分表明，清中央政府在对待台湾治理与开发的议题上，始终持审慎的态度。林爽文动乱爆发后，清中央政府并没有方寸大乱，而是在更加务实地对台湾少数民族的头领加以委任、重用的同时，也在选拔程序、职权范围等方面加以制度规范，尽可能地规避土著首领权力的动荡。

综上所述，围绕台湾治理与开发的议题，从清中央政府到闽台地方当局再到台湾地方官府基于不同的考量提出了不同的看法。这些看法涉及边疆治理的行政成本支出与区域社会的历史、人群、风俗等多个层面。清政府在台湾推行的番屯制度并没有阻隔台地民、番自南向北、自西向东对内山的拓垦与开发。如李文良所说，乾隆朝各级官府长期且持续的边防整备工作的主要目的，虽在于严禁汉民越界私垦以及区隔民、番，但这并不表示官府的"防番"整建行动只会导致边区社会荒废、族群对立；相反，乾隆朝的边防整备工作既带动了边区的开发，又使得沿山的村落与居民借助官府的边防整备政策，来维护其既存的社会与利益。①

（原载《台湾研究》2021年第4期）

---

① 李文良：《清乾隆年间南台湾的边防整备与社会发展》，《"国史馆"馆刊》2017年6月。

从 "Boutan" 到 "牡丹社"

——1874 年牡丹社事件前夜的攻击对象特定过程

羽根次郎

  1874 年,在台湾岛南端恒春半岛上爆发了牡丹社事件。刚成立的日本明治政府借口漂至该半岛的琉球人遇到当地居民的袭击,派遣侵略军队进攻当地山区居民。对于该事件,已有许多研究者做过探讨。受到中国外交史研究或日本侵华史研究的影响,不少大陆学者将其视作洋务运动时期发生的边疆危机之一个事例,或者日本为了转移国内矛盾而引起的侵略行为。日本的研究重点在于,强调明治新政府的第一次海外派兵的重要意义,以此为一个共同认识展开不同的研究。比如,战斗结束后支配日本经济的商务集团当时如何成功与政府勾结,被新政府雇用的外国顾问在此事件之中发挥何种作用,这一事件与明治初年的中日外交交涉存在何种关系等。

  那么,台湾地区的牡丹社事件研究有哪些脉络或者特征呢? 20 世纪 80 年代之前的相关研究大约限于中国外交史的研究范围之内。在这一点上与大陆研究相当类似,但是经济基础观点的分析,因受时代约束而没有充分展开。还有一个特点,重视美国因素的气氛较为浓厚。其典型例子就是黄嘉谟教授所著的《美国与台湾》。[①] 黄嘉谟教授大量引用美国的原始资料,实证美国在台湾方面的相关近代史事实。后人研究对外关系在台湾展开的历史时,该书仍被视为必读文献之一。

  20 世纪 90 年代之后,台湾地区学者关于该事件的研究观点发生了重要变化。

---

① 黄嘉谟:《美国与台湾》,(台北)"中研院"近代史研究所,1966 年 2 月。

在美苏两大阵营对立的世界冷战格局开始瓦解的大背景下，牡丹社事件研究也或多或少地受到影响，开始强调"原住民"之历史主体。这种氛围把该事件研究也卷入到"本土化"潮流之中，其重点也转变为对"原住民"立场的重视。

由于"原住民"村落缺乏同时代的文献史料，为了研究这期间的历史，人类学资料和口述历史资料不得不用以代替原始资料。此种视角的典型例子，是高加香与大滨郁子。①2001 年，牡丹社末裔的高加香在其硕士论文里广泛地采用（被看成）与日军打仗的牡丹社和高士佛社的口述资料，以便摸索以"原住民"为历史主题的叙述方式。按高加香论文的说法，在"原住民"眼里的牡丹社事件与既往研究对该事件的描述有所不同。"原住民"因为没有明确的土地所有权意识，所以在头目战死之后，部落成员抛弃其部落，导致日军的占领其实并不代表失败。

需要注意的是，上述解释的主要根据由口述资料构成，依靠一百年来的口述资料来重新解释历史事实，必然导致资料本身的可靠性问题（该事件 1874 年发生，口述资料不是由同时代的人提供的）。笔者认为，高加香论文的价值不在于对事实的实证，而在于认识框架的创新。由于当时的研究正处于族群意识尖锐化的时代气氛中，有关研究观点的上述创新也多少受到其影响，将自己族群历史的象征性位置安排给该事件。可以说，它一方面突破了扎根于民族主义的"国史"历史观的局限性（所谓被关闭的历史），另一方面又采用了一个以自己族群为主要对象的描述方式，其中的族群中心主义倾向不容否定，往往导致忽略这个东亚少数民族地区族群既多样又复杂的分布。笔者认为，当代的历史学需要的是把多元多样的历史表现寻找在一体性结构里，而不是把新的排他性历史叙述构建在原来的排他性历史叙述的外边。否则，历史主体内部恐怕出现少数人群的无限连锁。

在探讨历史之际，我们如何开放历史解释以便回避构建历史解释必然招致的排他性问题？笔者从这一问题出发，重点关注台湾地区的平地居民对山区居民的目光给同时代的原始资料产生的影响，尝试对日军侵台过程作出重新解释。

① ［日］高加香：《从 Sinvaujan 看牡丹社事件》，《史学》1998 年第 24 期。［日］高加香：《牡丹社群的历史与文化轨迹从排湾族人的视点》，硕士学位论文，（台南）台南师范学院乡土文化研究所，2001。［日］大滨郁子：《加害的元凶不是牡丹社蕃——从"牡丹社事件"来看冲绳与台湾》，《二十世纪研究》2006 年 12 月。

一、"牡丹" 的意义

1874 年，台湾恒春半岛山区日军与"原住民"之间发生了军事冲突。其直接原因是 1871 年后者杀害一批遭风漂流到恒春半岛沿岸的琉球民。包括近年来流行的"原住民"历史观的研究在内，任何研究都具有一个共同前提：因为日方认为（或误会）犯人是牡丹社"原住民"，所以日军攻击以牡丹社为主的"原住民"部落，而且现在"牡丹社"的部落就是与日军展开战斗的人的后裔。

关于牡丹社的界定，一直存在争议。比如"台湾总督府临时台湾旧惯调查会"编撰的《番族惯习调查报告书》，对牡丹社所在的地方的称呼不是"牡丹社"，而是"牡丹群社"。① 在其解释里，牡丹群社进一步分为三种，分别是"牡丹大社""中社"和"女仍社"，而这一群社构成名为 paliljaliljau 番"原住民"部落群的一部分。原来代表"一端"（恒春半岛最南端）② 的 paliljaliljau 番"是由 seqalu（斯卡洛）及 paiwan（排湾）二番所形成"，而 paiwan 是在恒春半岛定居最早的居民，seqalu 迁来定居的时期比后者晚些，之后分为四大头目家君临于 paiwan 之上。③ 四大头目家的名称分别是：garuljigulj 家（猪朥束社头目家）、mavaliu 家（射麻里社头目家）、tjalingilj 家（猫仔社头目家）、ruvaniau 家（龙峦社头目家）。④ 至少在 seqalu "原住民"的主观意识里，当地各 paiwan 族群部落分属 seqalu 四大头目家。不仅如此，后来迁居过来的汉人与马卡道平埔族群的一些村落也表示服从。牡丹群社所属的大头目家是曾被称为"大股头目"的 garuljigulj 家。但是这种解释只限于 seqalu 的目光里。例如《番族惯习调查报告书》依据当地居民的口述资料，从汉人村落视野来解释他们与 seqalu 大头目家的

---

① "中研院"民族学研究所编译：《番族惯习调查报告书》第五卷第一册，（台北）"中研院"民族学研究所，2003，第 104 页。日文原版在 1920 年 3 月被出版。

② 台北帝国大学土俗人种学研究室：《有关台湾高砂族系统所属的研究》，1935，第 298 页。

③ 这种关系从琉球王国时代琉球本岛与先岛群岛（相当于今日本最西端的地区）之间的关系里也能看见。滨下武志《近代中国的国际契机》发表以来（正确地说 Mark Mancall 以来），"朝贡体制"这个词汇已经传播至广泛地域，但是笔者要说，"朝贡"不是只针对中国皇帝，而是既普遍又多重的网络性关系概念，应该说中国皇帝在这种概念里不是朝贡的唯一客体，而是在多重的网络之中被赋予其概念中的中心位置的一个当事者。

④ "中研院"民族学研究所编译：《番族惯习调查报告书》第五卷第一册，（台北）"中研院"民族学研究所，2004，第 99—100 页。

关系。

兹所谓 seqalu 头目支配其领域内之汉人部落，乃全依该头目家所属，与汉人的观念有异。汉人部落每年向 seqalu 头目纳付水租，或于头目巡视之际充分予以款待。日本领台前，garuljigulj 家巡视汉人部落时，使汉人苦力扛苦轿，率众多部属下威风凛凛地蜂拥而至，各部落的头家们以宛如奉侍主人的态度行送迎，seqalu头目因此认为汉人向自己执从属之礼，然而据汉人所言，这仅是出于借地人对地主的敬重，绝非表示从属。①

中国历代王朝与朝贡国之间存在一个默契，即各方当事人不干涉对方当事人对朝贡关系的解释。②这种默契也表现在 seqalu 与当地居民之间，而 seqalu 与汉人都有自己对纳贡的解释。因此，我们研究四大头目家的支配结构时，一定要注意这一点。当地居民对 paiawn 的 sabdiq 群社朝贡的口述资料，让人感到与汉人村落朝贡的类似性质：

seqalu 先占领此地，后来 paiwan 族群到来，向 seqalu 的头目……借地开社，每年纳租，但其后 seqalu 离去，移居到南方时，将土地及地租完全委托给 paiwan的头目，因此 paiwan 的头目每五年对 seqalu 采取朝贡之礼。③

围绕对纳贡的解释，汉人村落和"原住民"村落都有可能算为某种地租，无论 seqalu 的认识如何，包括汉人和 paiwan 在内的非 seqalu 村落不一定都认可seqalu 对他们的支配。他们认可 suqalu 的权威，有时对 seqalu 表示尊重。牡丹群社也有向 seqalu 朝贡的习惯：

关于本社头目从属于 seqalu 大头目的由来，本社一老妇述说曰，曾经本地地

---

① "中研院"民族学研究所编译：《番族惯习调查报告书》第五卷第四册，（台北）"中研院"民族学研究所，2004，第 91 页。

② 关于朝贡概念，Mark Mancall, *The Ch'ing Tribute System: An Interpretive Essay*, John K. Fairbank Ed., The Chinese World Order, Cambridge (Massachusetts): Harvard University Press, 1968.

③ "中研院"民族学研究所编译：《番族惯习调查报告书》第五卷第四册，（台北）"中研院"民族学研究所，2004，第 102 页。

区一带农作物歉收且猎获物很少，乃到 seqalu 头目家请其祈祷，而后作物颇为丰收，猎获物亦多。从此我 paiwan 的头目们便从属于 seqalu 头目并受其保护。①

在此需要注意的是，虽然在《番族惯习调查报告书》的描写里，sabdiq 群社是 paliljaliljau 部落群之中最北端的部落，属于受 seqalu 支配的 paliljaliljau 部落群，但是据《有关台湾高砂族系统所属的研究》载，它们自己就是构成称为 sabdiq 的一个部落群，而不是构成 paliljaliljau 部落群的一部分。因此，后者认为 paliljaliljau 部落群的北端不是 sabdiq 群社，而是在其南边与它接壤的牡丹群社。但是笔者认为，基于朝贡关系的政治结构既然是一个相对的关系，这个"境界问题"就不是问题，而只是代表 seqalu 权威的渗透程度而已。也就是说，权威的渗透程度呈着同心圆状从中向外渐渐连续地变淡。从这一角度来看，sabdiq 和牡丹这两个群社就是位于 paliljaliljau 部落群的边缘了。

那么，作为 paliljaliljau 部落群边缘的牡丹群社这一视角会提供哪些思路呢？边缘具有的暧昧性从 paliljaliljau 部落群的例子里也容易看出来，其象征不外是"群社"这个名称。《番族惯习调查报告书》对构成 paliljaliljau 部落群的十四个部落都做了详细的解释，十四个部落之中冠以"群社"的，只有位于边缘的两个群社——sabdiq 群社和牡丹群社。② 当时日本人类学者在从事调查的时候指出："本番中居住在平地的如 seqalu 部落便完全汉化，而龟仔角、快仔、蚊蟀山顶、八瑶等接近平地的部落亦然，其他各社也逐渐在汉化中。"③ 因此，这两个不"接近平地"的山区"群社"，并不像"接近平地"的十二个部落那样可直接称作"社"，而只能称作"群社"。

时任美国驻厦门总领事的李仙得将许多有关恒春半岛的记录留在美国驻厦门领事馆档案中，其中有不少"Boutan"的字面。他所用的"Boutan"都不代表作为"原住民"部落意义的"牡丹社"。

---

① "中研院"民族学研究所编译：《番族惯习调查报告书》第五卷第四册，（台北）"中研院"民族学研究所，2004，第 106 页。

② "中研院"民族学研究所编译：《番族惯习调查报告书》第五卷第四册，（台北）"中研院"民族学研究所，2004，第 33—36 页。

③ "中研院"民族学研究所编译：《番族惯习调查报告书》第五卷第四册，（台北）"中研院"民族学研究所，2004，第 94 页。

……莿桐脚是三四百个福佬人与混血儿居民混居的村落。本地居民在 the Boutan tribes 的支配之下，在此地区从西岸到东岸都受 Boutan tribes 的支配。①

我访问南湾北边的枋寮，在那里遇见 the Bootan tribe 头目们之中的一个人。他信任我对他的保护，搭乘军舰 Aroostook 号，也领受一些住在厦门的人拜托我送给他们土著的礼物。②

若将这里的"Boutan tribes"视作"牡丹社"，那么位于该半岛根部的枋寮与位于半岛南东端的"牡丹社"之间的不短距离就让人感到不现实。因此，"Boutan tribes"在这里应该代表与平地居民的交流不多的山区居民。有清一代，台湾恒春半岛对少数民族的认识主要来自靠近他们的平地居民的描述，欧美人的记述亦是如此。因此，我们在分析同时代的相关资料之际，一定要考虑不同语言环境下的"Boutan"的意义。

二、谁杀琉球人？

一提起"Boutan"，很多人就会想起"牡丹社事件"的"牡丹"（Boutan）。虽说日军侵台的理由是对杀害琉球人的牡丹社等部落实行"膺惩"，但是既有研究成果表明，杀害者不是牡丹社"原住民"，而是与它接壤的高士佛社"原住

---

① Robert Eskildsen ed., *Foreign Adventurers and the Aborigines of Southern Taiwan, 1867-1874, Western Sources Related to Japan's 1874 Expedition to Taiwan*, p.69.

② USNA: CD, Amoy, 100-4, Le Gendre to W. H. Seward, Amoy, Sep. 30, 1867.

民"。这一点已成为主流认识。① "牡丹社"被视为"杀害者",与"Boutan"的两种解释有什么关系?

1872 年,李仙得在第三次访问 garuljigulj 家头目卓杞笃的时候,当地一个老妇人是这样描述琉球民被杀害事件的:

一个月或一个多月之前,从外观看出来是日本人的男性漂流至猪朥束社北边,即位于 Boutan 领域内的一条河川的河口。本地居民将他们看成汉人,除了逃离虎口的 12 名之外,把他们都杀光。②

需明确的是,老妇人所说的"Boutan"并不是牡丹社的意思。以老妇人为代表的当地平地居民因为对山区的知识不足,所以给"牡丹社"以北地区贴上最北端的"牡丹社"标签。即使老妇人说"牡丹社"杀害琉球人,也不能确定"牡丹社"就是杀害者。李仙得所谓的"杀人行为被 the Boutan tribes 进行",是他对老妇人所谓的"Boutan"的解释。③ 英人 Horn 在日记中描述其与著名翻译家毕麒麟在恒春半岛的居住经历时有如下记载:

(1867)8 月 10 日:听说本村落里有巴坦群岛民,共有九名乘一只独木舟,漂至 Formosa 东岸。他们当初尝试靠近陆地,然而遇到 Boutan tribes 的枪击,有一名死亡。他们还往南走,最后在猪朥束社村落附近登陆。④

在这里,牡丹社与"Boutan tribes"的区别比较明显。刚从巴坦群岛漂流过

---

① 最早探讨杀害者问题的是藤崎济之助《台湾史与桦山大将》[(东京)国史刊行会,1926 年 12 月]。之后日本研究者们之中,比如松永正义也指出过牡丹社之负屈含冤 [松永正义《台湾领有论的系谱——以 1874 年(明治七年)台湾出兵为主》,《台湾近现代史研究》第 1 号,东京,1978 年 4 月]。但是这些指出都是时而发生的,也没有出现过任何潮流关注确定杀害者的问题。这是多年来以台湾为中心抬头起来的"原住民"历史观才给这种状况带来新鲜的空气,其代表性论文是高加香《牡丹社群的历史与文化轨迹从排湾族人的视点》(硕士学位论文,台南师范学院乡土文化研究所,2006)与华阿财(宫崎圣子译)《关于"牡丹社事件"的己见》,(《台湾"原住民"研究》第 10 号,2006 年 3 月)。这种研究观点也波及到日本,大滨郁子加害的原凶不是牡丹社番——从《牡丹社事件来看的冲绳与台湾》[(京都)《二十世纪研究》,2006 年 12 月] 就是其代表。

② USNA: CD, Amoy, 100-6, Charles W. Le Gendre to Frederick F. Low, Amoy, Apr. 17, 1872.

③ USNA: CD, Amoy, 100-6, Charles W. Le Gendre to Frederick F. Low, Amoy, Apr. 17, 1872.

④ William A. Pickering, *Pioneering in Formosa*, London: Hurst and Blackett, 1898, pp.185–186.

来的人，如何能够知道从陆地进行枪击的是牡丹社呢？这里的"Boutan tribes"并不是一个特定的部落，而是北边的"原住民"。消息从巴坦群岛漂流民传至Horn 时，"北边的原住民"被翻译成"Boutan tribes"。当时欧美人只能向当地的平地居民询问山区的情况，平地居民将无法交流的山区"原住民"统称为"Boutan tribes"。如此一来，我们只能确定是"boutan tribes"（山区"原住民"）杀害琉球民。

清政府对确定杀害者有什么看法呢？在牡丹社事件的原始资料中，有一封琉球幸存者在被从恒春半岛护送至台湾府的途中写给台湾道夏献纶的感谢信。信中并没有"牡丹社"的字面，只称"琅峤内山生番"才是犯人。① 福州将军兼署闽浙总督文煜与福建巡抚王凯泰在汇报琉球民遭难事件时，有三个地方标记了"牡丹社"：

> 据难夷岛袋供……伊等六十六人凫水登山。十一月初七日，误入牡丹社生番乡内。初八日，生番将伊等身上衣物剥去。……由布政使潘霨造册详请具奏，声明牡丹社生番围杀球夷，应由台湾文武前往查办等情前来……至牡丹社生番见人嗜杀殊形化外。②

琉球人向"原住民"部落求助之际，并不会提前知道自己进入了牡丹社部落里，故在写给台湾道夏献纶的感谢信里没有"牡丹社"字面。在当地的平地居看来，"内山生番"与"Boutan"这两个说法是同一个意思。而护送琉球幸存者的恒春半岛人在向清政府报告琉球人遭难的原委时弄混了这两个说法。也就是说，这个"牡丹社"并非作为部落名字的牡丹社。

文煜与王凯泰的联名上奏刊登在 1872 年 5 月 11 日的《京报》上。③ 5 月 19 日，正在天津参与交涉修订《中日修好条规》事宜的日本外务省少辩务士柳原前光，在给外务卿副岛种臣的报告中写道：

---

① ［日］落合泰藏：《明治七年生蕃讨伐回顾录》，非卖品，1920，第 11 页。
② 《四月初五日京报全录》，《申报》第 26 号，上海，1872 年 5 月 30 日，第 4—5 页。
③ 《四月初五日京报全录》，《申报》第 26 号，上海，1872 年 5 月 30 日，第 4—5 页。

关于琉球人于清国领地台湾遇到杀害,我看到《京报》上有闽浙总督交给中央政府的报告,也不知道这件事情会不会引起鹿儿岛县的注意,特此附上训点寄给您。①

由电报内容来看,柳原当时并没有出兵侵台的企图(请注意"清国领地台湾"的记述)。他将 1872 年 5 月 11 日的《京报》寄给日本外务省的目的,只是供他们参考而已。1872 年 7 月 12 日,琉球幸存者回到那霸后,引起了鹿儿岛旧武士阶级的关注。1872 年 8 月 31 日,鹿儿岛县参事大山网良在给明治天皇的上奏里说:"据闽浙总督文煜等寄给北京的报告来讲,(琉球人)误入牡丹社生番乡内。"② 以"大山上奏"为导火索,出兵侵台运动日益在东京活跃起来,明治政府开始寻求出兵的机会。

1872 年 10 月 26 日,副岛种臣与刚刚卸任美国驻厦门总领事的李仙举进行会谈。李仙得在解释琉球人被杀害的原因时,亦提及"牡丹社"。

牡丹社由于位于荒地,所以很多地方难以进入。只有与卓杞笃充分地商量,才能知道如何进入。牡丹社为人正确,正确地面对他们的话,就不会挨到他们的暴力。

在这里,"牡丹社"被描述为受到卓杞笃在某些程度上的约束,这段文字后,还有"卓杞笃不是对 Boutan 的哪里都能动用权力"的描述。③ 鉴于卓杞笃权力的有限性,牡丹社与"Boutan"之间的不同,李仙得所谓的既朴素又偏僻的"牡丹社"应是作为部落名字的牡丹社,并非"Boutan tribes"的意思。由于日本政府只有《京报》的报道内容,副岛一直向李仙得询问牡丹社,并不知道牡丹社与 Boutan 之间有差别。如前所述,李仙得在 1872 年造访恒春半岛的时候,听到当地老妇人说"Boutan tribes"是犯人,这里的"Boutan tribes"无法等同于"牡

---

① 外务省编纂部日本国际协会编:《大日本外交文书》第 5 卷,(东京)同协会,1936 年 6 月,第 258—259 页。

② 西乡都督桦山总督纪念事业出版委员会:《西乡都督与桦山总督》,(东京)西乡都督桦山总督纪念事业出版委员会,1936 年 12 月,第 53 页。

③ 外务省编纂部日本国际协会编:《大日本外交文书》第 7 卷,(东京)同协会,第 12 页。

丹社"。

10 月 28 日，副岛与李仙得再次举行会谈。在会谈中，李仙得对日方的出兵侵台举动持消极态度：

> 李仙得：Formosa 只要两千兵士就能攻略，但是事后难于防守。
>
> 副岛：我们可以提供一万左右兵力。
>
> 李仙得：无论来多少人，都需巨大的开支。
>
> 副岛：我在认识您之前认为，如先将一万兵至牡丹派遣登陆，再开始与他们交涉，则不会遇到对方的任何异议。即使遇到了，也可以动兵直接进行征伐。
>
> 李仙得：牡丹地势险阻，难于输送大炮等兵器。①

李仙得在这次谈话中并没有涉及 Boutan 的具体状况，而是将其描述为军事风险巨大的地域。美方那时企图削弱日方出兵侵台的野心，因此李仙得一直强调军事行动的困难。需要注意的是，李仙得对 Boutan 的想象与副岛对牡丹社的想象混合在一起之后，被李仙得描述为"为人正确"的牡丹社渐渐被连接到牡丹的"生番"形象。

三、关于李仙得备忘录里的 Boutan

1872 年 10 月 28 日，李仙得与副岛会谈时，就"着手顺序的打算"说道，"在归国之前，先与 Smith 先生商量，再提交包括地理等在内的报告"。Smith 是担任日本政府法律顾问的外国人。李仙得在会谈结束之后，连续向日本外务省提交了三件备忘录。② 第 1 号备忘录就是同年 11 月 2 日，日本外务省为了处理"台湾问题"而向正院 (当时日本的最高权力机关) 提交的报告。该报告掀起了派兵运动热潮，其重要性不可忽视。

在探讨第 1 号备忘录之前，我们先对他后来提出的第 22 号备忘录、第 23 号

---

① 外务省编纂部日本国际协会编：《大日本外交文书》第 7 卷，（东京）同协会，第 14 页。

② 第 1 号至第 3 号备忘录都收于早稻田大学社会科学研究所编印：《大隈文书》，1959，第 17—33 页。

备忘录和第 32 号备忘录加以分析。这三件备忘录现在仍然保存有英文原文与同时代的日文译文，有助于我们理解日方如何解释李仙得对"Boutan"的用法。

表 1 李仙得备忘录（第 22、23、32 号）里所写的"Boutan"

	英语原文	日语译文
① 1874.3.13. 第 22 号	the ostensible object of the expedition will be simply to punish the Boutan and prevent the recurrence of their evil practices in the future, while in fact its real object will be the annexation of Aboriginal Formosa.	虽说远征的真正目的在于吞并 Formosa 岛上土著管辖的一部分，但是表面上的目的仅在于向 Boutan 人问罪，以便预防其恶行。
② 1874.3.13. 第 22 号	To request the Chinese to blockade the anchorage of Pong lee, which lies at the Northwestern portion of the Boutan territory and in within chinese[sic] jurisdiction.	日方应该委托支那人封锁枋寮的停泊地点，但是此停泊地点在 the Boutan 领地的西北部，那里属于支那管辖的范围。
③ 1874.3.13. 第 22 号	For ourselves to blockade and occupy with small detachments of say 30 men each, four small junk ports outside of what we understand to be Chinese possessions and due west of the Boutans from Chalatong to Sialiao, over a space of territory about 15 miles in length.	日方在从加六堂到社寮的 the Boutans 西部可以停泊小船，对这里的四个港口，分别由三十人构成的小分队封锁占领。其港口可算是位于支那管辖之地的外边。
④ 1874.3.13. 第 22 号	To open negociations[sic] with the aborigines who are under the control of the chief of the Tuillassocks, and with those of the Pilam tribes on the East coast, that they may assist us in reducing the Boutans both with guides and with contingents of warriors.	与猪腊束人酋长统制下的土著和东海岸卑南种族进行谈判，让他们成为我方征服 Boutan 人的带路人或援军。

续表

⑤ 1874.3.13. 第 22 号	we will be able to fairly settle at Sialiao with the corps of expedition, and occupy three points on the East coast before the end of May, so as to be ready to fight the Boutans, if necessary in November next, and complete the annoxation of Aboriginal Formosa in such season …	在 5 月底之前，应该从远征军之中把一支分队拨到社寮停泊定居，而且占领东海岸三个地点。如果出现不得已的情况，11 月份可以在讨伐 Boutan 人之后当即将 Formosa 之中土著领有之地吞并为日本领土……
⑥ 1874.3.31. 第 23 号	if they will aid those who have already disembarked in punishing the Boutans ……	如果以上的种族帮助已经登陆的兵士讨伐 Boutan 人的话……
⑦ 1874.3.31. 第 23 号	A gun boat will be sent to Pong lee, and her commander instructed to put himself in communication with the Chinese authorities there, and request them to prevent their people from aiding the Boutans.	将一艘炮舰派至枋寮，其炮舰指挥官与支那当地官吏进行沟通，要求不许当地人民帮助 Boutan 人……
⑧ 1874.6.30. 第 32 号	Now the Boutans being ten times stronger than the eighteen tribes under Tanketok……	牡丹人之势力比卓杞笃指挥之下的十八个种族全体还要大二十倍……

资料来源：第 22 号备忘录关于生番事件的方案；第 23 号备忘录生番事件方案；第 32 号备忘录关于对支那总理衙门询问的回答议案，都收于日本国立公文书馆藏《蕃地事务局记录》第一号，在日本亚洲历史资料中心的网站里可以阅览和下载。(http://www.jacar.go.jp/)。查询号码依次是 A03030001500，A03030001600，A03030002800)。李仙得备忘录第 22 号关于生番统辖官员的设置以及政令的实施与外国人的雇佣方法等；李仙得第 23 号，关于各舰出航顺序以及外国人着手的方法；李仙得备忘录第 32 号，关于总理衙门返翰下案云云，分别收于日本国立公文书馆藏《处蕃始末》，甲戌春·第四册，同·同，甲戌六月之七·第二十三册 (查询号码是 A03030100100、A03030100900、A03030174800)。另外，《第二十二号》日语译文，参照早稻田大学社会科学研究所编：《大隈文书》，早稻田大学社会科学研究所，1958，第 41—47 页。

由②③⑧的例子可见，"Boutan" 之所以无法等同于 "牡丹社"（⑧里的 "牡丹" 代表 Boutan），是因为缺乏位置的妥当性。倘若 "Boutan" 代表 "牡丹社"，那么，其北西有枋寮（②），其西边相当于从加六堂到社寮的恒春半岛西岸 15 里地带（③），其势力比卓杞笃支配下的部落群大十倍（⑧），这些解释便没有说服力了。还有一幅题为《台湾南部之图》的地图，收于早稻田大学所藏的《大隈重信关系资料》里。①根据该地图上所附的说明，1872 年 11 月在东京，"李仙得将军从副岛外务卿之命绘制此地图"。事实上，这幅地图是李仙得临摹了他自己 1872 年绘制的地图。由该地图上"卑南"附近写着"关于如何去卑南，在第三号备忘录上有仔细的标明"可知，它可能是详述"卑南"的第 3 号备忘录的资料。②与 1872 年的地图一样，这幅地图上从"迦落堂"（加六堂）东南东到车城东边的一带，也写着"牡丹地""Boutan 人种"字样。由此可见，②③⑧的例子不是狭义的"牡丹社"，而是"Boutan"。需注意的是，第 22 号备忘录、第 23 号备忘录和第 32 号备忘录都写于 1874 年 3 月至 1874 年 6 月之间，即日本强行派兵的前后时期。李仙得的"Boutan"概念从厦门领事时代到牡丹社事件，一直没有任何变化。

李仙得一直从"Boutan"的观点出发，来思考恒春半岛的问题。第 1 号备忘录至第 3 号备忘录不仅向日本政府提出建议，也阐述了他本人对台湾的认识。③在日文版中，"牡丹"的说法被频繁地使用。（见表 2）

表 2 李仙得备忘录（第 1、2、3 号）里所用的"Boutan"

① 第 1 号	〔琉球民〕迷失道路，终迷入牡丹生蕃之地。同月〔阴历十二月〕十九日，遭牡丹人剥脱衣裳、劫掠物品，逃离险境逃入他村之际，牡丹人探知而直接包围难民将五十四人全部抓住杀光。（pp.17-18）
② 第 1 号	我琉球之民从来于台湾岛毫无犯罪，又自祖先起并未私吞生于牡丹地之一根草一块土，牡丹人何逞凶残而敢害生命……（p.18）
③ 第 1 号	将既锐勇又熟于山战之骁兵遣至牡丹部，将调查杀害始末以问其罪……（p.18）
④ 第 1 号	我日本属民琉球人去年为牡丹人所害……闻支那政府管辖牡丹人……（p.19）

① 《台湾南部之图》，《大隈重信关系资料》，早稻田大学图书馆藏。
② 早稻田大学社会科学研究所编印：《大隈文书》，1959，第 31—33 页。
③ 关于写第一备忘录的时期，完全没有记录。但是由于第二备忘录是"壬申十月十五日（1872 年 11 月 15 日）"写的，可以推断它是 10 月 28 日至 11 月 15 日之间的备忘录。另外，第三号备忘录也没有日期的记载，但是上述地图既然绘制于 11 月，在内容上与第二备忘录相当类似的第三号备忘录也应该是在写完第二号备忘录之后马上就写的，具体来讲应是 11 月下旬。总之，日方原来有正式雇用李仙得的意向，12 月 29 日美国驻日本大使德朗（De Long）也答应了其要求，但是李仙得至少把三件备忘录写完了。

续表

⑤ 第1号	今由我日本国直入台湾岛，不借支那政府之助，罚牡丹人而使之赴于开化，此有理与否……(p.20)
⑥ 第2号	闻琉人受害，即普示应以敕旨亟速严罚牡丹人之旨……(p.26)
⑦ 第3号	于猪腊束射麻里，如前所云开始教化之术后，经海路至卑南，以同样方法制造木架，渐向南地至牡丹之部，由猪腊束射麻里亦进入牡丹之部，两方在此处合流。(p.32)

资料来源：早稻田大学科学研究所编印：《大隈文书》，1959，第17—33页。页数表示《大隈文书》里的页数。

　　表2中的"牡丹"，是"Boutan"的同义词。由表2可见，当时李仙得并没有将攻击对象局限于"牡丹社"，而是将想象中的敌人视为"膺惩"对象。至于敌人是谁，他只说"就是Boutan"而已。因此，李仙得在第1号至第3号备忘录里展开的"牡丹（Boutan）"，观念性非常强，将它彻底看作邪恶的人群。"牡丹社"被他描述为"以正确态度面对他们的话，就不会遭受他们的暴力"，"Boutan"被他描述为邪恶的人群。这种意思也体现在②的例子中。为了连接到③里的"问罪之师"，例2所引文字后还有如下记载："（敢害生命）此悖上天之意，以善为恶，以恶为善，又害人间平宁，此为不能不为报仇之所以。"[①]可见，在李仙得的描述中，派兵理由和派兵目的都极其抽象，最终目标则完全不清楚，只是说"彼倘恭顺悔罪，则对之教仁义之道，使无向来不法之行。又倘不觉昏昧顽愚，则速加杀戮，事不成不敢返"。[②]

　　李仙得为了证明自己观点的正当性，还使用了国际法。他以澳大利亚与新西兰为例，依据"万国通法"[③]来解释"文明"对"野蕃"（在这里为"野蛮"之意）的教化义务：

　　"文明之民对野蕃"自己主宰尽力使得此野蕃之民趋于开化，然而此蕃民等倘若不敢答应开化，又不服从教化，损害其他国家的国民，则以开化之民代替此野蕃

---

① 早稻田大学社会科学研究所编印：《大隈文书》，1959，第18页。
② 早稻田大学社会科学研究所编印：《大隈文书》，1959，第18—19页。
③ 早稻田大学社会科学研究所编印：《大隈文书》，1959，第20页。

之民。①

李仙得指出，1430 年"支那国人"初次到达台湾时，台湾岛已经归于"日本人所有"，这就导致许多"生蕃"通过与"日本人"的交往和通婚，"羡慕日本风俗，希望向此同化"。② 日本曾统治过台湾这个荒诞无稽的说法，因为被插在"荷兰统治台湾"和郑成功母亲是"日本人"这些说法之中，所以被李仙得当成了事实。与此相反，"支那人"为"寻找金银"或"得到樟树"，而反复暗算歼灭"生蕃"。③ 李仙得据此认为"支那人控制生蕃之术，乃是土蕃嫌恶不服之所以"。④ 这就导致"土蕃偶见外人来其地，则……杀害之如驱虎狼"。⑤ 具体而言，李仙得的构想主要基于如下认识：

日本人或荷兰人驭岛民，安以仁义接民。支那人不然，以暴恶率之，害民甚多，竟至今日形势。⑥

由此可见，在李仙得看来，"野蕃""日本人"和"荷兰人"都不是"暴恶"的，只有"支那人"才是，他们驱使"野蕃"趋于野蛮。由于日本政府不欢迎西洋人在其本国附近建立殖民地，他只得作出结论："支那政府不欲有此地，则与其落西人手中，宁可由我国领此地。"⑦

笔者认为，分析恒春半岛历史的关键，不在于"汉人还是原住民"这种单纯的族群矛盾框架，而在于如何把握 18 世纪以降，社会结构日趋复杂的恒春半岛这个空间的多重秩序。但是李仙得在动用国际法之际，不顾地域内部的复杂性，将恒春半岛单纯地分为东岸的"原住民"和西岸的"中国人"与"混血者"，从而将这一地域性问题转变为族群问题。

第 2 号备忘录以及第 3 号备忘录在第 1 号备忘录的前提下，提出具体行动计

① 早稻田大学社会科学研究所编印：《大隈文书》，1959，第 20 页。
② 早稻田大学社会科学研究所编印：《大隈文书》，1959，第 20 页。
③ 早稻田大学社会科学研究所编印：《大隈文书》，1959，第 20 页。
④ 早稻田大学社会科学研究所编印：《大隈文书》，1959，第 23 页。
⑤ 早稻田大学社会科学研究所编印：《大隈文书》，1959，第 23 页。
⑥ 早稻田大学社会科学研究所编印：《大隈文书》，1959，第 22 页。
⑦ 早稻田大学社会科学研究所编印：《大隈文书》，1959，第 25 页。

划。其中，第 2 号备忘录是出兵恒春半岛的战略部署。如将战舰派至澎湖群岛，在苏澳、鸡笼（基隆）和淡水分别驻扎 100 名、1500 名和 1000 名兵力等，提出全岛规模的军事行动计划。[①] 第 3 号备忘录是攻略恒春半岛的方案。[②] 如将社寮定为据点，通过接触猪腊束社头目卓杞笃与射麻里社头目伊厝来扩大影响力，之后往东岸卑南的方向深入。[③] [⑦] 提出从东南两个方向攻击"牡丹之部"。而"牡丹之部"指什么地区，李仙得的备忘录中并没有作出具体解释。

四、"土蕃"与"生蕃"

由于本文旨在分析李仙得的 Boutan 形象的展开过程，所以李仙得第 4 号备忘录至第 6 号备忘录的历史价值，此不赘述。[④] 一言以蔽之，他对"Boutan"的空想在日方派兵之前没有任何变动。下面，笔者拟从日军将攻击对象定为"牡丹社"的原因入手，来探讨日方对李仙得所用的"Boutan"的解释。

在披露日方攻击战略的史料中，并没有出现"牡丹社"一词。1874 年 3 月末，日本陆军省通过了同年 2 月起草的军事行动方针『生蕃進討ニ付逐次處分スヘキ條件』，决定先断绝"生蕃人"的往来交易，待他们陷于孤立后，再进行问罪的攻击。[⑤]1874 年 4 月 5 日，台湾蕃地事务局开设。西乡从道（西乡隆盛胞弟）于前一天被任命为蕃地事务都督时，收到了三条实美太政大臣的三条敕旨以及十款特谕。三条实美的晓谕中，只有"土人"的记载。[⑥] 西乡在强行派兵之前发给远征军的告谕中，也只有"生蕃"之词，并没有"牡丹社"的字样。[⑦]

1873 年 12 月 5 日，外务少辅上野景范向右大臣岩仓具视提交了由福岛九成呈交的台湾考察报告。报告中使用了"牡丹社"一词，并将台湾南部的"原住

---

① 早稻田大学社会科学研究所编印：《大隈文书》，1959，第 26—31 页。

② 早稻田大学社会科学研究所编印：《大隈文书》，1959，第 31—33 页。

③ 早稻田大学社会科学研究所编印：《大隈文书》，1959，第 32 页。

④ 关于这些备忘录的意义，参见〔日〕石井孝：《明治初期的日本与东亚》第一章，有邻堂，1982 年 11 月。

⑤ 《八 进讨生蕃时应该逐次处分的条件》（缺月日），《西乡都督与桦山总督》，第 63—69 页；《关于主蕃进讨的处分的条件》，《处蕃始末》甲戌春（第四册）。

⑥ 《七 赐给西乡都督的敕旨三条》（1874 年 4 月 5 日）、《西乡都督与桦山总督》，第 60—61 页。《八 赐给西乡都督的特谕十款》（1874 年 4 月 5 日）、《西乡总督与桦山总督》，第 61—62 页。

⑦ 《一〇 由西乡都督发给征台士兵的谕告》（缺月日），《西乡都督与桦山总督》，第 70—71 页。

民"分为三种：

　　蕃人亦不可一概以兽心鬼性而论，故杀琉球人者至凶，宜以兵惩之。然有仅止于南方一隅者，此名生蕃。……凡东方诸部大半此类，此名土蕃，又有熟蕃者。生蕃乃土蕃之为凶暴性者，而熟蕃乃土蕃之向少顺从化者。[①]

　　福岛根据"蕃人"与平地居民的亲近程度，将"蕃人"分为"熟蕃""土蕃""生蕃"三种。由"余未至蕃地"的描述可知，福岛对"蕃人"的认识并不是基于对当地的考察。[②] 不过，就对当地空间的认识而言，福岛的"三分法"与李仙得的"Boutan"想象有很大的不同。在同时期的中文文献里，除了"熟番—生番"（"土番—生蕃""归化生番"）的区别比较普及之外，对"原住民"的分类还存在不少认识框架。[③] 福岛将"生番"明确分为"土蕃"和"生蕃"的目的，是辨别作为攻击对象的"生蕃"与作为殖民对象的"土蕃"。"生蕃"由此被塑造成极其残忍的形象。[④] 福岛称：

　　生蕃为深山一带及南方海岸地方，其中称社号之地共有十八，统称为十八社。人种极为残忍，见他国人则必杀之。故此地虽距凤山县仅二日，曾无往来者。往年琉球人五十二人，于此地牡丹社被杀。[⑤]

　　福岛将牡丹社描述为"琅峤十八社"中的一个番社，又将"十八社"描述为"人种极为残忍，见他国人则必杀之"。福岛对十八社的认识与李仙得对十八社

－－－－－－－－－－
　　① 《由外务省提交清国视察福岛九成台湾见闻录》《处蕃始末》癸酉下（第三册）。这里所用的"备中人"，指小田县居民佐藤利八等四名，日方说 1873 年 3 月他们漂至台湾岛东岸卑南地区后遭到掠夺。这个事件也成了日军侵台的理由之一。外务省编纂部日本国际协会编：《大日本外交文书》第 7 卷，（东京）同协会，第 21—30 页。
　　② 《由外务省提交清国视察福岛九成台湾见闻录》，《外蕃始末》癸酉下（第三册）。
　　③ 关于专门论述台湾地方志的文献中出现的台湾"原住民"想象，参见 Emma Jinhua Teng, *Taiwan's Imagined Geography, Chinese Colonial Travel Writing and Pictures, 1683—1895*, Cambridge (Massachusetts) and London: Harvard University Press, 2004.
　　④ 这种认识框架类似于清政府在牡丹社事件后"开山抚番"之中提倡的"良番"与"凶番"的概念。
　　⑤ 《由外务省提交清国视察福岛九成台湾见闻录》，《外蕃始末》癸酉下（第三册）。

的正面评价截然不同，过于强调其暴力性。恒春半岛南端一带曾经被称作琅峤，中文文献对当地"原住民"部落群的总称就是琅峤十八社，认为琅峤十八社是非常好战的部落群。至19世纪后半叶，琅峤十八社早就失去了古昔的强大权力和战斗力，陷于瓦解危机之中。福岛既然将强暴性的帽子扣在"琅峤十八社"头上，就不需要作为暴力象征的"Boutan"，"十八社"就可以象征恒春半岛"原住民"之凶恶性。总之，福岛以"十八社"为"生蕃"，以（救备中人之命的）"卑南"为"土蕃"。如此一来，李仙得在这两个人群之间空想出的"Boutan"，对福岛来讲就没有必要了。

综上所述，李仙得的"Boutan"原本是当地的平地居民为了弥补无人造访过的空间而提出的一个空想概念，从北部的卑南以南到南边的"十八社"以北之间都是"Boutan"，领域极为广阔。李仙得在第22号备忘录中一边说"目的仅在于问Boutan人的罪"，一边说"与猪腊束人酋长统制下的土著和东海岸卑南种族进行谈判，让他们成为我方征服Boutan人的带路人或援军"。[①] 因为李仙得的"Boutan"不是指位于恒春半岛南端的"牡丹社"，所以他提出让台东周边（该半岛东南端以北）的卑南"原住民"带路至"Boutan"。由此可见，李仙得的攻击对象并不局限于"牡丹社"，而是包括恒春半岛全部山地居民在内的"Boutan"。

福岛的"牡丹社"概念完全是从"琅峤十八社"的认识框架中演化而来的。福岛在1874年2月呈交的《关于提前处分蕃地的方法》[②] 中提出，为进攻"生蕃"起见，首先要在琅峤这个"靠近生蕃的熟蕃之地"驻扎陆军兵力，同时借口通商加深交流，从琅峤居民（"土人"）中选拔"四五个亲切的人"，"遣至生蕃，与头目卓杞笃"会面，取法罗妹号事件的经验向他建议缔结协定。如果遇到拒绝，就开始实施军事行动。福岛对"土蕃"抱有好感，认为只要请商人李成忠安排进入卑南的事情，一切都会顺利。

此外，从台湾考察回来的儿玉利国在1874年1月1日呈交的报告中，也对牡丹社非常重视：

---

① 《关于生蕃讨伐以及统治的意见》，载早稻田大学社会科学研究所编印：《大隈文书》，1959，第41页。

② 《预先处分蕃地的方法》，《大隈重信关系资料》，早稻田大学图书馆藏。

······平定牡丹社之后，南北如有蕃社不服，则遣兵而使二十八人种牡丹社酋长卓杞笃教诲。然不服从而为暴举，则加以兵威，待其平定，暗选牡丹社酋长其外番人中已归服者到东京，以有助于教人命不杀之道，使进入开化之域。①

"二十八人种"之"二十八"，应为"十八社"之"十八"。笔者认为，"二十八人种"是对李仙得"the 18 tribes"的日文直译，也就是"琅𤩝十八社"。受李仙得文献的日译版本的影响，儿玉误以为卓杞笃是牡丹社酋长。尤应注意的是，儿玉提出若是"牡丹社"所属的"十八社"不服从"教诲"而趋于"暴举"，日方应该采取军事措施；与此同时，应让那些已经"归顺"的"酋长"前往东京进入"开化之域"。②福岛也好，儿玉也好，都认为牡丹社属于十八社。这就导致"牡丹"被迫承担的"生蕃"形象被自动附加到十八社，而日方的攻击重点由此转向压制恒春半岛的全体山地地区。

五、结语

前文引用的《进讨生番时应该逐次处分的条件》中，述及派遣一批兵力殖民卑南的问题：

生蕃东北岸之土蕃卑南，派遣殖民兵半大队以据之。③

"生蕃"与"土蕃"的区别在这里十分明显。"生蕃"既是"琅𤩝十八社"，又是"牡丹社"。《进讨生番时应该逐次处分的条件》中还有以下条款：

以上处分已定，又至于生蕃人孤立之势，则应四方进兵，问生蕃人罪。

---

① 《海军省八等出仕儿玉利国对蕃地事务的建议以及开拓、建筑和守兵等诸费用的估算》，《处蕃始末》甲戌春（第四册）。

② 日方当时有一个奇怪的计划，想将"生蕃"居民带至东京"开化"。结果，日方将称为 Otai 的 12 岁少女带回了东京。参考［日］山本芳美《在 paiwan 少女 Otai 眼里的"牡丹社事件——以当事人的记录与国立公文书馆收藏的档案为中心》，《台湾原住民研究》第 11 号，2007 年 3 月。

③ 《八 进讨生番时应该逐次处分的条件》（缺月日），《西乡都督与桦山总督》，第 63 页。

这一条款中的"生蕃",既是"琅峤十八社",又是"牡丹社",而非一般文明论所谓的"野蛮人"。由此可见,日军是如何将攻击对象限定于"琅峤十八社"中拒绝"归顺"的"生蕃"了。

西乡同时期发表的《征蕃方略》也沿用了这一认识框架,将牡丹社视为应该被"问罪"的敌人。

此举以问台湾牡丹社生蕃既往之罪,正将来之行,使基于天地公道为主。

这段文字之后,附有"应着手之处限于其南部一区"条款。由此可见,在日方看来,"牡丹社生蕃"不再是形象模糊、范围广大的"牡丹社",而是狭义的"牡丹社"。换言之,日方"征讨"的对象从"Boutan"明确地转移到"牡丹社"了。

综上所述,李仙得始终坚持以"Boutan"为攻击对象的立场,而日方认为"牡丹社"应该被放在"琅峤十八社"的框架之中,故对往北扩大战线(进攻Boutan)持慎重态度。尽管李仙得与日方对"Boutan"词义的理解存在差异,但是双方都没有发现彼此之间同床异梦的状态。也就是说,李仙得在日方出兵之后仍然坚持"Boutan"形象,日方也依旧坚持"琅峤十八社牡丹社生蕃"形象。"Boutan"原本是当地的平地居民为了弥补无人造访过的空间而创造的一个空想概念,通过李仙得的"介绍",这个空想概念居然覆盖到了"牡丹社"的形象上。

在日本将攻击对象限定于牡丹社的过程中,牡丹社由于始终处于无权干预的"他者"窘境,故不适合做当事者的历史主体。但为了恢复历史主体而建构出一个新的族群历史,就没有问题了吗?笔者的答案是,还有许多无法解决的问题。比如,无法界定的族群认同问题、描写人的目光问题,等等。鉴于在客观条件下,族群观点不能单独地解释历史,深入研究族群分布较为复杂的地域的历史的关键,就成为如何将族群观点转化为陈述跨族群的地域历史的观点。

(原载《台湾光复六十五周年暨抗战史实学术研讨会论文集》,九州出版社,2012)

日本对钓鱼岛的"踏查"及窃取

李理

  钓鱼岛及其附属岛屿分布在东经 123°20′ – 124°40′，北纬 25°40′ – 26°00′ 之间的海域，由钓鱼岛、黄尾屿、赤尾屿、南小岛、北小岛、南屿、北屿、飞屿等岛礁组成，总面积约 5.69 平方千米。[①] 在地质构造上，这些岛屿与花瓶屿、棉花屿及彭佳屿一样，是中国台湾北部近海的观音山、大屯山等海岸山脉延伸入海后的突起部分，一直作为中琉航海指针被中国古籍所记载，本为中国台湾岛的附属岛屿，与琉球国没有关系。中外史料已明确指出，日本在明治维新后，曾多次想建立国标占有该群岛，但迫于清政府的压力而没能实施。甲午战争以后，日本明治政府乘胜利之机，瞒着中国及各国暗中窃取了钓鱼岛及其附属岛屿。[②] 关于日本窃取钓鱼岛及其附属岛屿的过程，学界虽然已有大量文章论及，但都是利用"日本外交文书"所收录之二手资料。《日本外交文书》所收录之相关资料，出自日本国立公文书馆及外务省外交史料馆所藏之原始档案，其中之"踏查""回航报告""矿产资源"等方面的第一手资料，"外交文书"中都没有收录。笔者在本文中，将利用"外交文书"中没有收录的资料，对日本偷偷窃取中国钓鱼岛及其附属岛屿的历史史实进行补充还原，以证明钓鱼岛及其附属岛屿在历史上为中国领土之事实。

---

  ① 中华人民共和国国务院新闻办公室：《钓鱼岛是中国的固有领土》白皮书，中华人民共和国外交部网站，2012 年 9 月。

  ② [日]井上清：《关于钓鱼列岛的历史和归属问题》，（香港）四海出版社，1972，第 28 页。

一、钓鱼岛及其附属岛屿不属于琉球

在阐述钓鱼岛及其附属岛屿被窃取之前，必须先明确钓鱼岛及其附属岛屿在历史上是否属于琉球国。1970 年前后，随着钓鱼岛及其附属岛屿海底大量石油资源的发现，日本政府开始主张钓鱼岛及其附属岛屿为琉球的一部分，并暗中与美国进行秘密交涉，以允许美军在突发事件时可以携带核武器进入冲绳为条件，要求美国将钓鱼岛及其附属岛屿作为琉球的一部分交给日本。双方最终达成秘密约定。[①] 1971 年，美日签订《日美冲绳返还协定》。其中规定，钓鱼岛及其附属岛屿被作为琉球的一部分交给了日本。该协定成为日本政府以为拥有钓鱼岛及其附属岛屿的"国际法依据"。但钓鱼岛及其附属岛屿在历史上并非琉球的领土。

日本方面认为，钓鱼岛与琉球的关系，最早开始于 1873 年，证据是收录于《钓鱼台群岛（尖阁诸岛）问题研究资料汇编》中的《向琉球藩辖内久米岛等五岛颁发国旗及律令的文书》。该文书的内容是日本明治政府在 1872 年 10 月单方面设立琉球藩后，于 1873 年 3 月 6 日派外务省六等出仕伊地知贞馨向琉球政府辖内久米岛等五岛颁发日本国旗及律令书之事："琉球藩：无奈海中孤岛境界尚有不明之处，难以预料外国卒取之虞。此次，授与你藩大国旗七面，自日出至日落，高悬于久米、宫古、石垣、入表、与那国五岛官署。此次交付与你为新制国旗，日后破损以藩费修缮。"[②] 1873 年 4 月 14 日，琉球藩向伊地知贞馨汇报："悬挂于本职管辖内久米岛及另外四岛之国旗大旗一面、中旗六面，连同文书已顺利交付完毕。"[③]

从上述史料来看，明治政府要求琉球将日本国旗所悬挂之五岛，为"久米、宫古、石垣、入表、与那国"，而这五岛本为琉球之附属，其中所谓的"久米岛"与"粟国岛、庆良间岛、渡名喜岛"构成一个岛群，本为琉球三十六岛之一部分。"久米岛"与钓鱼岛及其附属岛屿的"久米赤岛"（赤尾屿）根本是两个不同的岛屿，两者相距 70 多里，故将该文书作为琉球拥有钓鱼岛及其附属岛屿的

---

① 『1972 年の沖縄返還時の有事の際の核持込みに関する密約』『1972 年の沖縄返還時の原状回復補償費の肩代わりに関する密約』，日本外务省网，2011 年 8 月 29 日。

② 《钓鱼台群岛（尖阁诸岛）问题研究资料汇编》，（香港）励志出版社，2001，第 164 页。

③ 《钓鱼台群岛（尖阁诸岛）问题研究资料汇编》，（香港）励志出版社，2001，第 165 页。

最初证据，完全是日本方面刻意偷梁换柱，企图将日本与钓鱼岛及其附属岛屿发生关系的时间提前到 1873 年。

《那霸市史·资料篇第 2 卷》收录的《古贺先生对琉球群岛的功绩》，可以证明钓鱼岛及其附属岛屿在历史上不属于"琉球"：

明治二十七年（1894），（古贺辰四郎）向本县（冲绳县）知事申请开发该岛（钓鱼岛），但因为当时该岛是否为日本帝国所属，尚不明确而未准。于是他向内务和农商两大臣提出申请书的同时，本人又到东京亲自陈述了该岛实况恳愿批准开发，仍然未准。时至二十七、二十八年战役（中日甲午战争）告终，台湾始入帝国版图。二十九年，以敕令第十三号公布尖阁列岛归我所有。古贺立即向本县知事申请开发，于同年九月终被批准。由此此人对该岛多年宿望得以实现。①

这份资料的原始出处为 1910 年 1 月的《冲绳每日新闻》。它明确指出，日本在 1894 年时，还不能确定钓鱼岛及其附属岛屿的归属，直到中日甲午战争结束后，钓鱼岛及其附属岛屿才被以所谓"内阁决议之敕令"，偷偷裹挟到日本领土范围内。这就反证在历史上，钓鱼岛及其附属岛屿不属于"琉球"，而是台湾的附属之地。

据《冲绳一百年》第 1 卷《近代冲绳的人们》记载，古贺辰四郎申请开发钓鱼岛未准许的原因，是"当时该岛是否为日本帝国所属尚不明确"。②

以上资料证明，在 1894 年中日甲午战争处于胶着状态时，不论是日本的中央政府还是冲绳县厅，对钓鱼岛及其附属岛屿是否属于日本均不确定。

1895 年 4 月 17 日，日本与清政府签署的《马关条约》中规定的割让范围为："台湾全岛及其附属各岛屿；澎湖列岛，即英国格林尼次东经百十九度起至百二十度止，及北纬二十三度起至二十四度之间诸岛屿。"③ 而钓鱼岛及其附属岛屿在北纬 21°45′18″—25°56′21″ 之间，显然不在此范围之内。也就是说，钓鱼岛及其附属岛屿并不是因《马关条约》而成为日本领土的，而是日本将其作为

① ［日］井上清：《关于钓鱼列岛的历史和归属问题》，（香港）四海出版社，1972，第 27 页。
② ［日］井上清：《关于钓鱼列岛的历史和归属问题》，（香港）四海出版社，1972，第 27 页。
③ 日本外务省编纂《日本外交文书》第 28 卷第 2 分册，日本国际联合协会，明治二十八年，第 332 页。

甲午战争的战利品，同台湾及澎湖列岛一并打包窃取的。

之所以称之为"窃取"，是因为古贺辰四郎提出开发钓鱼岛申请所依据的"敕令第十三号"，为日本政府刻意捏造的谎言。

笔者找到所谓的钓鱼岛及其附属岛屿被纳入日本版图的"敕令第十三号"（1896 年官报 3 月 7 日）的原件。该敕令由内阁总理大臣伊藤博文及内务大臣春芳显正上报给天皇，睦仁天皇于 3 月 5 日批下。其具体内容如下：

第一条　除那霸、首里两区之区域外，冲绳县划为下列五郡。

岛尻郡：岛尻各村、久米岛、庆良间群岛、渡名喜岛，粟国岛、伊平屋群岛、鸟岛及大东岛

中头郡：中头各村

国头郡：国头各村及伊江岛

宫古郡：宫古群岛

八重山郡：八重山群岛

第二条　各郡之境界或名称如遇有变更之必要时，由内务大臣决定之。

附则

第三条　本令施行时期由内务大臣定之。①

从"敕令第十三号"的内容来看，根本就没有"钓鱼岛"或"尖阁群岛"的任何记载，日本政府及一些学者硬说那时的八重山群岛中已经包括了"尖阁群岛"，显然不符合历史事实。根据日本学者井上清等的研究，"尖阁群岛"名称首次出现的时间是 1900 年。当时冲绳县师范学校教员黑岩恒到钓鱼岛探险调查后，在《地学杂志》上发表的报告论文中，第一次以"尖阁群岛"称呼钓鱼、赤尾两岛及其中间的岩礁群。

1896 年 9 月，古贺辰四郎申请开发钓鱼岛的原始档案，笔者没有收到，但既然"敕令十三号"是日本方面刻意捏造的，那么古贺辰四郎于 1896 年提出的申请开发报告及批件是否存在，便更值得探讨及研究了。

① 『御署名原本·明治二十九年·勅令第十三号·沖縄県郡編制ニ関スル県』，JCAHR：A03020225300，日本国立公文书馆藏。

二、日本现存窃取中国钓鱼岛的资料

日本窃取中国钓鱼岛及其附属岛屿的资料,《日本外交文书》第18卷、第23卷中收录了一部分,而毛笔书写之原稿主要收藏在日本国立公文书馆及外务省外交史料馆。

日本国立公文书馆所藏资料名为《冲绳县与清国福州之间散在之无人岛国标建设之件》(『沖縄県ト清国福州トノ間ニ散在スル無人島ヘ国標建設ノ件』,档案号为A03022910000)。这份证明日本对钓鱼岛及其附属岛屿怀有野心的资料,最早记录于1885年2月。事因日本欲在钓鱼岛及其附属岛屿建立国标。其内容具体包括"内务省内部通报""秘第一二八号""秘第二六〇号"三个部分。

"内务省内部通报"起稿于1885年12月8日,其主要内容是"命令冲绳县将国标建立于散落于冲绳与清国福州之间的无人岛事宜"之诸件,在内务省各主管官员间进行传阅的"内命"。传阅文件的内容,主要集中于"秘第一二八号"及"秘第二六〇号"中。

"秘第一二八号"包括以下文件:1885年11月2日,出云丸号船长林鹤松提交给冲绳县大书记官森长义的《钓鱼岛、久场岛、久米赤岛回航报告》;1885年11月4日,冲绳县五等文官石泽兵吾提交给冲绳县令西村捨三及森长义的《钓鱼岛及外二岛调查概略及附图》;1885年11月24日,冲绳县令西村捨三提交给外务卿井上馨及内务卿山县有朋的信;1885年12月5日,山县有朋提交给太政大臣三条实美的《无人岛建设国标之情况报告》。

"秘第二六〇号"包括以下文件:1885年11月13日,冲绳县三等教喻上林义忠写给石泽兵吾的关于矿石实验成绩的信件;1885年11月20日,冲绳县五等文官石泽兵吾提交给西村捨三及森长义的《钓鱼岛矿石之情况》;1885年11月21日,冲绳县令西村捨三提交给内务卿山县有朋的《钓鱼岛矿石之情况的报告》;1885年12月16日,山县有朋提交给太政大臣三条实美的《钓鱼岛矿石之情况的报告》《矿石实验报告》。

外务省外交史料馆所藏资料名为《冲绳县久米赤岛、久场岛、钓鱼岛国标建设之件》(『沖縄県久米赤島、久場島、魚釣島ヘ国標建設ノ件明治十八年十月』,

档案号为 B03041152300)。从该资料的标题来看，日本显然已将钓鱼岛及其附属岛屿纳入冲绳县范围，而后缀之"明治十八年"(1885)的时间标识，似乎意在公示早在 1885 年，日本已经将钓鱼岛及其附属岛屿纳入日本领土范围。该资料除包括"A03022910000"档案外，还收录有 1890 年日本欲在钓鱼岛及其附属岛屿建立国标及 1895 年日本偷窃钓鱼岛及其附属岛屿的资料。1885 年的相关资料，大部分与"A03022910000"档案的内容相同，但其标题之"用语及时间"发生了重大变化。具体文件如下：1885 年 9 月 22 日，冲绳县令西村捨三提交给山县有朋的《久米赤岛外二岛调查情况之上报》；1885 年 9 月 21 日，石泽兵吾提交给冲绳县令西村捨三的《久米赤岛久场岛钓鱼岛之三岛调查书(附地图)》；1885 年 10 月 9 日，官房甲第三十八号内务卿山县有朋写给外务卿井上馨的《冲绳县久米赤岛、久场岛、钓鱼岛国际建设之件》，内务卿写给太政官的《太政官上报案》；1885 年 10 月 16 日起草、21 日发文的《外务卿井上馨给内务卿山县有朋关于久米赤岛外二岛建设国标之事的答复》(亲展第三十八号)；1885 年 11 月 2 日，林鹤松所写《钓鱼、久场、久米赤岛回航报告书》(亲展第四十二号)；1885 年 11 月 5 日，冲绳县令西村捨三写给山县有朋之《钓鱼岛外二岛实地调查情况之上报》及 1885 年 12 月 5 日《井上馨、山县有朋给西村捨三的回复》；1885 年 11 月 24 日，冲绳县令西村捨三写给山县有朋之信件；1885 年 11 月 30 日(秘第二一八号之二)《山县有朋回复井上馨的回复》及《太政官的指令案》。

其中，1885 年的相关资料，基本上出自"A03022910000"档案。B03041152300 在收录之时，将"A03022910000"档案中的"钓鱼岛"修改为"久米赤岛"。笔者推断，修改的原因是"钓鱼岛"是中国对该岛的固有称呼。

1890 年前后的相关资料主要有三件，分别是 1890 年 1 月 13 日，知事(冲绳)提交给内务大臣之"甲第一号"《无人岛久场岛钓鱼岛之议》；1890 年 2 月 26 日，知事(冲绳)写给内务省县治局长的信；1890 年 3 月 2 日，内务省县治局长回复冲绳县知事的"县冲第六号"。

1895 年前后的相关资料主要有九件，分别是 1894 年 4 月 14 日，县治局长、冲绳县知事向内务省提交的《久场岛及钓鱼岛所辖标识建设之件》；1894 年 5 月 12 日，冲绳县知事奈良原繁向内务省县治局长江木干之提交的"第百五十三号"《久场岛钓鱼岛港湾的形状及其他秘别第三四号》；1894 年 12 月 15 日，冲绳县向内务省提交的《久场岛及钓鱼岛所辖标识建设之件》；1894 年 12 月 27 日，内务大臣野村靖写给外务大臣陆奥宗光的"秘第一三三号"及附件"阁议提出案"；1895 年 1 月 10 日起草、11 日发文的外务大臣陆奥宗光写给内务大臣野村靖的《久场岛及钓鱼岛所辖标识建设之件》；1895 年 1 月 21 日，内阁批"第一十六号"《标识建设相关申请通过》之件，冲绳县提交给外务大臣、次官长及政务局长的《久场岛钓鱼岛本县所辖标识建设之件》，冲绳知事奈良原繁提交给内务大臣井上馨及外务大臣陆奥宗光的"甲第百十一号"《久场岛钓鱼岛本县所辖标识建设之议的上报》）。

综上，日本国立公文书馆及外务省外交史料馆收藏的资料中不仅包括"日本外交文书"中所收录的钓鱼岛及其附属岛屿的所有资料，还包括很多"外交文书"中没有收录的资料。A03022910000 及 B03041152300 号档案中所记载之钓鱼岛及其附属岛屿的历史史实，也有所差别。A03022910000 号档案中只有 1885 年日本欲在钓鱼岛及其附属岛屿建立国标的记录，而 B03041152300 号档案中既包括 1885 年、1890 年的资料，也包括 1895 年日本趁甲午战争胜利偷窃钓鱼岛及其附属岛屿的资料。而 B03041152300 号档案中"钓鱼岛"名称的变更，尤为耐人寻味。

三、1885 年日本欲窃取钓鱼岛及其附属岛屿的历史

（一）"国标案"的提出者

明治维新后，日本政府在实施"琉球处分"的同时，利用国际法中的"先占"原则，确定了占领小笠原岛、硫黄岛及钓鱼岛及其附属岛屿等一系列岛屿的目标。1876 年日本占有小笠原岛，1879 年在事实上吞并了琉球三十六岛。日本又利用 1882 年朝鲜的"壬午政变"，将其势力延伸到朝鲜半岛。[①] 如此一来，与琉球地缘上相连，又靠近台湾及澎湖列岛的钓鱼岛及其附属岛屿，便成为日本扩张领土的新目标。

日本窃取钓鱼岛及其附属岛屿的资料，最早记录于 1885 年 9 月 22 日冲绳县

---

① ［日］藤春道生：《日清战争》，（东京）岩波书店，1974，第 45 页。

令西村捨三提交给内务卿山县有朋的《关于久米赤岛及外两岛调查情况之上报》①
（第三百十五号）中。该资料的内容与日本国立公文书馆所藏 A03022910000 号
档案中的《钓鱼岛及外二岛调查概略及附图》完全相同，其中有两处细节值得
注意：一是时间上，《关于久米赤岛及外两岛调查情况之上报》的时间为 9 月，
《钓鱼岛及外二岛调查概略及附图》的时间为 11 月；二是标题上的"钓鱼岛"改
为"久米赤岛"。由于该资料上没有加盖官印，故笔者怀疑其为外务省在 1895
年前后的誊写之件。其内容具体如下：

> 关于调查散落在本县与清国福州间的无人岛一事，依日前在京的本县森大书记
> 官下达的密令进行调查，其概要如附件所示。久米屿、久场屿及钓鱼岛自古乃本县
> 所称地名，又为接近本县所辖的久米、宫古、八重山等群岛之无人岛屿，说属冲绳
> 县未必有碍，但如日前呈报的大东岛（位于本县与小笠原岛之间）地理位置不同，
> 无疑与《中山传信录》记载之钓鱼台、黄尾屿、赤尾屿等属同一岛屿。清国册封旧
> 中山王之使船，不仅详尽证实它们果然为同一岛屿，还分别付之名称，以作为琉球
> 航海的目标。故此次担忧是否与大东岛一样实地勘察，立即建立国标？预定十月中
> 旬前往上述两岛的出云号汽船返航并立即呈报实地调查后，再就建立国标等事宜仰
> 恳指示。②

这份报告书主要是冲绳县令西村捨三向内务卿山县有朋回复关于调查钓鱼岛
及其附属岛屿及在钓鱼岛及其附属岛屿建立国标的事宜，其中有四点信息值得
注意。

首先，由报告书中的"在京的本县森大书记官下达的密令"来看，给冲绳县
直接下达密令的人是"森长义"。但森长义作为冲绳县"大书记官"，本身并没
有这样的权力。故笔者推断，密令的真正下达者并不是某一个人，而是明治新
政府内部的某个部门。结合西村捨三上报的单位为内务省，故这个"内命"可
能出自内务省。

---

① 『沖縄県久米赤島、久場島、魚釣島ヘ国標建設ノ件明治十八年十月』，JCAHR：
B03041152300，日本外务省外交史料馆藏。
② 『沖縄県久米赤島、久場島、魚釣島ヘ国標建設ノ件明治十八年十月』，JCAHR：
B03041152300，日本外务省外交史料馆藏。

其次,西村捨三在报告中提出,冲绳地方对钓鱼岛及其附属岛屿已有自己的命名,又因其接近所辖之久米、宫古、八重山等岛屿,可认定属于无人岛屿,故说其为冲绳县所辖也未尝不可。这说明当时冲绳县已经认定钓鱼岛及其附属岛屿为其所属之无人岛屿。

再次,西村捨三认为,钓鱼岛及其附属岛屿与大东岛地理位置不同,且《中山传信录》早有记载,有中国自己的称谓,且为清国册封旧中山王之航海指针。这表明西村捨三其实知道这些岛屿分布于日、清交接地带,故可能也属于中国,至少是可能会同中国发生领土争议的地区。因此,他对其进行实地"勘察"及建立国标,表示了担忧与疑虑。

最后,西村捨三提出,希望于十月派船赴钓鱼岛进行实地调查后,就是否建设国标事宜再请政府给予具体提示。这就从一个侧面表明,在钓鱼岛建立国标之事,不是由冲绳县自下而上发起的。

『關於久米赤島及外兩島調查情況之上報』后被收录于公开出版的『日本外交文書』第 18 卷之『版圖關係雜件』中。其标题虽然与 B03041152300 号档案完全相同,但所标日期变更为 10 月 9 日。[①] 一份内容完全相同的资料却出现"9 月、10 月、11 月"三个日期,颇值得研究者注意。

西村捨三的"上报"揭示出,窃取钓鱼岛及其附属岛屿的命令并非来自冲绳县令西村捨三,而是来自明治政府中的某个部门。这其实是近代日本政府惯用的一种手段,即明明是中央政府的企图,却以地方向中央"请愿"为掩护。如"琉球处分"中的"鹿儿岛县的请求",出兵台湾中的"大山纲良的请求"。"二战"后的返还冲绳事宜,也是先由冲绳县向日本中央政府"请愿",再由中央政府与美国进行秘密交涉,最终达到目的的。

(二)对钓鱼岛等岛屿的实地调查

日本政府于 1885 年命令冲绳县对钓鱼岛及其附属岛屿进行实地调查。冲绳县于 1885 年 10 月 22 日,雇用动船会社出云丸号汽船,派冲绳县五等文官石泽兵吾、十等文官久留彦、警部补神尾直敏、御用掛藤田千次、巡查伊东捉祐一及柳田弥一郎等,对钓鱼岛、黄尾屿及赤尾屿进行实地调查。调查内容记载于

---

① 日本外务省编纂:《日本外交文书》第 18 卷,日本国际联合协会,明治二十八年,第 573 页。

冲绳县五等文官石泽兵吾所写的《钓鱼岛及外二岛巡视调查概略》中。该"调查概略"主要报告了钓鱼等三岛的情况，并附有从距离钓鱼岛西南岸15海里远望钓鱼岛、黄尾屿（久场岛）的侧面图。

据《钓鱼岛及外二岛巡视调查概略》记载，出云丸号于10月29日下午4点从宫古石垣起锚出发，30日早上4点多接近钓鱼岛，8点左右从西海岸上陆，开始进行实地调查。调查结果认定，此岛方圆超过3里，由巨大的岩石构成，上面布满了榕、藤等树种，与大东岛相同。整个岛被与冲绳本岛相同的杂草覆盖，溪涧清水流淌，水量充沛，没有平原，缺乏可耕地，海滨水产资源丰富。由于受地势的影响，农渔两业难以发展。此外，调查还对钓鱼岛上的地质构造进行了详细观察，根据其土石的情况，推断可能含有煤矿或铁矿。如果真是这样，这个岛就可以说是一个"贵重"之岛。[①]

《钓鱼岛及外二岛巡视调查概略》认为，由于钓鱼岛散落在日本与清国间的海上航路上，故发现很多废船之类的漂流物。岛上素无人迹，树林繁茂，鸦、鹰、鸠之类的海禽有很多。其中，数量最多的是信天翁。[②]

石泽兵吾在"调查概略"中对信天翁的记载，有助于理解1896年6月，日人古贺辰四郎为捕捉海产物、采集和输出信天翁羽毛，提出申请租用"久场岛"等历史事件。由于笔者至今没有找到古贺的申请报告，只能作出两种推断：一是明治政府对钓鱼岛进行实地调查后，发现岛上的信天翁资源可以利用，便积极鼓励古贺辰四郎到岛上进行捕鸟作业，以便实现其"先占"的目的；二是古贺辰四郎自己发现钓鱼岛上的天然资源后，以个人身份到钓鱼岛进行经济作业。无论如何，即使古贺辰四郎1896年以30年期限无偿租用了钓鱼岛，也是发生在日本政府窃取钓鱼岛后的事情。

《钓鱼岛及外二岛巡视调查概略》还记载，调查船下午2点离开钓鱼岛，驶向黄尾屿，此岛在钓鱼岛的东北16海里处。日落西山之时到达，调查人员本欲登岛，但由于海上突然强风大作，故只能在船上观察。调查人员认为，此岛与钓鱼岛类似，也是由巨岩大石构成，禽类与树木也基本相同。归途中路过赤尾

---

① 『沖縄県ト清国福州トノ間ニ散在スル無人島ヘ国標建設ノ件』，JCAHR：A03022910000，日本国立公文書館蔵。

② 『沖縄県ト清国福州トノ間ニ散在スル無人島ヘ国標建設ノ件』，JCAHR：A03022910000，日本国立公文書館蔵。

屿，由于风高浪急、夜暗漆黑，无法进行观察，石泽兵吾虽也觉遗憾，但认为此岛只为一小礁，对其没有农渔业或殖民的想法。[①]

笔者通过《钓鱼岛及外二岛巡视调查概略》推断，日本之所以对钓鱼岛进行调查，主要出于四个目的：第一是为建立国标准备地理地质资料；第二是探查钓鱼岛有无清政府统治迹象；第三是探查该岛有无经济价值及殖民价值；第四是为窃取钓鱼岛及其附属岛屿做基础的认知工作。

（三）有关钓鱼岛的回航报告

另一份记载有钓鱼岛本岛实况的资料为《钓鱼、久场、久米赤岛回航报告书》[②]。该报告为出云丸船长林鹤松所写，1885 年 11 月 2 日提交给冲绳县大书记官森长义。

该报告记载，出云丸号初次航行到钓鱼岛西岸，并在其沿岸三四个地点进行了探测，其海底极深，约四十至五十鄩，没有可以抛锚之地。鱼钓群岛由一岛六礁组成，最大者为鱼钓岛，六礁俱列在该岛西岸五六里内，礁脉恐连绵于水面之下。

钓鱼岛的西北岸，山崖屹立，其高度约 1080 尺，地势向东岸渐渐倾下，远望如水面上的直角三角形。岛上水资源丰富，其东岸河溪纵横。据《海路志》记载，可见溪中鱼儿。本岛距离那霸河口三重城西 7°，南 230 海里。

黄尾岛屹立在钓鱼岛东北 16 海里处，沿岸皆有 60 尺高，其最高点为 600尺。与钓鱼岛相同，没有地方可以停靠船舶。

出云丸从黄尾岛驶向庆良间峡的途中，接近了赤尾屿，但由于时值夜半，未得实地调查。根据《海路志》记载，该岛不过为一岩礁，其具体位置在东经124°34′，北纬 25°55′，距离那霸三重城西 6°，南 170 海里，四面崖岸屹立，高度大约 270 尺，远望似日本帆船。因在黑潮中孤立，故该岛常被外船报错位置。

与石泽兵吾的调查报告不同，林鹤松的回航报告书主要对钓鱼岛的外部环境、海底礁岩及地形地貌进行了描述。

---

① 『沖縄県ト清国福州トノ間ニ散在スル無人島ヘ国標建設ノ件』，JCAHR：A03022910000，日本国立公文书馆藏。

② 『沖縄県ト清国福州トノ間ニ散在スル無人島ヘ国標建設ノ件』，JCAHR：A03022910000，日本国立公文书馆藏。

（四）资源类的实验

通过对钓鱼岛等三岛的实地调查，日本推断岛上可能藏有煤炭或铁矿石资源。石泽兵吾于 11 月 12 日，将从钓鱼岛带回的岩石标本交给冲绳县金石学者三等教谕小林义忠，请他对岩石进行含矿可能性检验分析。11 月 13 日，小林义忠给石泽兵吾回信，明确指出钓鱼岛拥有铁矿资源："昨天交来的矿石，今天进行了实验，其酸化铁完全可以满足制铁，别纸附实验成绩报告。"①

石泽兵吾收到矿石实验报告后，马上向冲绳县令西村捨三及大书记官森长义进行汇报："本月（11 月）四日，上呈钓鱼岛及外二岛调查概略之时，曾言怀疑钓鱼岛石层中，可能含有煤矿或铁矿，并带回几块样本，附以简单说明，以供参考之用。另外，将其中一块，交由本县三等教谕小林义忠，进行化学试验。小林很快进行实验分析，别纸附了成绩报告书，断定该石中含有的酸化铁，完全可以满足制铁所用。该岛是否存在着大型矿层，待它日进行更细致的调查。"②

西村捨三于次日（11 月 21 日）向内务卿山县有朋报告："本月五日上报之钓鱼岛调查报告及附属复命书类中，曾提出岛上可能埋藏煤矿或铁矿之申述，其后命金石学者三等教谕小林义忠进行分析，如别纸所附，取得实验结果，证明足够满足制铁用之。"③

小林义忠的矿石实验报告指明，钓鱼岛上拥有铁矿石资源，钓鱼岛为"贵重之岛"的推想也由此被证实。

（五）"国标案"的搁浅

冲绳县在对钓鱼岛进行实际调查之时，明治政府内部就钓鱼岛问题进行了一系列的讨论。1885 年 10 月 9 日，内务卿山县有朋以"官房甲第三十八号"，向外务卿井上馨进行通报："冲绳县与清国间散在之无人岛调查之提议，另附别纸

---

① 『沖縄県ト清国福州トノ間ニ散在スル無人島ヘ国標建設ノ件』，JCAHR：A03022910000，日本国立公文书馆藏。

② 『沖縄県ト清国福州トノ間ニ散在スル無人島ヘ国標建設ノ件』，JCAHR：A03022910000，日本国立公文书馆藏。

③ 『沖縄県ト清国福州トノ間ニ散在スル無人島ヘ国標建設ノ件』，JCAHR：A03022910000，日本国立公文书馆藏。

由同县令上报给政府。"①与此同时,山县有朋还向太政官三条实美进行报告:"冲绳县与清国福州之间散在的无人岛,久米赤岛及外两岛的调查之提议,如别纸所附由同县令上报提出,上记群岛与中山传信录中所记载的岛屿实属相同,历来在航海上作为航路方向的针路,目前虽特别属于清国的证迹很少,且岛名我与彼所称各异,与冲绳县宫古八重山等地接近,属无人岛屿,指示同县进行实地'踏查'的基础上,提出建立国标之提议,情况至急,请给予指示。"②

山县有朋向三条实美报告时,将"钓鱼岛及外两岛"的名称变更为"久米赤岛及外两岛"。笔者认为这种名称的变化,是山县有朋故意所为。"久米赤"从本质上讲,并不是真正的岛屿,而是礁岩。而"久米赤"在钓鱼、黄尾屿及赤尾屿这三岛中最小,也不是最重要的。特别是冲绳县实地调查的对象只有钓鱼岛一岛,但山县有朋却在上报中有意将"钓鱼岛"修改为"久米赤岛"。笔者推断可能有两个原因:第一是"钓鱼岛"本为中国对该岛的称呼,山县有朋有意回避使用;第二是有意让太政大臣三条实美将"久米赤"理解成琉球境内之"久米岛",从而使其在不明具体实情的情况下支持在钓鱼岛建立国标的提议。由此便不难理解,为什么B03041152300号档案中收录的"1885年"相关资料中,标题中的"钓鱼岛"一律修改为"久米赤岛"。

"指示同县令进行实地踏查"之语,则表明对钓鱼岛及其附属岛屿建立国标事宜,是由日本内务省发起的。外务省在获得通报后,考虑到与清国的关系,最终提出反对的意见。该意见主要体现在"亲展第三十八号"中。

"亲展第三十八号"起草于10月16日,发文于10月21日。井上馨在此件中,对山县有朋言:"经冲绳县对散落冲绳县与清国福州之间无人岛——久米赤岛及外两岛的实地调查,于本月9日以附甲第38号就建立国标进行商议。几经熟虑后,认为上记各岛屿靠近清国国境,非以前调查过的大东岛可比,其周围看似很小,清国竟附有岛名。近来清国报纸等盛载我政府欲占据台湾附近的清国属岛之传言,对我国怀有猜疑。于频频敦促清政府注意之际,我若于此时遽尔公然建立国标,反易招致清国之猜忌。当前仅须实地调查港湾形状及开发土

---

① 『沖縄県卜清国福州トノ間ニ散在スル無人島ヘ国標建設ノ件』,JCAHR:A03022910000,日本国立公文书馆藏。

② 『沖縄県卜清国福州トノ間ニ散在スル無人島ヘ国標建設ノ件』,JCAHR:A03022910000,日本国立公文书馆藏。

地物产可能性，并做成详细报告。至于建立国标之事须俟它日时机。请诸位注意，已调查大东岛一事及此次调查之事，恐均不刊载官报及报纸为宜。上述答复顺申拙官意见。"①

从"亲展第三十八号"的内容来看，明治政府内部对在钓鱼岛建立国标事宜，进行了具体的商议，但顾虑没有历史证据证明钓鱼岛为冲绳所属，如贸然建立国标事宜，恐与中国产生摩擦与矛盾，故希望俟它日以便等待时机。

"亲展第三十八号"表明，井上馨等人并非真正反对在钓鱼岛建立国标，故指令冲绳县继续对该岛进行调查，以便等待好的时机。同时，为了不引起国际上的注意，连对大东岛的调查也不许在报纸上公开发表。为了达到保密的效果，连外务省发出的文件也明令收回。即是以"秘字第二一八号之二"追申："望处理后返还此件。"②

内务省在接到外务省井上馨暂时搁置建立国标事宜后，并没有马上通知冲绳县。冲绳县令西村捨三于11月5日将《钓鱼岛外二岛实地调查情况之上报》递交给山县有朋的同时，以"第三百八十四号"要求正式将钓鱼岛纳入冲绳县："最初考虑与清国接近，怀疑其所属，不敢决断。这次复命及报告书中，记载其为贵重之岛屿，从地理上看，其在我县八重山群岛西北、与那两岛的东北，可决定为本县所辖。如果这样，即引自大东岛之例，在钓鱼岛、久场岛建立我县所辖之标识。"③

从"第三百八十四号"的内容来看，西村捨三在实地考察钓鱼岛后，积极要求马上建立国标，基于钓鱼岛为"贵重之岛"。11月21日，西村捨三又将《钓鱼岛矿石实验报告》交给山县有朋。11月24日，西村捨三再次给外务卿井上馨及内务卿山县有朋同时发信，就在钓鱼岛建立国标事宜，再次提出请求："提议在该岛建立国标一事，与清国不无关系，万一发生矛盾冲突，如何处理至关重

① 『沖縄県久米赤島、久場島、魚釣島ヘ国標建設ノ件明治十八年十月』，JCAHR：B03041152300，日本外务省外交史料馆藏。日本外务省编纂：《日本外交文书》第18卷，日本国际联合协会，明治二十八年，第572页。
② 『沖縄県久米赤島、久場島、魚釣島ヘ国標建設ノ件明治十八年十月』，JCAHR：B03041152300，日本外务省外交史料馆藏。日本外务省编纂：《日本外交文书》第18卷，日本国际联合协会，明治二十八年，第572页。
③ 『沖縄県久米赤島、久場島、魚釣島ヘ国標建設ノ件明治十八年十月』，JCAHR：B03041152300，日本外务省外交史料馆藏。

要，请给予具体指示。"①

从 11 月 24 日西村捨三信的内容来看，尽管冲绳县认识到钓鱼岛为"贵重之岛"，希望划归其所辖，但恐怕与清政府产生冲突，故敦请日本中央政府给予具体指示。而日本政府内部就此事件所进行的具体讨论，并没有详细的记载资料保留下来，但根据现存的 1885 年 11 月 30 日三条实美给内务卿山县有朋及外务卿井上馨的指令按"秘字第二一八号之二"之内容来看，外务卿井上馨的意见可能占了上风。

"秘字第二一八号之二"之内容为："由冲绳县令提出，别纸所附之无人岛国标建设之议案，为右下记的具体意见——目前应缓建散落冲绳县与清国之间无人岛的国标。该案之涉及指令之官方记载及捺印之书类，望处理后返还。"②

该指令书是太政大臣三条实美批复给山县有朋及井上馨的。由此可见，是否在钓鱼岛建立国际一事，日本政府内部的意见并不完全统一。外务卿井上馨从外交的角度出发，不愿意在此时期与清政府产生矛盾，故虽支持对钓鱼群岛进行调查，但不主张马上建立国标。从三条实美的批复指令来看，日本政府也是知道这些岛屿位于清国边境处，且已有中国之名称，恐与清政府产生矛盾与冲突，不敢轻举妄动，权衡轻重利弊，最后采取井上馨的建议，暂时搁置国标建立之事宜，退而等待窃取之机会。

四、日本"窃占"钓鱼岛及其附属岛屿

1890 年 1 月 13 日，冲绳县知事再次向内务大臣呈文，要求将钓鱼岛及外两岛纳入冲绳："关于邻近本官管辖下八重山群岛内石垣岛的无人岛——钓鱼岛及外两岛，明治十八年十二月五日，已于同年十一月五日第三百八十四号请示进行作业。上述岛屿为无人岛，迄今尚未确定其所辖。近年因管理水产业之需要，故八重山岛官署报请确定其所属。借此机会，请求将其划归本官辖下之八重山

---

① 『沖縄県卜清国福州卜ノ間ニ散在スル無人島ヘ国標建設ノ件』，JCAHR：A03022910000，日本国立公文书馆藏。

② 『沖縄県久米赤島、久場島、魚釣島ヘ国標建設ノ件明治十八年十月』，JCAHR：B03041152300，日本外务省外交史料馆藏。日本外务省编纂：《日本外交文书》第 18 卷，日本国际联合协会，明治二十八年，第 572 页。

岛官署所辖。"①

日本政府内部对此怎样讨论，没有资料记载。但 1890 年 2 月 7 日，内务省以县治局长名义，对冲绳县的请求以"县冲第六号"给予驳回："本年一月十三日甲第一号的无人岛贵县所辖之提议，如明治十八年十一月五日贵县之第三百八十四号之请求，已有十二月五日指令案的答复，请在调查的基础上参照，特此照会。"②

从明治政府的答复来看，可推断政府内部在讨论后，认为时机还不成熟，故没有批准冲绳县的请求。

1893 年 11 月 2 日，冲绳县知事奈良原繁再次向内务大臣井上馨及外务大臣陆奥宗光提出《久场岛鱼钓岛本县所辖标权建设之请求》（甲第百十一号）："位于本县下八重山群岛西北的无人岛——久场岛鱼钓岛本县所辖之提议，可援引大东岛之例，建设本县所辖之标权。明治十八年十一月五日第三百八十四号上报，同年十二月五日批复'目前应缓建'。近年来尝试在该岛进行渔业等，由于管理上的需要，从明治十八年开始，就不断提出请求。该岛作为本县所辖，建立标权至急，仰望给予具体指示。"③

这一时期，日本已经准备与中国作战，故对冲绳县提出的请求给予了积极的回应。1894 年 4 月 14 日内务省以"秘别第三四号"，由县治局长将冲绳县的请求报告给内务大臣、次官及参事官，同时，指令冲绳县就以下内容进行调查："该岛港湾之形状；未来有无物产及土地开拓的可能；旧记口碑等有无记载我国所属之证据及其与宫古、八重山岛之历史关系。"④

冲绳县在接到"秘别第三四号"后，奈良原繁于 5 月 12 日，以"复第百五十三号"回复内务省县治局长江木干之："久场岛鱼钓岛港湾形状及其他之件的秘别第三四号照会已经了解，然而该岛自 1885 年由本县派出警部等进行"踏查"以来，再没有进行实地调查，故难于确报。故别纸附当年调查书及出云丸船长的

---

① 『沖縄県久米赤島、久場島、魚釣島ヘ国標建設ノ件明治十八年十月』，JCAHR：B03041152300，日本外务省外交史料馆藏。

② 『沖縄県久米赤島、久場島、魚釣島ヘ国標建設ノ件明治十八年十月』，JCAHR：B03041152300，日本外务省外交史料馆藏。

③ 『沖縄県久米赤島、久場島、魚釣島ヘ国標建設ノ件明治十八年十月』，JCAHR：B03041152300，日本外务省外交史料馆藏。

④ 『沖縄県久米赤島、久場島、魚釣島ヘ国標建設ノ件明治十八年十月』，JCAHR：B03041152300，日本外务省外交史料馆藏。

回航报告。"该件最后还追述:"没有旧记书类相关该岛我邦所属之明文证据及口碑传说等,只是本县下之渔夫经常到八重山岛及这些岛屿进行渔业,特此申报。"①

从冲绳县 5 月 12 日"复第百五十三号"的内容来看,冲绳县并没有找到钓鱼岛及其附属岛屿属该县的历史证据,也没有提及前述的"贵重之岛"的内容,要求成为其所辖的理由为渔业管理的需要。

此后,日本在甲午海战中逐渐占据优势,并拟定强迫中国割让台湾为和谈条件。钓鱼岛及其附属岛屿在琉球与台湾之间,故日本认为窃取钓鱼岛时机已经成熟。12 月 15 日,内务省以"秘别一三三号",由县治局长向内务大臣、次官、参事官及庶务局长递交《久场岛鱼钓岛所辖标权建设之上报》,提出:"对鱼钓岛久场岛相关地理等进行了逐次调查,不论怎么讲,和平山及鱼钓岛二岛,位于海军省水路部二百十号地图的八重山岛东北方,其依照部员的口述,右二岛从来都是属于领土的范围,其在地形上当然地被认为冲绳群岛之一部。"②

12 月 27 日,日本内务大臣野村靖发密电给外务大臣陆奥宗光。该电称,关于在久场岛(黄尾屿)、钓鱼岛建标一事,虽已下令暂缓,但"今昔形势已殊",对这些岛屿"需要管理",故应当重议此事。此次日本外务省未表异议,并答复"请按预定计划适当处置"。

1895 年 1 月 12 日,内务大臣野村靖向内阁总理大臣伊藤博文提交《关于修建界桩事宜》("秘别第 133 号")的报告。该报告称:"位于冲绳县下辖八重山群岛之西北的久场岛、鱼钓岛一直为无人岛,但近年有人试图在该岛从事渔业等,对此须加以管理之,故该县知事呈报修建该县所辖之界桩。恳请上述内阁会议批准归由该县所辖,准其修建呈报之界桩。"③

1 月 14 日,内阁会议讨论通过了该报告。1 月 21 日一份带有内阁总理大臣、内阁书记官长、外务大臣、大藏大臣、海军大臣、文部大臣、递信大臣、内务大臣、陆军大臣、司法大臣及农商务大臣画押的批复文发下,具体批示为:"对于内务大臣建议的位于冲绳县八重山群岛之西北称为久场岛、鱼钓岛之无人岛,

---

① 『沖縄県久米赤島、久場島、魚釣島ヘ国標建設ノ件明治十八年十月』,JCAHR:B03041152300,日本外务省外交史料馆藏。

② 『沖縄県久米赤島、久場島、魚釣島ヘ国標建設ノ件明治十八年十月』,JCAHR:B03041152300,日本外务省外交史料馆藏。

③ 《钓鱼台群岛(尖阁诸岛)问题研究资料汇编》,(香港)励志出版社,2001,第 169 页。

近年来有人试图从事渔业等，故应有序加以管理之，对此，应按照该县知事呈报批准该岛归入冲绳县辖，准其修建界桩，此事如建议顺利通过。指示：按照关于修建界桩事宜的建设办理。"①

1895 年 1 月，内阁还发表了政府文书《久米赤岛、久场岛及鱼钓岛编入版图经过》。其具体内容如下：

散落在冲绳与清国福州之间的久米赤岛（距久米岛西南方约七十里，位于离清国福州近二百里处）、久场岛（距久米岛西南方约百里，位于靠近八重山岛内石垣岛约六十余里处）及鱼钓岛（方位同久场岛，仅比久场岛远十里左右）之三岛未发现所属清国的特别证迹，且靠近冲绳所辖之宫古、八重山岛等，为无人岛屿，故冲绳县知事呈请修建国标。上述审议在呈报太政大臣前，山县内务卿于明治十八年十月九日已征询井上外务卿的意见。经外务卿熟虑，鉴于本岛屿靠近清国国境，为蕞尔孤岛，当时我国政府因清国报纸刊载我占据台湾附近清国属岛等流言而敦促清国政府注意等理由，于十月二十一日答复把建立国标、开拓岛屿之事延至它日时机为宜。十二月五日内务、外务两卿指示冲绳知事，对目前不修建国标望加谅解。明治二十三年一月十三日，冲绳县知事向内务大臣请示，要求确定这些岛屿的管辖。请示提出本案岛屿一直为无人岛，未特别确定其所辖，近年因取缔水产之需要，故八重山官署报请确定其所辖。进而明治二十六年十一月二日，当时有人试图在本案岛屿从事渔业生产等，冲绳县知事为管理之，向内务、外务两大臣呈报修建该县所辖之界桩。内务大臣就本案提交内阁会议与外务大臣磋商，外务大臣未表示异议。于明治二十七年十二月二十七日提交内阁会议。明治二十八年一月二十一日，内阁会议决定由内务、外务两大臣指示冲绳县知事：报请修建界桩一事已获批准。②

综上所述，历史的真相只有一个，即钓鱼岛及其附属岛屿是中国的固有领土。明代，钓鱼岛及其附属岛屿成为明廷册封使往返琉球国及往来船只的航海指针。日本现存资料也充分证明，明治政府对此心知肚明。1885 年，日本通过"踏查"知道钓鱼岛及其附属岛屿为"贵重之岛"，虽想将其纳入领土之内，但

---

① 《钓鱼台群岛（尖阁诸岛）问题研究资料汇编》，（香港）励志出版社，2001，第 169 页。
② 『新領土ノ発見及取得ニ関スル先例』，JCAHR：B04120002200，日本国立公文书馆藏。

慑于清政府的实力而没敢具体实施。1895 年 1 月 14 日，日本政府不等甲午战争结束，便迫不及待地通过内阁决议，单方面地将钓鱼岛及其附属岛屿强划归冲绳县管辖。在 1895 年 1 月至 4 月中日谈判《马关条约》的过程中，日本从未提及钓鱼岛及其附属岛屿。在 4 月 17 日签订的《马关条约》中，更没有涉及。一直到 1902 年，日本才以天皇敕令的形式把钓鱼岛及其附属岛屿正式并入日本领土。日本迄今一直坚持的钓鱼岛及其附属岛屿为"无人岛"的说法，根本就没有历史根据。

（原载《中国边疆史地研究》2012 年第 4 期）

论《马关条约》与钓鱼岛兼及琉球问题

张海鹏　李国强

日本政府和一些日本学者、媒体有一个基本观点，认为日本窃占钓鱼岛与《马关条约》完全无关。其根据是《马关条约》中所规定的割让范围中并未提及钓鱼岛，日本是通过"和平的方式"取得钓鱼岛的。1972 年，日本外务省发表《关于尖阁列岛主权的基本见解》，极力否认《马关条约》与钓鱼岛有关，声称："该列岛向来构成我国领土西南诸岛的一部分，而根据明治二十八年五月生效的《马关条约》第二条，该列岛并不在清朝割让给我国的台湾、澎湖诸岛内。"这成为日本所谓"拥有钓鱼岛主权"的依据之一。然而，事实果真如此吗?

一、关于《马关条约》及其第二款

明治维新之后，日本确立了向外"开疆拓土"的政策，朝鲜和中国成为其"开疆"的目标。1876 年，日本通过强迫朝鲜签订不平等的《江华条约》，将其势力迅速向朝鲜扩展。日本的这一行为，引起与朝鲜保持宗藩关系的清政府的不满，双方在朝鲜问题上产生尖锐矛盾。1885 年 3 月，中日签订《天津会议专条》，确立了两国在朝鲜的对等地位。1894 年春，朝鲜爆发"东学党"农民起义，朝鲜政府请求中国出兵帮助镇压。日本政府表示对中国出兵"决无他意"，但当清军入朝时，日本以保护使馆和侨民等为名出兵朝鲜，并于 7 月 25 日突袭中国租借的运兵船高升号，同时在朝鲜牙山口外偷袭中国驻军，挑起中日甲午战争。

光绪二十一年（1895）三月，清政府在战争中惨败，被迫派直隶总督李鸿章为头等全权大臣前往日本马关（下关），与日本全权代表、总理大臣伊藤博文和外务大臣陆奥宗光议和。1895 年 4 月 17 日，双方签订了《马关条约》。

《马关条约》（又称《马关新约》，日本称为《日清讲和条约》），共 11 款，并附有"另约"和"议订专条"。该约第二款第二项规定中国将台湾全岛及所有附属各岛屿让与日本。

《马关条约》第二款第一项和第三项分别对同时割让的辽东半岛、澎湖列岛的地理范围（澎湖列岛甚至列出经纬度）作出明确的界定，为什么仅对"台湾全岛及所有附属各岛屿"进行模糊表述呢？我们从日方公开的《马关条约》交涉议事录中，不难发现日本政府在条约中模糊处理台湾附属岛屿的用心。

1895 年 6 月 2 日，中日签署《交接台湾文据》前，关于台湾附属各岛屿包括哪些岛屿，成为双方讨论的焦点。日本公使水野弁理和清政府全权委员李经方之间的会谈纪要被收录于日本公文书馆，另载于日本学者滨川今日子的『尖閣諸島の之領有そめぐる論点』一文中。[1] 在会谈中，李经方担心日本在日后将散落于福州附近的岛屿也视为台湾附属岛屿，从而对中国提出岛屿主权要求，于是提出应列出台湾所有附属岛屿的名录。水野回复说，如果将岛名逐一列举，难免会出现疏漏或涉及无名岛屿问题。如此一来，该岛将不属于日、中任何一方，从而带来麻烦；有关台湾附属岛屿已有公认的海图及地图，而且在台湾和福建之间有澎湖列岛为"屏障"，日本政府决不会将福建省附近的岛屿视为台湾附属岛屿。鉴于日方的表态，李经方同意对台湾附属各岛屿不逐一列名。

水野的谈话表明，日本政府承认台湾附属岛屿已有公认的海图及地图，故不需要在接管台湾的公文中列出钓鱼岛列屿。从这一点来看，日本政府实际上承认钓鱼岛列屿是台湾附属岛屿。究其原因在于，钓鱼岛列屿在公认的海图及地图上早已标明属于中国。此外，水野的谈话试图隐瞒一个事实，即在《马关条约》签署前三个月，日本政府已召开内阁会议秘密将钓鱼岛编入了冲绳县。

1885—1895 年间，冲绳地方政府一直图谋通过建立"国标"，将钓鱼岛纳入其管辖范围之中。但明治政府鉴于钓鱼岛为"清国属地"，建立"国标"恐引

---

① ［日］滨川今日子：『尖閣諸島の之領有そめぐる論点』，『調査與情報』，ISSUE BRIEF,No565，2007.2.28。

起清国的警觉和争议，因此始终未予核准。当甲午战争日本即将获胜之际，日本政府感到攫取钓鱼岛列屿时机已到，于是在1895年1月14日召开内阁会议，秘密决定："对于内务大臣建议的位于冲绳县八重山群岛之西北称为久场岛、鱼钓岛之无人岛，近年来有人试图从事渔业等，故应有序加以管理之，对此，应按照该县知事呈报批准该岛归入冲绳县辖，准其修建界桩。"①

1895年1月，内阁还拟定了政府文书《久米赤岛、久场岛及鱼钓岛编入版图经过》，其具体内容如下：

散落在冲绳与清国福州之间的久米赤岛（距久米岛西南方约七十里，位于离清国福州近二百里处）、久场岛（距久米岛西南方约一百里，位于靠近八重山岛内石垣岛六十余里处）及鱼钓岛（方位同久场岛，仅比久场岛远十里左右）之三岛未发现所属清国的特别证迹，且靠近冲绳所辖之宫古、八重山岛等，为无人岛屿，故冲绳县知事呈请修建国标。上述审议在呈报太政大臣前，山县内务卿于明治十八年十月九日已征询井上外务卿的意见。经外务卿熟虑，鉴于本岛屿靠近清国国境，为蕞尔孤岛，当时我国政府因清国报纸刊载我占据台湾附近清国属岛等流言而敦促清国政府注意等理由，于十月二十一日答复把建立国标、开拓岛屿之事延至他日时机为宜。十二月五日内务、外务两卿指示冲绳知事，对目前不修建国标望加谅解。明治二十三年（1890）一月十三日，冲绳县知事向内务大臣请示，要求确定这些岛屿的管辖。请示提出本案岛屿一直为无人岛，未特别确定其所辖，近年因取缔水产之需要，故八重山官署报请确定其所辖。进而明治二十六年（1893）十一月二日，当时有人试图在本案岛屿从事渔业生产等，冲绳县知事为管理之，向内务、外务两大臣呈报修建该县所辖之界桩。内务大臣就本案提交内阁会议与外务大臣磋商，外务大臣未表示异议。于明治二十七年（1894）十二月二十七日提交内阁会议。明治二十八年（1895）一月二十一日，内阁会议决定由内务、外务两大臣指示冲绳县知事：报请修建界桩一事已获批准。②

① [日]浦野起央主编：《钓鱼台群岛（尖阁诸岛）问题研究资料汇编》，（香港）励志出版社，2001，第169页。

② 『新領土ノ発見及取得ニ関スル先例』，JCAHR：B04120002200。[日]浦野起央主编：《钓鱼台群岛（尖阁诸岛）问题研究资料汇编》，（香港）励志出版社，2001，第171页。

事实上，关于在钓鱼岛修建界桩，冲绳县并未立即执行。据井上清教授披露，直到 1969 年 5 月 5 日，冲绳县所属石垣市才在岛上建起一个长方形石制标桩。①

日本内阁会议的这一决定是密件，直至 1952 年 3 月，才在《日本外交文书》第 23 卷中公之于世。此前，清政府以及国际社会完全不知情。在中日《马关条约》的谈判、签署过程中，日本谈判代表隐匿内阁会议的决定，有意采取模糊策略，笼统地将钓鱼岛置于中国所割让的台湾附属岛屿之内。清政府对日本内阁的秘密决议毫不知情，而是根据"钓鱼岛是中国台湾的附属岛屿"这一共识，在《马关条约》谈判和签署的过程中将钓鱼岛视为"台湾附属岛屿"，而未做特别说明。

由此可见，日本"窃占"钓鱼岛绝非什么"和平方式"，而是近代殖民侵略的产物，是甲午战争中日本战略的一环。正是基于侵华战争胜券在握，日本内阁才抢先窃据钓鱼岛，接着才有了不平等的《马关条约》；正是通过《马关条约》，日本力图以所谓条约形式，实现其对钓鱼岛"窃占"行为的"合法化"。这一历史过程是清楚无误的，是史家的共识。

二、钓鱼岛早就是中国台湾的附属岛屿

钓鱼岛及其附属岛屿位于我国台湾省东北，是台湾的附属岛屿，分布于北纬 25°40′至 26°00′、东经 123°20′至 124°40′之间，距基隆港约 190 公里，在行政上隶属于台湾省宜兰县头城镇大溪里。

根据中国历史文献记载，"钓鱼岛是台湾附属岛屿"这一事实是明确无误的。明嘉靖四十四年（1565）成书的《日本一鉴》，由"奉使宣谕日本国"的郑舜功撰写。该书明确记录了从澎湖列屿经钓鱼岛再到日本的航路，并特别记录钓鱼岛为中国台湾所属：

"或自梅花东山麓，鸡笼上开钓鱼目。"自山南风，用卯乙缝针；西南风，正卯针或正乙针，约至十更，取钓鱼屿。……自梅花渡澎湖、之小东、至琉球、到日

---

① 转引自 [日] 井上清：『尖閣列島—釣魚諸島の史的解明』，日本第三书馆，1996。

本，为昔陈给事出使琉球时，从其从人得此方程也。一自澎湖、次高华、次電龍、次大琉球，亦使程也。而澎湖岛在泉海中，相去回头百六十里。钓鱼屿，小东小屿也。尽屿，南风，用正卯针，东南风，卯乙缝针，约至四更，取黄麻屿。"黄麻赤坎古米巅，马齿琉球逻迤先。"黄麻、赤坎、古米、马齿、琉球、逻迤，皆海山也。尽黄麻屿，南风，用甲卯缝针；西南风，正甲针；东南风，正卯针，约至十更，取赤坎屿。尽屿，南风，用正卯针或寅甲缝针；西南风，艮寅缝针；东南风，甲卯缝针，约十五更，取古米山。……尽古米，南风，用寅甲缝针或正卯针，约至五更，取马齿山。尽山，南风，用甲卯缝针或寅甲缝针，约至五更，取大琉球。

该书还记载："小东岛，即小琉球，彼云大惠国。"①

"小东""小琉球""大惠国"，分别是当时中国、琉球、日本对台湾的不同称谓。上述航路不仅准确记录了钓鱼岛与台湾岛等岛屿之间的地理关系，而且明确指出"钓鱼屿，小东小屿也"，即钓鱼屿是台湾所属小岛。《日本一鉴》是具有官方性质的史籍，其表明明朝政府早已确认钓鱼岛列屿是属于台湾的小岛群。

明清时期，台湾属于福建省辖地。光绪十一年（1885），由于日本和西方列强对台湾的觊觎和侵略，台湾的防务形势日益严峻，清政府决定在台湾建省。建省以前，钓鱼岛列屿作为台湾府所辖之岛屿纳入福建海防范围，史有明证。

明嘉靖四十一年（1562），闽浙总督胡宗宪幕僚郑若曾编纂的《筹海图编》中附录的《沿海山沙图》②，不但指明台湾、钓鱼岛、黄尾屿、赤尾屿等岛屿属于福建海防范围，而且标明了这些岛屿的位置与统管区域。

明万历三十三年（1605），徐必达等人绘制的《乾坤一统海防全图》及明天启元年（1621）茅元仪绘制的中国海防图《武备志·海防二·福建沿海山沙图》，均将钓鱼岛等岛屿与台湾岛作为同一个防区，同时划入中国海防范围之内。

清康熙六十一年（1722），黄叔璥任清政府第一任巡台御史。乾隆元年（1736），他以"御史巡视台湾"身份撰的《台海使槎录》（前四卷又名《赤嵌笔谈》），该书卷二《武备》中列举了台湾所属各港口，不仅将钓鱼岛视为中国海防前沿要塞，而且标明钓鱼岛在行政上早已属于台湾府管辖。其载：

---

① 郑舜功：《日本一鉴》之《桴海图经》卷一之《万里长歌》，民国间抄本，现藏于国家图书馆。
② 郑若曾：《筹海图编》，嘉靖四十一年刻本，现藏于国家图书馆。

近海港口哨船可出入者，只鹿耳门南路打狗港，北路蚊港，笨港、淡水港、小鸡笼、八尺门。其余如凤山大港、西溪蚝港……可通杉板船。台湾州仔、尾西港……今尽淤塞，惟小渔船往来耳。山后大洋，北有山名钓鱼台，可泊大船十余。①

《台海使槎录》是公文文书，其影响甚广，此后史家多有引用。如乾隆年间的《台湾府志》，基本引用了上述内容，"台湾港口"包括"钓鱼台岛"。类似记载在其他官员的公文文书中也屡见不鲜。如乾隆十二年 (1747)，时任巡视台湾兼学政监察御史范咸撰的《重修台湾府志》明确指出，钓鱼岛等岛屿已被划入台湾海防的防卫区域内，属于台湾府辖区。

嘉庆十六年（1811），清政府在台湾置噶玛兰厅，1875 年改设宜兰县。道光九年（1829）陈寿祺总纂，十五年程祖洛等续修、魏敬中重纂，同治十年（1871）刊行的《重纂福建通志》卷八十六《台湾府·噶玛兰厅》载：

噶玛兰厅即厅治，北界三貂，东沿大海……又山后大洋北有钓鱼台，港深可泊大船千艘。②

《重纂福建通志》明确将钓鱼岛列入海防冲要，隶属台湾府噶玛兰厅（今台湾省宜兰县）管辖。类似记载还见于余文仪的《续修台湾府志》、李元春的《台湾志略》以及陈淑均纂、李祺生续辑的《噶玛兰厅志》等史籍中。

① ［清］黄叔璥：《台海使槎录》卷 2，清乾隆间刻本，现藏于国家图书馆。《海峡评论》2013 年 5 月号发表香港中文大学亚太研究中心主任郑海麟《黄叔璥〈台海使槎录〉所记"钓鱼台"及"崇爻之薛坡兰"考》一文。该文指出："《使槎录》所记'山后大洋北'的'钓鱼台'究竟指哪个岛屿？根据现存的台湾文献资料确实颇难推定，在未有确凿证据之前，颇值得存疑。""从逻辑上看，《使槎录》所记的'钓鱼台'，应在'薛坡兰'附近，似不应指远在一百六十公里外的钓鱼岛；所述'山后大洋'的地理位置，指的是濒临大海的台东、花莲、宜兰，即清代'后山'地带。"在没有确凿证据以前，说"钓鱼台"似不应指远在 160 公里外的钓鱼岛，只是一种推测，说"山后大洋"指的是濒临大海的台东、花莲、宜兰，即清代后山地带，更是无根据的推测。这个推测与"山后大洋北"相冲突。台湾人黎涡藤在其博客中提出，这个钓鱼台并不是现在的钓鱼岛，而是台湾东岸南部秀姑峦以南一带某地（现今地点可能是三仙台）。以上见解，笔者并不认同，当另文考证。
② 台湾银行经济研究室编：《台湾文献丛刊》第 084 种，《福建通志·台湾府》，1960。此条记载很重要，一是它比黄叔璥晚一百多年，对山后大洋北钓鱼台的认识更准确了，说钓鱼台"北界三貂，东沿大海"，这个地理位置大体上是接近真实的。但可泊大船千余，可能是手笔之误。

法国人蒋友仁绘制了《坤舆全图》。该图初绘于乾隆二十五年（1760），再绘于乾隆三十二年（1767）。其中，《台湾附属岛屿东北诸岛与琉球诸岛》中有彭嘉、花瓶屿、钓鱼屿、赤尾屿等。图中不仅使用了福建话，将钓鱼屿写作"好鱼须"、黄尾屿作"懂未须"、赤尾屿作"车未须"，而且把上述各岛屿均置于台湾附属岛屿中。

日本人林子平于天明五年（1785）出版的《三国通览图说》中附有《琉球三省及三十六岛之图》。图中绘有福建省福州到琉球那霸的两条航线，其中南航线由西向东绘有花瓶屿、澎佳山、钓鱼台、黄尾山、赤尾山，这些岛屿均涂上中国色，表明为中国所有。

1809年，法国人皮耶·拉比和亚历山大·拉比绘制了彩图《东中国海沿岸图》。图中将钓鱼屿、赤尾屿绘成与台湾岛相同的红色，将八重山、宫古群岛与冲绳本岛绘成绿色，清楚地标示出钓鱼台列屿为台湾附属岛屿。

综上所述，尽管日方力图割裂钓鱼岛与中国台湾的历史联系，并一再否认《马关条约》中的"台湾附属岛屿"包括钓鱼岛，但是大量历史文献表明，中国政府将钓鱼岛纳入台湾辖下，从海防和行政两个方面都对钓鱼岛实施了长期的有效管辖，钓鱼岛不是无主地，而是中国台湾的附属岛屿。钓鱼岛列屿不仅有中国渔民长期经营，而且至少从明代中叶开始就纳入中国政府的海防范围，由中国政府采取了实际管辖措施。这一历史事实，比日本所谓的1895年1月内阁决定早了三百几十年。

三、"冲绳处分"与甲午战争及钓鱼岛争端

日本内阁秘密将钓鱼岛列屿划入冲绳县管辖，既与中日甲午战争有关，也与日本的"冲绳处分"有关。冲绳本是琉球王国所在地。琉球王国是一个独立的国家，明初即接受明朝皇帝册封，是明清时期中国的藩属国。明洪武五年（1372），明朝派出册封使到琉球，此后历代册封使不绝于途。日本幕府末期，日本与琉球相邻的岛津藩主强迫琉球向自己进贡，但琉球王国照旧向清政府纳贡称臣。明治维新后废藩置县，明治政府开始显现军国主义倾向，矛头指向朝鲜、琉球和中国。此后，日本利用各种借口侵略琉球、朝鲜和中国的事件时有发生。1872

年日本利用琉球漂流民在台湾南部被所在地居民杀害一事，向清政府问罪。口实有二：琉球民是日本属民，台湾南部"番地"是无主地。日本派出的交涉使把清政府总理衙门大臣说的台湾番地是"政教不及之所"，偷换概念，变成"政权不及之地"。1874 年日本蛮悍地派兵侵入台南，引起中日之间的严重交涉。那时候，日本国力尚不能与清朝抗衡，在取得清朝 50 万两白银赔款后退兵。征伐台湾与侵略琉球是同时进行的。1874 年 2 月日本政府通过的《台湾番地处分要略》提出，阻止琉球向清政府进贡"可列为征伐台湾以后之任务"。1875 年，日本天皇强令琉球断绝与清朝的册封关系。1877 年底，清政府驻日公使何如璋在东京考察了琉球问题后指出："阻贡不已，必灭琉球；琉球既灭，行及朝鲜。""台澎之间，将求一日之安不可得。"[1]1878 年 10 月，何如璋向日本外务省发出照会，谴责日本阻止琉球向清朝朝贡为"背邻交，欺弱国"，是"不信不义无情无理"。[2]日本政府不理睬这个抗议，并借口照会失礼，断绝谈判。1879 年，日本政府以武力派往不设军队的琉球，将琉球国王强行解到东京，吞并琉球王国，将它改名为冲绳县。一个独立的琉球王国，就这样被日本明治政府剥夺了国家地位。[3]这在日本历史上美其名曰"琉球处分"。[4]

　　日本此举立即引起了清政府的抗议，中日之间由此展开了琉球交涉。日本提出了"分岛改约"方案，即把宫古、八重山群岛划归中国，琉球本岛以北诸岛归日本，试图诱使清政府承认日本吞并琉球，但必须以修改中日《修好条规》为前提。《修好条规》是 1871 年中日之间缔结的建交条约，是一项平等条约。所谓修改条约，即是清政府允许在《修好条规》中加入日本人在华"一如西人"，

<hr>

① 故宫博物院编印：《清光绪朝中日交涉史料》第 1 卷，1932，第 24 页。

② ［日］浦野起央主编：《日本外交文书》，（香港）励志出版社，2001，第 271 页。

③ ［日］井上清：《钓鱼岛的历史与主权》第九章《天皇制军国主义的"琉球处置"与钓鱼群岛》，中国社会科学出版社，1997。中国社会科学院近代史研究所编：《日本侵华七十年史》第一编第一章，中国社会科学出版社，1992。

④ 这不是日本第一次把琉球国王抓到东京。早在明万历三十七年（1609），日本萨摩州倭奴他鲁济吾济等纠党突入中山那霸港，队成蜂蚁，势如喊虎，藩城被倭罗围数匝，村麓被劫，靡有孑遗，复逼割土献降。假不如议，城庙尽行焚毁，百姓尽行剿灭，土地悉捲所有。琉球国王发现，日本得陇望蜀，还想劫取鸡笼，"看其鸡笼虽是萍岛野夷，其咽（喉）毗连闽海，居地籍○，鸡笼殃虐，则省之滨海居民（岂）能安堵？故而不为之惊惧也"。琉球国王被挟制到了日本。参见《万历三十七年琉球国王报称日本萨摩州倭奴进兵琉球阻止进贡事》，《琉球宝案》第一册，手抄本，台湾大学 1972 年影印，第 570—573 页。

享有与欧洲人在华通商"一体均沾"的权利。清政府提出了三分琉球的方案，即北部原岛津藩属地诸岛划归日本，琉球本岛为主的群岛还给琉球，并恢复琉球国王王位，南部宫古、八重山群岛划归中国，待琉球复国后送给琉球。1880年，清政府正在处理在伊犁问题上与俄国发生的纠纷，准备对日退让，便与日本议定了"分岛改约"方案。中方随后认识到"分岛改约"方案无助于琉球复国，改约徒使中国丧失权利，"分岛改约"方案未及签字。1882—1883年间，中日就此问题的谈判仍在进行。在讨论重新签订中日《修好条规》时，清政府再提琉球问题。日本外相表示把修改贸易条款与琉球问题分开，清政府谈判代表反对。问题一直拖下来。直到1887年，总理衙门大臣曾纪泽还向日本驻华公使盐田三郎提出，琉球问题尚未了结。[①]但日本已经把琉球据为己有，对清政府的态度就不管不顾了。琉球处分问题在中日之间成为一个悬案。

就是在这种背景下，出现了1885—1895年间日本政府（包括琉球政府）商讨在钓鱼岛设置"国标"以及把钓鱼岛列屿划归冲绳县的问题。在钓鱼岛设置"国标"以及把钓鱼岛列屿划归冲绳县，是与日本完成攫夺琉球并进而指向台湾联系在一起的。

《马关条约》签订后，清政府没有能力重提琉球问题，台湾全岛及其附属岛屿以及澎湖列岛即被日本割占。1941年，中国政府对日宣战，废除《马关条约》。随后《开罗宣言》《波茨坦公告》做出了战后处置日本的规定，日本天皇接受了这些规定。依照这些规定，不仅台湾全岛及其附属诸岛（包括钓鱼岛列屿）、澎湖列岛要回归中国，琉球问题也迎来了可以再议的时机。[②]

四、日本政府欲盖弥彰究竟何为

在日本"窃占"中国钓鱼岛的进程中，甲午战争、《马关条约》是十分重要的环节。通过《马关条约》，日本政府堂而皇之地主张对钓鱼岛的所谓"主权"，摇身一变成为钓鱼岛的"主人"，进而将其非法侵占变为"合法化"。

---

① ［日］井上清：《钓鱼岛的历史与主权》，中国社会科学出版社，1997，第92页。
② 有关琉球处分研究，参见［日］井上清：《钓鱼岛的历史与主权》，中国社会科学出版社，1997。［日］羽根次郎：《"尖阁问题"内在的法理矛盾——旨在驳斥"固有领土"论》，《世界》2012年10月号，第835期。

然而，在很长时间内，日本政府并未公开宣称对钓鱼岛拥有主权。1896 年 3 月明治政府发布名为《有关冲绳县郡编制》的第十三号敕令，明治天皇并没有将钓鱼岛明确写入。而第十三号敕令也被日方视为其拥有钓鱼岛主权的依据之一。

日本政府既然在《马关条约》签署之前，就已偷偷将钓鱼岛编入冲绳县地方政府，为什么在《马关条约》签署之后，仍然含糊其词呢？这与当时台湾岛内的局势不无关系。

不平等的《马关条约》将台湾全岛及其附属岛屿全部割让给日本，在北京和台湾岛内引起轩然大波。1895 年 5 月 25 日，在工部主事、台湾士绅丘逢甲和台湾巡抚唐景崧的幕僚陈季同等人的倡议下，台湾成立了以唐景崧为总统、刘永福为大将军的"台湾民主国"，由此拉开了岛内长达 50 年的反抗日本殖民统治的序幕。尽管在 1895 年底，"台湾民主国"宣告失败，日本就宣布基本控制台湾全岛，但台湾民众的抗日活动并未停止。1896 年 9 月，日本政府忙于平息岛内事态，无暇顾及钓鱼岛和黄尾屿，便将它们无偿租借给古贺辰四郎使用 30 年。

事实已经非常清楚，日本政府先是采取"暗劫"手段，将中国钓鱼岛编入日本领土，后又利用《马关条约》收获"窃占"中国钓鱼岛的"红利"。由于名不正，言不顺，便采取秘而不宣的手法，以制造"钓鱼岛是日本领土"的既成事实。如今，日本政府之所以一再否认《马关条约》规定的"台湾全岛及所有附属各岛屿"中包括钓鱼岛，就是为了把钓鱼岛从"二战"之后日本应归还的中国领土中剥离出来，从而为其"钓鱼岛是日本领土""钓鱼岛主权不存在争议"的立场提供历史依据和理论根据。

五、琉球再议，议什么？

把钓鱼岛和"琉球处分"联系起来，是为了说明当时的中日关系和东亚局势，也是为了说明晚清外交的颓势和对日关系的失败。晚清政府不仅抵挡不住西方殖民主义的侵略，也抵挡不住后起的东方殖民主义国家——日本的侵略。东亚局势的转变，甲午战争是一个关键的标志。日本正是在一个积极对外侵略的态势中，强行吞并一个独立的琉球国的，然后借着甲午战争，割占了钓鱼岛，把钓鱼岛划归冲绳管辖。日本内阁把钓鱼岛划归冲绳管辖，是日本侵略中国战略的一环。

琉球地位需要"再议",是笔者从琉球历史和近代中日交涉的历史中得出的结论,其对现实的中日关系将会产生何种影响,尤其需要关注。

笔者认为,琉球再议至少包括如下四层含义:

第一点,琉球历史上曾经是一个独立王国,明清时期都是中国的藩属国,琉球国新国王登基,只有得到中国皇帝的册封,才具有法律地位。现代学者认为,朝贡具有贸易的性质,其实是带着礼物走亲戚。琉球国每年或者隔年到中国走动一次,带一些礼物。17世纪初,与琉球国邻近的日本岛津藩强行要求琉球朝贡,琉球自忖力量小,不得不应付,但当日本要求琉球断绝与清政府的册封关系后,为琉球拒绝。1879年,琉球被日本以武力吞并。当琉球国王被日人抓到东京后,琉球国内还派出大臣到中国哭诉,要求中国出兵相救。当时,清政府正面临西方国家的侵略,实在无力派兵,只能向日本提出严正抗议。1880—1888年间,清政府与日本之间就解决琉球问题进行了多轮谈判。清政府和日本政府都认为琉球问题是一个尚待谈判解决的悬案,中国政府始终未承认日本吞并琉球为合法。如果没有甲午战争,琉球问题还将继续交涉。因此,琉球再议至少要接续19世纪80年代中日两国之间就琉球问题进行的谈判。

第二点,1943年美、英、中三国首脑在开罗举行会议。美国总统罗斯福根据战后制裁日本以及日本领土只限于四岛的决定以及琉球历史上与中国的关系,向蒋介石提出,如果中国政府愿意,可将琉球交给中国管理。蒋介石提出,可由中美两国共管。①这个问题当时并未形成定论。冷战时期,美国改变了对琉球问题的看法,但并未与中国及其他盟国商量过。今天,可以在开罗会议、波茨坦会议的机制上,由中美或美英中俄四国来讨论。

第三点,1952年签署的"旧金山和约"(中华人民共和国外交部当时发表声明不承认这个条约)中规定,日本在放弃占领的领土之外,还同意美国对北纬29度以南之西南群岛(包括琉球群岛)等岛屿送交联合国之信托统治制度提议。在此提案获得联合国通过之前,美国对上述地区、所属居民与所属海域得拥有

① 蒋介石在开罗会议前是主张中国收回琉球的,他在日记中多次表达过这种想法,但在开罗会议前,国民政府外交部提出了不同意见,这个意见影响了蒋介石在开罗会议期间就琉球问题的表态。详细研究参考侯中军:《困中求变:1940年代国民政府围绕琉球问题的论争与实践》,《近代史研究》2010年第6期。

实施行政、立法、司法之权利。1971 年，未经联合国讨论通过，美日之间便私自签订交还冲绳协定，将琉球的治权交给日本。这是违反《开罗宣言》和《波茨坦公告》的，也是违反《联合国宪章》的。因此，可以在联合国讨论琉球地位问题。

第四点，琉球地位长期未定，考虑到琉球作为日本冲绳县的时间较长（1879—1945、1971 年至今），故需要考虑琉球人民的意见。也就是让琉球人民自己决定是独立，还是有所归属？琉球人民的意见应该成为琉球再议的重要依据。

1943 年，中、美、英三国签署的《开罗宣言》中明确规定：同盟国的宗旨"在剥夺日本自 1914 年第一次世界大战开始后在太平洋所夺得或占领之一切岛屿；在使日本所窃取于中国之领土，例如东北四省、台湾、澎湖群岛等"，归还中国；同时严正指出"其他日本以武力或贪欲所攫取之土地，亦务将日本驱逐出境"。

1945 年，中、美、英三国发表的《波茨坦公告》第八条强调"开罗宣言之条件必将实施，而日本之主权必将限于本州，北海道，九州，四国及吾人所决定其他小岛之内"。

1972 年 9 月，中日发表建交声明，日本表示坚持遵循波茨坦公告第八条的立场。

上述三个文件都是庄严的国际法文件，也都是国际社会一致认可的政治文件。长期以来，日本在钓鱼岛问题上不仅没有切实履行承诺，反而屡屡上演闹剧、制造事端。在美国的支持下，日本极力混淆国际社会视听，借曲解《马关条约》来否定中国对钓鱼岛的主权，为其长期"窃占"钓鱼岛寻求所谓"合法"依据。这不仅根本站不住脚，而且丝毫不能改变中国拥有钓鱼岛主权的客观历史事实。

本文旨在从历史和现实的角度说明，钓鱼岛是中国固有的领土，它从来不是琉球的一部分，更不是日本的一部分。钓鱼岛与琉球发生关系，是日本在近代的侵略政策造成的。

（原载《台湾历史研究》第 1 辑，社会科学文献出版社，2013）

三、日本殖民统治时期台湾史研究

日本殖民统治下的"同化"教育
与近代民族国家之认同

汪婉

一、缘起

台湾从 1895 年到 1945 年的半个世纪中受到日本的殖民统治。日本在台湾实行了以国语（日语——笔者注，以下同）教育为主的"同化"教育。许多研究者已经指出，日本的殖民教育政策与英、法、荷、美等西方殖民帝国有所不同，一般殖民教育重视高等教育，以培养统治者的助手为主；有意忽视初等教育，以使一般庶民愚昧。[①] 以英国统治印度为例，英国虽在印度设有 15 所大学，但印度的文盲占全人口的 91.8%（1921）。相比之下，日本的殖民教育重视普及初等教育，日本殖民统治台湾 50 年，初等教育普及率达到 71.3%。日本占领台湾之后，明确提出要对"未开化的新附民"——台湾人进行精神上的征服与同化。对于信奉"万世一系天皇之子孙"的单一民族来说，是否要把殖民地的异民族改造成"日本人"，是近代日本在理论上争论的一大焦点。况且，同化政策在当时的殖民统治中并不带有普遍性，英国从未提出要通过"同化"手段将印度人改造成英国国民。在西欧殖民统治的历史中，对殖民地人民进行屠杀、隔离、奴役的情况随处可见，而试图以"同化"手段对殖民地人民进行"国民统

---

① ［日］矢内原忠雄：《帝国主义下的台湾》，（东京）岩波书店，1929，第 254 页。

合"的情况鲜有发生。

日本殖民统治时期的台湾初等教育普及率为何如此高，日本为何要采取"同化"教育政策，是本文研究的主要内容。明治维新以后，日本一直标榜以"忠君爱国"为核心的"国家主义国民教育"，是其近代化迅速取得成功的基础和保障。其特点是：在引进西方近代教育制度，普及国民教育时，以"忠君爱国"为教育宗旨、以天皇和国体为至高无上之理念。普及国民教育成为天皇制国家实行自上而下的强权统治的重要手段。而这种独特的"国家主义国民教育"，与实现教育制度的近代化并不矛盾。强权统治和国家集权反而加速了教育制度的近代化进程。20世纪初，日本义务教育阶段的就学率就已超过了90%。日本政府在向全体国民提供教育机会的同时，利用学校机制培养和造就"扶翼无穷皇运之忠良臣民"，前所未有地加强了所谓的"国家统合"能力和"国民统合"能力。笔者认为，这里的"统合力"可以解释为通过集权统治，使国民具有高度凝聚力。"国家主义国民教育"一方面造就了掌握现代知识和技术的"现代国民"，另一方面将"一君万民"的思想渗透到社会的各个角落，牢牢控制住了国民的思想。

笔者认为，日本通过"国家主义国民教育"体制在"国家统合"和"国民统合"方面所取得的"成功"，促使日本试图在殖民统治中尝试通过"同化"教育对殖民地和殖民地人民进行"统合"。这也是本文力图证实的一个关键问题。当然，日本并非自始至终毫不犹豫地实行了同化政策，姑且不论"同化"政策是否真的能把异民族（不仅是台湾人，还有朝鲜人等）改造成日本人，就当时日本国内普遍存在的以万世一系天皇为中心的单一民族的国家观念而言，以"同化"手段对异民族进行"国民统合"，是和这一主流观念背道而驰的。但是，日本殖民统治台湾的历史表明，日本由初期比较模糊的同化政策，发展为中期非常明确的同化主义，乃至最后的皇民化运动，从来没有放弃过"同化"的企图。而对于日本殖民当局的强制性"同化"政策，台湾人民采取了拒绝、抵抗的态度，并由此引发了激烈的抵抗运动。

二、学术史简述

"二战"后，在台湾地区和日本都涌现出不少关于日本殖民统治时期台湾殖民教育方面的研究成果。1959 年出版的汪知亭的《台湾教育史》（台湾书店）是先驱性的研究。该书根据大量史料对日本殖民统治下的台湾教育作了研究分析，但没有形成研究的框架和结构。20 世纪 80 年代以后，吴文星的研究成果十分引人注目。如《日据时期台湾书房之研究》（《思与言》1978）；《日据时期台湾总督府推广日语运动初探（上）》（《台湾风物》第 1987 年 37 卷 1 期）；《日据时期台湾总督府推广日语运动初探（下）》（《台湾风物》1987 年第 37 卷 4 期）；《日据时期台湾书房教育之再研究》（《思与言》1988 年第 26 卷 1 期）；《日据时期台湾社会领导阶层之研究》（正中书局，1992）等。吴文星的研究虽然使用了大量统计数据，为日本殖民统治时期台湾教育研究提供了更为充实可靠的资料来源，但其研究侧重于台湾传统的教育机构和知识分子阶层，对于所谓的"同化"教育涉及不多。1993 年，钟清汉的《日本殖民统治下的台湾教育史》在日本出版。该书是一部通史性质的台湾教育史，虽然运用了大量的史料和统计数据，但没有超越吴文星的研究框架和内容。除上述研究成果外，还有很多零星而缺乏系统的单篇论文，它们或是仅涉及局部问题，或为叙述沿革、概略。

总体来说，台湾学者的研究具有以下特点：一方面强调日本殖民统治者在台湾强行推行"同化"教育，另一方面强调被统治的台湾人民的反抗。随着日本的同化教育愈演愈烈最终发展为皇民化教育，台湾民众的反抗也日趋激烈，最终发展为抵抗运动，直至日本战败投降。笔者虽然赞同殖民教育研究中的"压迫—反抗"模式，但同时认为，对于日本殖民统治时期台湾的初等教育普及率达到 72% 这样一个事实，还需要进一步追溯近代日本"国家主义国民教育"的思想根源。明治维新以后，日本一直标榜以"忠君爱国"为核心的国家主义国民教育，是其近代化得以成功的重要保障。日本殖民统治时期的台湾教育，同样以教育作为实现国家主义的有效工具，其最终目的是使台湾人成为日本的忠顺臣民。从这一角度来看，上述台湾学者的研究缺乏从思想角度，将台湾教育与日本的近代教育做深层的比较研究。

与台湾学者以台湾教育史为范畴，又明显地反映出"压迫—反抗"模式的研究相比较，战后日本学者的研究体现了日本学界的特点，即极其精细的局部、微观研究。诸如个别人物的教育思想研究、个别教育政策研究、个别概念研究等。并由微观研究发展为社会学领域不加批判的纯粹的概念分析。这种倾向自20世纪90年代以后愈发严重。

1992年京极兴一的《国语观和殖民地语言政策》（《信州大学教育学部纪要》1991年74号、75号），以伊泽修二、矢内原忠雄的思想为例，指出在台湾实施国语教育的理念，是以上田万年"一个国家、一个国民、一个国语"的三位一体国语观为基础的。长志珠绘的《教化与文化之间——国语问题与领台初期》（《文化交流史研究》1997年创刊号）指出，日本领台初期出现的废除汉文科争论，反映了国语中所包含的文明因素。

1990年以后，在日本出现了很多从社会学角度，以政策分析及言说分析为中心来研究"同化"的论文。其中，小熊英二的《"日本人"的界定——与统治地区的关系》（新曜社，1998）一书，通过分析日本在冲绳、阿伊努、台湾、朝鲜实施的同化教育指出，"有色"帝国日本实施"同化"政策，主要是出于对抗西欧威胁的危机意识。在军事上劣于欧美各国的日本，试图以同化政策创造"国民"，并以"国民"为盾牌，作为防卫殖民地的手段。[①] 小熊在理论上特别强调的是，近代日本人所设定的"日本人"的标准及界限。他借助同化政策反映出来的日本对殖民地人民的"包摄"和"排除"，分析近代日本是如何界定"日本人"的。

石田雄的《"同化"政策与"日本"这一创造出来的概念》（《思想》1998年10月、11月），进一步发展了小熊英二的观点。石田熊从近代日本的"同化"政策入手，来分析"日本"及"日本人"概念产生的过程和特点。石田雄甚至质疑"同化"政策产生于日本殖民统治过程中这一事实，提出"中央"和"周边"的理论，把"同化"解释为从"周边"向"中央"的社会地位的上升。

类似的研究大都把"同化"作为一种纯粹的概念进行分析，而对日本的"同化"政策给台湾带来的影响则避而不谈。

---

① ［日］小熊英二：《"日本人"的界定——与统治地区的关系》，（东京）新曜社，1998，第70—110页。

1996 年，驹込武《殖民地帝国日本的文化统合》一书的问世，使日本的台湾研究达到一个新的高度。驹込将国民统合理论运用于日本的殖民统治研究，他指出：日本把台湾这一在日本历史上首次出现的殖民地置于国家统合之"外"，以"君民同祖"等天皇制排他的"血族国家主义"理论，使这种把殖民地人民从"日本人"中排除出去的做法正当化。从日本对台湾的殖民统治中可以发现，统治当局利用实施国语教育这种"语言国家主义"，来掩盖国家统合中的不平等结构。他明确指出："同化是为了掩盖因帝国主义而产生的民族矛盾，所制造的表面上的言说。"①

大陆学者对于日本殖民统治时期的台湾教育尚无系统研究。改革开放以后，一些大陆学者在研究晚清教育改革及近代中国的留日热潮等课题时，涉及日本近代教育的内容。这些零星、片段的研究或是片面强调日本在明治维新以后的文明开化政策，或是强调日本积极引进西方近代教育为日本的近代化带来的成功。由于缺乏实证研究以及缺乏翔实的史料分析，忽视了日本"国家主义教育"的实质。笔者认为，研究日本殖民统治时期的台湾教育，必须先对日本近代的"国家主义国民教育"有一个全面的了解。

三、本文的研究范围和目标

本文将探讨 1895 年 6 月至 1919 年 3 月间，日本占领台湾初期的同化教育问题。日本从 1895 年占据台湾，到 1945 年战败投降，共占据台湾 51 年，共派任了 19 个总督，可以划分为三个时代。前期为武官总督时代，约 24 年（1895—1919），被视为武断政策时期；中期为文官总督时代，约 17 年（1919—1936），被称为文化政策期；后期为武官总督时代，约 9 年（1937—1945），被视为强硬政策期。

1895 年 6 月至 1919 年 3 月为日本殖民统治初期。这一时期的教育明显地表现为差别教育制度，具体表现为日本人、台湾人和原住民三个系统的差别待遇教育。自 1896 年 5 月起，日本先后在台湾全岛设立"国语传习所"。其目的在于："向土人传习现行国语，以为地方行政设施的准备，并为教育的基础。""国语传习所"后改为小学校和公学校，小学校为日本人学校，公学校为台湾人学

---

① ［日］驹込武：《殖民地帝国日本的文化统合》，（东京）岩波书店，1996。

校。此外，还有专为山地人设置的教育处所。这种情况一直延续到 1919 年台湾总督府颁布"台湾教育令"。这个时期，台湾人子弟所接受的初等教育仅限于日语教育和初级技术教育。

1919 年 4 月至 1936 年为日本殖民统治中期。这一时期的教育明显地表现为同化教育。"一战"后兴起的民族自决运动，迫使日本不得不改变统治台湾的方针，以强化对殖民地的控制。1918 年明石总督赴任，明言以同化为施政方针。1919 年总督府颁布"台湾教育令"，允许台湾人与日本人共学，将"国语教育"及"国民道德"确定为普通教育的根本。1922 年田健治郎总督明确提出同化主义，总督府颁布新"台湾教育令"，标榜"内台一致"。1930 年以后，总督府利用社会教育来推行普及日语、灌输日本国民精神的同化政策。

1937 年—1945 年为日本殖民统治后期。1937 年日本全面发动侵华战争后，在台湾推行"皇民化教育"。为争取台湾人，于 1941 年起，将小学校与公学校一律改为国民学校，以示平等待遇。实则课程仍分为第一号表、第二号表、第三号表。其差别为：一号日本人、二号台湾人、三号山地人。第二号表、第三号表更重视日语和实业两科。自 1943 年起，对台湾人实施义务教育制度。

既往研究中，有些学者把日本殖民统治台湾的整个过程笼统地称作"皇民化"过程，把日本殖民统治时期的台湾教育笼统地称为"皇民化教育"。事实上，日本殖民当局并不是一开始就实行了皇民化政策。日本殖民统治初期，总督府采取了渐进主义和随机应变的"无方针主义"政策。在教育领域，总督府没有在公学校之上增设更高的教育机构。教育的内容仅限于日语和医学，必要的技术人才由日本国内供给。有鉴于此，一些学者认为日本殖民统治初期，与其说实行的是同化教育政策，不如说是愚民政策，不给台湾人提供获得较高社会地位和重要工作的机会。①

笔者认为，"同化"一词掩盖了由殖民统治带来的诸多复杂的矛盾。本文之所以选择日本殖民统治初期作为研究对象，是因为总督府在这一时期虽然没有确立台湾教育的根本政策，但是在国家主义教育思想的影响下，制定了"国语教育"政策，设立以日语教学为主要内容的初等教育设施——国语传习所及六年制公学校。日语不但是教育的工具，也是教育的主要内容。总督府一开始就

---

① [日]矢内原忠雄：《帝国主义下的台湾》，（东京）岩波书店，1929。

明确了以初等教育为重点，以普及"国语教育"作为同化手段的教育政策。可以说，"国语教育"政策奠定了后来的同化教育、皇民化教育的基础。

四、伊泽的国家主义教育思想与同化

在台湾教育中首先使用"同化"一词的，是伊泽修二[①]。甲午战争后，日本"国家主义教育"的代表人物伊泽修二以首任台湾总督府学务部长的身份来到台湾。伊泽一上任就强调："我们虽然已用兵力征服了台湾，但是今后要想彻底征服台湾人的心，要使台湾千载万载永远成为日本的领土，关键在于要对台湾人从内心深处予以同化。要做到这一点，非教育莫属。"[②] 伊泽修二所说的"同化"，意在利用教育将台湾人日本化。

伊泽修二担任学务部长为期两年零两个月，期间日本的殖民统治受到台湾人民的强烈抵抗，总督府忙于军事镇压和经济压榨，无暇顾及台湾的教育。伊泽赴台前曾立下豪言壮语："要开拓新领土之教育。"在自己提出的教育经费等方案被日本政府否定后，伊泽于1895年7月，在台北市近郊的士林成立"芝山巌学务部学堂"，招收台湾儿童为日本语练习生。1896年5月，又在台湾各重要城市设立"国语传习所"。伊泽在台湾开创了所谓的"国语教育"，并明确提出在台湾实施"国语教育"，"是养成本国精神"之手段。可以说，伊泽是第一个把同化思想注入台湾教育方针的人。其后的儿玉源太郎、后藤新平虽然也以"普及国语"为教育目的，但讳言以同化为教育方针。由此导致很多研究者忽视这一时期日台当局在教育上的同化思想，片面地将这一时期称为"差别教育时期"。

1896年5月，日台当局颁布了《国语传习所规则》，其内容充分反映了伊泽修二在台湾实施"国语教育"的政治意图。规则第一条称："国语传习所对本岛人实施国语教育，以有利于其日常生活，并养成本国之精神。"第十三条称："本

---

① 伊泽修二于1851年出生在信浓国高远藩的贫士家庭。他作为藩的贡进生毕业于大学南校之后，就任爱知师范学校校长。明治8年被派往美国考察师范教育。明治11年回国之后，对日本的音乐教育、体育、盲哑教育、编辑新教科书、创建国语等诸多方面，做出过贡献，对奠定日本近代教育的基础起到了指导作用。提倡国家主义教育的第一任文部大臣森有礼于明治23年被暗杀，伊泽作为森有礼国家主义教育理论的继承人成立了国家教育社，此后大力推进国家主义教育。

② [日]伊泽修二：《台湾之教育》，载氏著：《伊泽修二选集》，（东京）信浓教育会，1958。

所虽以传授国语为初衷，但须经常注意道德之教训、智能之启发。道德之教训旨在尊皇室、爱本国、重人伦，以养成本国之精神。智能之启发旨在获得赖以立业之知识技能。"① 由此可见，日本在台湾实施"国语教育"，是作为"养成本国之精神"的一种手段。

1896 年 2 月 11 日，临时回国的伊泽修二在国家教育社第六次例会的演说中再一次明确提出同化教育方针。他说，日本不应像其他西欧国家那样，将其统治的地区"仅仅作为一个殖民地，从中获取利益"。日本"必须真正地把台湾作为日本身体的一部分"。若要"真正地把台湾作为日本身体的一部分，教育便一日不可怠慢"。② 他还强调："新领土为我君之领土。欲将其人民日本化，非教育不可。为此献身，亦在所不惜。"③

伊泽修二担任学务部长期间，日本的殖民统治受到台湾人民的强烈抵抗。1896 年 1 月 1 日，以简大狮为首的义军攻袭台北城时，将学务部成员七人中的六人杀死，史称"芝山巖事件"。伊泽以效忠天皇、为国献身的"忠君爱国"精神，号召日本本土的教育者到台湾来开拓新领土之教育，对"未开化的新附民"台湾人进行精神上的征服与同化。

但是，伊泽在教育上的同化思想，与日本国内以万世一系天皇为中心的单一民族的国家观念在理论上形成对立。为此，伊泽在 1897 年的帝国教育会上做了题为《关于台湾公学校设置的意见》的演说。他说：

> 根据古国学者们的解释，日本国民只存在于大和民族之内，不存在于大和民族之外。我认为这种解释大错特错。我皇室的恩德绝不仅限于如此狭隘的范围，实际上与天地般宏大。我皇室一视同仁地将世界各国的人民视为子民，无论何人，只要服从，均可为臣民。④

---

① 台湾教育会编：《台湾教育沿革志》，（南投）台湾文献馆，2010，第 171 页。
② ［日］伊泽修二：《国家教育社第六次例会演说》，载氏著：《伊泽修二选集》，（东京）信浓教育会，1958，第 593—595 页。
③ ［日］伊泽修二：《关于台湾公学校设置之意见》，载氏著：《伊泽修二选集》，（东京）信浓教育会，1958，第 615—616 页。
④ ［日］伊泽修二：《关于台湾公学校设置的意见》，载氏著：《伊泽修二选集》，（东京）信浓教育会，1958，第 615—616 页。

伊泽以对天皇和日本国体的"服从"为前提条件，来解决对异民族台湾人的同化问题。他除了把"国语教育"作为同化的手段和方式以外，还试图通过"教育敕语"和修身教育从精神上征服"新附民"，以使台湾人同化。

五、"教育敕语"与同化

1890 年《教育敕语》公布之后，日本的"国家主义国民教育"体制要求全体国民效忠以天皇为核心的国体，遵循以儒教为根本的国民道德，教育由此成为天皇制国家实行自上而下强权统治的重要手段。日本的国民教育旨在"培养扶翼无穷皇运之忠良臣民"。这与明治维新初期"文明开化"所倡导的"文明之精神即体现为人民独立之意愿"的改革精神完全相反，更与西欧市民革命时期以主权在民为发展原理的国民教育有着本质上的不同。

国家主义教育的信奉者伊泽既然把台湾视为"日本身体的一部分"，自然要把"教育敕语"搬到台湾。1896 年 2 月 18 日，根据拓殖务大臣第十五号训令，台湾各公私立学校必须奉读"教育敕语"的汉语译文，"教育敕语"由此成为台湾教育的最高指针。实际上，早在第十五号训令下达之前，"教育敕语"就已出现在台湾的"国语传习所"里。1895 年和 1896 年，在芝山岩学堂生的毕业仪式上，就已奉读了"教育敕语"。

1897 年，伊泽在帝国教育会上做了题为《关于台湾公立学校设置的意见》的演说，强调贯彻"教育敕语"的精神是统治台湾的"首要工作"，把"教育敕语"视为教化"新附民"不可缺少的工具。

在日本本土的学校里，不仅在教则大纲中明确"教育敕语"的精神，而且增加修身科的课时。修身教科书的内容来自"教育敕语"中的德目。据记载，当时日本本土的学校主要通过以下三种方法向学生灌输"教育敕语"的精神：第一，在各种节日和纪念日，由校长奉读训示"教育敕语"。第二，每天向"教育敕语"拜礼。第三，在修身课上讲解并注释"教育敕语"。贯彻实施"教育敕语"精神的最终目的在于，一旦国家发生紧急事态，人人都须做到为天皇、为国家献身。

明治政府虽然标榜引进了西方的教育制度，彻底而全面地实现了教育的近代化，但实际上，在日本本土的学校中有很多不同于欧美学校的仪式和活动。当时赴日考察的中国人对日本学校有如下记述：

> 日本小学校，皆供奉君上尊影，每夜轮一教员往校敬护之。每逢佳节，事无巨细，先集生徒，排齐恭立，如见君临于前，群唱君代歌以祝。祝毕，然后敢治理他事。一切教科书，处处寓忠君爱国之意。教员不教则已，教则无不关注此意。[1]

台湾的学校与日本本土的学校一样，每逢纪元节、天长节、一月一日、始政纪念日，学生们都要合唱"君之代"，向天皇、皇后的照片（御真影）敬礼、奉读"教育敕语"。

对于台湾儿童而言，理解"教育敕语"较之日本儿童更为困难。殖民教育者们试图把万世一系的天皇、忠君爱国的理念与"台湾人"牵强地捏合在一起，在教育理论上行不通之后，只好通过修身课强行灌输。1897 年，日台当局在《国语学校规则》中制定了各课程的宗旨，特别在修身科中强调忠君爱国思想。与其说修身的根本思想是"教育敕语"，不如说教育的根本思想是"教育敕语"。日本本土学生除了修身课以外，还学习很多实用知识，而台湾子弟只能学习修身课和日语。

六、后藤新平的"渐进主义"和"无方针主义"

儿玉源太郎、后藤新平治台时期（1898—1906），在教育制度和实施步骤上，与伊泽有很多不同之处，突出地表现为"渐进主义"和"隔离主义"。

1898 年，儿玉源太郎就任台湾总督，后藤新平就任台湾总督府民政长官。同年 7 月，台湾总督府公布台湾公学校令，8 月制定公学校规则，同年 10 月公学校付诸实施。根据总督府的规定，公学校"以对本岛人子弟施以德育、授予实学、养成国民之性格，同时使其精通国语为本旨"，是对 8 岁以上、14 岁以下

---

[1] 项文瑞：《与东友往来问答》，载氏著：《游日本学校笔记》，敬业学堂刊，光绪二十九年。

台湾儿童实施初等教育的机关。① 但是，1898 年 5 月，儿玉源太郎总督在地方长官会议中公然宣称，总督府对于台湾的教育体系及政策，并没有全盘的规划或长远的既定方针。② 民政长官后藤新平亦指出："设立公学校的目的在于普及国语，以实现这一目的为首要任务。台湾教育除了进行国语教育之外，并无既定方针。"③ 公学校的"公"，是相对于"官立"的"公立"，即把官立的国（日）语传习所改变为公立的公学校，教育费由原来的国库负担转为地方财政负担。由于"蕃地"财政匮乏，无力成立公学校，因此官立的国（日）语传习所一直延续到 1905 年。

1903 年，后藤新平召集约 60 名公学校校长参加学事咨问会，在会上再次强调，台湾教育除了进行国（日）语教育外，并无既定方针。他说："这个会议是以国（日）语普及为目的，只需讨论如何普及国（日）语足矣。……未经深思熟虑，便贸然开设学校，乃是贻误殖民政策的做法。"后藤还以菲律宾等殖民地为例，说明在殖民地教育上过多地下功夫，只能使被统治的殖民地人民觉醒，出现反乱或独立运动。④

后藤新平与伊泽修二虽都标榜同化主义，但二者的思想完全不同。后藤新平原本是医生，深受生物进化史观的影响，以"生物学原则"作为统治台湾的思想基础。他在 1899 年出版的《国家卫生原理》一书中，把国家比喻为人体，强调优胜劣败，适者生存的原理。他认为在进化阶段上，台湾人与日本人处于不同阶段，以台湾的文明程度相当低为由，反对把日本内地的统治方式运用于台湾，把这种方式讥讽为"诗人的统治"方式。与伊泽视台湾为"日本身体一部分"的同化论完全不同，后藤认为在短期内用教育的手段将台湾人日本化，是根本不可能的。

伊泽认为，通过"国语教育"可渐使台湾人日本化，最终达到同化的目的。伊泽为加速台湾人的同化，要求台湾各公私立学校必须奉读"教育敕语"的汉语译文，把"教育敕语"视为教化"新附民"不可缺少的工具。对此，后藤认

---

① 日本文部省教育史编纂会编：《明治以降教育制度发达史》第 11 卷，（东京）龙吟社，第 105—106 页。

② ［日］鹤见祐辅：《后藤新平》第二卷，后藤新平伯传记编撰会，1937，第 42 页，

③ 《后藤长官训示》，《台湾教育会杂志》明治三十七年二十七号，第 3 页。

④ ［日］鹤见祐辅：《后藤新平》第二卷，后藤新平伯传记编撰会，1937，第 42 页。

为，"台湾人不具备日本人那种超人崇拜的先天传习"，因此，要求台湾人养成"忠君爱国的日本精神"，其结果不过是"读《论语》而不知《论语》为何物"而已。①

基于这种思想，后藤于 1898 年 3 月到任后，以维持台湾的"治安"为由，对台湾人进行了残酷的镇压。后藤自己也承认，在自己担任总督府民政长官期间，将大量台湾人关进监狱或杀戮。②后藤赴台后的所谓"施政改革"，以"钢腕"著称。

七、"差别教育"

根据伊泽的同化思想而制定的"学务部创设以后事业之概略"，计划在 1898—1901 年间，按照台湾全岛 524377 户、2629115 人口、125821 名学龄儿童来计算，以 120 名儿童建立一所学校的标准，在台湾全岛设立 254 个公学校。也就是说，到 1901 年，要使学龄儿童的 1/4 就学于公学校。但是，后藤执政以后，这个计划被完全搁置了。

1898 年 7 月，台湾公学校令公布，10 月公学校付诸实施。除了日本教员的工资由日本国库负担以外，维持公学校的其他一切费用均由学生支付的学费、地方税及当地居民负担。先由地方街、庄自行申请，地方官认为当地能够承受上述负担的地方，才允许其建立学校。由此可以看出，后藤既否认通过"国语教育"可使台湾人日本化，又否认通过灌输忠君爱国思想可以教化台湾人。

直至 1919 年台湾教育令颁布为止，台湾人的入学率一直很低。1915 年，时尚不足 10%，能完成公学校教育者更是屈指可数。1926 年，台湾学龄儿童的升学率如下：

日本人：男子 98.3%，女子 98.2%，平均 98.2%。
台湾人：男子 43.0%，女子 12.3%，平均 28.4%。
高山族：男子 74.3%，女子 69.4%，平均 71.8%。

由上述统计数据可以看出，台湾人的初等教育普及率非常低，甚至不及高山

---

① 《后藤长官训示》，《台湾教育会杂志》明治三十七年二十七号，第 3 页。
② [日]鹤见祐辅：《后藤新平》第二卷，后藤新平伯传记编撰会，1937，第 149 页。

族的一半。日台当局对于原住民，是用政府经费设立公学校，并以官宪奖励其就学。

从形式上看，日本殖民统治初期实行的是差别教育（也有学者称之为"隔离教育"）。台湾儿童在"公学校"毕业后，升入专为台湾子弟所设立的隔离职业学校；日本儿童则于"小学校"毕业后，升入专为日本子弟所办的中学，或返回日本继续接受教育。这一时期，台湾传统的"书房"在总督府有计划的取缔之下，逐渐趋于没落。

从教育内容和水平来看，后藤反对拓宽或加深台湾人受教育的范围和程度。他就公学校的教科书编撰问题指出："直到明治十五、十六年为止，日本内地的教育尚不如现在的公学校完备，此乃时势所迫。若与当时的情况相比，现在的公学校不应有过分的要求。"[①] 后藤认为，台湾教育应当维持以实业教育为主的低水平，反对扩充公学校的教材内容。因此，在后藤看来，把近代教育引进台湾，无非是帮助日本在殖民地经营上获取经济利益的一种手段而已。

八、结语

根据上述分析，可以得出以下结论：

第一，日本殖民统治初期的台湾教育虽然明显地表现为差别教育，但是在日本"国家主义教育思想"的影响下，总督府从一开始就制定了"国语教育"政策，明确了以初等教育为重点、以"国语教育"为中心，对台湾人进行同化的政策。这一教育政策在日本殖民统治台湾的 50 年间始终没有改变。

第二，通过分析伊泽修二的教育思想可知，在"国家主义教育思想"的指导下，日台当局除了对台湾人实施"国语教育"以外，还要求台湾各公私立学校的学生奉读"教育敕语"的汉语译文，试图通过"教育敕语"使台湾人养成"忠君爱国的日本精神"。

第三，伊泽在教育上的同化思想，与日本国内以万世一系天皇为中心的单一民族的国家观念在理论上形成呼应。伊泽以对天皇和日本国体的"服从"为前提条件，来解决对异民族台湾人的同化问题。而深受生物进化史观影响的后藤

---

① 《后藤长官训示》，《台湾教育会杂志》明治三十七年二十七号，第 7 页。

新平认为，在进化阶段上，台湾人与日本人处于不同阶段，不应把日本本土的教育方式运用于台湾，而应在台湾实行"差别教育"和"隔离教育"政策。

（原载《抗日战争研究》2006 年第 4 期）

蒋渭水和台湾的抗日民族运动

钟安西

"一战"后至"七·七"事变之前的20余年中，在日本占据下的我国台湾，发生了一场有各阶层民众广泛参与的反日爱国的民族运动。蒋渭水是这一运动最重要的领导人之一。

一

蒋渭水，字雪谷，祖籍福建龙溪，1890年8月6日生于台湾宜兰一个以卜相为业的城市贫民家庭。蒋氏5岁时，台湾被日本占据。9岁入塾，以宜兰秀才张镜光为问字师。张氏精旧学，有名望，具爱国思想，他以传统学问教授生徒，在蒋渭水心中植下最初的民族意识。11岁时，他因家贫辍学。为了谋生，他随父亲做过乩童，又在宜兰街役场（镇公所）当过杂役。直到16岁，才重新进入宜兰公学校。毕业后，他在宜兰医院担任极其低微的佣役职位。他发愤图强，于1910年考上总督府医学校。他的人生由此发生巨大转折。

入学后，他认识了来自福州高一级的学长王兆培。王是同盟会会员，经常向同学介绍祖国情况和孙中山的思想、活动等。在他的影响下，次年，蒋渭水与翁俊明（中国国民党第一任台湾党部主任委员）、杜聪明（台湾首位医学博士）、邱凤翔（丘逢甲堂弟）、王传薪等10余位志同道合的同学一起加入同盟会。同年武昌起义爆发，同学们为革命成功兴高采烈。但是不久后，革命果实被袁世凯窃取。民国二年（1913），更传来袁世凯暗杀宋教仁、通缉孙中山的消息。于是，蒋渭水与同盟会其他会员会商，推派翁俊明、杜聪明、邱凤翔三人先后潜赴北京谋刺袁世凯。他们的行动因对方戒备森严而被迫终止，邱凤翔也因此失踪。

民国成立后，台湾同胞在祖国革命成功的鼓舞下，在沉寂多年后又开始武装反抗。之后数年中，他们在岛上发动十几次起义，但是由于力量相差悬殊，这些起义全部以失败告终，台湾同胞也屡次遭到总督府的残酷屠杀。仅 1915 年发生于台南的噍吧哖事件，日本法院一次定谳就处死起义群众 866 人。① 经过一系列挫折后，部分台湾人士转而利用日本中枢在治台方针上的矛盾和分歧。1912年，出身台中雾峰巨宦世家的名士林献堂，在梁启超的启发指点下，前往东京谒见正在赋闲的明治维新元勋板垣退助伯爵，向他陈诉了总督府的暴虐和台湾人民所受的痛苦。1914 年 2 月，板垣来台湾视察时提出，为了促进东亚民族团结，共同抗击白色人种，② 提议成立"台湾同化会"。同年 11 月，板垣再度来台。12 月 11 日，"台湾同化会"在台北铁路饭店成立，板垣担任会长，聘林献堂等20 余位有影响的台湾人士为评议员。

蒋渭水和他的同学起初因这一组织的名称而对它甚为嫌恶，但当他们拜访林献堂寓所后，认为其是一个揭露督府当局罪恶、表达台湾人民愿望的契机，于是转取赞成态度。在蒋渭水的带领下，170 位医学校学生加入了该会。

同化会成立不久，便吸纳了三千多名正式会员，成为总督府的大患。一俟板垣离台，总督府便以"妨害治安"为由解散了同化会，并对参加的人进行迫害。台湾民族运动另一重要领导人蔡培火，当时任教于台南第二公学校，便因临时充当板垣的翻译而被解除公职，后由林献堂资助赴日留学。

"台湾同化会"虽仅存在 68 天，却是台湾民族运动的嚆矢。这也是蒋渭水与民族运动发生的最早关系。

同化会解散不久，1915 年 4 月，蒋渭水以总成绩第二的佳绩从医学校毕业。次年 11 月，在台北大稻埕开设"大安医院"，悬壶济世。此后，他又经营"春风得意楼"酒馆和一座酿造"甘泉老红酒"的作坊。把弟弟和妹妹接到台北后，又娶了艺旦陈甜组成另一家庭（原配石阿有是蒋家养女，一直留在宜兰老家，育有四男一女）。他虽已跻身上层阶级，但是没有忘记自己的祖国和苦难的同胞。

---

① ［日］井出季和太：《台湾治绩志》，（东京）青史社，1937，第 226 页。
② 台湾总督府警务局编：《台湾社会运动史》，（东京）龙溪书舍，1939，第 13 页。

这一时期，他阅读了大量由已经返回大陆的翁俊明、王传薪等寄赠的孙中山著作，并苦苦思索摆脱异族统治的方法。

二

"一战"后，许多国家和地区发生了汹涌澎湃的争取独立的民族运动，有些还获得了成功。在日本国内，也出现了较为自由的政治环境（史称"大正民主时期"）。1919年3月1日，朝鲜发生"独立万岁事件"，随后大陆发生了具有深远意义的五四运动。在民族主义运动的激荡下，一群在日台湾志士和留学生也攘臂而起了。1920年1月20日，以留日学生为主要成员的台湾人第一个近代政治组织——新民会，① 在林献堂和蔡惠如的指导下于东京成立。两人分任正、副会长，会员包括蔡培火、林呈禄、彭华英、蔡式毂、郑松筠、王敏川、吴三连、林攀龙、石焕长、谢春木等50余位留日学生。新民会以"考究台湾所应予革新之事项，图谋文化之提高"为目的。② 与台湾青年会互为表里。

新民会成立后，出版会刊《台湾青年》（仿《新青年》）。该刊后来扩大为《台湾民报》（仿同盟会《民报》），成为当时唯一由台人经营的报刊。《台湾民报》的台湾支局，就设在蒋渭水的"大安医院"。

新民会最重要的活动，是发起"台湾议会设置请愿运动"和指导建立"台湾文化协会"。

1896年，日本议会通过第六十三号法律（亦称"六三法"），授予台湾总督在其辖区颁发具有法律效力的律令的权力。随后，历任台湾总督发布了许多镇压、歧视、压迫台湾人民的法令，使300万台湾民众完全处于被奴役状态。新民会成立后，首先要求撤废"六三法"，成立由台湾民众选举产生，并对总督府律令和预算具有审议权的台湾议会。

1921年1月30日，林献堂等人首次向日本国会呈递有178人联署的"台湾议会设置请愿书"，结果遭到国会的拒绝。林献堂等人回到台湾后，仍受到民众

---

① 台湾留日学生最先组成的团体为稍早成立的"应声会"和"启发会"，但人员不稳定，亦未开展活动，"新民会"成立后便自动消失。

② 王晓波编：《台胞抗日文献选编》，（台湾）帕米尔书店，1985，第53页。

热烈欢迎。

1921 年 10 月 17 日，由林献堂、蒋渭水等发起，在台北成立了台湾文化协会。林献堂任总裁，蒋渭水等为常务理事，总部设在"大安医院"。为避免日台当局阻挠，文化协会宣称以讲学修德、助长文化的发达为宗旨，[①] 实则从事政治活动。大批台湾志士聚合在文化协会的旗下，新民会会员几乎全部加入，使它很快取代新民会，成为民族运动的大本营。

蒋渭水在会报第 1 号上发表《临床讲义》一文，以诊病的方式，描述台湾原为黄帝、周公、孔子、孟子"圣贤后裔、素质强健、天资聪颖"。后来，"因受政策毒害，身体逐渐衰弱"。目前则"物质欲望强烈，缺乏精神生活，风俗丑陋，迷信很深""只会争眼前小利，不知立永久大计""不讲卫生""完全无朝气"等。他认为这是"知识营养不良症"，必须施以教育，输入新知，才能解救。蒋氏开出的药方是："正规学校教育：极量；补习教育：极量；幼稚园：极量；图书馆：极量；读报社：极量。"[②] 为了唤起民众，文化协会开展了多种文化启蒙教育。例如，在各地遍设新闻杂志阅读所，陈列各种报刊供人阅读；举办文化讲座，传习历史、社会、法律、卫生、经济、宗教知识；不断组织会员深入民间讲演，等等。这些活动在台湾民众，尤其是青年中间产生巨大反响。蒋渭水讲演的内容涉及通俗卫生、文化主义、日本史概论、明治维新、政治哲学概论、社会病等。在讲演中，蒋渭水常常结合实际，借题发挥，以浅近巧妙的语言抨击日本殖民当局的不合理统治，鼓励人民争取自己应有的权利。为了镇压日益高涨的民族运动，1923 年月 1 月，日本殖民当局将日本国内镇压政治活动的"治安警察法"搬到台湾。

从第二次议会请愿开始，参加签署的台湾本岛人士便占了多数，文化协会成为推进这一运动的主力。1922 年，日本殖民当局加紧了对参与这一运动的人士的压制，林献堂一度被迫声明与这一运动"奉谕脱离关系"。在此危急时刻，蒋渭水挺身而出，勇敢地承担起旗手的重任。

1923 年 1 月，蒋渭水、蔡培火等人申请成立"台湾议会期成同盟会"。在被台北警方拒绝承认后，两人乘第三次赴日请愿之机，以同样的组织名称、章程，

---

① 王晓波编：《台胞抗日文献选编》，（台北）帕米尔书店，1985，第 69 页。
② 王晓波编：《蒋渭水全集》上册，（台北）海峡学术出版社，1998，第 3 页。

向东京早稻田警署登记，并于 2 月成功通过注册。回台后，他们公开以这一组织名义活动。

1923 年 12 月 16 日，台湾总督府以违反"治安警察法"为由，在极端秘密的情况下，拘捕了蒋渭水等 41 位民运中坚，另有 58 人受到搜查和传讯，造成轰动一时的"治警事件"。

1924 年 2 月，台湾总督府在日本国内的压力下，被迫将蒋渭水等人交保释放。蒋渭水等人出狱后，继续投身于台湾的民族运动之中。

7 月 25 日，蒋渭水等 18 人因治警事件受到起诉。他在法庭上毫不掩饰自己的民族认同和参加民族运动的目的。他坦言："我要感谢神明，使我生为台湾人，因为台湾人把握世界和平的锁钥。"① 经过多位日本本土著名律师的反复激辩，台北地方法院宣判被告全部无罪。但检察官再次上诉高等法院。10 月 29 日，高等法院判处蒋渭水、蔡培火各禁锢 4 个月；蔡惠如等 5 人各禁锢 3 个月；蔡式谷等 6 人各罚锾百元；其他 5 人无罪。

"治警事件"是继"噍吧哖事件"之后，台湾岛内又一次大狱。台湾总督府想借此将台湾的民族运动一举扼杀，结果适得其反。台湾民众以及部分日本正义人士愤于日台当局的无理和横暴，对台湾的民族运动给予了更多的同情、支持。蒋渭水等人入狱时，成千台湾民众沿途燃放爆竹以示不平和惜别。一位新竹中学的学生在日记中称：

> 本日打开报纸，首先看到的是许多人的照片。仔细一看，原来是图谋抗日的蒋渭水先生、蔡培火先生及其他先辈十五六人的照片。啊！我真高兴，我台湾能够有这样的人物，真高兴，真高兴！吾台湾的解救已在眼前了。呜呼！台湾的救星出现了。②

经过"治警事件"后，蒋渭水一跃成为大众公认的又一位民族领袖。自此以后，蒋渭水和林献堂（"治警事件"时，林献堂出于民族大义，又重新出山主盟）、蔡培火三人便成为台湾民族运动中最重要的领导人物。

---

① 王晓波编：《台胞抗日文献选编》，（台北）帕米尔书店，1985，第 104 页。
② 台湾总督府警务局编：《台湾警察沿革志》第二编，（东京）绿荫书房，1986。

三

"治警事件"以后的几年间,台湾民族运动呈现蓬勃发展局面。议会请愿虽屡次被日本国会拒绝,但参加签署的人数每年呈几何级数上升。随着多种社会思潮相继传到岛上,多种社会运动也陆续兴起。文化协会在日益扩大的同时,会员之间因出身、经历、教育、思想主张不同,行动也日趋歧异。林献堂、蔡惠如等一批较具经验阅历的老成士绅主张采用和平渐进方式使台湾摆脱日本殖民统治;连温卿、王敏川等青年学生主张发动工农群众,彻底推翻日本侵略者的统治;蒋渭水笃信中山先生的三民主义民族学说,虽在政治理念以及人事关系上与林献堂较为接近,但行动上较为激进。持不同政见的会员之间经常攻讦交锋,使文化协会内部出现难以弥合的裂痕。

1927 年 1 月 3 日,文化协会举行临时总会,通过连温卿等提出的会章修正案,将团结无产大众、推行阶级斗争、达成民族解放等写入会章。① 林献堂、蒋渭水、蔡培火、蔡惠如等人因不赞成连温卿等人的主张,另谋筹建"台湾民众党"。但在报备时,警署先是禁止"极端民族主义者"蒋渭水参加。后来又表示,如果蒋氏参加,必须在宣言中公开保证不许此人"支配大局",并且言明不奉民族主义宗旨。经过双方协调,7 月 10 日,民众党在台中成立,蒋渭水仍被选为领导人之一。10 月 1 日,民众党正式脱离文化协会。

分裂后的文化协会称"新文协",积极建立工农团体,行动日趋激烈。1928 年 4 月,台湾共产党("日本共产党台湾民族支部")成立。蔡孝乾、谢雪红等台湾共产党党员加入新文协。1931 年 1 月,新文协通过决议,支持台湾共产党。

1931 年 6 月 11 日,在日台当局的两次大规模镇压破坏下,大批台湾共产党党员被捕、出走,台湾共产党的活动完全转入地下,新文协也被迫停止活动,从此一蹶不振。

民众党确立了民本政治、建设合理的经济组织、革除社会制度的缺点等纲领。② 除继续领导议会请愿(当时已逐渐与大众疏离)和文化启蒙外,民众党还

① 王乃信等译:《台湾总督府警察沿革志》第二编中《台湾社会运动史》,(台北)海峡学术出版社,2006,第 190 页。
② 王晓波编:《台胞抗日文献选编》,(台北)帕米尔书店,1985,第 113—116 页。

发动了几次较大的抗争活动。其中，以蒋渭水向国际联盟控告日台督府鸦片政策一事影响最大。

日本占据台湾后，实行鸦片渐禁政策。规定鸦片由总督府专卖，烟民除毒瘾已深，难以拔除的，经特许仍准吸食外，其余均令戒除，同时禁止新烟民发展。但总督府为了保有鸦片财源，于1929年12月又向25000多新烟民发放特许证。1930年1月20日，蒋渭水以"代表四百万的台湾人之民众党"名义向国际联盟鸦片委员会发出电报，控告日台督府违反国际公约，请求国联出面制止。2月9日，国联派员赴台调查。林献堂、蒋渭水不顾日台督府的威胁，亲自与国联专员见面，陈述鸦片之害与日台督府举措之非。在确凿的证据和国际社会的压力下，日台督府被迫表示重新审议鸦片政策。

蒋渭水因受当时风靡日本的社会主义思潮的影响，同时也深感林献堂的主张多年来收效甚微，决定走与工农运动结合的道路。1925年2月19日，蒋渭水依照南京总工会的组织原则，在台北建立"台湾工友总联盟"，他亲任顾问。蒋渭水支持台湾农民反对日本财阀的侵夺盘剥，又提出将地主的"小作料"（佃租）减少一半等主张，日益背弃了绅士阶级的立场。

蒋渭水的主张与林献堂等人渐行渐远，双方最终分道扬镳。1930年8月17日，林献堂、蔡培火等温和稳健的民众党成员另组"台湾地方自治联盟"。12月5日，在蒋渭水的主持下，民众党通过决议，对党纲、党内政策进行修改，提出争取工人、农民、无产市民及一切被压迫民众政治自由等口号，[1]并将除林献堂外，参加自治联盟的党员全部除名。1931年1月18日，林献堂宣布退出民众党。

1931年2月28日，日台督府以违反"治安警察法"为由，将民众党取缔，并拘捕了蒋渭水等16位领导人。次日，在严令16人今后不得从事政治活动后，将他们释放。2月23日，蒋渭水、谢春木等7位前民众党主要干部发表声明，表示将为自己的目标继续奋斗。面对各方的猜测，蒋渭水在《台湾民报》作了三点答复："一、不再组织新党，并不影响旧党的历史和存在价值。二、指导者必须站在民众之前，而不是跟随民众。三、不实行的理论是空论，无理论的实行是乱行。"[2]

---

① 王晓波编:《台胞抗日文献选编》,（台北）帕米尔书店,1985,第131—135页。
② 丘秀芷:《民族正气——蒋渭水传》,（台北）近代中国出版社,1985,第222页。

1931年，蒋渭水41岁，正是思想、学识、经验臻于成熟的壮年，本该大有作为，但是由于多年来的劳瘁忧虑苦思，又饱受牢狱折磨，身体状况每况愈下。7月，入台北医院，被诊断为伤寒。老友杜聪明每日亲自为他复查验药，但他还是因病情反复，于8月5日去世。他临终前留下遗嘱："台湾革命已进入第三期，台湾人的胜利，已迫在眉睫，凡我青年同志，务须努力奋斗。而旧同志，亦应加强团结，积极的援助青年同志，努力为同胞求解放。是所至嘱。"①

蒋渭水出殡之日大雨，但仍有5000多人前来送行，日方出动80多名警士随行监视。

四

蒋渭水虽然倒下了，但台湾的民族运动并没有停止。抗日战争全面爆发后，虽然日台当局禁绝了岛上一切政治活动，但台湾同胞的反抗一直持续着。

台湾的民族运动是台湾民众在日本殖民统治已趋稳固的情况下，受世界民族运动和大陆革命运动的影响而发动的。参加这一运动的各阶层、各派别人士虽然都以脱离日本殖民统治、实现民族自决为最终目标，但是由于经历、教育、信仰、所处环境等方面的不同，在达成这一目标的方法上，各阶层、各派别都有自己的主张和选择。他们的思虑、策略各有长处，也各有不足。当然，恰当地指出或根据他们行动的效果来总结是非得失也无可厚非，只是吾人认为，在我民族亟须一致对外的时候，对统一战线内部的不同主张，似应持"宜粗不宜细"、适可而止的态度。否则，必会削弱我们共御外侮的凝聚力量。

蒋渭水一心向往祖国，具有坚定崇高的理想信念。当国土被外寇占据，同胞在异族治下呻吟的时候，他将安逸富足的生活弃如敝屣，责无旁贷地承担起领导民族运动的重任。他一生屡遭失败困厄，几度被捕入狱，始终无怨无悔地为民族献身，由此被时人称为"台湾的孙中山"。他值得后来者永远景仰纪念。

（原载《台湾研究》2007年第2期）

---

① 丘秀芷：《民族正气——蒋渭水传》，（台北）近代中国出版社，1985，第228页。

蔡孝乾红白人生研究[*]

杜继东

　　蔡孝乾（1908—1982）是一位富有传奇色彩的台湾人。他少小离家赴大陆留学，参与新旧文学之争，组建或参加多个台湾左翼学生团体，是"台湾学生中左倾之代表人物之一"。^① 台湾共产党成立时，他被缺席选举为中央常委，兼管宣传部，后因擅自离台赴大陆而被谢雪红等人开除党籍。1932年，他进入江西苏区，主持"苏区反帝总同盟"的工作，并随红军长征，是走完长征路的唯一一个台湾人。他在延安曾历任"省苏维埃政府"内务部长、敌工部长等职，是当时中共53位重要政治领袖之一。抗战胜利后，他奉命潜返台湾，担任中共台湾省工作委员会书记，后被捕变节，背叛了他20多年来一直追求的红色事业。他变节后长期在台湾情报局从事"匪情研究"工作，成为"白区"研究"赤匪"的"专家"。纵观蔡氏一生，可谓跌宕起伏，五味杂陈，他的传奇经历令人惊叹，他的人生起落令人感慨，而他由红而白的巨变，更折射出国共两党斗争的残酷性及个人在激荡的历史洪流中的脆弱性和复杂性。然而，对于这样一个比较重要的历史人物，海峡两岸学术界都未给予充分关注，就我目力所及，似只有一篇比较简略的生平传记发表。^② 本文拟分阶段对其生平事迹进行较为深入的研究，

　　* 本文的写作得益于2007年9—10月我在台湾的研修活动，在此谨向邀我赴台的政治大学历史系和提供资助的中华发展基金表示衷心感谢。

　　① 谢国兴：《中国往何处去：1930年前后台湾的左右论辩》，《近代史研究》2003年第2期，第54页注4。

　　② 翁佳音：《安享天年的"省工委会主委"——蔡孝乾》，载张炎宪、李筱峰、庄永明编：《台湾近代名人志》第4册，自立晚报，1987，第273—285页。此文又以《蔡孝乾先生传略》为篇名收入"国史馆"编印：《"国史馆"现藏民国人物传记史料汇编》第26辑，2003，第505—517页。

以有助于我们更全面地了解和评价他的红白人生。

一、早年岁月

蔡孝乾于 1908 年出生于台湾彰化县花坛乡。据说，"最早随郑成功定居台湾的有三百户移民，他是其中一户的后裔"。[①] 蔡孝乾的祖父是私塾先生，父亲曾在日本殖民统治时期担任警察。蔡孝乾本名蔡乾，有个双胞胎弟弟叫蔡坤。蔡乾自幼事亲至孝，除帮助父母料理家务外，还在上学路上捡拾田螺到学校请校工烧熟当午饭，以尽量减轻家庭的负担。校长知悉他的孝行后，主动在他的名字中加进一个"孝"字，从此"这位孝行楷模遂成为全校师生无人不知的好学生"。[②] 蔡孝乾在延安告诉美国记者斯诺，他是 6 岁入彰化小学读书的，学校教日语，共读了 8 年，毕业后曾在母校任教 1 年。[③]

1924 年春，16 岁的蔡孝乾在"父亲和文化协会的资助下"负笈大陆，[④] 进入上海大学社会学系读书。[⑤] 蔡孝乾到上海学习，与当时台湾学生赴祖国大陆留学的潮流直接相关。据当时在台的日本总督府警务局调查，1920 年赴祖国大陆留学的台湾学生只有 19 人，到 1923 年 10 月已达 273 人，呈"激增"之势，"其中的原因之一，可能和当时在外留学生所组织的各团体所从事的留学劝诱，以及低廉的学费、简便的留学手续有关，但最大的原因则为文化协会活动所带来的民族觉醒的影响"。在文化协会的熏染下，许多台湾学生把中国"视为民族的

① [美] 尼姆·威尔斯（Nym Wales）:《续西行漫记》，陶宜、徐复译，生活·读书·新知三联书店，1991，第 251 页。

② 李宣锋、魏永竹访问:《当事人蔡孝乾家属马雯鹃暨蔡艾安访谈记录》，载台湾省文献委员会编印:《台湾地区戒严时期五〇年代政治案件史料汇编（二）个案资料》，1998，第 62 页。

③ [美] 埃德加·斯诺（Edgar Snow）:《红色中华散记（1936—1945）》，奚博铨译，江苏人民出版社，1991，第 119 页。蔡孝乾对斯诺说，他的父亲是米行会计。自己的父亲可能既当过警察，也做过会计。

④ 卢修一:《日据时代台湾共产党史，1928—1932》，（台北）前卫出版社，2006，第 38 页。[美] 埃德加·斯诺（Edgar Snow）:《红色中华散记（1936—1945）》，奚博铨译，江苏人民出版社，1991，第 119 页。

⑤ 谢雪红回忆说蔡孝乾是 1926 年初进的上大，显系误记。参见谢雪红口述、杨克煌笔录:《我的半生记·台魂泪（一）》，（台北）杨翠华发行，2004，第 189 页。另外，美国记者尼姆·韦尔斯在介绍延安时期中共的 70 名领袖人物（其中政治领袖 53 名，军事领袖 17 名）时，称蔡孝乾毕业于沪江大学，也不准确。参见 [美] 尼姆·韦尔斯:《西行访问记:红都延安秘录》，华侃译，中国青年出版社，1994，第 20 页。

祖国而仰慕思念",对中国"四千年的文化传统,引以为荣,且对之怀有憧憬之念,并期待着文化协会、议会设置请愿运动的发展和成功,以为台湾脱离日本的统治已为期不远"。①

正如若林正丈指出的:"受到这些运动最强烈影响的,还是以当时就读于岛内的中学校或专门学校学生为中心的青年们。"②日台当局也指出,民族意识被唤醒的这些台湾青年学生,"在岛内的学校,经常做不稳的行动,一旦受到处分时,则即时到支那留学"。③蔡孝乾就是"受到这些运动最强烈影响的"青年之一,他怀着对日本殖民统治的不满与对中华文化的景仰来到上海,走上了一条充满荆棘的探索之路。

二、就读上海大学

上海大学诞生于 1922 年 10 月,是由东南高等专科师范学校改组而成的一所大学,是国共两党合作办学的产物,校址在闸北青云路。校长于右任只是挂名,并不到校办公。1923 年 4 月,中共党员邓中夏被聘为校务长(又称"总务长"),实际负责校务。邓中夏赴任后,主要从三方面入手开展工作:"确定教育方针和目的要求";"改革学校建制,草拟学校章程";"聘请具有真才实学的学界人士来担任教职"。④他确定的办学宗旨是:"养成建国人才","促进文化事业"。他说:"我们不做学而不行、高谈阔论的学究,而是要用革命的理论和知识去点燃年轻人的革命狂焰,一化十、十化百地为革命播种,唤起民众,反抗军阀,打倒帝国主义!"⑤

1924 年春季,上海大学已有学生 400 多人,闸北青云路弄堂里的校舍已不

① 王乃信等译:《台湾总督府警察沿革志》第二篇《领台以后之治安状况(中卷)》,《台湾社会运动史(一九一三——一九三六)》第 1 册《文化运动》,(台北)海峡学术出版社,2006,第 232 页。此书共有 5 册,分别为第 1 册《文化运动》;第 2 册《政治运动》;第 3 册《共产主义运动》;第 4 册《无政府主义运动·民族革命运动·农民运动》;第 5 册《劳动运动·右翼运动》。

② [日]若林正丈:《台湾抗日运动史研究》,台湾史日文史料典籍研读会译,(台北)播种者出版有限公司,2007,第 264 页。

③ 王乃信等译:《台湾总督府警察沿革志:文化运动》,(台北)海峡学术出版社,2006,第 233 页。

④ 许德良:《五卅运动与上海大学》,载中国人民政治协商会议上海市委员会文史资料工作委员会编:《文史资料选辑》第 22 期,上海人民出版社,1979,第 53～54 页。

⑤ 柳建辉、郑雅茹编著:《任弼时与中国青年》,辽宁人民出版社,1994,第 74 页。

堪续用，乃迁至英租界西摩路 123 号的新校舍。[①] 蔡孝乾应该是在上海大学西摩路的新校舍开始留学生活的。据谢雪红回忆，上海大学"一学期学费、书籍费等共十二元"。她无钱交学费，是说服林木顺的父亲林德裕替她交的。[②] 蔡孝乾受父亲和文化协会资助，似无交不起学费之忧。

为了迎接工人运动新高潮的到来，邓中夏创办社会学系，"聘请共产党员和进步人士来校任教"。[③]6 月，瞿秋白应聘进入上海大学，任学务长和社会学系主任。邓中夏、瞿秋白"立意要把上大办成在社会学系方面有特色的学校"，[④] 因此倾注了大量的精力和心血。瞿秋白确定的社会学系课目有：社会学、社会进化史、社会学史、社会运动史、社会思想史、经济学原理、经济学史、政治学大纲、政治学史、法学通论、法制史、政治史、生物哲学、人类学及人种学、历史哲学、心理学及社会心理学以及两门外语。[⑤] 这些课程虽然未必都能开设，但体现了瞿秋白视域的宽阔和学养的深厚。

瞿秋白是中共著名理论家，很会讲课，对学生具有很大的吸引力。瞿秋白等人主讲的社会学、社会科学概论、现代民族问题、中国劳工问题、中国农民问题等课程，阐述了辩证唯物主义和历史唯物主义的原理，对在校学生产生了相当大的影响，许多人因此走上革命道路。当时社会上流传有"北有五四时期的北大，南有五卅时期的上大"[⑥]"文有上大，武有黄埔"[⑦] 之说，充分体现了上海大学在左翼运动中的地位。中共初创时期的一些重要理论著作，不少都是在上海大学完成的。如瞿秋白的《现代社会学》《社会哲学概论》《社会科学概论》《现代民族问题》，邓中夏的《中国劳工问题》，萧楚女的《中国农民问题》，蔡和森

---

① 何池：《翁泽生传》，（台北）海峡学术出版社，2005，第 47 页。

② 谢雪红口述，杨克煌笔录：《我的半生记·台魂泪（一）》，（台北）杨翠华发行，2004，第 183 页。

③ 帅孟奇、寨先任：《永不熄灭的明灯——纪念邓中夏同志》，《人民日报》1980 年 2 月 19 日，第 5 版。

④ 王家贵、蔡锡瑶编著：《上海大学（一九二二——一九二七年）》，上海社会科学院出版社，1986，第 5 页。

⑤ 瞿秋白：《现代中国所当有的"上海大学"》，《民国日报》副刊《觉悟》，1923 年 8 月 2—3 日。后被收入黄美真等编：《上海大学史料》，复旦大学出版社，1984，第 5—6 页。

⑥ 张士韵：《中国民族运动史上的上海大学》，《上海大学留沪同学会成立特刊》，1936 年 9 月，后被收入黄美真等编：《上海大学史料》，复旦大学出版社，1984，第 34 页。

⑦ 王家贵、蔡锡瑶编著：《上海大学（一九二二——一九二七年）》，上海社会科学院出版社，1986，"前言"第 1 页。

的《社会进化史》，恽代英的《中国政治经济状况》，施存统的《社会思想史》，安体诚的《现代经济学》，董亦湘的《民族革命讲学大纲》，杨贤江的《青年问题》等。[①]

1924 年 10 月，瞿秋白离开上海大学，社会学系主任由施存统继任。[②]1925 年 7 月，施存统对社会学系课程做了修订，首要课目包括：社会学、社会问题、社会进化史、社会主义史、社会学史、经济学、政治学、现代中国经济、外国语（英文或俄文）；次要课目包括：社会心理学、法学理论、近代经济史、近代政治史、中国外交史、经济学史、经济政策、新闻学、教育学；选修课目包括：犯罪社会学、社会哲学、人类学、历史学、财政学、统计学、经济地理、政治学史、法制史、国际法、生物进化论、普通心理学、科学方法论、哲学概论等；特别讲座包括：孙文主义、列宁主义、国民党党纲及政策、蒙古及西藏问题、中国革命史、中国劳动问题、俄国新经济政策、民族运动、普通选举、政党论、宪法论、市政学、现代哲学、现代政治等。[③]

继施存统之后担任社会学系主任的是彭述之，教员先后有李俊、蔡和森、恽代英、安体诚、张太雷、萧朴生、萧楚女、郑超麟、蒋光慈、任弼时、董亦湘、韩觉民、李汉俊、周建人、李季等。[④]中共在社会学系的影响足见一斑。在邓中夏、瞿秋白、施存统等人的不断努力下，上海大学社会学系成为当时闻名全国的人才培养基地。当时社会学"是很时髦的一种学科"，燕京大学和沪江大学等学校均设立了社会学系。但是，按施存统的说法，这些系的"教员多半是外国人"，所用的书本全是外文原版书。相反，上大的社会学教授不是"那些对于中国社会情形隔膜的外国人"，而都是中国的"社会学研究者"，他们的讲义更切合中国实际。[⑤]这样的办系方针和教学实践，吸引大批青年学子前来求学，遂使上大的社会学系成为"学生最多，共产党员、青年团员最多的一个系，也是革

① 陈铁健：《从书生到领袖——瞿秋白传》，上海人民出版社，1995，第 187 页。

② 周永祥：《瞿秋白年谱新编》，学林出版社，1992，第 136 页。

③ 《上大五卅特刊》1925 年 7 月 24 日，第 6 期。转引自王家贵、蔡锡瑶编著：《上海大学（一九二二——一九二七年）》，上海社会科学院出版社，1986，第 201 页。

④ 邵有民主编：《中国共产党上海史》，上海人民出版社，1999，第 202 页。

⑤ 施存统：《上海大学的精神》，《民国日报》副刊《觉悟》，1923 年 10 月 23 日，后被收入黄美真等编：《上海大学史料》，复旦大学出版社，1984，第 17 页。

命人才辈出的一个系"。^① 据不完全统计，中共的 40 名"上海大学烈士"中，曾在社会学系担任过教授和读过书的学生就达 28 人。^②

上大学生在瞿秋白等教师的影响下，特别重视社团活动。瞿秋白指出，创办上海大学的目的是要用进步的思想和丰富的知识，武装学生的头脑，使他们具有独立认识社会、改造社会的能力，担负新时代所赋予的神圣使命。因此，学校应鼓励学生组织各种类型的社团，提倡学生深入社会生活和革命斗争的实际，加强自我锻炼。^③ 在这种思想的指导下，上海大学"支持学生参加党派组织，集会结社，开展各项活动"。除中国共产党、中国共产主义青年团和国民党等党团组织外，上海大学"还有各种形式的社团，有探讨社会问题的研究会，有结合专业的学术团体，有各省籍的同乡会，等等"。^④ 因此，"上大的学生可以说没有一个是只读书不做事的"，他们"鄙弃那讲坛上高谈阔论的教授，和学而不行的学生，认为那只是把学问储藏起来作为自己个人生活的资本的凉血行为"。^⑤

1926 年 10 月至 1927 年 3 月，中共在上海领导三次武装起义，配合北伐军进军上海，上海大学师生积极参加起义行动，为北伐军的胜利立下汗马功劳。4 月 12 日，蒋介石开始"清党"，大量逮捕和杀害共产党人。上海大学则被视为"赤色的大本营""捣乱机关""共产巢穴"，于 5 月 2 日被国民党军警封闭，从而结束了其历史使命。^⑥

在上海大学这种气氛的熏陶下，蔡孝乾对马克思主义理论和革命活动产生浓厚兴趣，迅速成为台湾左翼学生中的活跃分子。他积极参与组建各类学生团体，参加各种反对帝国主义和日本殖民统治的活动，并于 1925 年加入中国共产主义

---

① 曾在社会学系读过书的阳翰笙回忆说："上大的社会学系主要是学马列主义经典著作，其他系也都受马列主义的影响，所以当时上大的社会学系是最活跃的，人数也最多。"参见王家贵、蔡锡瑶编著：《上海大学（一九二二——一九二七年）》，上海社会科学院出版社，1986，第 5、80 页。

② 王家贵、蔡锡瑶编著：《上海大学（一九二二——一九二七年）》，上海社会科学院出版社，1986，第 50—77 页。其中，不包括后来被中共认定为烈士的翁泽生。

③ 陈铁健：《从书生到领袖——瞿秋白传》，上海人民出版社，1995，第 186 页。

④ 王家贵、蔡锡瑶编著：《上海大学（一九二二——一九二七年）》，上海社会科学院出版社，1986，"前言"第 7 页。

⑤ 张士韵：《中国民族运动史的上海大学》，《上海大学留沪同学会成立特刊》，1936 年 9 月，后被收入黄美真等编：《上海大学史料》，复旦大学出版社，1984，第 33 页。

⑥ 王家贵、蔡锡瑶编著：《上海大学（一九二二——一九二七年）》，上海社会科学院出版社，1986，第 49 页。

青年团。①

三、参加学生团体

正如矢内原忠雄所说:"在专制政治国家,对其反抗的政治运动,通常都先在国外组织起来。"②台湾的情况也是如此。台湾地区民族运动的先驱者,就是留学日本的一批台湾学生。

自 1901 年起,台湾学生开始留学日本,以后逐年增加,至 1915 年已有 300多人,到 1922 年更增至 2400 人。③早年到日本的台湾学生"都一贯地为同化于日本的风俗习惯而努力,对社会问题、政治运动并不关心"。但是,"随着智能的发展,这些台湾人留学生中也逐渐有人能够以批判的眼光来看现实的事物"。④其后,在辛亥革命、"一战"后兴起的民族自决运动和日本民本主义运动的影响下,在朝鲜独立运动的刺激下,台湾学生产生了强烈的民族自觉意识,他们自觉"有结成团体以便进入实践运动之必要"。⑤1919 年底,蔡惠如、彭华英、蔡培火、林呈禄等台湾学生与中华青年会干事马伯援、吴有容、刘木琳等人联合成立声应会。台湾学生还组建了启发会、新民会等组织。他们还创办《台湾青年》,"展开台湾人的民族启蒙运动"。⑥

活跃于东京的蔡惠如、彭华英、许乃昌来到上海后,对上海的台湾学生运动产生了很大的推动作用。他们在国民党联俄容共政策的影响下,与北京的台湾

---

① 蔡孝乾:《江西苏区》,(台北)中共研究杂志社,1970,第 140 页。[美] 埃德加·斯诺:《红色中华散记(1936—1945)》,江苏人民出版社,1991,第 119 页。也有人说蔡孝乾在上海大学加入了中共。例如,何池说蔡孝乾"在上大加入了中共组织"。[何池:《翁泽生传》,(台北)海峡学术出版社,2005,第 86 页。] 蔡孝乾的亲属亦称,由于上大"师生多系共党分子,校园弥漫一股共产及社会主义思潮,所谓近朱者赤,未几,蔡氏亦加入共产党组织,接受共产教育"。(李宣锋、魏永竹访问:《当事人蔡孝乾家属马雯鹃暨蔡艾安访谈记录》,载台湾省文献委员会编印:《台湾地区戒严时期五〇年代政治案件史料汇编(二)个案资料》,1998,第 62 页。证之蔡孝乾本人的说法,我们可以肯定,他只是加入了共青团。

② [日] 矢内原忠雄:《日本帝国主义下之台湾》,周宪文译,(台北)海峡学术出版社,2002,第214 页。

③ 叶荣钟:《日据下台湾政治社会运动史》上册,(台北)晨星出版有限公司,2000,第 97 页。

④ 蓝博洲:《民族纯血的脉动:日据时期台湾学生运动(一九一三——一九四五)》,(台北)海峡学术出版社,2006,第 81 页。

⑤ 叶荣钟:《日据下台湾政治社会运动史》上册,(台北)晨星出版有限公司,2000,第 103 页。

⑥ 杨碧川:《日据时代台湾人反抗史》,(台北)稻乡出版社,1996,第 84 页。

学生谢廉清、谢文达，东京的新民会和台湾青年会以及台湾的文化协会等密切联系，"频频开展活动"，希望得到中国国民党的援助，使台湾独立运动"发展成打倒日本帝国主义的共同斗争"。①

1923 年 10 月 12 日，蔡惠如、彭华英、许乃昌召集旅沪台湾学生 10 余人在南方大学成立上海台湾青年会，设会址于上海闸北宝山路振飞里 948 号。该会对"台湾议会设置请愿运动"极表支持，与中国国民党也有联络，"表面上以学生的亲睦、中外文化的研究为号召，但是真正的目的在于打倒日本帝国主义，图谋台湾独立"。② 该会重要干部分工如下：谢廉清、施文杞、许乃昌负责文书，许水、游金水负责庶务，李孝顺、林尧坤负责会计。1924 年初会员增至 50 余人。

上海台湾青年会自创立以来就相当活跃。例如，1924 年 1 月召开"上海台湾人大会"，出席者除该会干部之外，还有连枝旺、陈满盈、甘文芳、张我军、林琼树、郑进来、罗渭章、张桔梗等积极分子。与会者均表示，反对台湾总督府于 1923 年 12 月对台湾议会设置运动的检举。

5 月 9 日，该会部分会员参加中国国民对日外交大会主办的"国耻纪念大会"，散发《反对日本帝国主义殖民统治台湾》的传单。

蔡孝乾到上海大学后，即加入上海台湾青年会，并迅速成长为骨干成员。1924 年 5 月，一直为该会筹措经费的林尧坤因涉入一桩欺诈案而遭到逮捕，"该会的活动，由于经费困难，顿时陷入停滞"。5 月 24 日，该会办事处被迁到法租界巨籁达路巨兴里 6 号。众人聚集，"协商有关机关志的发行，支持台湾议会设置请愿运动，及加强与岛内文化协会合作，争取经费等事项"。③ 法租界巨籁达路巨兴里 6 号是蔡孝乾的住处。④ 可见，上海台湾青年会基本上是以蔡孝乾为中心而重整旗鼓的。从此以后，蔡孝乾在台湾学生团体中发挥的作用越来越大。

1924 年前后，蔡孝乾等上海台湾青年会干部与平社的旅沪台籍人士联合创建了政治色彩更为浓厚的台湾自治协会。自治协会就设在上海台湾青年会内，二

---

① 《台湾总督府警察沿革志：文化运动》，（台北）海峡学术出版社，2006，第 84 页。
② 叶荣钟：《日据下台湾政治社会运动史》上册，（台北）晨星出版有限公司，2000，第 122 页。
③ 《台湾总督府警察沿革志：文化运动》，（台北）海峡学术出版社，2006，第 89 页。
④ 杨碧川：《日据时代台湾人反抗史》，（台北）稻乡出版社，1996，第 94 页。

者似乎是"同心一体的运动团体"。① 其"构成分子几乎都是上海青年会会员"。②

5月31日,台湾自治协会发表成立宣言,宣言呼吁:"愿我台湾人坚持根本的民族自觉;愿我亲爱之中国同胞,帮助我等之自治运动。"③

6月17日,台湾自治协会在上海务本英文专科学校举办反对台湾"始政纪念日"演讲会,蔡孝乾、谢雪红、张深切、林维金和洪熙洽等人竞相登台,声讨"暴虐的台湾总督政治",对"在其统治下悲剧的台湾民众"表示深切同情。此外,台湾自治协会还印制不少反对"始政纪念日"的传单,不仅在上海散发,"甚而分发到东京、北京、南京、厦门等地,以及岛内各同志的手中"。④ 谢雪红在发言时主张"妇女也得参加革命,支援男人的运动,才容易成功"。激起了全场的喝彩。⑤

针对"豺狼成性之下贱日本"对中国"包藏侵略野望"的严酷现实,台湾自治协会还于6月25日发表《告中国青年书》,沉痛言道:"我等台湾人原属亡国奴隶,并无发言机会;然从旁观之,中国青年子弟,倘昏昏沉睡于彼等(指日本人——引者)恶行之前,而不自觉,我等不禁为握一把冷汗。诸君快醒!快醒!诸君须从有名无实之经济绝交梦中清醒!快以实力,开始爱国运动。同时来帮忙我等亡国台胞之自主独立运动。诸君如再不醒,将不免陷入与我等同为亡国奴隶之命运。"⑥

6月末,上海台湾青年会以"在华台胞反全岛有力者大会"名义,发表反对辜显荣、林熊徵等人召开的"有力者大会"的檄文,对"以辜显荣、林熊徵为首"的所谓"有力者"加以口诛笔伐:"诸君受台湾总督府特别保护,享受特别利权——阿片、酒、盐、烟草(香烟)等,无一非政府饲养诸君之资料。简言之,诸君乃总督府之走狗。而与总督府共谋,剥削我等之自由与膏血。诸君如

---

① 蓝博洲:《民族纯血的脉动:日据时期台湾学生运动(一九一三——一九四五)》,(台北)海峡学术出版社,2006,第227页。

② 《台湾总督府警察沿革志:文化运动》,(台北)海峡学术出版社,2006,第103页。

③ 《台湾自治协会宣言》,王晓波编《台湾抗日文献选新编》,(台北)海峡学术出版社,1998,第279—280页。

④ 《台湾总督府警察沿革志:文化运动》,(台北)海峡学术出版社,2006,第91页。

⑤ 张深切:《里程碑》第1册,(台北)文经出版社有限公司,1998,第159页。

⑥ 《台湾自治协会告中国青年书》,王晓波:《台湾抗日文献选新编》,(台北)海峡学术出版社,1998,第283—284页。

何得自己分别有力者之与非有力者？"①

8月21日，台湾自治协会派遣会员数名，参加上海各反日团体共同主办的市民外交大会，向800余名听众"诉说台湾人的悲惨境遇"，并"分发题为《警告中华商界诸公》的宣传单"，呼吁"继续与日本作永久性的经济绝交，借以导致日本势力的败亡"。否则，中国"亦将陷入和台湾相同的命运"。②

11月6日，以蔡孝乾、陈炎田、李孝顺为首的台湾自治协会干部，在闸北公兴路共和楼茶馆召开上海台湾青年会秋季大会，参加者除50余名会员外，还有10多名旅沪台湾人。因受到当地军警的干扰，大会被迫改为座谈会，继续进行。会上有人提议，青年会的成员不应该仅限于学生，"应该改为能广泛包容台湾人的团体"。大会通过了此项提议，决定解散上海台湾青年会，重新组织"旅沪台湾同乡会"，并推举蔡孝乾、陈北塘、陈绍馨、郑进来、陈炎田、林剑英、何景寮等人为创会委员。他们四处奔走，募集经费，但结果并不十分理想，同乡会没有很好地组建起来。③

虽然如此，蔡孝乾、陈炎田等人曾以旅沪台湾同乡会名义，与谢廉清"共同组织'赤星会'，发行机关报《赤星》，进行共产主义之研究与宣传"。④

1925年五卅运动发生后，中国的学生运动更趋活跃，台湾学生深受影响，活动也更为积极。

1925年12月20日，蔡孝乾、彭华英、许乃昌、何景寮、王庆勋等人联络上海大学、暨南大学、大夏大学、南洋医科大学等学校的台湾籍学生，按照"全国学生联合会"的模式，在大夏大学创建"上海台湾学生联合会"。但是，由于当时"大夏大学被视为'共产主义的巢穴'，公安局的取缔极为严厉"，他们不得不把"场所迁移至法租界南光中学"，匆匆举行了成立大会。参加会议的有100多名台湾学生，10多名中国人和朝鲜人，由"蔡孝乾、何景寮两人担任司仪"。⑤从此以后，这个学生组织取代了上海的其他台湾人组织，吸引上海的左

---

① 《在华台胞反全岛有力者大会檄文》，王晓波编：《台湾抗日文献选新编》，（台北）海峡学术出版社，1998，第281页。

② 《台湾总督府警察沿革志：文化运动》，（台北）海峡学术出版社，2006，第91页。

③ 蓝博洲：《民族纯血的脉动：日据时期台湾学生运动（一九一三——一九四五）》，（台北）海峡学术出版社，2006，第157—158页。

④ 《台湾总督府警察沿革志：共产主义运动》，（台北）海峡学术出版社，2006，第3页。

⑤ 《台湾总督府警察沿革志：文化运动》，（台北）海峡学术出版社，2006，第109页。

翼台湾人纷纷加入进来，"对于在中国发展的台湾共产主义运动而言，这象征着一个新阶段的开始"。[①] 它"随着中国学生运动的兴衰，或向前发展，或停滞沉寂，并随着运动的进程而逐渐加深其共产主义的思想倾向，为台湾本岛的共产主义运动铺路"。[②]

1926 年 4 月 11 日，上海台湾学生联合会召开春期总会，到会的有大夏大学、国民大学、上海大学、复旦大学、持志大学、南洋高级商业学校、南光高级中学的台湾学生和旅沪的部分台湾青年。会议"希望各地的台湾学生们都加入各地的'台湾学生会'，然后组织个'全中国台湾学生的联合会'，进一步更和中国以外的台湾学生联合起来"！[③]

蔡孝乾还应邀加入由南京的台湾学生成立的中台同志会。1926 年 3 月 21 日，吴丽水、李振芳联合中山中学的教师文化震、陈君起、胡锡奎、赵作霖等人，集合以中山中学"教师及学生为首约四十名左右的同志"，创建中台同志会，"广泛分发成立宣言及规约，致力于台湾革命的宣传煽动，争取同志，发展会务工作"。[④] 其成立宣言称："本会工作之第一步，即在唤醒两地民众实际要求事项意识，使对本会抱有将来之希望。首先使中台两地民众，完全脱离日本帝国主义之羁绊；然后希望使中台两地民众，再发生密切之政治关系。对台湾本地民族，以一律平等之原则，树立相互间友好关系。"[⑤] 大会推选出 13 名委员，文化震为主任委员，李振芳为副主任委员，曾鲁为组织部长，唐宏涛为财政部长，蓝焕呈为侨务部长。[⑥]

中台同志会成立后，把发展会员当作首要工作来抓，于同年 5 月吸收上海的翁泽生、蔡孝乾、何景寮等人为会员。吴丽水还从南京到上海，与翁泽生、蔡孝乾商议在上海设立分会之事。翁、蔡则想把中台同志会总会迁至上海，会商

---

① 卢修一：《日据时代台湾共产党史，1928—1932》，（台北）前卫出版社，2006，第 38 页。

② 蓝博洲：《民族纯血的脉动：日据时期台湾学生运动（一九一三——一九四五）》，（台北）海峡学术出版社，2006，第 159 页。

③ 水藻：《上海台湾学生联合会的春期总会》，《台湾民报》第 104 号，1926 年 5 月 9 日，第 11 页。

④ 《台湾总督府警察沿革志：文化运动》，（台北）海峡学术出版社，2006，第 135 页。

⑤ 《中台同志会成立宣言》，王晓波编：《台湾抗日文献选新编》，（台北）海峡学术出版社，1998，第 302 页。

⑥ 蓝博洲：《民族纯血的脉动：日据时期台湾学生运动（一九一三——一九四五）》，（台北）海峡学术出版社，2006，第 302 页。

没有结果。①7月，蓝焕呈、吴丽水、李振芳等人乘学校放暑假之机返回台湾罗东，"达成协议"，主张"追求中国及台湾的自由独立，并同沐文化，支持中国革命"。②7月26日，蔡孝乾、何景寮、黄和气等人也返回台湾。7月31日，日台当局搜查吴丽水和李振芳家，查获中台同志会宣传材料多份，以及7月23日吴丽水、蓝焕呈、杨如松等人在罗东李振芳家召开中台同志会的议事记录，遂将李振芳、吴丽水、蓝焕呈、杨如松、陈招松、黄天海等人"加以拘押、侦讯"。③受此案牵连，蔡孝乾也于8月2日上午被日本警方逮捕，但因证据不足，午后就被放了出来。④这是蔡孝乾第一次被捕，但有惊无险。

暑假结束后，蔡孝乾返回上海，不久离开上海大学，再回台湾，投身于文化协会的改组活动中。

四、参与文学论争

在上海大学期间，蔡孝乾勤于笔耕，表达了自己对一些重要问题的看法，并参与了轰动一时的文学论争。

早在1919年，中国知识界的新文化运动就对岛内外的台湾文化人产生了极大的影响，他们深受"科学"和"民主"的启迪，以及"文学革命"的激励，纷纷行动起来，成立各类组织。东京的台湾留学生还创办了《台湾青年》（1920年7月16日创办，1922年4月1日改名为《台湾》，1923年4月15日增刊发行半月刊《台湾民报》），开展新文化运动，与祖国大陆的新文化运动遥相呼应。《台湾民报》创刊词云："我岛归属日本帝国版图，将近三十年了……老者不能教，幼者无可学，虽是堂堂的炎黄子孙，也恐怕与野蛮人无大异了。""我们处在今日的台湾社会，欲望平等，要求生存，实在非赶紧创设民众的言论机关，以助社会教育，并唤醒民心不可了。"⑤

---

① 蓝博洲：《民族纯血的脉动：日据时期台湾学生运动（一九一三——一九四五）》，（台北）海峡学术出版社，2006，第305页。

② 杨碧川：《日据时代台湾人反抗史》，（台北）稻乡出版社，1996，第97页。

③ 《台湾总督府警察沿革志：文化运动》，（台北）海峡学术出版社，2006，第154页。

④ 蓝博洲：《民族纯血的脉动：日据时期台湾学生运动（一九一三——一九四五）》，（台北）海峡学术出版社，2006，第316页。

⑤ 慈舟：《创刊词》，《台湾民报》第1卷第1号，1923年4月15日，第1页

《台湾民报》自创刊号起，即开辟了《学艺》栏目，专门发表文艺论文和文学作品，台湾新文学早期的重要论文和作品大多发表在这个园地上。可以说，《台湾民报》是台湾新文学的摇篮。

1924 年，深受五四新文化运动洗礼的台湾青年张我军，连续发表文章对台湾的旧文化、旧思想、旧文学加以猛烈批判和挞伐。他措辞激烈地指出："台湾的诗文等，从不见过真正有文学价值的，且又不思改革，只在粪堆里滚来滚去，滚到百年千年，也只是滚得一身臭粪。"① 当时的台湾文学界是旧诗人的天下，他们以台北的《台湾日日新报》、台中的《台湾新闻》和台南的《台南新报》等报刊中的汉文栏目为园地，沉醉于击钵吟和应酬诗中，创办诗会，发行诗刊，出版诗文，"差不多是有史以来的盛况"。然而在张我军看来，这"不但没有产出差强人意的作品，甚至造出一种臭不可闻的恶空气来，把一班文士的脸丢尽无遗，甚至埋没了许多有为的天才，陷害了不少活泼泼的青年"。他痛心地指出："现在台湾的文学，如站在泥窟里的人，愈挣扎愈沉下去，终于要溺死于臭泥里了啊！"他大声疾呼："我的朋友，我的兄弟，快来协力救他，将他从臭泥窟救出来吧！新文学的殿堂，已预备着等我们去住啊！"②

张我军的文章震撼了台湾旧文坛，引发了关于新旧文学的激烈论争。反击火力最猛的是旧诗领头人连雅堂，他在自己主编的《台湾诗荟》上发表了他为林小眉《台湾咏诗》写的《跋》，其中一段文字这样写道："今之学子，口未读六艺之书，目未接百家之论，耳未聆离骚乐府之音，而嚣嚣然曰，汉文可废，汉文可废，甚而提倡新文学，鼓吹新体诗，秕糠故籍，自命时髦，吾不知其所谓新者何在？其所谓新者，特西人小说戏剧之余，丐其一滴沾沾自喜，是诚坎井之蛙不足以语汪洋之海也噫！"③

对连雅堂的攻击，张我军于 1924 年 12 月发表《为台湾的文学界一哭》加以反驳。他说："我想不到博学如此公，还会说出这样没道理、没常识的话，真是

① 张我军：《致台湾青年的一封信》，《台湾民报》第 2 卷第 7 号，1924 年 4 月 21 日，第 10 页。另见张光正编《张我军全集》，（台北）人间出版社，2002，第 3 页。

② 张我军：《糟糕的台湾文学界》，《台湾民报》第 2 卷第 24 号，1924 年 11 月 21 日，第 6 页。另见张光正编：《张我军全集》，（台北）人间出版社第 5—7 页。

③ 廖汉臣：《新旧文学之争》，载李南衡编：《日据下台湾新文学·明集（5）文献资料选集》，（台北）明潭出版社，1979，第 416 页。

叫我欲替他辩解也无可辩解了。"面对此种状况，"我能不为我们的文学界一哭吗"？①

蔡孝乾看到张我军的文章后，于1925年1月8日写成《为台湾文学界续哭》一文，支持张的观点，对台湾文学界提出严厉批评。他说："台湾的文学界，好像霜天的枯木，好像荒野中的墟墓，好像沙漠中的石头堆，毫无生气，毫无光彩。我们在这岑寂的空气中，在这黑雾的尘埃中，怎样能够有趣味的生活、有快乐的生活呢？"他感叹道："唉！三十年于今，只听着火车轰轰，制糖会社的汽笛吼吼。满眼都是枯瘦焦黄的世界，可怜我们在这寂寞弥漫的空间里，终露不出一朵文化艺术的珠蕾，终奏不起一段快乐的歌曲，可是快乐之花枯折了，人生的温热的慰藉绝望了。"面对这种局面，"我们怎能无哭呢？唉！我们不能无哭了"。②

除直接参与当时的文学论争外，蔡孝乾还于1925年2月撰写长文《中国新文学概观》（《台湾民报》第3卷第12—17号连载），介绍中国新文学的发展概况，为台湾的新文学运动提供借鉴。他认为，"现在中国的文学已经焕然一新了"，而台湾的情况却让他"觉着一种悲悯"，所以他要把"可爱的"中国新文学"介绍做寂寞的台湾的好伴侣"。什么是新文学呢？"就是现在的白话文学，就是现在中国的活文学"。③他转述了胡适关于新文学的8项主张④，特别强调了文学中的"文字问题"："文字是文学的基础，是文学的工具"，"凡有生命有价值的文学都（是）用活文字做的。白话文学是活文字做的，所以称作活文学"。⑤

接着，他分新诗和新小说两个部分，对中国的新文学加以说明。关于新诗的理论，他着重介绍了刘半农《诗与小说精神上之革新》、胡适《谈新诗》和康白情《新诗的我见》中的各种观点，⑥然后列举了他认为有代表性的一些新诗，如

① 《台湾民报》第2卷第26号，1924年12月11日，第11页。另见张光正编：《张我军全集》，（台北）人间出版社，2002，第13页。
② 蔡孝乾：《为台湾文学界续哭》，《台湾民报》第3卷第5号，1925年2月11日，第13页。
③ 蔡孝乾：《中国新文学概观（一）》，《台湾民报》第3卷第12号，1925年4月21日，第13页。
④ （1）不做"言之无物"的文字；（2）不做"无病呻吟"的文字；（3）不用典；（4）不用套语烂调；（5）不重对偶——文须废骈、诗须废律；（6）不做不合文法的文字；（7）不摹仿古人；（8）不避俗字俗语。
⑤ 蔡孝乾：《中国新文学概观（一）》，《台湾民报》第3卷第12号，1925年4月21日，第13页。
⑥ 蔡孝乾：《中国新文学概观（一）》，《台湾民报》第3卷第12号，1925年4月21日，第13—14页。

郑伯奇的《别后》、康白情的《干燥》、冰心的《春水》、馥泉的《妹嫁》、俞平伯的《欢愁的歌》、郭沫若的《胜利的死》，[①] 以及徐玉诺的《墓地之花》、梁宗岱的《太空》、刘燧元的《夜忏》、玄庐的《十五娘》。[②] 在蔡孝乾看来，这些诗是抒情诗和叙事诗中的代表作，虽难免"举一漏万"，但他"确信可以代表现在中国的新诗"，所以他希望"读者诸君详细吟味"。[③]

关于新小说，蔡孝乾首先分析了第一次世界大战以来文学的新趋向，认为随着世界被压迫阶级"抬起头来"，随着"改造""解放"声动环球，随着"无产阶级的文艺"的建设，原来那种"为艺术的艺术"和"为人生的艺术"的观念已"不大风行"，"为新社会的艺术"的趋势业已形成。在这一趋势下，不仅小说的描写方法与前不同，描写对象也有很大变化，作家已把笔触伸向"平民社会"，如"农家、男女职工、车夫等的贫苦情形。又如由新旧思想的冲突所演出来的家庭悲剧、婚姻苦痛等"。[④] 蔡孝乾谈的虽是中国新文学，但他肯定此一文学为社会服务的趋势，明显是受到当时的左倾文艺思潮的影响。蔡孝乾在《中国新文学概观》中点评了鲁迅的《孔乙己》、雪村的《风》[⑤]、胡适的《终身大事》中的片段，以便让读者"大体知道现在新小说的体形和趋向"。[⑥]

五、观察中国政治

1924 年 10 月，冯玉祥发动北京政变，以曹锟和吴佩孚为首的直系军阀倒台以后，社会上出现了要求召开国民会议的呼声。蔡孝乾于 1925 年 1 月 13 日撰文指出，国民会议"是由全国人民各团体组织而成"，"是民众政治运动的机会"。

---

① 蔡孝乾：《中国新文学概观（二）》，《台湾民报》第 3 卷第 13 号，1925 年 5 月 1 日，第 13 页。
② 蔡孝乾：《中国新文学概观（三）》，《台湾民报》第 3 卷第 14 号，1925 年 5 月 11 日，第 13—14 页。
③ 蔡孝乾：《中国新文学概观（三）》，《台湾民报》第 3 卷第 14 号，1925 年 5 月 11 日，第 14 页。
④ 蔡孝乾：《中国新文学概观（四）》，《台湾民报》第 3 卷第 15 号，1925 年 5 月 21 日，第 12 页。
⑤ 蔡孝乾：《中国新文学概观（四）》，《台湾民报》第 3 卷第 15 号，1925 年 5 月 21 日，第 13—14 页。
⑥ 蔡孝乾：《中国新文学概观（六）》，《台湾民报》第 3 卷第 17 号，1925 年 6 月 11 日，第 12 页。

国民会议的目的在于"解决目前之时局,建设一个脱离外国资本主义和国内军阀的羁绊之民主政府"。他分析了国民会议与列强的关系,认为由于日本和英国保持了其在中国的地盘,所以"眼前表面不取干涉,持冷静的态度,而骨子里却谋巩固其势力";法国和美国因无特定的势力范围,"欲乘机造成新的局面,因此必强持干涉"。中国人民"要除此种厄运,目前只有大家起来,努力实现国民会议,以此作脱离列强势力之工具"。①

1925年3月12日,孙中山先生在北京逝世,蔡孝乾闻此噩耗,于4月2日撰文表达哀悼之情。他对中山先生的贡献做出高度评价:"先生为谋取中国国民的自由平等,不挠不倦,四十年如一日,尽瘁国事,振臂呼号,领导被压迫的民众与外力抵抗。他的一生,无一日一时一刻不怀于救国。"② 他认为中山先生的逝世,与国民党和民众关系最为密切。针对有人称中山先生逝世后,国民党必分裂的说法,蔡孝乾指出,国民党党员虽有左中右之分,但"忠实的党员决不因中山先生之死而死,必遵守中山先生的遗嘱继续(为)国民革命而奋斗,并且还要一致团结进行"。③ 针对旧势力关于中山先生逝世后"革命运动可无形消灭"的说法,蔡孝乾明确指出:"我们确信中山先生虽死,中山的精神还未死。今日虽没有中山先生一身,但是后面却还有四万万民众。我们确信国民革命今日遽失了一个领袖,但是自从中山先生死后却反加了很大的民众的力量来,处于帝国主义者和军阀二重压迫下的民众,还有谁不奋起而战呢?"④

1926年5月26日,蔡孝乾撰写《反动时期的中国国民运动》一文,分析中国国民运动所处的险恶环境,描述知识分子和民众的表现。他认为,五卅运动以后,日美英法等列强一面召开"关税会议"和"法权会议",提出"华人参政权议案",制造"骗局"以"消沉中国的民气";一面"驱使他们的工具——军阀镇压国民运动";甚至"亲身出马""威吓中国"。受列强支持的中国各派军阀则互相攻伐,争夺地盘,"显然在国民运动途上形成了极可惊的危局",使得"国民党左派分子在北方已不能活动,至于共产党员更不必说了"。⑤ 在这种环境中,

---

① 蔡孝乾:《国民会议与中国之前局观》,《台湾民报》第3卷第7号,1925年3月1日,第14页。
② 孝乾:《中山先生逝世》,《台湾民报》第3卷第14号,1925年5月11日,第12页。
③ 孝乾:《中山先生逝世》,《台湾民报》第3卷第14号,1925年5月11日,第13页。
④ 孝乾:《中山先生逝世》,《台湾民报》第3卷第14号,1925年5月11日,第13页。
⑤ 孝乾:《反动时期的中国国民运动》,《台湾民报》第114号,1926年7月18日,第12、13页。

"介在有产阶级和无产阶级之间"的"智识阶级","有时附和有产阶级作反动，有时就参加无产阶级的解放运动，而往往参加于无产阶级的解放运动少，附和于有产阶级的反动多"。但是，冯玉祥国民军的余部、从五卅运动中成长起来的革命群众、广东的20多万工人、80万农民和全国的50万国民党左派党员，以及工会、农会和学生会组织等，"都是潜滋暗长的革命势力"。所以他断言："现在中国虽形成了反动局面，然而国民运动绝对不会因此而终止的。革命的民众，都在待机而发！"[①]

此外，蔡孝乾还介入了以陈逢源与许乃昌为代表人物的，一场关于中国前途的左右论辩。

从1926年8月开始，台湾文化界就中国未来应该走资本主义道路还是社会主义道路的问题进行了长达数年的争论。[②]陈逢源（笔名芳园）代表右派，倡言资本主义道路；许乃昌代表左派，主张社会主义道路。深受马克思列宁主义影响的蔡孝乾是站在许乃昌一边的。当时蔡孝乾正因学校放假返台省亲，乃于9月21日在彰化八卦山下写成长文《驳芳园君的"中国改造论"》，反驳陈逢源的观点。他首先指出，陈逢源没有国际眼光，"只将中国做对象论中国，而没有考察世界的大势"。自鸦片战争以来，中国深受帝国主义的侵略，被迫开放门户，所以中国问题"即世界问题之一"。"在国际帝国主义和军阀的两重压迫下的中国"，要想发展"商工阶级的势力"，只能是一种"空想之谈"。在帝国主义压迫和现有的生产关系条件下，中国是不可能走资本主义道路的。蔡孝乾感叹说："现在的中国比革命前的俄罗斯更坏，无产阶级所受的痛苦更甚，因帝国主义榨取和军阀的剥削，无产阶级不得不陷于水火之中！如此还要主张中国应该要向'流弊百出'的资本主义这条路跑去，真是'太不近人性'呵。"中国的出路何在呢？中国的改造，"非打破现在的生产关系不可""非无产阶级的能力不可"。打破"现在的生产关系是什[怎]么一回事呢？就是无产阶级的革命"。无产阶级"已渐渐向社会主义的路上跑去了——中国全民族的解放，须待社会主义的

---

① 孝乾：《反动时期的中国国民运动（续）》，《台湾民报》第115号，1926年7月25日，第11、12页。

② 谢国兴：《中国往何处去：1930年前后台湾的左右论辩》，《近代史研究》2003年第2期，第44—76页。

实现"。①

六、关注台湾社会

1925 年 7 月 18 日，蔡孝乾撰写《五年来的台湾》一文，对 1920 年以来台湾政治、经济、社会和文化方面的情况做了简要的回顾。他首先指出，第一次世界大战爆发以后，一切被压迫阶级开始抬起头来"倡自由争人权"，而"暗沉沉、冷静静的台湾岛内"尚未被触动，好在东京的台湾"先觉者"于 1920 年 7 月创办《台湾青年》，"把那自由平等人权的钟鼓，搬回来台湾岛内敲了"。这是"台湾青年奋斗的开始"。② 1921 年 1 月开始的"议会设置请愿运动"、9 月成立的"标榜谋台湾幸福的"公益会和 10 月 17 日成立的台湾文化协会，是台湾政治、社会和文化领域的新动向，而文化协会与公益会之间的对抗，使台湾民众产生了"派系意识"，甚至开始进行"派系斗争"。蔡孝乾因此预言，"此去五年内，谅必会产生无产阶级的解放运动"。"台湾议会能实现不能实现"，是另外一个问题。在此过程中，"无产阶级运动开始的客观条件，充分存在着。看啊！台湾民众将有（由）'阶级意识'而至'阶级斗争'的开始"！③ 这说明蔡孝乾已深受马克思主义的影响，开始宣传阶级斗争理论了。

在看到这些积极趋向的同时，蔡孝乾也考察了台湾"这五年来之不幸的事体"。他认为经济方面的大损失有两项，一是"那条大正九年起工的南北纵贯道路"，日本当局的本意并非为了交通便利，而是为统治上的便利；二是"浪费五千万圆"开凿的"台南埤圳"，"用钱不适其时"。除此之外，"私人的经济损失，那便人人容易知道了"。④

蔡孝乾十分关注妇女问题，反对包办婚姻和买卖婚姻，对台湾妇女特别报以深切的同情。他于 1925 年 11 月完成长文《从恋爱到结婚》（《台湾民报》1926年第 88—94 号连载），发表自己对妇女问题的研究心得。妇女问题千头万绪，

---

① 蔡孝乾：《驳芳园君的"中国改造论"》，《台湾民报》第 134 号，1926 年 12 月 5 日，第 10—13 页。

② 蔡孝乾：《五年来的台湾》，《台湾民报》第 67 号，1925 年 8 月 26 日，第 13 页。

③ 蔡孝乾：《五年来的台湾》，《台湾民报》第 67 号，1925 年 8 月 26 日，第 15 页。

④ 蔡孝乾：《五年来的台湾》，《台湾民报》第 67 号，1925 年 8 月 26 日，第 14 页。

因为恋爱和婚姻乃是关系妇女一生幸福的关键，所以他首先探讨了这一主题。他认为恋爱是人类"持久不灭之力"，并援引日本人厨川白村的话说："'永久的都城'不是罗马，而是恋爱。"① 他非常看重爱情之于婚姻的重要性，因为"男女两性的结合——结婚，不专是肉欲的关系，又不是天堂上的心灵的关系，而是'同心一体'的关系。更不是主从的关系，而是在水平线上的关系"。但是"在现在社会制度下，实在找不到结婚的真意义"，尤其是"女子在经济上未曾得着自由独立"的情况下，婚姻是"罕有看得美满的"。在他看来，"结婚的真意义，必须在经济上的自由社会里，才找得到。只有共产的社会里，才有神圣的男女的结合。只有那种社会里，才有真正之男女的自由、男女的平等"。② 而"现在台湾社会所欢迎的结婚，是以金钱为标准的，是以聘金之多少、以结婚式之盛大不盛大而推定'好命''不好命'的"。这种"聘金结婚"其实与"买卖结婚相同，不过把买取女子应付的价钱，改呼为'聘金'罢了"。③

1926 年 12 月 8 日，蔡孝乾写成《产业政策与台民应有的觉悟》一文，对日台当局的所谓"产业政策"进行了批评。他指出，"帝国主义夺取殖民地的目的，就是把殖民地的一切产业完全支配"；"宗主国对于殖民地的所谓'产业政策'，就是一种经济的'榨取政策'"。由于"现在日本的资本主义经济，差不多成了慢性的恐慌"，日本当局"为挽救日本资本主义的危机"，"不得不取道于剥削无产阶级与殖民地之膏血"。④ 就台湾而言，最大宗的产业（如米、糖等），都掌握在三井、大仓、铃木、三菱等日本大财阀之手，它们一方面支配日本的金融，一方面支配台湾的产业，与殖民当局一起剥削台湾生产者。为他们服务的"铁道、港口、运河、电力会社等一切一切的设施，莫不是以我们的膏血为对象"。他呼吁台湾人民认清殖民当局"产业政策"的实质，彻底觉悟起来，"我们不但要彻底的觉悟，我们还（要）赶快团结起来"，因为"台湾民众团结即是力啊"！⑤

① 蔡孝乾：《从恋爱到结婚（一）》，《台湾民报》第 88 号，1926 年 1 月 17 日，第 12、13 页。
② 蔡孝乾：《从恋爱到结婚（续）》，《台湾民报》第 91 号，1926 年 2 月 7 日，第 14 页。
③ 蔡孝乾：《从恋爱到结婚（三）》，《台湾民报》第 92 号，1926 年 2 月 14 日，第 14 页。
④ 蔡孝乾：《产业政策与台民应有的觉悟（上）》，《台湾民报》第 140 号，1927 年 1 月 16 日，第 8、9 页。
⑤ 蔡孝乾：《产业政策与台民应有的觉悟（下）》，《台湾民报》第 141 号，1927 年 1 月 23 日，第 12 页。

七、回台参与文协改组

蔡孝乾于 1926 年 9 月 21 在台湾彰化八卦山下写成长文《驳芳园君的"中国改造论"》，并在寄给《台湾民报》以后不久，即返回上海大学继续读书。然而，由于政治风云激荡，一向激进的上海大学很快就放不下一张安静的书桌了。

1926 年 11 月初，由于北伐战争进展顺利，上海战云密布，上海大学"提前放了寒假"，以迎接革命高潮的到来。[①] 为配合北伐军的军事行动，中共决定派于 1925 年 7 月入党的翁泽生率领一支宣传队前赴闽南，到漳州地区"加强党团组织的创建，开展革命活动"。传达任务的中共江浙区委书记罗亦农还转达了中共中央领导人的意见："在开展闽南革命活动的同时，如果条件许可，也可以派几个人回台湾开展工作。"宣传队的队员有蔡孝乾、庄泗川、李晓峰和谢志坚（翁泽生的妻子谢玉鹃）。[②]

翁泽生、蔡孝乾一行于 11 月上旬来到漳州，落脚于经营农场的彰化人李山火的办事处——振成巷（当地人称枕头巷）16 号。李山火与翁泽生是远房亲戚，也认识蔡孝乾的父亲，对他们的到来表示热烈欢迎。李的办事处离市中心不太远，是一幢两层楼，旁边有一个平房作为厨房。李山火在漳州南郊的圆山开办了农场，因经营有方，积累了一定的资金，对台湾来的同胞都给予慷慨接待。他的思想倾向于革命，一直在财力和物力上支持台湾来的革命者。

翁泽生、蔡孝乾等人刚刚落脚，尚未开始工作，就收到了洪朝宗从台湾寄来的求助信。原来，台湾文化协会出现内部矛盾，以连温卿、王敏川为首的左派感到势单力孤，一面联络尚未参加协会的台北无产青年会的青年入会，一面写信要求翁泽生等人回台助阵。翁泽生等人审时度势，做出如下决定：一是支持连温卿、王敏川，与文协中的左派互相协力，促成文协向左的方向改组和发展；二是到福州动员文协老资格理事蔡惠如回台领导协会改选；三是尽量动员台北无产青年会及在其影响下的青年参加将于 1927 年 1 月 3 日举行的文协会议的表

---

① 何池：《翁泽生传》，（台北）海峡学术出版社，2005，第 96 页。

② 1952 年 9 月 2 日谢志坚（已改名为叶绿云）所写回忆材料，转引自何池：《翁泽生传》，（台北）海峡学术出版社，2005，第 97 页。

决；四是创建台湾无产青年会，以"联络感情，增进体育活动"为名义争取合法存在，以高两贵为公开的代表人物，由蔡孝乾做实际召集人；五是大力发展组织成员，彰化由蔡孝乾负责，嘉义由庄泗川负责，台北由洪朝宗负责；六是蔡孝乾、庄泗川回台湾开展活动。[①]

蔡孝乾和庄泗川领受任务后，到福州仓山请蔡惠如一同返台。但蔡惠如已厌倦文化协会的内部斗争，委婉地拒绝了他们的请求。他们失望之余，从福州乘船返回台湾。他们返台的具体时间不详，翁佳音说是 1927 年初，[②] 显然不确。据蔡孝乾对斯诺讲，他们是 1926 年 12 月回台的。[③] 此说比较准确，因为 12 月下旬，蔡孝乾已在台北参加社会活动了。从离校赴福建开始，蔡孝乾正式走上革命道路，投身于风云激荡的社会实践。1927 年 5 月 2 日，上海大学被国民党视为"赤色的大本营""捣乱机关"，予以封闭。[④]

正如日台当局所观察到的，留学中国的台湾青年参加各种学生团体，"深入运动，再回台湾时，则把其所研究、见闻的理论、战术，散布于社会，在台湾社会运动的发展上扮演重要的角色"。[⑤] 蔡孝乾正是这样一个留学生。他把自己在上海大学所学到的理论知识和实践经验运用于台湾的社会活动，力求对台湾文化协会的改组和发展有所影响。

1926 年 12 月 25 日，台湾无产青年会成立大会在台北清心亭茶点铺的楼上秘密举行，蔡孝乾、洪朝宗、王万得、高两贵和白成枝 5 人被推选为委员，召集人由蔡孝乾担任。会议号召大家分头发展会员，支持连温卿、王敏川，促成

---

① 王万得：《王万得回忆录》，第 3 页。原件藏台盟中央资料室。转引自何池：《翁泽生传》，（台北）海峡学术出版社，2005，第 113—114 页。

② 翁佳音：《安享天年的"省工委会主委"——蔡孝乾》，载张炎宪、李筱峰、庄永明编：《台湾近代名人志》第 4 册，（台北）自立晚报，1987，第 276 页。

③ [美] 埃德加·斯诺：《红色中华散记（1936—1945）》，奚博铨译，江苏人民出版社，1991，第119 页。

④ 王家贵、蔡锡瑶编著：《上海大学（一九二二——一九二七年）》，上海社会科学院出版社，1986，第 49 页。

⑤ 王乃信等译：《台湾总督府警察沿革志第二篇领台以后的治安状况（中卷）》，《台湾社会运动史（一九一三—一九三六）》第 1 册《文化运动》，（台北）海峡学术出版社，2006，第 233 页。此书共有 5 册，分别为第 1 册《文化运动》；第 2 册《政治运动》；第 3 册《共产主义运动》；第 4 册《无政府主义运动·民族革命运动·农民运动》；第 5 册《劳动运动·右翼运动》。

文协的左倾化，争取文协的领导权。① 正如日本学者矢内原忠雄所指出的，他们"潜入文化协会，以阴谋的行动夺取文化协会干部的地位，一九二七年一月修改会则，在委员制下严予统制，以'实现大众文化'为纲领，使文化协会的组织及方向转变为无产阶级运动"。②

1927 年 1 月 3 日，以连温卿为首的左派将文化协会改组为左倾的组织，文协分裂，蔡孝乾、洪朝宗等人都非常高兴。蔡孝乾于 1 月 22 日撰文指出，文协的改组"在台湾文化运动上、解放运动上，划了一个新时期。确实，台湾的文化运动，由此次文化协会的改组，已经正式转入第二期了"。他认为，这次文化协会改组有五个特点：

第一，"宗旨改为促进实现大众文化"。不论过去、现在还是未来，文化都是"大多数的大汗苦力所创造出来的"，然而"现在，文化差不多完全成了有闲阶级的占有品。把这有闲阶级占有的文化，解放为大众的文化，便是现时代的要求"。文化协会把宗旨改为"促进实现大众文化"，正是适应了这一"现时代的潮流"。文化协会改组的"重大的意义，就是在于这点"。文化协会的任务，在于"唤醒大众，纠合大众参加台湾的文化运动、解放运动，并且使文化协会本身变成为大众的所有品，使大众努力实现大众文化"。而要达成"实现大众文化"的宗旨，就"必须和大多数的农工群众及妇女接近，要和他们发（展）关系，领导他们参加台湾的解放运动"。

第二，"采用委员制"。右派干部极力主张采用理事制，但在 1 月 2 日的理事会上，"以十九票和十二票的对比，多数赞成委员制"。这足以证明"台湾民众的进步"和右派干部的"错误"。

第三，"有严密的组织"。文化协会的组织本来是"极其散漫"的，除少数干部以外，"其余的会员差不多没有活动"。原来的组织是"本部和支部的二级制"，最高决议机关是会员总会，而会员总共有 1000 多名，让所有人到总会表决是不可能做到的。"新会则的最高决议机关是全岛代表大会，其代表由会员每五名选举一名"，总共可选出代表 200 余名。这样，全岛代表大会的出席率一定比原来

---

① 王万得：《王万得回忆录》，第 3 页，转引自何池：《翁泽生传》，（台北）海峡学术出版社，2005，第 114—115 页。

② ［日］矢内原忠雄：《日本帝国主义下之台湾》，周宪文译，（台北）海峡学术出版社，2002，第 216 页。

的会员总会的出席率高。文协改组后的组织架构如下：

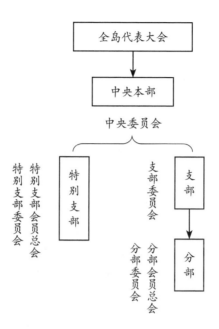

在此架构内，"支部是州内分部的联合体。特别支部则设于各市及文化特别发达之地方，其资格与支部同，分部以郡为界限"。

第四，"有严整的纪律"。"一切的团体，须有严整的规〔纪〕律，才能实现其团体的完全的发展。不然，虽有严密的组织，各会员若没有恪守严整的纪律，履行一切的决议，也是不行的"。如果没有严整的纪律，"虽有正确的纲领，也是归于空谈的；虽有严密的组织，也是归于流俗的；虽有广大的会员，也是力微散漫的"。新会则第4条、第5条、第6条，都是关于文化协会纪律的，虽然不能说"改组后的文协的纪律一定就很好，但是和过去的散漫的文协比较起来，却有天壤之差"。

第五，"有统一的财政"。"团体的财政，好像团体的油"。有统一的财政，才能使其团体得以统一运转。此前文协的财政"非常混杂，中央有中央的经费，支部有支部的经费"。文协新会则第29条规定："本会之财政以中央统一为原则，凡本部及分部、支部及特别支部各机关之经费，概由中央统制。"这就使文化协会的财政统一起来了。

总之,"从各方面观察起来,改组后的文化协会,不是像从前那样散漫,而是整个的文化协会了"。①

蔡孝乾认为,1920 年《台湾青年》创刊以来,台湾思想界的转换和民众的觉醒,是文化协会改组的外因。"思想落后的台湾,自从大正九年七月《台湾青年》刊发以来,才发现'台湾是台湾人的台湾',才晓得讲究'自新自强'之途"。《台湾青年》的刊发时代,"可以说是台湾思想界的黎明期",打破了台湾人的思想"隶属于"日本殖民统治者的局面。由此开始,"台湾的思想界才有些生机了"。《台湾青年》创刊以后,"台湾的思想界虽没有发生什么大狂澜,但是这中间,台湾民众之对于统治者的怒吼,对于御用绅士的攻击(尤其是对于公益会),都是很有意义的记录"。最近一两年来,由于日本和台湾经济陷入困境,"台湾的思想界也不得不动摇了"。台湾出现的芭蕉争议、蔗农争议、土地争议、竹林争议等,"都是台湾农民受着经济上的威胁而至开始争斗的表现"。其他如工人、青年、妇女方面,都有了相应的组织和相关的活动。"总之,无论在农民、在工人、在青年、在妇女,都渐渐觉醒起来"。这些形势的总和,"都足以证明台湾的思想界已入转换期了"。陈芳园、许乃昌等人关于走资本主义道路还是走社会主义道路问题的论争,也是"台湾思想界转换期中的特征之一"。"有了思想界的转换,才促成了文化协会的改组;同时有了文化协会的改组,才证明了台湾思想界的有意义的转换"。②

蔡孝乾还把文化协会的分裂与国际无产阶级解放运动和民族解放运动联系起来。他指出:"现在欧洲各国,无论是无产阶级的解放运动还是民族解放运动,都有发生左派和右派之分裂。在中国,如国民党的左右派之分裂。在日本,如最近劳动农民党的分裂。分裂的结果,都是促进其解放运动的展开。现在我们台湾的解放运动,虽是寥微之声,但还是能够听得(到)文化协会分裂的消息,这就是证明了台湾的解放运动还是能够展开的。"文协分裂后,"虽然缺少了几个右派干部的活动力",但是原来"反对或不满文协的进步的民众"能够加入进来,文协的工作"一定是能够充分展开的"。这"从台湾解放运动全体观察起来,

①　蔡孝乾:《转换期的文化运动(一)》,《台湾民报》第 142 号,1927 年 1 月 30 日,第 8—9 页。
②　蔡孝乾:《转换期的文化运动(二)》,《台湾民报》第 143 号,1927 年 2 月 6 日,第 10—11 页。

是进步的现象"。从文协本身来观察,原来的文协"差不多是几个干部所包办,其余的会员差不多没有活动";分裂后的文协"能够得着大多数会员的协力",所以用不着担忧。总之,台湾文化协会的分裂,"绝对不会阻碍台湾解放运动,反会促进台湾解放运动的展开"。[1]

蔡孝乾对文化协会分裂的观察和评论,在当时的台湾是独树一帜的。不幸的是,日台当局以他与台湾黑色青年联盟案有关联的名义逮捕了他,致使《转换期的文化运动》一文没有写完。

据日台当局的观察,此后,文协内部又"因战略见解的不同,产生了(以王敏川为代表的)'上大派',与连温卿所代表的'非上大派'两种派别"。"上大派"是具有上海留学经历的一群人,其成员包括蔡孝乾、翁泽生、庄春火、洪朝宗、蔡火旺、王万得、陈玉瑛、潘钦信、周天启、庄泗川、李晓芳等。"非上大派"的成员包括胡柳生、林清海、陈本生、陈总、黄白成枝、蓝南山、林朝宗、林斐芳等。[2]

关于"上大派"在文化协会内部的活动情况,因资料所限,目前尚不是很清楚。连温卿对他们的评价似乎不高,他在晚年评论"上大派"时说,"这些人士多不亲身实践为其特色",他们"只有意见而不实践"。[3]陈芳明则笼统地指出:"一九二七年一月,以连温卿、王敏川为首,以及以'上大派'青年为主干的社会主义派,夺取了文协的领导权。"[4]关于"上大派"这一课题,仍有进一步研究的空间。

八、被捕入狱

据《台湾总督府警察沿革志》记载,1927年1月2日,蔡孝乾与台湾黑色青年联盟会员王万得、高两贵、周天启和陈崁等人在彰化陈金懋家汇合,商议以"台湾无产青年会"名义组织各地无产青年团体和劳动组合,"在联盟指导下宣传主义并致力于实践运动"。台北由高两贵负责,彰化由黄朝宗、陈崁、周天

① 蔡孝乾:《转换期的文化运动(三)》,《台湾民报》第144号,1927年2月13日,第7—8页。
② 王乃信等译:《台湾总督府警察沿革志:文化运动》,(台北)海峡学术出版社,2006,第331页。
③ 连温卿:《台湾政治运动史》,(台北)稻乡出版社,1988,第182页。
④ 陈芳明:《谢雪红评传——落土不凋的雨夜花》,(台北)前卫出版社,1991,第101页。

启和蔡孝乾负责，嘉义由张栋负责。[①]

1927 年 1 月 31 日，日台警方当局通报，他们收集到台北王诗琅、周和成及彰化吴沧洲三人于 1926 年 12 月 23 日左右邮寄给东京市劳动运动社近藤宪二的信。内称在台湾已组成"黑色青年联盟"，且正在开展相关活动。同一天，警方在以"散发不当宣传歌"为由，搜查高雄州凤山街农民组合成员谢赖登之住宅时，发现了"台湾黑色青年联盟的宣言书"。日台当局由此认定，台湾确实存在秘密组织"黑色青年联盟"，并"确定其关系者系台北及彰化的无产青年一派人"。[②]

1927 年 2 月 1 日，日台当局对台湾黑色青年联盟"进行全面检举"，逮捕了包括蔡孝乾在内的 44 名"相关人员"。蔡孝乾此次被捕入狱，时间达 8 个月之久。10 月，当局做出"预审终结决定"，检方求刑的 21 人中有 17 人被法院免于起诉。17 人分别是：蔡孝乾、洪朝宗、苏丽享、陈焕圭、陈新春、赖传和、庄泗川、谢涂、张栋、谢赖登、黄白成枝、陈炳南、梁荣华、陈崁、陈金懋、周天启、李友三。其余 4 人于 1928 年 2 月 2 日被判处徒刑。4 人分别是：小泽一（2 年 6 个月）、王诗琅（1 年 6 个月）、吴沧洲（1 年 6 个月）和吴松谷（1 年）。[③]

11 月，蔡孝乾获释出狱。据斯诺记述，蔡孝乾在狱中未受太大折磨，且"获准独住一间牢房"，文化协会的人还"可以给他送食物"。[④]

---

① 王乃信等译：《台湾总督府警察沿革志：无政府主义运动·民族革命运动·农民运动》，（台北）海峡学术出版社，2006，第 19 页。据蓝博洲考证，嘉义的负责人张栋就是张梗，即后来大名鼎鼎的张志忠，警察沿革志写为张栋，"估计是手民误植或张梗以大哥之名活动"。参见蓝博洲：《孤坟下的历史：张志忠及其妻儿》，《思想·5·转型正义与记忆政治》，（台北）联经出版事业股份有限公司，2007，第 159 页注 4。

② 王乃信等译：《台湾总督府警察沿革志：无政府主义运动·民族革命运动·农民运动》，（台北）海峡学术出版社，2006，第 19—20 页。

③ 王乃信等译：《台湾总督府警察沿革志：无政府主义运动·民族革命运动·农民运动》，（台北）海峡学术出版社，2006，第 20、21 页。也有学者质疑台湾黑色青年联盟事件的真实性。例如，何池认为台湾黑色青年联盟根本不存在，此案的"缘起是由于一个日本青年小泽一想捉弄一下员警的恶作剧"，既"没有具体组织，也没有实际行动"，因而，此案是"日本人借机镇压台湾革命的一出闹剧"。何池：《翁泽生传》，（台北）海峡学术出版社，2005，第 116、117 页。

④ ［美］埃德加·斯诺：《红色中华散记（1936—1945）》，江苏人民出版社，1991，第 119 页。

九、缺席获选台共中委

蔡孝乾出狱后继续参与文协的工作，但具体做了些什么，目前尚不得而知。可以肯定的一点是，他与翁泽生保持着密切联系。翁泽生从漳州返回上海后，接到中共江苏省委的通知，要他协助筹建台湾共产党。1927年11月16日，翁泽生与受共产国际指派从苏联返沪筹建台湾共产党的谢雪红在上海会面，台共建党工作正式启动。[①] 通过翁泽生的介绍，谢雪红认识了张茂良和林松水，并掌握了一些曾经加入中共或共青团的台湾青年的情况。当时在台湾的主要有蔡孝乾、林日高、洪朝宗、庄春火、李晓芳、庄泗川等。[②]

据谢雪红说，在台共筹备过程中，翁泽生对"蔡孝乾、洪朝宗、李晓芳等人的历史介绍都讲得很好；尤其对蔡孝乾，说他在上大毕业回台后领导文协的左派，被称为'上大派'，并说蔡是在台最有实际工作经验的人。在翁的心目中，可胜任台共中央委员的人是蔡孝乾、李晓芳、林木顺、洪朝宗、林日高"。[③]

翁泽生为准备组党，致信台湾和广州邀约同志。12月中旬，蔡孝乾和广州的王万得来到上海。蔡孝乾向翁泽生汇报了文协改组的情况，翁泽生则向他们介绍了台共的筹建工作，要蔡孝乾帮忙。但是，蔡孝乾未留在上海参与建党工作。此一时期，文化协会的王敏川等人正在筹办新文协机关报《台湾大众时报》，请留学日本的苏新担任主编兼发行人，请蔡孝乾担任记者。因蔡孝乾有事在身，翁泽生"只好请他回台湾后联系洪朝宗、庄春火、林日高、庄泗川四个人，向他们传达筹建台共的事，要他们派一个人来上海参加筹备工作"。蔡答应照办，并向翁泽生推荐了厦门的潘钦信。[④]

1928年3月25日，"株式会社台湾大众时报社"成立大会在台中市料亭醉月楼举行，共有23位认股的支持者参加会议。林碧梧挂名社长，其他人员为：编辑部主任：王敏川；记者：蔡孝乾、李晓芳、庄泗川；特约记者：翁水澡（翁

---

① 关于台共建党，相关研究成果很多，本文只叙述与蔡孝乾有关的史实。
② 何池：《翁泽生传》，（台北）海峡学术出版社，2005，第158页。
③ 谢雪红口述，杨克煌笔录：《我的半生记·台魂泪（一）》，（台北）杨翠华发行，2004，第261页。
④ 《王万得回忆录》，第4页，转引自何池：《翁泽生传》，（台北）海峡学术出版社，2005，第161页。

泽生，驻上海）、苏新（驻东京）、杨贵、赖和；营业部主任：连温卿。这份刊物"结合了所有知名的左派运动者"。①

　　1928 年 4 月 15 日，台湾共产党成立大会在上海召开，出席者有林木顺、谢雪红、翁泽生、林日高、潘钦信、陈来旺、张茂良、中共代表彭荣（瞿秋白）、朝鲜共产主义者代表吕运亨 9 人。大会选出第一届中央委员会，林木顺、蔡孝乾、林日高、洪朝宗、庄春火当选为中央委员，谢雪红、翁泽生为候补中央委员。据谢雪红回忆，"林木顺、蔡孝乾和林日高三人票数差不多，为最高。洪朝宗、庄春火次之"。翁泽生、谢雪红得票较少，均为 4 票。谢雪红认为，这一选举结果与翁泽生有很大关系，因为翁在选举前说："中央委员——特别是主任委员——应该是能够回台领导工作的人。"而苏新根据参加过会议的陈来旺的讲述，对造成这一选举结果的原因做出了另外一种解释。苏新说："在选举中央委员时，谢雪红突然发难。她攻击翁是无政府主义者，不能当选为中委。于是围绕着这一问题，会上出现了争执，并形成观点对立的两种观点。由于双方争执不下，直接影响了双方的得票，两人都只当选为候补中委。"② 可知，谢、翁在会上确实发生争执，并对选举结果产生了直接影响。如无此风波，缺席会议的蔡孝乾等人或许不能顺利入选中委。

　　1928 年 4 月 18 日，台共在上海法租界翁泽生家召开第一次中央委员会，出席会议的有林木顺、林日高、翁泽生和谢雪红。

　　会议选举林木顺、林日高、蔡孝乾为中央常委，林木顺担任书记长，兼管组织部，洪朝宗负责农民运动部，庄春火负责青年运动部，蔡孝乾负责宣传煽动部，林日高负责妇女部。"预定潜入岛内者"为林木顺、林日高、潘钦信、谢玉叶。陈来旺和谢雪红担任东京特别支部及日本共产党联络员，翁泽生在上海，担任中国共产党联络员。③

---

　　①　陈芳明：《殖民地台湾——左翼政治运动史论》，（台北）麦田出版·城邦文化事业股份有限公司，2006，第 197 页。

　　②　苏新：《关于翁泽生的历史材料》，1975 年 4 月 29 日，载何池：《翁泽生传》，（台北）海峡学术出版社，2005，第 173 页。谢雪红在回忆录中说，"根据翁的介绍"，蔡孝乾、李晓芳和洪朝宗都是"受过无政府主义洗礼的"。参见谢雪红口述，杨克煌笔录：《我的半生记·台魂泪（一）》，（台北）杨翠华发行，2004，第 261 页。

　　③　王乃信等译：《台湾总督府警察沿革志：共产主义运动》，（台北）海峡学术出版社，2006，第 92—93 页。

4月20日，林木顺主持召开会议，对党员在台湾的工作做了如下安排：

台北地方：林日高、杨金泉；矿山、铁路：庄春火、洪朝宗；新竹地方：谢玉鹃；台中地方：蔡孝乾（文协、农组）、张茂良；台南地方：李晓芳、庄泗川；高雄地方（筑港）：潘钦信、刘守鸿。谢雪红说："当时因党没有经费，在分配工作时，都要考虑利用党员本人的家乡或社会关系的方便。"① 会议还审查了组党宣言书，宣称："台湾共产党是以马克思、列宁主义为武装而行动的革命政党，与世界各国的共产党同样是第三国际的支部，与其他任何政党完全不同。而台湾的共产党同时也是台湾工人阶级中最勇敢、最有意识、最坚毅、最彻底的阶级斗争的职业革命者所结合组织的。"②

4月22日，林日高乘船返台，将台共"政治大纲及其他诸纲领的内容，用淀粉写在汉文小说的行间带回"。③ 5月15日，林日高见到蔡孝乾、洪朝宗和庄春火三位缺席获选的委员，向他们出示政治大纲等文件，并"告诉他们台共成立的经过以及党所采取的政策"。④ 林日高还让蔡孝乾向李晓芳和庄泗川传达建党的消息。⑤

林日高走后的第3天，即4月25日，因发生上海读书会事件，谢雪红、张茂良、刘守鸿、杨金泉、林松水被逮捕，台共建党的相关文件也被搜走，刚刚成立10天的台共遭到沉重打击。5月17日，谢雪红被押回台湾，关进台北州厅留置场。⑥

潘钦信、谢玉鹃回台后，给岛内党员带来上海读书会事件的消息。他们回台时，林木顺曾对他们说："这次意外事件估计对你们回岛内会产生影响，万一遇

---

① 谢雪红口述，杨克煌笔录：《我的半生记·台魂泪（一）》，（台北）杨翠华发行，2004，第266页。

② 《台湾共产党组党宣言书》，载王乃信等译：《台湾总督府警察沿革志：共产主义运动》，（台北）海峡学术出版社，2006，第95页。简炯仁认为，这"可能是谢与翁妥协的结果，由这一安排已显示出民族支部内部矛盾派系问题的表面化"。参见简炯仁：《台湾共产主义运动史》，（台北）前卫出版社，1997，第84页。

③ 《台湾总督府警察沿革志：共产主义运动》，（台北）海峡学术出版社，2006，第93页。

④ 卢修一：《日据时代台湾共产党史，1928—1932》，（台北）前卫出版社，2006，第85页。

⑤ 谢雪红后来推测说："当年林日高不认识李晓芳、庄泗川，现在想起来大概蔡孝乾没有去向李、庄传达建党的消息，以至于他们就这样和党失去了联系。"参见谢雪红口述，杨克煌笔录：《我的半生记·台魂泪（一）》，（台北）杨翠华发行，2004，第281页。

⑥ 谢雪红口述，杨克煌笔录：《我的半生记·台魂泪（一）》，（台北）杨翠华发行，2004，第275—276页。

到紧急情况,你们可撤到厦门。"①5 月 19 日,蔡孝乾等人秘密在台北桥附近会合,交换有关上海读书会事件的情况。他们认为党的相关文件在上海"几乎全部遭到扣押",日台当局之搜索有扩大的趋势,乃决议"暂时停止一切党的活动,观望经过情形"。在情况紧迫时,"应各自采取适当行动自行逃避"。5 月底,他们又在新庄郡三重埔淡水河边"秘密交换情报,并协议应注意当局的动静,有危险时可逃难到对岸支那等待机会"。②

6 月 2 日,谢雪红因证据不足而被日台当局释放,居于台中亲戚家。几天后,林日高从台北到台中见谢雪红,两人商量决定如下事项:

第一,按照台共第一次中央委员会的决定展开工作;

第二,林日高提议谢雪红补为正式中央委员,谢表示同意;

第三,由林日高负责召开第二届中央委员会,讨论领导机构的部分变动、传达谢雪红等人被捕的经过以及对形势的估计等。③

6 月 10 日前后,台共第二届中央委员会在台北大桥下淡水河畔召开,参加者有林日高、庄春火、蔡孝乾、洪朝宗 4 人。谢雪红因刚出狱不久,目标太大,未到台北参加会议。会议决议如下:

第一,林日高向大家报告谢雪红等人被捕后的情形,"并传达谢雪红的意见说,希望大家必须按照第一次中委会的决定展开工作"。

第二,一致同意递补谢雪红为中央委员;

第三,一致推选林日高为中央委员会委员长。

对于上述决议,"未参加上海建党筹备和成立大会的庄春火、蔡孝乾和洪朝宗都没表示异议,愿执行党所分配的任务"。④尽管会议做出继续开展工作的决定,蔡孝乾等人也愿意"执行党所分配的任务",但他们似乎没有采取具体行动。因证据不足而获释的谢雪红虽然受到日台当局的监视,但仍然与农民组合的简吉、赵港、杨春松、杨克培等人联系,指导农民运动,并做出了显著成绩。

---

① 何池:《翁泽生传》,(台北)海峡学术出版社,2005,第 190 页。
② 王乃信等译:《台湾总督府警察沿革志:共产主义运动》,(台北)海峡学术出版社,2006,第 100 页。
③ 谢雪红口述,杨克煌笔录:《我的半生记·台魂泪(一)》,(台北)杨翠华发行,2004,第 282 页。
④ 谢雪红口述,杨克煌笔录:《我的半生记·台魂泪(一)》,(台北)杨翠华发行,2004,第 282—283 页。

十、为《台湾大众时报》撰稿

在这个非常时期，蔡孝乾公开做的事情就是为《台湾大众时报》撰稿。《台湾大众时报》是一份周刊，"兼有杂志与报纸的风格，基调在宣传社会主义"。[①] 苏新回忆说："《大众时报》虽然是'文协'的机关报，但主要执笔人大多是当时'文协'里面的共产主义者，如翁泽生（在上海）、蔡孝乾、李晓芳、庄泗川（以上三人在台湾），等等。"[②] 陈芳明甚至认为，由于该报的"记者蔡孝乾、翁水藻（翁泽生），分别为台共的中常委与驻上海联络中共的成员，而总编辑苏新则在东京秘密加入台共支部的组织"，因此该报"在很大程度上可以说是台共的喉舌"。[③]

《台湾大众时报》于 1928 年 5 月 7 日在东京发行创刊号，且于 5 月 10 日发行《五一纪念特别号》。该报"在各地组织秘密发送网，加强对同志的分送"。7 月 9 日，该报发行第 10 号后停办。[④] 关于停办的原因，若林正丈认为是受到了当局的"严厉打压"，[⑤] 而日台当局则说是因王敏川"受到拘禁"，使该报"陷入经营困难而终致停顿"。[⑥]

在《台湾大众时报》的创刊词中，王敏川首先分析了作为日本殖民地的台湾所面临的严峻现实，然后指出："台湾的解放运动，也已顺应了世界的潮流，由少数的绅士的运动，而进展到大众运动。"在这种形势下，《台湾大众时报》的一个重要使命，就是"要立在大众的面前，做政治的指导者，须由各阶级所发散的政治的不平，以大众意识之观点，抽出、批评、促进、纠合之，并且对于

① 叶芸芸：《苏新与日据下的台湾共产主义运动》，收入苏新：《未归的台共斗魂——苏新自传与文集》，（台北）时报文化出版企业有限公司，1993，第 139 页。

② 苏新：《关于翁泽生的历史材料》，1975 年 4 月 29 日，转引自何池：《翁泽生传》，（台北）海峡学术出版社，2005，第 215 页。

③ 陈芳明：《殖民地台湾——左翼政治运动史论》，（台北）麦田出版·城邦文化事业股份有限公司，第 204 页。

④ 王乃信等译：《台湾总督府警察沿革志：共产主义运动》，（台北）海峡学术出版社，2006，第 300 页。

⑤ ［日］若林正丈：《台湾抗日运动史研究》，台湾史日文史料典籍研读会译，（台北）播种者出版有限公司，2007，第 284 页注 88。

⑥ 王乃信等译：《台湾总督府警察沿革志：共产主义运动》，（台北）海峡学术出版社，2006，第 300 页。

一切的恶劣政治，都尽量地暴露"。其另一个重要的使命是"要做大众的组织者"，"就是要到民众中去做工作，于宣传主义之外，须要对那未组织的大众，要极力使其团结起来，并且要有训练，要有教育"，使大众成为"极大的力量"。①

蔡孝乾翻译了"旧劳农党顾问"布施辰治对《台湾大众时报》的寄语，发表在创刊号上。布施辰治对台湾民众报以深切的同情："这次台湾文化协会新创刊了解放运动之武器的《大众时报》，这从极端被夺了言论自由的台湾同胞看起来……确实是很堪祝贺的事情。"布施辰治提出，《台湾大众时报》"对于反动的支配阶级之弹压政治，须要彻底暴露其何等惨虐的真相"，以便"在一般民众面前，完成其解放之武器的使命"。②

1928年3月5日，蔡孝乾撰文对日本的普选制度进行了抨击。1928年2月，日本施行普选制度，被"那些资产阶级的御用新闻"称赞为"光明的政治"，被"那些眼花的小资产阶级"称赞为"是德谟克拉西的实现"。但蔡孝乾认为，日本"普选制的实施，不外是日本支配阶级为要把持他们的权力，为要缓和被压迫民众的不满不平，为要适合资本主义的现阶段的一种欺瞒政策"。日本政府规定：国民满25岁者拥有选举权（俄罗斯为18岁，德国为20岁，法国、英国、美国、意大利为21岁）；满30岁以上者拥有被选举权（俄罗斯为18岁，德国为20岁，英国、意大利为21岁，法国、美国为25岁）。这两项关于年龄的规定在全世界都是最高的。候选保证金为"二千圆"，乃是"对于无产阶级的致命的野蛮的规定。这样的例（子）是全世界无，而独日本有的"。加上居住时间的限制、投票日的选择、妇女选举权的缺失以及其他一些限制，使得"那御用报纸所赞美的所谓'光明的政治'也就可想而知，而日本普通选举制的马脚也就完全暴露出来了"。蔡孝乾还对"那班所谓机会主义者、社会民主主义者和无产阶级的叛徒"加以批评，指出他们"很得意地抱着民主主义的幻想，希望在资产阶级民主主义的议会里做那社会政策的事情，他们对于现代社会的腐败是想要平和地、慢慢地改良"。蔡孝乾讽刺道："改良主义者哟！议会在资产阶级有革

① 敏：《创刊辞》，《台湾大众时报》创刊号，1928年5月7日，第2页。按：本文所引《台湾大众时报》上的材料，都是执教于台湾辅仁大学的许毓良博士复印后提供的，在此谨对许博士表示衷心感谢。

② ［日］布施辰治：《对于〈大众时报〉之使命的希望》，《台湾大众时报》创刊号，1928年5月7日，第11页。

命性的时代，多多少少还能够演些进步的职任，但是（在）资产阶级已陷于绝对反动的今日，那只是虚伪和欺瞒，（除了）无责任的喧哗和议员间的摆戏以外，还有什么？"①

　　1928 年 4 月 9 日，蔡孝乾以马克思列宁主义的相关理论为据，撰文论述了无产阶级革命与弱少民族解放运动之间的关系，探讨了弱少民族纪念五一劳动节的意义。蔡孝乾首先指出，全世界工人阶级在五一节的要求，并不仅仅限于 8 小时工作、8 小时教育、8 小时休息三点，他们有一个更大的要求，"那就是全世界的无产阶级的解放。尤其是一九一七年的俄罗斯 ××（革命）以后，全世界的工人阶级的要求更加具体化了。因此现在纪念'五一'的意义便扩大起来，同时弱少民族纪念'五一'的意义也随之扩大起来了"。全世界弱少民族——"土耳其、波斯、埃及、中国、印度、朝鲜，等等"——的共同追求是推翻帝国主义的殖民统治，解决民族问题，求得民族解放。而所有"立在战线上的殖民地半殖民地民族都是宗主国内的无产阶级的友军"，"一切的宗主国内的战斗的无产阶级都是立在战线上的殖民地半殖民地民族的友军"。这样一来，全世界的无产阶级和全世界的弱少民族就有了一个共同的敌人，那"就是国际 ××（帝国）主义。国际 ××（帝国）主义一方面支配自己国内（的）无产阶级，一方面支配着殖民地半殖民地的弱少民族。国际 ××（帝国）主义不期然而然地使全世界的无产阶级和全世界的弱少民族不得不互相握手"！蔡孝乾援引了列宁关于民族问题的相关论述，并结合当时的国际形势指出："一方面是帝国主义战争，一方面是俄罗斯的十月 ××（革命），这样的变化，必然的使民族问题由资产阶级民主主义的一部分推行到世界无产阶级 ××（革命）的一部分了。"蔡孝乾的结论是："只有资本主义的 ××（灭亡）和全世界无产阶级 ××（革命）的成功，民族问题才有完全解决的可能！"②

　　日台当局对《台湾大众时报》的创刊极感紧张，唯恐该报流入台湾后，造成对其殖民统治不利的影响，乃于 5 月 13 日发布扣押令，内称："因创刊号有妨害治安，所以禁止公布并押收。"5 月 17 日，《台湾大众时报》创刊号运抵台湾时，

---

① 蔡孝乾：《日本普通选举制度的批判》，《台湾大众时报》创刊号，1928 年 5 月 7 日，第 13—15 页。

② 蔡孝乾：《弱少民族纪念"五一"的意义》，《台湾大众时报》五一纪念特别号，1928 年 5 月 10 日，第 6—9 页。

即被日台殖民当局扣压。王敏川和连温卿"屡次到特务局去抗议、交涉",当局才取消扣押令,但创刊号里所谓的"不妥"文字,都被当局剪掉了。创刊号24页中,"被蹂躏的地方共七处,三页余。被蹂躏的本刊创刊号到读者的手里的时候,只是剥〔剩〕些骸骨罢了"。①

日台殖民当局对《台湾大众时报》在岛内的相关人员也进行监视和骚扰。据《台湾大众时报》报道,1928年6月8日上午9时,大批警察忽然对文化协会台北支部及连温卿和蔡孝乾的住宅进行搜查。"问他们为什么事情,他们也不答,把室内的东西翻弄一场,连床上也登起窥望。壁的隙间,他们也要如发现了什么似的注视良久"!虽然搜查的结果是一无所获,但警察为免遭讥笑,"不得不随便拿了几件如私人的写真、友人问候的信。闲手随便画着英[文]字的字纸,都是他们这回搜查中的胜利品呢!官宪为了避免民众的恶感,故意说是什么思想问题,无非是他们日常的故套"!②

这次搜查虽然有惊无险,但对蔡孝乾的影响可能比较大。之后不久,他就离台避祸了。

十一、被开除台共党籍

1928年8月下旬的一个夜晚,蔡孝乾与潘钦信、谢玉鹃、洪朝宗在苗栗县后龙港秘密乘船离开台湾,避往福建。

关于此次离台,蔡孝乾有两种解释:

(1)为了安全。他在晚年说:"1928年秋,设在上海的'台湾共产党总部'遭受破坏,台湾岛内党员的安全因而面临威胁。"他们"唯恐波及台湾岛内组织,经会议决定,当将几个重要干部撤离台湾"。③

(2)出于经济原因。上海的翁泽生得知蔡孝乾等人避到福建后,曾到漳州质问蔡孝乾为什么"跑到这里来"。蔡无言以对,许久才说:"革命总不能饿肚子,

---

① 《本报创刊号被蹂躏!请以大众力量彻底的抗争!》,《台湾大众时报》第5号,1928年5月10日,第10页。

② 《文协台北支部及连温卿蔡孝乾两氏住宅突受搜查。原是官宪高压的新方法!》,《台湾大众时报》第9号,1928年7月2日,第9页。

③ 蔡孝乾:《江西苏区》,(台北)中共研究杂志社,1970,第1、3页。

总要生活嘛。"①

潘钦信和谢玉鹃则强调是遵照上级指示离台的。翁泽生在厦门找到潘钦信和谢玉鹃，询问他们离台的原因。潘钦信说："我们一回到岛内，就不断有人跟踪，看来敌人已经发现了我们。根据林木顺在上海临别时的嘱咐，我们就撤到了厦门。"②

联系他们离台前后的种种表现来看，经济原因只是一个借口，真实的原因是担心被日台殖民当局逮捕。据谢雪红回忆，林日高在台共一届第三次中央委员会上曾说，有几个党员在一届第二次中央委员会上虽"对开展工作计划没有异议，但随后却表现得恐慌之至；尤其是洪朝宗怕得要死，总觉得好像到哪里都看到有人要来逮捕他"。③ 所谓的"遵照上级指示"，也是自辩之言。林木顺虽然说过"万一遇到紧急情况，你们可撤到厦门"的话，但是什么样的情况是"紧急情况"？由谁来确定？都是问题。因此，在谢雪红等人看来，蔡孝乾、洪朝宗、潘钦信、谢玉鹃难免有临阵脱逃之嫌。

8月下旬或9月上旬，谢雪红、林日高和庄春火在台北召开一届第三次中央委员会，对于避往福建的蔡孝乾、洪朝宗、潘钦信、谢玉鹃"决议给予开除党籍"的处分，并"提交日共中央批准"。此外，会议还做出以下决议：发展赵港、杨春松、杨克培等积极分子加入台共；在台北开一家书店，以"掩饰身份"，收容党员，开展工作；以文化协会和农民组合为开展工作的重点等。④

会后，林日高前往东京向日共中央汇报会议情况时，见到了从上海到东京的林木顺。他们在向日共中央汇报工作时，"受到日共中央的严厉批评，说台共成立没几天就被破坏，很不应该"。⑤

接受日共中央的指令后，林木顺指示林日高返回台湾，"并将以淀粉书写在杂志的行间的指令书交付他"。⑥

---

① 何池：《翁泽生传》，（台北）海峡学术出版社，2005，第204页。
② 何池：《翁泽生传》，（台北）海峡学术出版社，2005，第203页。
③ 谢雪红口述，杨克煌整理：《我的半生记·台魂泪（一）》，（台北）杨翠华发行，2004，第290页。
④ 谢雪红口述，杨克煌整理：《我的半生记·台魂泪（一）》，（台北）杨翠华发行，2004，第290—291页。
⑤ 何池：《翁泽生传》，（台北）海峡学术出版社，2005，第208页。
⑥ 王乃信等译：《台湾总督府警察沿革志：共产主义运动》，（台北）海峡学术出版社，2006，第107页。

　　林木顺回到上海后，将有关情况告诉翁泽生。翁泽生认为，开除蔡孝乾等4人的"台共党籍是不妥的"，因为他们是"按照组织的指示撤到厦门的"。而且，"洪、潘、谢经劝告又立即回台，怎能这样轻率地开除他们呢"？[①]虽然翁泽生对开除蔡孝乾等4人的党籍有不同看法，但因他当时不在台湾，难以改变这项决定。[②]

　　林日高于10月返回台湾后，在台北找到谢雪红，向谢汇报了相关情况。经过一番准备，谢雪红、林日高和庄春火于11月在谢的住处召开会议，做出如下决议：（1）"基于日本共产党中央的指令"，增补谢雪红为中央委员；（2）对因畏惧"检举而放弃工作"，逃到福建的蔡孝乾等4人，"视为违反党规的机会主义者"，予以除名；（3）吸收杨克培、杨春松为党员；（4）以林日高为中央书记长兼组织部长，庄春火为劳动运动部长兼宣传煽动部长，其余工作概由谢雪红负责。[③]

　　蔡孝乾从缺席获选台共中央常委，到被台共中央开除党籍，只有半年左右的时间，经历了人生的一次大起大落。

十二、流亡福建

　　蔡孝乾等4人离开台湾后，先来到厦门。[④]之后，蔡孝乾独自"来到漳州，寄寓于城内东半后街枕头巷"。[⑤]这是李山火的办事处，上次蔡孝乾到漳州时曾在这里落过脚。蔡孝乾到漳州后化名杨明山，以免暴露自己的真实身份。当时驻守漳州的是国民党军独立第四师，师长是张贞。经李山火介绍，蔡孝乾到张

① 何池：《翁泽生传》，（台北）海峡学术出版社，2005，第209页。

② 陈芳明认为，开除蔡孝乾、谢玉叶等四人，引起后来谢雪红与翁泽生之间的权力斗争。翁泽生后来利用岛内的台籍中共党员向谢雪红夺权，便是以此开除事件为张本。蔡孝乾与谢雪红的恩怨，则一直延续到一九四七年的二二八事件。参见陈芳明：《谢雪红评传——落土不凋的雨夜花》，（台北）前卫出版社，第119页。

③ 王乃信等译：《台湾总督府警察沿革志：共产主义运动》，（台北）海峡学术出版社，2006，第107—108页。

④ 何池：《翁泽生传》，（台北）海峡学术出版社，2005，第207页。蔡孝乾曾告诉美国记者斯诺，他到厦门后，"在台湾党的厦门支部工作"。实际上，当时台共在厦门并无支部。[美]埃德加·斯诺：《红色中华散记（1936—1945）》，江苏人民出版社，1991，第120页。

⑤ 蔡孝乾：《江西苏区》，（台北）中共研究杂志社，1970，第3页。

贞举办的"训政人员讲习所"当"经济学教师"。当翁泽生特意来漳州询问蔡孝乾以后有何打算时，蔡回答："等过一段日子再说吧。我在漳州也可以继续为台共工作。"翁泽生从漳州返回厦门，对其他人说："参加革命是自愿的，我们不能勉强他。"何池认为，翁泽生的质问"在当时处在彷徨中的蔡孝乾心中产生了震动。他经过一段时间的思想斗争之后，在漳州继续从事组织台籍学生开展革命活动的工作"。①

1929 年 2 月，蔡孝乾到石码中学当教员。②后来又到龙溪女子中学教书。"为了生活"，他"还在诏安当过一个短时期的公路工程处临时职员"。③

在此过程中，蔡孝乾没有违背自己对翁泽生所作的"继续为台共工作"的承诺。按他自己的话说，他"流亡大陆，在厦门、漳州一带，以公开职业掩护秘密身份，从事地下活动"。④

蔡孝乾的"主要任务是做台湾居民工作，尤其是学生工作"。⑤1929 年，台湾青年蒋文来"因有共产党员的嫌疑，经漳州第一师（应为第四师——引者）军法会议审判，将他拘禁"。10 月 5 日，漳州的李山火、蔡孝乾、张炳煌等人"召集数十名"台湾学生，"决定借救援运动的机会组成救援团体"。此后，他们继续进行宣传活动，并成立漳州台湾解放运动牺牲者救援会。1930 年 2 月，为了募集资金和进行宣传鼓动，李山火、蔡孝乾、张炳煌等人在上海台湾青年团的援助下，在漳州举办救援台湾解放运动牺牲者游艺大会。2 月初，他们向厦门和漳州附近各县的台湾学生发出倡议书，并在漳州市内张贴传单，把召开游艺会的计划公开告知第四师师长张贞和公安会长张式，请他们和社会各界捐款。2 月 9 日，游艺会正式开始。当天，他们印出《台湾解放运动牺牲者救援大会特刊》约 2000 份，在漳州等地散发。特刊发表的文章包括：《日本最近对台湾的暴压政策》《暴压政策下的各阶级民众》《岛内各团体的斗争情势》《海外台湾青年的活动情势》。特刊还发表了一份《宣言》，内容如下：

---

① 何池：《翁泽生传》，（台北）海峡学术出版社，2005，第 204—205 页。
② [美] 埃德加·斯诺：《红色中华散记（1936—1945）》，江苏人民出版社，1991，第 120 页。
③ 蔡孝乾：《江西苏区》，（台北）中共研究杂志社，1970，第 3 页。
④ 蔡孝乾：《江西苏区》，（台北）中共研究杂志社，1970，"小引"第 1 页。
⑤ 蔡孝乾：《江西苏区》，（台北）中共研究杂志社，1970，第 11 页。

国际帝国主义的根本已经动摇。

现在全世界弱小民族的革命运动已日渐炽热,各帝国主义国家对弱小民族殖民地的弹压也日益加重。因此,帝国主义国家与弱小民族间的斗争也日渐尖锐化。

最近世界弱小民族革命运动有印度的抗英、朝鲜的抗日、土耳其与摩洛哥的战争,这些战争都震惊了全地球的人类。我台湾可说是个孤岛,但在日本帝国主义铁蹄的重压下,民众的革命斗争尚且不落人后。除了极少数的走狗、土豪、劣绅及反动分子外,四百万台湾民众都是勇往迈进的斗士。

过去的三十年间,我台湾民众反抗日本政府,因此遭到血淋淋的屠杀。如北埔事件、林杞埔、苗栗、西来庵事件等,其间的消息就无庸赘言。最近三、四年来,台湾民众英雄的战斗正如火如荼地进行。可是日本帝国主义更加肆无忌惮地凶暴镇压。台湾革命民众自一九二七年以来爆发的检举事件接连不断。例如:

黑色青年事件(三十余名)、凤山农组(十余名)、大宝农林(十余名)、中坜农组(九十余名,入狱二十余名)、新竹事件(检举三百余名,入狱百余名)、上海台湾共产党事件(七名)、台南涂粪事件(四十余名)、高雄洋灰工人暴力事件(四十名)、台中农组印刷事件(四百余名,入狱二十余名)、东京台湾社会科学事件、第二次"六·一七事件"等。

随着解放运动的牺牲者的增加,日本帝国主义对吾等牺牲者就越发施以惨无人道的殴打与拷问。另一方面又使入狱者的家族饥寒交迫、流离失守〔所〕。其惨状真是莫可名状。

漳厦的台湾同胞组成救援台湾解放运动牺牲者游艺会,将募得的钱赠给入狱的同志及其家族。一方面借以抚慰入狱的同志及其家族,另一方面则激励解放战线上的斗士,进而巩固革命势力,为将来的革命斗争而努力。

革命的同胞们!同志们!第二次世界大战将爆发,我等应团结起来打倒帝国主义。打倒日本帝国主义。

中台的革命民众团结起来!

全世界被压迫的民族团结起来!

打倒国际帝国主义!

拥护中国革命!

台湾独立成功万岁!

游艺会在李山火的主持下进行。先由陈志辉发表演说，叙述台湾革命运动的经过，陈述救援牺牲者的必要性。之后是音乐演奏、话剧表演和歌舞表演，话剧为独幕剧《殖民魂》和《血溅竹林》。① 这些剧目以日本帝国主义压迫台湾人民和台湾人民奋起反抗为内容，吸引不少观众前往观看，收到了很好的宣传效果。

蔡孝乾说，当时他"与中共组织只有横的联系"，在工作上"直接受设在上海的台共总部领导"。②

实际上，当时的台共总部已不在上海，而在台湾，与蔡孝乾经常联系的是上海的翁泽生。翁泽生对蔡孝乾始终抱有很高的期待，希望他回到革命团体中来。1930 年 10 月，厦门的潘钦信接到中共福建省委转来的共产国际远东局的指令，要潘钦信和蔡孝乾到上海，与翁泽生一起作为远东局的联络小组成员，参与指导台共改革事宜。这是翁泽生向中共中央推荐的结果。但是，"蔡孝乾在漳州有事离不开"，潘钦信于 11 月初抵达上海。③ 此后，翁泽生和潘钦信等人深深介入台共改革事宜，与谢雪红产生严重分歧和激烈矛盾，而蔡孝乾则继续在福建活动。

1931 年 6 月，台湾共产党在岛内的组织遭到日台殖民当局的严重破坏，许多党员被捕，党的活动陷于停顿状态。鉴于这种严峻形势，中共中央和共产国际远东局指示上海的翁泽生重新物色和培养台籍革命青年，重建台共组织。当时，日本领事馆警务署逮捕了上海台湾反帝同盟的许多骨干成员，并把他们押解回台湾，物色和培养青年的工作大受影响，翁泽生便把目光投到活跃在福建的台籍热血青年身上。

福建因离台湾较近，台湾籍学生相对多一些，且大多是倾向革命的激进青年。他们先后成立了留集台湾学生会、同文台湾学生会等组织，与上海的台湾学生互通声气，从事左翼运动。答应"继续为台共工作"的蔡孝乾在教书的同时，也撰写论文，对这些学生团体的工作给予指导。据《台湾总督府警察沿革志》记载，留集台湾学生会和同文台湾学生会及"漳州的留漳台湾学生会等直

---

① 王乃信等译：《台湾总督府警察沿革志：共产主义运动》，（台北）海峡学术出版社，2006，第354—358 页。蓝博洲：《民族纯血的脉动：日据时期台湾学生运动（一九一三——一九四五）》，（台北）海峡学术出版社，2006，第276—280 页。

② 蔡孝乾：《江西苏区》，（台北）中共研究杂志社，1970，第 11 页。

③ 何池：《翁泽生传》，（台北）海峡学术出版社，2005，第 229—230 页。

接受李山火、蔡孝乾、施玉善、张炳煌、潘炉、陈新春等人的指导，以及与上海的林木顺、翁泽生等人联络而倾向共产主义"。1930年5月8日，学生会干部詹以昌、曹炯朴、王溪森等人给闽南各地中等以上学校发出倡议信，指出："我等海外的台湾青年身负特别重大的使命，要使日本帝国主义侵略下的殖民地民众与受列强帝国主义侵略的汉民族自觉其使命的重要性，且与身负同一使命，侨居中国的台湾青年团结起来，努力达到我等伟大的历史使命"。要完成这一使命，"首先是要组成一个团体"，即"组成久已荒废的闽南学生联合会"。① 他们的倡议得到各校台湾学生的热烈响应。1930年6月9日，闽南学生联合会在厦门中学的礼堂秘密举行成立大会，出席者除学生代表外，还有潘钦信、陈新春、卢丙丁等"指导者"。大会成立宣言呼吁"被压迫的台湾民众及革命的中国民众要共同起来，与日本帝国主义做决死的斗争"。②

闽南学生联合会成立以后，特别重视社会科学研究，在厦门等地开办研究会，"致力于共产主义理论的研究"。化名杨明山的蔡孝乾撰写的《新兴经济学》和《进化论》等小册子成为研究班的教材。1930年9月，詹以昌负责的研究班，"利用每周的星期六下午在董文霖的住处，由侯朝宗主持讲解杨明山著的《新兴经济学》及《进化论》"，会员有董文霖、高水生、郑明显、蔡大河、张梗、陈鑫尧、王灯财、陈坤成、苏深渊、王太鑫等人。③

从1931年下半年起，蔡孝乾就不再教书了。④ 是年6月底，翁泽生和侯朝宗同赴漳州，找到蔡孝乾后，向蔡传达了中共中央和共产国际远东局的指示，并向蔡了解漳厦一带台湾青年学生，特别是其骨干成员的情况，决定"在原来闽南学生联合会和厦门反帝同盟的基础上，建立厦门反帝同盟台湾分盟，以此作为联络台湾在闽南学子的革命组织，从中培养革命青年"。⑤ 但是，不知什么原因，蔡孝乾并没有积极参与翁泽生等人的活动。

---

① 王乃信等译：《台湾总督府警察沿革志：共产主义运动》，（台北）海峡学术出版社，2006，第359—361页。

② 王乃信等译：《台湾总督府警察沿革志：共产主义运动》，（台北）海峡学术出版社，2006，第363页。

③ 王乃信等译：《台湾总督府警察沿革志：共产主义运动》，（台北）海峡学术出版社，2006，第372—373页。

④ 蔡孝乾：《江西苏区》，（台北）中共研究杂志社，1970，第11页。

⑤ 何池：《翁泽生传》，（台北）海峡学术出版社，2005，第270页。

关于蔡孝乾与中共组织的"横的联系",我们只能从他的自述中寻到一点信息。1932年4月24日,即红军占领漳州后的第5天,"一个带〔戴〕黑眼镜的高个子青年"来到蔡的寓所,他是两年前曾以"巡视员"身份与蔡"联系过的中共地下党员李文堂"。[1] 蔡孝乾就是通过李文堂的引介,见到红一军团政治部主任罗荣桓,加入红军,从此开始了他的红色人生之旅的。

十三、红都瑞金

漳州是闽南重镇,在当时是福建第二大城。漳州地处九龙江入海口,向东不远是厦门港,向西不远是广东省大埔县。1932年4月14日,红军一、五军团共同向驻守漳州的国民党张贞所部四十九师发动进攻,19日,张贞所部王祖清旅和杨逢年旅被击溃,张贞率余部连夜烧毁弹药库,撤离漳州,经彰浦、云霄向诏安方向撤退。20日,红军正式占领漳州。此役中,红军共消灭张贞4个团,俘获1674人,缴获飞机两架,机枪、步枪、山炮、迫击炮等若干。[2] 此外,红军还在漳州筹得100多万元现款和大量布匹、粮食、食盐等,使一军团达到1.6万多人,五军团达到6600多人。[3]

红军的这次行动使蔡孝乾的职业生涯出现了一次大的转折。正如他自己所说:"红军占领漳州,带给我的是一种根本性的变化。这,不仅是属于实际生活方面的,而且也是属于意识形态方面的。从那天起,我就成为所谓'红色战士'的一员了。"[4] 引介蔡孝乾加入红军的,是两年前曾以"巡视员"身份与他联系过的中共地下党员李文堂(实际身份是"中华全国总工会中央苏区执行局委员")。李设法找到当时正在漳州的蔡,邀请他到江西苏区工作。通过李文堂的介绍,蔡孝乾认识了红一军团政治部主任罗荣桓,遂进入政治部工作,接手原由罗荣

---

[1] 据蔡孝乾介绍,李文堂是海南岛人,海员工人出身,曾参加过1924年的省港大罢工。1930年以巡视员名义到漳州活动,真实身份为"中华全国总工会中央苏区执行委员会委员"。参见蔡孝乾:《江西苏区》,(台北)中共研究杂志社,1970,第11页。
[2] 孔永松、林天乙、戴金生:《中央革命根据地史要》,江西人民出版社,1985,第284页。
[3] 马齐彬、黄少群、刘文军:《中央革命根据地史》,人民出版社,1986,第353—354页。
[4] 蔡孝乾:《江西苏区》,(台北)中共研究杂志社,1970,第13页。

桓主编的《红色战士报》。与他一同参加红军的，还有台湾学生沈乙庚①、林飘萍、施碧晨、沈存荐和余晓阳 5 人。蔡在编辑《红色战士报》时，还曾带领几个"红小鬼"到漳州城南 40 里的径口村进行宣传鼓动工作，在那里见到了自己的父亲。他的父亲是 1928 年秋从台湾来到径口村，替台湾人李山火管理农场的。②

1932 年 6 月 3 日，罗荣桓告诉蔡孝乾，时在汀州担任中共苏区中央局组织部长的任弼时来电，要蔡孝乾随红军入江西苏区担任新职务。任与蔡有师生之谊。1924 年，蔡在上海大学读书时，任弼时曾担任俄文教员。当时任弼时只有 20 岁，是全校 41 名教师中最年轻的一个。③1928 年台湾共产党在上海成立时，任弼时负责共产国际东方部的联络工作，知道蔡是台湾共产党领导人之一。④

6 月中旬，蔡孝乾、与蔡一同教过书的台湾人施至善一家，以及几个台湾学生抵达福建汀州，见到了中共苏区中央局书记周恩来，还有任弼时。⑤周恩来交给蔡两本书，一本是列宁的《马克思主义的三个来源和三个组成部分》，一本是日本共产党领导人佐野学的《国家论》，⑥要蔡尽快翻译出来，交由苏区中央局出版。关于蔡和其他台湾青年的工作，周恩来和任弼时决定由中华苏维埃临时中央政府人民委员会副主席项英负责安排。蔡孝乾对周恩来的印象很好，在回忆录中说："后来，我在与周恩来的不断接触中，都能深深地感到他确实是个学识广博、思考缜密的人。"⑦

蔡孝乾一行抵达"红都"瑞金后，就见到了项英。蔡孝乾被暂时安排在徐特立任代理人民委员的中央教育部工作，任小学教科书的编审委员，后又兼任列

---

① 沈在中央苏区曾担任蓝衫团学校的专职教员。这个学校是工农剧社总社下属的一所专门培养戏剧演员和"工农艺术干部"的学校，成立于 1933 年 4 月。1934 年 4 月，蓝衫团学校改为高尔基戏剧学校。参见江西省文化厅革命文化史料征集工作委员会、福建省文化厅革命文化史料征集工作委员会编：《中央苏区革命文化史料汇编》，江西人民出版社，1994，第 249—250 页。施英、施月娥、施月霞、施月仙是当时有名的"施家四姊妹"，她们"活泼伶俐，能跳能唱"。参见赵品三：《关于中央革命根据地话剧工作的回忆》，田汉等编：《中国话剧运动五十年史料集》第 1 辑，中国戏剧出版社，1958，第 187 页。

② 蔡孝乾：《江西苏区》，（台北）中共研究杂志社，1970，第 19—20 页。

③ 中央文献研究室编：《任弼时传》，中央文献出版社、人民出版社，1994，第 52 页。

④ 蔡孝乾：《江西苏区》，（台北）中共研究杂志社，1970，第 22 页。

⑤ 任弼时于 1931 年 3 月由上海抵达中央苏区，担任苏区中央局组织部长。1933 年 5 月到湘苏区任省委书记兼省军区政治委员。参见柳建辉、郑雅茹编著：《任弼时与中国青年》，辽宁人民出版社，1994，第 221、226 页。

⑥ 蔡孝乾：《江西苏区》，（台北）中共研究杂志社，1970，第 51 页。

⑦ 蔡孝乾：《江西苏区》，（台北）中共研究杂志社，1970，第 53 页。

宁师范学校的教师，讲授"社会学、土地问题"等课程。① 列宁师范学校有 200多名学生，大部分是高小毕业生，其中有 40 多名女生。学生从 15 岁的少年到 30 多岁的中年人都有，水平参差不齐。②

1932 年 6 月 23 日，蔡孝乾（改名为蔡乾）、施至善（化名施红光）等人参加了"苏区反帝总同盟"（又称"反帝拥苏总同盟"）第一次代表大会，并入选由 25 人组成的大会主席团。这次大会是在中共苏区中央局的直接领导下召开的，有三个重要议程：（1）中共苏区中央局书记周恩来作《目前国际形势和苏区反帝运动的任务》的报告；（2）讨论并通过《反帝斗争纲领》；（3）选举"苏区反帝总同盟"领导机构。大会的主要目的，是要在苏区掀起反帝高潮，动员苏区群众参加红军作战。③ 在此次会议上，邓颖超、顾作霖、陈寿昌、王盛荣、张爱萍、张华、蔡孝乾和施至善等 35 人被选为总同盟执行委员。④ 总同盟执行委员会随后举行第一次会议，蔡孝乾被选举为总同盟主任，张华为组织部长，张爱萍为宣传部长。⑤

反帝拥苏总同盟是一个群众团体，在"瑞金、湘赣、江西等地都有省盟。同盟的主要工作对象是红军战士和广大青少年、儿童，宣传和动员他们反对日本帝国主义对中国的侵略，反对蒋介石对苏区的进攻，拥护苏联"。⑥

总同盟的主旨显然来源于原有的反帝大同盟。例如，1931 年中共江西临时省委拟定的《反帝大同盟章程》规定，大同盟以反帝国主义及其走狗，拥护苏维埃政权，联合苏联及全世界被压迫民族、被剥削阶级，争取民族解放为宗旨。大同盟的日常工作是："调查帝国主义在苏区内的各种组织与势力，向群众宣传帝国主义的残暴与罪恶，提高群众反帝国主义的热情，领导一切反帝国主义的斗争。"⑦

---

① ［美］埃德加·斯诺：《红色中华散记（1936—1945）》，奚博铨译：江苏人民出版社，1991，第 119 页。

② 蔡孝乾：《江西苏区》，（台北）中共研究杂志社，1970，第 80 页。

③ 蔡孝乾：《江西苏区》，（台北）中共研究杂志社，1970，第 84 页。

④ 蔡孝乾：《江西苏区》，（台北）中共研究杂志社，1970，第 85 页。

⑤ 蔡孝乾：《江西苏区》，（台北）中共研究杂志社，1970，第 86 页。

⑥ 唐非：《胡耀邦传》第 1 卷，人民出版社、中共党史出版社，2005，第 33 页。

⑦ 中共江西临时省委：《反帝大同盟章程》，载江西省档案馆、中共江西省委党校党史教研室选编：《中央革命根据地史料选编》下册，江西人民出版社，1982，第 734 页。

1932 年 8 月 1 日，反帝拥苏总同盟创办《反帝战线》，是 8 开的铅印本，每期 4 版。①

在此后 2 年零 4 个月的时间里，蔡孝乾一直主持苏区反帝总同盟的工作。他的工作可分为两个阶段：第一个阶段是 1932 年 6 月总同盟成立到 1933 年 1 月中共中央由上海迁至苏区为止，主要是整顿各级反帝同盟，建立经常性的会议制度，到长汀、宁化和上杭等县视察。第二阶段是中共中央迁入苏区至 1934 年 10 月中央红军长征为止，主要是加强宣传，配合"扩红"（扩大红军）和"查田"（检查分田）运动，响应"世界反帝大同盟"执行委员会的号召，展开"反战"（反对法西斯主义战争）和"拥苏"（拥护苏联）的工作。②

1933 年 7 月，总同盟在瑞金郊外召开了"苏区御侮救国代表会议"，毛泽东在会上做了重要讲话。为了加强宣传，总同盟还出版了《反帝画报》半月刊。③

1933 年 7 月、8 月间，中央苏区反帝拥苏总同盟编辑出版了《反帝拥苏通讯》，是 16 开的油印本。④

1933 年 8 月 12 日，中央苏区在瑞金召开江西、福建两省十七县经济建设大会，毛泽东在会上做了题为《粉碎五次"围剿"与苏维埃经济建设任务》的报告，着重说明经济建设对支持革命战争、发展红色区域的重大作用，指出经济建设的目的是为着粉碎敌人的军事"围剿"和经济封锁，以保障红军的物质供给，争取革命战争的胜利。⑤蔡孝乾应邀参加大会，并在会上做了题为《苏区反帝运动概况》的报告。⑥

跟蔡孝乾一起工作过的，有毛泽东的弟弟毛泽覃和后来担任中共中央总书记的胡耀邦。胡耀邦是 1933 年 8 月担任总同盟青年部部长的，以后又兼任宣传部部长。⑦蔡孝乾回忆说，虽然他与毛泽覃在"反帝同盟"里共事"只有半年光

---

① 江西省文化厅革命文化史料征集工作委员会等编：《中央苏区革命文化史料汇编》，江西人民出版社，1994，第 400 页。

② 蔡孝乾：《江西苏区》，（台北）中共研究杂志社，1970，第 88—89 页。

③ 蔡孝乾：《江西苏区》，（台北）中共研究杂志社，1970，第 88—89 页。

④ 江西省文化厅革命文化史料征集工作委员会等编：《中央苏区革命文化史料汇编》，江西人民出版社，1994，第 400 页。

⑤ 逄先知主编：《毛泽东年谱（1893—1949）》上册，中央文献出版社，2005，第 408 页。

⑥ 蔡孝乾：《江西苏区》，（台北）中共研究杂志社，1970，第 86 页。

⑦ 唐非：《胡耀邦传》第 1 卷，人民出版社、中共党史出版社，2005，第 33 页。

景"，但他们之间建立了深厚的友谊。蔡孝乾、毛泽覃和胡耀邦三人，"常常谈到深夜"。有时，"毛泽东的年轻漂亮的妻子贺子珍差遣她的妹子贺怡（毛泽覃之妻）送些炒辣椒或炒鸡蛋来给毛泽覃"。毛总是把送来的东西拿出来，与蔡孝乾和胡耀邦共享。[①]

1933年9月18日，反帝拥苏总同盟在瑞金举办反帝宣传展览会，"内容有国画，有墙报、统计、纪事、相片等"，国画有黄亚光、沈乙庚等人的作品。这次展览会"不仅对于反帝国主义的宣传有绝大的意义，并且对于苏维埃文化上，对发扬革命艺术的立场上，都具有很大的意义"。[②]

蔡乾还担任工农美术社筹委会负责人，征集"革命的美术作品，如图画、雕刻、相片、艺术化的墙报等"。该会于12月11日广州暴动六周年纪念日举行成立大会，并举办了第一次工农美术展览会。[③]

1934年1月22日，中华苏维埃共和国第二次全国苏维埃代表大会在瑞金郊外的沙洲坝召开，大会由中华苏维埃国家主席毛泽东主持，到会正式代表共700多人，旁听的有1500多人。大会选举毛泽东、朱德、张国焘、项英、周恩来、邓发、王稼穑、蔡畅、何长工、徐特立、梁柏台、胡德兰、刘国珠、张云仙、谭余保，以及鄂豫皖苏区代表，上海、东北四省、陕西、河南、东江、香港、厦门、四川、山东、朝鲜、爪哇、台湾、安南等地代表共75人为主席团成员。[④] 其中，蔡孝乾是台湾代表，毕士狄是朝鲜代表，洪水是安南代表，张然和是爪哇代表。毛泽东的报告用专节阐述了苏维埃的民族政策。他声称："争取一切被压迫的少数民族环绕于苏维埃的周围，增加反帝国主义与反国民党的革命力量，使一切被压迫民族得到自由与解放，是苏维埃民族政策的出发点。"他还指出，苏维埃宪法大纲第15条规定："中华苏维埃政权对于凡因革命行动受到反

---

① 蔡孝乾：《江西苏区》，（台北）中共研究杂志社，1970，第92页。

② 德新：《"九·一八"反帝宣传展览的进行》，《红色中华》第109期，1933年9月15日。转引自江西省文化厅革命文化史料征集工作委员会等编：《中央苏区革命文化史料汇编》，江西人民出版社，1994，第279页。

③ 工农美术社筹委会：《征求革命美术作品启事》，1933年11月26日在《红星报》，转引自江西省文化厅革命文化史料征集工作委员会等编：《中央苏区革命文化史料汇编》，江西人民出版社，1994，第292页。

④ 《中华苏维埃共和国第二次全国苏维埃代表大会开幕典礼》，载江西省档案馆、中共江西省委党校党史教研室选编：《中央革命根据地史料选编》下册，江西人民出版社，1982，第286页。

动统治迫害的中国各民族以及世界各国的革命战士，给以托庇苏维埃区域的权利，并且帮助他们重新恢复斗争的力量，直到这些民族与国家的革命运动得到完全胜利为止。"从这个意义上说，"苏区的许多高丽、台湾与安南革命同志的寄居，第一次全苏大会高丽代表的出席，这次大会的几位高丽、台湾、安南与爪哇的代表出席，都证明了苏维埃这一宣言的真实"。[①] 2月1日，大会选举新的中央执行委员会，选出第二届中央执行委员 175 人，候补中央执行委员 35 人，蔡孝乾、毕士狄、洪水、张然和均被推选为中央执行委员。[②]

1934 年 7 月 15 日，中共在《红色中华》上发表《中华苏维埃共和国政府、中国工农红军革命军事委员会为中国工农红军北上抗日宣言》。第二天，中共中央宣传部长潘汉年召见蔡孝乾，要他和毕士狄以台湾代表和朝鲜代表的名义共同发表宣言，拥护红军北上抗日。因毕士狄在前线，宣言便由蔡孝乾独自起草。[③]

8 月 1 日，反帝拥苏总同盟还在全苏大会场举办了一场反帝展览，主要内容有："苏联社会主义建设的情形"；"全世界、全中国革命斗争"；"帝国主义怎样瓜分中国的？"；"法西斯蒂如何凶恶残暴？"[④]

蔡孝乾把宣言起草好后，于 8 月 8 日以他和毕士狄两人的名义发表。其内容如下：

全中国、全苏区的民众们！

万恶的国民党出卖了半个中国，现在更进一步出卖了整个中国，亡国的惨祸就在面前，亡国奴的耻辱将悬在每个中国人的头上！当这时候，即当全国民众热望红军北上抗日如大旱望雨的时候，苏维埃中央政府和红军革命军事委员会派出了抗日先遣队，并且发表了北上抗日宣言。抗日先遣队已经渡过了闽江，占领了水口，现在正向着日本帝国主义在福建的根据地福州城挺进！

全中国、全苏区民众们！这样还不明白吗？国民党是一切帝国主义瓜分中国的

---

① 毛泽东：《中华苏维埃共和国中央执行委员会与人民委员会对第二次全国苏维埃代表大会的报告》（1934年1月），载中国人民解放军政治学院党史教研室编：《中共党史参考资料》第6册，江西人民出版社，1982，第533—534页。

② 蔡孝乾：《江西苏区》，（台北）中共研究杂志社，1970，第151页。

③ 蔡孝乾：《江西苏区》，（台北）中共研究杂志社，1970，第192—193页。

④ 反帝拥苏总同盟：《反帝宣传展览会于"八一"节开幕》，《红色中华》第220期，1934年7月28日，转引自江西省文化厅革命文化史料征集工作委员会等编：《中央苏区革命文化史料汇编》，江西人民出版社，1994，第310页。

帮手，是有史以来最大的卖国贼！只有苏维埃才能对日宣战，只有工农红军才能真正去抗日，只有苏维埃和红军才能领率全中国的武装民众去打日本！

全中国、全苏区民众们！我们曾做过日本帝国主义宰割下的奴隶，我们是亡国奴，我们被日本帝国主义剥削得干干净净，已无田地财产，又无家可归。我们在白区还要受国民党法西斯蒂的摧残与压迫，我们忍不住这种痛苦，坚决到苏区来了。我们在苏维埃政权下，和中国劳苦群众一样的享受一切的自由与权利。我们坚信：苏维埃和红军一定能够战胜日本及一切帝国主义，能够解放全中国劳苦民众，并且帮助我们韩台民族去推翻日本帝国主义的统治！

全国白区的民众们！你们不愿意做亡国奴罢！那么应该立即一致团结起来，进行神圣的民族革命战争，发展反日反国民党的游击战争，实行没收日货，组织慰劳团去慰劳抗日红军。大规模的募捐，作为抗日经费。踊跃加入抗日先遣队去！为收复失地，为中国独立解放而战！

全中国的白军弟兄们！把枪口向卖国贼汉奸放，同红军联合起来打日本去！开到北方去救你们的家乡、父母妻子弟兄姐妹！快快觉悟起来，有几十万红军等着与你们联合，有四万万同胞热望着你们大胆地干起来！并且有了我们韩国台湾民族将用民众的武装暴动，来响应你们的神圣的抗日战争！

全苏区的民众们！紧急动员起来，争取秋收的全部胜利来拥护红军北上抗日！迅速完成六十万石谷子给苏维埃红军北上抗日！动员一切力量一切经费帮助抗日的主力红军！更加紧一切动员工作，彻底粉碎五次"围剿"，争取大举与日本帝国主义直接作战！

打倒日本帝国主义！

打倒卖国贼国民党！

拥护红军北上抗日！

中、韩、台民族抗日联合战线万岁！

台湾民族代表蔡乾

在苏区　　　　　　　　　　　同启 [1]

韩国民族代表比士梯

---

[1] 中共福建省委党史研究室、中共浙江省委党史研究室、中共安徽省委党史工作委员会、中共江西省委党史资料征集委员会编：《中国工农红军北上抗日先遣队》，中共党史出版社，1990，第157—158页。

十四、长征

1934 年 9 月，中央红军决定撤离苏区。9 月下旬，蔡孝乾接到通知随军西行。据斯诺记载，蔡孝乾的妻子也是台湾人，未随军长征，而是留在了江西。[①]蔡在回忆录中没有明确讲过自己在苏区结婚的事，但有条材料似可说明，他在苏区的妻子可能是刘月蟾。1934 年 1 月瞿秋白从上海到瑞金后，蔡孝乾曾去看望过他。蔡记述："以前他有严重的肺病，脸色很不好，现在看起来，身体比以前好得多，精神也很好。当我介绍月蟾与他认识时，他就慈祥地问这个、问那个。"[②]

10 月 12 日，蔡孝乾与罗梓铭、刘群先、陈云洲到红军总政治部报到，接待他们的是总政治部代主任李富春。蔡孝乾、罗梓铭、陈云洲被分配到中央纵队政治部工作，刘群先被分配到总卫生部工作。中央纵队是临时编成的庞大队伍，包括中共中央各部会、苏维埃中央政府、革命军事委员会各部、红军总司令部、野战总医院、兵工厂、被服厂、印刷厂、造币厂，以及红军大学和由两个步兵学校学员组成的干部团、政治保卫局的警卫团等，共有 1.5 万余人。

10 月 14 日，蔡孝乾一行来到集合地点宽田，中央纵队在这里被分为两个梯队：第一梯队包括红军大学、两个步兵学校和政治保卫局的警卫团；第二梯队包括兵工厂、印刷厂、造币厂、野战总医院以及一个由医生、护士和担架队（有 120 副担架）组成的医疗队。中央纵队的代号是"红星"，总指挥是叶剑英。

10 月 16 日黄昏，中央纵队从宽田出发，艰难地突破四道封锁线，于 11 月 29 日渡过湘江，之后进入广西境内的瑶族居住区。有一天，部队在一个名叫尖顶的瑶族村庄宿营，正当蔡孝乾和罗梓铭吃过饭后准备睡觉时，外面突然有人大喊失火了。他们跑到房外一看，原来是他们所住房屋下方的几栋房子着火了。这些房子在半山坡上，都是木头造的，房顶盖的是树皮，且许多房子是彼此连接的，一旦着火，即成燎原之势。由工兵营组成的救火队很快赶到现场，一边

---

① [美] 埃德加·斯诺：《红色中华散记（1936—1945）》，奚博铨译，江苏人民出版社，1991，第 119 页。

② 蔡孝乾：《江西苏区》，（台北）中共研究杂志社，1970，第 160 页。

找水救火，一边阻断火的蔓延路径。经过一个多小时的努力，才把火扑灭。检查火灾情况，发现共有 10 多栋房子被烧毁了。第二天早晨，中央纵队政治部利用部队出发前的短暂时间召开一个紧急会议，一方面追查头天晚上的失火原因，另一方面要求各单位加强防火工作。会议决定，纵队各连队指定一个排为救火排，各大队组织一个救火队，每到一处，先找水源，做好防火准备工作。

第三天，部队前往龙胜县龙平镇。在行军途中，蔡孝乾、罗梓铭和陈云洲三人曾分别到各大队去检查部队纪律，布置防火工作。尽管如此，到龙平的当晚，镇上还是有四五处发生了火灾。因各部队已有准备，大火很快被扑灭了。

12 月中旬，部队进入贵州，经过苗族聚居区，沿黄平、施秉、瓮安前进，逼近乌江天险。12 月 31 日，当中央纵队抵达乌江南岸的渡江地点时，蔡孝乾和罗梓铭到江边一个小村庄做群众工作。他们把江边看到的情况和向群众打听到的消息反映到纵队司令部，作为渡江作战准备工作的参考。

1935 年 1 月 3 日，中央纵队渡过乌江，在乌江北岸 40 里的猪场整顿队伍，整理仪容。于 5 日抵达遵义。1 月 6 日—8 日，中共在遵义召开了具有历史意义的中央政治局扩大会议，即著名的遵义会议。毛泽东重回权力核心。

1 月 6 日，蔡孝乾和罗梓铭来到遵义县立第三中学，召集了遵义各界代表会议。与会代表包括工人、农民、学生、商人、摊贩、小工等五六十人。会议讨论了召开遵义各界民众大会、成立革命委员会和红军之友社以及救济贫民等事宜。1 月 7 日，遵义各界民众大会在县立第三中学操场召开，毛泽东和朱德都出席并讲话。大会通过了遵义革命委员会的成员名单，罗梓铭被选举为革委会主席。大会还宣布成立红军之友社。

大会之后，革委会正式在县立第三中学办公，蔡孝乾和罗梓铭都从中央纵队政治部来到革委会。蔡孝乾的任务是协助罗梓铭处理革委会的日常工作，其中最要紧的是"没收征发委员会"的工作，即把"打土豪"没收来的粮食、衣服、药品、食盐等物资分发给市内民众和郊区的农民。

在部队离开遵义前的那晚，蔡孝乾和罗梓铭被安排到野战总医院干部休养连休养。休养连连长是何长工（后来由毕士狄接替），指导员是罗明，休养员共 20 多位，包括徐特立、董必武和谢觉哉"三老"，作家成仿吾和上海老工人朱琪等。桐梓是遵义之后，红军攻占的另一重镇，王家烈就是从这里发迹的。他在桐梓的别墅富丽豪华，被分配给干部休养连当驻地。

到云南边境的扎西时，贺子珍、邓颖超、蔡畅、刘群先、廖施光、杨厚增等也陆续加入了休养队伍。

4月中旬，部队在由赤城镇向定番行进途中，遭到国民党飞机的轰炸。蔡孝乾因躲在一棵松树下未被炸中，但休养连的部分人员被炸死或炸伤了。这种惨烈的场面，给很少上前线的蔡孝乾留下了刻骨铭心的印象。

1935年5月初，红军渡过金沙江后，中共中央军委召开直属部队干部会议，决定加强各部队的政治工作。蔡孝乾和罗梓铭被调到红三军团政治部，徐特立和成仿吾被调到军委干部团担任政治教官，毕士狄被调到军委干部团担任陈赓的参谋长。蔡孝乾和罗梓铭到红三军团后，红三军团政治部主任袁国平告诉他们，他们的主要任务是负责少数民族的争取工作，具体工作由政治部地方工作部部长郭滴人安排。蔡孝乾曾回顾说："我是一个政治工作人员，我的主要工作是居民工作。"[1]

之后，蔡孝乾随部队强渡大渡河，翻越夹金山，在大维与张国焘的红四方面军会合。6月中旬，红一方面军主力来到卓克基、梭磨、马塘、黑水和芦花地区。中共中央军委在芦花和毛儿盖分别设立筹粮委员会，领导筹粮工作。蔡孝乾和红三军团地方工作部的同事于7月初抵达黑水和芦花地区，进行40天的筹粮工作。这个地区都是信奉喇嘛教的藏民，以青稞为主粮。当时青稞尚未成熟，筹粮极为不易，好在蔡孝乾等人打听到一种"找窖"[2]的窍门，才顺利筹集到足够的粮食。其间，蔡孝乾还奉命与欧阳武率领几名战士和十几个藏族青年从芦花到波罗子运粮。

8月中旬，蔡孝乾随红三军团先头部队从芦花到毛儿盖，准备过草地。蔡孝乾本来以为，"在草地行军，既没有居民，也不要搞给养"，他可能会"闲着"。但政治部主任袁国平却把他叫去说："刚才由十团交来一班番民，要你带他们，在草地行军好好地照顾他们的生活。"他没有想到，正是"番民"在过草地时救了他一命。事情是这样的，有一天，部队来到一条水流湍急的河边，因马匹少，

---

① 蔡前：《草地》，《解放日报》1942年11月4日，第4版。

② 红军到来之前，藏民把粮食、炊具和其他贵重物品都藏在窖洞或密室里。"找窖"就是找这些窖洞和密室。

绝大多数人只能徒步过河。因水流特别急，有两个战士不幸被冲走牺牲了。指挥员想出一个办法，把所有的绑带集中起来，结成一根绳索，由两岸的人拉紧，让其他人抓着绳索过河。因绳索不太结实，一次只能过 5 个人。等到蔡孝乾过河时，由他负责照顾的 8 个"番民"都跟着他进了水，致使绳索被扯歪，蔡孝乾忽然脚底踩空，被水淹没。就在这千钧一发之际，他身后一个名叫密西尔的"番民"把他紧紧抓住，一直把他搀扶到对岸。蔡孝乾深情地说："密西尔是我的救命恩人，我是永远忘不了他的。"他庆幸自己"没有被水淹死"，感慨道："只要我和我的队伍在一起，我便感觉我是幸福的。虽然我的身体是衰弱的，但我还能走路，我还能工作。我只要一息尚存，我总是和我们的队伍一起的。"①

走出草地后，蔡孝乾跟随部队经腊子口、岷山、甘南草原，于 1935 年底抵达陕北，成为走完长征路的唯一一位台湾人。

十五、红都延安

中央红军抵达陕北后，与刘志丹的军队会合，渐次开展各项军政工作，在陕北扎下根来，并创建了陕甘宁边区。蔡孝乾在延安，也达到了他革命生涯的一个新高度。

关于蔡孝乾在延安的经历，目前知之不详，故笔者只能根据目力所及的资料作出下述梳理。

蔡孝乾抵达延安后，再改名为蔡前。斯诺曾记述，蔡前于 1936 年 4 月被任命为"省苏维埃政府内务部长"。②

1936 年 9 月，蔡前被调任为中共中央白军工作委员会（周恩来任书记，专管对国民党军的渗透和瓦解工作）下属的北线工作委员会书记。其工作对象是高桂滋和高双城。③ 高桂滋是陕西定边人，早年加入同盟会，毕业于陕西讲武学堂，时任国民党陆军第八十四师师长，驻榆林一带。高双城是陕西渭南人，时任国民党军第八十六师师长，驻绥德、米脂一带。

① 蔡前：《草地》，《解放日报》1942 年 11 月 4 日，第 4 版。
② [美] 埃德加·斯诺：《红色中华散记（1936—1945）》，奚博铨译，江苏人民出版社，1991，第 119 页。
③ 蔡孝乾：《江西苏区》，（台北）中共研究杂志社，1970，第 54 页。

1937 年 9 月，蔡前调任八路军总政治部（主任任弼时）敌军工作部部长，负责对日军的政治工作及对日俘的教育工作。他随康克清等人赴山西八路军总部，曾与从延安去山西抗日前线采访的美国新闻记者尼姆·威尔斯同行。威尔斯写道："我们沿途不能耽搁，因为有几名红军指挥员和康克清急于在最后一批部队开赴山西前，赶到位于云阳的彭德怀总部。其中一位年轻的台湾人蔡前曾任苏区反帝大同盟主席和中央苏维埃政府内务人民会委员。"①

作为敌军工作部部长，蔡前具有日语好及对日本人比较了解等优势。他根据自己的经验和各部队汇报上来的信息，于 1938 年 1 月 7 日至 30 日撰写《敌军工作怎样做》一文，对八路军的敌军（包括日军和伪军）工作提出指导性意见。蔡前首先指出，"敌军工作是抗日战争中政治工作的重要的一环"，中国要争取抗战的胜利，"除用军事力量给敌军以严重打击外，还应在政治上动摇和瓦解敌军"。但是，从平型关战役及其他战斗的情况来看，敌军"宁死不缴枪"，表现出"相当的顽强性"，主要原因在于：日本军部对士兵进行了军国主义、法西斯主义教育；由于言语不通，敌军很难了解我方的宣传；我方一些部队不严格执行俘虏政策，甚至杀俘虏；加上日军总部的夸大宣传，使日军"对我军恐怖心因之增加"。针对这些情况，我军应采取如下办法：向敌军士兵揭露日本军部的欺骗宣传，"指出日本对中国的侵略战争只有军阀财阀升官发财，士兵只有白白送死"；让我军官兵学会一些简单的日语，在火线上向敌军喊话，并在"敌军可能占领的地方普遍地涂写瓦解敌军的标语"；"不杀俘虏，优待俘虏，医治敌军伤兵"。②

蔡前列举了火线上喊话的"仅有"的九句日语：日本士兵弟兄；缴枪不杀你；反对侵略战争；打倒日本帝国主义；打死法西斯官长；不杀中国弟兄；我们不杀日本士兵；我们的敌人是日本军阀；要求回国去。"这九句口号两天可以学会"，要让战士们克服"日语不容易学"的"成见"，让他们"深刻了解到对敌军士兵喊话，从政治上动摇和瓦解敌人，是减少不必要的损失，争取抗战胜利的必要条件之一"。蔡前接着阐述了八路军的俘虏政策："对于俘虏，不论官兵，

① ［美］尼姆·威尔斯：《续西行漫记》，陶宜、徐复译，生活·读书·新知三联书店，1991，第251 页。

② 蔡前：《敌军工作怎样做》，《前线》周刊第 5 期，1938 年 2 月 25 日，第 11 页。

我们不杀他。俘虏的物品，除武器及军用品外，概不没收其财物。不能侮辱和打骂或讥笑"俘虏。对于俘虏，"应给予可能限度的优待，应使他们穿得暖吃得饱"；新来的俘虏须立即清查，"如有官长，务须立即分开，不要使士兵受到官长的坏的影响"；要派懂得日语的人员"经常与俘虏谈话，进行耐心的教育"；要找一些"进步的日文书"让俘虏们"轮流阅读"。但是，蔡前同时也提醒说："处理俘虏必须慎重，我们优待他，用友爱去接近他，但我们应提高自己的警觉性，免得发生意外。特别应注意预防个别敌探的活动。"①

蔡前还指出，"敌军工作的对象"，除日军外，还"应该包括伪满军、蒙军及各地伪组织的武装在内"。他们都是"受日寇的欺骗和压迫来参加作战的"，我们应提出以下口号来争取他们："中国人不打中国人，蒙军不打中国军，中蒙联合打日本"；"不做汉奸，不当亡国奴"；"调转枪口，杀死压迫我们的日本军官"；"民族自决，满蒙平等，蒙人的事蒙人自己管"；"'剿灭共党'是日寇以华制华的毒辣政策"；"打倒共同敌人——日本帝国主义"。对于伪军，"必须有针对他们的具体情形的宣传品"；对于伪满军、蒙军官长，"依然采用争取的方式。不是著名的汉奸而仍有部分群众的官长，不应立即提出打倒他的口号"。②

蔡前提出，"必须在部队中和民众中广泛地宣传解说，造成一种热烈的空气，使敌军工作成为一种群众运动"。具体办法是：在部队中进行解释与教育，使每个战士都明确认识到争取俘虏的重要性；经过我们的战士向居民宣传解说；在各种大会、集会上向群众解说。③

蔡前还总结了敌军工作的经验和教训，着重强调了让战士们学习简单的日语、在火线上用日语喊话以瓦解日本士兵战斗意志的重要性，以及大量印刷宣传品让日本士兵了解我军相关政策重要性。在战场上发现日军伤兵，"应尽可能抬回来，给予医治和亲切的看护"，并加以必要的教育。此外，"战场上敌军遗弃的文件，必须尽量捡回"，把其中有用的东西翻译出来，"供给指挥首长及全国友军作参考"。④

1938年12月，蔡前任八路军民运部部长（后黄镇接任）兼敌工部部长。后

① 蔡前：《敌军工作怎样做》，《前线》周刊第5期，1938年2月25日，第13—14页。
② 蔡前：《敌军工作怎样做》，《前线》周刊第5期，1938年2月25日，第14—5页。
③ 蔡前：《敌军工作怎样做》，《前线》周刊第5期，1938年2月25日，第16—16页。
④ 蔡前：《敌军工作怎样做》，《前线》周刊第5期，1938年2月25日，第16—17页。

因中共"保护干部"政策，而蔡的身份又极为特殊，遂将他调回延安。

1939 年 8 月，蔡前发表长文，对日军的政治特性进行了深入分析。他认为，日军的政治特性主要有如下表现：野蛮性，烧杀、奸淫、劫掠，无恶不作；顽强性，被我军"包围而陷入绝望时，仍顽强抵抗，宁死不缴枪"；怯懦性，"差不多每人身上都藏有迷信的'护身符'或'千人针'之类的东西"；特务工作"特别活跃"，其军官"大都具有特务工作的知识和手腕"；官兵"尖锐对立"；有特殊的政治工作方式方法。

蔡前重点分析了日本士兵具有"顽强性"的原因：日本的军国主义教育和欺骗；日本的武士道传统；"狭隘的民族骄傲的自尊心"；由于"民族隔阂，彼此语言不通"，加上"日本统治阶级的无耻欺骗"，日本士兵不了解我军的俘虏政策，也不接受我方的宣传；我军个别部队不严格执行俘虏政策，有"侮辱甚至残杀俘虏"之举，增加了敌军的恐惧感。

针对日军的上述特点，我们应该采取如下措施与之斗争：（1）加强抗战军队中的政治工作；（2）加强抗战军事力量，自力更生，转弱为强，"给敌军以有力的打击，逼使敌军陷入无法施展其野蛮兽行的境地"，从根本上"消灭敌人的野蛮性"；（3）加强对敌军的宣传工作，严格执行俘虏政策，让战士们学习日语口号以瓦解敌军，以应付敌军士兵的顽强性；（4）针对敌军的怯懦性，加强宣传工作，着眼于"诱发日本士兵思乡念妻厌战，促进其战斗情绪的低落，从而陷于更怯懦的境地"；（5）针对敌军内部官兵对立的事实，"制作富有刺激性的宣传品"，"启发日本士兵的阶级觉悟，号召他们起来反对官长压迫，反对侵略战争"。

蔡前在文末满怀信心地指出："在中日战争转入相持阶段中，以至在我国转入反攻的阶段中，敌国的困难更增加，敌国人民的反战运动更加剧烈，而敌军士兵的反战情绪也必随着增长。在日本军队中既无完善的政治机关的保障，又无'理直气壮'的宣传教育的内容，因此敌军的瓦解和哗变，势必变成浪潮。"在这种情况下，"我们应该抱着不挠不倦、百折不回的精神，抱着坚毅的信心，努力工作，虚心研究工作中的经验教训，克服工作中的缺点弱点，创造新的工作经验。胜利一定是我们的。"①

---

① 蔡前：《日本军队的政治特性》，《八路军军政杂志》第 8 期，1938 年 2 月 25 日，第 87—93 页。

1941 年 6 月 17 日，延安成立了有 20 余名社员的"台湾独立先锋社"，蔡前被推举为负责人。

1941 年 10 月 15 日，蔡前发表《台湾的今昔》一文，简要回顾了台湾的历史，介绍了台湾的地理、人口、物产、语言、工业，以及日本帝国主义侵占台湾以后采取的殖民政策和对台湾人民的压迫、剥削等情况。他指出："在日寇铁蹄下的台湾人民，虽然他们在孤岛中很难获得外援，但他们从未停止过对统治者的斗争。"而且，台湾人民的斗争是有希望的，因为"临时成立的东方各民族反法西斯同盟，必予台湾民族以莫大的兴奋和鼓励。这样伟大的力量，将推动台湾民族为推翻日本法西斯统治而奋斗到底。"①

1941 年 10 月 26 日晚，来自日本、犹太、印度、荷印、菲律宾、马来亚、缅甸、泰国、越南、朝鲜等国的代表和两岸部分民族的代表共 130 余人及延安各界代表 2000 余人，在延安召开东方各民族反法西斯代表大会。大会推举斯大林、罗斯福、丘吉尔、蒋介石、毛泽东等 20 余人为名誉主席团成员，朱德、林伯渠、吴玉章、高岗、蔡前等数十人为大会主席团成员。②

《解放日报》社论对大会给予极高的评价。社论称："这在全世界是一个具有伟大历史意义的事件。它不仅表示着东方各民族在反对日本法西斯的共同斗争中的团结一致，同时将东方各民族的反侵略斗争和解放运动推上一个历史的新阶段。"③

在 10 月 29 日的会议上，蔡前作为台湾代表在大会上做了报告。当天做报告的，还有越南代表黄振光、藏族代表桑悦喜、蒙古族代表乌兰夫、回族代表马寅、东北代表于炳然、荷印代表阿里阿罕。④

1941 年 12 月 7 日，日军偷袭珍珠港，太平洋战争全面爆发。蔡前对此给予高度重视，于 12 月 16 日写成《日寇如何开始进攻英美》一文。他指出："此次日寇以狡诈手段袭击英美在太平洋各海军根据地之目的，主要有二：一为打击英美之舰队，以除去日本与英美海军实力对比的悬隔；一为夺取西太平洋的制

---

① 蔡前：《台湾的今昔》，《解放日报》1941 年 10 月 23 日，第 3 版。
② 《东方各民族反法西斯大会开幕》，《解放日报》1941 年 10 月 27 日，第 3 版。
③ 《庆祝东方各民族反法西斯大会开幕》，《解放日报》1941 年 10 月 27 日，第 1 版。
④ 《东方反法西斯大会上毛泽东同志号召各民族加强团结》，《解放日报》1941 年 10 月 31 日，第 3 版。

海权，以造成占领新加坡及荷印等有利之条件。"他还预测："从日寇方面说来，新加坡是它的战略目的地，剧烈的战斗还在后面，新加坡的攻防战是决定太平洋战争第一阶段的战局的关键。"①

1942 年初，蔡前继续发表文章对太平洋战局进行分析。他认为，一个月来，太平洋战争的主要特点，"在于攫取海空军根据地的斗争。在这一斗争中，日寇是处在进攻的地位。这是由太平洋之战略形势和日寇之战略目的所规定的。在目前阶段，日寇战略目的主要是占领新加坡和荷属东印度。一个月来，日寇对于关岛、威克岛、香港、澳门、槟榔屿、吉尔贝特群岛等处的袭占，以及在菲律宾岛、马来亚、英属婆罗洲、新几内亚等的登陆作战，都是为了贯彻这一战略目的。"因为太平洋战火已经燃烧到荷属东印度和新几内亚，"战争已由西太平洋发展到南太平洋"，所以，"海空军根据地的攻防战还可能继续下去"。②2 月 28 日，他又发表文章对日寇在太平洋战争中的政治攻势进行了阐述。他认为，在太平洋战争中，"日寇的政治攻势，始终是和它的军事攻势密切配合的，而且已经获得了部分的成功"。日寇的政治攻势主要表现在：(1) 在太平洋战争爆发之前，日寇曾大批派遣"第五纵队入南洋各地去活动"，扶持泰国、缅甸、菲律宾等地的亲日分子进行政治活动；(2) 想方设法离间同盟国之间的团结；(3) 挑拨英美与其属地之间的关系。蔡前分析说，日寇的政治攻势之所以取得部分成功，"一方面是由于日寇在南洋各民族中的特务工作有着悠久的历史和较深的基础，而英美过去在南洋的政策，可以为其利用作欺骗宣传攻击的目标；另一方面是由于日寇在军事上的暂时胜利"。蔡前最后明确指出："不管日寇之政治攻势如何猖獗，胜利总是属于正义方面的。"③

1942 年 6 月，蔡前出版了一本阐述台湾历史和现状的书。他在该书序言中说："我们研究台湾，不只是要了解台湾本身的情形，而且还要了解日寇一般的统治殖民地的方针和政策，同时还要学习台湾民众与日寇斗争的经验与教训。"④

该书共分七章，第一章简述台湾地理概况、人种、人口以及物产；第二章追述日本殖民统治前的台湾历史；第三章回顾日本帝国主义在台湾 48 年的殖民统

---

① 蔡前：《日寇如何开始进攻英美》，《解放日报》1941 年 12 月 20 日，第 4 版。
② 蔡前：《太平洋海空军根据地攻防战》，《解放日报》1942 年 1 月 8 日，第 2 版。
③ 蔡前：《日寇在太平洋战争中的政治攻势》，《解放日报》1942 年 2 月 28 日，第 4 版。
④ 蔡前：《日本帝国主义的殖民地台湾》，新华书店，1942，第 2 页。

治；第四章揭露日本帝国主义在台湾的经济掠夺；第五章勾勒台湾农民和工人的现况；第六章讲述台湾人民的反抗斗争；第七章是结论。

由于资料限制，该书对于台湾地理和历史的描述颇为简略，但对于日本帝国主义侵占台湾，蔡前提出了自己的看法。例如，他从经济方面分析了日本帝国主义向外扩张并对华发动侵略战争的原因。即日本资本主义在1890年代得到发展，但国内市场的狭小且缺乏经济资源，使其"从发展的第一天起，就具备着露骨的侵略性"。他称赞"台湾民主国在东方历史上"是"具有伟大意义的创举"。①

蔡前把日本对台湾48年的殖民统治分为三个时期：（一）1895—1918年，是以"武力统治"为主的时期；（二）1919—1932年，是"同化主义"或"日本延长主义"的时期；（三）1933—1942年，是"战争与法西斯军部统治"的时期。②在第一个时期，日本对台湾是"用武力的恐怖政策，镇压台湾人的反抗"。这个时期的台湾总督都是日本陆军将领，"这就指明了日本军部与殖民地统治的密切关系"。在第二个时期，因日本资产阶级在政治舞台上占据了主导地位，日本国内的民主力量不断增长，加上国际形势的影响，日本当局不得不对殖民政策加以调整，转而实行所谓的"日本延长主义"。蔡前一针见血地指出："所谓'日本延长主义'者，即是在政治上、经济上以及文化上完全同化于日本。美其名曰'一视同仁'，其实质是同化主义。"蔡前注意到，第一个时期以武力为主，第二个时期则以"文化"为主，故又称为"文化政治"，台湾总督也由武官改为文官。在第三个时期，由于日本国内矛盾的激化和国际政治形势的紧张，日本政府发动侵略战争，殖民当局在台湾的政策亦随之发生变化，对台湾人民的反抗斗争进行残酷镇压，并在台湾加强"军事设备"，"加紧对台湾青年的军事训练"，使台湾复现军人统治的局面。③

蔡前指出，这三个时期的日本殖民统治虽然在形式和制度上有些区别，"然而在其实质上，无论任何时期，仍然是总督的独裁政治"。④

日本占领台湾后，立即开始对台湾进行经济掠夺。蔡前指出，其中"最残

① 蔡前：《日本帝国主义的殖民地台湾》，新华书店，1942，第12页。
② 蔡前：《日本帝国主义的殖民地台湾》，新华书店，1942，第14页。
③ 蔡前：《日本帝国主义的殖民地台湾》，新华书店，1942，第14—18页。
④ 蔡前：《日本帝国主义的殖民地台湾》，新华书店，1942，第14页。

酷、最无慈悲者，为对台湾人民的土地掠夺"。① 其次是实行残酷的经济垄断，这表现在：(1) 把台湾当作"日本原料及粮食的供给地"；(2) 把台湾当作"日本商品的贩卖市场"；(3) 把台湾当作"日本金融资本家投资的市场"；(4) "日本财阀、资本家对台湾产业的独占和日本政府的专卖独占"。② "总括起来说，作为殖民地台湾的经济，完全隶属于日本政府及其金融资本家的垄断和支配之下，而成为日本资本主义经济的附庸"。③

蔡前在结论中指出："目前台湾革命的任务是推翻日本帝国主义统治的民族独立运动。太平洋战争爆发后，台湾的民族独立运动已经成为东方各民族反法西斯斗争的一支力量。台湾民众具备着斗争的优良传统，我们相信，在东方各民族反法西斯斗争中，台湾民众必将和过去一样现出其英勇的战斗姿态，并且获得最后胜利。"④

1943 年，蔡孝乾从太行山根据地返回延安，曾去看望瑞金时期的老朋友王观澜。王因"长期在贫瘠的农村中，工作劳累，积劳成疾"，病倒在延安国际医院（又称白求恩医院）。⑤

1945 年 4 月 23 日至 6 月 11 日，中国共产党第七次全国代表大会在延安举行。在瑞金被选为中央执行委员的蔡前，未能获得中央委员或候补中央委员的资格。

十六、重返台湾

无论是在内战期间还是在抗战期间，周恩来亲自领导下的敌后情报工作都发挥了巨大的作用。台湾作为一个战略要地，自然也在周恩来的视野之中。早在20 世纪 40 年代初，周就多次派出骨干人员赴台秘密发展组织，扩大力量，为将来的地下工作奠定基础。

1945 年 8 月抗战胜利后，周恩来亲自找蔡孝乾谈话，要他担任中共台湾省

① 蔡前：《日本帝国主义的殖民地台湾》，新华书店，1942，第 21 页。
② 蔡前：《日本帝国主义的殖民地台湾》，新华书店，1942，第 23—24 页。
③ 蔡前：《日本帝国主义的殖民地台湾》，新华书店，1942，第 26 页。
④ 蔡前：《日本帝国主义的殖民地台湾》，新华书店，1942，第 47 页。
⑤ 蔡孝乾：《江西苏区》，（台北）中共研究杂志社，1970，第 105 页。

工作委员会书记，赴台主抓秘密工作。中共华东局在上海设立华东局对台工作联络站，负责人为刘晓。后来中共中央又在香港设立台湾工作小组香港联络站，负责与岛内的蔡孝乾联络，并帮助地下党在台湾开展各项工作。

据《安全局机密文件》记载，蔡孝乾于 1945 年 9 月从延安出发，于 12 月抵达江苏淮安，见到中共华东局书记张鼎丞、组织部长曾山以及拟来台的张志忠[①]等人。

1946 年 2 月，蔡孝乾率张志忠等人先到上海与中共华东局的地下党员会合，在上海学习了一个月的时间。在上海期间，蔡孝乾与一姓马的女工结婚。

据曾任上海台湾同乡会理事长的李伟光医师回忆，蔡孝乾到上海后，"我安排他住在我的疗养院，蔡介绍张执一和我联系。从此，张执一一直领导我在上海的地下党工作"。[②]张执一是湖北汉阳人，1929 年加入中国共产党，1945 年 8 月受中共华中局派遣到上海，担任中共上海市委委员及行动委员会书记，准备组织武装起义，配合新四军进攻上海。不久后，中共中央调整战略部署，停止起义，张留沪从事统一战线工作。据张执一回忆："约在 1946 年夏秋之交，中央来电指示成立上海局，指定刘晓、刘长胜、钱瑛、刘少文同志为上海局委员。刘晓任书记，主持全面工作。刘长胜任副书记，主要分管上海工作。……在上海局领导下，设有台湾工作委员会，书记蔡乾（又名蔡前）。一九四八年，我又派钱柏生为副书记（一九五〇年被捕，详情不悉）。一九四六年秋冬之交到一九四九年底，我曾代表上海局四次前往台湾检查与布置工作。"[③]

1946 年 4 月，张志忠率领首批干部先行搭船返回台湾，开展前期工作。张志忠是抗战胜利后，最先登陆台湾的中共党员之一。

1946 年 7 月，蔡孝乾乘船抵达台湾，正式成立中国共产党台湾省工作委员会，并担任书记。张志忠担任委员兼武工部部长，领导海山、桃园、新竹等地

---

① 张志忠，台湾北港人，本名张梗，日本投降后与蔡孝乾一起回台湾发展组织，二二八事件期间在嘉义负责武装斗争工作。参见杨逵口述、何响录音整理：《二二八事件前后》，载陈芳明编：《杨逵的文学生涯》，（台北）前卫出版社，1988，第 170—171 页。

② 蔡子民整理：《李伟光自述——一个台湾知识分子的革命道路（下）》，《台声》第 28 期，1986 年 11 月，第 45 页。

③ 张执一：《在敌人心脏里——我所知道的中共中央上海局》，载中国人民政治协商会议全国委员会文史资料研究委员会编：《革命史资料》第 5 辑，文史资料出版社，1981，第 17、21 页。

区的工作（后交由陈福星领导）。① 陈泽生任副书记兼组织部部长（领导台南、高雄、屏东地区的工作）。洪幼樵任宣传部部长（领导台中、南投等地区的工作）。当时，蔡孝乾化名老郑，陈化名老钱，洪化名老刘，张化名老吴，加上中共华东局派遣来台的福建人林英杰，成为中国共产党在台的"五巨头"。蔡到台湾后，先是住在台北市青田街，后来迁居泉州街。

台湾省工作委员会的任务是：搜集岛内的军政情报；策反动摇的军政人员；建立地下组织；发展党组织；开展秘密政治宣传；在台东的偏僻山区建立武装根据地，利用山区的天然条件，发展游击力量。②

由于蔡孝乾已离开台湾将近 20 年，对战后台湾的政治和社会情况颇为生疏，只好侧重于联络原台湾共产党干部，以发展组织。他派人联络谢雪红、简吉、陈福星、张伯显、廖瑞发、林梁材等原台湾共产党干部，先后建立了基隆、台北、新竹、台中、嘉义、台南、高雄等地区的"党支部"，同时秘密发刊《光明日报》《青年自由报》等，作为展开地下工作的有力工具。据有关资料显示，从台湾省工委成立到 1947 年二二八事件爆发前夕的数月内，发展的新党员已有 70余人。虽然力量还比较弱小，但中共地下党还是在轰轰烈烈的二二八事件中积极开展工作。

据当时的学生领袖陈炳基回忆，李中志是"地下党指派的台北地区武装起义总指挥"，曾策划在台北举行武装起义，并制定了"作战计划"，但因组织工作不到位而流产。中共台湾省工委书记蔡孝乾亦与闻其事。③ 苏新也曾撰文指出，处理委员会的王添灯、林日高等人都是按地下党的方针、指示进行斗争的。当时苏新等人"始终与地下党的负责人保持着密切的联系"。苏新、廖瑞发（又名廖烟，旧台共）、萧友山等人"实际上就是王添灯和林日高的参谋部。当时，王添灯的发言、提案、广播稿都是我们给他准备的。遇到重大问题或意见不甚一

---

① 李敖审定：《安全局机密文件：历年办理"匪案"汇编》（上），（台北）李敖出版社，1991，第12 页。

② 江南：《蒋经国传》，中国友谊出版公司，1984，第 179 页。

③ 参阅蓝博洲：《来自北京景山东街西老胡同的见证——战后台湾学运领袖陈炳基的脚踪》《从高雄苓雅寮到北京——延平大学学生领袖叶纪东的脚踪》，载氏著：《沉尸·流亡·二二八》，（台北）时报文化出版企业有限公司，1991，第 69—96、17—35 页。

致的时候，都是经联络员萧友山请示廖瑞发，再由他请示蔡前的"。①

蔡孝乾还到台中进行活动。据杨逵晚年回忆："在处理委员会控制台中好几天时，台共负责人蔡孝乾来找我。他对局势很有把握，要办人民日报，并要我负责。我说这是不可能的，台中局势维持不了多久，一旦国民党大军开来，乌合之众随即会散去。"杨逵建议办流动性的周刊或半月刊，并发表《从速组织下乡工作队》一文，"呼吁大家到乡下去，扩大控制面"。过了几天，蔡孝乾对杨说，国民党的军队已被接收，改成"二七部队"，为什么不能办日报？杨认为，大陆地阔有可能，台湾太小不可能。蔡说，如果不能办日报，就去山上组织游击部队。杨说，台湾环境也不允许。两人话不投机。②

据杨克煌回忆，事件发生前，蔡孝乾曾派林英杰与谢雪红联系。但事件发生后，谢雪红等人却找不到林英杰，由此发出疑问："此时，党的领导在哪儿？党的方针如何？党的指示是什么呢？"③

3月3日早晨，谢雪红和杨克煌成立"中部地区治安委员会作战本部"，组建了一支武装力量。3月4日下午，李松乔到作战本部找到谢雪红，说地下党（台工委）要他们把武装指挥权移交给处理委员会。他说："台工委的意见认为，武装斗争已基本结束了，要进入政治斗争的阶段。如我们再掌握武装斗争的领导权，对于团结各阶层人士、搞好统一战线的工作不利。"谢雪红表示不同意。过了两个小时，李松乔又对谢雪红说："这是蔡乾的命令啊！不服从就要犯错误。"谢雪红只得服从。她和杨克煌抱怨道："蔡乾他人早就在台中，却不同我们联系，也不给我们协助，而第一次来联系就提出要我们把武装领导权移交出去。"④

3月8日晚8时，蔡孝乾来到谢雪红所在的大华酒家，"这是他回台后，第一次来会见谢雪红"。谢雪红就移交武装力量领导权之事质问蔡孝乾，蔡说此事已经过去了，现在不要再提起了。蔡还说："我们决定最近要召开一个全省武装力量的会议，成立一个全省的武装领导机构，你们也要准备参加。"谢还同蔡谈

① 苏新：《关于二二八事件处理委员会》，《台湾与世界》1987年3月号，载氏著：《未归的台共斗魂——苏新自传与文集》，（台北）时报文化出版企业有限公司，1993，第194、195页。
② 杨逵口述，何峋录音整理：《二二八事件前后》，载陈芳明编：《杨逵的文学生涯》，（台北）前卫出版社，第165—166页。
③ 谢雪红口述，杨克煌笔录：《我的回忆·台魂泪（二）》，（台北）杨翠华发行，2005，第278页。
④ 谢雪红口述，杨克煌笔录：《我的回忆·台魂泪（二）》，（台北）杨翠华发行，2005，第301页。

及台中"二七部队"的问题，蔡指示说："局势变化时，'二七部队'就转移到埔里山里去。"①

因国民党调派军队到台湾进行镇压，二二八事件很快被平息，中共地下党未能发挥更大的作用。

关于以蔡孝乾为首的中共地下党在二二八事件中的作用，苏新的评价可作为一家之言，录此存照："当时的地下党的领导是很得力的，方针、政策也是很正确的。"虽然"中共在台湾开始建党还不到一年，没有多少党员，工人农民还没有组织起来，在工人农民中间还没有扎根"，但是，地下党"在毫无准备的情况下，看到台湾人民起来以后，勇敢地站出来，果断地决定武装斗争，并且把所有力量都投入了这场斗争。在短短的一个星期内，组织了那么多的武装力量，最后还召开了全省性的武装斗争的会议，有组织地展开了武装进攻，这是很宝贵的"。②

1947 年 3 月 20 日，延安发表社论，鼓励台湾人民起来进行武装反抗。③中共华东局随后也向台湾省工委发出工作指示。内容包括重新吸收优秀分子，确立完整组织，确保兵源财源以及占领台湾山区，以深山为根据地，在山区建立解放区和游击区等。蔡孝乾认为，只要能建立山区武装基地，其他问题都可以获得解决，便全力朝这个方向努力。④

据蔡孝乾自述，二二八事件后，他领导下的省工委"经三四个月的整理组织，又成立新竹、台中、台南、高雄等县工委会。学生方面单独成立学委会，指导全省学运，至三十七年（1948）六月，全省党员已达三百名左右"。⑤

1948 年 6 月，中共华东局在香港主持召开"台湾工作干部会议"，全面检讨中共在台湾省的各项工作。会议由刘晓主持，章汉夫担任记录。参加会议的有来自台湾的蔡孝乾、张志忠、洪幼樵等地下党员，有在香港的谢雪红等人，还有来自上海的李伟光等。会议批判了廖文毅等"台独"分子的"托管运动"，厘

① 谢雪红口述，杨克煌笔录：《我的回忆·台魂泪（二）》，（台北）杨翠华发行，2005，第 310 页。
② 苏新：《关于二二八事件处理委员会》，《台湾与世界》1987 年 3 月号，载氏著：《未归的台共斗魂——苏新自传与文集》，（台北）时报文化出版企业有限公司，1993，第 198 页。
③ 《台湾自治运动》，《解放日报》1947 年 3 月 20 日，第 1 版。
④ 林树枝：《出土政治冤案》第 2 辑，载氏著：《良心犯的血泪史》，（台北）前卫出版社，1989，第 22 页。
⑤ 陈芳明：《谢雪红评传——落土不凋的雨夜花》，（台北）前卫出版社，1991，第 437 页。

清了台湾地下党的领导权问题。谢雪红还对蔡孝乾在二二八事件中放弃武装斗争的做法提出了批评。会议形成的《决议文》提出了台湾工作的方针："准备群众力量，扩大党的基础，以'反美''反蒋''反官僚资本统治''台人治台''要求地方自治'，来号召团结台湾各阶层人民并进而与内地来台湾的基本群众（包括军队），结成广泛的爱国民主统一战线，准备在全国解放战争达到全面胜利关头，武装起义解放台湾，完成台湾人民民主自治运动。"①

蔡孝乾返回台湾后，根据香港会议《决议文》的精神，着手开展武装斗争的准备工作。1949 年 5 月上旬，蔡孝乾准备在北部深山建立解放区和游击区。他联络陈本江、陈义农、许希宽等人，到他台北市泉州街的住宅开会讨论。陈本江是一位大学教授，他从厦门中学毕业后，进入日本早稻田大学攻读经济学，学成后一度在北京大学任教。陈义农和许希宽都是木工。"他们这些人，对于实施共产制度的'远景'，都怀抱着绮丽的幻想，也因此一心期待'祖国'早日'解放'台湾。"②

关于武装斗争的据点，有人提议七星山，有人提议后山三峡地区，有人认为观音山最适合。由于蔡孝乾对这些地区的地理环境都不熟悉，无法当场做出决议。最后，他指示大家分头找寻适当的地点，等备好详细资料和地图后再开会决定。6 月中旬，他们再度聚会讨论。陈本江提出一份以台北县石碇乡鹿窟村为中心的地图，强调这个地方形势险要，向北经玉桂岭、坪林，进入姑婆寮、倒吊岭；向南可以由三峡通达新竹、苗栗的山区，进可攻，退可守；东南可以控制基隆沿海侧背，西边可以威胁台北地区，是建立武装基地的最佳地点。最后决定在鹿窟村建立根据地。

"鹿窟武装基地"就是在这样的背景下诞生的。这是一个位于基隆和台北之间的小村庄，十分贫困落后，大部分村民都是文盲。除少数人工垦殖的茶园之外，几乎都是荒山，村民只有靠山吃山，以砍柴、伐木来供给基本生活的需要。地下党后来陆续在树林三角埔、桃园、苗栗、新竹竹南、台中、云林二仑、台南麻豆、台南下营、高雄燕巢等地建立了类似的基地。鹿窟是其中规模最大、

① 陈芳明：《谢雪红评传——落土不凋的雨夜花》，（台北）前卫出版社，1991，第 442 页。
② 林树枝：《出土政治冤案》第 2 辑，载氏著：《良心犯的血泪史》，（台北）前卫出版社，1989，第 23 页。

人员最多的一个。①

蔡孝乾自香港返台后，台湾省工委的组织发展迅速，至 1949 年底，所属党员已达 1300 多人。在蔡孝乾的领导下，省工委发动了彰化永靖乡的农民减租斗争、台北机务段员工运动，以及 1949 年三四月间的台大与师范学院（师大前身）的学生运动等。

蔡孝乾虽然远在台湾，但也许是为了掩护他，中共仍以蔡乾之名授予他一些正式职务。1949 年 9 月 30 日，中国人民政治协商会议第一届全体会议在最后一日选举出了第一届中国人民政治协商会议全国委员会。候选人名单包括 180 人，此外留出 18 名空额，以便将来容纳新解放地区的适当代表人物。谢雪红和蔡乾作为台湾代表入选政协全国委员会。② 在 12 月召开的中央人民政府委员会第四次会议上，蔡乾被正式任命为中国人民政治协商会议全国委员会委员，谢雪红则被正式任命为台湾民主自治同盟主席。③ 在 1950 年 6 月召开的中国人民政治协商会议第一届全国委员会第二次会议上，蔡乾的名字出现在请假缺席的 30 人名单上。④ 蔡乾还以台盟盟员的身份，被任命为华东军政委员会委员。直到 1952 年 11 月，中共确认蔡孝乾在台湾变节后，方免去他的华东军政委员会委员之职。⑤

十七、被捕变节

1949 年 8 月下旬，台湾"国防部保密局"通过侦破基隆市工委会支部案，得知台湾省工委会的线索，于是竭力追查这一中共地下组织。10 月 31 日，高雄市工作委员会也被侦破，书记陈泽民、委员朱子慧被捕；11 月 5 日—7 日，高雄市工作委员会所属工、农、学运各支部人员 18 人，蔡国智、丁开任等 8 人，梁清泉、何玉麟等 9 人也先后被捕入狱。陈泽民被捕后变节，供出了蔡孝乾和中

① 林树枝：《出土政治冤案》第 2 辑，载氏著：《良心犯的血泪史》，（台北）前卫出版社，1989，第 22 页。

② 《人民政协第一届全体会议选出全国委员会委员》，《人民日报》1949 年 10 月 1 日，第 1 版。

③ 《中央人民政府委员会第四次会议通过的二十七项任命名单（之二）》，《人民日报》1949 年 12 月 5 日，第 2 版。

④ 《会议出席人名单》，《人民日报》1950 年 6 月 15 日，第 1 版。

⑤ 《中央人民政府委员会第十九次会议通过的免职事项》，《人民日报》1952 年 11 月 17 日，第 2 版。

共地下党的一些情况。"保密局"的人还从陈泽民口中套出了蔡孝乾在台北的一个住址，于 11 月中旬开始派张清杉蹲守。

与此同时，"保密局"成功"说服"被捕的基隆中学图书馆管理员戴芷芳"转向"，戴供出台北市前大同中学女教员季沄与蔡孝乾有组织上的联系。"保密局"顺着这条线，于 1949 年 12 月将季沄和她的丈夫张志忠逮捕。

1950 年 1 月 29 日，蔡孝乾在台北市泉州街 20 巷 16 号被国民党情治人员逮捕。[①] 被捕时，蔡孝乾相当镇静，因为"在他心里，总认为中国共产党很快就会将奄奄一息的国民党赶入海中。而在解放台湾的任务上，居功最大的，无疑地便将是蔡孝乾本人。他一直无法相信自己竟会落入国民党手中这件事"。负责办案的谷正文看到蔡孝乾时，发现他穿着"笔挺的高级西服，搭配着一条花色鲜明的领带"，身上有一股长征干部特有的傲气。不过，谷正文同时认定，蔡孝乾"很注重物质生活，这种人如果能充分满足他的物质欲求，慢慢地，就可以主宰他。到那个时候，他什么话都会说"。[②]

一星期后，蔡孝乾乘隙脱逃。"保密局"的人根据蔡孝乾记事本上的名单，逮捕了"国防部"参谋次长吴石中将，进而逮捕了中共华东局派到台湾的联络员朱谌之，吴石的亲密朋友"联勤总部第四兵站总监"陈宝仓中将、亲信随员聂曦上校等人。1950 年 6 月 10 日，他们一起在台北街头被枪杀。

谷正文探悉蔡孝乾有时会在台北中山市场中共党员黄天家中落脚，便派员在黄天家中蹲守，将黄天抓获。据谷正文口述，黄天"是我所遇见的立场最坚定的一个"。[③] 经过暴力刑讯，黄天供出蔡孝乾躲在嘉义粪箕湖林医生家中。2 月 27 日，蔡孝乾在嘉义再次被捕。蔡孝乾这次被捕后受尽酷刑。据说，特务割开他的腿部，撒上食盐逼供。[④] 在情治人员的威逼利诱下，蔡孝乾变节投降，将省

---

① 《台湾省工作委员会等人案》，载台湾省文献委员会编印：《台湾地区戒严时期五〇年代政治案件史料汇编（二）个案资料》，1998，第 60 页。按：谷正文则回忆说，蔡孝乾是 1950 年 1 月 1 日深夜回到泉州街 26 号的住处被张清杉逮捕的，时间和地点略有不同。参见谷正文口述，许俊荣、黄志明、公小颖整理：《白色恐怖秘密档案》，（台北）独家出版社，1995，第 83 页。

② 谷正文口述，许俊荣、黄志明、公小颖整理：《白色恐怖秘密档案》，（台北）独家出版社，1995，第 83、84、85 页。

③ 谷正文口述，许俊荣、黄志明、公小颖整理：《白色恐怖秘密档案》，（台北）独家出版社，1995，第 128 页。

④ 谢聪敏：《台湾抵抗运动与华人世界》，载陈芳明编：《二二八事件学术论文集》，（台北）前卫出版社，1989，第 60 页。

工委秘密和盘托出，还供出省工委宣传部长洪幼樵即将乘"四川"号轮船悄悄离台。3 月 4 日晚，洪幼樵在基隆码头被诱捕。[1]

蔡孝乾的变节，使中共在台湾的地下党组织遭到毁灭性的打击，大量党员被逮捕，有些被处死刑，有些被判处有期徒刑，台湾进入白色恐怖时代。据说，1950—1957 年间，台湾当局侦破的一连串的中共地下党案件，"大部分直接或间接与蔡孝乾有关"。[2]

蔡孝乾在监狱里曾受到陈泽民和张志忠等人的批评。[3] 由于变节后内心的自责和狱友的责难，蔡孝乾的精神出了问题，每天写自首书，"手稿竟堆了有半人高"。经医生诊断，蔡孝乾患了"幻想症"，于是被送到台大医院精神病房治疗数月。[4]

蔡孝乾被捕后，"其妻及内弟等人乃被及时辗转潜返大陆"，妻妹马雯鹃则受牵连，"被逮捕送往绿岛新生训导处进行思想改造，不久回送情报局"。[5]

1950 年 6 月 1 日，蔡孝乾在"中央日报"发表了一份公开声明，并在"中央电台"宣读，对仍在台湾活动的中共地下党人造成严重的打击。此外，蔡孝乾还拟订"匪谍及附匪分子自首办法"，于 1950 年 9 月 17 日公布，呼吁地下党员向当局投降。1951 年 10 月 9 日，蔡孝乾又在报刊发表"告匪谍书"。

随后，蔡孝乾、陈泽民、洪幼樵、许效兰等人，都被台湾当局安置在士林芝山岩情报局，"担任匪情研究工作"。后来，蔡孝乾升任"司法行政部调查局副局长"。[6]

1960 年，蔡孝乾陆续发表了 7 篇论述毛泽东军事思想的专题论文。同年 12

---

[1] 洪幼樵是客家人，被捕变节后任台湾情报局研究员，著作甚丰，1990 年死于癌症。

[2] 林树枝：《出土政治冤案》第 2 辑，载氏著：《良心犯的血泪史》，（台北）前卫出版社，1989，第 30 页。

[3] 谷正文口述，许俊荣、黄志明、公小颖整理：《白色恐怖秘密档案》，（台北）独家出版社，1995，第 139 页。

[4] 谷正文口述，许俊荣、黄志明、公小颖整理：《白色恐怖秘密档案》，（台北）独家出版社，1995，第 140 页。

[5] 李宣锋、魏永竹访问：《当事人蔡孝乾家属马雯鹃暨蔡艾安访谈记录》，载台湾省文献委员会编印：《台湾地区戒严时期五〇年代政治案件史料汇编（二）个案资料》，1998，第 63 页。按：谷正文回忆说，蔡孝乾的妻子到台湾不久就病死了，"于是他和同居一室的小姨子渐渐发生恋情。"参见谷正文口述，许俊荣、黄志明、公小颖整理：《白色恐怖秘密档案》，（台北）独家出版社，1995，第 128 页。

[6] 李宣锋、魏永竹访问：《当事人蔡孝乾家属马雯鹃暨蔡艾安访谈记录》，载台湾省文献委员会编印：《台湾地区戒严时期五〇年代政治案件史料汇编（二）个案资料》，1998，第 63 页。

月，这 7 篇文章被汇编为《毛泽东军事思想研究》，出版单行本。叶翔之曾称赞说，蔡孝乾"始终致力中共问题的研究，著作颇多，尤以《毛泽东军事思想研究》一书，已译成数国文字，在国际上极获好评"。[1]

1965 年，蔡孝乾又撰写了几篇有关毛泽东人民战争理论及战略战术指导原则的专题论文。1966 年，这些文章被汇编为《论析毛泽东人民战争》，出版单行本。1971 年，蔡将两本小册子合并，取名《毛泽东军事思想和人民战争之研究》，由中共研究杂志社出版。[2]

20 世纪 60 年代末，蔡孝乾以"江西苏区回忆"和"红军西'窜'回忆"为主题，撰写了 24 篇文章，连续刊载于《中共研究》上。[3] 后来，这些文章被汇编成册，以《江西苏区·红军西"窜"回忆》为题，由中共研究杂志社于 1970 年出版。

1982 年初，蔡孝乾罹患急病，于 10 月去世。[4]

十八、结语

从台湾到上海，蔡孝乾迈出了他人生的重要一步。通过上海大学社会学系约 3 年的学习和实践，他初步掌握了马克思列宁主义基本理论，开始用阶级斗争的观点观察和分析社会问题，希望推翻日本帝国主义对台湾的殖民统治，打倒军阀与帝国主义势力对中国的双重压迫，打破生产关系对生产力的束缚，使无产阶级获得解放。在这个阶段，蔡孝乾的文章中常见"革命""帝国主义""列强""有产阶级""无产阶级""解放运动""资本主义"等词汇。他对"无产阶级文艺"的看法及对"为艺术的艺术"和"为人生的艺术"的批评，与 1923 年邓中夏、恽代英、萧楚女等在《中国青年》上批判"为艺术而艺术"和"为人

---

① 叶翔之：《序》，蔡孝乾：《江西苏区》，（台北）中共研究杂志社，1970。
② 蔡孝乾：《毛泽东军事思想和人民战争之研究》，（台北）中共研究杂志社，1971，"弁言"第1—2 页。
③ 蔡孝乾：《自序》，蔡孝乾：《江西苏区》，（台北）中共研究杂志社，1970。
④ 李宣锋、魏永竹访问：《当事人蔡孝乾家属马雯鹏暨蔡艾安访谈记录》，载台湾省文献委员会编印：《台湾地区戒严时期五〇年代政治案件史料汇编（二）个案资料》，1998，第 63 页。

生而艺术"两种文学思想，主张文学应为社会革命服务的说法基本相同。[①] 此一阶段，他在思想上已完全接受了马列主义学说和中国革命理论，已从一位怀有朦胧反日意识的激进青年成长为具有革命精神的左翼社会活动家。他未来 20 多年红色生涯的基础，也由此得以奠定。

他积极参与组建左翼台湾学生团体，不仅为他在台湾学生中赢得了较高的知名度，而且使他具备了一定的组织能力。他以上海大学为平台建立的人际关系网络，对他以后的人生道路产生了非常重大的影响。这个网络包括两个层面：一是他与上海大学中共教授的师生关系。1932 年，蔡孝乾在福建漳州参加罗荣桓所率红军，与蔡有师生之谊的任弼时闻讯后，即致电要他到江西苏区担任新职。[②] 二是他与上海大学学生的同学关系。据陈芳明统计，1924—1926 年间，先后到上海大学读书的台湾学生有 10 多位，包括蔡孝乾、翁泽生、谢雪红、林木顺、潘钦信、林日高、庄春火、刘守鸿、王万得、陈德兴、吴拱照、洪朝宗、李晓芳、庄泗川、陈丽水、王溪森、王天强等。[③] 蔡孝乾与翁泽生、潘钦信、林日高、庄春火、王万得、洪朝宗、李晓芳、庄泗川等关系密切。他之所以成为台共领导人之一和台湾文化协会内部"上大派"的要角之一，都与这个同学圈子对他的支持分不开。

他勤于思考和笔耕，发表一系列文章宣传马列主义理论，参与文学论争，发表自己对于中国政治和台湾社会问题的看法，表现出在宣传鼓动方面特有的才华。

当然，我们也应看到，受年龄、知识结构等因素的制约，蔡孝乾对新文学的认识、对中国政治和台湾社会的观察，都还不是很成熟。他虽然掌握了一些马列主义理论，对中国革命也抱有深切的同情，但尚未成长为一个坚定的共产主义者。他在上海大学只是参加了中国共产主义青年团，相比之下，翁泽生和

---

① 张毕来：《一九二三年〈中国青年〉几个作者的文学主张》，载李何林等：《中国新文学史研究》，（台北）新建设杂志社，1951，第 36 页。

② 1924 年蔡在上海大学读书时，任弼时是俄文教员。1928 年台共在上海成立时，任弼时担任共产国际东方部的联络工作，知道蔡是台共领导人之一。参见蔡孝乾：《江西苏区》，（台北）中共研究杂志社，1970，第 22 页。

③ 陈芳明：《殖民地台湾——左翼政治运动史论》，（台北）麦田出版·城邦文化事业股份有限公司，2006，第 104 页。实际上，庄春火未在上海大学读过书。参见张炎宪、高淑媛等采访：《一个老台共的心路历程——庄春火访问记录》，《台湾史料研究》第 2 号，1993 年 8 月，第 81—92 页。

谢雪红更激进一些。翁泽生比蔡孝乾晚一年进入上大，很快受到瞿秋白的赏识，并于 1925 年 7 月底，由高尔柏介绍加入中国共产党。[①] 谢雪红则是于 1925 年 8 月在杭州经黄中美介绍加入中国共产党，不久又被推荐到上海大学学习的。[②]

自 1926 年 12 月中辍学业返回台湾，到 1932 年 4 月在福建彰州参加红军，蔡孝乾初步品尝到了人生的酸甜苦辣。他在这个时期的经历极为丰富和复杂：参与文协改组；身陷日本殖民当局的牢狱；缺席获选台湾共产党中央常委；担任《台湾大众时报》记者；流亡福建；被台共开除党籍；等等。他在短短的 6 年时间里扮演了多种角色，并最终完成了极为重大的人生转折——加入红军。

蔡孝乾与台湾共产党的关系，也大有可议之处。

首先，蔡孝乾之参加台共，或非完全出于自愿，至少他的态度不是非常积极和主动。蔡孝乾虽然在写文章时经常引用列宁的原话，并大谈中国革命和无产阶级革命的道理，但在组织上似乎更接近台湾文化协会中的左派。1928 年，翁泽生在上海筹建台共时，曾邀蔡孝乾一同工作，但他选择回台参与文协左派机关报《台湾大众时报》的筹备工作并担任该报记者。自台共建立到他与潘钦信等人避往大陆之间的 4 个月时间里，他几乎没有参与台共的任何实际工作；当安全受到威胁时，他首先想到的是避祸；被台共开除党籍以后，他再也没有尝试过重新加入。这些表现都说明，蔡孝乾参加台共的积极性不高，对台共的工作缺乏热情。

其次，蔡孝乾与洪朝宗、潘钦信、谢玉鹃流亡大陆，虽有林木顺带话于前，翁泽生辩解于后，但这一决定本身，确实体现了一部分知识分子党员的脆弱性和动摇性。

蔡孝乾在大陆期间一直游离于台共之外，就涉及共产党的一个原则问题，即党员应该严格遵守党的纪律的问题。正如何池所言，蔡孝乾在面对翁泽生质问时，为自己的辩解"说出了一种'无奈'，这种无奈一是经济因素，二是政治环境。他虽然在漳州还可以'为台共工作'，但干革命是不能自己想怎样就怎样的自由主义"。[③] 这就从一个侧面说明，他加入台共的积极性原本就不太高，故

---

① 何池：《翁泽生传》，（台北）海峡学术出版社，2005，第 84 页。

② 谢雪红口述，杨克煌笔录：《我的半生记·台魂泪（一）》，（台北）杨翠华发行，2004，第 180 页。

③ 何池：《翁泽生传》，（台北）海峡学术出版社，2005，第 205 页。

对党的原则并没有认真遵守。

最后，蔡孝乾与台共的关系尽管只维持了几个月，其影响却极为深远。开除蔡孝乾等四人党籍的决定是谢雪红主导台共做出的，这一决定引起一直对蔡孝乾期许甚高的翁泽生的不悦。谢雪红则因蔡孝乾等人的流亡，更加确信翁泽生、蔡孝乾等人是"无政府主义者"。这进一步加深了翁、谢在台共建党初期就已存在的误解和矛盾。1946年，蔡孝乾重返台湾，领导中共地下组织，一直未与谢雪红联系。二二八事件爆发后，谢雪红和杨克煌因迟迟得不到地下党的指示，就在台中建立武装队伍，进行武装斗争。蔡孝乾却指示谢、杨将武装斗争的指挥权移交给二二八事件处理委员会。[①] 二二八事件被镇压后，谢、杨辗转逃至大陆，成为台湾民主自治同盟的主导人物，蔡孝乾则在1950年被捕变节。

蔡孝乾之背叛，让笔者想到了他在台湾赞美牺牲的台湾共产党同志们的一席话。他说："九一八事变后，日政府用更残酷的手段来镇压台湾革命运动。台湾党接连遭受了几次大的摧残，大部分党员被捕入狱。台湾党在台湾革命斗争中尽了她先进党应负的责任。在最凶恶的日本统治者的毒辣手段下，台湾党失去了一部分最优秀的干部，其中有农民领袖、台湾农民组合委员长赵港同志，台湾党创立者及组织者翁泽生同志，台湾党行动委员会委员洪朝宗同志。他们入狱以后，在日本警察用最残酷的肉刑和最卑鄙的劝诱手段下，毫不动摇地坚持了党的立场和表现了共产主义者崇高的气节。他们最后遭受日本政府的迫害，在狱中牺牲了。"[②]

蔡氏的赞美与背叛，使笔者对他的评价变得十分不易。在此，我想引用两段话作为本文的结束语。一段是负责蔡孝乾案的谷正文的话："我认为，共产党在台湾的地下工作之所以失败，除了组织成员过于乐观，以致行迹过于暴露之外，它的领导人蔡孝乾的浮奢个性更是一个严重的致命伤。假如当初共产党派来台湾领导地下活动的人有几分周恩来或罗荣桓的才气，那么，历史的演变恐怕就大不相同了。"[③] 另一段是老台共党员苏新的话："不要因为蔡前后来（一九五一年以后）叛变了，就不敢提他的名字。以前正确的就是正确的，以后叛变是以

---

① 谢雪红口述，杨克煌笔录：《我的回忆·台魂泪（二）》，（台北）杨翠华发行，2005，第301页。
② 蔡前：《日本帝国主义的殖民地台湾》，新华书店，1942，第42页。
③ 谷正文口述，许俊荣、黄志明、公小颖整理：《白色恐怖秘密档案》，（台北）独家出版社，1995，第85页。

后的事情。对于历史事件必须保存原来的真面目，不能按照自己的利益、爱好、恩怨来加以篡改。"①

（中国社会科学院台湾史研究中心编：《台湾光复六十五周年暨抗战史实学术研讨会论文集》，九州出版社，2012）

---

① 苏新：《关于二二八事件处理委员会》，《台湾与世界》1987年3月号，载氏著：《未归的台共斗魂——苏新自传与文集》，（台北）时报文化出版企业有限公司，1993，第195页。

宋斐如的对日经济研究述论

赵一顺

抗日战争时期，为了打败日本帝国主义，少不了敌情研究。当年，研究日本问题的学者不少，有郭沫若、宋斐如、张友渔、李纯青、韩幽桐、张铁生、林焕平、冯乃超、王纪元、刘思慕、苏乡雨、金仲华、羊枣、侯甸、万仲文、夏孟辉、郑森禹、周鲤生等。其中许多人是从日本留学回国的，他们精通日文，对日本的政治、经济、社会、文化都比较了解，为配合抗战，他们写了大量有关研究日本问题的文章。其中，著作最多、贡献最大的就是宋斐如。本文拟在简略介绍宋斐如生平及其对日研究情况的基础上，探讨宋斐如的对日经济研究，以就教于方家。

一、宋斐如生平及对日研究概况

宋斐如，原名文瑞，字斐如，曾用名宋瑞华、宋端华，台湾省台南县仁德乡人。1922年3月毕业于台北商业学校，1923年9月赴大陆，1930年9月毕业于北京大学经济学系，留校任教。

九一八事变之前，宋斐如体认到日本侵华迫在眉睫，就着手展开日本相关问题的研究。在1930年撰写了《日本金解禁与中国》《日本帝国在远东的情势及其前途》《日本无产政党的研究》三篇论文。1931年撰写了《东北事件与帝国主义战争》《日本新内阁之前途的暗淡》《东北事件与日本社会革命》《东北事件的经济解释：日本经济的衰落与东北事件》四篇论文。1932年撰写了《东方民族运动与中国西北开发——帝国主义侵略的新转变与东方民族运动的新阶段》《上海事变的检讨》《日本侵占下东省的农业生产》《国联调查报告书的批判》四篇论文。自此之后，宋斐如走上研究日本问题之路。

1932—1935年间，宋斐如追随抗日爱国将领冯玉祥赴察哈尔，负责抗日宣传工作。在冯玉祥隐居泰山期间，宋斐如担任冯玉祥读书研究室主任，组织李达、陈豹隐、赖亚力、吴组缃等为冯玉祥将军及其部属讲授唯物辩证法、世界经济、世界反法西斯形势、日本国情、日语等。

1935—1936年间，他赴日本帝国大学深造，潜心研究日本的政治、经济和外交政策。1937年，抗日战争全面爆发，宋斐如毅然回国，投身抗日救国运动，发动民众，宣传抗战。

1937年12月南京沦陷后，宋斐如撰写了《新年，新阶段，新觉悟》一文，指出抗战应发挥潜伏的力量，使之变成抗战的补充力量，抗战的积极主动的方针，必须应用在外交上，"我们必须测定各国的外交方针，来决定我们的敌或友，我们要赶快联络苏联"。他又指出，"我们的国际宣传做得太不够"。他以孙中山的遗教"联络世界弱小民族及被压迫民族抵抗帝国主义"，说明中国台湾、朝鲜及日本民众，都是中国抗战的主要力量，一向被忽略，应当注意努力做这些工作。[①]

1938年7月在汉口，宋斐如发起组织了"战时日本问题研究会"，并创办了《战时日本》月刊。研究会成员有韩国人士金若山、朴青天、韩一来、金奎光、赵业昂等。金若山是朝鲜义勇队队长，朴青天是韩国光复军的司令官。这份刊物揭露日本的弱点，打破日本的虚伪宣传，唤醒一般人的恐日病，强化抗战建国的意识。之后，宋斐如又与韩国人士发起成立"中韩文化协会"。该会由孙科担任会长，会址设在重庆。

汉口沦陷，宋斐如迁往香港，继续编辑出版《战时日本》，社址设在临时租借的九龙弥敦道242号。1941年2月，与台胞抗日爱国将领李友邦、谢南光发起组织"台湾革命同盟会"，他任常委兼执委。1941年12月，太平洋战争爆发，香港旋即沦陷，他把《战时日本》迁往重庆，继续发刊。

太平洋战争爆发后，鉴于战争局势变化，宋斐如在重庆联合中、日、韩、台

---

① 宋斐如：《新年，新阶段，新觉悟》，《抗到底》第1期，1938年1月。

革命团体召开联席会议。会议于 1941 年 12 月 15 日召开，参加者有东方文化协会、日本革命团体协议会、朝鲜义勇队、台湾义勇队、台湾革命同盟会、朝鲜民族革命同盟等。与会者有金若山、李友邦、青山和夫、郭春涛、朱楚莘、宋斐如等。金若山在会上提议成立"东方各民族反法西斯大同盟"。会议宣言称，处于日本帝国主义下的中、日、台乃至东方各民族，绝对拥护英美两大民主国家，对日本法西斯暴徒抗战到底。战争初期，德日或许有小胜利的可能，但是胜负却决定于最后一弹。①

1943 年 8 月，他转往广西桂林，任《广西日报》主笔，为该报撰写社论和专论。1945 年 1 月，宋斐如被聘为中央设计局台湾调查委员会专门委员。

抗战胜利后，于 1945 年 10 月随前进指挥所人员返台，从事从日本占领者手中接收台湾的工作。曾任台湾省行政长官公署教育处副处长、台湾省行政长官公署教育文化专门委员会委员。1946 年 1 月，与他人创办《人民导报》，坚持爱国思想教育，针砭时弊，为国民党政府所不容。在二二八事变中，宋斐如被国民党政府以"阴谋叛乱首要""利用报纸抨击政府施政"等罪名秘密杀害。

宋斐如牺牲时，年仅 45 岁。在其短暂的一生中，除发表有关日本问题的专著 16 本，译著 8 本外，还发表有关抗战和战时日本研究的论文 200 余篇。《战时日本》月刊从 1938 年 8 月 1 日创刊，到 1942 年 1 月 15 日发行最后一期为止，宋斐如从政治、经济、文化和国际关系等角度，分析侵略战争时期的日本，对中国的抗日战争做出了极大的贡献。除了为《战时日本》撰写专论外，他还为《时事类编》《民族战线》《抗战》《时事月报》《世界知识》《中苏文化》等刊物撰稿，评论日本，剖析抗日战争与世界大战的发展。

宋斐如的重要作品有《封建的军事性的日本帝国》《日本工业的危机》《太平洋战争论》《台湾民族运动史论》《日本帝国主义研究》《日本战时政治内幕》《台湾问题与台湾革命》《日本帝国本质论》《工业经济危机论》《日本近世产业史论》《朝鲜问题的真髓》《日本的台湾土地政策》《世界经济会议及其后世界经济的动向》等。

---

① 《战时日本》第 6 卷第 2 期，1942 年 1 月。

二、宋斐如对日本的经济研究

从时间上看，宋斐如的对日本经济研究可以分为两个阶段：第一阶段是九一八事变爆发前后。这一阶段的重要文章有：《日本帝国在远东的情势及其前途》《东北事件的经济解释——日本经济的衰落与东北事件》《日本战时经济编制中的原料问题及其政策》等。

第二阶段是七七事变爆发后到 1945 年抗战胜利为止。这一阶段的重要文章有：《日本侵略战争所造成的社会经济危机》《日寇对我侵略战争中的劳动问题》《日本侵略战争中工业危机的发展》《美国新经济恐慌对于日本的影响》《日本农业经济的特质》《日本货币政策的新攻势》《日本帝国本质论——军阀官僚统治的经济基础》《日寇南进前的财政状况》《日本半封建的农业经济——解开日本帝国特质之谜的一把钥匙》《日寇通货膨胀的新发展》《日寇的物产及动力总剖述》《日本产业统制的三种制度》《日本粮食增产政策的批判》《日寇的"超重点"产业》《日本战时中小工业的没落》《美国雄厚生产威胁下日本船运的苦难》《日寇七年来在东北的经济掠夺》等。

从内容上看，宋斐如的对日经济研究涵盖面非常广泛，既有综合性的研究，也有专门性的研究；既有时事性的研究，也有宣传性的研究。

（一）综合性的研究

宋斐如对日本经济的综合性研究的代表文章有：《日本帝国在远东的情势及其前途》《日本帝国本质论——军阀官僚统治的经济基础》《日本半封建的农业经济——解开日本帝国特质之谜的一把钥匙》等。

1.《日本帝国在远东的情势及其前途》

该文发表于 1930 年，首先对日本帝国国力迅速强大的原因进行了分析，指出"日本自从海禁开放以来，即受欧洲资本主义的熏染，第一在产业方面，先步欧洲诸先进资本主义国家的后尘，而普遍地起了产业革命"。"明治维新后，日本国权收归天皇掌握，日本君臣锐意于解除束缚产业自由发展的各种因素，以顺应世界资本主义发达的趋势，于是日本的经济势力就日渐发达，终于达到现代的产业阶段"。同时"日本明治维新后，日本政府顺应时代的要求，先将束缚农业自由发达的各种限制全部解除。例如承认农业的经营自由，完全承认土地的私有权，田赋的改革和税金的减少……皆是。其结果，农业完成了长足的进步"。[1] 这是日本帝国迅速强大的内因，再加上"内政的修明和外交上、战略上的胜利，于是蕞尔的日本，就一跃而跻于世界五强之列"。而促使"日本帝国勃兴的战略上的胜利，最主要的就是中日战争与日俄战争。促使日本帝国勃兴的外交上的胜利，最主要的就是取消不平等条约的恢复国权"。[2]

其次，该文对日本走上对外扩张道路的经济原因的分析是：

日本帝国之所以急于向外发展的基本原因，我们可以在强盛日本帝国的最基本的动力，即经济的动力求得之。这种日本帝国之急于向外发展的经济上的原因，大约可以分为下列三种：人口的极度膨胀；本国资源的缺乏；产业发展的停顿。[3]

作者同时指出，"这三种原因，只是表面上的，至若潜在的基本原因"，"是因为充当日本支配阶级的资本家（包括地主、贷金家、企业资本家）的'营业利润减少'"。[4]

文章随后对日本侵占朝鲜、中国台湾、南洋群岛以及中国大陆等地的原因进行了分析。他指出，这些地区在战略上或者是日本"蚕食亚洲大陆的军事上的根据地"，或者是"充当日本帝国的海军根据地"，[5] 或者是潜在的侵略对象；在经济上，这些地区既是日本帝国主义资本和产品的输出地，又是资源的输入地。因此，向这些地方殖民既能解决日本国内资源贫乏的问题，还能解决日本本国人口繁增的问题。

---

[1] 宋斐如：《日本帝国在远东的情势及其前途》，《新东方》第 1 卷第 5、6、7 期合刊殖民问题专号，1930 年 7 月。参见宋斐如：《宋斐如文集》卷四，台海出版社，2005，第 1037 页。

[2] 宋斐如：《日本帝国在远东的情势及其前途》，《新东方》第 1 卷第 5、6、7 期合刊殖民问题专号，1930 年 7 月。参见宋斐如：《宋斐如文集》卷四，台海出版社，2005，第 1039 页。

[3] 宋斐如：《日本帝国在远东的情势及其前途》，《新东方》第 1 卷第 5、6、7 期合刊殖民问题专号，1930 年 7 月。参见宋斐如：《宋斐如文集》卷四，台海出版社，2005，第 1050 页。

[4] 宋斐如：《日本帝国在远东的情势及其前途》，《新东方》第 1 卷第 5、6、7 期合刊殖民问题专号，1930 年 7 月。参见宋斐如：《宋斐如文集》卷四，台海出版社，2005，第 1054 页。

[5] 宋斐如：《日本帝国在远东的情势及其前途》，《新东方》第 1 卷第 5、6、7 期合刊殖民问题专号，1930 年 7 月。参见宋斐如：《宋斐如文集》卷四，台海出版社，2005，第 1055、1061 页。

该文最后从日本工农业的角度，指出"日本帝国在经济上的发展，确已陷入停顿的命运，日本资本主义的生长年龄虽尚年轻，但实已到早衰夭折的症象了"，而解决的策略，不是依靠向外不断的殖民扩张，而是"社会主义的出路"。"这种意思，即在日人中，也有一部分人提倡过。的确，除此社会主义的出路外，恐怕是没有办法的。什么依靠社会立法的劳工保障啦，什么产业合理化啦，什么资本家型的产业保护政策啦……自理论上、事实上，结果是不会有效力的"。[①]

从这个结论不难看出，作者对于当时日本的侵华态势是深怀忧虑的，希望日本从自身找问题，从内部解决发展的僵局，而不是依靠向外扩张来解决问题。这篇文章发表不久，九一八事变就爆发了，日本随之侵占我国东北领土，建立伪满洲国。

2.《日本帝国本质论——军阀官僚统治的经济基础》

该文发表于 1939 年 1 月至 9 月，连载于《战时日本》的第 1 卷第 5 期至第 3 卷第 3 期。为了揭露日本残暴的侵略者的本质，宋斐如从经济着手，深入研究日本军国主义所依赖的经济基础，由此提出"日本帝国只是一个'纸老虎'，揭破了外皮，内部就是不调和的丑态。严格地说起来，日本帝国还不能算是一个'现代国家'，尤其不是一个'民主政治的国家'"。"日本就如同穿上欧式大礼服的乡下绅士，不但形式上有许多不调和的地方，即其行动作为也都充满着'土气'，再加上横冲直撞起来，更活像一个劫掠都市的胡匪。封建的气氛十足，凶残的蛮性更是十足"。[②] 日本是什么东西呢？作者认为：

日本军事机构的设备，在半封建的半农奴制的地基上促成日本资本主义乃至帝国主义的发展。带有划时期意义同时又是从上而下的日本明治维新革命，是一种不彻底的布尔乔亚革命，这次的革命只是一方面创造了半农奴的细小农民及半奴隶的工资劳动者，以充当资本原始积蓄的泉源，他方面整备军事机构，发动重工业，以促进工业资本及金融资本的发展。于是日本资本主义带上了军事性及半农奴性。日本资本主义的军事性及半农奴性，并且是自其出发点即已规定好的。

① 宋斐如：《日本帝国在远东的情势及其前途》，《新东方》第 1 卷第 5、6、7 期合刊殖民问题专号，1930 年 7 月。参见宋斐如：《宋斐如文集》卷四，台海出版社，2005，第 1075—1083 页。

② 宋斐如：《日本帝国本质论——军阀官僚统治的经济基础》，《战时日本》第 1 卷第 5 期，1939 年 1 月。参见宋斐如：《宋斐如文集》卷四，台海出版社，2005，第 1192—1193 页。

日本明治维新的改革，并没有改变了德川封建制度的隶役机构，束缚于德川封建制度下的零细耕作的农奴的隶役关系。是双重的剥削关系，一为封建的大土地领有者（当时的诸侯及领主）的苛敛，一为高利贷资本式的寄生地主的诛求。这种双重的隶役关系的内容，就是贡租 37%，地主租米 24%，农奴应得比率 39% 的总收获米的分配。明治维新并没有改变这种苛刻的隶役关系，以前的零细耕作的农奴有得到解放，明治维新变革的结果，不过把从来的零细耕作的农奴转化为两种本质上没有变化的东西。第一就是半农奴的零细耕作农。他们对于继承半封建的隶役条件（封建的大土地领有权的妥协解消形态）的高利贷资本的寄生地主，缴纳 50% 乃至 68% 的高率佃租，第二就是半奴隶的工资劳动者，他们在强力的原始积蓄过程上正与那由社会生活资料及生产手段转化的资本同样重要。由封建制度下的农奴转变的半农奴的零细耕作农及半奴隶的工资劳动者之间，并且依然保存着互相规定互相依存的关系。

日本资本主义在上述半农奴的零细耕作农及半奴隶的工资劳动者互相依存的土壤上，又受到军事机构整备的推动及促进。明治维新的事业首先注重军事机构的整备，是当时的国际情势，国内经济的特殊性，及农奴解放的不彻底等原因所急切要求的。换言之，军事机构的整备及强化，适应当时日本的特殊情形，在其资本主义的诞生及发展上，具有对内及对外的两重作用。对内的作用就是镇压由德川封建制度下的农奴转化过来的半农奴的零细耕作农及半奴隶的工资劳动者的反抗或骚动，乃至由这反抗及骚动，集成的地方各藩的叛变。对外的作用就是一方面抵御先进资本主义各国的侵略保全自己的安全及发展，他方面侵占中国及其属国的商品市场，攫得近代工业生产的主要原料的煤铁，以补强纤弱的日本资本主义的贫血症。在这种两重作用及迫切要求之下，军事机构的整备及强化，成了日本资本主义诞生及发展过程上的无上的命令。这个无上的命令促成日本资本主义与先进资本主义国家不同的颠倒发展，先由重工业尤其是军事性质的重工业发展起来：军事性工业生产，处于一般工业生产的指导地位。军事性的重工业首先是以制造兵器的军器工厂，海军工厂，制造兵器材料的制铁所，及军事输送机关的铁路种种形态发动的。其次，又促动键钥产业（key industries）如矿山、造船、机械工业的发生及发展。于是，不但提供了产业资本健全发展的条件，并且创造了巨大的金融资本。日本资本主义在极短促的期间由纤弱的产业资本急速转变到金融资本，而且大阔步地登上世界的

舞台，根本动力即在于这个军事机构的整备及强化。^①

作者还从日本社会的土地所有关系、耕作形态、从事农业生产者仍是半农奴、所受的剥削仍是封建性的地租等方面，论证了日本帝国主义的本质，是"军事的半农奴制的"资本主义国家。^② 正是这样的畸形，造成了日本帝国主义的侵略本性。

3.《日本半封建的农业经济——解开日本帝国特质之谜的一把钥匙》

该文发表于 1941 年 1 月至 6 月，旨在从日本农业经济的视角，进一步说明日本帝国主义的特质。作者从土地的所有形态、耕作形态、佃种制度、佃租制度等方面详细论述了日本的农业经济仍然是半封建的，最终会阻碍资本主义经济的发展，产生畸形的帝国主义形态。^③

总之，宋斐如对日本经济的综合性研究，主要着眼于日本的经济发展对日本社会的影响，尤其是日本农业经济的半封建形态对日本帝国主义的侵略性的影响，由此揭露日本侵略者的侵略本质是由其经济基础决定的。这也是日本侵略的最深根源。

（二）专门性的研究

宋斐如对日本经济的专门性研究的代表文章有：《东北事件的经济解释——日本经济的衰落与东北事件》《日本战时经济编制中的原料问题及其政策》《日寇对我侵略战争中的劳动问题》《日本侵略战争中工业危机的发展》《日寇的物产及动力总剖述》《日本战时中小工业的没落》《美国雄厚生产威胁下日本船运的苦难》等。

1.《东北事件的经济解释——日本经济的衰落与东北事件》

该文撰写于九一八事变之后，旨在阐述如何在九一八事变后应对日本的侵

---

① 宋斐如：《日本帝国本质论——军阀官僚统治的经济基础》，《战时日本》第 1 卷第 5 期，1939 年 1 月。

② 宋斐如：《日本帝国本质论——军阀官僚统治的经济基础》，《战时日本》第 1 卷第 5 期，1939 年 1 月。

③ 宋斐如：《日本半封建的农业经济——解开日本帝国特质之谜的一把钥匙》，《战时日本》第 4 卷第 3、4 期合刊至第 5 卷第 2 期，1941 年 1 月至 6 月。

略。作者认为,九一八事变所以发生,经济方面的原因是最主要的。经济方面的原因又分两方面:一方面是"日本的经济危机日益急迫,现已由工商业蔓延于农业经济。……东省具有充分的经济价值,可以充当食料及原料的供给泉源,可以充当资本及商品的消纳场所,并且可以充当所谓'大陆经营'的媒介物"。[①]

作者在这里提出一个重要的观点,即日本的经济在当时已经开始衰落了。当时的日本,从外部看,"日本现在是世界三大强国之一,在现代的世界政治舞台上与英美鼎足称雄。此三雄近年来角逐于太平洋上,英且有后退,而由日美直接对峙之势。于此可知,日本在现代国际上确是一个不得了的'大巨物'"。但作者通过比较日本历年输出工业制品,得出日本已开始衰落的结论,并由此认为,日本"虽然在国际政局上好似占很大的优势,头上戴着霸者的头盔,但其内容却非常空虚,基础并不稳固。头上的霸者盔,只是纸质的罢了"。[②] 这个观点也是作者此后对日研究中的一个基本观点。

此外,作者还详尽介绍了东北资源的丰富情况,并指明日本由于国内经济的衰落,而急于夺取东北的丰富资源以作补充的事实。

2.《日本战时经济编制中的原料问题及其政策》

该文发表于 1937 年 1 月。作者敏锐察觉到当时世界各国疯狂备战的事实:"今日之世界,因为经济的联系与政治的决裂无法调和,遂陷各国野心家于战争的梦境。现实上整个世界已经逼至战争的前夕,各国皆在疯狂似的备战了。"因此,"在这疯狂备战的前夕,一切平时的生产全部战时化,一切的生产都为战时的需要而进行了。然而战时工业生产最大的威胁,就是原料资源的断绝。而战时各国又皆以封锁敌国,断绝一切经济来源,为取胜的重要手段。例如欧洲大战中,协约国之于德国。因此,疯狂备战的各国目前的经济斗争,就很自然地集中到原料供给地之获得及占有上"。[③] 而殖民地原本的三种作用(其一,充当宗主国过剩人口的尾闾;其二,提供工业制品的贩卖市场;其三,充当原料资

---

① 宋斐如:《东北事件的经济解释——日本经济的衰落与东北事件》,《新东方》第 2 卷最近远东问题专号,1931 年 12 月。

② 宋斐如:《东北事件的经济解释——日本经济的衰落与东北事件》,《新东方》第 2 卷最近远东问题专号,1931 年 12 月。

③ 宋斐如:《日本战时经济编制中的原料问题及其政策》,《中山文化教育馆季刊》春季号,1937 年 1 月。

源的供给地），在这时的"最大的、最根本的作用，就在于原料资源的获得"。[①]

作者还分析了原料的世界分布，并指出："日本是三个缺乏原料资源的国家之一，原料资源的问题在目前的日本就很自然地成了她最关心而又最重大的问题了。"[②]随后作者又分析了日本短缺的原料、短缺原料的数量和日本的原料进口地等，并罗列了详细的数据，从而为战时研究日本的国情提供了便利。

3．《日寇对我侵略战争中的劳动问题》

该文主要阐述了日本发动全面侵华战争以来，日本国内劳动力短缺，劳动者劳动强度增强，劳动时间延长，劳动环境恶化，劳动者生活质量下降等情形，由此提出："日本一般大众和代表日本帝国主义的官僚军阀及资本家，是对立的，两者的利益是无法调和的。反之，日本一般大众的利害，倒和被侵略的我们是一致的。侵略我们的战争愈是进展，日本一般大众的损害也愈增大。"[③]

4．《日本侵略战争中工业危机的发展》

该文主要阐述了日本发动全面侵华战争以来，由贸易输出减少、原料短缺、劳动力紧张、物价上涨以及其他一些不利因素引起的工业危机加剧的情况。文章指出，"战争对于日本工业的第一种影响，首推外国市场的全部丧失或大部分丧失"。"输出激减和输入相对增加的两重因素，在日本国民经济上造成一种严重的事实，就是异常的入超"。同时，"输出的激减，自然直接影响到日本的工业生产"。[④]

此外，作者还指出，日本军需工业原料随着战争的扩大，而对外的依赖性大增，其危机也日益加深：

日本帝国主义虽说在战前即有相当数量的储藏，战争爆发后不久即施行贸易统制及外汇分配制度，来保证军需工业原料的供给。但因战争已经延长了九个月，何时战争始能结束，即令侵略者也都没有把握，所以原料完全用尽是很有可能的。其

---

① 宋斐如:《日本战时经济编制中的原料问题及其政策》,《中山文化教育馆季刊》春季号,1937年1月。

② 宋斐如:《日本战时经济编制中的原料问题及其政策》,《中山文化教育馆季刊》春季号,1937年1月。

③ 宋斐如:《日寇对我侵略战争中的劳动问题》,《世界知识》第7卷第7期,1938年3月。

④ 宋斐如:《日本侵略战争中工业危机的发展》,《中苏文化》抗战特刊第2卷第2期,1938年6月。

中最感为难的就是煤油。日本煤油消费量在平时是每年三百五十万吨，对华战争已使煤油的需要额增加到四五百万吨以上。其本国的生产至多不过三十三万吨，页岩提炼及煤炭液体化等人造方法也只能增产十多万吨，所以每年日本本国的产油量只够供战时消费量百分之五至十。日本陆海军方面虽有巨量的囤储，民间煤油商也以前年以来的严令而有相当的储存，但充其量也只够六个月至八个月之用。日本现在已经大感煤油缺乏的威胁；对于汽油的使用已严加统制了。汽油之出售须经特别许可，私人汽车每日用油至多不能超过两加仑，煤油由一城运到一城，须有特别许可证。[①]

由此可见，军需工业原料危机的加深不仅影响到日本的工业生产，也影响到日本国内人民的生活。作者认为："如果各国停止供给原料与日本，则不但日本工业危机完全暴露，即破坏世界和平的对华侵略战争也必立刻停止。"

宋斐如对日本经济危机的介绍，为中国军民树立了抗战必胜的信心。

除上述四篇文章外，宋斐如对日本经济的专门性研究成果，还有《日寇的物产及动力总剖述》，详细介绍了日本的物产及动力情况。《日本战时中小工业的没落》《美国雄厚生产威胁下日本船运的苦难》，则分别介绍了日本中小工业、日本船运业在战争影响下艰难挣扎的情况。

综上所述，宋斐如对日本经济的专门性研究，旨在让国人全面了解日本的基本国情，从而更好地应对日本的侵略。

(三) 时事性的研究

宋斐如对日本经济的时事性研究的代表文章有：《日本货币政策的新攻势》《日本粮食增产政策的批判》《日本产业统制的三种制度》《日寇的"超重点"产业》等。

1.《日本货币政策的新攻势》

该文主要介绍了抗战时期日本对中国的货币侵略策略。文章指出："日本最近进攻法币的新方略，约有三种形态：其一，搜集华北及华中的法币，到国际

---

① 宋斐如：《日本侵略战争中工业危机的发展》，《中苏文化》抗战特刊第 2 卷第 2 期，1938 年 6 月。

金融市场上套换外汇，使外汇市场上法币供过于求，用人工外科手术的方法降低法币的汇价。其二，大量发行华兴银行的伪币及军用票，并以军权强制使用，借以扰乱法币的流通，限制法币的交换价值。其三，在特殊的地域内，特别是上海这样容易受经济封锁的国际金融市场，更加运用经济外强制的政治权力，利用物质来源的封锁性，强制伪币的使用，以期达到降低法币的交换价值的目的。"[①] 作者提出的应对策略是，应联合英美法等经济利益相关的国家，"和中国设法共同维持法币的经常价值"。同时"我们还可以从保护、奖励本国的生产及贸易上，促进国际收支的好转，从根本上提高法币的外汇价值"。[②]

2.《日本粮食增产政策的批判》

该文发表于 1943 年 9 月，详细阐述了日本政府采取的粮食增产政策。文章指出，由于战争的扩大，"粮食的需要增加，外米的供给困难"，日本政府推行了一系列农业增产政策。一是改善农业生产技术；二是"提高兼业低位收获农家的耕作田园的收获量，及放弃耕作解消耕地"。[③] 不过，作者认为：

最近日本各方面提起土地制度的改善问题，但是他们所注意的，仍在于技术方面，即土地交换分合的提倡。在日本现存的经济制度，实行集体耕农，既不可能，则此项土地交换分合政策，自也不能有过大的效果。

再如提倡使用机械耕种，以提高农业生产性，固也不失为增加生产的一种方法，对于农村劳动力的调整，也是一种解决策。但在日本现在的情况下，此种政策仍是此路不通行。战时日本正集中全力于所谓超重点主义的直接军需品的生产，无暇顾及农耕机械，姑不具论，即自农民本身言，也只是一种可望而不可即的镜花。单就经济情形比较优厚的自耕农说，以占生产费总额 0.16% 的土地改良费的农家，如何能够付出巨额农业机械购买费，以从事机械耕种呢？[④]

那么，日本当局应如何解决粮食增产问题呢？日本农林省的粮食补给政策规定：第一，增产麦类、番薯、马铃薯等杂谷，以增加米的供献量；第二，更彻

---

① 宋斐如：《日本货币政策的新攻势》，《战时日本》第 2 卷第 4 期，1939 年 7 月。
② 宋斐如：《日本货币政策的新攻势》，《战时日本》第 2 卷第 4 期，1939 年 7 月。
③ 宋斐如：《日本粮食增产政策的批判》，《大公报》1943 年 9 月。
④ 宋斐如：《日本粮食增产政策的批判》，《大公报》1943 年 9 月。

底实施一般的消费规正办法，此后尽可能实施综合的配给；第三，节约农家的消费，强化米谷的供献。同时规定"业务用米及加工用米，如酿酱用米、酿酒用米及制糖果用米，除十分必要者外，皆极力禁用"。"对于一般日本国民的食品消费，去年阁议决议普及'糙食用及捣精限制'，如七分捣、半捣或三分捣。总而言之，日本政府今日的粮食增产政策的根本目的，在于迫使农村增加米的供献量，羊毛还要出在羊身上"。①

通过宋斐如的分析，读者很容易发现日本国内的危机，以及日本政府无力继续维持侵略战争的事实。

3.《日本产业统制的三种制度》

该文发表于 1944 年 9 月 3 日。随着"二战"接近尾声，日本国内物资短缺的问题也越来越严重。为了更好的分配战争物资，日本国内出现了三种产业统制制度，分别是统制会社制度、营团制度及统制会制度。文章在分析了这三种制度出现的原因、经过以及三者之间的异同后指出，面对国内物资短缺的困境，日本政府没有力量"实施国营制度"，只能"退而采取全面的国家管理"。"行政费负担及亏损的赔偿，也非日本政府财力所得办到，不得已而仅能于产业团体本身转念头。故于设立统制会社之后，为矫正其缺陷，也只能设立媒介性的营团，从事于生产者与消费者乃至生产诸团体之间的介绍工作"。"至营团制度不能举全面的严格的效果以后，日本政府也只得再设一种统制会。……于此，日本产业政策愈离国营或国家管理愈远。这在充分暴露日本产业政策的现实与理想违背的实情。"②

4.《日寇的"超重点"产业》

该文发表于 1943 年 9 月。当时美英在太平洋上对日发动反攻并得节节胜利，日本朝野开始在盟军总反攻之前筹划最终的决战。为了最终的决战，日本决定将铁钢工业、轻金属工业、煤炭工业、造船工业及飞机制造工业五种产业，作为所谓决战阶段的"超重点产业"。"计划自本年起，集中生产于此五种产业部门，以期提高最重要战时物资的生产性，增加生产数量，以便充分补充前线

---

① 宋斐如：《日本粮食增产政策的批判》，《大公报》1943 年 9 月。
② 宋斐如：《日本产业统制的三种制度》，《广西日报》1944 年 9 月 3 日。

至于'无憾'，完成所谓'决战的趋势'"。①作者的结论是："日寇自进入本年决战年以来，更加集中全力，以'必死'的狂态，从事于超重点主义工业的生产。其超重点中的重点产业，更谋其飞跃的发展。在日寇作战参谋部的估计中，美英本年或明年秋以前，当不至于对日实行总围攻政策，苏联向有与日本维持中立关系的可能，中国只能作局部的反攻，故总决战尚有待。正可以利用这个时期，赶紧军需生产，以备未来。日寇现阶段的政略集中于此点，而贯彻于其本国及占领区。"因此，作者提醒盟军方面，"应赶快设法破坏它的生产设备，勿坐大了日寇的战争工业生产"。②

由此可见，宋斐如对日本经济的时事性研究，主要是集中在战时日本经济政策的变化，以使国人对日本的经济新动向有一个清晰的认识。同时，从这些经济新动向的分析中，国人也可以看出日本在与盟军的对峙中，由攻转守、由强转弱的地位变化。

（四）宣传性的研究

宋斐如对日本经济的宣传性研究的代表文章有：《日寇七年来在东北的经济掠夺》《日寇南进前的财政状况》等。

1.《日寇七年来在东北的经济掠夺》

该文主要从三个方面揭露了日本帝国主义掠夺的真面目：

一是九一八事变后，在东北大肆扩张海陆空交通网。据宋斐如统计："中东路及南满路两线接轨时是三千七百公里，其后二十年间，铁路一年的延长里程平均只有六十公里，再几十年间增至三百公里。而'事变'后五年间，新设的铁路即达四千公里，平均一年延长八百公里。"

海港方面：九一八事变后，"日本乃积极开辟朝鲜北部的港湾，以期缩短日本与大陆的交通距离，夺取海参崴的地位；另一方面又不放弃葫芦岛的筑港，于是决定'三港三系统主义'，除加强大连的地位外，还兴筑罗津系统的港湾，继续兴筑葫芦岛港"。

航空方面：九一八事变后，"增设东京至长春航线，最近且准备再于东京、

---

① 宋斐如:《日寇的"超重点"产业》,《广西日报》,1943 年 9 月 8 日。
② 宋斐如:《日寇的"超重点"产业》,《广西日报》,1943 年 9 月 8 日。

福岗、青岛、北平间，及福岗、上海、南京间开设定期航空路，以与东京长春线联络。1936 年截止，定期航空路程已达九千公里，其飞机场及中间站有一百五处以上。东北航空网是以长春为中心，北通满洲里、黑河、同江、虎林、奉宁等站，南与旅顺、大连以至平津联络，东南经朝鲜、京城而与日本航线衔接。另一方面，日寇又在积极设立中央航空研究机关，设立准备部及飞行人员养成学校，培养所谓空军第二线的飞行员"。[1]

二是九一八事变后，在东北加紧"开发"各种产业。所谓的"开发"，其实就是："其一是要东北充当军需工业原料供给地，以便日本国内军需工业生产独立自存；其二是要东北充当轻工业或基础工业区，而使日本内地变成重工业区，以调整从来工业构成的偏重于轻工业；第三是独占东北市场以消纳日本制品，减低日本商品对外的依存性。"[2]据宋斐如统计："在一九三二年至一九三六年的五年间，日本的新投资额竟达到十一亿六千六百万元的巨额。"[3]

三是贸易的独占与移民的阴谋。据宋斐如统计："日本商品之输入东北，在一九三二至一九三七年间约略增加了三倍半以上。"此外，还在东北进行移民，特别是"以所谓'国防'的目的强行'军事屯垦'式的移民。一九三三年七月，日本拓务省遂有上述二十年移民百万户五百万人的计划。自一九三七年起，定每五年为一期，共分四期，第一期移十万户，第二期二十万户，第三期三十万户，第四期四十万户。预期二十年后移住东北的日本人，能占当地总人口十分之一左右。"[4]

该文发于 1938 年 10 月。当时抗战已经进入相持阶段，日本帝国主义对国民党政府展开了"政治上诱降为主、军事上进攻为辅"的策略。作者在此时写作日本在过去七年对东北殖民地的经济掠夺，揭露日本帝国主义掠夺殖民地人民的真面目，当有其深意。

---

[1]　宋斐如：《日寇七年来在东北的经济掠夺》，《战时日本》第 1 卷第 2、3 期合刊，1938 年 10 月。

[2]　宋斐如：《日寇七年来在东北的经济掠夺》，《战时日本》第 1 卷第 2、3 期合刊，1938 年 10 月。

[3]　宋斐如：《日寇七年来在东北的经济掠夺》，《战时日本》第 1 卷第 2、3 期合刊，1938 年 10 月。

[4]　宋斐如：《日寇七年来在东北的经济掠夺》，《战时日本》第 1 卷第 2、3 期合刊，1938 年 10 月。

2.《日寇南进前的财政状况》

该文发表于 1941 年 3 月。当时，从日本的"军事布置看，日寇军事南进的野心更加暴露"，似乎有南下攻占南洋群岛，以夺取资源，补充其资源短缺之势头。但是作者从日本国内的财政状况出发，分析了日本侵华战费高涨、国家财力薄弱、国民收入减少、债台高筑等情况，认为日本深陷国内的财政危机，故在没有必胜把握的情况下，绝不会南下。[①]

由此可见，宋斐如对日本经济的宣传性研究，主要是针对当时的时事而发的，目的是打破国内一些人不切实际的幻想。虽然这种研究带有宣传性，但作者依据的是大量的数据和事实，因而具有极强的说服力，在宣传阵线上发挥了很大的作用。

三、宋斐如对日经济研究的特点和价值

（一）宋斐如对日经济研究的特点

20 世纪 30 年代前后，由于日本帝国主义加紧对中国的侵略，中华民族到了生死存亡的危急关头，"抗日救亡"的呼声响遍四海。以左翼作家联盟为代表的左翼文化运动的蓬勃兴起，更加助长了这种声势。于是，这一时期许多有志之士都投身到对日本的研究当中，宋斐如就是其中的佼佼者。与同时期研究日本问题的人相比，宋斐如的对日经济研究有着自己的鲜明特点。

首先，宋斐如的对日经济研究开始的时间早，坚持研究的时间长，研究成果也很丰硕。

严格细分的话，民国时期的日本研究可以分两个阶段，民国成立后至九一八事变前夕为第一阶段，九一八事变爆发至抗日战争结束为第二阶段。[②]

自小在日本殖民地台湾长大的宋斐如，于 1921 年回到大陆后，对日本的侵略感受深刻。九一八事变发生之前，宋斐如就认识到日本侵华迫在眉睫，并着手展开日本相关问题的研究。1930—1932 年间，针对日本侵华问题，宋斐如先

---

① 宋斐如：《日寇南进前的财政状况》，《战时日本》第 4 卷第 6 期，1941 年 3 月。
② 武安龙、熊达运：《中国人的日本研究史》，（东京）六兴出版，1989，第 176—177 页。

后撰写了 11 篇论文。这些论文引用了大量数据，论述全面深入，具有相当高的价值。在宋斐如 45 年的生命中，除去求学和最后两年在台湾工作之外，他用了 15 年的时间来研究日本问题。在这 15 年间，他发表对日研究专著、译著 24 部，论文 200 余篇。

其次，宋斐如的对日经济研究内容丰富，涵盖全面。

宋斐如的对日经济研究，可谓涵盖了日本经济的方方面面。他认为："日本问题在平时即须研究，在战时更须研究。大家都说，知己知彼，百战百胜。认识敌人之重要性是毋庸赘言的了。"现实的情况却是，"政府方面虽说也有研究日本问题的设施，并且深刻注意我们四十多年来的老仇敌，但是抗战爆发后，立刻感觉到日本问题资料的欠缺和研究成绩的贫乏"。他提醒国人："抗战以来，无论官方还是民间，曾经有过什么关于揭发敌人真面目的宣传吗？全面抗战已一年，讨论日本问题及揭露敌人危机的书籍也不多见。在量的方面不过是一二十种小册子，在质的方面，即连战前出版的《当日本作战时》之类的著作，都没有见过一种"。更令他痛心疾首的是，"在全民抗战的今日，在必须发动民众，以与敌人拼个你死我活的今日，一般民众对于敌人的真面目，依旧没有深刻的认识。中日两国民众切实携手打倒共同敌人日本帝国主义的真谛，更非一般国民所能了解。经过一年抗战而敌人已经暴露了不少弱点的今日，还有一部分人恐惧日本纸老虎的淫威，或顾虑到日本社会革命对我国的影响。这是当前最急切而须努力消除的错误"。[①] 有鉴于此，他下定决心要把日本社会的方方面面呈现给国人，让国人对自己的对手有深刻的认识。

最后，宋斐如的对日经济研究是以马列主义政治经济学为方法论指导的。

宋斐如在研究日本农业经济的特质时，是用列宁的标准来判定日本的农业经济是封建制还是资本制的：

欲决定日本农业经济的性质，正和决定其他一切的问题一样，须从本质方面下手。决定农业经济之为"封建制"抑为"资本制"的本质，有一个根本原则，就是土地所有者与直接生产者的关系，即直接的剥削样式。这一根本原则，我可以根据《俄国资本主义发展史》的著者列宁的意思列举四点标准：（一）自然经济或货币经

---

① 战时日本研究会：《创刊词》，《战时日报》第 1 期，1938 年 8 月。

济;(二)直接生产者事实上被束缚于土地或已得到解放;(三)受到不自由的经济外的强制，或缔结契约的完全自由;(四)技术的应用程度高级或低级，即应用新技术的大规模经营或旧式的小规模经营。①

在《日本农业经济的特质》一文中，宋斐如多次运用马克思《资本论》的观点。如讲到地租形态问题时，他称，《资本论》著者说得好:"现金地租是指那由现物地租的单纯形态转化而成的地租而言。在这地租形态上，直接的生产者必须支付生产物的价格，而不是生产物于土地所有者（不问其为国家或私人）。""这种地租的基础，与成其起点的现物地租的基点是同一的。换言之，生产者由于继承或其他的传统，依然是土地的占有者（不是所有者——作者按），必须依转化为货币的剩余生产物的形态，支付强制的超过劳动，即不受等价而支出的无偿劳动，于这个最重要生产条件所有者的地主。"（《资本论》第三卷第六篇第四十七章《资本制地租的发生》）②

关于宋斐如运用马克思主义政治经济学原理一事，在《冯玉祥日记》里也有记载。宋斐如在追随冯玉祥的那段时间里，曾给冯上《政治经济学》和《资本论》两门课。冯玉祥在 1933 年 12 月 15 日的日记中称:"宋先生午后讲经济学，是用《政治经济学教程》，系李达同某译的，先讲生产力及生产关系。"1934 年 1 月 8 日的日记中称:"早读书，宋讲《资本论》。陈定民先生讲李大钊先生的论文。"③

运用马克思主义政治经济学原理来研究日本经济，使宋斐如能够抓住事物的本质。其关于日本帝国主义的侵略本质决定于日本半封建的农业经济基础的论断，尤为令人印象深刻。

（二）宋斐如对日经济研究的价值

宋斐如对日经济研究的价值，可从以下几个方面来评价。

首先是宋斐如对日经济研究的时代性价值。正如宋斐如在《战时日本》创刊

---

① 宋斐如:《日本农业经济的特质》,《战时日本》第 2 卷第 3 期, 1939 年 6 月。
② 宋斐如:《日本农业经济的特质》,《战时日本》第 2 卷第 3 期, 1939 年 6 月。
③ 冯玉祥:《冯玉祥日记》,载宋斐如:《宋斐如文集》卷五,台海出版社,2005,第 1544—1576 页。

词中所说的那样："日本问题在平时即须研究，在战时更须研究。"抗日战争全面爆发后，对日研究成为时代的强烈要求，而现实情况却是，全面抗战已逾一年，讨论敌人问题及揭露敌人危机的书籍并不多见，在量的方面，不过是一二十种的小册子；在质的方面，即连战前出版的《当日本作战时》之类的著作，都没有见过一种。[①] 宋斐如的对日经济研究因应了时代的呼求，填补了现实的空白，故具有极高的时代价值。

具体来说，宋斐如对日经济研究的时代价值体现在以下几个方面：

第一，揭露了日本对华经济侵略的本质，坚定了中国人民坚持抗日到底的决心。日本的对外侵略历来都打着神圣的旗号，如"共存共荣"、建立"大东亚共荣圈"、"日中亲善"等，带有极大的欺骗性。宋斐如的研究则从历史唯物主义的立场出发，直接指出日本对外侵略的本质就是掠夺殖民地的经济，使殖民地充当宗主国过剩人口的尾闾，提供工业制品的贩卖市场，充当原料资源的供给地。[②] 这就廓清了日本侵略者的宣传迷雾，打破了一部分人对侵略者存在的一些不切实际的幻想。

第二，揭露了日本帝国主义经济脆弱的本质，为中国人民树立起了抗战必胜的信心。日本帝国主义在二十世纪三四十年代跻身于世界五大强国之一，实力强大。其发动全面侵华战争时，更是扬言要三个月灭亡全中国。然而宋斐如早在 1931 年就从分析日本经济入手，提出日本帝国主义已经开始走向衰落："日本资本主义的发达，始于明治初年（约当 1870 年），盛于中日战后（约当 1895年后），而渐衰于日俄战后（约当 1905 年后）。其后，欧战期虽曾以一度不自然的发展而达至'最高点'，然而惟其是'最高点'，所以更高的发展似已不可能，从今而后也就只有一落千丈了。"[③] 为了揭露日本帝国主义经济的脆弱本质，宋斐如又于 1937 年 9 月发表了《日本侵略战争所造成的社会经济危机》、1938 年 6月发表了《日本侵略战争中工业危机的发展》、1941 年 7 月发表了《日寇通货膨胀的新发展》等。宋斐如通过揭穿日本帝国主义"外强中干"的纸老虎的实质，

---

① 战时日本研究会：《创刊词》，《战时日报》第 1 期，1938 年 8 月。

② 宋斐如：《日本战时经济编制中的原料问题及其政策的动向》，《时事类编》特刊第 1 期，1937年 9 月。

③ 宋斐如：《东北事件的经济解释——日本经济的衰落与东北事件》，《新东方》第 2 卷最近远东问题专号，1931 年 12 月。

为中国人民树立了抗战必胜的信心。

第三，宋斐如对日本一些具体侵略政策的研究，为国家的抗战决策提供了帮助。例如，他在《日本货币政策的新攻势》中介绍了抗战时期日本对我国的货币侵略策略，并提出应对策略：应联合英美法等经济利益相关的国家，"和中国设法共同维持法币的经常价值"。同时"我们还可以从保护、奖励本国的生产及贸易上，促进国际收支的好转，从根本上提高法币的外汇价值"。[①] 他在《日寇的"超重点"产业》一文中，除了介绍日本的"超重点"产业策略外，也提请盟军方面尽力破坏日本的战争工业生产。

其次是宋斐如对日经济研究的学术价值。宋斐如的对日经济研究具有严谨的理论框架，以量化的统计数据为依据，完全不同于一般的政论性文章。通过爬梳宋斐如的对日经济研究文章，不难发现如下的理论框架，即日本资本主义的发展不是由于内部资本主义因素充分发展成熟而自由发展起来的，而是在内部资本主义因素半充分发展的情况下，强制通过自上而下的革新才发展起来的。这种发展的结果，使得日本资本主义保留着浓厚的封建因素。其表现在农业上即是半封建土地所有关系的农业经济，表现在工业上即是以军事工业为主的军事性资本主义经济。这种畸形的军事性半农奴性资本主义，在发展上表现为前期发展迅速，后期则陷于停滞；在内外关系上则表现为对内的残酷镇压和对外的侵略扩张。依据这一理论框架，宋斐如对日本资本主义社会的诸多问题（如内部的经济危机、中小工业的没落、劳动力问题、对外好战成性问题等），进行了全面透彻的分析。因此，其对日经济研究在当时无疑具有极高的学术价值。

事实上，宋斐如对日经济研究的学术价值不仅及于当时，对于后世学者研究日本问题也具有参考和借鉴的作用。首先，他运用马克思主义政治经济学原理，宏观地分析日本社会的各种问题的方法论，颇值得后世学者借鉴。其次，他通过分析得出的一些具体结论（如日本社会的封建残留等），对于我们今天正确理解日本右派重新抬头、擅改侵略战争教科书、坚持参拜靖国神社等社会现象，仍然具有启发意义。最后，由他整理翻译的一些有关日本研究的资料性文章，也为后世学者的研究提供了便利。

综上所述，面对日本帝国主义对华侵略的不断加深，宋斐如毅然走上了研究

① 宋斐如：《日本货币政策的新攻势》，《战时日本》第 2 卷第 4 期，1939 年 7 月。

日本的道路，以学术应对日本对华的侵略。在其短短 45 年的生命中，他用了 15 年的时间专门研究日本问题，并为后世留下了丰硕的日本研究遗产，为后世学者研究日本问题提供了极大的帮助。宋斐如运用马克思主义历史唯物史观，客观分析日本社会的各种问题所得出的精准结论，不仅在当时满足了抗日战争的实际需要，具有极高的学术价值，而且对后世学者研究日本问题也具有很大的启发作用。一言以蔽之，宋斐如作为研究日本问题的开路先锋，在日本问题研究领域占据着极其重要的学术地位。

（原载《张海鹏先生八秩初度纪念文集》，社会科学文献出版社，2018）

台湾行政干部训练班探析

褚静涛

　　收复台湾，是中国人民在抗日战争中的最大收获之一，近 30 年来，一直是海峡两岸学术界的关注重点，相关论文颇多。1996 年，大陆学者左双文发表论文《国民政府与台湾光复》(《历史研究》1996 年第 5 期)，论及国民政府收复台湾的立场、抗战时期的对台工作机构。1998 年，大陆学者骆威发表论文《国民政府台湾调查委员会述论》(《台湾研究集刊》1998 年第 2 期)，对台调会设立的背景及经过、具体工作等做了初步探讨。

　　从宏观综览走向微观探讨是必然趋势。关于国民政府如何培训收复台湾的行政专才，学术界也颇为关注。1995 年，台湾学者蔡相辉发表论文《"中央训练团"台湾行政干部训练班初探》(《国父建党革命一百周年学术讨论集》第四册)，对台干班的成立、学员选训、课程之安排、学员之任用等方面皆有初步探究，持正面肯定态度。2004 年，台湾学者刘明宪在《失败的种子——论台湾行政干部训练班的成立及其困境》一文中指出，台干班由于"1. 受训时间太短；2. 课程失之繁多；3. 闽南语及国语课程没有开设；4. 精神训话与党政课程缺乏成效；5. 课程党化色彩太浓，党团活动频繁"，故"训练出来的是一批'语言不通、认识不清、研究不精'的党工人员，让他们承负收复台湾之重大工程，恐将早已埋下日后接管工作'失败的种子'"。[①] 这篇论文虽然拓展了对台干班的研究，但是观点偏激。大陆学者赵庆华在《抗战时期台湾接收干部的培训及其影响》(《闽

---

　　① 刘明宪：《播下失败的种子——试论台湾行政干部训练班的成立及其困境》，载赖泽涵、朱德兰主编：《历史视野中的两岸关系（1895—1945）》，（台北）海峡学术出版社，2005，第 241—242 页。

台文化研究》2018 年第 1 期）一文中，对台干班做出一些分析。

关于台湾光复的档案，主要收藏在位于南京的中国第二历史档案馆。该馆于 1989 年编辑了《台湾光复和光复后五年省情》，其内容包括国民政府收复台湾之筹划、台湾接收与重建。随着两岸关系的不断推进，中国第二历史档案馆、海峡两岸出版交流中心于 2007 年出版了《馆藏民国台湾档案汇编》，共 300 册，影印了中国第二历史档案馆所收藏的台湾光复及光复初期的大量图书、资料、杂志等，其中包括中央设计局档案、台调会档案、中训团档案，为深化对台干班的研究提供了前提条件。《台湾史料研究》于 2009 年底公开刊出《唐秉玄台干班日记》，为学术界研究台干班的教学增加了新材料。

台干班学员是否如刘明宪所言，真的"认识不明、研究不精、训练不足"，可谓见仁见智。笔者不揣谫陋，在这里对台干班再做一番深入而细致的探讨，具体围绕其为何设立、学员来自何处、课程设计与教材为何、教学经过与效果如何、学员在收复台湾中的作用为何等问题，来回应刘明宪的质疑。不当之处，尚祈海内外方家批评指正。

一、台干班学员台籍偏少的成因

《开罗宣言》发表后，国民政府开始筹划台湾的收复工作。1944 年春，蒋介石在中央设计局辖下成立台湾调查委员会（简称"台调会"），作为研究收复台湾的职能机构，任命陈仪为主任委员。①

为了培养党政干部，国民党中央执行委员会设立"中央训练委员会训练团"，即中央训练团（简称"中训团"）。收复失地工作，以人才最为重要。蒋介石于 1944 年 8 月做出批示："关于收复台湾与东北之准备工作，应先从训练与储备干部着手。"他强调说，"所有东北及台湾所需党务与行政之高级及中级干部应即一并统筹训练"，"干部之储备，应多选拔深入敌后艰苦工作之同志，以昭激劝，同时注意现在教育界、工程界之东北籍与台湾籍专门人才，以适应将来建设之需要"。蒋介石指派陈仪、陈果夫、吴铁城、张厉生、段锡朋、熊式辉共同筹划

---

① 《台调会工作大事记》，载陈鸣钟、陈兴唐主编：《台湾光复和光复后五年省情》（上），南京出版社，1989，第 4 页。

此事。① 陈仪由于已出任台调会主委，且兼任中训团教育长，故担任召集人。

接管台湾需要大批专才。9 月 11 日，陈仪出席中央设计局总理纪念周时，报告了台调会工作近况。他指出，根据"民国三十年日本国民年鉴的统计，台湾总督府及其所属机构的公教人员，共有七万五千二百二十六人，其中委任以上的人员，约占百分之三十五强，约有二万余人，大多数为日本人"。"这许多日本人，台湾光复以后都将解职返日，须由我们派遣适当人员前往接充"。"在台湾就地取材，当然不会够。取材于各省，在胜利以后，各省亦需要大批人才"。陈仪由此判断，"人的问题实在是很困难的"。②

经过会商，陈仪等人决定对培训收复台湾的专才高标准、严要求。他们拟出《东北及台湾党政干部训练办法草案》，关于"台湾党政干部训练班"，学员须具备以下条件："（1）专科以上学校毕业，服务成绩优良者。（2）曾任荐任职及高级委任或相当职务经铨叙合格，服务成绩优良者。（3）高等考试及普通考试及格，服务成绩优良者。"对台籍人员"应多多选取"，凡"深入台湾敌后艰苦工作或致力台湾革命卓有成绩者，从宽选取"。台干班每期名额"一百人至二百人"，训练时间"每期四个月"。③ 关于"东北及台湾干部训练办法要点"，蒋介石于 9 月 17 日批阅"似尚可行"，命令陈仪等人迅速实施。④

筹建台干班，是在中国政府准备收复台湾的大背景下展开的。蒋介石、陈仪等人意识到接管台湾的艰巨性、复杂性，于是提出必须事先培训接管专才，来承担此项重任。

鉴于培训的人才为中高级行政专才、技术专才，而非国民党党工干部，经过一番推敲后，陈仪等人觉得用"党政"二字欠妥，乃改"台湾党政干部训练班"为"台湾行政干部训练班"（简称"台干班"），招收的学员必须要有行政工作经验，赴台乃从事行政工作，而非从事国民党党务。

---

① 《中央设计局函》，载陈鸣钟、陈兴唐主编：《台湾光复和光复后五年省情》（上），南京出版社，1989，第 29 页。

② 《陈仪出席中央设计局总理纪念周报告》，载中国第二历史档案馆、海峡两岸出版交流中心编：《馆藏民国台湾档案汇编》第 24 册，九州出版社，2007，第 48—49 页。

③ 《东北及台湾党政干部训练办法草案》，载陈鸣钟、陈兴唐主编：《台湾光复和光复后五年省情》（上），南京出版社，1989，第 34—35 页。

④ 《蒋介石致陈仪电》，载中国第二历史档案馆、海峡两岸出版交流中心编：《馆藏民国台湾档案汇编》第 24 册，九州出版社，2007，第 179 页。

台湾已经初步工业化，产业之庞大非大陆诸省可比，学员应为某个领域的专才，而非通才。台干班下设民政组、财政金融组、工商交通组、农林渔牧组、教育组、司法组。学员来源，"请中央各机关就其主管业务依上列性质分别选送，党务机关及各大学则就个人之经历及志趣分别选送"。① 鉴于接管台湾任务繁重，对接管人员的品德、学识、业务能力、体质要求较高，因此，陈仪等人坚持从国民政府各机关中招收年富力强的专业技术人员。

台干班学员名额，最初设计是民政组 35 人、财政金融组 15 人、工商交通组 15 人、农林渔牧组 15 人、教育组 25 人、司法组 15 人。民政组最多，教育组次之。究其原因在于，民政事务覆盖面最广，事务繁杂，而台湾中小学生约 100 余万人，为一庞大群体。学员年龄要求在 25 岁以上、45 岁以下。年龄过大，不适宜承担繁重的接收工作。

国民政府各部会共推荐了 158 名人选，经资格审核与考试后，共录取 120 名学员。其中，2 人未完成学业退学。台干班总计 118 名学员，均为男性。其中，民政组学员有梁克强等 41 人，主要来自行政院、内政部、社会部、外交部等单位。台籍志士连震东、柯台山、谢挣强、曾溪水参加该组学习。工商交通组学员有郭绍宗等 19 人，主要来自交通部、财政部、教育部、公路总局等单位。台籍志士邱克修参加该组学习。财政金融组学员有吕承儒等 16 人，主要来自交通部、财政部、海关总署、农林部等单位。农林渔牧组学员有王振伍等 16 人，主要来自农林部等单位。司法组学员有余作纶等 13 人，主要来自司法行政部及各地法院等单位。教育组学员有薛人仰等 13 人，主要来自教育部、中央组织部等单位。民政组学员的名额超过预期，主要是因为报名人数较多，选才范围较大。报教育组的学员人数较少，只得减少名额。其他 4 组名额与预期基本持平。

以学员籍贯计，福建省 31 人，江苏省 22 人（加上海 1 人，为 23 人），广东省 20 人，安徽省 11 人，湖北省 8 人，浙江省 7 人，四川省 5 人，台湾省 4 人，其他省 9 人。以懂闽南语、粤语者优先。江苏、浙江、安徽等省在地理位置上与台湾接近，学员赴台适应能力相对较强。大陆其他省份的人才参训极少。

以学员学历计，大学 72 人，国外专科以上学校 17 人，专校 16 人，独立学

---

① 《中训团台湾行政干部训练班学员招选办法》，载陈鸣钟、陈兴唐主编：《台湾光复和光复后五年省情》（上），南京出版社，1989，第 37—38 页。

院 9 人，高师 1 人，军校 1 人，中学 1 人，师范学校 1 人。毕业大学有中央大学、复旦大学、北京大学、中山大兴、浙江大学、厦门大学、之江大学、武汉大学、四川大学等国内名校。国外学校有日本的帝国大学、明治大学、庆应大学等。

以学员年龄计，平均年龄约 33 岁，年龄最高者 46 岁（2 人），最低者 26 岁（1 人）。大多数学员身强体壮。①

台干班学员中，台籍有连震东、柯台山、谢挣强、李佛续、曾溪水、邱克修，占 5%。据此，台湾学者刘明宪认为，"当时活跃在重庆党、政、军、商、文化界的台籍志士虽然不多，可是在非占领区参与各类国民党组织的台籍志士，却为数不少。虽无确切统计数字，但依据当时在重庆担任美国外交官的乔治·柯尔之估计，则有千人之多。如此不及百分之一的调训人数比例，实属过低"。②

乔治·柯尔的估计过于乐观，与事实有相当的距离。抗战期间，在重庆工作的台籍志士有 20 余人。谢南光等人成立了台湾革命同盟会，号称会员有千人，实际上与该会经常保持联系的会员不过一百余人。③ 当时在国统区生活和工作的台籍志士普遍存在隐籍问题，他们一般改称福建籍或广东籍，甚至将台湾籍完全抹去。这给国民政府调查有多少台籍志士在各机关工作，增加了难度。

本着人地相宜的原则，培训台干班学员当然应以台籍志士为主。陈仪对台籍人员本着"应多多选取"的原则，要求学员是党政军出身，就地、就近招录。在重庆国民政府各机关工作的台籍志士偏少，仅有 6 人报名，全部录取。由于当时处于战争状态，再加上交通受阻，远在外地的台籍志士赴重庆参训，并不现实。由此可见，台干班的台籍学员偏少，并非陈仪等人故意排斥台籍志士，而是在重庆国民政府各机关工作的台籍志士太少。

---

① 台干班学员的姓名、年龄、籍贯、组别、毕业学校、工作单位，参见《中央训练团台湾行政干部训练班第一期教职学员通讯录》，载中国第二历史档案馆、海峡两岸出版交流中心编：《馆藏民国台湾档案汇编》第 24 册，九州出版社，2007，第 110—146 页。

② 刘明宪：《播下失败的种子——试论台湾行政干部训练班的成立及其困境》，载赖泽涵、朱德兰主编：《历史视野中的两岸关系（1895—1945）》，（台北）海峡学术出版社，2005，第 219—220 页。

③ 关于抗战期间在重庆的台籍人士，参见林德政：《抗战期间台籍人士在重庆的活动》，载"中华民国"史料研究中心编印：《中国现代史专题研究报告（22）》，2001，第 765—820 页。

二、台干班的教学成效

1. 教学大纲与师资

根据中训团党政班的课程设计，台干班与党政高级班的训练方式相似，分为授课、讨论、论文撰写三个阶段。台干班的课程包括精神训话、党政课程、专业课程、训育课程。

经过会商，陈仪等人制定《台湾行政人员训练班课务实施计划大纲》，训练时间"四个月，共十七周"。除去最后一周，"十六周计，每周四十八小时（每日八小时）"。公共课、科学概论 12 小时，中国宪政问题 6 小时，现代世界政治 12 小时，现代世界经济 12 小时，现代外交 12 小时，台湾历史 4 小时，台湾地理 6 小时，行政管理 12 小时，调查统计 12 小时，日语 96 小时（每周 6 时）。国民党党义，于第一周第二周举行，学员须阅读总理遗教、总裁训词、国民党史稿、国民党各种规章，撰写心得。分组研究："（一）熟习中国各种重要法令条文，并了解其法意。（二）了解台湾现行法令，并决定其应即废止应暂存。（三）了解台湾各种设施现状，及收复后应兴应革事宜，并草拟收复后各种计划"。[①] 这份教学大纲突出专业课程，兼顾基本理论、基本政策。

台干班班主任由陈仪亲自担任，副班主任为周一鹗。共同课程教师有邵力子、陈仪、陈立夫、俞大维、叶秀峰、任美锷、李旭旦、郭廷以、郭彝民等人。他们均为重庆政界、学界的知名人士。

2. 国民党党义的灌输

台干班党政课程的教学目标是训练学员成为忠党爱国、肩负抗战建国任务的同志。三民主义、总裁训词是中训团所有训练的重心所在，包括"三民主义的体系及其实行程序""革命哲学的重要性""行的道理""政治的道理""科学的道理"等。

1944 年 12 月 24 日，中央训练团台湾行政干部训练班在重庆复兴关正式成立。台干班第一个月是综合训练，主要讲授公共必修课，全班学员一起听讲。

---

① 《台湾行政人员训练班课务实施计划大纲》，载中国第二历史档案馆、海峡两岸出版交流中心编：《馆藏民国台湾档案汇编》第 24 册，九州出版社，2007，第 180—187 页。

12 月 25 日，台干班开始上课，第一节由邵力子先生讲三民主义。[①] 该课程旨在让学员进一步明了国民党的宗旨，加深对国家前途和命运的认识，增强使命感与责任感。

台湾学者刘明宪认为，台干班学员"非党员即团员"，"对抗战与党务工作具有一定之认识，还要面对这些课程，似乎多此一举。况且这些课程多半与台湾接收工作无太大关联性，因此成效令人十分质疑"。[②]

中训团培训学员属于通才、专才训练，旨在使学员懂得"做人的根本道理"和"办事的基本要领"。也就是教学员如何做人、如何做事。由党政军领导人再次讲解国民党的党义、基本规章制度、行政制度等，虽是老调重谈，然温故知新，可以加深学员对这些基本常识的认识与理解，提高其政治觉悟。在主办者看来，灌输这些通识并非多此一举，而是与抗战建国、收复台湾有莫大的关联。

3. 台湾现状、历史、地理学习

大多数学员对台湾的历史沿革与地理情况缺乏了解。学习台湾历史、地理，是台干班学员的必修课。1945 年 1 月 9 日，陈仪为学员上课。他依据赴台亲身经历，分析日本殖民统治台湾 50 年的情形。分六点说明，包括"统治台湾目的；统治过程；统治的工具；统治方法；统治难处；统治的长处"。[③] 1 月 12 日上午，陈仪将党义研究时间，改为讲授日本殖民统治台湾的经过。[④]

陈仪邀请长期在台湾工作的郭彝民和台籍志士谢南光来讲授日本在台湾的殖民统治。1 月 10 日的"日本统治台湾经过"课程，原定由王芃生授课，因其生病而改请谢南光讲授。谢南光"对台湾情形之讲述，颇多独到之处"，引起学员们的浓厚兴趣。[⑤] 1 月 15 日，郭彝民讲授日本殖民统治台湾的经过，由于"郭曾任台湾总领事，二十七年始离台归国"，学员们普遍感到郭老师"对台湾情形，颇为熟悉"。[⑥]

李旭旦留学英国剑桥大学，为著名人文地理学家。1945 年 1 月 8 日，中央

---

① 《唐秉玄台干班日记》，《台湾史料研究》2009 年第 34 号，第 55 页。
② 刘明宪撰：《播下失败的种子——试论台湾行政干部训练班的成立及其困境》，载赖泽涵、朱德兰主编：《历史视野中的两岸关系（1895—1945）》，（台北）海峡学术出版社，2005，第 233 页。
③ 《唐秉玄台干班日记》，《台湾史料研究》2009 年第 34 号，第 63 页。
④ 《唐秉玄台干班日记》，《台湾史料研究》2009 年第 34 号，第 64 页。
⑤ 《唐秉玄台干班日记》，《台湾史料研究》2009 年第 34 号，第 63 页。
⑥ 《唐秉玄台干班日记》，《台湾史料研究》2009 年第 34 号，第 65 页。

大学地理系主任李旭旦"讲台湾地理，每人发台湾地图一张，按图讲解"。①1月
11日，中央政治学校郭廷以教授"讲台湾历史，材料颇充分"。②

台干班还邀请专业人士讲解台湾金融、台湾党务等。2月8日，财政部次长
鲁佩章莅团演讲财政问题，"对国内财政近况、制度演变以及台湾财政情形叙述
极为详尽"。③

除几位台籍志士外，大部分学员均缺乏对于台湾社会的常识。因此，台干班
公共必修课涉及日本殖民统治下的台湾、台湾历史、台湾地理、台湾经济等内
容，旨在使学员对台湾基本情况有所了解，为专题学习和讨论打下初步基础。

4. 外语学习

与接管东北、华北、华东、华南地区不同的是，接管台湾面临着语言上的
障碍。因此，台干班语言课程开设日语与英语。英语课最初是为了配合美军登
陆台湾，需要大量英语翻译人才而设置的。日语课是为接管台湾专设的。日语、
英语分组学习。台干班要求学员"利用早操剩余时间练习外国语"。1945年1月
17日，由精通日语的台籍学员谢挣强担任指导，从日常普通用语练习起。④自2
月9日起，"日语教授改变方法，以会话为主，文法次之"。⑤

台干班学员中，台湾、福建、广东籍学员共有55名，至少有63名学员不
懂闽南语、客家话。台干班语言课程只开设日语与英语课程，却未开设闽南语、
客家话课程，不利于部分学员与台湾民众打交道。

5. 分组学习及讨论

自第二个月起，台干班将学员分为民政、财政金融、工商交通、农林渔牧、
教育、司法6组。一是学习台湾法令，并将其与中华民国的法令进行比较，以
决定采用或废除。二是就其所分之组，分别拟定具体接管计划，作为研究报告。

讨论分为分组讨论与全体讨论二种。分组讨论就分组必修的有关问题提出研
讨，注重实际问题。全体讨论就共同必修的有关问题提出研讨，侧重理论及一
般党政问题。

---

① 《唐秉玄台干班日记》，《台湾史料研究》2009年第34号，第62页。
② 《唐秉玄台干班日记》，《台湾史料研究》2009年第34号，第63页。
③ 《唐秉玄台干班日记》，《台湾史料研究》2009年第34号，第73页。
④ 《唐秉玄台干班日记》，《台湾史料研究》2009年第34号，第65—66页。
⑤ 《唐秉玄台干班日记》，《台湾史料研究》2009年第34号，第73页。

台调会拟定的《台湾接管计划纲要草案》规定，台干班教育组要分析台湾学制与大陆学制的差异，研究如何衔接及相关问题。

台干班教育组于 1945 年 1 月 15 日，开始专业研究。教育组主任赵乃传"讲授中学教育之目的，并提出研究提纲原则，以供本组同学讨论"。[①] 1 月 20 日，教育组举行中学教育第一次讨论，学员对接收后之台湾中学教育制度及私立中等学校应否立即改为官立等问题，辩论甚久。[②]

接管庞大的台湾学校涉及师资、教材等诸多问题。2 月 26 日，教育组学员举行"接管台湾教育前准备工作讨论会"，就台湾各级学校教材编订和各级学校师资训练展开讨论。[③]

经过紧张的学习，台干班第一期学习于 4 月 23 日结束。台干班的 120 名学员中，一名因患病，一名因请假过久而遭退训，实际结业者 118 名。

6. 专题研究

因台湾何时光复未定，118 名学员中，有 91 人回原机关任职。台调会为了掌握部分人才以备不时之需，成立台干班研究部。学员唐秉玄、薛人仰留在教育组继续从事研究。二人的主要任务是：1. 将以前各学员所提出的报告加以整理，以供台调会参考。2. 研究日本殖民统治下的台湾法令，辨明优劣及是否有违三民主义之原则，不适用的加以修正，再草拟补充中国将来在台湾施行的法令。

接管台湾是一个庞大的系统工程，涉及政治、经济、文化、教育、司法、军事等诸多复杂而具体的问题。台干班学员在学习《台湾接管计划纲要草案》的过程中，参与拟定了该纲要的分计划，包括台湾工矿接管计划、金融接管计划、土地接管计划、教育接管计划等。这些计划基本上都是粗线条的，缺少实施细则，与台湾社会存在一定的脱节。

7. 台干班培养了一批可用之才

台干班创建于准备收复台湾之际，它既继承了中训团党政班、高级班的办学模式，又与以往的培训干部有所不同。经过 4 个月的艰苦学习，118 名学员加深了对抗战建国的理解，业务水平得到一定程度的提升，形成了对接管台湾的系

---

① 《唐秉玄台干班日记》，《台湾史料研究》2009 年第 34 号，第 65 页。
② 《唐秉玄台干班日记》，《台湾史料研究》2009 年第 34 号，第 67 页。
③ 《唐秉玄台干班日记》，《台湾史料研究》2009 年第 34 号，第 80 页。

统认识。

台湾学者刘明宪认为，"至于领域课程，虽是琳琅满目，样样俱全，可是要短期修完所有课程，时间上是不足的"。"如此繁多而又时间有限的领域课程，简直就是造成学员学艺不精的主因"。[①]

台干班的学时仅4个月，课程却堪称繁多，学员学习难免吞枣，但我以为，造成台干班学员学艺不精的关键因素，是学员在重庆生活、学习，无法到台湾实地考察，体验台湾社会，无法真正做到知行合一。我们不能以学员学艺不精，来否定台干班为接管台湾培养了一批有用之才的事实。

三、台干班学员与接管台湾

日本在台湾推行歧视教育，台籍青年的出路主要是学医、读师范学校，台湾总督府的高级官员为日本人垄断。一旦40万日本侨民、20万日军撤退，国民政府接管台湾，如何填补这个巨大的权力真空呢？

陈仪坦言，"接收台湾，最重要的是人的问题"。"相当于委任官的人员就很少是台湾人，荐任以上的官更不用说，台人充雇员的很多，尤其在农林方面。中级以上的人员，就要由我国派员补充"。"人才需要多少？何时需要？也是一个未知数"。"所以训练人才宁可少，学员多由各机关保送，经过甄别、试验，故结果只有一百廿人"。[②]中国处于农业社会阶段，缺乏现代化的人才，国民政府无力培训几万名优异人才赴台。陈仪无力解决这个关系接管台湾成败的根本问题。

1945年10月25日，台湾光复，回到祖国的怀抱。陈仪任台湾省行政长官公署行政长官兼警备总司令。陈仪将原有的台湾总督府改为台湾省行政长官公署，其他基本上沿袭旧有的行政架构。遵照"工商不停顿，行政不中断，学校不停课"的要求，长官公署确定接管三原则：（1）原有机构或业务，在不需变更或不急于变更，或尚无决定性之变更以前，一切暂维现状，使行政不致中断。（2）过去分

---

① 刘明宪：《播下失败的种子——试论台湾行政干部训练班的成立及其困境》，载赖泽涵、朱德兰主编：《历史视野中的两岸关系（1895—1945）》，（台北）海峡学术出版社，2005，第237页。

② 《台湾调查委员会党政军联席会第一次会议纪录》，载张瑞成编：《光复台湾之筹划与受降接收》，（台北）近代中国出版社，1990，第139—140页。

散或不健全的机构或业务，接管后，逐渐集中整顿，以提高行政效能。（3）违反人民意向及不合国情的制度，立即加以彻底改革。

11月1日起，长官公署开始各项接收工作。国民政府派遣参与接管的人员，按职业划分，有行政管理人员、专业技术人员、军人、警察、中小学教师、大学教师、商人、文化工作者等。至1946年底，军人近2万人，外省籍公教人员等约2万人。

台干部学员并没有在战后初期，全部赴台参与接收与重建工作。据台干部学员薛人仰回忆：1945年10月，随前进指挥所来台的，以留部研究的学员为主，约三四十人，其余由各单位派遣来台者有数十人。1949年后，国民党退据台湾，复有数十人至台。居住在台湾者共有97人，除极少数外，都在政府或公营事业单位任职，均有良好成就与贡献。①

据此，台湾学者刘明宪得出结论："光复初期，台湾行政干部训练班赴台就任接管工作者，竟只有以研究班学员与导师为主的三四十人。"于是，他指责台干班"产生训练与任用无法结合的现象，让训练资源浪费在没有意愿赴台工作的学员身上，造成日后接管人才严重缺乏之窘境"。②

如果台干班学员真如刘明宪所言，很少参与台湾的接收与重建工作，那么，台干班就毫无历史功绩可言。针对刘明宪的观点，大陆学者赵庆华根据1949年编写的《中训团台干班同学录》，提出有104名学员参与台湾的接收与重建工作。③

为配合收复台湾，推进金融业务，四联总处于银行人员训练所设立台湾金融干部训练班，由各行局抽调专任人员前往受训。该班定于1944年12月11日开学，每一行局可保送合于规定的人员5至10人。④因中训团设有台干班，自1945年6月5日开始，台湾金融干部训练班40名学员进入中训团受训，在系统

① 欧素瑛记录整理：《薛人仰先生访谈录》，（台北）"国史馆"，1996，第28页。
② 刘明宪：《播下失败的种子——试论台湾行政干部训练班的成立及其困境》，载赖泽涵、朱德兰主编：《历史视野中的两岸关系（1895—1945）》，（台北）海峡学术出版社，2005，第241页。
③ 赵庆华：《抗战时期台湾接收干部的培训及其影响》，《闽台文化研究》2018年第1期，第18页。
④ 《四联总处函》，载中国第二历史档案馆、海峡两岸出版交流中心编：《馆藏民国台湾档案汇编》第25册，九州出版社，2007，第145页。

上属于台干班金融组。6 月底结束，7 月 1 日毕业。[①]台湾金融干部训练班的 40 名学员，因抗战后在上海、南京等地谋职较易，有半数以上的人未赴台湾任职。

1947 年 4 月，在台北的部分台干班学员编写了《中央训练团台湾行政干部训练班同学录》，将台湾金融干部训练班的 39 名学员，放在台干班同学录内。

1949 年 1 月，在台北的部分台干班学员又编写了《中央训练团台湾行政干部训练班同学录》，仍将台湾金融干部训练班的部分学员，放在台干班同学录内。

使用这两部同学录，务必慎重。本文所探讨的台干班学员，并不包括台湾金融干部训练班的 40 名学员。

战后百废俱兴，各地急需行政专才，部分台干班学员返回上海、南京等地工作。为此，陈仪想方设法征召这批学员。1945 年 10 月 6 日，陈仪致电军事委员会政治部："本署奉令接收台湾，需要民政人才相助为理，查贵部部附李冠礼、台湾义勇队通讯处主任谢挣强二君，曾在台湾行政干部训练班民政组受训结业，成绩优良，人地相宜，拟请借调赴台服务。即祈惠允见复，至纫公谊。"[②]经过研议，10 月 14 日，军政部批复，予以同意。[③]

需要注意的是，台干班学员赴台，并不是一次性的，而是分不同时间、不同批次的。1945 年 10 月至 1946 年春，最早一批来台的台干班学员承担了台湾接收与重建的工作，成为台湾复兴的中坚力量。之后，又有一些台干班学员陆续来到台湾工作。

台干班教职员工第一批赴台任职者共有 20 余人。陈仪，台干班班主任，任台湾省行政长官公署行政长官。周一鹗，台干班副班主任，任台湾省行政长官公署民政处处长。何孝怡，外语讲师，任台湾省日产处理委员会副主任委员。钱宗起，民政组导师，任善后救济总署台湾分署署长。宋斐如，民政组导师，任教育处副处长。包可永，工商交通组主任导师，任工矿处处长。沈镇南，工商交通组导师，任糖业接管委员会主任委员。赵连芳，农林渔牧组主任导师，

① 《台湾调查委员会党政军联席会第一次会议纪录》，载张瑞成编：《光复台湾之筹划与受降接收》，（台北）近代中国出版社，1990，第 138—139 页。
② 《陈仪致军事委员会政治部电》，载中国第二历史档案馆、海峡两岸出版交流中心编：《馆藏民国台湾档案汇编》第 37 册，九州出版社，2007，第 325 页。
③ 《军事委员会政治部批文》，载中国第二历史档案馆、海峡两岸出版交流中心编：《馆藏民国台湾档案汇编》第 37 册，九州出版社，2007，第 323 页。

任农林处长。赵乃传，教育组主任导师，任教育处处长。范寿康，教育组导师，继任教育处处长。魏建功，教育组导师，任国语推行委员会主任委员。王玉川，教育组导师，任国语推行委员会常务委员。

至1946年底，台干班民政组学员有36人赴台。其中，温民凡任台湾省新竹县新竹区署区长，林振汉任新竹县桃园区署区长，王一麟任彰化市市长，陈炳权任民政处地政局视察，石应钦任民政处秘书，郭铎任花莲县花莲市市长，吴建华任高雄县政府主任秘书，张振汉任外交部驻台湾特派员办公处秘书代理，方家慧任新竹市政府主任秘书，李崇厚任台湾省日侨管理委员会专员，向朝请任台中县政府教育科科长，杜振亚任民政处地政局第三课课长，陈贞彬任民政处专门委员，卞松元任民政处户籍指导股股长，朱正宗任台北县宜兰市长，陈国墀任专卖局台东分局局长，楼圭璋任新竹土地整理处处长，曾纪文任高雄县旗山区署区长，顾鸿传任民政处专门委员、台南县嘉义区署区长，陈国章任台中县南投区署区长，宓汝卓任专卖局高雄分局局长，台籍柯台山任台湾日报社长，台籍谢挣强任台南县新化区署区长，台籍曾溪水任台南市区长，台籍连震东任台北州接管委员会主任委员，周士弘任新竹市建设局长，陈沄龄任台湾畜产公司总务主任，温光众任花莲县政府民政科长，黄复星任新竹市教育科长，林颂和任台北县民政局科长，谢树德任公营事业委员会课长，徐芳礼任新竹市财政科长，曾伟贤任屏东市主任秘书，康玉湖任高雄县恒春区长，李冠礼任台南市《中华日报》总主笔，周点任新竹市教育科督学。

台干班工商交通组学员有17人赴台。其中，郭绍宗任台湾省新竹市市长，杜德三任省立台北第一工业技术练习生养成所所长，黄叔乔任交通处花莲港办事处处长，张腾发任工矿处秘书，徐积清任台湾省专卖局澎湖办事处主任，李佛续任台湾电力公司高雄办事处主任，台籍邱克修任省立高雄工业职业学校校长，刘凤仪任台东县党部指导员，张源任台湾钢铁机械公司总务部主任，茅绍襄任邮电管理局电讯处长，葛洛儒任铁路委员会台北事务所工务课长，李忠彦任台北海关灯塔科长，陈寿民任凤梨公司协理，牛权琯任台南凤梨公司办事处主任，张邦谟任铁路管理委员会专员，袁慰普任铁路管委员台南段长，马诒纶任台湾工矿公司秘书。

台干班财政金融组学员有13人赴台。其中，吕承儒任台湾省专卖局新竹分局局长，张申福任财政部台南关税务司，殷纪华任专卖局稽核兼总务科专员，邹幼臣任专卖局专员，林基芬任彰化银行监理委员会监理专员，陈良骐任财政处视察，曾汪洋任台湾银行嘉义分行经理，王炳简任台南北门村盐场公署，温学聚任贸易局会计主任，陈齐昌任台湾银行业务部副理，钟培元任新竹台湾银行分行协理，王仪任新竹省立商业学校校长，邱信亮任台湾省邮电局秘书。

台干班农林渔牧组学员有 15 人赴台工作。其中，杨逸农任台湾省农林处技术室专门委员，王鹏任农林处种马牧场兼场长，李兆辉任台湾省水产试验所所长，王振伍任合作金库台北支库经理，杨守仁任嘉义市农事试验支所所长，扬琏任台中山林管理所所长，王国瑞任高雄山林管理所所长，欧阳象才任屏东糖厂农务科长，王汝弼任林务局技正兼台北山林管理所所长，汪桂芳任合作管理委员会合作农场指导室副主任，陈午生任花莲港山林管理所所长，汪楷民任虎尾糖厂第一分公司副处长，李家琛任罗东山林管理所所长，尹众兴任台湾省农林处技正，黄中立任职农林处。

台干班教育组学员有 13 人赴台工作。其中，涂宇青任台湾省教育处督学室视察，苏惠铿任省立台南第二中学校长，薛人仰任教育处教员甄选委员会委员、台北县民政局长，廖季清任省立屏东农业职业学校校长，吴国梁任教育处督学室督学，郑腾辉任教育处督学室视察，孙致和任教育处督学室督学，唐秉玄任省立嘉义中学校长，吴伯俊任省立高雄第一女子中学校长，余阳任三青团台湾区团部筹备处书记，沈奠国任教育处督学室视察，黎少达任新竹县政府民政局局长，林绍贤任台湾省国语推行委员会秘书。

台干班司法组学员有 6 人赴台工作。其中，余作纶任台湾省台北地方法院刑庭推事，陈丞城任台中地方法院检察处首席检察官，谢仲棠任高等法院检察处检察官，谢怀栻任台湾高等法院推事，蒋慰祖任台湾高等法院首席检察官，刘鸿儒任台北地方法院检察官。[①]

至 1947 年底，总计有 100 名台干班学员赴台任职。因生活、工作等多方面

---

① 参见台干班：《台干班第一期教职、学员通讯录》，重庆，1945；载台湾省行政长官公署人事室编印：《台湾省各机关职员录》，1946 年 7 月。《中央训练团台湾行政干部训练班同学录》，1947 年 4 月，载中国第二历史档案馆、海峡两岸出版交流中心编：《馆藏民国台湾档案汇编》第 206 册，九州出版社，2007，第 55—66 页。《中央训练团台湾行政干部训练班同学录》，1949 年 1 月，载中国第二历史档案馆、海峡两岸出版交流中心编：《馆藏民国台湾档案汇编》第 281 册，九州出版社，2007，第 30—38 页。

的因素，个别台干班学员又返回大陆。例如，民政组学员周士弘曾任新竹市建设局局长，于 1947 年初返回大陆。民政组学员、台籍的柯台山任台湾日报社社长，返回大陆，于 1948 年又回到台湾工作。

台干班 118 名学员中，至 1949 年初约有 100 名学员赴台工作。可以说，绝大部分台干班学员都承担了台湾接收与重建工作，不辱使命。

台干班的教师基本担任台湾省行政长官公署的高级官员，台干班的学员基本担任台湾省各级公营机构的中高层官员。相较于没有经过专门培训的军人、中小学教师、小商小贩等，台干班学员因接受过专门培训，故素质较高，能够运用自身的专业知识与技能，恢复经济，安定秩序，维持台湾社会最低限度的运转。

《开罗宣言》考

褚静涛

　　《开罗宣言》是第二次世界大战期间，世界反法西斯国家共同发表的最重要的宣言之一，具有重要的历史意义与现实意义。1950 年以后，以美国为首的西方国家调整对华政策，美国、英国的一些政治人物开始淡化《开罗宣言》的法律约束力，甚至有个别学者以"找不到《开罗宣言》的文本"为由，企图否定《开罗宣言》的存在。[①] 因此，笔者不揣谫陋，通过大量的历史文本，来还原《开罗宣言》的本来面目，就教于质疑《开罗宣言》真实性的学者。

一、"开罗会议公报"发表的时间与地点

　　联合公报是一种特殊用途的公报，通常用来发布国家间经过会议达成的某种协议。联合公报通常要在正文之后写明双方签署人的身份、姓名、日期及签署地点。但是，第二次世界大战期间同盟国发表的联合公报，有别于和平时期国家间的联合公报，故其名称、内容、措辞、日期、签署、发表等自有其特殊性。我们不能脱离特定的时空分析《开罗宣言》。

　　关于《开罗宣言》的发表时间，有 1943 年 11 月 26 日，12 月 1 日、2 日、3 日等多种说法。关于《开罗宣言》的发表地点，顾名思义，学术界及社会大众一般以为其是在开罗发表。

　　1943 年 11 月 22 日至 26 日，罗斯福总统、丘吉尔首相、蒋介石委员长及

---

　　① 关于《开罗宣言》的争议，参见维基百科《开罗宣言》条目。

他们的幕僚人员在埃及首都开罗附近召开了秘密会议，共议对日作战、对德作战等问题。经过反复推敲、斟酌，三国领导人草拟了一份会议公报，用英文书写。开罗会议的"最终公报文本"（final text of the communique）是"新闻公报"（press communique），收录于《美国国务院文件集》1943 年 12 月 4 日。全文如下：[①]

Press Communique

President Roosevelt, Generalissimo Chiang Kai–shek and Prime Minister Churchill, together with their respective military and diplomatic advisers, have completed a conference in North Africa. The following general statement was issued:

The several military missions have agreed upon future military operations against Japan. The Three Great Allies expressed their resolve to bring unrelenting pressure against their brutal enemies by sea, land, and air. This pressure is already rising.

The Three Great Allies are fighting this war to restrain and punish the aggression of Japan. They covet no gain for themselves and have no thought of territorial expansion. It is their purpose that Japan shall be stripped of all the islands in the Pacific which she has seized or occupied since the beginning of the first World War in 1914, and that all the territories Japan has stolen from the Chinese, such as Manchuria, Formosa, and The Pescadores, shall be restored to the Republic of China. Japan will also be expelled from all other territories which she has taken by violence and greed. The aforesaid three great powers, mindful of the enslavement of the people of Korea, are determined that in due course Korea shall become free and independent.

With these objects in view the three Allies, in harmony with those of the United Nations at war with Japan, will continue to persevere in the serious and prolonged operations necessary to procure the unconditional surrender of Japan.

这份文件没有中文版，最早的中文译文发表于 1943 年 12 月 3 日的重庆《中央日报》。

---

① "Press Communique"（1943 年 11 月 26 日）, United States, Dept of State. *The Foreign Relation of the United States: Diplomatic Papers* 1943(Conferences at Cairo and Tehran), Washington Government Printing Office, 1961,pp.448–449.

开罗会议是在高度保密的情况下召开的。为安全起见，三国领导人在草拟这份公报时，没有标明会议的名称、时间及准确地点，仅简略表示"在北非召开了一次会议"。因罗斯福总统、丘吉尔首相紧接着要赴德黑兰，与苏联领导人斯大林会面，为了不使德国、日本的情报机关知道美英领导人在西亚、埃及一带会面，三国一致同意在德黑兰会议结束后再发表这份公报。①

11月26日中午，美英代表开会，提出发表"公报"时应注意保密问题，初步决定在某天格林威治时间23时30分发表"公报"。因以往美英共同发表重要的联合声明，都以此为标准。他们以在通过无线电报传输"公报"的过程中，德日可能破译"公报"内容为由，决定使用海底电缆传输"公报"。②

27日12时，美国驻土耳其大使喀克参加蒋介石夫妇的午宴，王宠惠秘书长"面询'会议公报'发表日期，彼谓尚未决定，惟将来须由三国同日同时发表，并将在同时发表前二十四小时时，将发表时刻通知我国驻开罗之汤代办"。③

28日18时35分，王宠惠在开罗致电重庆外交部转陈布雷，告："中美英三国会议之公报刻已交驻埃及公使馆电致外交部并抄送吾兄，想已察收。至此次公报发表日期，俟决定后当再电告，但在未发表前，务请严守秘密，在发表时关于宣传方面，请照以下三点进行宣传：（一）此项公报由美方提出并得英方之赞成，罗斯福总统之远东政策，向为维护各国之独立自由平等，于是得以具体表现，实为其完成世界领导政策成功之一重要步骤。（二）于此具见英国对于远东政策为一种高明之变更，亦为英国在远东政策转机之起点，实为丘吉尔首相之高明举动。（三）参加此次会议之英美人士，皆认为蒋夫人对于此次会议贡献甚多。即请照此方针指示各报宣传为荷。"④

1943年11月27日，罗斯福、丘吉尔飞抵德黑兰。11月28日至12月1日，

---

① "Roosevelt-Churchill-Chiang Meeting, November 26, 1943" (1943年11月26日), United States, Dept of State. *The Foreign Relation of the United States: Diplomatic Papers 1943*(Conferences at Cairo and Tehran), Washington Government Printing Office, 1961,p.366.

② "Meeting Of American And British Information Officials" (1943年11月26日), United States, Dept of State. *The Foreign Relation of the United States: Diplomatic Papers 1943*(Conferences at Cairo and Tehran), Washington Government Printing Office, 1961,pp.356-357.

③ 《王宠惠呈蒋中正开罗会议日志——政治问题商谈经过、军事问题商谈经过》，（台北）"国史馆"藏蒋中正文物，典藏号002-020300-00023-021，第93页。

④ 《王宠惠电陈布雷在发表开罗会议公报时宣传方面应注意三点方针》，（台北）"国史馆"藏蒋中正文物，典藏号002-020300-00023-024.

罗斯福、丘吉尔与斯大林召开会议。因"公报"内容主要是惩治日本,为了得到苏联的配合,罗斯福、丘吉尔将这份"公报"的内容电告斯大林,征询他的意见。

11月28日,苏联外交部长莫洛托夫在德黑兰致电罗斯福总统,告知:"斯大林元帅已经了解该公报,其涉及罗斯福总统、蒋介石委员长和丘吉尔首相今年11月下旬在北非举行的会议。斯大林元帅表达感谢通报,表示他对该公报没有评论。"①

在得到苏联领导人的认可后,罗斯福总统决定公开发表该公报。11月29日,罗斯福总统的特别助理霍普金斯,在德黑兰致电在开罗的美国驻土耳其大使喀克,经罗斯福总统同意,发表"开罗会议公报文本"(text of communique)的时间定于"12月1日(星期三),格林威治时间23时30分发布","不得提前发布","并告知美国白宫"。②

11月30日10时,中国驻美大使魏道明在华盛顿电告中国外交部:"顷闻白宫明晚将发表公告。"附"要点"。③

1943年11月30日下午1时半,罗斯福总统、斯大林元帅、丘吉尔首相在德黑兰苏联大使馆内举行会议。丘吉尔问斯大林:"是否已经看过开罗会议关于远东问题的拟议公报(the proposed communique)?"斯大林回答:"我已经读过,尽管我不能做出承诺,但完全赞同该公报(communique)和它的所有内容。"他又说:"朝鲜应该独立与满洲、台湾、澎湖列岛应该归还给中国,是完全正确的。"丘吉尔表示:"我特别高兴听到斯大林元帅关于开罗公报(the Cairo communique)的看法。"④

① "Foreign Commissar Molotov to President Roosevelt"(1943年11月28日),United States, Dept of State. *The Foreign Relation of the United States: Diplomatic Papers 1943*(Conferences at Cairo and Tehran), Washington Government Printing Office, 1961,p.616.

② "The President's Special Assistant to the Minister in Egypt"(1943年11月29日),United States, Dept of State. *The Foreign Relation of the United States: Diplomatic Papers 1943*(Conferences at Cairo and Tehran), Washington Government Printing Office, 1961,pp.450-451.

③ 《魏道明电宋子文白宫明晚将发表开罗会议公告要点》,(台北)"国史馆"藏蒋中正文物,典藏号002-020300-00023-025。

④ "Roosevelt-Churchill-Stalin Luncheon Meeting"(1943年11月30日),United States, Dept of State. *The Foreign Relation of the United States: Diplomatic Papers 1943*(Conferences at Cairo and Tehran), Washington Government Printing Office, 1961,pp.566-567.

12月1日，当地时间22时30分，德黑兰会议结束。其为格林尼治时间12月1日18时30分。

华盛顿时间12月1日下午6时半，美国政府公开发表这份公报全文，美国各大广播电台第一时间播出开罗会议的消息。其为中国重庆时间12月2日8时许。

12月2日，中央社驻华盛顿记者做了近距离报道："关于蒋委员长、罗斯福总统、丘吉尔首相会晤之第一次官方消息，以及彼等之联合声明，系于1日下午7时30分传达美国民众。是时所有重要广播电台均中止其例行商情节目，播出此震动全美之消息。不久各晨报之早版，即在街头出现。然除公报全文之外，并无更详细之记载。直至本日清晨，关于会议之长篇描述与照片，以及各同盟国首都之反响，始不断传来此间。华府之同盟国人士对于此一会议，均衷心表示欣慰。对于三大领袖决定以东北四省、台湾及澎湖交还中国一事，尤感满意。"①

12月2日，美国《纽约时报》（*The New York Times*）在第一版刊登了罗斯福、丘吉尔、蒋介石夫妇四人合影大幅照片，标题为"CRUSHING OF JAPAN MAPDEP AT CAIRO PARLEY/ EMPIRE WILL BE STRIPPED TO PRE–1895 STATUS"（开罗会议剥夺日本/日本将被剥夺至1895年前状态），报道开罗会议。第三版刊登全文，标题是"TEXT OF CAIRO DOCUMENT/FOLLOWING IS THE TEXT OF THE JOINT COMNUNIQUE ON THE CAIRO CONFERENCE"（开罗文件文本/以下是开罗会议联合公报文本）。②

12月2日，罗斯福总统秘书艾力（Early）在华盛顿致电霍普金斯："全美国乐观地收到开罗公报（Cairo communique）。各地区予以高度评价欢呼。"③同日，艾力（Early）又致电霍普金斯："全美国人民对开罗会议的反应非常赞成。三大强国誓言的道德效应，在每个地方都是明显的。"④

根据约定，英国政府于12月2日在伦敦公开发表了公报全文。12月2日，

① 《东北四省、台湾、澎湖交还中国》，《中央日报》1943年12月3日，第2版。
② 美国《纽约时报》1943年12月2日。
③ "The President's Secretary to the President's Special Assistant"（1943年12月2日），United States, Dept of State. *The Foreign Relation of the United States: Diplomatic Papers 1943*(Conferences at Cairo and Tehran), Washington Government Printing Office, 1961.p.453.
④ "The President's Secretary to the President's Special Assistant"（1943年12月2日），United States, Dept of State. *The Foreign Relation of the United States: Diplomatic Papers 1943*(Conferences at Cairo and Tehran), Washington Government Printing Office, 1961,p.455.

英国《泰晤士报》(*The Times*) 在第四版刊登了会议公报，标题是"THREE-POWER COUNCIL OF WAR/GEN. CHIANG MEETS WESTERN ALLIES/CONFERANCE IN NORTH AFRICA/JAP TO BE STRIPPED OF ALL GAINS"(三强战争会议 / 蒋委员长与西方盟国会谈 / 北非会议 / 日本将被剥夺所有侵占的土地)。①

根据三国的约定及美国规定的时间，中国政府决定公开发表这份公报。12月2日，中央社发布《开罗会议公报全文》及开罗会议相关消息。

12月3日，重庆《中央日报》在第二版(第一版为广告)上方刊登了《会议公报全文》的中文译本：

罗斯福总统，蒋介石委员长，邱吉尔首相，偕同各该国军事与外交顾问人员，在北非举行会议，业已完毕，兹发表概括之声明如下：

三国军事方面人员，关于今后对日作战计划，已获得一致意见，我三大盟国决心以不松弛之压力，从海陆空各方面，加诸残暴之敌人。此项压力已经在增长之中。

我三大盟国此次进行战争之目的，在于制止及惩罚日本之侵略。三国决不为自己图利，亦无拓展领土之意思。三国之宗旨在剥夺日本自从一九一四年第一次世界大战开始后在太平洋上所夺得或占领之一切岛屿。在使日本所窃取于中国之领土，例如东北四省、台湾、澎湖群岛等，归还中国。其他日本以武力或贪欲所攫取之土地，亦务将日本驱逐出境，我三大盟国稔知朝鲜人民所受之奴隶待遇，决定在相当时期，使朝鲜自由与独立。

根据以上所认定之各项目标并与其他对日作战之联合国目标一致，我三大盟国，将坚忍进行其重大而长期之战争，以获得日本之无条件投降。②

与美国、英国的报纸相比，重庆《中央日报》对开罗会议的报道更为全面。因中国代表团没有记者跟随，故缺少开罗会议的影像资料。与美英报纸刊出的三大国领袖合影相比，稍显逊色。

---

① 参见英国《泰晤士报》1943 年 12 月 2 日。
② 《开罗会议公报全文》，重庆《中央日报》1943 年 12 月 3 日第二版。

根据上述文本，我们可以发现，格林尼治时间 1943 年 12 月 1 日 23 时 30 分，"开罗会议公报"最早由美国政府在华盛顿公开发表。在之后的 24 小时内，英国政府在伦敦、中国政府在重庆相继公开发表了"开罗会议公报"。因此，"开罗会议公报"的首次发表地点并不是会议的召开地点开罗，而是华盛顿、伦敦、重庆。这三座城市共同拥有这份公报的首发权。发表时间则因时差问题，出现了不同的表述方式。考虑到华盛顿最先发表这份公报，我们将"开罗会议公报"最早发表的时间确定为美国时间 1943 年 12 月 1 日，英国时间、中国时间为 12 月 2 日。

二、《开罗宣言》名称的由来

1943 年 11 月 26 日，中美英三国领导人达成了联合公报的文本（Final Text of the Communique）。三国领导人都称之为"公报"，没有具体的名称。

11 月 30 日，丘吉尔与斯大林会谈时，最早提出"开罗公报"（the Cairo communique）。[①] 以这份文件草拟的地点命名，符合当时的国际惯例。

12 月 2 日，美国《纽约时报》第三版刊登"开罗文件文本"（TEXT OF Cairo Document），称之为"开罗会议联合公报"（the joint comnunique on the Cairo conference）。

12 月 2 日，罗斯福总统秘书艾力（Early）在华盛顿致霍普金斯的电报中，称之为"开罗公报"（Cairo communique）。[②]

12 月 4 日，蒋介石在日记中写道："昨日发表开罗会议公报以后，中外舆情莫不称颂为中国外交史上空前之胜利。寸衷惟有忧惧而已。"[③]31 日，蒋介石记本月反省录之（三）载："开罗会议公报如期发表，军民精神为之振，此乃国家百

---

① "Roosevelt–Churchill–Stalin Luncheon Meeting"（1943 年 11 月 30 日），United States, Dept of State. *The Foreign Relation of the United States: Diplomatic Papers 1943*(Conferences at Cairo and Tehran), Washington Government Printing Office, 1961,pp.566-567.

② "The President's Secretary to the President's Special Assistant"（1943 年 12 月 2 日），United States, Dept of State. *The Foreign Relation of the United States: Diplomatic Papers 1943*(Conferences at Cairo and Tehran). Washington Government Printing Office, 1961,p.453.

③ 高素兰编:《蒋中正"总统"档案事略稿本》第 55 册，（台北）"国史馆"，2011，第 546—547 页。

年来外交上最大之成功，又为胜利重要之保障。"① 可见，在这份公报最初发表时，中美英三国称之为"开罗会议公报"或"开罗公报"。

第二次世界大战期间，反法西斯国家发表了多份阐明其原则立场的宣言，如1942 年 1 月发布的"联合国家共同宣言"（the Declaration of the United Nations），1943 年 11 月发布的"莫斯科四国宣言"（the Four Nation Declaration）。

1943 年 12 月 1 日，美苏英在德黑兰共同达成了"三强宣言"，并定于莫斯科时间 12 月 6 日下午 8 时发表。其第一稿、第二稿、第三稿，三国代表称之为"公报"（communique），最终定稿称之为"三强宣言"（Declaration of the Three Powers）。② 由此可知，当时三国代表对于"宣言"（declaration）和"公报"（communique）要表达的含义是基本一致的。

"开罗公报"是中美英三国做出的共同"声明"（statement），由于"声明"与"宣言"（declaration）词义相近，故在"开罗公报"发表后，就有美英高层人士称之为"开罗宣言"。

1943 年 12 月 4 日，美国驻华大使高斯致电美国国务院："国民政府主席蒋介石夫妇与罗斯福总统、丘吉尔首相上月底在开罗商谈。中国人民认为达成的三方会谈宣言（the resulting tripartite declaration）对中国是一个重大的外交胜利。"③ 7 日，美国驻华大使高斯再次致电美国国务院："12 月 4 日，在重庆的两个韩国政党的代表来到美国大使馆，要求解释开罗宣言 (Cairo Declaration) 关于韩国'在相当时期'（in due course）的确切含义。"该电文几次提及"开罗宣言"（Cairo Declaration）。④

1944 年 1 月 12 日，英国驻重庆外交官布令 (H.Prideaux-Brune) 致电英国外交大臣艾登，附"1943 年 12 月中国情况综述"，谈及"开罗会议"。他指出："开

---

① 高素兰编：《蒋中正"总统"档案事略稿本》第 55 册，（台北）"国史馆"，2011，第 711 页。

② "The Communique and Its Release"（1943 年 12 月 1 日），United States, Dept of State. *The Foreign Relation of the United States: Diplomatic Papers 1943*(Conferences at Cairo and Tehran), Washington Government Printing Office, 1961.pp.634-641.

③ "The Ambassador in China (Gauss) to the Secretary of State"（1943 年 12 月 4 日），United States, Dept of State. *The Foreign Relation of the United States:Diplomatic Papers 1943*(China),Washington Government Printing Office, 1957,p.177.

④ "The Ambassador in China (Gauss) to the Secretary of State"（1943 年 12 月 7 日），United States, Dept of State. *The Foreign Relation of the United States:Diplomatic Papers 1943*(The British Commonwealth/Eastern Europe/The Far East),Washington Government Printing Office, 1963,p.1096.

罗宣言（The Cairo declaration）支持未来韩国独立已经受到中国人民的热烈欢迎。罗斯福总统在 1943 年 12 月圣诞节广播演说中，明确表示开罗会议的原则，包括承认远东地区数万人民建立他们自己的不受干涉的自治政府的权利。中国人民受到鼓舞，希望《大西洋宪章》的原则应适用于远东地区。"①

1943 年 12 月上旬，罗斯福、丘吉尔与土耳其总统伊诺努在开罗又达成了一份公报（communique）。为了以示区隔，英美人士逐渐将中美英达成的"开罗公报"称为"开罗宣言"。

1944 年 5 月 4 日，美国国务院草拟的"战后美国对日战略目标"指出："根据开罗宣言（the Cairo Declaration），日本将从满洲、托管岛屿，以及所有日本军事占领的地区退出。日本将被驱逐出朝鲜、台湾，以及自第一次世界大战以来所占领的岛屿。"②

1944 年 6 月 28 日，美国国务院草拟的"关于占领台湾和建立军政府的文件"指出："根据开罗宣言（the Cairo Declaration），台湾和澎湖列岛将归还给中国。"③

1945 年 6 月 30 日，美国代理国务卿格罗（Grew）致函美国总统杜鲁门，附"备忘录"一件，关于"日本无条件投降与远东解放地区的政策"建议："在适当时期邀请苏联政府宣布遵守开罗宣言（the Cairo Declaration）。"④

7 月 6 日，美国政府代表草拟的备忘录称："1943 年 11 月，罗斯福、丘吉尔、蒋介石在开罗发表的宣言（The Declaration issued at Cairo in November 1943）。"⑤

7 月，美国政府代表史汀生等人草拟《美英中三大国公告》（Draft Proclama-

---

① "Monthly Summary for December 1943", British documents on foreign affairs: reports and papers from the Foreign Office confidential print. Part Ⅲ, From 1940 through 1945. Series E, Asia, Volume 7: *Far Eastern Affairs*, July 1943-December 1944, 1997 by University Publications of America, p.223.

② "The Post–War Objectives of the United States in Regard to Japan" (1944 年 5 月 4 日), United States, Dept of State. *The Foreign Relation of the United States:Diplomatic Papers 1944 Volume V*(The Near East, South Asia, and Africa.The Far East),Washington Government Printing Office, 1965.p.1235.

③ "Formosa: Occupation and Military Government" (1944 年 6 月 28 日), United States, Dept of State. *The Foreign Relation of the United States:Diplomatic Papers 1944 Volume V*(The Near East, South Asia, and Africa.The Far East),Washington Government Printing Office, 1965.p.1269.

④ "The Secretary of State ad interim to the President" (1945 年 6 月 30 日), United States, Dept of State. *The Foreign Relation of the United States:Diplomatic Papers 1945 Volume I*(The Conference of Berlin [Postdam Conference]),Washington Government Printing Office, 1960.p.201.

⑤ "Memorandum by the Assistant to the President's Naval Aide" (1945 年 7 月 6 日), United States, Dept of State. *The Foreign Relation of the United States:Diplomatic Papers 1945 Volume I*(The Conference of Berlin [Postdam Conference]),Washington Government Printing Office, 1960,p.309.

tion by the Heads of State U.S.–U.K.–China），其 第 八 条 为：“8.The terms of the Cairo Declaration shall be carried out and Japanese sovereignty shall be limited to the islands of Honshu, Hokkaido, Kyushu, Shikoku and such minor islands as we determine.”（开罗宣言之条件必将实施，而日本之主权必将限于本州、北海道、九州、四国及吾人所决定其他小岛之内。）①

7 月 26 日，美英中三国发表《促令日本投降之公告》（又称《波茨坦公告》），其第八条规定：“8.The terms of the Cairo Declaration shall be carried out and Japanese sovereignty shall be limited to the islands of Honshu, Hokkaido, Kyushu, Shikoku and such minor islands as we determine.”（开罗宣言之条件必将实施，而日本之主权必将限于本州、北海道、九州、四国及吾人所决定其他小岛之内。）

通过《波茨坦公告》，《开罗宣言》（the Cairo Declaration）作为"开罗会议联合公报"的简称，首先为美英中三大国所使用、确认，后逐渐为国际社会普遍接受，并一直沿用至今。

三、"开罗会议公报"的署名

个别否定《开罗宣言》合法性的学者称，《开罗宣言》既没有三国领导人的签名（sign），也没有署名，因此没有国际法的约束力。

"开罗会议公报"的最后，确实没有中美英三国领导人的亲笔签名，但这并不代表没有三国领导人的署名。

众所周知，"公报"第一稿草出后，罗斯福总统就用笔在上面做了修改。②"公报"定稿前，丘吉尔首相又用笔做出几处修改。③

---

① "Draft Proclamation by the Heads of State U.S.-U.K.-China"（1945 年 7 月），United States, Dept of State. *The Foreign Relation of the United States:Diplomatic Papers 1945 Volume I*(The Conference of Berlin [Postdam Conference]),Washington Government Printing Office, 1960,p.898.

② "Draft of Communique"（1943 年 11 月 24 日），United States, Dept of State. *The Foreign Relation of the United States: Diplomatic Papers 1943*(Conferences at Cairo and Tehran), Washington Government Printing Office, 1961,pp.399-400.

③ "Press Communique"（1943 年 11 月 26 日），United States, Dept of State. *The Foreign Relation of the United States: Diplomatic Papers 1943*(Conferences at Cairo and Tehran), Washington Government Printing Office, 1961, p.404.

"开罗会议公报"的署名，采取的是将三国领导人署名置于文件开头的方式。

President Roosevelt, Generalissimo Chiang Kai–shek and Prime Minister Churchill, together with their respective military and diplomatic advisers, have completed a conference in North Africa.

（罗斯福总统，蒋介石委员长，丘吉尔首相，偕同各该国军事与外交顾问人员，在北非举行会议，业已完毕。）

这种将领导人署名置于文件开头的方式，在"二战"期间多次出现。下面举几个例子。

1943 年 12 月 1 日，美苏英在德黑兰共同达成了"三强宣言"，并定于莫斯科时间 12 月 6 日下午 8 时发表。文本如下：

Declaration of the Three Powers

We—The President of the United States, The Prime Minister of Great Britain, and the Premier of the Soviet Union, have met these four days past in this, the capital of our ally, Iran, and have shaped and confirmed our common policy.

We express our determination that our nations shall work together in war and in the peace that will follow.

（余等美国总统、联合王国首相、苏联人民委员会主席，在伊朗首都召开四天会议，确立余等共同之政策。

余等表达决心，将共同合作，致力于战争与和平。声明如下。）……

Signed at Teheran, December 1, 1943.

Roosevelt

Stalin.

Churchill

这份文件的署名并不是由三国领袖手写的，而是打印的。最终在美国发布的媒体文本的署名为罗斯福、丘吉尔、斯大林（Signed: Roosevelt, Churchill and

Stalin)。① "三强宣言"在开头列出三国领导人的职位，最后列出姓名，与"开罗会议公报"有所不同。

1943 年 12 月 2 日，罗斯福、丘吉尔飞至开罗，继续展开会商。4 日，土耳斯总统伊诺努飞抵开罗，三方展开会商。5 日，三方继续会商。6 日下午 2 时半至 4 时，三方达成一份联合公报（a joint communique），会议结束。②7 日，罗斯福一行离开开罗，返程。不久，该公报公开发表。文本如下：

Communique

Mr.Roosevelt, President of the United States of America, M.Ismet Inonu, President of the Turkish Republic and Mr.Winston Churchill, Prime Minister of Great Britain, met in Cairo on December 4th, 5th, and 6th, 1943. ③

（美国总统罗斯福，土耳其共和国总统伊诺努，英国首相丘吉尔，于 1943 年 12 月 4 日至 6 日，在开罗举行了会谈。）

该公报的署名方式与"开罗会议公报"相近，即将三国领导人的署名置于文件的开头，公报最后也没有三国领导人的亲笔签名。

综上所述，格林尼治时间 1943 年 12 月 1 日 23 时 30 分，"开罗会议公报"最早由美国政府在华盛顿公开发表。在之后的 24 小时内，英国政府在伦敦、中国政府在重庆相继公开发表了"开罗会议公报"。华盛顿、伦敦、重庆三座城市共同拥有这份公报的首发权。通过《波茨坦公告》，《开罗宣言》（the Cairo Declaration）作为"开罗会议联合公报"的简称，首先为美英中三大国所使用、确认，后逐渐为国际社会普遍接受，并一直沿用至今。"开罗会议公报"的最后，确实没有中美英三国领导人的亲笔签名，但这并不代表没有三国领导人的署名。

① "Declaration of the Three Powers"（1943 年 12 月 1 日），United States, Dept of State. *The Foreign Relation of the United States: Diplomatic Papers 1943*(Conferences at Cairo and Tehran), Washington Government Printing Office, 1961,pp.640-641.

② "The President's Log At Cairo"（1943 年 12 月 2—7 日），United States, Dept of State. *The Foreign Relation of the United States: Diplomatic Papers 1943*(Conferences at Cairo and Tehran), Washington Government Printing Office, 1961,p.659.

③ "Text of the Communique"（1943 年 12 月 6 日），United States, Dept of State. *The Foreign Relation of the United States: Diplomatic Papers 1943*(Conferences at Cairo and Tehran), Washington Government Printing Office, 1961,pp.831-832.

"开罗会议公报"采取的是将三国领导人署名置于文件开头的方式。"二战"期间同盟国发表的联合公报，有别于和平时期国家间的联合公报，故其名称、内容、措辞、日期、签署、发表等自有其特殊性。因此，我们不能脱离特定的时空分析《开罗宣言》。

（原载《台湾研究》2015 年第 2 期）

战时美国对台政策（1941—1945）

汪小平

一、中国在战时提出收复台湾

台湾在历史上、文化上、民族上，天然是中国的一部分。1895 年，日本通过不平等的《马关条约》占领了台湾，由此造成了台湾与大陆长达五十年的分离状况。这五十年间，台湾人民反抗日本殖民统治的斗争从来就没有停止过，大陆的革命团体也通过各种方式援助台湾人民的反抗运动。但是，由于受不平等条约的束缚，很长时间内，中国政府对台湾民众的反抗运动并未给予明确的支持。直到七七事变后，这种含糊的态度才发生了变化。1938 年 4 月 1 日，蒋介石在国民党临时全国代表大会上提出收回台湾的主张。他说：

（日本）既然定下了这个政策（侵略中国），处心积虑要灭亡我们国家，我们总理在世的时候，早就看出了日本这个野心，和中国所处地位的危险，也为本党定下了一个革命对策，就是要"恢复高台，巩固中华"，以垂视于全党同志。因为高丽原来是我们的属国，台湾是中国的领土，在地势上说，都是我们中国安危存亡的生命线，中国要讲求真正的国防，要维护东亚的永久和平，断不能让高丽和台湾掌握在日本手里。……为要达成我们国民革命的使命，遏止野心国家搅乱东亚的企图，必须针对日本积极的侵略阴谋，以解放高丽和台湾为我们的职志。[①]

---

① 中国国民党中央委员会党史委员会编印：《"总统"蒋公思想言论总集》，1984，第 186—187 页。

当时，中国军队在战场上还处于被动的防御作战中，中国立刻收复台湾并不现实。但是，蒋介石已经敏锐觉察到抗日战争为中国收复领土主权提供了契机。

1941 年 12 月 7 日，太平洋战争爆发，这使得孤军奋战的中国看到了胜利的希望。12 月 9 日，中国正式对日宣战，宣告："兹特正式对日宣战，诏告中外，所有一切条约协定合同，有涉及中日间之关系者，一律废止。"[①]《马关条约》当然也在废除之列。

中国开始着手光复台湾的准备。就当时的情况而言，外交上光复台湾的努力首先要考虑的是美国因素。太平洋战争爆发后，民间要求收复台湾的呼声很高。有迹象表明，这样的呼声有时也涉及琉球。[②] 这一浪高于一浪的呼声引起了美国方面的注意，美国驻中国大使密切注视中国报纸对这一问题的讨论。1942 年 6 月 7 日，美国驻华使馆官员谢维斯（John S .Service）与时任外交部东亚司司长的杨宣诚就新近中国主张收回台湾和琉球的问题进行了会谈。杨宣诚认为，对于台湾，战后回归中国是恰当的，因为岛上的居民绝大多数是中国人，而且一直保持和中国的紧密关系。至于琉球，民间可能抱有过高的期望。过去这个岛只是中国的藩属，而且已经和中国隔绝了八十年，经济和战略都不重要。[③]

1942 年 11 月 5 日，新任外交部部长宋子文在首次新闻发布会上表达了中国对战后的主张。当记者问道："战后之中国，在领土方面是恢复到九一八以前之状态，还是恢复到甲午以前之状态？"宋子文回答说："中国应收回东北四省、台湾及琉球，朝鲜必须独立。美国方面有一流行口号，即'日本为日本人之日本'，其意在指日本所侵据之地均应交还原主。"[④] 这是国民政府第一次明确宣布自己的战后领土主张。

1942 年 8 月，美国《幸福》《生活》《时代》三大杂志合草了《太平洋关系备忘录》，其第四章《一条横越太平洋的公路》中提议，战后应在太平洋上建立一条防御地带。为此应成立一个国际委员会，共同防御这一防御线内的各个据

---

① 王铁崖编：《中外旧约章汇编》第三册，生活·读书·新知三联书店，1962，第 1110—1111 页。

② 吕芳上：《台湾革命同盟会与台湾光复运动》，载"中华民国史料"研究中心编印：《中国现代史专题报告（三）》，1973。又，琉球是 1879 年由日本吞并的，历史上长期是中国的藩属。

③ Memorandum by the third Secretary of Embassy (Service) in China to Ambassador in China(Gauss),June 17,1942. *Foreign Relations of the United States* (以下简称 *FRUS*),1942,China,pp.732-733.

④ 重庆《中央日报》，1943 年 11 月 4 日。

点。该文还提议，自夏威夷岛向西经中途岛、威克岛、关岛、琉球、小笠原群岛到台湾，都列为此一防御内的要站。对于台湾，该文建议：

> 为了尊重中国的优越利益，台湾应该划在中国的关税和金融系统之中，但是联合国需要以它为一大根据地，所以把它划为中国领土的一部分似乎不妥。……由于台湾的国际地位性质，在任何可以预见的未来时间中，它的居民不可以要求独立主权，也不投票加入中华民国。[1]

该文发表后，在中国国内引起很大反响，各界纷纷驳斥这一国际共管台湾的理论。1943年1月，时任立法院院长的孙科针对美刊的言论，在重庆《大公报》上发表文章，声称中国绝对不会同意由苏联统治东北，并把台湾作为太平洋防御区域的战后设想，强调战后中国收回东北和台湾是不可动摇的目标。[2] 与此同时，在大陆的台湾各团体也纷纷发表文章，反对这一国际共管台湾的理论。[3]

二、美国支持中国收复台湾的要求

美国"关注"台湾的历史，可以追溯到1854年。时任美国东方舰队司令的佩里（M. C Perry）曾这样描述台湾的战略价值，台湾恰好位于中国沿海的主要商港前面，在海陆军事上处于有利地位。只要配置一支实力充足的海军，不但可掩护并控制那些商港，而且可以控制中国东北海面的入口。此外，佩里提出在美国海军的掩护下，建立一个位于台湾的美国商业集散地，因不受关税的限制与束缚，势必吸引各国船只驶向此一地区的港口。不消多久，这个商业集散地就可以与香港及新加坡的广阔市场匹敌。[4]

不过美国当时并非太平洋上的强国，佩里的建议并没有受到重视。费正清（John King Fairbank）指出："从广州前往台湾的美国人考察了该岛，修筑了港口，

---

① 重庆《中央日报》，1942年11月13日。
② 重庆《大公报》，1943年1月16日。
③ 吕芳上：《台湾革命同盟会与台湾光复运动》，载"中华民国史料"研究中心编印：《中国现代史专题报告（三）》，1973。
④ 黄嘉谟：《美国与台湾（1784—1895）》，（台北）"中研院"近代史研究所，1979，第140页。

升起了美国国旗，运走了大约 78 艘价值达 50 万美元的货物，并怂恿驻华的美国专员倡议割据该岛。对于这个建议，国务院甚至不给答复。"① 美国于 1898 年吞并夏威夷，又在 1902 年通过美西战争取得菲律宾，逐渐成为太平洋地区的强国。由于日本早已于 1895 年侵占了台湾，美国在太平洋的军事基地主要以菲律宾和夏威夷为依托。可以说太平洋战争爆发之前，美国并没有对台湾投入多大的"关注"。1941 年前后，美日在东亚的矛盾激化，最终导致了太平洋战争的全面爆发。

太平洋战争爆发后，日军大量南下，争夺英美在南洋的殖民地，并且迅速攻占菲律宾。台湾作为日军南下的一个军事基地，其军事价值不言而喻。美国军情处日满司（Japan-Manchuria Branch of Milittary Intelligence）招募人员进行日本本土和占领地的研究，台湾也被列入其中。由于日本已处心积虑地经营台湾四十多年，美国要想攻取台湾，非发动大规模海战不可。太平洋战争爆发后，援助中国成了盟国抵抗日本侵略的首选方案。

1942 年 1 月，在罗斯福的提议下，盟国成立了中国战区，蒋介石被任命为战区最高统帅。中国战区牵制了日军大部分陆军主力，成为反法西斯的东方主战场。罗斯福把德国视作最先打倒的最凶狠的敌人，并于 1942 年 7 月派马歇尔上将、金海军上将和霍普金斯前往伦敦与丘吉尔会面，全盘讨论反法西斯作战计划。为了平衡欧洲战场与亚洲战场，罗斯福指示：

> 我们反对在太平洋为了尽快将日本打败，而由美国发动对它的全力进攻。极端重要的一点是，我们应当充分认识到打败日本并不等于打败德国……打败德国就是打败日本，而且可能不发一弹，不损一兵。②

罗斯福很早就确定的先欧后亚的战略方针，使得美国的军事援助绝大多数都流向了欧洲战场。在资源有限的情况下，美国对华援助除了军事上的考虑外，还有更重要的政治上的考虑。即中国作为盟国一员，应给予何种地位，才能防

---

① ［美］费正清：《美国与中国》，张里京译，世界知识出版社，1999，第 299 页。
② ［美］舍伍德：《罗斯福与霍普金斯》下册，福建大学外语系编译室译，商务出版社，1980，第 205 页。

止其迫于日军的压力而退出战争。政治上的考虑则包括响应中国废除不平等条约的呼声和支持中国收回领土。

关于废除不平等条约，中美双方于 1942 年下半年开始谈判，1943 年初订立新约，基本上废除了强加在中国头上近百年的不平等条约。中国收回领土的问题涉及战时军事行动，并非纯粹的政治谈判。比如东北和台湾既是中国丢失的领土，又是日本重要的军事基地。

1942 年 7 月，美国在中途岛海战中取得胜利后，开始考虑由海上攻占台湾后对台湾的处置政策。1942 年 7 月 21 日，时任职于美国军情处远东战略小组（Far East Division of the Millitary Intelligence）的柯乔治提出了一份有关台湾战时和战后的建议。关于台湾战后的归属问题，柯乔治提出了三种方案："给予台湾独立"；作为中国丢失的一个省归还中国；由"美国托管"。他进一步分析说，第一种方案理论上行得通，实践上却行不通。由于台湾太小，独立是不可能的。第二种方案亦不可取，一是因为台湾对美国太重要，二是因为中国没有足够的技术人员接管"没有日本化，但已经现代化"的台湾。所谓"美国托管"，实际上就是由美国占领台湾。①

柯乔治延续的是佩里的观念——台湾是美国利益向西太平洋扩展的一个合适的战略前沿。柯乔治曾于 1937—1940 年间在台湾生活，号称"台湾专家"。他眼中的"前沿"（frontier）与佩里早期的"战略要地"有所不同。柯乔治于多年后对"战略前沿"作出了自己的解释："从当代的大陆观点来看，台湾代表着大陆利益复合体的最东端，是中国利益向海洋世界延伸的最东端。从海洋的观点来看，台湾代表着西太平洋边缘——包括日本、菲律宾、琉球的海洋世界，海上贸易和国际政治世界的海洋前沿。"②值得注意的是，"二战"后形成的现代民族国家概念普遍倾向于用"国界"（boundary）代替"边界"（frontier）。可见，柯乔治并不希望将台湾纳入中国的固有版图之中，而只是将其视为不同"利益"的前沿。③

柯乔治的建议被送到国务院后，不但没有得到支持，反而被指责为"帝国主

---

① George Kerr：*Formosa Betrayed*，London：Eyre and spotti-swoode，1966，第 1—3 章。
② George Kerr：*Formosa Betrayed*，London：Eyre and spotti-swoode，1966，前言部分。
③ 参见 [美] 吉登斯：《民族国家与暴力》，胡宗泽译，生活·读书·新知三联书店，1997。

义"的行为。① 可见，战时美国与中国政治上的结盟关系，很大程度上决定了美国对台湾问题的最终决策。

中途岛海战之后，美国政府越来越倾向于认为，中美之间政治上的结盟优先于军事同盟。缅甸战役结束后，中国对外联系的唯一通道——滇缅公路被切断，军事上援助中国变得非常困难。与此同时，美国海军在南太平洋地区接二连三地获得胜利。因此，围绕如何打败日本，美国海军高层和陆军高层形成了不同意见。海军高层主张在海上击败日本，封锁日本本土，置其于死地。但是陆军高层（如马歇尔将军、麦克阿瑟将军、史迪威将军等）倾向于认为，只要亚洲大陆上，中国、印度支那、马来亚和缅甸还有大量的日本军队，全面的胜利就无法取得。究其原因在于，日本军队同本国的交通线被切断之后，还可继续进行长时间的独立作战。② 罗斯福认为，与日本的决战应该在海上进行，但是保持中国战场也同样必要。中国战场不仅有重大的军事价值，也有重大的政治利益。

为了打消蒋介石对中美政治合作的顾虑，1942 年 11 月，罗斯福会见了刚刚卸任蒋介石顾问的拉铁摩尔 (Owen Lattimore)，亲自修改了一封署名拉铁摩尔的致蒋介石的信件，明确向蒋介石说明了美国战后对东亚的态度。信中说，中苏美英战后将成为四个"大警察"（big police），中美两国显然要对西太平洋负起最重要的责任。关于东北亚，信中说朝鲜问题的解决不能离开苏联。但是，罗斯福删除了原稿中的一句话："总统对你以辽东半岛和台湾两个关键地区为基地，联合海陆空的力量来有效防止重新侵略看法印象很深。"③ 从罗斯福的这一修改来看，他对和蒋介石的军事合作是小心翼翼的。

1943 年 3 月 27 日，罗斯福在白宫与英国外交大臣艾登 (Antony Eden) 和英国驻美大使哈利法克斯（Lord Halifax）举行了一次会谈，参与会谈的还有霍普金斯等人。罗斯福在会谈中表达了要把中国列入战后四强之一的愿望。艾登表示同意。在谈到战后东亚的安排时，罗斯福建议满洲和台湾战后归还中国，

---

① 没有看到国务院直接讨论该建议的记录，但是从国务院后来的行动中可以看出柯乔治的说法是有依据的。

② [美] 舍伍德：《罗斯福与霍普金斯》下册，福建大学外语系编译室译，商务出版社，1980，第 418 页。

③ Draft of Letter from Mr Owen Lattimore to Generalissimo Chiang Kai-Shek,*FRUS*,1942,China, pp.185–187.

朝鲜由中美两国和其他两个大国托管，安南也要由国际托管。艾登对罗斯福的上述建议均表示赞同。可以看出，罗斯福对战后远东的总体设想是得到英国支持的。[1]

作为军事上打败日本的必要一环，台湾也出现在史迪威的战略布局中。1943年11月22日，史迪威向盟军联合参谋长会议提交了一份关于中国战区的建议书，提议通过发动缅甸战役打通滇缅公路，并与英国配合，由南而北地夺取日本占领的沿海地区。在1945年3月间发动对台攻势。[2] 不过，英军参谋长阿兰·布鲁克将军（Alan Brooke）反对由中国沿海发动对台湾的登陆战，其理由是根本没有登陆设备可以登陆台湾。[3]

1943年下半年，盟军在太平洋分两路进军的方针已经确定下来，并得到联合参谋长会议、罗斯福和丘吉尔的认可。根据这个方针，麦克阿瑟将军的西南太平洋部队将沿新几内亚北部前进，从棉兰老岛南部进入菲律宾。美国海军上将尼米兹(Chester W .Nimitz)的中太平洋部队将进攻马绍尔群岛以及马里亚纳群岛的塞班岛和关岛。两路部队将在吕宋—台湾—中国大陆会合，从那里封锁和轰炸日本。[4] 尼米兹建议由美国海军占领台湾，以便切断日本本土与东南亚的联系。为了配合占领台湾，美国海军成立了一个台湾研究室。从1943年11月开始，该研究室陆续收集了有关台湾的大量资料。[5] 1943年11月22日至26日，罗斯福、丘吉尔、蒋介石在开罗召开秘密会议，台湾未来的地位在这次会议上得到了三国领导人的确认。

三、开罗会议确定台湾归属中国

应罗斯福的邀请，蒋介石参加了1943年11月在开罗召开的中美英三国首脑会议。这次会议主要是讨论远东的军事计划和战后如何处置日本。

---

[1] Memorandum of Conversation,by the Secretary of State,March 27,1943,*FRUS*,1943,Vol 3,pp.36–38.

[2] Memorandum by Generalissimos Chief of Staff(Stillwill),Nov.22,1943,*FRUS*,1943,Vol 3,p.371.

[3] Combined Chief Staff 128th Meeting,Nov.23, 1943,*FRUS*,1943,Vol 3,p.317.

[4] [美]E .B波特：《尼米兹》，蒋恺、施家甬、伍文雄译，解放军出版社，1987，第412页。

[5] 尼米兹的战略意图过于大胆，实现非常困难。当时就有人提出"逐岛"作战不能离开基地2000海里，进攻台湾可行，但是很危险，麦克阿瑟就反对这样做。参见《参谋长会议文件》第一册，中国社会科学院近代史所图书馆藏，第203页。

11 月 18 日，国民政府军事委员会参事室向蒋介石提交了一份拟在会议上所提之军事和政治问题的草案。该草案就日本无条件投降时所应接受的条款，开列了几项原则，政治方面有两条原则：

（1）日本依照联合国制定目标之名单，将其战事犯及各地伪组织官吏交付联合国审判。

（2）日本应将以下所列地方归还中国。

甲、旅顺、大连（两地公私财产及建设一并点检交于中国）。

乙、南满铁路与中东铁路（无偿交还给中国）。

丙、台湾及澎湖列岛（两地公私财产及建设一并点检交于中国）。

丁、琉球群岛（或划归国际管理或划归非武装区）。①

显然，这份草案是以废除从 1895 年以来日本强加在中国头上的不平等条约为出发点的。由于国民政府将东北地区与关内沦陷区均视为日本理应退出之地区，该草案中没有涉及东北问题，只涉及受不平等条约束缚的旅大和南满铁路。

与此同时，国防最高委员会秘书厅也向蒋介石提交了一份拟在会议上所提之战时中美合作方案。在政治方面提出，收回 1894 年以来日本侵占的中国领土。另外，还提出朝鲜独立、印度自治的要求。②

11 月 23 日和 25 日，蒋介石与罗斯福举行了两次长谈。罗斯福虽然怀疑中缅战区的可行性，但是毫不怀疑在美国的帮助下，一个强大友好的中国的长期价值。③

23 日上午，王宠惠将预先拟定的政治方案交给了蒋介石，内容增加了四项节略：（1）关于设立四国机构和联合国问题。（2）关于过渡期的安全问题。（3）关于德国投降问题。（4）关于远东问题。该节略的内容相当宽泛，每个问

---

① 张瑞成编辑：《中国现代史料丛编（四）》（原件日期不详），（台北）近代中国出版社，1980，第 18—22 页。

② 中国国民党中央委员会党史委员会编印：《中华民国重要史料初编——对日战争时期、战时外交（三）》，1981，第 503—505 页。

③ Warren F.Kimball, *Churchill and Roosevelt*, Volum 2, Princeton University Press, 1984, pp.605-614.

题都提出了中国的态度和详细方案。与草案提出的政治原则相比，已经超出了废除中日间不平等条约的范围。蒋介石审阅后提出，此次会议需要议定的问题主要有二：一是调整对日作战的战略；二是日本战败后惩处其侵略的具体办法。此外，各项问题仅求交换意见，送备参考。由此可见，蒋介石始终把废除中日间的不平等条约当作出席该会议的首要政治目标。

23 日晚，蒋介石夫妇与罗斯福举行了讨论。双方一致同意：（1）日本攫取中国之领土应归还给中国。（2）日本在太平洋上所占领的岛屿应永久予以剥夺。（3）日本溃败后，应使朝鲜获得自由独立。上述口头协议成为整个开罗会议的政治基调。

24 日下午，霍普金斯根据前一天的会谈结果起草了一份公报草案，并与王宠惠商讨。在涉及归还中国的领土问题上，霍普金斯出现了一个笔误。该句是这样表述的："日本由中国攫取之领土，例如满洲、台湾、小笠原等，当然应该归还中国。"这一笔误暴露了美国高层对远东认识的缺失，小笠原（Bonin Islands）和澎湖（Pescadores）实相去甚远。王宠惠将草案译成中文后交给蒋介石过目，并向他指出霍普金斯的笔误。蒋介石核定后，认为文中"小笠原"更正为澎湖后可以同意。25 日，王宠惠向霍普金斯提出了"小笠原"的疑问。霍普金斯承认其是笔误，并答应修改。

25 日，美方约中方和英方就宣言草案的内容商讨修改意见。参与讨论的美方人员是美国驻苏联大使哈里曼（Averell W. Harriman），中方人员是王宠惠，英方人员是外交次长贾德干 (Alexander Cadogan)，晚些时候，外交大臣艾登也参加了会议。英方就霍普金斯的草案提出了两处修改意见：一是将"日本由中国攫取之领土，例如满洲、台湾、澎湖等，当然应该归还中国"改为"日本由中国攫取之领土，例如满洲、台湾、澎湖等，由日本放弃"。二是将"日本对朝鲜人民之奴隶待遇，吾人初未忘怀。日本溃败后，于适当时期，吾人使朝鲜成为一个独立自由的国家"改为"日本对朝鲜人民之奴隶待遇，吾人初未忘怀。日本溃败后，脱离日本统治"。若不同意关于朝鲜一节的修改，建议删除这一节。贾德干提出的修改理由是：英国议会会质问为何关于其他被占领地并未说明归还何国，独于满洲、台湾则声明归还中国？王宠惠当即反驳道，这次大战是由日本侵略中国东北引起的，如果不言明这些被占领地归还中国，不但中国不同意，世界人民也会疑惑不解。贾德干辩解道，前面已经提出"日本由中国攫取之领土"，这些地方归还中国当然没有异议。王宠惠坚持认为，这些地方如果不言明归还中国，则这次联合国共同作战的反对侵略之目标就不明显。

美国对远东的态度很明显：满足中国收回领土的愿望对美国有利。英方修改方案的目的在于降低中国在远东的作用，与美国突出中国在远东地位的意图背道而驰。因此，美方哈里曼赞同中国方面的建议，遂维持了原案。[①]

王宠惠反对英方对朝鲜方案的修改。英方以不了解苏联对此问题的态度为由坚持修改。哈里曼按照罗斯福的意见，认为这个问题不必和苏联商量。讨论后，遂维持了原案。

不久，丘吉尔根据讨论结果，提交了英国的宣言草案新稿。这份新稿与霍普金斯的草案并没有多大出入。王宠惠提议，将英国稿件中的"包括满洲与台湾"改为"例如满洲与台湾"。三方没有异议。

1943 年 1 月 27 日，开罗宣言全文公布，宣告：

我三大盟国此次进行战争之目的，在于制止及惩罚日本之侵略。三国绝不为自己图利，亦无拓展领土之意思。三国之宗旨在剥夺日本自第一次世界大战开始以后在太平洋所夺得的或占领的一切岛屿，使日本所窃取于中国之领土，例如满洲、澎湖列岛等，归还中国。其他日本以武力或贪欲所攫取之土地，亦务将日本驱逐出境。我三大国稔知朝鲜人民所受之奴隶待遇，决定在相当时期，使朝鲜自由独立。[②]

后来，在德黑兰会议上，罗斯福把开罗宣言的内容告诉了斯大林。斯大林没有表示异议。11 月 30 日，丘吉尔也向斯大林提及开罗宣言的事情。斯大林说，自己虽然不能承担义务，但是完全同意公报和公报的全部内容。朝鲜应该独立，满洲、台湾和澎湖应当归还中国。这都是正确的。[③]

---

① 张瑞成编辑：《中国现代史料丛编（四）》（原件日期不详），（台北）近代中国出版社，1980，第 23—24 页。

② 张瑞成编辑：《中国现代史料丛编（四）》（原件日期不详），（台北）近代中国出版社，1980，第 30—32 页。

③ ［美］赫伯特·菲斯：《中国的纠葛》，林海、曾学白译，北京大学出版社，1989，第 121 页。

《开罗宣言》对中国抗日战争无疑是个很大的鼓舞。蒋介石在 1943 年 12 月 20 日的国防最高委员会第一百二十六次常务会议上，报告了有关领土问题的交涉始末。蒋介石踌躇满志地说，在涉及印度、越南、朝鲜等周边国家问题上，自己与罗斯福达成了广泛一致。在谈到台湾时，蒋介石先交代了琉球问题始末。他说："在开罗会议时，如果我们硬要（琉球），美国也不会同我们争；但是要来之后，第一，我们没有海军，就是战后三十年，我们在海上都没有办法；第二，要引起英美的怀疑，所以我们对于收回琉球不必过于坚决。"在谈到台湾和澎湖时，蒋介石说："台湾、澎湖是 1895 年被日本占领去的，而琉球是 1895 年以前就被日本占领去的。所以对于琉球我们可以不收回，而对于台湾、澎湖是决定要收回的。"[①] 在这里，蒋介石强调了 1895 年这一时间节点，毕竟琉球在这之前就存在着纠葛。而台湾则明确是中国领土，只是因 1895 年不平等的《马关条约》而割让给日本。

四、收复台湾的两种不同的准备

开罗会议后，国民政府开始着手准备接收台湾的工作。1944 年 3 月，蒋介石批准成立国防最高委员会中央设计局台湾调查委员会（简称"台调会"），由陈仪任主任委员。"台调会"于 1944 年 4 月 17 日在重庆正式成立。此前，蒋介石曾令行政院秘书张厉生和日本问题专家王芄生研究并"拟具复台政治准备工作、组织与人事等切实办法"。3 月 15 日，张厉生提议："收复台湾的第一步办法，依照盟军所采用之方式，自为军政府之组织。此项军政府应由我国主持。目前拟即由行政院饬令外交部相机与英美等国商洽于收复台湾时，由我国前往组织军政府的具体办法，俾便将来实施。"

蒋介石于 6 月 2 日回电批示：

查开罗会议时，我方在"远东之问题"节略中丙项"日本领土暨联合国领土被占领克复时之临时管理问题"曾建议如下："其他联合国领土被收复时，由占领军

① 张瑞成编辑：《中国现代史料丛编（四）》（原件日期不详），（台北）近代中国出版社，1980，第 37—38 页。

队暂负军事责任,该地之行政由该地原主权国负行政之责,彼此相关事项由占领军与行政机构协商行之。……故关于将来台湾克复后军事及行政之负责管理问题,可根据开罗会议时我方提出之原建议,先向美国商洽,俟有相当结果再与英国商洽。"①

可见,国民政府对于台湾被克复后的临时军政府由自己主持,以及对战时和战后通过外交途径最终收回台湾是比较乐观的。

"台调会"成立后的主要工作,是培养接收人才和制定《台湾接管计划纲要》。由于国民政府对接收台湾过程中可能出现的变数估计不足,没有研究台湾一旦由美军从海上攻下,如何协调临时军政府与占领军的关系。

1944 年 7 月 21 日,"台调会"邀请在重庆的台湾人士举行座谈会,讨论关于台湾的各项问题。参加座谈的台湾名士柯台山在谈到台湾与美国的利害关系以及美国对台湾可能采取的方针时,表示了极大的忧虑:

一、在战略上,美国可以比其他国家先登陆台湾。它可以借着防御,在台湾从事设防,而战后化为生产工业,以控制台湾的经济(现在印度便是一例)。

二、美国借珍珠港事件,复仇于台湾,使工业建设毁灭。

三、战前台湾的电力工业,向美国借款六十万,美国可以向台湾清账。我们可以看到,现在美国对台湾的作风:1.它已经在澳洲备有台湾人才,而不向中国借台湾人才。2.对于所有准备登陆的战斗团体,须具有其政府组织成分者。登陆后再大批收揽当地人才。

柯台山建议:(1)训练大批登陆台湾的工作队伍,参加美军登陆台湾,并与美国军事机关商定妥善办法,共同进行。(2)在福建或在广东训练大批(至少一千人)适合对台工作的政工人员,在收复前秘密派往台湾,从事秘密组织宣传破坏等。预先控制台湾舆论,在收复之日使能一致拥护祖国。(3)在祖国方面公开宣传。对台湾收回后之处理及对台胞之待遇,应有明文规定并逐步宣布(有如革命时期宣布国民公约然),用以取得各地台胞对祖国之认识与信心。(4)从宽优

① 陈鸣钟、陈兴唐:《台湾光复和光复后五年省情》,南京出版社,1998,第1—3页。

待留"华"台籍，不妨予以政治地位，借资重视，以便号召台胞，激励台胞服从祖国之心。①

柯台山的第二条建议虽在当时很难做到，却很有必要。陈仪也表示了类似的忧虑："关于收复台湾，感到许多未可知，就是美军何时在台湾登陆，登陆是否完全由美军或有国军参加都未可知。"②

1944年，日军为了打通大陆交通线，发动豫湘桂作战。由于蒋介石未能组织有效抵抗，中国战场的军事形势恶化。史迪威在开罗会议期间拟订的中国战区的作战方案（包括如果情况允许，将在1945年5月到11月间从大陆进攻台湾的设想），实施起来就很困难。1944年7月，美国驻华大使馆官员艾切森（George Atcheson）明确告诉孙科，由于衡阳、桂林的失守导致东南地区的空军基地丧失，将来登陆东南沿海和台湾将变得很困难。③日军为防止盟军登陆，于10月4日占领了福州。

在中国战场形势恶化之际，美军在南太平洋的攻势取得了重大进展。到1944年7月间，美军相继攻下了塞班岛和关岛。美军的轰炸机从塞班岛的空军基地起飞，可以直接飞到日本本土的上空。如此一来，从海上攻下台湾后如何设立军政府，就成为美国军方和国务院共同关心的问题。

海军方面，由于尼米兹早就建议攻占台湾以切断日军的交通线，故从1943年底就开始准备占领台湾的工作。到1944年4月间，已经完成相当的准备工作。如柯台山所说，这些工作都是单独进行的，并没有与中国商量。1944年上半年，陆军民政司和海军占领地局先后向国务院提交了28个问题。国务院远东地区司际会议（Inter-divisional Area Committee on the Far East）预备了14份文件回答有关台湾军政府的问题。一份标注为1944年6月28日的备忘录提出：

1.设想如果由美国的武装力量着手占领和解放台湾，服务于台湾民政的军管机关应当由美国组建。可以料想，美国军管机关一直要持续到台湾恢复中国主权时为止。

---

① 陈鸣钟、陈兴唐：《台湾光复和光复后五年省情》，南京出版社，1998，第25—26页。
② 张瑞成编辑：《中国现代史料丛编（四）》（原件日期不详），（台北）近代中国出版社，1980，第1140—1141页。
③ "The Ambassador in China(Gauss) to the Secretary",July 4,1944, *FRUS*,1944,Vol 6,pp.116.

2. 假使占领台湾得到大陆上中国军事力量的援助，军管机关仍将由美国组建。但是如果合适，民政部门应当预备有中国代表。

3. 在任何事务上，当与中国政府合作将有助于行政机关行使有效职能时，制定民政计划应当寻求中国人的参与。在军管机关下，行政和治安职能部门中的中国职员应当受到信任。到了接近中国在台湾重建主权的时候，军管机关在行政与治安职能人员和民政事务人员中增加雇佣大量的中国人职员是有用的。[①]

为了进一步阐明对于占领台湾后设立军政府的态度，远东司际会议还比较了占领台湾和占领丹麦的区别。1944 年 9 月 27 日，远东司际会议备忘录指出："就台湾情况而言，军管政府的建立和它的行政管理要持续到台湾归还给中国的时候为止。到那时，新的台湾政府将由中国政府组建。就丹麦的情况而言，军管政府的根本目标是要有利于由国王的立宪行动来重建丹麦政府。"最后，备忘录表明了国务院的态度："在台湾的军政府结束之前，并不希望创立一个中国人的亚国家（sub-state）。"[②]

1944 年 7 月 24 日，宋子文向美国驻中国大使高斯（Clarence E. Gauss）转达了蒋介石关于远东克复地区军管的意见。宋子文说，鉴于中国远征军进军缅甸后，英国方面寻求派遣官员去缅甸，并针对接管问题达成一项普遍的协议。蒋介石建议成立一个有美国和英国参加的三强会议，以解决被盟军解放地区的接管问题。宋子文还暗示，希望遣送中国官员进入东北和台湾。不管中国有没有军队加入占领日本的行动，中国都要求在军管行政当局中拥有自己的代表。此后，宋子文一再向高斯提及三强会议的事情。

美国国务院于 9 月 28 日作出答复，明确让高斯拒绝蒋介石关于三强会议的建议，并让高斯转告蒋介石，从日本手中夺取地区的军管机关只是暂时的，占领当局对将来该地区的地位不会有偏见。关于由美国军队恢复日据的中国领土，一旦军事情形允许，就会把民政事务管理交给中国。[③]

---

① Memorandum Prepared by the Inter-Divisional Area Committee on the Far East, June 28,1944, *FRUS*,1944,Vol 5,pp.1269-1271.

② Formosa:Military Government:Cooperation whith the Formosans Government,Sptember.27,*FRUS*, 1944,Vol 5,pp.1273-1274.

③ The Ambassador in China(Gauss) to the Secretary of State,July 25,1944, Vol 5,*FRUS*,pp.1165-1168.

美国国务院的态度很明确，一旦台湾被美国军队克复，军管机关将由美国单独负责，寻求中国参与的目的，只是为了有效行使管理职能。不过，随后军事形势的发展，使得美国的军管计划并没有机会得以实施。

1944年下半年，美国的战略重心是在海上，打通滇缅公路并在中国战场上发动大规模作战的计划越来越得不到支持。在美国击败日本的计划中，中国的地位下降了。美国在对日作战上更为关注的是：一是希望苏联在结束欧洲战事后，尽快加入远东战区。二是从海上发动对日本的有效攻击。

罗斯福于7月19日前往珍珠港，与尼米兹和麦克阿瑟讨论太平洋战略计划。尼米兹仍然坚持主张先攻下台湾，其理由是有利于拦截东印度群岛的石油和其他战略物资运往日本。而且美国一直希望在中国有可靠的军用机场，万一无法在中国修建基地，台湾比吕宋离日本更近，还可以发挥作用。麦克阿瑟主张先攻下菲律宾，其理由是美军在台湾登陆不可能得到当地人的支持，毕竟日本统治台湾已经半个世纪了，但是菲律宾不同，美军可以得到菲律宾游击队的帮助。[①]罗斯福最终采纳了麦克阿瑟的方案。[②]

1944年下半年，麦克阿瑟在菲律宾取得重大进展。与此同时，尼米兹改变了先进攻台湾的计划，改为先攻打硫磺岛和冲绳岛。其提出的理由是有情报说，日本精锐部队关东军调往台湾驻防，据估计美国要用九个师、伤亡五万人的代价才能攻下台湾。10月初，参谋长联席会议作出决定，美国无须从华东沿海和台湾登陆。[③]10月4日，参谋长联席会议指示尼米兹攻占硫磺岛和冲绳岛。台湾由此避免了由于盟国登陆所造成的重大破坏。

柯乔治一直为战后台湾未能琉球化而耿耿于怀。他认为如果海军占领台湾，军管政府将由美国单独组建，战后台湾就有可能由盟国托管。另一位参与海军对台工作的布兰特（Joseph Ballante）后来回忆道："据称，罗斯福在1945年早期就决定一旦日本投降，中国就将占有台湾。如果这是事实，那么总统的观点

---

① ［美］E.B波特：《尼米兹》，蒋恺、施家甯、伍文雄译，解放军出版社，1987，第469—471页。

② 有人认为罗斯福的选择有政治考虑的因素，大选期间夺取菲律宾对罗斯福再次当选有利。参见［美］舍伍德（R.E Sherwood）：《罗斯福与霍普金斯》下册，福建大学外语系编译室译，商务出版社，1980，第457页。马歇尔支持海军的方案，他的理由是这样可以尽快结束战争。参见［美］福雷斯特·C.波格：《马歇尔传》，施旅译，世界知识出版社，1991。

③ ［美］赫伯特·菲斯：《中国的纠葛》，林海、曾学白译，北京大学出版社，1989，第219页。

显然没有和计划作业人员商量过。然而，为了协调美军占领琉球，陆军部和海军部圈子里的人就美军占领台湾的想法发生了显著变化。计划作业人员一致认为，如果台湾由美军拿下，有必要在台湾建立军管政府。……可以料想，如果美军战后不建立军政府，那么，台湾一开始就会由中国人占领和管理。"①

　　由布兰特的叙述可知，美国试图单独军管，是以美军单独占领台湾为前提的。柯乔治以"中国缺乏足够的技术人员接管台湾"为由反对中国接管台湾，表面上看是建立在对中国总体实力缺乏信心的基础上的，而实质上是反对因美国与中国政治上的结盟而"放弃"台湾。有一点可以确信：在战时中美政治结盟的大背景下，美国决策层对台湾未来地位的考虑并没有脱离《开罗宣言》。台湾作为美国合适的战略边陲的主张，应非战时美国所考虑的。

---

　　① Josph W Ballante ： *Fomorsa,a problem for United States foreign policy,* Brookings Institution, 1952, pp.56-57.

四、战后台湾史研究

从构想到实践：地政学派与台湾土地银行的创设

程朝云

　　1946 年 9 月 1 日，台湾土地银行正式宣告成立，这是中国近代史上第一家独立的土地专业银行，[①]以土地金融[②]为主要业务,在后来的台湾土地改革过程中,该行扮演了非常重要的辅助机构的角色。[③]对于这一特殊的金融机构,以往学界鲜少关注。[④]追溯台湾土地银行的历史,将会发现该行的设立,不仅建基于接收日本殖民统治时期金融资产之上,还深受地政学派土地金融思想的影响。以 CC 系干将萧铮为代表的中国地政学派,是国民党土地改革政策的重要策划者,其土地金融制度构想对土地改革方案有着非常深刻的影响。本文尝试通过梳理地政学派的土地银行构想及其对战后台湾土地银行创设的影响,分析台湾土地银行成立的原因及其初期实践,从而探讨地政学派的土地银行构想在付诸实践过程中面临的问题与落差。

---

　　① 台湾土地银行编印:《台湾土地银行》,1947,第 1 页。后收入张研、孙燕京主编:《民国史料丛刊》第 477 册,大象出版社,2009。

　　② 所谓土地金融,广义地说即不动产金融,分农地金融和市地金融两种。主要手段是以土地为信用工具,运用土地信用抵押及发行土地债券,使土地资金化,从而使土地所有权人获得长期且低利的资金。(参见黄通:《土地金融之概念及其体系》,《地政月刊》1934 年第 2 卷第 2 期。吴福明:《历史视角下的土地金融探索》,《金融博览》2013 年第 10 期。)农地金融属于农业金融的一部分。

　　③ 农复会土地改革组组长汤惠荪指出,土地银行与农会是台湾土地改革最重要的两个辅助机构。参见李昌槿:《台湾土地银行与土地改革（上）》,（台北）《人与地》1987 年第 37 期。

　　④ 关于台湾土地银行,曾任台湾土地银行总经理的李昌槿对该行四十年来的业务经营状况做过介绍。参见李昌槿:《台湾土地银行与土地改革》,（台北）《人与地》1987 年第 37、38 期。纪伟的硕士论文从实务角度,研究如何改进台湾土地金融的弱点。参见纪伟:《台湾土地银行推行土地金融业务之研究》,硕士学位论文,台湾政治大学地政研究所,1974。后收入萧铮主编的"台湾土地及农业问题资料"丛书,（台北）成文出版社,1981。

一、地政学派与土地银行之议

土地银行是一种不同于普通商业银行的特殊金融机构，主要经办"供给土地购买、改良及开发资金"等土地金融业务，"以期促进土地改革，增进土地利用"，属于政策性的、不以营利为最终目的的特种银行。[①] 土地金融于18世纪首先出现于德国，19世纪下半叶得到快速发展。就其背景来说，是农业资本化之后的产物。欧陆其他国家及英美继德国之后也陆续设立了类似金融机构，由于各国国情与采取的政策不同，欧陆与英美的土地银行或类似机构在制度与功能方面略有不同，英美因地权问题不严重，社会资金也比较充裕，其土地政策相对放任，土地银行的任务旨在为农民从事农业技术改良提供资金；欧陆各国，尤其是土地银行的发源地德国，土地银行则是配合政府推行相关土地政策的制度性工具，如德国地租银行，就以解放小农为鹄的。[②]

我国在相当长一段时间内并无专门的土地金融机关，仅有一些公私营银行兼办土地抵押信用。据统计，1936年以前，全国具有农业性质的金融机关（不含合作社）有30余家，其中仅中国农工银行和中国农民银行可以合法经营农地放款业务。总体而言，抗战前，银行特别是商业银行的土地抵押放款主要针对都市土地，新式农业金融的放款范围主要是针对农民购买肥料、种子、牲畜等的短期信用；属于中期信用的排水工程、农场设备等贷款，在农贷中不占重要地位；期限较长的农地信用业务更是传统金融，甚至高利贷的地盘。[③]

尽管土地金融业务还很不发达，但到20世纪30年代，已有人注意到土地银行及其代表的现代土地金融制度的作用，并将土地金融与中国土地问题结合起来思考。1932年留德归来的萧铮，就是其中的践行者。

萧铮于1905年出生于浙江永嘉，广州国民政府时期，进入国民党中央组织部，在代理部长陈果夫手下任干事，逐渐成为陈果夫一系的重要人物。20世纪20年代后期，他以国民党特派员身份被派回浙江从事党务工作。在任期间，曾

---

① 崔醒魂：《对土地银行应有之认识》，（台北）《人与地》第1卷第3期，1941年。
② 辛膺：《土地银行创设之理论及中国创设土地银行制刍议》，《中国合作》1940年第1卷第5—6期。
③ 潘信中：《我国土地金融制度回顾与前瞻》，《财政评论》1944年第12卷第6期。

参与浙江"二五减租"，开始关注土地问题。[①]1929 年，萧铮赴德学习，受到德国土地改革专家达马熙克（Adolf. Damaschke）思想的影响。[②] 达氏主张将土地与资本、劳力区分开，前者作为自然资源，其收益应归社会所有，或者说国家所有，并主张以渐进方式实行土地改革，对地主既有的地租收益不予触动，对未来的地租收益或者土地增值部分，则通过征收土地增值税的方式收归公有。[③]由于土地过度商品化导致严重债负问题，为保护农民与稳定土地经营，达氏主张设立公营的土地信用机关，贷与长期低利资金，使其偿还债务，所放资金分年摊还，并整理财赋体系，化利息为赋税。[④]

达氏主张不脱所谓"税去地主"和"买去地主"的土改框架，但将土地制度改革与土地金融及财赋整理相结合，是其特别之处。萧铮对达氏极为服膺，认为达氏学说和孙中山的民生主义土地政策极为契合。[⑤]1932 年从德国回来后，萧铮即试图运用达氏的主张来解决国内的土地问题。

萧铮先是应蒋介石指令，拟具鄂豫皖苏区"匪区土地整理计划大纲"，建议分三步进行土地整理：第一步，任由农民"占田"，令农民银行贷与资金，发展生产；第二步，于一年后进行土地陈报与测量登记，政府确定地价，征收地价税；第三步，农民提供"匪灾"之前的土地契据，"占田"面积如超过原有面积，则于 5 年后分期缴还地价。如小于原有面积，则由政府另外补偿，农民银行发行土地债券，用于补偿地价。[⑥]此后不久，萧铮又被陈果夫延揽至其新接手的导淮委员会，任土地处处长，主要工作是为浩大的导淮工程筹措经费。萧铮与陈果夫商谈的结果是，准备以工程完工后淮河流域受益土地的预期收益为基础，以相关土地作抵，分步骤向银行贷取资金；并准备以土地作为抵押，发行公债

---

① 参见萧铮《土地改革五十年——萧铮回忆录》，（台北）"中国地政研究所"，1980，第 8—9、12—13 页。

② 萧铮自述其思想深受孙中山和达马熙克影响，后来推行土地改革运动，方法上主要参考达氏的主张。参见萧铮：《土地改革五十年——萧铮回忆录》，（台北）"中国地政研究所"，1980，第 34 页。

③ 萧铮：《德国土地改革运动》，《地政月刊》1933 年第 1 卷第 2 期。黄通：《达马熙克先生与德国土地改革运动》，《地政月刊》1935 年第 3 卷第 9 期。

④ [德] 达马熙克：《土地改革论》，张丕介译，（台北）"中国地政研究所"、台湾土地银行研究室，1959，第 130—150 页。

⑤ 萧铮：《土地改革五十年——萧铮回忆录》，（台北）"中国地政研究所"，1980，第 37 页。

⑥ 萧铮：《土地改革五十年——萧铮回忆录》，（台北）"中国地政研究所"，1980，第 41 页。

4000 万银圆，作为导淮工程经费。[1]

上述两个土地整理方案均将土地金融作为重要手段，以银行借款为整理土地的资金来源。从这两份方案也可以看出，萧铮关注的不仅是土地问题，还试图通过土地资产化来解决财政需求。萧铮的想法得到陈果夫的支持，其主持的导淮工程以土地作抵向国内外银行借款，还曾在江苏发行水利建设公债 2000 万元，其中仅 600 万元用于导淮工程费用，其他则移作他用。[2] 在主政江苏期间，陈果夫还推行土地陈报、催缴大户欠粮、征收地价税、试办耕者有其田等土地政策。[3] 蒋介石对萧铮的主张并不排斥，中央政治学校附设地政研究班开班仪式上，未能亲至的蒋介石发表了书面"训词"，鼓励该班学员研究土地问题，并从增加财政收入角度强调土地整理之重要，称其"是我们国计民生一个生死关键"。[4]

萧铮的土地政策思路虽符合蒋介石等人对财政的迫切需求，但如何细化与落实，还任重道远，萧铮于是在蒋介石、陈果夫的支持下，邀集曾济宽、刘运筹、万国鼎等 10 位土地问题专家，研究制定国民党的土地政策。1932 年 7 月，"土地问题讨论会"在南京成立。同年 9 月，土地问题讨论会通过了"推行本党土地政策原则十项"，内容包括土地权属、建立平均地权制度、促进土地利用和设立地政机构四个部分，规定土地属于国民全体，人民有依法使用收益之权，政府则有最高管理及支配之权；依照地价征税，并课征增值税以限制土地集中，实施涨价归公；改善租佃制度，扶植自耕农，以达成耕者有其田；实行土地重划，规定土地合理经营面积，设立土地金融机构，协助促进土地改良；中央和地方普遍设置地政机关，负责推行土地政策，办理土地整理等。这十项原则成为后来国民党土地政策的基础，此后的相关政策基本未超出这一框架。[5]

1933 年 1 月 8 日，萧铮等人在土地问题讨论会的基础上，组建中国地政学会，并确定其宗旨为研究土地问题、促进土地改革。这是国民党官方的土地问题研究机构，不仅国民党的相关土地政策出自该机构，后来各级地政机关的工

---

[1] 萧铮：《土地改革五十年——萧铮回忆录》，（台北）"中国地政研究所"，1980，第 45—46 页。

[2] 吴晓晴：《抗战前南京国民政府的导淮入海工程》，《民国档案》2002 年第 4 期。

[3] 萧铮：《土地改革五十年——萧铮回忆录》，（台北）"中国地政研究所"，1980，第 89—95 页。

[4] 《蒋校长对本班开学时训词》（1932 年 11 月 15 日），载萧铮：《土地改革五十年——萧铮回忆录》，（台北）"中国地政研究所"，1980，第 70 页。

[5] 萧铮：《土地改革五十年——萧铮回忆录》，（台北）"中国地政研究所"，1980，第 52—55 页。

作人员及各时期土改政策的执行者，也均来自该学会及其培养的地政人才队伍，而战后台湾土改的执行者们，基本上也出自该系统。在土地改革问题上，该会采取达马熙克所言的"税去地主"与"买去地主"两种方式。该学会第三届（1936年在杭州召开）、第四届（1937年在青岛召开）年会分别以"租佃问题"和"如何实现耕者有其田"为中心议题，通过发行土地债券、供应农民低利资金帮助农民购买土地、实行累进地价税使地主"逐步放弃"土地等解决方案，即主要运用金融与税收手段，并不涉及减租与地权分配等"激进"方式。[①] 就"税去地主"而言，需要农民申报地价，政府征收地价税。至于"买去地主"，其重要手段为设立土地专门银行，通过土地信用抵押和发行土地债券，供应农民长期低利资金。

关于设立土地银行，在1934年春召开的中国地政学会第二届年会上，就有学者建议设立中央土地信用银行，发行土地债券，从而解决耕者有其田问题。[②] 1935年10月，中国地政学会和浙江省政府合办浙江平湖地政实验县，主要工作是通过航测进行地籍整理。对该项目，萧铮建议在县政府成立地政科，主管地政工作，并建议成立土地银行，"负责土地金融之业务，帮助地政工作之开展"。萧铮的建议大多被采纳实行，唯土地银行未能设立。[③] 同年11月，国民党第五次全国代表大会召开，萧铮等人提出了"积极推行本党土地政策案"和"设立土地银行流通金融复兴经济案"，获大会决议通过。土地政策纲领分为实行土地统制、迅速规定地价、实现"耕者有其田"、促进垦殖事业、活动土地金融五项。大会同时通过了设立中央土地银行的决议。[④]

此后，国民党还有多次大会通过类似设立土地银行的决议案，但一直未能付诸实施。时任财政部部长的孔祥熙曾表示"土地哪能成银行"，显示时人对土地银行非常陌生，更谈不上接受。[⑤] 且设立土地银行是萧铮主导的地政学派的主张，背后是陈果夫的人脉力量，陈果夫一系的影响力主要在党务和教育系统，在财

---

① 萧铮：《土地改革五十年——萧铮回忆录》，（台北）"中国地政研究所"，1980，第175—176、179页。

② 黄公安：《创建战时土地银行制度刍议》，《财政评论》1941年第6卷第3期。

③ 萧铮：《土地改革五十年——萧铮回忆录》，（台北）"中国地政研究所"，1980，第106页。

④ 萧铮：《土地改革五十年——萧铮回忆录》，（台北）"中国地政研究所"，1980，第136—137页。

⑤ 萧铮：《土地改革五十年——萧铮回忆录》，（台北）"中国地政研究所"，1980，第225页。

经领域影响力极为有限，加上此时的国民政府对土改并不重视，地政学派的土改建议往往成为一纸空文，[①] 其土地银行构想也就未在抗战全面爆发前引起波澜。

二、妥协的产物：1941 年中国农民银行农业金融处的成立

抗战全面爆发后，东南富庶地区沦陷，工业损毁严重，农业与农村成为抗战建国的基础，其重要性显著提升。为发展农业生产，战前不太受重视的农业金融，逐渐获得更多的政策支持，四联总处成立后，即专门设立了农业金融处，负责农贷业务。1940 年，中央信托局、中国、交通、农民三银行及农本局制定农贷办法纲要，统筹安排农贷业务，其项目包括农业生产贷款、农业供销贷款、农业储押贷款、农田水利贷款、农村运输工具贷款、佃农购买耕地贷款、农村副业贷款、农业推广贷款八项。[②] 其中，佃农购买耕地贷款属于土地金融范畴，其执行效果甚微。该年度的贷款总数仅为 200 万元，只占农贷总额的 0.7%。[③] 显然，土地金融并未受到金融机关的重视。

随着东南沿海的沦陷，战时财政也深受影响，因战前主要依赖的关税、盐税，均出自这些沿海城市，财政收入因此大为减少。[④] 与此同时，为支应巨额军费，战时支出不减反增。到抗战中期，国民政府的财政压力日益沉重，由于财政赤字与货币增发等原因，通货膨胀极为严重，民生及军队必不可少的粮食更是价格飞涨。1940 年夏，国统区的粮价上涨使粮食问题成为困扰蒋介石的三大危机之一。[⑤] 对于粮价上涨的原因，地政学会认为，并非因为粮食生产不足或成本提高，而是地主大户囤积居奇。现行分配不均的土地制度，使地主大户可以掌握粮源，操纵粮价。[⑥]

为彻底解决粮食问题，增加财政收入，1940 年 12 月中下旬，蒋介石将实施

---

① 郭德宏《南京政府时期国民党的土地政策与实践》，《近代史研究》1991 年第 5 期。

② 洪瑞坚：《中国土地金融事业之前途》，《服务月刊》1942 年第 6 卷第 4—5 期。

③ 潘信中：《我国土地金融制度回顾与前瞻》，《财政评论》1944 年第 12 卷第 6 期。

④ 孔祥熙：《抗战以来的财政》，（台北）胜利出版社，1942，第 30 页。

⑤ 《蒋介石日记》，1940 年 10 月 21 日。原件藏美国斯坦福大学胡佛研究所，此处引用中国社科院近代史研究所档案馆所藏抄本，下同。

⑥ 张之锦：《地政学会六次年会三大议案》，（台北）《人与地》1942 年第 2 卷第 1 期。

耕者有其田与粮食管理问题放在一起考虑，试图找到同时解决的办法。[①] 至于如何同时解决粮食问题与土地问题，蒋介石曾在日记中表示已苦思出一办法。[②]1941年6月，国民政府召开第三次全国财政会议，蒋介石在开幕式上讲话，强调土地与粮食是中国财政的两大基石，管制粮食与平均地权是战时财政与经济的中心问题，除了要将田赋收归中央，实行田赋征实外，还要贯彻民生主义的土地政策与加强粮食管理。[③]

1940年7月召开的国民党五届七中全会，主要聚焦于战时经济问题，并通过了萧铮等人提出的"拟请设立中国土地银行，以促进土地改革，实现平均地权，活泼农村金融，改善土地利用案"。同年8月，蒋介石以行政院训令要求财政部照提案办理，但财政部部长孔祥熙无意遵照执行，并在回复中附上了四联总处对萧铮所提"筹设中国土地银行办法纲要"的审查报告。四联总处的审查报告基本上否定了萧铮的土地银行方案。该报告除提出中国农村土地集中情形并不严重，战时不宜分化地主外，还从实务角度出发，提出由银行贷款给农民购置土地只是实现耕者有其田的途径之一，且必须配合先进的农业技术指导、各项农业扶植政策以及优良的赋税制度。萧铮等人提出的"照价收买"政策，应该是政府的工作，银行很难强制执行；而中国户籍、地政未经整理的客观状况，使得政府也很难推行这一政策。为便利农民，不赞成将长期农贷（土地金融放款）单独划分出去，建议可由有发行权的中国农民银行兼办长期农贷。至于萧铮所提在一亿元资本之外，拟通过发行地价债券与抵押债券筹集资金，报告认为低利的债券在战时很难发行，若以发行的债券转押中中交农四行，则有造成通货膨胀、加重金融市场压力的风险。[④] 应该说，这些意见相对中肯。土地银行的设立确实需要一系列前提条件，除包括健全的土地行政、完善的地籍整理、明确的土地抵押权登记外，还须有地方基层组织等的配合。[⑤] 这些均非短期

[①]《蒋介石日记》，1940年12月18日、19日。

[②]《蒋介石日记》，1940年12月21日，"上星期反省录"。

[③] 蒋中正：《第三次全国财政会议训词——建立国家财政经济的基础及推行粮食与土地政策的决心》，《财政评论》1941年第6卷第1期。

[④]《七中全会萧铮等提设土地银行》，（台北）"国史馆"馆藏"行政院"档案，入藏登录号：014000008021A。

[⑤] 台湾土地银行编印：《台湾土地银行》，1947，第3页。

内能够具备,战前仅办理土地陈报即已劳民伤财,且成效不彰。[①] 关于债券发行,后来的经验也证明确实存在很大困难。

针对四联总处和财政部的不同意见,地政学派有针对性地发表了不少文章证明设立土地银行的必要性,并提出土地银行作为特种专业银行,应该单独设立;[②] 土地银行与现存银行的业务并不构成竞争,反而可以并行不悖,相得益彰。[③]1940年10月,萧铮呈请蒋介石执行七中全会决议案,创立土地银行。[④] 蒋介石不久回复萧铮,不必另外单独设立一家银行,可由中国农民银行参照土地银行办法纲要,先行试办土地金融业务。[⑤]

1941年2月,中国农民银行设立农业金融处,由萧铮推荐的黄通、洪瑞坚分任正副处长,专门办理土地金融业务。同年9月,国民政府公布《修正中国农民银行条例》和《中国农民银行兼办土地金融业务条例》。次年3月,又公布《中国农民银行土地债券法》,中国农民银行兼办土地金融业务的法律依据基本完备。[⑥] 根据相关规定,中国农民银行农业金融处"以协助政府实施平均地权政策为宗旨",办理照价收买土地放款、土地征收放款、土地重划放款、土地改良放款、扶植自耕农放款等土地金融业务。农业金融处会计独立,其业务基金由财政部拨款1000万元。[⑦]1943年,农民银行奉财政部命令,增资为6000万,农行为土地金融基金增拨了1000万,使其基金达到2000万。其放款种类根据四联总处的命令,自该年起增加了地籍整理放款和乡镇造产放款两项。[⑧]

农业金融处的土地金融业务是当时的一项创举,基本上从无到有地做起。

① 萧铮:《土地改革五十年——萧铮回忆录》,(台北)"中国地政研究所",1980,第96页。
② 崔醒魂:《对土地银行应有之认识》,(台北)《人与地》第1卷第3期。杨予英:《土地金融制度建立之商榷》,(台北)《人与地》第1卷第3期。辛膺:《土地银行创设之理论及中国创设土地银行之刍议》,《中国合作》1940年第1卷第5—6期。
③ 黄公安:《创建战时土地银行制度刍议》,《财政评论》1941年第6卷第3期。
④ 洪瑞坚:《中国土地金融事业之前途》,《服务月刊》1942年第6卷第4—5期。萧铮:《土地改革五十年——萧铮回忆录》,(台北)"中国地政研究所",1980,第225—226页。
⑤ 蒋介石1940年11月26日回复萧铮电文,参见萧铮:《土地改革五十年——萧铮回忆录》,(台北)"中国地政研究所",1980,第226页。
⑥ 黄通:《中国农民银行土地金融处简史》,载萧铮:《土地改革五十年——萧铮回忆录》,(台北)"中国地政研究所",1980,第229页。
⑦ 《中国农民银行兼办土地金融业务条例》(1941年9月5日府令公布),《经济汇报》1941年第4卷第7期。
⑧ 黄通:《中国农民银行土地金融处简史》,载萧铮:《土地改革五十年——萧铮回忆录》,(台北)"中国地政研究所",1980,第229页。

该处对于经办业务确定了四点原则：（一）不以营利为目的，尽量节省开支；（二）考虑到社会政治环境，从较合乎条件的地方做起；（三）和政府机关合作；（四）靠宣传工作推动业务。成立后的第一年，该处着重在川、康、湘、桂四省开展扶植自耕农及土地改良放款，但该年工作偏重与地方政府联络以及宣传工作，基本没有贷款业务。该处第二年的服务区域扩大到甘、陕、赣、闽、鄂、粤等省，第三年又进一步增加黔、浙、豫、宁等省。由于农业金融处人员、资金有限，加上战时各地环境限制，该处的土地金融业务事实上主要集中在几个区域，如湖北恩施、福建龙岩、江西赣南的扶植自耕农放款，甘肃湟惠渠的扶植自耕农和土地改良放款，陕西汉中和广西柳城等地垦区的土地改良放款等。[①] 从战时农业金融处历年放款余额情况来看（参见表 1），土地改良放款金额最高，占放款总数的一半；扶植自耕农放款次之；照价收买、土地征收与地籍整理放款均为数不多。从农业金融处的放款情况，也可窥见战时国统区的土地改革推行状况。

表 1 战时中国农民银行农业金融处历年各种放款余额表

单位：法币元

年份	扶植自耕农放款	土地改良放款	地籍整理放款	土地重划放款	照价收买放款	土地征收放款	乡镇造产放款	合计
1941 年	—	—	—	—	—	—	—	—
1942 年	493475	900000	—	2140000	—	—	—	3533475
1943 年	12179222	36706573	1930000	2344800	4000000	5250000	1600000	64010595
1944 年	50180047	85857990	13211000	775000	4870000	4850000	4374000	164118037
合计	62852744	123464563	15141000	5259800	8870000	10100000	5974000	231662107

资料来源：洪瑞坚：《土地金融业务的检讨》，《中农月刊》1944 年第 5 卷第 11 期。

农业金融处在开展业务的过程中可谓困难重重。在业务开展初期，由于土地法规不健全，和地主关系紧密的各级政府缺乏土地改革积极性，农业金融处只好以原处于辅助角色的金融单位，实际扮演土地改革工作的推动者，"从选择地点起，以至测量面积、议定地价、实施征收，都由我们去协同办理"。其承担的

---

① 洪瑞坚：《土地金融业务的检讨》，《中农月刊》1944 年第 5 卷第 11 期。《中国农民银行三十二年度业务报告书》，载中国人民银行金融研究所编：《中国农民银行》，中国财政经济出版社，1980，第 168 页。

工作，远远超出了本身职责。[①]农业金融处土地金融业务面临的又一个困难，是地籍紊乱。土地金融是以土地作为抵押的一种放款业务，唯有土地产权确定才能办理。[②]四联总处后来让农业金融处增加地籍整理放款，正基于此。只是地籍整理绝非短期内所能完成，且须大量人力、物力，战时经办者很少。战时币值跌落、物价飞涨以及地价飙升，也增加了土地金融业务的困难。《中国农民银行土地债券法》规定，农业金融处可通过发行公债筹募资金，但战时币值一再跌落，土地债券利息微薄，根本无法在证券市场销售。农民银行于 1942 年发行的一亿元土地债券只能在借款时搭发，且截至 1944 年底仅销出 1000 万元。农业金融处的放款资金，不得不从农民银行透支，并为此支付较高的利息。在工作开展近四年后，相关人员总结道"仍然在试验改进之中"，"还不能说已经打好基础"。[③]

战时中国农民银行农业金融处的设立，既是地政学派一直以来倡议设立土地银行、以土地金融推进土地改革的结果，也是战时国民政府迫于财政压力，重视土地生产力及其作为税收重要来源的结果。然而，一方面，由于财经部门的反对及客观条件的限制，直到抗战胜利，土地银行也没有设立，土地金融业务一直由中国农民银行兼办；另一方面，尽管战时国民政府通过了土地政策纲要，提出了平均地权、扶植自耕农等主张，但除几个土地改革实验区外，国民政府并未真正推行相关土地政策，加上战时经济与社会环境动荡、资金不裕等因素，战时农业金融处的土地金融业务只能算试办性质，可以发挥的空间很小。这种处境直至抗战胜利后，都未发生根本变化。[④]

三、构想初现：1946 年台湾土地银行的设立

地政学派土地银行的构想，在 1946 年以前一直未能得到彻底践行，但他们并未放弃实现理想的机会。抗战胜利后的台湾为地政学派提供了机会，在获得陈仪的支持后，他们在接收日本殖民统治时期金融资产的基础上设立了土地银行。

[①] 洪瑞坚：《土地金融业务的检讨》，《中农月刊》1944 年第 5 卷第 11 期。
[②] 洪瑞坚：《中国土地金融事业之前途》，《服务月刊》1942 年第 6 卷第 4—5 期。
[③] 洪瑞坚：《土地金融业务的检讨》，《中农月刊》1944 年第 5 卷第 11 期。
[④] 黄通：《土地金融政策实施的状况》，《中央周刊》1948 年第 10 卷第 11 期。

从 1895 年到 1945 年，台湾处于日本的殖民统治之下。就金融业而言，光复前夕，在台经营的银行共有七家，分别是台湾银行、台湾储蓄银行、三和银行、日本劝业银行、彰化银行、华南银行、台湾商工银行。[①] 其中，日本劝业银行成立于 1897 年，宗旨是为工农业发展提供融资服务。该行主要业务为抵押放款、无抵押放款和特别担保放款。抵押放款是以田地、房屋、建筑物、工场财团、轻便铁道财团、渔业权等为抵押所作的放款；无抵押放款则以有稳定收益的县市町等行政机关、公共团体、社会组织等为贷款对象；特别担保放款是指各农工银行以其放款债权及其收入为抵押，向劝业银行请求的放款。就放款的事业对象来说，农业放款在抵押放款中为数最多，其中又以土地开垦、耕地改良放款为主；在无抵押放款中，面向公共团体的水利放款为数最多。除放款这一主要业务外，该行还为筹集资金发行债票，接受各农工银行的存款，并办理票据贴现等短期借款业务。[②] 劝业银行在台业务早期交由台湾银行代理，1923 年，劝业银行在台湾开设分行。至台湾光复前夕，共在台北、台南、台中、高雄、新竹设立了五家分行。根据光复后台湾银行编制的资料，日本劝业银行在台分行除不办理特别担保放款外，其他与日本类似，主要办理抵押放款和信用放款。前者包括田地及盐田放款、宅地建筑物放款和工场、铁路轨道财团抵押放款；后者包括州、市、街、庄及其他公共团体放款和产业合作社及其他团体放款。[③] 日本劝业银行的业务偏重生产性和技术性，针对农地的土地金融业务并不突出。因日本殖民统治初期已经完成了台湾土地调查及消除大租权的工作，故此后殖民者的土地行政不再关注地权问题，而侧重地籍管理。[④]

对于日本殖民统治时期台湾金融业，负责筹备台湾光复后接收工作的台湾调查委员会曾在成立之初，在主任委员陈仪的推动下，专门成立了台湾金融研究

① 叶理中：《台湾银行业之史的研究——五十三年来台湾之银行业》，《台湾银行》1947 年第 1 卷第 2 期。

② 沧：《日本劝业银行调查录》，连载于《银行周报》1918 年第 2 卷第 30 至 35 期。章午云：《今日我国应采之土地金融政策》，《经济学季刊》1936 年第 7 卷第 1 期。

③ 《台湾五十年来之金融概要》，《台湾银行季刊》1947 年第 1 卷第 1 期。

④ 在台湾调查委员会拟订的《台湾地政接管计划草案》之后，附有一个说明，提出："台湾现在地政人员只办理地籍事项，对于地价地权等行政全不了解。接管后须注重地价地权。办理地政人员，除地籍外，对此二者，须有相当知能。而此项人员，接管时就地无法取材，故须预先训练。"参见陈鸣钟、陈兴唐主编：《台湾光复和光复后五年省情（上）》，南京出版社，1989，第 126 页。

会，约集专家学者和财政部、中央银行的有关人士，研讨台湾金融接收和管理的基本原则。在财政部等财经部门的主导下，1945 年 8 月，金融研究会拟订了《台湾金融接管计划草案》。① 该草案规定，由财政部指派四联总处、四行、二局会同台湾省政府组织接管台湾金融委员会，办理接管台湾金融事项。对于日本殖民统治时期各家银行，该草案还分别指定了负责具体接收的行局。其中对于日本劝业银行，鉴于其办理农贷，可由中国农民银行主持接管，并将其改为中农的分行。②

不过，由于劝业银行的土地金融业务还涉及土地问题，台调会下设的台湾土地问题研究会对于接收有不同的意见。除谢南光、夏涛声、钱宗起、宋斐如、何孝怡、刘启光、林忠、康瑄等原台调会人员外，参加研究会者还有地政署参事陈正谟、中央设计局土地组专员宾业绳、立法委员李庆麐以及曾在福建龙岩主持土改的地政署地权处科长林诗旦。该会经多次讨论后，提交了一份报告书，其中，关于土地金融，认为过去台湾土地金融由日本劝业银行掌控，另外，近年来发展较快的"组合"（信用合作社）也承办一部分农贷，对于接管后土地金融究竟由哪个机关办理，该会认为必须明白规定，最终通过决议："设立台湾土地银行，办理土地金融。惟各种组合之经办土地金融部分，仍暂维现状，逐渐调整。"③ 与这份报告书同时提交台调会讨论的，还有一份《台湾地政接管计划草案》。该草案同样提出了"接管应筹办土地银行，办理土地金融事宜"的建议。④ 1945 年 8 月 15 日，台湾土地问题研究会的报告书和《地政接管计划草案》以及《金融接管计划草案》等均交由台调会讨论，经决议后修正通过。⑤

台调会最终采纳的是土地问题研究会的意见，这中间陈仪应该发挥了重要作用。据萧铮回忆，他曾与陈仪商议，接收日本在台的劝业银行，改为台湾土地

---

① 严如平、贺渊：《陈仪大传》，人民出版社，2011，第 257—258 页。
② 《台湾金融接管计划草案》，载陈鸣钟、陈兴唐主编：《台湾光复和光复后五年省情（上）》，南京出版社，1989，第 127 页。
③ 《台湾土地问题研究会报告书（1945 年 5 月）》，载陈鸣钟、陈兴唐主编：《台湾光复和光复后五年省情（上）》，南京出版社，1989，第 71 页。
④ 《台湾地政接管计划草案》，载陈鸣钟、陈兴唐主编：《台湾光复和光复后五年省情（上）》，南京出版社，1989，第 126 页。
⑤ 《台湾调查委员会座谈会记录（1945 年 8 月 15 日）》，载陈鸣钟、陈兴唐主编：《台湾光复和光复后五年省情（上）》，南京出版社，1989，第 75—76 页。

银行，并拟由与陈仪有旧、时任中国农民银行农业金融处处长的黄通任台湾土地银行首任总经理。① 萧铮的这一说法虽然未能找到佐证，不过从陈仪的立场来看，他接受设立土地银行的意见也在情理之中。首先，从光复后台湾金融体制的建设来看，陈仪一直在谋求台湾金融独立，不仅争取到由台湾银行发行台币的权力，力阻法币流入台湾，还为了维护台湾银行的台币发行权，不让中央银行在台湾设立分支机构，进而出于"一视同仁"，也不允许另外三家国有银行在台湾设立分支机构。② 由中国农民银行接办台湾农贷业务，显然不是陈仪能接受的意见。其次，从土地政策的角度来看，陈仪的想法和萧铮有共通之处。在主持福建省政期间，陈仪曾公开表示，对于土地问题，"我们的理想是要做到耕者有其田。我们的意思，凡不是种田的人，不必需要田地"。为实现耕者有其田，陈仪主张由政府设立一种土地银行："一方面收买那些不能自行耕种的人的田地，一方面将这些田地卖给无田可种的农人。"③ 中国农民银行农业金融处成立前后，也就是各方讨论土地银行设立事宜最为热烈的时候，陈仪还对土地银行如何发行土地债券提出了自己的见解："土地银行的设立，最重要的业务，是在发行土地债券。此项债券，应以由县发行为原则。"④ 可见对于设立土地银行一事，陈仪一直相当支持。此外，陈仪会接受设立土地银行的建议，可能还有一重原因。据研究，陈仪在为台湾调查委员会选用人才时，曾驳回陈果夫荐用台湾省党部人员的意见，令陈果夫颇为不满。⑤ 在土地银行问题上，陈仪接受 CC 系干将萧铮的建议，一方面是因为土地银行与自己一贯的理念相合，另一方面也等于缓和了和 CC 系的关系，可谓两全其美。而萧铮让和陈仪有旧的黄通前往台湾负责土地银行设立事宜，既反映了他对第一家独立的土地专业银行的重视，同时可能也有政治上的考虑。土地银行成立后，董事长与总经理通常分别由省方和地政学会系统的人担任，即是明证。如第一任董事长是时任行政长官公署财政处长、陈仪在福建时的部下严家淦，总经理是黄通，黄通回到土地金融处之后，

---

① 萧铮：《土地改革五十年——萧铮回忆录》，（台北）"中国地政研究所"，1980，第 370 页。

② 龙在田：《台湾的金融现势》，《财政评论》1946 年第 14 卷第 5 期。

③ 陈仪：《我们的理想国——一个民有民治民享的三民主义国家》，《改进半月刊》1939 年第 2 卷第 5 期。

④ 陈仪：《如何发行土地债券与设立土地银行的我见》，《闽政月刊》1941 年第 8 卷第 5 期。

⑤ 严如平、贺渊：《陈仪大传》，人民出版社，2011，第 225—226 页。

则由洪瑞坚继任。国民党退台后，萧铮被任命为第二任董事长，总经理则由陈诚的弟弟陈勉修出任。

　　1946 年 5 月 11 日，"日本劝业银行在台支店监理委员会"成立，中国农民银行应台湾省行政长官公署之邀，派出了包括黄通、李昌槿在内的 8 名土地金融业务骨干，赴台协助监理工作。同年 6 月 11 日监理结束，改设"台湾土地银行筹备处"，由黄通出任筹备主任，同时进行接收工作，将台北分行（支店）改为总行，新竹、台中、台南及高雄四个分支机构改为土地银行在各该地的分行。经过三个月的筹备工作，台湾土地银行于 1946 年 9 月 1 日正式成立。[①]台湾土地银行资本金共计旧台币 6000 万元，表面上由财政部全额拨付，实际上是由接收日本劝业银行在台五家分行的资产折合而成。[②]和日本劝业银行及中国农民银行不同，台湾土地银行是一家非股份制银行，不设股东，但设有董事会和监察人会，行政长官公署对该行人事有很大发言权，董事与监察人人选须经由长官公署荐请财政部核派。[③]首任董事长与总经理分别由严家淦和黄通担任，萧铮则成为 11 位董事之一。[④]

四、名不符实：光复初期台湾土地银行的经营实践

　　《台湾土地银行章程》规定，台湾土地银行"以调剂本省土地金融，发展本省农林事业暨协助政府推行土地政策为宗旨"，以此推之，土地金融应当是该行的主营业务。在该行章程的业务项下，也确实罗列了照价收买土地放款、土地征收放款、扶植自耕农放款、土地重划放款、土地改良放款等战时农业金融处承办的土地金融业务。除此之外，台湾土地银行经办的业务还有十余项，主要涉及农业放款（农业生产推广、农产运销贮押、农产加工、农村副业等）、农田水利放款、房屋修建放款、其他不动产抵押放款以及一般商业银行经办的存款、储蓄、票据汇兑等。另外，土地银行还办理农业仓库，代办中国农民银行委托

---

① 李昌槿：《台湾土地银行与土地改革（上）》，（台北）《人与地》1987 年第 37 期。
② 《台湾土地银行 1947 年度岁出预算分配表及营业概算书（1948 年 4 月）》，载陈云林主编：《馆藏民国台湾档案汇编》第 256 册，九州出版社，2006，第 220 页。
③ 《台湾土地银行章程》，载台湾土地银行编印：《台湾土地银行》，1947，第 19 页。
④ 李昌槿：《台湾土地银行与土地改革（上）》，（台北）《人与地》第 37 期。

业务，并经财政部特准发行债券。[1] 从章程所列的业务范围来看，台湾土地银行不仅涵盖了战时农业金融处的功能，也参照了中国农民银行的经营范围，对于日本劝业银行的经营习惯也有所保留，[2] 经营范围极为宽泛。

以台湾土地银行主营的放款业务来看，光复初期农田水利放款和农业放款占有极高的比例，两者加在一起几乎占到当年放款总余额的一半。土地金融的五类放款中，仅见扶植自耕农放款和土地改良放款，扶植自耕农放款数量逐年增长，渐渐趋近农田水利放款和农业放款；但照价收买、土地征收和土地重划三项均付之阙如。（参见表 2）土地银行的放款状况，一方面是光复前日本劝业银行的经营惯性使然，即劝业银行以经营较长期限的放款为主，这些放款光复后很难在短期内收回，从而使放款结构发生改变；另一方面则和光复初期的土地政策和农业政策有很大关联。

表 2 光复初期台湾土地银行历年放款余额表

单位：旧台币元（1934—1948）；新台币元（1949）

放款类别	1946 年	1947 年	1948 年	1949 年
扶植自耕农放款	—	5227000	2053281000	1821000
土地改良放款	—	75296000	204820000	105000
农田水利放款	—	507536000	5321805000	3517000
农业放款	—	933441000	1426285000	2279000
房屋修建放款	217035000	348506000	632607000	59000
其他不动产抵押放款	—	310250000	260347000	593000
定期质押放款	—	249565000	1013471000	1053000
存放同业	253870000	303860000	1148472000	855000
贴现及买汇	—	15100000	9200000	1163000

---

[1] 《台湾土地银行章程》，载台湾土地银行编印：《台湾土地银行》，1947，第 23—30 页。

[2] 日本劝业银行和中国农民银行的业务范围有交叉，如农业放款、水利放款、不动产抵押贷款、代收代解、存款业务等。有些业务则是彼此不同，但都出现在土地银行业务清单里的，如主要针对都市地区的房屋修建放款，并不在中国农民银行的业务范围内；又如农业仓库业务，日本劝业银行的业务范围里似乎并没有，但中国农民银行的章程里却有明确规定。关于日本劝业银行的业务情况参见《日本劝业银行一九三九年六月底营业报告》，《银行周报》1939 年第 23 卷第 39 期；中国农民银行的业务范围参见《修正中国农民银行条例》（1941 年 9 月 5 日府令公布），《经济汇报》1941 年第 4 卷第 7 期。

续表

活期放款及透支	93631000	340429000	208873000	560000
其他	—	111671000	389397000	58000
合计	564536000	3200881000	12668992000	11964000

资料来源：陈荣富编：《台湾之金融史料》，台湾银行经济研究室，1953，第62页。1949年陈诚主政台湾后，实行币制改革，以1元新台币兑换4万元旧台币。

对于光复后的土地政策，光复前台湾调查委员会有人提出，应在台湾实施孙中山平均地权的主张，以实现耕者有其田。[①] 但台湾土地问题研究会拟订的报告书则建议"平均地权候将来实行"。[②] 光复初期，台湾省政当局的土地政策主要集中于对公有土地的处理，在指导思想上虽一直标榜要实现"耕者有其田"，但更认同公有制经济形态，主张办合作农场，对地权改革较少涉及。台湾省土地总面积为360万公顷，日本殖民统治时期绝大部分由日人占有，光复以后，这些土地大多被行政长官公署接收为公有土地，其面积达到265万公顷，占土地总面积的73.6%。[③] 陈仪计划将这些公有地特别是公有可耕地，放租给有耕作能力的农民，使其组织合作农场。[④] 从1946年11月开始，各县市均举办承耕公地之现耕农户登记。次年2月，公有地放租在花莲、台东、澎湖三县及彰化市试行，受二二八事件的影响，全面实行则从1947年5月1日开始。[⑤] 到1948年5月，放租耕地面积约达10.4万公顷，占全省耕地总面积的八分之一；放租农户12.4万余户，超过全省农户数的五分之一。[⑥] 二二八事件后，台湾省政当局对土地政策有所调整，在1949年陈诚接任台湾省主席、正式实施三七五减租之前，部分县市开始试办减租。1948年省政当局还公布了相关法令，准备放领台糖等

---

① 《台湾调查委员会座谈会记录》，载陈鸣钟、陈兴唐主编：《台湾光复和光复后五年省情（上）》，南京出版社，1989，第17页。

② 《台湾土地问题研究会报告书》，载陈鸣钟、陈兴唐主编：《台湾光复和光复后五年省情（上）》，南京出版社，1989，第70页。

③ 台湾省行政长官公署编印：《台湾省统计要览》1947年第3期，第7页。

④ 《三十五年除夕广播辞》，载陈鸣钟、陈兴唐主编：《台湾光复和光复后五年省情（上）》，南京出版社，1989，第327页。

⑤ 《台湾省民政厅施政报告（土地行政部分）》，载陈鸣钟、陈兴唐主编：《台湾光复和光复后五年省情（上）》，南京出版社，1989，第466页。

⑥ 《台湾省民政厅关于公地放租与公地领耕事宜答台湾广播记者问》，载陈鸣钟、陈兴唐主编：《台湾光复和光复后五年省情（上）》，南京出版社，1989，第468页。

公营公司的零星土地。[①]但总体而言，光复初期台湾土地行政仍以公有地整理及放租为主轴，尚未触动私有土地的地权问题。在此背景下，土地金融的重要性相对较低。

与此同时，因为"二战"末期美军飞机轰炸等原因，台湾农田与水利设施均受损严重，农业生产受到影响，粮食产量急剧下降，光复初期，甚至发生严重粮荒。对台湾省政当局来说，恢复农业生产，提高粮食产量，较之土地问题更为急迫。为此，修复水利设施、增加化肥施用、加强农业试验与品种改良，是光复初期农业政策的重要内容。[②]因此，光复初期台湾土地银行农田水利放款和农业金融放款的业务量远超过土地金融放款，既有日本殖民统治时期劝业银行的传统，也与光复初期的农业政策密不可分。

为配合省政当局的土地政策与农业政策，土地银行制定的1947年业务计划提出四点中心内容：（一）增设分支机构，充实内部组织，完成全省土地金融网；（二）配合省府以工代赈的救济失业政策，大量举办农田水利、土地改良和垦殖放款，扩充耕地面积，以期地尽其利，增加生产；（三）扶植农民购地自耕，组织合作农场，调整地权分配，同时奖励农村修建新式房屋，改善农民生活；（四）活泼农业资金，扶助农业增产，复兴农本经济，提高国民收入。[③]根据该计划，土地银行1947年预计放款20亿元，其中农业放款6亿元，农田水利放款5亿元，土地改良放款2.5亿元，扶植自耕农放款与土地重划放款各1亿元，收买及征收土地放款5000万元，房屋修建放款和其他不动产抵押放款各2亿元。[④]农业放款与农田水利放款合计超过一半，而土地金融放款仅占四分之一。在实际运营中，两者的反差更大。（参见表2）据自土地银行设立以来就供职于该行的李昌槿的统计，从1946年到正式实施耕者有其田的1953年，土地银行每年的农田水利放款和短期农贷，均占到总放款余额的90%以上。[⑤]

除放款业务外，土地银行作为一家政策性专业银行，并不以营利为最终目

① 《公地放领在台湾》，载侯坤宏编：《土地改革史料》，（台北）"国史馆"，1988，第514—515页。
② 程朝云：《光复初期台湾农业之恢复与重建》，载中国社会科学院近代史研究所编：《中国社会科学院近代史研究所青年学术论坛（2003年卷）》，社会科学文献出版社，2003，第749—756页。
③ 台湾土地银行编印：《台湾土地银行》，1947，第13页。
④ 台湾土地银行编印：《台湾土地银行》，1947，第16页。
⑤ 李昌槿：《台湾土地银行与土地改革（上）》，（台北）《人与地》1987年第37期。

的。为资金安全起见，一般不随便吸收存款，筹集资金的主要方式为发行债券。《台湾土地银行章程》对这些原则都有明确规定，实际运营中却颇多偏差。台湾土地银行为筹集资金，曾参照日本劝业银行在台发行有奖劝业债券的方式，于1948年初拟订了台湾土地债券发行办法。台湾土地银行发行土地债券需要请示财政部核准，该部因抗战胜利后刚取消了战时发行的储蓄奖券，以不便再发行有奖债券为由，改用无奖十足发行方式，发行额度以不超过台湾土地银行土地抵押放款总额为限，定为旧台币10亿元。因往来请示及修改耽误了债券印制时间，最终不得不改以预约券形式发售。受时局动荡与币制不稳等因素的影响，预约券发售未能引起民众的购买兴趣，只能对往来客户酌量劝购。由于债券发售成绩不佳，国家财政又无力尽量供应长期固定的巨额资金，台湾土地银行为筹集资金，不得不揽收部分流动存款，但成绩并不理想。[1] 为拓展业务与吸收存款，该行申请在台南县大林飞机场内设立办事处。因该场内驻有空军第七供应分处，每月有大笔往来经费，该行希望设立办事处来吸收存款。大林办事处虽经财政部核准设立，兼营省内汇兑，但不经营放款业务。[2] 该行的运营压力及变通经营，由此可见一斑。

从光复初期台湾土地银行的经营实践来看，该行并未发挥土地金融功能，受省政当局土地政策和农业政策以及日本殖民统治时期劝业银行的经营惯性的影响，该行放款业务偏重农田水利放款和农业放款，并经营农业与农地范围之外的房屋修建放款。土地金融方面，仅办理扶植自耕农放款和少量土地改良放款。资金筹集方面，由于该行没有自行发行土地债券的权力，受财政部规章所限，不能根据台湾自身情况发行债券，加上光复初期金融形势不稳，债券发售成绩不佳，不得不将更多精力放在吸收存款方面，甚至设立专门的办事处来吸取存款。总体而言，光复初期台湾土地银行的经营实践不免给人以名不符实之感。

---

① 陈荣富编：《台湾之金融史料》，台湾银行经济研究室，1953，第62—63页。
② 陈云林主编：《馆藏民国台湾档案汇编》第69册，九州出版社，2006，第292—294页。

五、余论

20 世纪 30 年代，以萧铮为代表的中国地政学派发现西方土地金融制度在解决土地和财政问题方面的作用，试图将其引入中国，不断呼吁、倡导设立土地银行，进行土地改革。抗战期间，为加强粮食与土地税收管理，地政学派的主张在国统区得到部分践行，于 1941 年在中国农民银行内成立了农业金融处，办理土地金融业务。但因财力、人力所限，加上各级政府对于土改并不积极，农业金融处只能在几个区域内办理有限的土地金融业务，土地金融只能算试办性质。抗战胜利后，萧铮为首的地政学派在台湾行政长官公署行政长官陈仪的支持下，在接收日本劝业银行在台分行的基础上，成立了台湾土地银行，地政学派的土地银行构想初步落实。受省政当局土地政策和农业政策以及日本殖民统治时期劝业银行经营惯性的影响，台湾土地银行以农田水利放款和农业放款为其主要放款业务，土地金融放款实际办理很有限，土地银行徒有其名。从战时国统区农业金融处的部分践行，到光复初期台湾土地银行的正式成立与开展业务，地政学派的土地银行构想在付诸实践过程中颇多不易，甚至出现与构想的背离。这中间既有各种政治势力的纠葛，更有现实条件的限制。直到国民党退台后，下决心在台湾推行耕者有其田，以实物土地债券和公营公司股票搭配现金支付地价，收购地主的土地，再由农民以分期付款形式承领，土地银行的土地金融功能才真正得到发挥，并成为台湾土改重要的辅助力量。可见，只有国民党建立起对台湾地区的绝对控制权并切实推行土地政策后，土地银行方可成为政策之工具。

（原载《福建论坛·人文社会科学版》2016 年第 12 期）

战后台湾农会的制度改革（1950—1954）

程朝云

1949 年，国民党将农会与合作社合并，奠定战后台湾农会生成发展的第一步。此次合并，不仅延续了日本殖民统治时期台湾农会的经济功能，国民党还试图将大陆农会的政治功能纳入合并后的农会组织之中，从而使合并后的农会初具政治、经济、社会等多功能的特点。但战后台湾农会体制的真正成形，则是在经历 1953 年 7 月至 1954 年 2 月间进行的农会再次改组之后。此次改组确立了战后台湾农会的几个主要原则，如正式会员与赞助会员的区别、理事会与总干事权能划分，等等，因此可以将之视为战后台湾农会的一次制度改革。[①] 这一次的改革，几乎自农会与合作社合并之时即已开始酝酿，但迁延数年才付诸实施，其间各利益群体——如农复会、国民党当局和地方势力的纠葛——颇耐人寻味，其中国民党当局的意图尤为关键。对此次改革的过程与改革过程中的各种利益纠葛进行梳理，不仅有利于了解战后台湾农会的体制与性质，也有助于从侧面了解国民党退台后的治台思路。

[①] 此次改组在官方文献中多被表述为"农会改进"，习惯的称谓则是将其与光复初期农会与合作社的分与合一起，称作"农会改组"。关于这次改组，相关的历史研究很缺乏。颜昆智以台湾省农会为中心，对战后台湾农会进行了研究。（参见颜昆智：《战后台湾农会之研究——以台湾省农会为中心》，硕士学位论文，中兴大学历史系，1998。）陈淑莉从其与"耕者有其田"的关系角度来观察这次改组，并将国民党利益出发点定义为政治控制与资源汲取，同时对改组中国国民党、美援团（农复会）、地方派系三者的关系有所注意。（参见陈淑莉：《台湾地区农会之政治经济分析》，硕士学位论文，东海大学公共行政研究所，1995。）陈坤煌也是从资源汲取的角度出发，将农会改组与战后粮政体制的建立结合起来考察。（参见陈坤煌：《战后粮政体制建立过程中的国家与农民组织（1945—1954）》，硕士学位论文，台湾大学社会学研究所理论组，2001。）

一、"安德生报告"与农复会的立场

农复会是对农会进一步进行改革的最早倡议者，而这与农复会对日本殖民统治时期台湾农会的认识以及本身的工作思路与方法有关。

中国农村复兴联合委员会（简称"农复会"）自 1948 年 10 月在南京成立后，因受战争环境及其他因素的影响，在大陆的工作并不尽如人意。1948 年底，农复会迁往广州，9 个月后，又迁往台湾。自 1949 年初开始，农复会即开始关注台湾的农业发展。是年二月，农复会首任主任委员蒋梦麟，率该会的中美委员及技术专家多人，自广州赴台视察。此行当中，蒋梦麟等人对日本殖民统治时期遗留下来的农会组织印象颇佳，认为"台湾省各级农会普遍设立，规模宏大，实为农业改进工作最重要之基层组织"。[1] 在与台湾省主席陈诚的会谈中，蒋梦麟强调农复会的工作方针好比一把双刃剑，一面用之于社会，以推行公平分配；一面则运用近代的科学方法来增加农业生产。[2] 就公平分配来说，最要紧的是土地改革，实行减租乃至耕者有其田；而增产则必须运用近代的科学方法，但要达到增加农业生产的目的，"单靠技术和物质是不够的，组织农民也是不能忽视的一件事"。[3] 蒋梦麟因此向陈诚建议，将农会与合作社进行合并。这一建议为台湾省政当局所采纳，1949 年夏天，陈诚致函农复会，请其派遣专家赴台，对农民组织进行研究，以提供改进建议。农复会于是派遣自力启发组组长章之汶等赴台，会同台湾省政府有关厅处进行调查研究，并提出了一份农业组织调查报告。该报告认为，农业会这一机构健全、运行灵活的组织，"实为今世不可多得之农业组织，台湾农业能有今日之发达，实得力于农业会之制度"。台湾省政当局应当保持该组织的原有事业基础，同时注入民主精神，将其改造成为农民自己的组织。[4]

因为对台湾的农会组织印象颇佳，农复会也开始注意大陆农会组织的发展。

---

[1]　台湾省农业组织调查委员会编印：《台湾农业组织调查报告》前言，油印未刊本，1949。

[2]　蒋梦麟：《西潮·新潮》，岳麓书社，2000，第 277 页。

[3]　蒋梦麟：《西潮·新潮》，岳麓书社，2000，第 278 页。

[4]　台湾省农业组织调查委员会编印：《台湾农业组织调查报告》第三章，油印未刊本，1949，第 15—16 页。

截至退台之前，有关农民组织的计划有 16 个。[①]1949 年 6 月，农复会进行机构调整，首次设立了农民组织组，向农民组织提供加强组织与改进运营等方面的支持与帮助。迁台之后，农复会与美国经济合作署帮助台湾农会推行了多种经济业务，如供应肥料、修理仓库及设备、改良作物与种畜、建设灌溉工程等，使经历了战火摧毁及多年不景气的台湾农会得以重新开展业务，[②]而农复会对于台湾农会的着力扶持态度，自此以后几乎从未改变过。

农复会对于台湾农会的扶持态度，与"二战"后美国占领当局对日本农会的态度迥然相异。日本殖民统治时期的台湾农会，可以说是日本农民组织经验的移植。[③]日本战败投降后，美国占领当局认为日本农会具有过分统制色彩，完全为政府政策服务，较少关注农民利益，因此有必要将这一组织解散，代之以有利于民主发展、更多表达农民利益的合作社性质的农业协会。对于农会在战后台湾与日本的不同命运，农复会曾将之归结为当时两地的形势有相当的不同。在日本，同盟国最高司令官（SCAP）所面临的问题，是打破日本政府建立的、阻碍人民行动自由与个体主动性的严密控制体系，作为政府的控制工具，工商与金融领域的财阀和农业领域的农会组织都必须被解散。但在作为"自由中国据点"的台湾，鉴于当时沉重的军事负担以及民生所需，必须深入动员所有生产手段，鼓励农民积极发展农业生产尤为重要。因为这不仅能满足一般人口所需，还能帮助国民党当局平衡外汇账目。基于增加农业生产的考虑，一个全岛性的农会组织的存在显得相当必要，这是因为农会既能有效地将日用品与农业物资分配给农民，又能自农民手中收集农产品，同时还能使农民注意到国民党当局在农业生产方面的利益所需。农复会希望将农会打造为平衡农民与国民党当局利益的工具。[④]

农复会着力扶持台湾农会，除了要在国民党当局利益与农民利益之间打造一个中间组织外，还与农复会自身的工作思路有关。有研究者认为，由于农复会

---

① 沈宗瀚：《晚年自述》，载氏著：《沈宗瀚自述》，（台北）传记文学出版社，1975，第 31 页。
② ［美］安德生：《台湾之农会》，夏之骅、蔡文希、龚弼译，台湾农复会，1951，第 41 页。
③ 李力庸：《日据时期台中地区的农会与米作（1902—1945）》，（台北）稻乡出版社，2004，第45 页。
④ Chiang Mon-lin to K. C. Wu, the Governor of Taiwan Provincial Government, June 19, 1951,（台北）"国史馆"馆藏农复会档案（以下简称"农复会档案"），313-1128，Farmers' Organization Division.

的出资方——美国政府对于国民党官僚体系在大陆时期的普遍缺乏效率以及贪污盛行印象深刻，更倾向于选择公权力机构之外的民间组织——较具技术与中立色彩的农复会，来办理有关的补助与贷款项目。这样一来，既可以使农复会直接负责计划的推行与资金的运用，也可以使援助能直接到达草根阶层的使用者。[1] 曾任农复会中方委员、主任委员的沈宗瀚曾指出："委员会最重要的决定为选择优良机关合作，该机关须人事健全，热诚服务，在地方负有声望，本会与其合作一方可加强扩大其工作，一方亦可鼓励其他机关加强工作，希与本会合作，以提高其声望。本会工作亦可因此而得当地人民之信任。"[2] 拥有全岛性基层组织的农会，显然暗合了农复会的这一策略与理想。按照中美双方的协议，农复会是"美援"农林部分资金与项目的运用者，这一援助在 1950 年朝鲜战争爆发后，随着美国对台政策的改变重新源源而来。农复会多次强调农会在"美援"物资分配过程中的作用，称"农会为分配'美援'农业物资予农民提供了一个稳定而有效的管道"。[3]

但要使日本殖民统治时代遗留下来的台湾农会为我所用，农复会必须达成 1949 年农民组织调查报告所提出的两项目标：其一，恢复并保持日本殖民统治时期台湾农会的事业基础；其二，在此基础上对台湾农会进行改造，注入民主精神，使其具有美国式的草根组织的特点。1949 年将农会与合作社进行合并，确定农会为农村中一元化的农民组织，可以说是达成此两项目标的第一步，但这并未解决光复以来台湾农会所面临的诸多问题。1949 年农民组织调查中发现的很多问题，如地主阶层及非农业会员把持农会；为维持开支，大部分农会依赖分配肥料、糖、盐等配售物资来赚取手续费；农会本身所需承担的推广事业与经济业务则多荒废等。[4] 在农会与合作社合并之后，不仅没有改观，有的甚至有愈演愈烈之势。如合并后，有不少农会出现非农业会员多于农业会员的情况。

---

① King, Rong-Yung, *How does Foreign Economic Assistance Influence the Domestic Politics of a Developing Country: the Political Implications of the Joint Commission on Rural Reconstruction (JCRR) in Taiwan*, Ph. D Dissertation of University of South Carolina, 1990, pp.76.

② 沈宗瀚：《农复会与我国农业建设》，（台北）台湾商务印书馆，1972，第 10 页。

③ *Distribution of ECA financed materials*, Executive Office of JCRR to Mr. James E. Auburn, the chief of Commodity Distribution Section of ECA, April 12, 1951，农复会档案，313-1128.

④ 台湾省农业组织调查委员会编印：《台湾省农业组织调查报告》第四章，油印未刊本，1949，第 4—6 页。

据台湾省农会改进委员会 1951 年公布的一份数据显示，在全省乡镇区农会中，其农业会员数不足 50% 者，占农会总数的 29.2%，在 40% 以下者占 20%，在 30% 以下者占 13.4%。农业会员太少的农会，很难真正代表农民利益，不但其农业会员很少有主持农会组织的机会，农会业务也会着重于非农业会员。[①] 即便是在农业会员占多数的农会，其权力核心也仍多掌握在地主阶层和少数自耕农手里，佃农与雇农鲜少能进入农会领导阶层。[②] "因使有关措施，未必尽能适合农民之要求，农会本身之任务，则无从完成"。[③] 有鉴于此，1950 年 9 月，农复会聘请美国康奈尔大学农村社会学教授安德生博士（W. A. Anderson）赴台，考察农会问题。从 9 月到 12 月，安德生博士在实地调查研究的基础上，提出了一份调查报告，对台湾农会的现状、问题以及如何予以改进等，提出了一系列建议。重要建议有如下几点：

一、组织形态方面。有鉴于现有农会中理事长（常务理事）与总干事权责不分，容易导致相互推诿现象，以及理事往往兼任农会职员，影响农会各项政策偏向于其自身利益等问题，安德生建议省、县（市）及乡（镇）农会会员代表于每年会务大会中，选出与现时人数相近的理事若干人组织理事会，作为专门的监督管理组织。各理事均不支薪，仅于集会期间按日支取合理的车马费。理事会任用总干事一名，作为农会的执行首长，负责处理农会各种业务。理事会决定各该农会的营运方针与应该举办的业务，交由总干事遵照施行。总干事必须至少每月一次，向理事会提出详细的业务报告，征求理事会的同意与认可；至少每季度一次，向理事会提出财务及其他业务的详细书面报告。理事会则须每年就总干事所送的账册及其应用凭证，做详细的审核查账。理事会有任命或解雇总干事的全权。此即后来所说的权能划分制度。鉴于理事会已负有监督之责，安德生还建议将现有的监事会取消。

二、会员资格方面。鉴于非农业会员人数的日增，将危害到原为服务农业而

---

① W. H. Fippin to Mr. R. Y. Yin, chairman of Taiwan provincial production board , July 15,1951, 附件《台湾农会与合作社分合问题》，农复会档案，313—1128。

② 台湾省农业组织调查委员会编印：《台湾省农业组织调查报告》第四章，油印未刊本，1949，第 5 页。这一调查虽是在农会与合作社尚分立时进行的，但其对象却是将农会与合作社作为一体，因此，该调查结果也反映了合并后的农会情形。

③ 台湾省政府农林厅编印：《台湾农会改进组织统计》，1954，第 8 页。

设的农会组织，而非农业会员最能危害农会之处，在于农会政策的决定和工作计划的抉择，[①] 因此有必要将其排除在农会的权力机构之外。安德生博士建议将农会会员分为两类，即正会员与副会员。正会员每户仅限一人，其收入的 70% 以上必须来自农业生产，并必须限于积极耕种者，至于其是自耕农、佃农还是雇农，则可以不论。正会员享有会员的一切权利，包括选举权、出席会议权及利用农会各种设施的权利。副会员享有参加集会的权利、对于会务的发言权及利用农会各项设施的权利，但没有选举权与被选举权，且不得当选为农会理事或代表。

三、农会与政治的关系。安德生博士建议各级农会明确宣布并执行不参加政治活动的政策，任何农会都不得支持任何政治候选人，农会的职员均不得以农会的名义支持某个候选人。农会职员的个人政治活动，应当避免利用农会名义进行政治活动的嫌疑。全省各级农会均应于常年会务大会中，以通过议案方式，规定并宣布农会并非政治机构，不许从事政治活动。安德生之所以提出上述建议，是因为在从 1950 年开始的地方自治选举中，农会因其自日本殖民统治时期以来在农村社会的特殊地位，成为一个重要的动员系统。"在当时农业社会，农会是一个接近选民的重要据点，候选人到每一个乡镇时，一定先拜会该乡镇的农会理事长"。[②] 安德生博士于 1950 年秋访问各地农会时，即发现各农会的总干事与常务理事都在忙着为不同的候选人进行竞选工作，对农会应办的工作则弃之不顾。有些农会因其职员支持的候选人不同，甚而造成内部裂痕。安德生认为，参加这样的竞选活动只会使农会受到损害，"所有农会之中，似未有因卷入政治漩涡而能长久生存者"。[③] 因此，他建议农会远离政治活动。

除以上三项涉及农会体制的建议外，安德生还建议农复会对农会仓库的修理与建筑予以拨款补助。省农会应调查各地农会仓库被利用的情况及其损害程度，并协助其取得赔偿费用。另外，安德生还建议加强对农会领导人才的培养；利用广播、期刊及影音等工具向农民进行宣传教育；重振农事小组的职能；扩展并加强农业指导员工作，加强农业推广工作；加强日用必需品与消费品的供

---

① [美] 安德生：《台湾之农会》，夏之骅、蔡文希、龚弼译，台湾农复会，1951，第 20 页。

② 王静仪：《台中县地方派系发展史——以县长及省议员选举分析为例（1951—1987）》，硕士学位论文，台湾师范大学历史研究所，1994，第 49 页。

③ [美] 安德生：《台湾之农会》，夏之骅、蔡文希、龚弼译，台湾农复会，1951，第 20 页。

销业务，建立农会货品批发系统；加强省、县（市）、乡（镇）三级农会间的联系；注意家庭改良与青少年工作等。最后，安德生建议农复会除了给予农会以经济援助外，还应在农会的人事问题与管理问题等方面有所作为。[1]

从安德生提交的报告来看，其对农会组织的基本看法与农复会非常相近，如同样认可农会组织的重要性，认为农会是能否改进台湾农业经济与乡村生活的关键。[2]事实上，安德生在台调查农会组织期间，与农复会的工作人员多有交流，其对农会组织的设计也得到农复会的赞同。安德生曾指出，台湾农会应该提供更多的服务，而不是将其活动仅限于经济领域，因此建议农复会帮助农会拓展业务范围，使其业务涵盖经济、教育、社会以及公共卫生等有助于提高农民生活水平的所有领域，从而向农民提供更多的服务。对此，农复会方面表示赞同，并提出："从现在开始，我们的关注点应有所调整，转而帮助农会发展经济业务之外的工作。"[3]从安德生与农复会的互动来看，其报告书所勾勒出的农会形象，代表了农复会对战后台湾农会的制度设想，即将战后台湾农会打造为在政府与农民之间处于中立地位的、有效率的民间组织，由农民自己管理。该组织以推广事业与经济业务为主，从业务方面来讲，是侧重经济的一个组织，但其活动并不局限于经济领域，而是涵盖了农民经济社会生活的方方面面。按照安德生的建议与农复会的设想，农会组织必须远离政治活动，以保持中立立场与运营的正常，但这并不表示它在政治方面毫无追求。对于农会在政治方面的潜在意义，农复会有其深层次的考虑，这可以从1954年美国国会外交委员会通过的《共同安全法案》（*Mutual Security Act*）中窥见端倪："农复会工作成绩，不能仅以增加农业生产的统计数字表示，最重要的而常不被人注意的为训练农民领袖，提倡农村民主制度，这对台湾基层组织及政治革新，有莫大帮助。"[4]

---

[1] 参见 [美] 安德生：《台湾之农会》，夏之骅、蔡文希、龚弼译，台湾农复会，1951。
[2] [美] 安德生：《台湾之农会》，夏之骅、蔡文希、龚弼译，台湾农复会，1951，第 41 页。
[3] "Women's and Youth Auxiliaries", From T. H. Chien (Farmers' Organization Division) to Dr. John E. Baker, Commissioner of JCRR, October 2, 1950, 农复会档案，313-1128。
[4] 沈宗瀚：《农复会与我国农业建设》，（台北）台湾商务印书馆，1972，第 25 页。

二、改革的阻力与改革方案的研拟

安德生的这份报告很快由农复会提交台湾省政府，1951 年 1 月，由台湾省政府农林厅、农复会、省农会三方各有三人参加的"台湾省农会改进委员会"（又称"九人委员会"）正式成立。该委员会在参考安德生相关建议的基础上，着手研究农会的改进工作，一场更深层次的农会制度性改革于焉开始。由于这次改革为农复会所促成启动，而农复会因掌握了"美援"农林部分资金的审批权，必然对此次改革有着很强的影响力，所以这次改革是在农复会的设想，也就是安德生报告的基础上展开的。然而，农复会毕竟不是行政机构，除了掌握资金的运用以及具体项目的选择与运作外，对于全省性的农会组织改革，农复会缺乏最终决策权以及执行力。事实上，在其存在的三十多年中，农复会一直凭借它的人才、专业知识以及丰沛的经费，努力保持技术官僚的中立性立场，避免介入权力斗争或利益争执。在利益冲突中，往往扮演润滑剂的角色，只提供建议，而不做最终决策。[①] 这就使农会改革正式启动时，农复会将无法阻止改革偏离自己理想的轨道。这一点在九人委员会着手研拟农会改革法令时，即开始显现出来。

九人委员会在安德生报告的基础上研拟农会改革方案，然而该委员会第一次呈交省府委员会的报告书，就表现出对安德生报告中最重要的一个目标的背离。安德生建议将农会会员划分为正会员、副会员，副会员是不享有选举权与被选举权的，不能当选为农会理事或会员代表，这就将非农民会员排除在农会权力阶层之外。但九人委员会提出的第一次报告，在其建议修改现行《农会法》部分，虽按照安德生的建议，禁止农会参加政治活动，并同意取消监事会，将监事会的职责并入理事会，新设一监理会，但在会员的权利义务部分，提出的意见则是将基层会员划分为农业会员与一般会员（又称"赞助会员"），农业会员与一般会员均有被选举权，只是一般会员的当选比例，不得超过会员代表及监理名额的四分之一，但一般会员占会员总数的三分之二以上时，其当选为会员代表及监理的名额，可以提高到全额的二分之一以内。对一般会员被选举权的

---

① 黄俊杰：《农复会与台湾经验（1949—1979）》，（台北）三民书局，1991，第 105、279 页。

赋予，使所谓对其选举权的限制成为虚设。因为一般会员虽没有选举权，"但一般会员（赞助会员）当选为会员代表出席会员代表大会，或当选为监理出席监理会时，不在此限"。[①]

第一次报告书对安德生报告的部分背离，反映出当时的农会组织中非农民会员势力的强大，且改革之初农复会对这种势力有所妥协。这些非农民会员当中的很多人，不仅是农会的当权人物，同时又在地方选举与派系活动中占据重要地位，他们显然不愿接受安德生的改革建议，而他们最可能采取的反制手段，就是分裂现农会，削弱现农会的基础，而这是农复会所不乐见的。要将农会与合作社分离的意见，在安德生的报告公开后再度甚嚣尘上，甚至还出现了将现农会改为农村合作社的建议。[②]这一建议似乎还得到时任台湾省政府主席吴国桢的支持。[③]在台湾省农会主办的杂志《农友》上，反对将农会与合作社分裂的态度仍一如既往，但对于将非农民排除在农会之外，显然也持反对态度，认为这将造成以下问题：一、农会失去农民以外的农村居民的协助；二、非农民在现实社会中，无论政治的或经济的，均较农民有力，农会失去非农民的合作，实无健全存在的可能；三、若将非农民排斥于农民组织之外，他们势将另组团体，由于双方业务冲突，往往互相激烈竞争，结果必然是两败俱伤，徒然浪费人力、物力，实为农村中莫大损失；四、农民与非农民分别组织对立团体，使工商业者、地主与农民间划分鸿沟，往往引起地方不能协调，发生种种纠纷，非农村之福。"故农村中最理想的组织，是一个全面参加而能调和各阶层利益的组织"！[④]在农会改革法令最终确定前不久，台湾县市局农会理事长还发表宣言，希望国民党当局对于非农民会员与农民会员的差别待遇不要程度过深，因为"农会中的非农民会员虽占较少数额，但是他们在农会以外，掌握着政治经济的大权，比较农民会员对于农会，对于社会国家有较多的服务机会"，所以希望当局"考虑到过去农民和非农民团结无间的长久历史，使差别待遇的程度不至于到达

---

① 《台湾省农会改进委员会第一次报告——修改现行《农会法》及改进农会业务管理之意见》，《台湾农林》1951 年第 5 卷第 5 期。

② 《中国合作事业协会台中市支会致农复会代电》（1951 年 12 月 20 日），农复会档案，313—1128。

③ 鲁镇湘：《农会与合作社分合的检讨与今后应有的政策》，《中国经济》1952 年第 19 期。

④ 赵清源：《新农会绝对不允许分化》，《农友》1951 年第 1 卷第 4 期。

排斥非农民会员的境界，而止于代表和理事名额的最小数额比例"。① 足可显示限制非农民会员权利的改革建议，遭遇到巨大阻力。

1951 年 8 月下旬，台湾省农会改进委员会形成一份"台湾省各级农会组织办法草案"，由农林厅呈报省政府审议。这份草案基本延续了第一次报告书中的意见内容，② 并被该委员会认为是"一较稳健且适于目前实施的折中办法"。③ 农复会对于这份草案，表现出积极支持的态度。蒋梦麟为了让该草案在省政府早日通过，还致函台湾省政府财政厅厅长任显群，希望他能够在该草案审查时全力支持。④ 同年 10 月，该草案由省政府呈报"行政院"，而"'中央'以农会之改进，事关重大，又召集省政府、'内政部''经济部'等'中央'及地方有关机关再行研议"。⑤ 这一"再行研议"的时间持续了将近一年，农会改革的内容再次生变，而变化主要集中在两种会员的差别待遇方面。1952 年 7 月，农复会对农会改革草案提出修改意见，建议接纳"内政部"和台湾省社会处所提方案，在农会内设置信用消费合作社，承办信用消费业务，会计独立，采取有限责任制，合作社设委员会，协助农会理监事办理有关信用消费业务之决策及监察事项。该委员会委员中的三分之一由赞助会员担任。除可以被选举为该委员会委员外，赞助会员不再拥有任何选举权和被选举权。⑥ 因为信用消费业务掌握农会大量财源，且信用消费合作社原即大多数乡镇农会的前身，所以，按农复会的上述建议实行，赞助会员的既得利益受损较小。

不过，农复会的上述建议没有被采纳。1952 年 8 月下旬，"行政院"以"院令"颁发"改进台湾省各级农会暂行办法"，由于尚存在一些细节问题，如正式会员与赞助会员的划分标准仍有歧义、农会与青果合作社的业务划分问题、总

① 《台湾省县市局农会理事长共同宣言》，《农友》1952 年第 2 卷第 12 期。
② 该草案的内容可参见鲁镇湘的《农会与合作社分合的检讨与今后应有的政策》（《中国经济》第 19 期），从该文引用草案中的部分条文（如会员权利义务、监理会的设置等）可知，与第一次报告书中的意见完全相同。
③ W. H. Fippin to Mr. R. Y. Yin, chairman of Taiwan provincial production board, July 15, 1951, 附件《台湾农会与合作社分合问题》，农复会档案，313—1128。
④ 《蒋梦麟 1951 年 4 月 13 日致台湾省财政厅长任显群函》，农复会档案，313—1128。
⑤ 农林厅农民组织科：《台湾省各级农会改进工作的筹备经过》，《台湾农林》1953 年第 7 卷第 9 期。
⑥ 《台湾省改进各级农会暂行办法草案修正意见》（"中国农村复兴联合委员会"提，1952 年 7 月 18 日），农复会档案，313—1128。

干事的权限问题等，故仍需要对农会改革法令再做增订。10月1日，台湾省政府将增订后的"改进台湾省各级农会暂行办法"再呈"行政院"核示。12月上旬，"行政院"的指复命令到达省政府，改革农会的基本法令"改进台湾省各级农会暂行办法"（以下简称"暂行办法"）至此确定下来。

"暂行办法"的内容主要包括以下几个方面：

一、农会的宗旨是增进农民利益，促进农民知识技能，增加生产，改善农民生活，发展农村经济。农会为法人，其主管官署在省为省政府，在县（市）为县（市）政府，暂以各该政府的农林行政部门为主办机关。但关于农会的设立许可登记及改组改选等备案事项，仍应与社会行政部门密切联系办理。

二、农会"依会员之需要，配合政府政策"所举办的事业多达二十几项，涉及农业推广，农产品运销、仓储、加工制造，农业生产必需品与会员生活必需品配售与加工制造，农业金融、农业保险以及行政部门委托办理事业等。对农会与合作社的业务亦做了划分。

三、农会分乡（镇、区、县辖市）、县（市）和省农会三级，以行政区域或自治区域为组织区域，并应设立于对应的各级政府所在地。乡（镇、区、县辖市）内具有会员资格者满50人时，应即发起组织乡（镇、区、县辖市）农会。下级农会成立过半数时，应即组织上级农会。

四、会员资格。凡居住在农会组织区域内的公民，年满20周岁，合于《农会法》第十三条规定资格之一，农事从业所得收益占其个人总收入的二分之一以上者，经严格审查后，得加入乡（镇、区、县辖市）农会为会员。凡不合于上项规定，居住在农会组织区域内的非农民，得加入农会为赞助会员。赞助会员除在不超过农会监事三分之一的限度内得当选为监事外，无选举权及被选举权，但其他应享之权利与会员相同。正式会员与赞助会员均以一户一人为限，不限于户长。

五、农会设理事会、监事会，理事、监事由会员选任，均为无给职，并不得兼任农会业务部门任何有给职务，或与农会业务有竞争关系的其他公私团体的职务。农会另设总干事一名，由理事会遴聘，向理事会负责农会具体业务的执行。

六、农会除依法办理本身之规定选举外，其选任及聘任职员，不得以农会职员身份，也不得以农会的名义与关系，支持或反对任何政治候选人，或者参与公开的竞选活动。

七、农会经费来源包括股金、会员入会费与常年会费、农会经济事业及金融事业纯盈余、委托事业收入、财政补助费、农业金融机关拨补收入及事业费等。

八、农会的运营受主管官署监督，上级农会对于下级农会有指导与监督稽核权。[①]

由此可见，"暂行办法"在将农会会员区分为一般会员与赞助会员方面，在限制赞助会员权利方面，在农会远离竞选活动方面，与安德生的报告更为接近，只是为安抚赞助会员而保留了监事会，使赞助会员在监事会拥有三分之一的席位。然而相较于理事会，作为监督机构的监事会权力要弱得多。同"九人委员会"提出的改革草案以及农复会的建议相比，"暂行办法"显然对赞助会员的权利做出了更多限制，而这与主导农会改革的关键角色——国民党的意图密切相关。

三、农村动员与国民党的改革意图

"暂行办法"在赞助会员的权利限制方面走得如此之远，或可从其母法《农会法》中找到依据，1948年12月底修正公布的《农会法》，对非农民并无会员身份的认定，[②]因此赞助会员的出现是对台湾农村现状的妥协，让赞助会员有机会担任监事，已可算是"法外施恩"。"九人委员会"最初修改《农会法》的建议既未被采纳，"暂行办法"对赞助会员的权利大加限制也就有其法理上的依据。然而，这显然不是"暂行办法"与之前的草案相较，一下子走得如此之远的主要原因，"暂行办法"在对台湾农村现状有所妥协之余，对赞助会员的权利限制几近严苛，而在其背后，国民党的意愿产生了举足轻重的影响。

国民党于1949年下半年退据台湾，在局势稍微稳定之后，即开始反省其在大陆失败的原因，除对党组织本身进行改造外，还将一些在大陆实施不彻底的

---

① 以上内容参见"改进台湾省各级农会暂行办法"，载"农会法令汇编（第一辑）"，（台北）中国农业出版社，1954，第5—12页。

② 参见"农会法"，载"农会法令汇编（第一辑）"，（台北）中国农业出版社，1954，第2页。

政策（如土地改革、地方自治选举），在台湾付诸实施，试图将台湾建设成"三民主义模范省"。国民党首先意识到，党组织本身的组织涣散、纪律不严、派系纷争、群众基础缺乏，是其失败的主要原因。[①] 因此，在1950年8月至1952年10月间，对党组织进行了改造，试图将国民党建成一个战斗体的健全的革命民主政党。此次改造，国民党强调其社会基础是青年、知识分子以及农工生产者等广大劳动民众，并将党的基层组织由以前的区分部改为小组，力图使党的社会基础向基层延伸。[②] 当时国民党对台湾的控制相对薄弱，在社会基层势力的扩展方面较为艰难，这在农村尤为显著。如在当时的台湾农村，国民党注意到一个特别现象："即台湾一般农民的国家民族观念，殊为淡漠。在农民政治认识如此浅薄之情况下，'匪谍'及不法之徒，遂以各种灰色组织吸收农民以扩展并掩护其活动。"根据1953年1月台湾"情报工作委员会"公布的数据，从1952年9月到12月间，646名自首者中，农民居第一位，其数量达204人之多。[③]

土地改革是一项比较能收拢农民人心的举措，这项改革自1949年4月陈诚任台湾省主席后开始全面实施，按三七五减租、公地放领、实施耕者有其田三个步骤进行，至1953年10月大致结束。土地改革使台湾的自耕农占总农户的百分比，由改革前的57%增加到改革后的86%，自耕地面积占耕地总面积的百分比，由改革前的57%增加到改革后的90%。农民在社会地位、政治认识等方面均有很大提高。[④] 而农民由以前的向地主缴租，转而向当局纳税，也使当局对农村基层社会的控制力增强。在实施耕者有其田的过程中，国民党先后吸收地政人员442人、农民7538人入党（占原有农民党员的30%强），但在农村并未出现一个人人心向国民党的大好局面，国民党不得不再次感叹自身在农村基础薄弱，需要继续吸收、训练农民党员，通过农民组织扩大自身在农村的影响。[⑤]

---

① 许福明：《中国国民党的改造（1950—1952）——兼论其对"中华民国"政治发展的影响》，（台北）正中书局，1986，第46页。

② 谷正纲：《对于总章审查报告之说明》，载秦孝仪主编：《革命文献（第77辑）》，中国国民党党史委员会，1978，第45页。

③ 《加强农民政治认识 "中央" 策动宣传下乡》，载中国国民党中央委员会第六组编印：《党的社会调查：重要问题之报告与处理》，1953，第70页。

④ 沈时可：《台湾土地改革文集》，台湾"内政部"，2000，第73页。

⑤ 中国国民党中央委员会第五组编印：《中国国民党土地政策与台湾省实施耕者有其田》，1954，第52页。

何以出现这样的局面？这与土地改革并未使农村的权力结构发生根本变化有关。在土地改革之前，台湾乡村社会如大部分中国传统乡村社会一样，地主、富户在乡村中不但握有经济力量，并掌握了各种社会活动的领导权，在地方上成为领袖，在各种有形无形的社会组织中位居核心地位。1952 年，美国农业专家雷柏尔（Arthur Raper）对台湾 16 个乡镇的调查报告显示："农村领导地位大部操于各地大户。乡镇长常出身于当地富商。乡镇民代表会长、农会理事长及妇女会长亦均为当地大户人物。"[①] 土地改革使地主阶层在乡村中的领导地位受到一定程度的影响，一部分大地主因此转往都市发展，其对乡村社会的控制力自然消失；一部分仍居住在乡村的地主，则因土地财产减少，经济状况大不如前，渐无心也无力去做好公共关系，对公益事业的热心程度也逐渐降低，其领导地位因此逐渐丧失。[②] 由于台湾的土改是一场自上而下的温和的变革，地主阶层的利益在土改中虽受到一定程度的削损，但其根基并未动摇，当局不仅保留了地主的一部分土地，对其多出部分也是通过赎买的方式移走。因此，同原佃农及原半自耕农相比，原地主有更好的条件参与政治活动，其政治意识仍然较高，并对参与各种竞选活动有更多的兴趣。他们只是逐渐让出地方的基层职位，如邻里长、租佃委员、乡镇民代表、农会理事等，这些职位改由新自耕农来担任，原地主则转而向更高层级的职位发展。因此，地方上较高阶层的行政干部，如乡镇长、县市议员、县市长等，大多仍由原地主所把持。[③]

国民党当局于 1950 年开始开放地方自治选举，农村中的实权阶层逐渐集合起来，形成政治上的小集团——地方派系。据统计，在台湾省的 16 个县中，有14 个县存在派系对立的现象；[④] 在 300 多个乡镇中，每个乡镇都至少有两个派系：一个是代表行政系统的"公所派"，另一个是代表经济系统（主要是农业经济）的"农会派"。[⑤] 地方派系的存在，地方原有势力的强大，对国民党当局来说是

① 雷柏尔：《台湾目前之农村问题与其将来之展望》，台湾农复会，1953，第 169 页。
② 蔡宏进：《台湾农地改革对社会经济影响的研究》，（台北）嘉新水泥公司文化基金会，1967，第 55 页。
③ 李宪文：《农地改革后地方权力分配之变化》，载李登辉：《台湾农地改革对乡村社会贡献之研究：三民主义在台湾的见证》，自印稿，1985，第 47—53 页。
④ 廖忠俊：《台湾地方派系的形成发展与质变》，（台北）允晨文化实业股份有限公司，1997，第 13 页。
⑤ 陈明通：《派系政治与台湾政治变迁》，（台北）新自然主义股份有限公司，2001，第 254 页。

一柄双刃剑，一方面，国民党可以借助地方派系来延展自己在台湾的统治，并为自己在竞选中汇集选票；另一方面，地方派系携其在地方社会的影响力，在与国民党的合作中拥有较大的自主性，对于国民党控制基层社会的目标来说，有时又是一种阻碍。两者的关系，可谓相当微妙。国民党退据台湾之初，在根基尚不稳固的情况下，不得不更多地依赖与利用这些地方上的原有力量，但是从自身长远的统治目标着眼，又须对地方势力有所打击与控制。如何对地方原有势力既打击又笼络、既控制又依赖呢？农会改革或许提供了一个很好的样板。

国民党曾这样解释退台之初的农村政治政策，即"要提高农民的知识水平，抑制土豪劣绅等恶势力，扶植农民力量，使农民成为农村的主人"。[①]具体到农会改革问题上，很多国民党官僚都将"地方恶势力"作为改革的对象。如时任台湾省主席的俞鸿钧曾提出："台湾的农会，过去有为地方的某种势力所把持，这种现象，要彻底改进。……改进农会工作，将来恐怕要遭遇到若干困难，尤其是地方的某种势力是将来推行工作的一大障碍。"[②]时任"行政院长"陈诚也在农会改进工作讲习会上强调，要彻底铲除农会中的恶势力："在过去有些人曾冒充佃农来渗入农会，这些人怎么能对农民来谋利益呢？他们把农会当作了自私自利的发财工具。……我相信农会里面，大多数的人都是好的，但是坏人一定也有，如果他们还不改过自新，我们绝对要严办。……我们奋斗的对象，不是这些善良的地主，而是那些坏人恶势力。"[③]而国民党改组农会的用意，也由此被定义为使农会脱离地方恶势力的掌握。[④]所谓的"地方恶势力"，应该是"土豪劣绅"概念的变异，落实到台湾社会，应指国民党势力在深入农村基层社会时，所遭遇到的重大阻碍——地方派系的一部分。

国民党自然希望彻底掌控这一基础庞大、普遍的农会组织，由农复会所倡导的这一场农会改革，为国民党提供了一次绝好的机会，使国民党在农复会的理论与资金支持下，顺理成章地将其触角延伸至农会组织。但在此过程中，农会的原有权力阶层携其在地方上的影响力，成为国民党向基层发展的一大障碍。

---

① 《台湾省各级农会改进工作讲习会纪要》，《台湾农林》1953年第7卷第9期。
② 《俞主席训话》，《台湾农林》1953年第7卷第9期。
③ 《陈"院长"训词》（1953年7月13日在农会改进工作讲习会讲）及《台湾省各级农会改进工作讲习会纪要》，《台湾农林》1953年第7卷第9期。
④ 《莫让农会被腐蚀》，《农友》1954年第5卷第10期。

如何使农会脱离所谓的"地方恶势力"而为我所掌握呢？农会体制设计相当关键。"暂行办法"首先限制赞助会员的选举权与被选举权，将非农民会员排除在农会权力阶层之外；接着通过实行权能划分制度，对总干事的角色重新定位，使其不仅负有农会实际营运之责，并因掌握农会职员的聘用权，极易在理事会以外形成新的权力核心。农会的原有权力结构被打散后，为国民党掌控农会组织留下了空间。自此次改革开始，国民党对总干事一职的着力经营，即显示出其重建农会权力结构的意图。

在打击农会原有权力阶层的背后，也可以发现国民党妥协性的一面。例如"暂行办法"对赞助会员的权利限制虽很严格，但在一般会员与赞助会员的划分标准上，与安德生的建议相比又宽松很多。在安德生的报告中，对正会员（一般会员）资格的要求，是其农事从业收入占总收入的 70% 以上，而在"暂行办法"中变成了 1/2，也就是降低了 20%，这就将一部分农村居民重新纳入了农会正式会员的行列。国民党的妥协性，还表现在未将原有权力阶层全然排除在农会之外。这固然是由于一般农民因知识与经验上的不足，尚无法担当农会的管理责任，"况且现在许多乡镇农会中，已经缺乏基层干部了，设再令此有技术有经验的人员退出农会，对于会务的推行，不无重大影响"。[1] 就主观来说，国民党也期望将原有权力阶层打散之后，再以农会权力分配为饵，达到控制与利用地方精英的目的。使地方精英加入本党的组织或向本党的力量靠拢，是国民党笼络地方派系的手段之一，[2] 并在农会改革实施过程中充分体现出来。

除了上述政治意图外，对于农会本身的功能，国民党也有其考虑。这主要表现在其对农会改组与土地改革关系的界定上。蒋介石曾多次强调农会改革与实施耕者有其田的关系："农会改组与实施耕者有其田政策之推行有密切关系，为使耕者有其田政策顺利推行，彻底改组农会，自属必要。"[3] 对于实施耕者有其田来说，这次的农会改革为什么那么重要呢？除了需要农会来组织农民，继续扩

---

[1] 马有岳：《台湾农会的演变与特质》，《农友》1952 年第 2 卷第 12 期。

[2] 台湾学者朱云汉指出，国民党主要是以四种经济特权来笼络地方派系的，其中之一便是农会（主要是其信用部门）。参见朱云汉：《寡占经济与威权政治体制》，载氏著：《垄断与剥削——威权主义的政治经济分析》，台湾研究基金会，1989，第 151 页。

[3] 1953 年 7 月 2 日，蒋介石在国民党中央常务委员会第 48 次会议上的讲话。参见中国国民党中央委员会编印：《中国国民党农民运动与台湾省各级农会改进》，1954，第 34 页。

展国民党对农村的影响力之外，国民党对于农会还有以下几点期望：

一、在农民取得自耕农地之后，要确保永久保持，不再丧失，需要农民的收益能够维持一家的支出。为达到这个目标，必须增加农业生产；而增加农业生产，必然牵涉到农田水利、种子肥料、耕作技术、灾害防治、农业金融等方面，农民必须与各部门发生密切关系。因此，需要农会这一中间组织，来替农民向各部门洽商。

二、农民承领土地，其地价要分十年、每年两次来偿还。要想确保农民按期缴纳地价，需要农会站在农民团体的立场，来做监督与催缴的角色。①

三、实施耕者有其田后，一般承领农户的负担，反较以前平均增加了3%—4%，有些甚至增加了5%—6%。增加的原因，主要是水费与户税。水费从前是业佃双方负担各半，土改后全由承领农民负担；而户税则因农民取得耕地后，致其资产及收益部分户税均有增加。②农民负担增加，必然影响到农业生产资金的投入。承领农户不能像过去那样再向地主贷款，因此需要农会信用部承担起更多的融通农民生产资金的责任。③

另外，为争取"美援"，"美援会"于1952年提出四年经济自给自足计划，为台湾此后近20年的经济成长奠定了基调，那就是"以农业培养工业，以工业发展农业"，而现实政策又以前半部分为主。④在以农业发展剩余滋养工业的过程中，农业部门主要承担的任务是：使粮食及主要农作物增产，以充裕军需民食，稳定价格，借以减少输入，节省外汇，并设法增加输出，以增加外汇收入。⑤农会作为综合性的农民团体，在农业四年计划实施的过程中，也需要扮演配合农业施政、组织农民的角色。

为了使全党对此次农会改革的意义有更明确的认识，国民党中央曾颁发"改进台湾省各级农会宣传方案"，以下几条方案颇可显示国民党对此次农会改革的

---

① 以上两点参见洪瑞坚：《农会改进与耕者有其田》，《台湾农林》1953年第7卷第9期。
② 中国国民党中央委员会第五组编印：《中国国民党农民政策与台湾农村现况》，1955，第15页。
③ 农复会编印：《中国农村复兴联合委员会工作报告》第4期，1952年7月1日—1953年6月30日，第14页。
④ 廖正宏、黄俊杰、萧新煌：《光复后台湾农业政策的演变：历史与社会的分析》，（台北）"中研院"民族学研究所，1986，第6页。
⑤ 中国国民党中央委员会第五组编印：《中国国民党农民政策与台湾农村现况》，1955，第17页

基本意图：

第一，改进农会是社会改造之一，只有占人民绝大多数的农民组织趋于健全与合乎理想，社会改造运动才可以达到预期的目标。

第二，台湾作为"反共抗俄"的基地，需要发展工业，增进农产，并健全民众组织，充分动员民众。改进农会不仅是为了农民着眼，更是为了有效地配合实行经建计划着眼，这是国民党为完成"反攻大陆"之一切人力物力的准备要项之一。

第三，由组织健全的农会来领导农民，提高其对民权的运用与服务的观念，对于推行地方自治也大有裨益。即可以利用农会对农民施行政治教育，使农民因为参加了农会对政治发生浓厚的兴趣，并获得充分的经验，足以担负起地方行政的工作。

第四，为了贯彻国民党的农民政策以及扩大党的社会基础，对于台湾省各级农会的改进，是国民党领导农民发展组织、吸收优秀农民党员的良好机会。[①]

很显然，对于此次农会改革的政治意义，国民党有更多的期待。至于农会的经济功能，国民党更关注其对土地改革后续工作的配合。

四、农会改革的实施与国民党力量的全面进入

继农会改革基本法令"暂行办法"颁发之后，台湾省农林厅于 1952 年 9 月下旬起，由副厅长陈世璨主持，邀请台湾大学教授王益涛等专家学者，经半个多月的研究讨论，拟定了《改进台湾省各级农会暂行办法实施细则》《台湾省乡（镇、区、县辖市）农会会员资格审查规则》《台湾省各级农会选举规则》《台湾省及县市农会章程准则》《台湾省乡（镇、区、县辖市）农会章程准则》《台湾省农会办事细则准则》《台湾省各县市农会办事细则准则》《台湾省乡（镇、区、县辖市）农会办事细则准则》八种补助法规草案，并由台湾省政府交付指定之研拟小组加以审议。1953 年 6 月底，这些补充法规由台湾省政府公布施行。农会改革的法规制订工作至此基本完成。

---

① 中国国民党中央委员会编印：《中国国民党农民运动与台湾省各级农会改进》，1954，第51—53 页。

对于此次改革，国民党极为重视，蒋介石曾指示："凡党员参加农会工作，台湾省党部应先予组训，俾使参加者明了改组后工作之技术与方法，如尚无准备，宁可暂缓改组。"① 为做好相关准备工作，从 1952 年 10 月起，台湾省政府主管官厅的从政党员，即邀请国民党中央及台湾省党部主管业务人士共同拟定各项办法方案不下十余种。② 而国民党台湾省委员会更将农会改革作为其 1953 年下半年度的中心工作，拟定了《各级党部推行改进台湾省各级农会工作纲要》《台湾省委员会对改进各级农会工作指示要点》等相关文件，对各级党部的配合做了具体的规划。首先，由国民党中央党部召集第一、第四、第五三个组，会同台湾省党部、"内政部"、农复会及台湾省农林厅主管业务人士，成立改进农会工作会报，以加强党政工作的配合，解决实际困难问题。在县市（局）党部成立改进农会工作指导小组，由县市（局）党部主任委员、书记，民运工作委员会农运小组召集委员或委员，第二、第四两组组长，暨县市（局）政府农林、社政、地政与耕地租佃委员会农民委员代表，其他有关单位主管人士组成，由县市党部召集，相互报上级批准，并共同规划有关工作之联系配合，督导各乡镇（区、县辖市）改进农会工作辅导小组，展开有关工作。在各乡镇（区、县辖市），由县市局党部指定所在地之区党部常务委员、委员、专任书记或专任干事，及乡镇（区、县辖市）长、耕地租佃委员会农民委员代表，暨主管农林、社政、地政及其他有关单位的主管同志，成立改进农会工作辅导小组，由区党部召集，相互报上级批准，共同规划有关工作之联系配合，并督率所属展开工作。③ 为使改革工作彻底完成，还将全省划分为六个督导区，每区设正副组长各一人，由国民党中央及台湾省党部高层人士担任组长，省政府高层人士担任副组长，并由省政府派督导员 48 人配属六个督导区，长期驻在指定地区，负责具体督导工作。④

在改革工作具体执行之前，首先举办了省及各县市改进工作讲习会。省级讲习会从 7 月 13 日开始，至 19 日结束，计调集各县（市）政府建设局（科）长、

---

① 中国国民党中央委员会编印：《中国国民党农民运动与台湾省各级农会改进》，1954，第 34 页。

② 王承彬：《土地改革与农会改进》，（台北）中国农民服务社，1955，第 36 页。

③ 《各级党部推行改进台湾省各级农会工作纲要》，载中国国民党台湾省委员会第二组编印：《台湾省委员会对改进各级农会工作资料》，1953，第 2 页。

④ 王承彬：《土地改革与农会改进》，（台北）中国农民服务社，1955，第 37 页。

农林科（股）长、主办农会业务人员等计 85 人，省农会督导员 16 人，台湾省农林厅工作人员 48 人，共计 149 人。讲习课程分政治教育及精神讲话 17 小时，法规讲解 12 小时，各项专题讨论 23 小时。县（市）级讲习会自 9 月 18 日至 23 日举行，规定乡（镇、县辖市）长、同级农会理事长、总干事、乡（镇、区、市）公所财政课长、县（市）政府农会业务主办人员等共同参加，以让有关工作人员对于农会改革均有深切了解与认识。①

从 1953 年 10 月份开始，农会改革进入具体实施阶段，而其第一步，为基层农会会员资格审查这是此次农会改革的重心之一。

会员资格审查是一项非常复杂的工作。按"暂行办法"与其实施细则的规定，对于会员资格审查分两阶段进行：第一，审查其是否合于"农会法"第十三条五款资格（即自耕农、佃农、雇农、农校毕业者以及农场员工）之一；第二，审查其农业收入是否占其总收入的 1/2 以上。在具体审查中，第一阶段的审查乃根据税务部门的土地投资材料，而会员个人总收入和农事从业所得收益的审查依据，均以户税调查资料卡为准。1953 年 10 月 12 日，台湾省农林厅召开了一个特别监察会议，通过并要求强制执行一个方案，那就是如果会员本人不从事农耕工作，或者花在农耕上面的时间太少，即使他的家庭农事从业所得收益符合会员资格审查规则的规定（超过了 1/2），也不能定为农民会员。然而，关于农耕时间并没有一个详细的评判标准，在审查期间也没有其他材料可以依据，从而在审查过程中造成很多纠纷，尤其是有的地方还掺入了派系因素。当时几乎所有的农会都面临由所谓的"农耕时间"引起的问题。② 关于农耕时间的硬性规定（每日不得少于 8 小时），使过去曾担任农会理事长等职务者很易受到冲击。因为其往往将大量时间花在农会办公，所以"自身从事耕作时间极少"。如从 1950 年 8 月起任高雄市三民区区农会理事长的黄正忠，在会员资格审查中即因此被定为赞助会员。③ 由于改革之后农会理事长必须由具备正式会员资格者

① 《台湾省各级农会改进工作的筹备经过》，《台湾农林》1953 年第 7 卷第 9 期。
② "Report on continued inspection of FA reorganization program (Inspection period: November 16 to 21, 1953)", From M. H. Kwoh to Mr. P. W. Voltz, Chief of FOD, November 24, 1953，农复会档案，313—1128。
③ 《高雄市三民区区农会理事长黄正忠呈农复会农民组织组文》（1953 年 10 月 26 日），农复会档案，313—1128。

担任，农耕时间的硬性规定，也使今后理事长不能经常到会办公，使其直接干预农会经营的机会减少，从而为总干事留下了更大的权力空间。

会员资格审查工作从 1953 年 10 月开始，至同年 11 月 15 日结束，审查结果是：全省基层农会原有会员 768057 人中，计合格会员 395087 人，占原有会员 51.44%；赞助会员 194212 人，占原有会员 25.29%；不合格者 178758 人（主要是机关公务人员、不足龄或死亡者等），占原有会员 23.27%。在合格会员当中，计自耕农 286532 人、佃农 86326 人、雇农 21826 人、农校毕业 331 人、农场员工 72 人，其占比分别为 72.52%、21.85%、5.53%、0.08%、0.02%。[1]

在会员资格审查期间，国民党于组织会员资格审查委员会的时候，指派干员担任委员，并召集委员中的党员成立党团干事会，由县市委员会就干事中指派一人担任书记，努力在会员资格审查中发挥领导作用。同时，在审查过程中，随时随地注意所谓优秀农民的家庭环境、耕作能力、经济情形、学识程度及其他条件，主动将其吸收到党组织里来。"因平时很不容易找到此种详细的数据，所以大多数审查会在党的领导下发生很大的作用，不仅消弭争执与纠纷，同时吸收了很多农民党员，这个收获是很大的"。[2]

在会员资格审查工作结束后，即为农事小组会员大会之召开。该大会是最基层的重要会议，但凡农事小组的正副组长，乡（镇、区、县辖市）农会的理事、监事候选人，该小组出席乡（镇、区、县辖市）农会会员代表大会的会员代表等，都由此会议产生，因此是此次改革的重心之一。此项工作自 11 月 1 日开始，于 12 月 20 日前陆续完成。会员及赞助会员出席情形为：计应出席会员 395087 人，其中出席者 260992 人，占应出席人数的 66.06%；委托出席者 38904 人，占应出席人数的 9.85%；缺席者 95191 人，占应出席人数的 24.09%。应出席赞助会员 194212 人，其中出席者 41014 人，占应出席人数的 21.12%；委托出席者 373 人，占应出席人数的 0.19%；缺席者 152825 人，占应出席人数的 78.69%。从这些数字中可以看出，该级会议的出席率相对偏低，而赞助会员因为在改革中权利受到限制，积极性降低，其出席率远远低于会员。

农事小组会员大会之后，为召开各级农会会员代表大会。首先是乡镇区市农

---

① 台湾省政府农林厅编印：《台湾农会改进组织统计》，1954，第 12—15 页。
② 王承彬：《土地改革与农会改进》，（台北）中国农民服务社，1955，第 37 页。

会会员代表大会，于所辖农事小组会员大会举行完毕后，订期召开，各该农会理事监事、上级农会理事监事候选人以及出席上级农会的会员代表等，都由此会议产生，农会政策方针等要案也由此会议议定。根据相关法规，会员代表与理事均得由会员中选举产生，且自耕农、佃农和雇农必须占到 2/3 以上；监事由会员与赞助会员中产生，赞助会员不得超过 1/3。大会举行时，由省派及县派人员列席指导监选。此项工作于 1953 年 12 月 31 日以前陆续完成。接下来是县市局农会会员代表大会，自 1954 年 1 月 8 日开始，至 20 日陆续完毕。会议分别选出理事监事，出席省农会会员代表大会之会员代表，并提荐上级农会理事监事候选人等。最后是省农会会员代表大会，于 1954 年 2 月 17 至 18 日，在省农会会议厅举行，由省政府令派农林厅厅长担任指导及监选。计选出该会理事 33 人、监事 11 人。所有当选人的资格，都符合有关规定之保障名额。至此，全省各级农会改进工作在名义上已告全部完成。[1]

在农事小组会员大会与各级农会会员代表大会召开期间，国民党动员各级党组织积极参与农会改革工作，努力提荐本党籍候选人竞选各项公职。在没有适合的党籍人士可以提名时，则支持社会中的优秀分子当选，然后再吸收入党。具体提荐办法，首先是由县市党部督饬各区党部、小组，荐举各项候选人，提经县市指导小组审定后，督饬所属党部依照提名竞选名单，保证其当选。在选举农事小组正副组长、出席乡镇区县辖市农会会员代表大会代表，及提荐乡镇区县辖市农会理监事候选人时，由国民党各小组召开小组会议或小组长联席会议，依照县市指导小组审定的提名名单，运用各种力量及方法，透过会员以口头提荐、口头附议、举手表决等方式，支持其取得候选人资格，再以票选或表决支持其当选。当选举乡镇区县辖市农会理监事、理事长，出席县市农会会员代表大会代表，提荐乡镇级农会总干事和县市农会理监事候选人，以及选举县市农会理监事、理事长，出席省农会会员代表大会代表，提荐县市农会总干事和省农会理监事候选人时，分别由区党部和县市党部，运用各该级农会的会员代表大会临时党团，由两名代表书面举荐提名人选，使其为出席上级农会会员

---

[1] 农事小组会员大会及各级农会会员代表大会的情况，参见台湾省政府农林厅编印：《台湾农会改进组织统计》，1954，第 10—11 页。中国国民党中央委员会编印：《中国国民党农民运动与台湾省各级农会改进》，1954，第 43—44 页。

代表大会代表及担任上级农会理监事。待这些提名人选取得候选人资格后，再运用党团力量，通过会员代表支持其当选。待各级农会理监事选出后，再分别召集各该级理事中的党员成立党团，支持提名人选当选理事长，并聘任提荐人选为总干事。①

经过农会改革，全省农会依法调整为乡镇农会 317 单位，县市农会 22 单位，省农会 1 单位，农事小组 4875 个。据报选出及就职者，计小组长 4760 人，其中属于自耕农、佃农、雇农之资格者占 99.94%，属于农校毕业者占 0.04%，属于农场员工者占 0.02%。副组长 4762 人，其中，属于自耕农、佃农、雇农之资格者占 99.96%，属于农校毕业及农场员工者，各占 0.02%。各级农会会员代表共 18354 人，其中具有自耕农、佃农、雇农之资格者，平均占 93.95%。各级农会理事共 4224 人，其中具有自耕农、佃农、雇农之资格者平均占 95.58%。监事共 1221 人，具有上项资格者，平均占 74.64%。②国民党在此次农会改革中，可谓收获颇丰，全省各县市计新征农民党员 16315 人，正在征求中的 16093 人，优秀农民调查结果共计 39995 人。③（参见表 1）

表 1　各级农会干部与会员代表提名及当选结果及当选后征求入党人数

农会别	类别	法定名额	提名人数	当选人数	当选党员人数	当选后征求入党人数
农事小组	正组长	4875	4626	3731	1939	1642
	副组长	4875	4384	3146	1456	1603
乡镇（区、县辖市）农会	会员代表	16916	15558	12155	6421	4141
	理事	3805	3776	3150	2193	862
	监事	1086	1071	830	617	242
县市局农会	会员代表	1349	1332	988	782	351
	理事	386	384	347	287	62
	监事	124	120	109	82	27

---

① 《各级党部对改进各级农会工作及实施方式对照表》，载中国国民党台湾省委员会第二组编印：《台湾省委员会对改进各级农会工作资料》，1953，第 8—11 页。

② 中国国民党中央委员会秘书处编印：《中央委员会 1954 年年终工作检讨报告》，1954，第 38—40 页。

③ 中国国民党中央委员会编印：《中国国民党农民运动与台湾省各级农会改进》，1954，第 58—59 页。

省农会	会员代表	89	89	76	69	
	理事	33	33	33	33	
	监事	11	11	10	10	

数据来源：中国国民党中央委员会编印：《中国国民党农民运动与台湾省各级农会改进》，1954，第58—60页。

总干事遴聘工作可谓农会改革过程中最重要的一环，在这里专门予以探讨。虽然各级农会总干事的提名与聘任工作，在各级农会会员代表大会召开期间已经展开，但因其涉及的层面更复杂，拖延的时间往往比较长，在有些派系斗争激烈的农会，如台中县清水镇农会，甚至在农会改革工作完成半年之后，仍无法产生。对于各级农会总干事人选，国民党的重视程度，显然超过了对理事长人选的关注。这固然是因为改革后的农会实行权能划分制度，总干事人选对于今后农会会务的推展关系最大，但最关键者，恐怕还是在改革后的农会体制中，总干事将会掌握更多的权力，有望继理事长之后成为新的权力核心。

按相关法规的规定，总干事由理事会遴聘，并须有经理事会同意的三个以上保证人的保证，其保证人负连带赔偿责任。对于总干事的遴选范围与遴选程序，改进台湾省各级农会工作会报做出详细规定。

关于总干事的遴选范围，规定如下：

一、曾在经教育机关立案或认可之高级以上农业学校毕业，从事农业有关工作三年以上，品行端正，成绩优异，而有事实可考者。

二、现在或曾任农会理事长、常务理事，或获有台湾省农会人员讲习所总干事班结业证书，并曾在农会服务二年以上，品行端正，成绩优异，而有事实可考者。

三、曾经高等考试及格，或与高等考试相当之特种考试及格，或教育部门认可之国内外专科以上学校毕业，从事农业有关工作二年以上，品行端正，成绩优异，而有事实可考者。

四、曾在中等以上学校毕业，担任农会股长以上职务三年，或从事农业改良工作，或合作金融事业，或乡村教育文化事业，或乡镇地方自治工作，或农村有关工作五年以上，品行端正，成绩优良，有事实可考者。

关于总干事的遴选程序，规定如下：

一、总干事由理事二人以上之联署书面提荐，提荐及联署各以一次为限；

二、提荐后由理事会以无记名投票法，特别决议表决之；

三、总干事人选经表决决定后，应即呈报主管官署核办。

在遴选范围与程序都确定后，为更好地把握总干事遴聘工作的实施，改进台湾省各级农会工作会报就总干事提名人选及提名程序做出如下规定：

一、省县级农会总干事国民党提名候选人，由台湾省党部与农林厅主管同志会商决定，并提交政治综合小组会议决定后，一致予以支持。

二、乡（镇、区、县辖市）农会总干事国民党提名候选人，由县市党部与县市农林行政主管同志会商决定，并提交政治综合小组会议决定后，一致予以支持。

三、总干事人选必须党性坚强，立场公正，懂得农业技术，尤其注重其能力足以领导开展会务，可获得理事会三分之二通过，并符合政府规定之遴选范围者。

四、省派督导组长、副组长，应随时了解各地总干事遴选情形，并得向当地党政主管同志提供意见。

五、当地政治综合小组商讨农会总干事提名人选时，得邀请建设局（科）长之本党同志，及省督导组正副组长列席。[1]

根据上述各项原则，国民党在改革农会过程当中，运用党团力量，通过提名及支持其竞选的方式，切实掌握了改革后的农会总干事人选工作。除有 37 个农会，因地方情形复杂，及提名人选不当等原因，未按预定进度遴聘，后经国民党派人指导督促后，始完成遴聘工作，其人选未能完全符合国民党的理想外，其余均能顺利完成，且所有遴聘的总干事都是国民党党员。[2]

从上述农会改革的实施过程来看，此次农会改革更多地表现为一场人事变动，而其背后，正是农会制度性的变革。非农民会员被清理出农会，或被边缘化为赞助会员，使改革后的农会从制度层面来说，成为农民自己的组织。而权

---

① 中国国民党中央委员会编印：《中国国民党农民运动与台湾省各级农会改进》，1954，第56—58页。

② 中国国民党中央委员会秘书处编印：《中央委员会1954年年终工作检讨报告》，1954，第41—42页。

力阶层的被打乱与再分配，也为国民党进入农会组织，进而更深入地进入农村基层社会，创造了良好机会。理事会与总干事权能划分制度，貌似吸收了现代企业的经营方式，理事会是代农民拥有最高权力的机构（相当于企业的董事会），而总干事因其经营能力为理事会所聘，担负农会组织的日常运营责任（相当于企业的总经理），而事实上在国民党的有意打造下，这一制度成为一场权力核心移转的开始：理事长与理事们的到会时间受到自身资格条件的限制，使其事实上对农会的干预能力受限，而总干事成为国民党着力经营的一个职位。这从其当选者全部为国民党员，也可以看出来。

五、结语：农会制度改革评价

战后台湾农会的制度设计者有二——农复会与国民党。在农会改革问题上，两者的立场有相似之处，但也有貌合神离的地方。

农会改革蓝图的规划者——农复会在改革中的基本立场，是要将农会改组为真正的农民"自有、自治、自享"的组织，但在此原则之外，农复会同样其利益诉求：其一，使农会成为协调当局与农民间利益的中间组织，以既能支持国民党的在台统治，又能兼顾到小农的利益；其二，使改造后的农会组织可以为我所用，成为推行其农村改造计划的工具。由此可见，农复会的最初愿望与国民党一样，即通过改革将控制农会的地方势力排除出农会权力阶层之外，并在获得行政力量的支持以前，对地方势力采取妥协态度。同样参与改革设计的国民党，因为有行政力量作为后盾，更具备执行力，所以对这次改革的影响更深远。在法规制定与制度设计方面，国民党接收了或者说利用了农复会的成果，顺理成章地将农会的原有权力阶层作为改革的主要对象。在这一点上，国民党与农复会似乎站在了同一立场。但从后来的实施情况来看，这种立场对国民党来说，更是一种策略。即先占据农会权力阶层分配的主导权，并以此来笼络想分享这些权力的地方力量，从而达到控制农会组织、进而动员与控制乡村社会的目的。

农复会在改革法令设计之初对非农民的妥协，国民党将对农会原有权力阶层的打击当成一种策略，都源于此次改革的主要对象——地方派系并非与普通农民一样，缺乏对社会、对政策的影响力，相反，在行政力量深入基层社会之前，他们是乡村社会的实权阶层，对乡村社会具有动员与控制能力。因此，在国民党试图以和平的方式动员与控制乡村社会时，不得不在打击与压制之余，又依赖与利用他们的力量。国民党与地方派系之间的复杂关系，从改革之后农会权力阶层主要成员的主要经历中也可窥见一斑。在全省340名理事长中，曾任民意代表者105人，曾任公务员者24人，曾任地方自治人员者58人，曾任农会理监事者61人，曾任农事小组长者21人，农家出身者40人，农校教员2人，其他29人；340名常务监事中，曾任民意代表者36人，曾任公务员者54人，曾任农会理监事者100人，曾任地方自治人员者14人，其他86人；340名总干事中，曾任农会总干事者83人，曾任农会理事长者44人，曾任农会理监事者91人，曾任民意代表者24人，曾任公务人员者69人，其他22人。[①] 显然，国民党未能通过改革将地方派系的力量排除于农会之外，农会的权力阶层仍然由地方的有力分子担任，而在国民党试图扶植的农会新的权力核心——总干事群体中，有不少就是从以前的农会理事长身份转化而来的。这充分反映出国民党对农会中原有权力阶层的笼络与妥协。这一时期对地方势力的打击与压制，演变为后来的笼络与妥协，为很多农会为地方派系所困扰埋下伏笔。而从此次农会改革来看，国民党延续了其在大陆的组织动员路线，"不是培养党员成为社会各界的楷模，以赢得民众的信仰和拥护，而是网罗原有的社会权势人物或具有权势潜能的人加入国民党后，达到渗透和控制社会各阶层民众的目的"。[②] 即依然依赖社会精英阶层来延展其统治。

农复会与国民党的另一个貌合神离之处，在于对农会性质与主要功能的认定。农复会强调农会是经济性的团体，目的在于发展农村经济，增加生产。[③] 为使农会保持中立性的立场和良好的工作效率，安德生还建议农会远离政治活动。然而，关于农会的政治性，国民党方面显然有不同的认识。如有人就认为，安德生的这项建议有违美国的传统精神，台湾正在实施的土地改革与地方自治，都需要农民利用农会这一组织，运用政治力量来达到目标。[④] 更有人断言："如果

---

① 台湾省政府农林厅编印：《台湾农会改进组织统计》，1954，第35、37、39页。
② 王奇生：《清党以后国民党的组织蜕变》，《近代史研究》2003年第5期。
③ 《蒋主任委员演讲词》，《台湾农林》1953年第7卷第9期。
④ 洪瑞坚：《农会改进与耕者有其田》，《台湾农林》1953年第7卷第9期。

说农会没有政治性，那简直是违心之言。农会是农民的组织，对内要使农民行使四权，对外要维护农民权益，其本身即为政治性团体。本法所显示于第三十条中的'不从事政治活动'者，仅指农会不得为地方势力所利用而已，并不是湮没了农会的政治性，许多人因此'确定了农会是经济性而非政治性的'看法，无疑地未曾认清楚农会的基本任务。"① 行政官员的说法相对圆融，但对农会的政治性依然坚持。如时任台湾省政府农林厅厅长的徐庆钟就提出，台湾农会兼具政治性、技术性和经济性，经济性是其中心，就其政治性来说，则是农会组织自然发生的结果。因为"宪法"明定由农会选出职业性代表和委员参加民意机构，如"国民大会代表""立法委员"等，且农民若在政治方面有所要求，也须透过农会向当局反映。②

农复会与国民党在农会性质与功能方面的分歧，也可从双方关于农会主管官署的不同意见中窥见一斑。国民党中央委员会第五组主任上官业佑曾致函蒋梦麟，咨询如按"民众运动统一领导实施纲要"的规定，人民团体组训业务依法应由社政机关主管，因此应将农会的主管官署予以更改。而蒋梦麟在复函中强调农会在经济方面的功能，即"台湾农会组织与本省农业建设工作关系密切，农会对于增加农业生产之协助贡献甚大，今后如欲完成四年经建计划，必须借农会组织力量之推动，始能达到预定目标"。因此，他主张农会仍归农林厅主管指导。③ 尽管国民党依从农复会的意见，未将农会的主管机关予以更改，但这种分歧仍然持续下来。到后来，农复会甚至强调农会是农民的合作组织，将其等同于合作社，但大多数行政官员仍将农会看作农民职业团体，注重其政治性，而忽视其经济功能。④

农复会与国民党在农会性质与功能方面的分歧，对战后台湾农会的运营产生影响，并使其形成了多目标功能的特点，其业务范围由此涵盖了信用、供销、推广等，可谓涉及农村经济生活的方方面面，并在相当长一段时间内，以办理

---

① 刘世昌：《我对"改进农会暂行办法"的看法》，《农友》1952年第3卷第6期。
② 徐庆钟：《改进台湾省农会的意义》，《台湾农林》1953年第7卷第9期。
③ 参见国民党中央委员会第五组主任上官业佑1954年6月14日致蒋梦麟函及蒋梦麟1954年6月22日的复函，农复会档案，313—1128。
④ 杨玉昆（时任农复会农民辅导组组长）：《如何领导农会发展事业》，《农友》1967年第18卷第7卷。

粮食局委托业务为主要收入来源。[①] 而政治性内涵的被赋予，使农会在地方政治中日益成为举足轻重的角色。经过 1953 年的改革，台湾农会被塑造为一个特殊的农民组织，成为职业团体、合作组织及当局附属机构的集合体，在台湾农村社会发挥着独特的作用。

（原载台湾《玄奘人文学刊》2008 年第 8 期）

---

① 杨玉昆：《农会组织与农村合作社》，农复会档案，313—1147，*Farmers' Association.*

朝鲜战争前后美国对"托管台湾"态度的演变 *

冯琳

一、不够重要:"托管"论的提出与放下

1942 年正当国人热议光复台湾失地之时,美国方面流出"国际共管台湾"①的政策建议,中国舆论哗然,举国反对,包括中国共产党在内的中国各方力量均对此项主张进行了批判和驳斥。②国民政府采取了若干措施抵制这一言论,防止该项建议成为美国政府对华主导政策。经 1943 年《开罗宣言》,美国认同台湾应于战后归还中国,此点在《波茨坦公告》、日本投降文书中迭经重申。1945年 8 月至 1946 年初,中国政府在台湾设立行政机构,接受日军投降,并完成各

---

* 有关美国对台政策演变的研究成果已有很多,如李世安的《1945 年至 1954 年间美国对台湾政策的变化》(《中国社会科学》1994 年第 5 期)等。这些研究均从大的方面全面论述美国对台问题,缺乏对美国在"托管"台湾方面的具体考虑及对其变化的系统观察,亦缺乏对蒋介石或国民党当局应对态度或策略的论述。具体问题方面,有左双文的《抗战后期中国反对"台湾国际共管论"的一场严正斗争》(《中共党史研究》1996 年第 2 期)论及中国对"国际共管台湾"言论的抗议;王建朗的《台湾法律地位的扭曲——英国有关政策的演变及与美国的分歧 (1949—1951)》(《近代史研究》2001 年第 1 期)对"台湾地位未定论"的提出过程进行了探讨。台湾方面:苏瑶崇的《葛超智(George H. Kerr)、托管论与二二八事件之关系》围绕二二八事件对"托管说"有相应的论述。美国对台政策并非一言堂,不但美国内部不同部门之间在同一时期的对台主张有分歧,就是同一部门甚至同一个体在不同时期或不同场合对台主张也会有一定变化。本文未求纳入所有言论,所侧重者为对蒋介石或国民党当局产生影响或发生互动的主张和政策。

① 在 1945 年托管制度形成之前,"国际共管"是其简单化的替代性说法。

② 参见左双文:《抗战后期中国反对"台湾国际共管论"的一场严正斗争》,《中共党史研究》1996 年第 2 期,第 47—52 页。

项接收工作。此时，台湾归还中国、中国政府重新治理台湾这一事实在美国官方并无任何问题。即使在 1947 年因二二八事件，中国政府在台湾的统治遭遇困难之时，美国官方亦没有改变对台湾主权的看法。当时美日的个别别有用心者曾鼓吹"台湾托管"，但此类主张不仅没有得到美国高层重视，反有压制倾向。

1948 年 11 月，辽沈战役结束，国共力量对比发生逆转。此后至 1949 年国民党退台，关于台湾"托管"的言论风起。此次"托管论"的高潮主要以国民党统治集团在大陆的失败前景为背景，以美英等国的共同推波助澜为动力。[①]

1948 年 11 月、12 月，美国决策层对台湾的战略意义及倘若落入"不友善政府"控制的后果进行了评估。美国参谋长联席会议（JCS）在给国防部长福莱斯特（James V. Forrestal）的一份备忘录中指出：台湾可供为战时基地，控制邻近航路，对美国具有潜在价值；倘若台湾不保，敌方可掌握日本至马来亚海路，甚至将势力延伸到琉球与菲律宾；一旦停止向日本提供粮食及其他物资，对日本也有莫大影响。[②]战后负责对日军事占领和重建工作的驻日盟军最高司令麦克阿瑟（Douglas MacArthur）亦认为，因为冲绳尚未开发，若台湾落入敌手，冲绳亦将难以防守。[③]

11 月 14 日、15 日，美国有报纸、电台报道称：中共有占领华中之危，国民政府拟将台湾岛申请由联合国接管，改为"托治区域"，由美担任"代治"，全力保护。时任驻美大使顾维钧电询外交部是否真有此议，经确定此系谣传。[④]应该说，此种谣言或是妄加他人的言论早就有之。美国部分人觊觎台湾，不但在国内以政策建议渠道发表言论，而且以各种非常规渠道出之。有研究指出，曾在战后任美国驻台副领事的"台湾通"柯乔治（George H. Kerr）为使台湾脱离中国，在领事馆电文、报告中上下其手、制造假消息，并透过少数台籍人士提

---

① "托管台湾"将有助于英国保有香港。1949 年英国助长了国际上"托管台湾论"的泛起和美国相关主张的高涨。关于英国对"托管台湾"的主张，参见王建朗：《台湾法律地位的扭曲——英国有关政策的演变及与美国的分歧 (1949—1951)》，《近代史研究》2001 年第 1 期，第 3—6 页。

② 《国家安全会议执行秘书（索尔思）致国安会》（1948 年 12 月 1 日），载王晓波编：《台湾命运机密档案》，海峡学术出版社，2014，第 102 页。

③ 《美国驻菲律宾大使馆参赞的谈话纪录》（1948 年 12 月 7 日），载王晓波编：《台湾命运机密档案》，海峡学术出版社，2014，第 104 页。

④ 《顾维钧致王世杰电》（1948 年 11 月 15 日），《顾维钧档案》（Wellington Koo Papers），Koo_0145_B13_1g_0058，哥伦比亚大学珍本手稿图书馆藏；《王世杰致顾维钧电》（1948 年 11 月 17 日），《顾维钧档案》（Wellington Koo Papers），哥伦比亚大学珍本手稿图书馆藏，Koo_0145_B13_1g_0057。

出"托管论"主张。① 姑且不说美国人的议论如何，就连所谓"台湾人的观点"也颇有人为制造的成分。只是在 1947 年时，国共内战结局尚不分明，此种谣言没有引起国民党统治集团的紧张与警惕。在 1948 年冬至 1949 年，国民党面临失败而考虑以台湾为最后落脚点的时候，台湾的地位问题自然成为至关重要之事。

在谣言风起时，美国驻华大使馆也给国务院送去一封信，表明了主张台湾"托管"的看法。11 月 17 日，司徒雷登（John Leighton Stuart）建议，将台湾置于联合国与美国"托管"之下，直到与日本的和平条约获得批准。他认为台湾与美国安全与战略计划直接相关，应保持现有台湾人对美国的好感，避免给人协助国民党退台的印象。当然，美国没有办法停止国民党向台湾败退的趋势，而且会时不时地被要求给予协助，那么，美国就应尽可能透过驻华机构行动，对外界减少和掩盖美国协助的印象。②

1949 年 4 月，国共和谈破裂，中国人民解放军攻克南京。蒋介石离开溪口，至上海布防，而后经舟山群岛、澎湖前往台北，着手重建党政关系。6 月 16 日，美国中情局对中国形势进行了评估，认为共产党已拥有能够摧毁国民政府的军事力量，并将于 1949 年底以前组建中央政府，而美国"不可能颠覆或有力阻止这一进程，中国共产党倒向苏联的状况在近期内也不会有任何变化"。国共争夺台湾，事关美国在台战略利益，这是美国亟须应对之事。中共利用沿海港口和船只的作战，加上渗入岛内的策反活动，将有利于其控制台湾。美国若仅提供援助而无军事干涉，不可能对国民党有实质性帮助，并且，若美国打算承认共产党即将建立的政权的话，此种援助会起到坏作用。③ 只有将台湾置于自己的实际控制下，才能有效阻止台湾落入中共和苏共之手，从而确保美国南太平洋防线不致出现缺口。

在此情形下，美国驻日的盟军总部对台湾状况甚为忧虑，在与国民党高层私

① 朱浤源、黄文范：《葛超智在二二八事件中的角色》，载许雪姬编：《二二八事件六十周年纪念论文集》，台北市文化局等，2008，第 423—462 页。

② The Ambassador in China (Stuart) to the Secretary of State,Dec.17,1948, United States Department of State,*Foreign relations of the United States, 1948. The Far East: China*, Volume VII(Washington,D.C.: U.S. Government Printing Office, 1973), p.662.

③ CIA Research Reports China, Reel-1-0277, pp.27-48.

下谈话时，非正式提及为免中共进入，是否可以考虑在和约签订前，将台湾移交盟国暂管。同时，美国对"台湾独立运动"似有鼓动之意，这一倾向亦在为台湾移归联合国"托管"做一伏案。① 蒋介石得知美国意图后，对盟军总部的提议给予坚决回绝，并拟对美做"必死守台湾"的坚决表示，以"确保领土"，若美国愿意提供"共同防卫"的协助，则表示欢迎。蒋介石料想在如此表示之下，美国绝不会强力索取台湾。②

在盟军总部对蒋介石进行试探之时，美国国务院政策计划处主任肯楠（George Frost Kennan）在题为《美国对台湾澎湖政策》的报告中，提出将台湾从国民党手中剥离的一揽子办法。他认为当前局势下，须先以联合国或美国的管理排除国民党对台湾的控制，使台湾与大陆绝缘。达到此种目的，障碍有二：一为岛上 30 万军队的抵抗，一为中国政府已经或多或少在台湾行使主权。除军事单位需应对第一项障碍外，美国国务院应在政治外交方面做些工作，包括：私下与菲律宾、澳大利亚、印度等国探询"改换台湾政权"的意见；在白皮书加上"国民党治台失政"一章；持续散播少量关于"台湾再解放同盟"的资料作为背景等。意见指出，基于《开罗宣言》，美国允许中国在台湾建立政权，但因国民党在台失政并将内战引至台湾，美国不得不"暂管"台湾，以待对日和约和"全民公决"。同时，意见准备邀请孙立人参加新政权，而蒋介石如愿留在台湾，将以"政治避难者"身份相待。③ 当然，蒋不会接受这种"在台而不预闻军政"的安排。④

美国对于能否在不付出巨大代价情况下将台湾从中国剥离之事进行了讨论和评估，如美军占领台湾时可能遇到的抵抗，等等。美国参谋长联席会议认为，台湾之重要性"尚未至美国必须出兵之程度"。美国在全世界许多地区"负有责任"，不宜与大陆准备攻台之解放军或在台湾之国民党军队发生军事行动，以免

① 《革命文献——对日议和（一）》，蒋中正文物，典藏号 002-020400-00053-016，（台北）"国史馆"藏。

② 《蒋介石日记》手稿，1949 年 6 月 18 日，斯坦福大学胡佛研究所档案馆藏。

③ Memorandum by the Director of the Policy Planning Staff (Kennan),July 6,1949,United States Department of State, *Foreign relations of the United States, 1949. The Far East: China*, Volume IX(Washington, D.C.: U.S. Government Printing Office, 1974),pp.356-364.

④ 《蒋介石日记》手稿，1949 年 8 月 13 日。

陷入后无法脱身。台湾问题应被视为亚洲问题的一部分，进行通盘考虑。[1] 尽管在 11 月时，副国务卿魏勃（James Webb）、国务院远东司司长白德华（William W. Butterworth）、司徒雷登等人仍建议发动联合国"托管台湾"，但司徒雷登也认为此事难行，倘在联合国"托管台湾"，势难拒绝苏联参加，且国民党当局不能退台，"而总裁居住与军事基地等均无法解决"。[2] 因此，在 12 月国民党当局决定退台后的记者会上，杜鲁门（Harry S. Truman）总统被问到台湾地位时，他指出台湾不是一个自由国家，它是中国的一部分。[3] 稍后，美国务院对台湾政策备忘录也指出，尽管"从技术上说，该岛的地位仍然有待对日和约来确定，但是《开罗宣言》和《波茨坦公告》以及 1945 年 9 月 2 日的日本投降书都表明该岛归还中国"。[4] 获悉杜鲁门在记者会的表态后，蒋介石认为"此语使台湾倡议独立自治或托管之邪说者可以熄灭矣"。[5]

对于国民党退台之事，始终有不少人反对或主张慎重，因恐美国干涉或不承认台湾为中国领土。及至 1949 年末，还有人认为美国或将以武力占台。蒋介石顶住压力，认为唯恐美国干涉或不承认之人是"自卑自弃不明事理之谈"。蒋始终认为，国民党退台，"美英绝不敢有异议"。倘若彼真以武力干涉或侵略台湾，则自己"宁为玉碎不为瓦全"，必然以武力抵抗。因"背盟违理"者为英美，"曲在彼而直在我"。[6]

二、搁置争议："托管"论的再次提出与放下

美国在 1949 年 12 月对外公开表态，肯定台湾是中国一部分，此后大约半年的时间内，美政府基本执行了对台"撇清关系"的政策。

---

① 《国家安全会议 37/7 号》（1949 年 8 月 7 日），载王晓波编：《台湾命运机密档案》，（台北）海峡学术出版社，2014，第 135—136 页。

② 《对美关系（五）》，（台北）"国史馆"藏，蒋中正文物，典藏号 002-090103-00006-236。

③ 因意识形态的偏向，原话说的是 "Nationalist China"。参见 The President's News Conference of December 22, 1949, *Public Papers of The Presidents of the United States*（United States Government Printing Office, Washington, 1964），pp.585-586.

④ 《美国务院对台湾政策备忘录》（1949 年 12 月 23 日），载梅孜主编：《美台关系重要资料选编（1948.11—1996.4）》，时事出版社，1997，第 66 页。

⑤ 《蒋介石日记》手稿，1949 年 12 月反省录。

⑥ 《蒋介石日记》手稿，1949 年 12 月反省录。

国民党退台前后，在各种观点的争论中，美国政府决定从中国抽身，将原本属于中国的台湾"留给"中国。1950 年 1 月 5 日杜鲁门声明表示，依据过去的多个文件，台湾交给了"蒋介石委员长"。"过去四年来，美国及其他盟国亦承认中国对该岛行使主权……美国无意在台湾获取特别权力或建立军事基地，美国亦不拟使用武装部队干预其现在的局势……也不拟对在台湾的中国军队提供军事上的援助或提供意见。"① 当天，美国务卿艾奇逊（Dean Acheson）对杜鲁门的声明进行了详细解释，历数自《开罗宣言》到《波茨坦公告》，再到日本投降，将台湾交还中国的历史，指出"中国人已经治理台湾四年，美国或其他任何国家都没有对这个政权及其占领产生过怀疑。当台湾成为中国的一个省，没有人提出过法律上的质疑"。② 美国"亲台帮"代表诺兰与史密斯（Howard Alexander Smith）对这一声明有不解表示。这一天，艾奇逊专门同二人进行一个半小时的谈话，说服他们支持国务院的政策。在谈话中，艾奇逊表示"台湾本质上是中国人的领土"，其控制权被日本人中断了大约 40 年，开罗和波茨坦的声明都承认了中国对台湾所有权这一固有权力。他指出，"从战略的角度来看，台湾不是至关重要的，如果采取任何军事行动，或采取军事援助政策，美国会失去更多的利益"；况且，"这个岛屿可能会在未来某个时候被共产党占领，我们必须承认这种可能性"。③

1950 年上半年，美国政府并不想被国民党拖陷于台湾。由于国民党在大陆的糟糕表现，美国政府认为台湾必将被国民党之恶劣风纪败坏，若无外力支援，台湾势将不保，而这个时间亦不会很久。为免自取其辱，美国应从台湾撤出。④

但是自"二战"后期开始，美国从不缺少热衷于台湾议题的人士，他们一直

---

① 国务院台湾事务办公室研究局编：《台湾问题文献资料选编》，人民出版社，1994，第 858—859 页。

② "United States Policy Toward Formosa"（Released to the Press, January 5），*Department of State Bulletin*, January 16, 1950, p.80.

③ "Memorandum of Conversation"，by the Secretary of State，United States Department of State，*Foreign relations of the United States, 1950. East Asia and the Pacific*，Volume VI（Washington, D.C.: U.S. Government Printing Office, 1976), pp.258-263.

④ 1950 年 5 月，美国助理国务卿致"驻台北领事"，指出尽管美国政府也在坚守到最后一刻或是及时、有序地撤退之间犹豫，但为免在台美国人被解放军"俘虏"，美国认为还是应该及时安排撤退。（"The Acting Secretary of State to the Embassy in China"，May 26,1950, United States Department of State, *Foreign relations of the United States, 1950. East Asia and the Pacific*，Volume VI，pp. 344-346.）

希望台湾这个远东的宝岛能够为美国所用。美国政府在不同时期对台政策的摇摆，其实是在各种主张之间寻找平衡，是当政者对不同局势研判下为美国利益最大化所采取的某种靠拢。1950 年上半年，在美国维持着 1949 年冬形成的从台湾脱身的政策的同时，另一种对台政策正在悄然形成。1950 年 1 月底，杜鲁门收到国家安全会议（NSC）关于在充分评估苏联军事能力前提下重新考虑美国战略计划的建议。4 月国家安全会议对第 68 号文件进行讨论，提出为应对苏联的扩张趋势，美国必须以更积极的行动支持与组织"自由世界"。[①] 因某些方面存在分歧，有关这一文件的讨论虽一度搁浅，但不久又重新讨论，并最后定型。在这个过程中，美国正在将欧洲对苏遏制的战线扩大到整个欧亚大陆，台湾之重要性日益凸显。6 月朝鲜战争的发生是促使美国迅速弥合 NSC68 号文件分歧并将其付诸实施的重要事件。美国认为，失去韩国足以危及日本以至美国的远东防线，姑息可能带来重蹈"二战"覆辙，引发第三次世界大战。其积极行动表现在台湾地区，就是修改了几个月前关于远东防线的范围划定，[②] 将台湾划入其中。此时，台湾不但在美国太平洋防线的中部关键位置，且拥有控制大陆门户的地理优势，其重要性自不待言。

于是，美国政府放弃了半年前所持的对台不干预原则。6 月 27 日，杜鲁门发表声明，称共产党占领台湾将直接威胁太平洋和该地区美国部队安全，因此美国派第七舰队进入台湾海峡，而台湾未来地位必须"等待太平洋安全的恢复，对日和约的缔结，或联合国的考虑"。[③] 以往虽有少数人否认《开罗宣言》的法律效力，但美国官方并没有对 1945 年 10 月台湾的光复产生怀疑；此前作为美国重要盟国的英国已经多次发表台湾"尚不属于中国"的言论，而美国似更为谨慎；但 1950 年夏以后，美政府官方言论改口，声称台湾地位暂时不能确定。

杜鲁门在 1950 年 6 月的声明无疑是"台湾地位未定论"出现的一个重要标

---

① "A Report to the National Security Council by the Executive Secretary" (Lay), April 14,1950, United States Department of State. Gleason, S. Everett; Aandahl, Fredrick, Editor,*Foreign relations of the United States, 1950. National security affairs; foreign economic policy*,Volume I(Washington, D.C.: U.S. Government Printing Office, 1977), pp. 234-292.

② 1950 年初，艾奇逊将美军的东亚防区定位在由阿留申群岛、日本、琉球与菲律宾群岛所连接的弧线，未包括台湾与韩国。"Crisis in Asia - An Examination of U. S. Policy", United States Department of State, *Department of State Bulletin*, Vol. 22 (Jan-Mar 1950), pp.111-117.

③ 梅孜主编：《美台关系重要资料选编（1948.11—1996.4)》，时事出版社，1997，第 72 页。

志，学界通常的论述亦将"台湾地位未定论"的出现与朝鲜战争的爆发关联在一起，给人留下此论乃因朝战发生而骤然出现的印象。事实上，美国对台政策的转变在 1950 年上半年已在讨论之中，而其开始酝酿的时间可能更早。1949 年 8 月，从外围遏制苏联影响力的计划已经提出，在不少军方人士看来，台湾是这个围堵遏制计划中重要的一环。[1]1950 年 4 月对 NSC68 号文件的讨论，更是美国将"全面地遏制"苏联作为战略计划固定下来的重要时间节点。有研究认为，尽管该文件的最后成型是在朝鲜战争爆发之后，但在基本原则和理念在其提出之初就已得到总统、军方和国务院多数人的认可，对美国改变对台政策产生了决定性影响。[2]NSC68 号文件意味着美国针对苏联阵营的"围堵"（policy of containment）政策的形成。在这一政策之下，美国放弃与台湾撇清关系的态度是早晚的事。

1950 年 6 月以后，美国开始以巡游在台湾海峡的舰队来确保"台湾的中立"，阻止两岸间的军事行动，并以物资、人员的援助等方式更多地介入台湾事务。与此同时，英国反对美国全力支持国民党当局，而是在远东给予美国一定支持的同时，要求美国人承诺其对台方针会朝着某种形式的"托管"方向努力，而这种"托管""不排除当远东局势正常化时,最终将台湾还给中国的可能性"。[3]英国从旁怂恿，希望美国使联合国宣布"托管台湾"，防止中共在苏联鼓动下攻台的消息传出时，蒋介石自信地认为美国不会听从英国的建议。[4] 后来的事实证明，虽然蒋猜对了美国未使台湾"托管"的结果，但就美国在决策过程中的倾向以及决策的实质影响而言，似过于乐观。

8 月下旬，为应对中华人民共和国向联合国提出的控诉美国侵略案以及麦

---

[1]　"The Acting Political Adviser in Japan (Sebald) to the Secretary of State"，Aug.20,1949，United States Department of State，*Foreign relations of the United States, 1949. The Far East and Australasia (in two parts)*，Volume VII, Part 2(Washington, D.C.: U.S. Government Printing Office, 1976),p.835; The Acting Political Adviser in Japan (Sebald) to the Secretary of State，Sept.9,1949，*Foreign relations of the United States, 1949. The Far East and Australasia (in two parts)*，Volume VII, Part 2,p.857.

[2]　沈志华等：《冷战时期美国重大外交政策案例研究》，经济科学出版社，2014，第 93 页。

[3]　参见王建朗：《台湾法律地位的扭曲——英国有关政策的演变及与美国的分歧 (1949— 1951)》，《近代史研究》2001 年第 1 期，第 12 页。英美当时虽为盟国，但在对待中华人民共和国等问题上存在差异，此点研究甚多。英国所主张托管后不排除交还中国的可能性，这个中国是指中华人民共和国。这也是与美国主张的差异之处。

[4]　《蒋介石日记》手稿，1950 年 8 月 13 日。

克阿瑟关于变更杜鲁门"阻止台湾对大陆军事行动"的声明，杜鲁门指示美国驻联合国代表奥斯汀（Warren Robinson Austin）向联合国秘书长赖伊（Trygve Halvdan Lie）说明美国对台湾所持政策。奥斯汀的说明主要为美国干涉台海局势辩解，并表示支持联合国调查此事。若台湾问题在联合国被讨论和调查，势必涉及台湾法律地位等问题，对台湾当局不利，因此台湾当局极力与美交涉，设法阻止此事发生。① 但台湾问题在联合国的讨论未能避免，与美国态度有关。美国不但希望台湾问题在安理会范围内讨论，还希望在联合国大会上讨论。作为杜鲁门外交顾问的杜勒斯（John Foster Dulles）在一份备忘录中表明了美国要借助联合国介入以期达到的几个目的：第一，"现在中国大陆上的中国政府并不是开罗和波茨坦会议时的中国政府"，联合国应查明，台湾人民是否愿意服从该政府；第二，如果台湾在政治上属于中国，那么可以在联合国讨论在台湾实行某种"自治"的可能；第三，维持日台联系，至少是在相当一段时间内维持台湾与日本之间的自由贸易；第四，"联合国应认真考虑以某种方式使台湾永久中立的可能性，虽然这样做不利于具体的政治解决方案，但可以保证台湾不会恶化大国紧张关系或直接引发战争"。②

事实上，"托管台湾"的可能及后果屡屡被美国决策层讨论，杜勒斯本人也表示，如果今天有一个选择，他会觉得"台湾独立托管是最好的解决方案"。③ 但是，在上述备忘录中，杜勒斯没有明言"托管"一词，只是谨慎地、粗线条地给出几个努力的方向。此举是因为他对"托管"一途的结果有所担心。联合国成立委员会进行"托管"，将难以阻止苏联参与其中。若苏联插手，则会把"中国共产党政权统一台湾作为可能提出的方案之一"，其后果势必增强苏联在

---

① 交涉情形参见侯中军：《新中国控诉美国侵台背景下的台湾地位问题再探》，《中共党史研究》2011 年第 11 期，第 59—69 页。

② "Memorandum of Conversation", by Mr. John M Allison, Adviser to the United States Delegation to the United Nations General Assembly,Oct.23,1950, United States Department of State, *Foreign relations of the United States, 1950. East Asia and the Pacific*, Volume VI,pp.534-536.

③ "Minutes of the 40th Meeting of the United States Delegation to the United Nations General Assembly", Nov.15,1950, United States Department of State,*Foreign relations of the United States, 1950. East Asia and the Pacific*,Volume VI,p.570.

远东的军事地位。① 因为"托管"的决议"在某些方面会被解释为试图将台湾归还共产党中国",所以在这个阶段"还不能肯定地承诺解决方案"。② 这是美国的一个顾虑,也是其最终没有"受英国蛊惑"的一个原因。

美国的盟友们为避免局势激化进而引发大战,也反对美国军事介入台海。它们在台海地区的主张是防范苏联,避免激怒中国,对于台湾的处置,最好是使其"中立化"。在英国之外,澳大利亚也持此主张。9 月 8 日,外长斯彭德(Percy Spender)向总理孟席斯(Robert Gordon Menzies)提出"台湾政治中立化方案",即将台湾交联合国"托管",尽量避免中国同西方国家发生冲突,通过公投决定台湾未来的政治地位。随后这一意见被传达给美国。对此,美国远东事务助理国务卿腊斯克(Dean Rusk)告诉斯彭德,美国观点"和澳大利亚大体一致,不希望受《开罗宣言》制约"。③ 美国意见与澳方也有不同,那就是不主张抛弃国民党。原因是美国认为蒋介石手里握有五十万大军,且对美方友善。④ 美国在对台湾的政策上,并未能使盟友与自己的意见完全统一,但要使台湾"中立化",甚至是永久地"中立化"是美国未曾掩饰的目的。这一点与英联邦的意见是相同的。

搁置争议、等待时机是美国对台湾问题的一个倾向。9 月间,美方"欲以台湾问题交由联合国处理,并以台湾与韩国问题相提并论,同时解决"的意图已为蒋介石所感知。⑤ 12 月初,在杜鲁门与英国首相艾德礼(Clement Richard Attlee)的谈话中,艾奇逊建议,要让中共到联合国谈论台湾问题,然后再讨论韩国问题。艾奇逊认为讨论要以 Korea 为中心,在他看来中苏违反了《开罗宣

---

① Memorandum by the Joint Chiefs of Staff to the Secretary of Defense,Sept.8,1950, United States Department of State, *Foreign relations of the United States, 1950. East Asia and the Pacific*, Volume VI,pp.491-492.

② Minutes of the 40th Meeting of the United States Delegation to the United Nations General Assembly,Nov.15,1950, United States Department of State,*Foreign relations of the United States, 1950. East Asia and the Pacific*,Volume VI, p.570.

③ 25 Cablegram from Spender to Watt,Cablegram, Ottawa, 3 November 1950,*Australian Government Department of Foreign Affairs and Trade*. http://dfat.gov.au/about-us/publications/historical-documents/Pages/volume-21/25-cablegram-from-spender-to-watt.aspx.

④ Stuart Doran David Lee(eds.).*Documents on Australian Foreign Policy*,p.35. 转见胡德坤、胡博林:《澳大利亚对台政策论析(1950—1955)》,《武汉大学学报(人文科学版)》2015 年第 2 期,第 83 页。

⑤ 《蒋介石日记》手稿,1950 年 9 月 8 日、9 日。

言》对 Korea 的承诺，故而会在台湾问题上"理亏"。① 在复杂局势下，暂时冻结台湾地位、搁置台湾问题，等待有利时机解决，成为美国的选择。

"在此国际局势动荡期内，美不愿使此复杂困难重要问题在目前非即解决不可"，这亦是顾维钧从美国外交人员那里得到的印象。一方面，美舆论认为美国负担太重，台湾应归联合国共同负责保障；另一方面，两岸均认为"台湾为中国领土，彼此间之争端乃是内争"，但国际方面"既不愿因此扰及远东和平，又对台各抱不同意见，故与其在此时亟谋解决致呈分裂，不如维持现状待诸将来"。② 相对于澳大利亚等国主张的"台湾政治中立"而言，美国更倾向于暂谋军事上的"中立"，而后在解决朝韩问题时同时解决台湾问题。英、澳等盟友虽在某些方面支持美国，但就台湾问题交换意见的过程中，美国也意识到诸国事实存在的意见差异。因此，美国决定向台湾提供一定援助，尤其是帮助台湾实现"防卫"目的的援助。在此"国际局面混沌期内"将台湾地位问题"暂为冻结"，以免造成自身同盟分裂，徒增困扰。③

为使对《开罗宣言》的违背显得冠冕堂皇，"此中国并非彼中国"的说法也逐渐出现在美方的公开言论中。在美国驻联合国代表团的第 39 次会议中，参与战后远东事务的艾利森（John Moore Allison）解释了美国国务院对台湾的态度：希望台湾保持中立；不应试图以武力改变台湾的地位。美方以岛上 750 万居民的利益为由，认为不应继续以台湾作为进攻性基地。在这里，艾利森也特别强调，开罗会议讨论将台湾归还中国，"但这个中国不是中华人民共和国"。④ 这一说法倒是与美国历来的态度一致。杜鲁门在 1949 年 12 月的发言中，就特别提

① United States Minutes, Truman–Attlee Conversations, Second Meeting, The Presidential Yacht "Williamsburg", Washington, December 5, 1950, United States Department of State. Gleason, S. Everett; Aandahl, Fredrick, Editor, *Foreign relations of the United States, 1950. Western Europe*, Volume III(Washington, D.C.: U.S. Government Printing Office, 1977),p.1730、1737.
② 《顾维钧致叶公超电》（1950 年 9 月 19 日），《顾维钧档案》（Wellington Koo Papers），Koo-0145-B13-1a-0013.
③ 《顾维钧致叶公超电》（1950 年 9 月 20 日），《顾维钧档案》（Wellington Koo Papers），Koo_0145_B13_1a_0015;《顾维钧致叶公超电》（1950 年 9 月 22 日），《顾维钧档案》（Wellington Koo Papers），Koo_0145_B13_1a_0014.
④ Minutes of the 39th Meeting of the United States Delegation to the United Nations General Assembly，Nov.14,1950, United States Department of State，*Foreign relations of the United States, 1950. East Asia and the Pacific*,Volume Ⅵ,p.557.

出台湾属于"Nationalist China",为美国后来的狡辩埋下伏笔。因为已有一些国家承认中华人民共和国代表中国,而"此中国并非彼中国",故台湾地位需要被"冻结"。这是 20 世纪 50 年代美国对于为何冻结台湾地位的一个说辞,虽为狡辩,却颇能令一些人产生混乱概念。

联合国大会对台湾问题的讨论,并没有完全按照美国的意图发展。1950 年 11 月中旬,美国觉察到若任由联合国大会讨论决定台湾问题,就有可能将该岛交还中共,于是紧急决定中止联大的讨论。11 月 16 日,美国政府决定对台采取的对策是:使台湾议题从联合国大会消失,以若干原则的声明取代具体的行动,使台湾问题缓议。这些原则是:

1. 美国作为太平洋战争的主要胜利者和日本唯一的占领国,对台湾的处置负有重大责任;

2. 除了相对短暂的日本统治时期,数世纪以来台湾一直是中国的一部分。该岛的历史和人口的民族特征要求最终恢复中国对它的主权。

3. 只要台湾存在成为太平洋新的侵略基地和血腥内战斗争的对象的可能性,就不能恢复中国对它的主权。

4. 台湾人民在中国主权下必须得到适当的自主和自治;台湾与中国的关系最终须基于台湾人民和中国人民的同意。

5. 考虑到台湾和日本经济体的互补性,应长期确保台日之间密切贸易关系的持续。

6. 台湾应该非军事化。①

相对于 10 月间杜勒斯在备忘录中提出的几个目的而言,此时提出的原则更强调了美国对台湾的"责任"。也就是说,尽管在联合国受到中苏等国的指责,美国也应该继续介入台湾事务,而不是撤出。在这里,虽然杜勒斯没有在"此中国非彼中国"的说法上狡辩,但仍然表示只要台湾还是"内战斗争"对象,就不能恢复中国对它的主权。也就是说只要中国需要统一,美国就会干涉下去。

---

① Memorandum of Conversation, by Mr. Eric Stein of the Office of United Nations Political and Security Affairs,Nov.16,1950, United States Department of State,*Foreign relations of the United States, 1950. East Asia and the Pacific*,Volume VI, pp.574-575.

对于国际上有关台湾的言论，特别是美国的言论，蒋介石小心地保持着警惕，并竭力分析其背后意图和各种发展的可能性。1950 年 9 月 8 日，蒋介石写道："美正计台湾由联合国共同防卫（即为共管之变相），以避免俄共之觊觎，其利害得失如何？"蒋认为，美国有意使联合国防卫台湾，正是过去"共管"政策的另一种表现。使台湾免落苏联之手，在这一点上台美是一致的，但将台湾交由联合国"协防"，会有怎样的后果？ 9 日，蒋又记道，美国正式口头通告，台湾问题必须"由国际多边式解决"，而美国国务院对外宣布，韩、台问题的解决，"必须亚洲有关各国参加"。蒋猜测"多边"与"亚洲各国"，莫非是指中华人民共和国？① 尽力避免两岸同时出现在国际舞台之上，是 20 世纪 50 年代蒋介石的一个"外交"原则。这也是台美经常出现分歧的一点。美国介意的是在台海地区出现军事冲突，因为这会使美国面临战争漩涡，为使中共"坐下来谈"而不是"站起来打"，美国并不介意给国际社会造成"两个中国"的印象。实力不对等之下，蒋介石并没有多少与美国抗衡的本钱，因此，他常有"宁为玉碎"的表示，即如果不能将中华人民共和国代表排斥在联合国之外，那么，自己宁可不要虚名，自行退出。在 20 世纪 50 年代的这场"外交"战中，蒋介石就产生过这种想法。②

在具体策略方面，蒋介石一方面考虑重新提出控苏案，以应对中共提出的控美案；一方面考虑在联合国安理会运用否决权，以避免联合国调查台湾。国民党当局原本在 1949 年的四届联大上，向联合国提出过控苏案，当时美国仅给予原则上支持。1950 年时因国际局势又发生变化，蒋以新控苏案配合美国，这一策略"于美国的全球战略更加契合"，于是美国改为倾力支持。③ 关于运用否决权的问题，蒋考虑到苏联或许认为中共对台湾势在必得，也不愿联合国去调查台湾，或许台湾不必亲自出面反对。因此，指示驻联合国代表在美国侵台案的投票中不用否决权，"以澄清内外空气"。④

对于美国所主张的由联合国向台湾提供军事"协防"保障一项，经过权衡，蒋介石倾向于接受，同意在对日和约订立之前，台湾当局"有权要求联合国或

① 《蒋介石日记》手稿，1950 年 9 月 8 日、9 日。
② 《蒋介石日记》手稿，1950 年 10 月 1 日，"杂记"10 月 14 日。
③ 侯中军：《顾维钧与"控苏案"》，《军事历史研究》2016 年第 1 期，第 75—85 页。
④ 《蒋介石日记》手稿，1950 年 9 月 10、12 日。

与台湾有密切共同关系之会员国协助防卫台湾"。但蒋同时主张"中国收复台湾主权与领土，必依据其合法权利，遵守联合国宪章"。如有违反宪章与损害中国对台湾之主权、领土与行政之完整时，则"当保留其自主之行动，不能受任何非法之干涉"。①

三、尽量拖延、等待变数

1950 年下半年，美国抛出"台湾地位待对日和约后确定"一说后，接下来对日和约的拟定就是关键的一环了。1950 年 10 月时，美国原拟在和约中规定："台湾、澎湖、南库页岛及千岛群岛之地位由中美英苏会商决定，倘于对日和约生效后一年内，未获协议，则由联合国大会决定之。"② 但经数日观察，美国改变了想法。在关于台湾处置条款的措辞上，美国不但同台湾当局产生了分歧，也同英、苏等国的看法有出入，这使美国放弃了由远东四巨头共同商讨台湾归属的想法。同时，美国也不打算在和约中规定联合国大会对台湾的处置权。因为在 1950 年 11 月时，美国就发现联合国大会有将台湾交给中共的某种主张和倾向，如果此时规定台湾交由联合国大会处置，仍然不能排除此种倾向的存在。于是，美国关于台湾的考虑是仅言日本放弃，不言归还中国，亦不言由远东大国会商方案或由联合国大会讨论决定。1951 年 2 月，杜勒斯团队拟定的对日和约草案写道："日本将放弃对 Korea、台湾和澎湖的权利和所有权。"③ 对于此说，蒋介石最初颇觉气愤，但经台湾当局与美多次交涉，得知美国对台湾地位的考虑并无改变可能后，只好被迫接受。④

在关于对日和约的交涉中，美国政府深刻意识到各相关国家在台湾处置问题

---

① 《蒋介石日记》手稿，1950 年 10 月 28 日。

② 《对日和约办理经过节要》，（台北）"中研院"近史所档案馆藏"外交部"档案，馆藏号 11-01-02-10-03-144，影像号 11-EAP-01199。

③ Memorandum Prepared by the Dulles Mission，Feb.3,1951,United States Department of State. Aandahl, Fredrick, Editor,*Foreign relations of the United States, 1951. Asia and the Pacific (in two parts)*,Volume VI, Part 1(Washington, D.C.: U.S. Government Printing Office, 1977),p.850.

④ 参见冯琳：《对日和约问题上的蒋美分歧及蒋之因应》，《抗日战争研究》2016 年第 1 期，第 139—141 页。

上的巨大差异。这个差异甚至在相当程度上促成印度拒绝签署"旧金山和约"。[①]
因此，美国决定继续推迟解决台湾地位问题。1951 年 11 月，在为第六届联合国
大会准备的立场性文件中，美国指出对台湾的目标是："否认台湾属于由苏联控
制或与苏同盟的任何政权，加速增强台湾的防御能力。"鉴于目前，主要有关政
府似乎不可能在如何永久性处置台湾问题上达成共识，因此，美国的直接目标
是尽量推迟解决这个问题，尽可能制定一个可被更多国家特别是亚洲国家支持
的解决办法。归纳此时美国的态度和对策，即在不能获得更多国家认可的情况
下尽量推延，避免台湾问题被联合国大会讨论，从而杜绝台湾为社会主义阵营
控制。此前，艾奇逊等人曾有将朝鲜问题与台湾问题捆绑的想法，但此时美国
决定尽量不使二者捆绑，以免影响朝鲜问题的解决。美国认为，在朝鲜问题上
已经得到重要多数的支持，没有被完全孤立的可能性，这使朝鲜问题的解决比
台湾问题要容易得多。在朝鲜半岛有望停战的局势下，应避免联合国大会将台
湾问题与朝鲜问题连接在一起，避免在朝鲜问题得到政治性解决之前召开任何
有关远东问题（包括台湾问题在内）的会议。同时，美政府也准备好备用方案。
倘若大多数国家坚持以某种形式解决台湾问题，那么，美国就要尽量引导大会
组织一个特别委员会收集事实，听取包括台湾居民在内的有关各方意见，探讨
一切可能的解决办法，并在完成后向大会报告。[②]

美国分析了解决台湾问题的各种方案：首先是台湾属于中国，虽然这是开
罗宣言的承诺，但因国际社会对于何方代表中国有争议，此种方案不能完全排
斥苏联势力，故应排除。其次是"托管"或联合国其他形式的行政管辖和监管，
大陆和台湾方面很有可能都反对此种方案。况且，它是否能有效抵挡共产主义
的颠覆和侵入，这一点引起了严重的怀疑。无论如何，目前国民党在台湾的统
治排除了这一方案。再次是"独立"的台湾，这一点是必然遭到中国人反对的，
无论是共产党还是国民党。且如果实现独立，可能会对军事和经济援助产生无

---

① 印度高度关注台湾地位问题，认为尽管归还时间和方式可以再单独谈判，但至少应在对日
和约中规定台湾属于中国。"The Indian Chargé (Kirpalani) to the Consultant to the Secretary of State", Aug.23,1951, United States Department of State. Aandahl, Fredrick, Editor,*Foreign relations of the United States, 1951. Asia and the Pacific (in two parts)*,Volume VI, Part 1, p.1290.

② The Secretary of State to the Secretary of Defense（Lovett），Dec.7,1951,United States Department of State. Aandahl, Fredrick, Editor,*Foreign relations of the United States, 1951. Korea and China (in two parts)*,Volume VII, Part 2(Washington, D.C.: U.S. Government Printing Office, 1983),pp.1859-1861.

期限的需求。再次是由日本殖民统治，对日和约已否定了这一点。最后是由台湾民众投票决定归属，这一点因为有国民党的反对及其军队的存在，在目前来说也是不可能的。因此，美政府认为当下并没有一个可行性方案来解决台湾问题，而这一切会随着时间流逝、情势发展而得到解决。[1]

基于第五届联大和对日和约的经验，美国又否定了此前的某些设想。在第六届联大召开之时，美国逐一否定了解决台湾问题的各种可能，决定采取尽可能拖延的政策，等待一些不确定因素（比如中国的最终控制权）的落定，等待远东若干变数（比如新的战争）的发生。这一政策在摇摇摆摆中持续着，基本贯穿了20世纪50年代。

作为冷战格局中一环的台湾问题时而会成为美国远东政策的棋子。1953年2月，针对中共拒绝在朝鲜半岛的谈判上妥协的立场，艾森豪威尔曾一度抛出解除台湾"中立化"的政策，不再以第七舰队阻止台湾当局攻击大陆。但这种"解除"基本上是一种姿态，美国并未有放弃干涉的打算。2月5日，美国军事顾问团团长蔡斯致函要求台湾当局封锁汕头至大陈海岸，并增加突击大陆次数、加强海面及空中侦察以获取情报。但是，他又强调对大陆发动重要攻击时，应事先与其洽商。经台湾方面询问，蔡斯表示，所谓"重要"即指五百或以上人员参与的突击，或者由营、团、师或更大单位担任之突击行动。且因担心台湾空军力量不足，蔡斯并不主张台湾方面进行有可能挑衅大陆报复行动的空袭。4月20日，蓝钦前往台"外交部"面递备忘录，要求台湾当局正式承认"不从事足以损害美利坚合众国最高利益之任何进攻性之军事行动"。[2]可见，美国在特定环境下，虽有解除台湾"中立化"的表示，却未放松对台当局的束缚。解除"中立"之举被限制在获取情报层面，挑衅或重大军事行动是被坚决制止的，两岸的分裂是不能改变的。

美国对台湾地位的悬置，成为蒋介石等人不断疑惧担心的心病。1953年3月、4月间，外传美国不惜以"托管"台湾为条件谋求朝鲜半岛停战，而时任国

[1] "The Secretary of State to the Secretary of Defense (Lovett)", Dec.7,1951, United States Department of State. Aandahl, Fredrick, Editor,*Foreign relations of the United States, 1951. Korea and China (in two parts)*,Volume VII, Part 2, pp.1860-1861.

[2] 《呈行政院文》（1953年4月20日），《解除台湾中立化设反攻大陆计划》，（台北）"中研究"近史所档案馆藏"外交部"档案，馆藏号11-07—02-07-01-127，影像号11-NAA-02226。

务卿的杜勒斯正是推动台湾"托管"者之一。蒋介石向驻台湾公使蓝钦（Karl L. Rankin）表达了忧虑，指出"'台湾托管'事为中国人十年以来所担心者"，请其转告杜勒斯务必以实际行动打消民众疑虑。① 两次危机期间，"托管台湾"的可能尤为蒋介石所惧。在台海局势紧张的时刻，美国对于如何解决"外岛"军事冲突并没有好的对策。美国远东军事力量有限，其国会、舆论及各盟友均反对美国为金门、马祖等"外岛"而卷入战争，美国只能尽力谋求停火。在此情势之下，有关"托管台湾"、让出"外岛"、"两个中国"等建议纷纷流出。蒋介石将联合国"托管"视为美国"出卖"台湾当局的一个步骤，多次向美表示抗议，并以结束"托管"流言为由向美提出要求。1954 年 9 月，第一次台海危机发生后，杜勒斯访台，蒋介石趁机要求台美尽快签署共同防御条约，以此结束联合国关于中华人民共和国席位的争议以及有关台湾"托管"可能性的议论。② 美国内部在激烈讨论之后，打算以第三国向联合国提出台海停火建议的方式来解决台湾危机，于是在 10 月中旬派助理国务卿饶伯森（Walter S. Robertson）、中国事务办公室主任马康卫（Walter P. McConaughy）赴台劝说蒋介石接受美国的方案。蒋介石对于此种建议颇为反对，指出美国打算出卖台湾的几个步骤："外岛"停火和中立、台湾岛停火、联合国"托管"、中华人民共和国加入联合国和接管台湾。③ 当然，蒋介石如此说法只是一种策略，他以略带极端与夸张的措辞表达着不满，敦促美国尽快采取同台湾订约等方式来挽救台湾的士气民心。很快，"台美共同条约"被签署，蒋成功地将台湾命运系在美国船舰之上。然而，有关台湾"托管"的言论并未终结。

20 世纪 50 年代，美国舆论界出现过几个议论台湾前途的高潮。譬如 1954 年下半年到 1955 年上半年因台海危机而生的高潮，1957 年因台北发生攻击"美

① 《蒋介石与蓝钦谈话纪录》（1953 年 4 月 15 日），《外交——蒋中正接见美方代表谈话纪录（十七）》，蒋经国文物，典藏号 005-010205-00079-006，（台北）"国史馆"藏。

② The Ambassador in the "Republic of China" (Rankin) to the Department of State，Sept.9,1954, United States Department of State. Glennon, John P., Editor,*Foreign relations of the United States, 1952-1954. China and Japan (in two parts)*,Volume XIV, Part 1(Washington, D.C.: U.S. Government Printing Office, 1985),p.582.

③ Memorandum of Conversation, by the Director of the Office of Chinese Affairs (McConaughy)，Oct.13,1954，United States Department of State. Glennon, John P., Editor,*Foreign relations of the United States, 1952-1954. China and Japan (in two parts)*,Volume XIV, Part 1, p.732.

国大使馆"的"五二四"事件而生的高潮，1958 年因第二次台海危机而生的高潮。虽然 1951 年 12 月时，美国已形成放弃联合国"托管台湾"的基本立场，此后数年并无大的改变，但是在"台湾地位未定"的基本条件下，有关"托管"的议论并未断绝，且因势起伏，时而高涨。蒋介石密切关注着此类消息，并时常表现出情绪化的冲动。1955 年 2 月，"中央通讯社"人员每天勤奋地从大洋彼岸的报纸中发掘此类消息，每天早晨向蒋介石大声朗读。蒋认为这些专栏作者必与一些要人有着接触，这些言论不会是完全没有基础的。①

蒋介石对于"托管论"的强烈态度，一些局外政要也有着相当的感知。挪威的外交部长曾向美方询问，蒋去世后，以联合国"托管"方式使台湾人向政治成熟的方向发展是否可行。在挪威外长、大使与美国国务卿杜勒斯关于将"外岛"与台湾分离的对话中，杜勒斯亦透露出这样的考虑：尽管台湾人目前缺乏政治组织和政治的成熟度，但随着越来越多的台湾人加入国民党的军队当中，这支军队会更加效忠于台湾岛。② 由此可见，1958 年时，以杜勒斯为代表的政要已在美国对台湾地位的拖延政策中看到了使台湾长久"中立化"的希望。

四、结语

1950 年 6 月朝鲜战争发生，在此前后，美国主导的所谓对日和约签订、远东局势的动荡与紧张，使美国对台政策发生了重要变化，其中有大尺度转向，也有探讨摸索与调整。从政府决策角度来看，较为明白地主张"托管台湾"的时期其实只有 1948 年 11 月至 1949 年 11 月之间。1949 年底到 1950 年 6 月，美国有意从台湾抽身；1950 年夏到 1951 年底，美国试探包括"托管"在内的各种方案的可行性；1951 年底，从决策层面否定了"托管台湾"这一路径。1951 年底以后，虽然美政府不以"托管"台湾作为远东政策的一部分，但由于美国将

---

① Memorandum of a Conversation, Department of State, Washington, February 10, 1955, United States Department of State. Glennon, John P., Editor,*Foreign relations of the United States, 1955-1957. China*,Volume II(Washington, D.C.: U.S. Government Printing Office, 1986),p.256.

② Memorandum of Conversation，Sept.29,1958, United States Department of State. LaFantasie, Glenn W., Editor,*Foreign relations of the United States, 1958-1960. China*,Volume XIX (Washington, D.C.: U.S. Government Printing Office, 1996),p.298.

台湾地位人为地悬置,包括"托管"在内的各种言论并未止息。

1948年以前,战后台湾应由国际管制的议论和主张未被美国决策层所重视。1948年冬,国民党的败局逐渐成为必然趋势,美国越来越担心台湾失守,试图将台湾从中国剥离。但对有限度介入情况下实行分离台湾政策的可行性进行充分评估后,美国放弃这一主张。从1949年12月下旬,美国国务院对《开罗宣言》等文件法律效力的肯定和总统杜鲁门对"台湾属于中国"的公开承认,到1950年5月、6月间,美国认为台湾即将不保,准备从台湾撤侨,这是美国在权衡利害之后,对台湾有意疏离和短暂放弃的一个阶段。然而,远东局势的紧张使他们很快否定此前美国曾参与签署的历次文件,抛出"台湾地位未定论"。而后,为应对中苏对美国侵台的指控,美国曾希望借联合国大会解决台湾问题。但美国很快发现,联大的讨论可能会将台湾问题引向另一个方向。在与各国就对日和约事的接触中,美国又否定了由远东四国商讨解决这一路径。在一时找不到多数盟友都能支持的方案情况下,仅以原则声明取代具体方案的办法成为美国的选择。"中立化"原则是其中的重要一项,尽管后来在同台湾当局的交涉中,美国屡次否认此项意图,但其实际的做法却始终在进行使台湾"中立"的操作,这一操作的结果就是使两岸的分离状态在延续中出现更多不利因素和某种固定化倾向。

朝鲜战争爆发后,美国并没有很快地制定出对台湾的具体对策。1950年下半年,美国对台湾"托管"之说相对于英联邦来说,有犹豫不决的表现。这是因为美国的考虑重点、处境乃至立场,与英联邦都有着或多或少的不同。英联邦最为担心的是引火烧身,想要平息局势,且并不介意"托管"后台湾归属中共的可能;而美国要考虑到整个远东的局势,要杜绝可能增强苏联力量的因素,要确保台湾不为社会主义阵营所得。应该指出的是,美国难以决断的只是如何处置台湾的措施和行动,在是否介入台海事务的问题上,美国十分肯定。美国认为自己理应对台湾的处置负有重要责任,因此,在接下来的对日和约问题上,美国为确保"台湾地位未定"做了大量工作。在美国的操控下,"旧金山和约"仅规定台湾由日本"放弃",未言其他。从与中英共同声明台湾战后归还中国,到主张"台湾地位待对日和约后确定",再到"有待对日和约来确定"的模糊措辞,美国完成了对台湾主权态度的反转,将"台湾地位未定"状态坐实。

台湾光复后，蒋介石始终警惕并抵制着台湾问题的国际化。美国的决策说到底是基于对自身实力和利益的权衡，但蒋对"托管台湾"的坚决抵制和不配合，多少打消或阻滞了美国将台湾交联合国的想法。自然，大陆方面的反对亦是不可忽视的因素。联合国的"托管"不但为中国人民所反对，而且在"托管"后的处置上，美国也不能与其盟友达成一致看法，因此"托管"台湾一事除在特定时期被美国高层积极推进外，其他时候只是作为水面下的暗潮而存在。

这种暗潮给中国带来巨大伤害。部分美方人士暗中"有节制地"纵容"台独"，以所谓"台湾人的呼声"作为"托管论"的背景音；美国对台湾地位的模糊化处理，也为分裂势力提供了发挥的空间。20 世纪 50 年代，"托管"成为"台独"者的普遍主张。美国在 20 世纪 50 年代定下的对台政策的基调延续了许多年。中美建交后，美国虽不再发表有关"台湾地位未定"的声明，但仍强调对"台湾主权问题不采取立场"，表明其从未从根本上放弃"台湾地位未定论"的立场。美国对"台湾地位未定论"实质上的坚持延续至今，此论在便于美国深度介入台湾事务的同时，也助长了"台独"心理，为两岸关系带来复杂的负面影响。①

（原载《近代史研究》2019 年第 2 期）

---

① 刘佳雁：《美国对台湾当局地位的基本立场评析》，《现代台湾研究》2015 年第 5 期。

台美"共同防御条约"再探讨

冯琳

　　1954 年美台"共同防御条约"的签订,是美台关系中的一个标志性事件。相关研究很多,[①] 资料也甚为丰富。关于"共同防御条约"的酝酿过程及其结果的讨论,已较为成熟。学界已普遍认识到,在错综复杂局势之下,美国既想使台湾成为一个反共基地,又不想因台湾的"反攻"而陷入战争;台湾既想将自身安全捆绑于美国,又不想受制于美而放弃"反攻"念想。学界以往研究大多片面突出台湾方面在"缔约"一事上的被动,而郝天豪、刘相平的《退让与坚守:蒋介石在美台"共同防御条约"商签中的策略选择》论述了蒋介石在商签"条约"过程中具有的"主动争取和退让""隐忍不发"与"坚守底线"等多个面相,视角更为全面。然而,该文主要根据《蒋介石日记》及"国史馆"等台湾机构所藏档案写成,关于"力争""隐忍"或"坚守"的描述不甚清晰。此外,学界除对美台"共同防御条约"约束台湾"反攻"一点有较多探讨外,对于其他重要面相并未给予应有的重视。事实上,该约在被美国国会批准之前曾遇不小阻力,反对者包括前国务卿艾奇逊,其反对的核心理由是该约对台澎主权属于中国的认定作用,

---

　　① 大陆地区的研究有:郝天豪、刘相平:《退让与坚守:蒋介石在美台"共同防御条约"商签中的策略选择》,《台湾研究集刊》2018 年第 3 期,第 38—47 页。苏格:《美台"共同防御条约"的酝酿过程》,《美国研究》1990 年第 3 期,第 47—72 页。台湾地区的研究有:张淑雅:《"中美共同防御条约"的签订》,《欧美研究》1994 年第 24 期,第 51—99 页。张淑雅:《无碍反攻? "中美共同防御条约"签订后的说服与宣传》,《国史馆"馆刊》2016 年第 48 期,第 103—174 页。段瑞聪:《从日本角度看"中美共同防御条约"》,《国史馆"馆刊》2016 年第 49 期,第 99—135 页,等等。上述研究从某个角度切入研究美台"共同防御条约"及其影响时,所用资料的侧重也各有不同。顾维钧是直接与美方交涉者,他的档案中存有大量资料,学界迄今并无充分利用。因此,笔者拟从几个长期为学界忽视的角度,探讨美台双方对"条约"若干具体问题的考虑和互动,以便更清晰展现这一时期的台美关系。

于是又产生了三项了解。1949 年到 20 世纪 50 年代中期，美国对"台湾主权"问题屡次擅做解释，此次则是重要而被学界忽略的一次。

一、明知其弊而为之：约束"反攻"的负作用

蒋介石率国民党集团退台后，以"反攻大陆"作为号召，鼓舞士气、聚拢人心。美国虽有部分人士在不同背景和场合下表达过支持"反攻"的态度，但总体而言，美国官方对这个问题是十分慎重的，鉴于可能将美国拖入战争的风险，美国大体上是在拉紧缰绳，控制与压制着台湾当局挑衅性的军事行动。继 1949 年与西欧、北美各国签署《北大西洋公约》、建立战略同盟后，美国开始在远东和澳洲构筑防御体系，1951 年 8 月到 1953 年 10 月先后与菲律宾、澳大利亚及新西兰、日本、韩国签订安全条约或防御条约。在国共战争中失败后，国民党军力不足以防守台澎，台湾地区人心不安。在台湾海峡巡游的第七舰队，毕竟是会随时开走的。台湾当局担心美国当局的人事变更或其他什么因素导致美国对台政策的大变化，担心美国随时可能背弃台湾、承认中华人民共和国政权，因而急于谋求更为稳固的保障。台当局曾与澳、新、韩、菲等国接洽，希望加入已有的美澳新同盟或推动组建新的同盟，均不顺利。美澳新同盟只愿维持现状，不拟邀请台湾当局参加。[①] 蒋介石试图商请菲律宾总统出面倡导，由韩、菲、泰及台湾地区为发起成员建立反共同盟，菲方不甚积极，美国也不愿幕后主导。[②] 由于韩、菲曾遭受日本侵略，有反日情绪，构建一个包括韩国、菲律宾、日本、台湾地区在内的反共同盟也是有困难的。[③] 同样，有美国参与其中的、韩日台"防共联盟"亦难以建立。[④]

1953 年 9 月，美国参议院多数党领袖诺兰（William F. Knowland）访台时，

---

① 台湾方面称为"美澳纽同盟"。"外交部"电"驻美大使馆"（1954 年 2 月 6 日收），顾维钧档案，Koo_0152_B212a_0113，美国哥伦比亚大学珍本与手稿图书馆藏。

② 叶公超电顾维钧（1954 年 2 月 17 日发），顾维钧档案，Koo_0152_B212a_0112，美国哥伦比亚大学珍本与手稿图书馆藏。

③ 叶公超电顾维钧（1954 年 5 月 27 日发），顾维钧档案，Koo_0152_B212a_0089，美国哥伦比亚大学珍本与手稿图书馆藏。

④ 叶公超电顾维钧（1954 年 5 月 15 日发），顾维钧档案，Koo_0152_B212a_0091，美国哥伦比亚大学珍本与手稿图书馆藏。

蒋介石提议美台订约。[①]11 月美国副总统尼克松（Richard M. Nixon）访台时，台湾方面非正式提出，台美间应仿照美菲、美澳新、美韩等安全条约之例，尽速缔结一项"安全条约"。[②]随后，台湾"外交部"参照各项条约内容拟具了一份条约草案，于 12 月 18 日经由美国"驻台大使馆"转送美国务院参考。美方没有很快地响应此事。12 月底美国参谋首长联席会议主席雷德福（Arthur W. Radford）与国务院负责远东事务的助理国务卿饶伯森（Walter S. Robertson）访台时，蒋介石与"外交部长"叶公超又提出"订约"之事。雷氏表示会予以襄助。1954 年 2 月，"美大使馆"非正式通知，谓已接获国务院电告，美政府已开始初步研究"美台安全条约"草案。得此回复后，台湾外事部门在前期与各方接洽的基础上提出，外事重心应集中到美台"条约"上来，"以全力促其早日观成，而暂缓推动太平洋反共组织之发起"，避免工作产生无效果的分散。[③]如此，与美国"订约"，从而加入由美国主导的防御体系，成为台湾当局最重要的"外交"目标。

现有研究普遍认为，美台"共同防御条约"约束了台湾方面"反攻大陆"，这一点是台湾方面未曾预料到的负作用，还是意料之中之事？若在意料之中，交涉过程中有没有采取相应的策略以期规避？

通过史料，我们发现，台湾方面在交涉初期其实已经预测到美国可能会通过"条约"约束台湾的军事行动。1954 年 5 月 13 日，"驻美大使"顾维钧给叶公超的电文指出，"棠案[④]即使克日成立，于一般心理上固不无裨益，然实际于我保卫台澎及争取军经援助难期骤获进步，而于我军事上主要举动自由反攻加一契

① 《蒋介石日记》手稿，1953 年 9 月 7 日，美国斯坦福大学胡佛档案馆藏。
② 美澳新、美菲及美日条约均称安全条约，美韩条约称防御条约，性质上安全条约与防御条约无实质区别。台湾方面考虑到一般民众心理，参照各约拟具草案时采用的是"安全条约"的说法。在交涉过程中，两种叫法都有，直到签约前一天，台湾外事部门还在为"条约名称究为防御条约抑安全条约"之事进行请示，最后采用的是"防御条约"的译法。沈昌焕电"驻美大使馆"转叶公超（1954 年 12 月 28 日发），顾维钧档案，Koo_0152_B212b_0113，美国哥伦比亚大学珍本与手稿图书馆藏。沈昌焕电叶公超（1954 年 12 月 1 日发），顾维钧档案，Koo_0152_B212b_0098，美国哥伦比亚大学珍本与手稿图书馆藏。
③ 叶公超电顾维钧（1954 年 2 月 17 日发），顾维钧档案，Koo_0152_B212a_0112，美国哥伦比亚大学珍本与手稿图书馆藏。
④ 1954 年 3 月中旬，台"外交部"为便于保密起见，决定以"CLARA"或"棠案"为"美台安全条约"密名，叶公超电顾维钧（1954 年 3 月 15 日发），顾维钧档案，Koo_0152_B212a_0100，美国哥伦比亚大学珍本与手稿图书馆藏。

约上之拘束，权衡得失，似乎利弊参半"。鉴于此种预测，顾维钧请"外交部"明确棠案是否为当局之"坚定政策"，以便决定自己的"外交"路线：若是"坚定政策"，当全力推进；若不是，就"轻描提询以视其反响"。[①] 这种认识不止顾维钧一人有之，叶公超亦持有同样顾虑。[②] 就连美方人员都提醒说：美对台每年已给大量军援经援，棠案之成立是否对台湾完全有利？[③]

既然对"条约"效用有所怀疑，对带来约束"反攻"行动负作用的可能性有所顾忌，为何台湾方面还要努力实现签约目的？正如叶公超指出："主要目的在将双方现行互助防卫关系置于立法基础之上，并备参加扩大区域安全组织之地步，就作用言，政治实重于军事。"[④] 在前面提出的背景下，台"外交部"认为应将美国对台湾防卫的责任法条化，并以此为基础形成美日台、美韩台、美菲台联盟，进而形成美、日、韩、菲、台联盟这样一个远东区域安全体系。为实现这一目的，即便该"条约"可能带来负面影响，也应全力推动。这样，在接下来的时间里，以顾维钧、叶公超为主要代表的台湾外事人员开始为如何实现签约、如何使"条约"最大限度地有利于当局进行"明知其弊而为之"的艰难交涉。

既然台湾方面在交涉之初已"知其弊"，在整个交涉过程中便为"避其弊"而殚精竭虑。外事人员在最初起草约稿时，已在注意回避可做此种解释之文字。叶公超认为倘能照台湾方面草拟的约稿商定，则"我反攻大陆不属条约范围而不致更受拘束"，故盼积极推动早日达成。[⑤]

为早日"缔约"，台湾方面顾及美方心理，约稿第四条适用地域范围虽规定为台湾当局控制下之领土，却未将美国不愿为其负责的"外岛"明文列入。[⑥] 在

---

① 顾维钧电叶公超（1954 年 5 月 13 日发），顾维钧档案，Koo_0152_B212a_0092，美国哥伦比亚大学珍本与手稿图书馆藏。

② 叶公超电顾维钧（1954 年 5 月 15 日发），顾维钧档案，Koo_0152_B212a_0091，美国哥伦比亚大学珍本与手稿图书馆藏。

③ 顾维钧电叶公超（1954 年 4 月 29 日发），顾维钧档案，Koo_0152_B212a_0093，美国哥伦比亚大学珍本与手稿图书馆藏。

④ 叶公超电顾维钧（1954 年 5 月 15 日发），顾维钧档案，Koo_0152_B212a_0091，美国哥伦比亚大学珍本与手稿图书馆藏。

⑤ 叶公超电顾维钧（1954 年 5 月 15 日发），顾维钧档案，Koo_0152_B212a_0091，美国哥伦比亚大学珍本与手稿图书馆藏。

⑥ 叶公超电顾维钧（1954 年 4 月 28 日发），顾维钧档案，Koo_0152_B212a_0094，美国哥伦比亚大学珍本与手稿图书馆藏。

台湾当局看来，这已是让步。然，当时美国并不积极与台湾"缔约"。美国认为，国共战争状态未止，若与台湾"订约"，适用范围等问题自多困难。大陆辽阔，日本曾欲行侵略，用兵数年"仍不得逞，前车可鉴"，美国不愿卷入对大陆的战争。为应对越南局势，美国希望与菲泰英澳等国形成集体防卫。虽然英国暂时不愿加入，美国拟先进行，建立基础，以待英改变想法。[1]5月下旬，叶公超与蒋介石就美台"条约"事连日详谈，蒋又提出新的要求。他认为，台湾当局当时控制下的三十多个大陆沿海岛屿中，最主要的是上下大陈、马祖、金门三地区，希望美"至少将此三地区各岛之防卫包括于第七舰队责任范围之内"。若美同意此点，台湾方面可承诺"目前不以各该岛为反攻基础"。[2]这自然更增加了美方顾虑。若不将"外岛"包括在内，似有鼓励中国大陆攻取之意；若将其包括在内，美议院因惧怕被迫卷入大战而产生的反对之声会更加激烈。因此，到第一次台海危机即将发生之时，美方仍认为美台"订约"问题不是当前"活跃问题"。[3]

1954年9月，第一次台海危机发生，美国为平息台海冲突，有意使新西兰出面向联合国安理会提出"台湾海峡停火案"，并为此与英、新两国秘密磋商。台海冲突本为中国内政，美国将其提交联合国并非正道，但在当时而言，在美国看来却是唯一选择。此举势必给国际社会造成"两个中国"印象，美国料想依台湾当局立场断不会接受，于是在10月中旬派专员赴台游说台湾方面接受美方的安排。台湾方面反对在联合国提出"台湾海峡停火"提案，但也留有余地，那就是：若美台先签订"安全条约"，停火案之议才可考虑。在台海地区军事冲突压力下，为通过停火案化解危机，美国将与台湾"订约"之事提上日程。11月，美台关于"安全条约"的议定进入紧锣密鼓的交涉阶段。

在"条约"商签过程中，顾、叶等人担心之事果然发生。发生的原因固与美国担心被台湾当局拖下水的心理有关，同时也与台湾方面在"安全条约"问

---

[1] 顾维钧致叶公超并请转呈电文（1954年5月19日发），顾维钧档案，Koo_0152_B212a_0090，美国哥伦比亚大学珍本与手稿图书馆藏。

[2] 叶公超电顾维钧（1954年5月27日发），顾维钧档案，Koo_0152_B212a_0089，美国哥伦比亚大学珍本与手稿图书馆藏。

[3] 顾维钧电叶公超（1954年8月26日发），顾维钧档案，Koo_0152_B212a_0095，美国哥伦比亚大学珍本与手稿图书馆藏。

题上的态度和表现有关。1951 年，在商签对日和约时美台双方曾就适用范围问题进行反复磋商，最后采用了台湾方面的提法，即现在或"将来在其控制下之全部领土"。① 台湾当局认为，"美台安全条约"也采用类似说法应无问题。② 然而，这种想法过于简单化。台湾当局与日本签订具有结束战争状态意义的"和约"，对美国并无直接的法律效力，只需避免容易招致舆论攻击的字眼即可。比如，断不能明言适用于中国大陆，因为这样会招致舆论攻击与阻力。台湾方面提出具有暗示"反攻"含义的说法已是退了一步，在此处具有暗示意义的说法对美国没有直接影响，亦没有拖美下水的效力。然而，"美台安全条约"则当别论。若仿照"日台和约"的说法，对台湾当局现在以及"将来可能控制下之领土"的攻击都被视为对"缔约"双方的攻击，这显然是有被卷入同大陆直接战争风险的。因此，美国自然提出仅以台澎为范围的要求。台湾当局不甘心限于台澎，又提必须附加"协防台澎有关问题"等类字样。③ 经力争，美国同意附加上"以后经共同协议所决定之其他领土"的字样。④ 既然是"共同协议"，就与台湾最初的提法大为不同，也为美国进一步为限制"反攻"而提出相应的要求埋下伏笔。

　　正是此时，华盛顿流出消息称，美台"共同防御条约"需附一项关于台湾当局不可向大陆发动"挑衅性之攻击"的谅解。11 月 8 日，有社论以《条约乎？锁链乎？》为题，评论此项传闻，指出果如所传，则这一"条约"，不啻为美国给予台湾以"一种无理的束缚"。⑤ 而这一束缚源自美国对卷入大战的担心，亦源自台湾方面虽明知有可能造成此种束缚却在交涉之初就过早流露出的"反攻"意图。台湾方面对防约适用范围的表述及力争，在美国将"美台安全条约"提上日程之前进行的次数不多的交涉中，显得颇为突兀。美国警觉之下，将限制

---

　　① "日台和平条约"（最后文本），中国社科院近代史所译：《顾维钧回忆录》第 9 分册，附录十六，中华书局，1898，第 732—740 页。

　　② 叶公超电顾维钧（1954 年 5 月 27 日发），顾维钧档案，Koo_0152_B212a_0089，美国哥伦比亚大学珍本与手稿图书馆藏。

　　③ 蒋介石电叶公超（1954 年 11 月 5 日发），顾维钧档案，Koo_0152_B212a_0076，美国哥伦比亚大学珍本与手稿图书馆藏。

　　④ 叶公超电蒋介石（1954 年 11 月 7 日发），顾维钧档案，Koo_0152_B212a_0064，美国哥伦比亚大学珍本与手稿图书馆藏。

　　⑤ 社论：《条约乎？锁链乎？》，报纸名不详，顾维钧档案，Koo_0152_B212b_0129_001，美国哥伦比亚大学珍本与手稿图书馆藏。

台湾"反攻"作为一项既定的交涉目标。此情况下，尽管顾、叶等人力图避免防约对台湾的"锁链"作用，却是无力回天。

二、反对片面规定，力求平等原则：要求冲绳美军行动之协商权

在 20 世纪 50 年代美台实力悬殊情况下，美国从开始就基于优势地位来对待美台"订约"之事。具体表现在"条约"处理方式、各相关文件及声明稿的措辞、条约文字的拿捏等方面均体现或隐含了不对等的含义。国民党曾是中国的执政党，败退台湾后虽面临情势迥异处境，但"大国"心态并未消泯。更重要的是，此时台湾民心不安，若"条约"体现出明显的片面性质，不利于鼓舞士气，则有违"订约"之初衷。因此，在交涉之初，台湾外事人员就十分注意纠正和避免任何环节出现的片面性。

在正式启动美台"共同防御条约"的谈判后，双方拟发布声明稿，表示"订约"谈判业已开始。11 月初，美方提出的声明稿称："'中华民国'与美利坚合众国兹已开始商议签订一项互助安全条约，该约目的在保卫台湾及澎湖以抵御对威胁其安全之武装攻击，并就任何此项威胁或攻击举行会商。就美国而言，该约将代替自一九五零年以来为此等地区之保卫所实行之措施，溯自韩战开始，第七舰队曾奉令常川保卫此等岛屿。该约内容除关于实施地区之规定外，将仿照美国与菲律宾、澳大利亚、纽西兰及大韩民国所订立条约之一般方式。该约将在以上所举各条约暨美日条约以及在马尼拉所订立之东南亚公约等所已形成之锁链上更铸一环。凡此诸约将构成西太平洋区域抵御侵略之共同防御躯干，现与'中华民国'议订中之条约将一如上述各约纯属防卫性质，并无以任何国家或人民为其敌对之对象，而在重申'两缔约国'尊崇联合国宗旨及原则之一贯立场。该约阐明美国对于台澎所受之任何威胁或攻击予以抵抗之决心，自将有助于远东情势之稳定，并对该地区之和平有所贡献。"[1]

美方所提声明稿是基于国民党退台后的历史事实，似乎并无问题，然而，若

---

[1] 叶公超电"外交部"转蒋介石、俞鸿钧（1954 年 11 月 3 日发），顾维钧档案，Koo_0152_B212a_0079，美国哥伦比亚大学珍本与手稿图书馆藏。1949 年 10 月 1 日，中华人民共和国成立，是代表中国的唯一合法政府，而败退台湾的国民党仍在美国支持下占据联合国席位。

仅以此类简单事实的表述示人，恐不能达到台湾当局所期望的提振人心的作用。台湾方面虽对美台"订约"问题甚是期望，却未采取草率被动、一味迁就的态度应对此事，他们认为美方所提声明稿"多系片面之词"，表示要修改另提。[①]后来声明稿进行了较大幅度的修改，不但显示出美台共同反共的意义，且加入"经双方之协议将包括缔约国所辖其他领土"这样富有弹性的表述。[②]1954年12月2日签约当日的凌晨美台联合发表声明，表述如下：

　　"中华民国"与美利坚合众国兹已结束其缔结共同安全条约之谈判。此项条约将仿照美利坚合众国在西太平洋所缔结其他各项安全条约之一般形式。

　　此项条约将承认"缔约国"对于台湾与澎湖以及美国所辖西太平洋岛屿之安全具有共同之利害关系，规定经双方之协议将包括缔约国所辖其他领土，并以应付威胁此等条约区域安全之武装攻击为对象。对于任何此相威胁或攻击，规定经常会商。

　　此项条约将于美国与其他太平洋区域国家业已缔结之各集体防御条约所建立之集体安全系统，更铸造一环。凡此诸项办法，构成保卫西太平洋"自由人民"抵抗"共产侵略"之主要躯干。

　　"中华民国"与美利坚合众国此项条约，将一如其他各条约属于防守性质。该条约将重申缔约国对于联合国宪章之宗旨与原则之尊崇。[③]

　　在反对片面性问题上，最为关键的分歧点，是关于军事部署需共同决议一点。尽管蒋介石已迭次向美方保证将来对大陆采取大规模军事行动将事先与美磋商，尽管美台外事人员就此问题谈话时亦曾有正式文字记录，美国仍不放心。在商定"条约"及其附属文件内容时，美方不但要对"使用武力"进行规定，还要对"军事部署"进行规定，以免因台湾方面擅自调兵而拖累美国。

　　为有效约束台湾当局，使得"美台安全条约"能够被国会通过，11月6日，美方提出在"条约"之外形成"议定书"，对第六条所规定所谓台湾当局在现在

---

　　① 叶公超电"外交部"转蒋介石、俞鸿钧（1954年11月3日发），顾维钧档案，Koo_0152_B212a_0079，美国哥伦比亚大学珍本与手稿图书馆藏。

　　② "外交部"电"驻美大使馆"，顾维钧档案，Koo_0152_B212b_0057，美国哥伦比亚大学珍本与手稿图书馆藏。

　　③ 联合声明稿，顾维钧档案，Koo_0152_B212b_0094，美国哥伦比亚大学珍本与手稿图书馆藏。

及将来所控制区域具有"固有之自卫权利"进行解释与限制，规定台湾当局在现在及将来所控制区域之军事部署及自此区域使用武力将影响另一缔约方，"除显系行使固有之自卫权利之紧急性行动外，将为共同协议之事项"。[①] 关于使用武力的规定虽然主要是针对台湾当局为"反攻"而进行的重大行动而言，但在文字上倒是具有相互意义，表面上体现了平等。然而，关于军事部署，美方只单方面规定台湾当局在现在及将来控制区域的军事部署，并未规定对"条约"适用区域美军部署也需要"共同协议"，显然没有体现平等原则，是无理的片面规定。其实当时台湾方面并无单独"反攻"的能力，美方之所以还是要将此要求明确列入外交条文，是为了给反对大战的美国国会和民众一个解释。顾维钧考虑再三，将美方所提文字改为甲、乙两修正案，以甲案为优先。甲修正案为：

鉴于两"缔约国"在　年　月　日所签订之"中华民国"与美利坚合众国共同防御条约下所负之义务以及任一"缔约国"自该条约第六条所称之任一区域使用武力将致影响另一"缔约国"，兹同意此项使用武力除显系行使固有之自卫权利之紧急性行动外，将为共同协议之事项。

"中华民国"有效控制该条约第六条所述之领土及其他领土对其现在与将来所控制之一切领土具有固有之自卫权利。

乙修正案为：

"中华民国"有效控制　年　月　日所签订之"中华民国"与美利坚合众国共同防御条约第六条所述之领土及其他领土对其现在与将来所控制之一切领土具有固有之自卫权利。

鉴于任一"缔约国"自上述两区域之任一区域使用武力将致影响另一"缔约国"，兹同意此项使用武力除显系行使固有之自卫权利之紧急性行动外，将为共同协议之事项。[②]

---

① 顾维钧电沈昌焕（1954 年 11 月 6 日发），顾维钧档案，Koo_0152_B212a_0067，美国哥伦比亚大学珍本与手稿图书馆藏。
② 顾维钧致蒋介石、俞鸿钧函（1954 年 11 月 9 日发），顾维钧档案，Koo_0152_B212a_0040，美国哥伦比亚大学珍本与手稿图书馆藏。

美方关于军事部署权的要求意味着一般性军事调防亦需征得美国同意，无须说对大陆大规模军事行动了。蒋介石闻讯，愤慨不已，"此种苛刻之无理要求，无法忍受"，"被侮如此，能不自强求存乎"？① 当天，蒋介石给顾维钧发去电报，声明自己不反对美国对国民党武装部队的使用拥有否决权，但对"条约"适用范围内的美国武装部队有必要使用同样说法，这是民众对维护主权平等的要求。②

台湾方面认为，军事部署需要与美国协商一事对台牵涉面太广，是不合理的片面规定，因此提出对案，要求"联合控制驻扎在西太平洋岛屿上的美军"。在美台"共同防御条约"第五次会谈中，助卿饶伯森指出台湾当局的对案是"不可接受的"，美国军事当局永远不会同意台湾当局或任何其他外国政府对美国在其管辖范围内的西太平洋岛屿上使用美国军队拥有否决权。顾维钧指出，原则上像美国可以关注台湾当局军事行动一样，冲绳美军的行动台湾当局亦有理由关注。"为建立真正的互惠，双方应有共同义务就在整个条约界定的地区使用部队进行协商"。随后，他提出路透社发出的、来自香港的一份独立评论。这份评论指出，如果台湾当局同意不对大陆采取任何行动，将在政治上和军事上产生"最严重的影响"。果如此，台湾当局及其在台湾的人民只会成为"美国目的的工具"，台湾当局不应该盲目接受美国的意愿。由于美台商议"条约"的消息不慎泄露，媒体获知美国限制台湾"反攻"的意图，并对此大加抨击，给台湾当局也带来了压力。顾维钧强调，台湾方面的战争物资实际上已经几乎完全被美方控制，在实践中离开美国支持而进行"反攻"是不可能的，因而根本没有必要再明确列入军事部署条款。台湾当局无意否决冲绳和关岛美军的使用，只是反对美国单方面的规定。若美国无法同意以同样规定适用于西太平洋美国控制岛屿的军事部署，那么，就应删除军事部署的相关条文。③

---

① 《蒋介石日记》手稿，1954 年 11 月 11 日，美国斯坦福大学胡佛档案馆藏。

② Memorandum of Conversation, by the Director of the Office of Chinese Affairs (McConaughy), November 12,1954，United States Department of State. Glennon, John P., Editor, *Foreign relations of the United States, 1952-1954. China and Japan (in two parts)* ,Volume XIV, Part 1，Washington, D.C.: U.S. Government Printing Office, 1985,p.890.

③ Memorandum of Conversation, by the Director of the Office of Chinese Affairs (McConaughy), November 12,1954，*Foreign relations of the United States, 1952-1954. China and Japan (in two parts)* ,Volume XIV, Part 1, pp.887-892.

顾维钧在美台"共同防御条约"第五次会谈时，为军事部署一事的辩驳可谓已尽全力。为使美方删除片面说法，不惜以大胆要求令美方不悦。双方相持不下，第五次会谈无果。随后，蒋介石又专为军事部署事致电相关人员，说明必须予以删除的理由，并指示如美同意删除军事部署一点，可试提乙案。国民党退台后，以所谓"反共抗俄"作为基本政策，蒋介石认为此点全赖"民心士气之支持"，美方对此不加顾及，逼人太甚。①

在台湾当局强烈反对之下，国务卿杜勒斯（John Foster Dulles）亲自修改文字表述，将军事部署一句改为："凡由两'缔约国'双方共同努力与贡献而产生之军事分子，经共同核准不将撤离第六条所述之各领土。"②因台湾当局对于美国在西太平洋岛屿的军事力量并无贡献，自然不能参与对冲绳等岛屿美军部署的指挥。此种说法，以文字技巧回避了明显的片面表述，也保证了美国对西太洋驻军的独家决策权，但仔细推敲的话其含义仍是片面的。因此，台湾方面仍然希望美国能够充分顾及台湾士气，将该句删除。但迭经交涉，还是被保留了下来。美国担心台湾当局将台澎驻军全部调驻"外岛"，致使美国不得不派地面部队防守台湾，故执意坚持台湾的军事部署应与美方商量。③

① 沈昌焕电顾维钧（1954年11月14日发），顾维钧档案，Koo_0152_B212a_0025，美国哥伦比亚大学珍本与手稿图书馆藏。
② 顾维钧电沈昌焕（1954年11月14日发），顾维钧档案，Koo_0152_B212a_0069。加入双方意见，最后形成的文字是："凡有两缔约国双方共同努力与贡献所产生之军事单位，未经共同协定不将其调离第六条所述各领土，至足以实际减低此等领土可能保卫之程度。"参见叶公超电沈昌焕并转蒋介石、俞鸿钧（1954年12月10日发），顾维钧档案，Koo_0152_B212b_0049，美国哥伦比亚大学珍本与手稿图书馆藏。
③ 叶公超电沈昌焕（1954年11月17日发），顾维钧档案，Koo_0152_B212a_0015，美国哥伦比亚大学珍本与手稿图书馆藏。

三、退而求其次：要求"外岛"补给、"换文"保密

从整个交涉过程可以看出，美国以简单思维、强势立场处理美台"条约"之事，为达到自身目的，将台湾当局心态置于次要或完全不重要的位置。与美国订立安全"条约"是台湾当局既定目标，为达此目标，台湾外事人员只得尽力与美周旋，无法取得谅解和让步时，唯有退而求其次。

针对 11 月 6 日美方提出以议定书对"条约"第六条进行解释、限制台湾方面军事部署与使用武力的要求，台湾方面认为此种议定书"无异剥夺我反攻大陆之权利"，绝不宜采用。"最高限度我可考虑将我诺言内容采用'换文'方式，而不附于条约本身，当可不须参院批准"。[①] 议定书是用于解释、说明、补充或改变主要"条约"的法律文件。美方提出以议定书形式限制台湾当局的军事行动，台湾代表拒绝接受此项提议。为不使谈判中断，顾维钧提出最大限度可以以无须批准的"换文"方式。美方同意以"换文"方式行之。虽然"换文"原则上不必由美国参议院批准，但美方表示，必须以此项补充规定作为向参院说明之根据。

美国要在"换文"中限制台湾方面军事部署与使用武力，这使"换文"成为台湾当局的包袱。如前所述，在使用武力方面，台湾已经在美国要求下屡次做出保证，但军事部署也要与美国商量一点是以往没有的。在台湾方面强硬反对下，美国只是在文字上对军事部署的协商权进行了修改，但文字技巧掩盖不了其片面性的实质。

为减少其害，蒋介石指示"外交部"向美提出保证台湾当局防守"外岛"所需供应的要求。台湾方面另拟新的"换文"修正稿，末段加上对防守"外岛"美允予供应上之全力支持一句，于 11 月 19 日送交美国务院中国事务局局长马康卫（WalterP. McConaughy），并谓若美方能做供应防守"外岛"之需的保证，则会建议当局接受美方对军事部署一事的意见。[②] 叶公超解释说，"条约"及"换

---

① 顾维钧电沈昌焕（1954 年 11 月 6 日发），顾维钧档案，Koo_0152_B212a_0067，美国哥伦比亚大学珍本与手稿图书馆藏。

② 叶公超电沈昌焕（1954 年 11 月 19 日发），顾维钧档案，Koo_0152_B212a_0005，美国哥伦比亚大学珍本与手稿图书馆藏。

文"仅以台澎为范围已使人民感到失望，若再于"换文"中保留限制军事单位调离之字样，则无异表示美方不但不协防"外岛"，还将限制台湾方面于必要时派军增援"外岛"，故提出此项折中办法。依台湾方面之意，解决办法最上者，自然为删除关于军事部署的规定；退而求其次者，则为在军事部署一语外加列美国对"外岛"补给的承诺以资调剂，或者两者均予删除。即便是折中方案，美方也不愿接受。饶伯森指出如将补给"外岛"字句列入必将为参院外委会所拒绝，舆论界及民间亦必生反对之声，不愿因此"枝节问题"而影响整个条约之通过。①

"外岛"补给事被助理国务卿拒绝后，台湾当局还想通过在美国国会的友好关系来扭转局面。参议员诺兰（William F. Knowland）表示愿从旁协助，但指出"外岛"两字范围广泛，不能提请将一切"外岛"包括在内，只可列举大陈、金门等数个重要"外岛"，其余"外岛"据军界人士言殊无军事价值，"失之亦不能谓为威胁台澎之安全"。②即便有"友好人士"对"外岛"补给事持有限同情，将此事加入"换文"的想法是实现不了了。美台准备"订约"之事，在双方尚未正式启动谈判时就已有传言，交涉过程中亦有数次从不同渠道的泄密。美国希望尽快"订约"，倘拖延过久，势必引起外间推测，谓美台"虽系盟友，彼此意见不易一致，此于双方均多不利"。③12月2日，美台"共同防御条约"签订，12月10日，美台举行"换文"，"外岛"补给事并未列入。

台湾方面没有放弃对"外岛"补给的要求。9月第一次台海危机发生后，台湾当局曾向美提出增加军事援助的"谢计划"（Hsieh Plan）。12月13日，在与美方就此计划进行的会谈中，叶公超奉蒋介石之命，向美方寻求对"外岛"补给的明确态度，提出台湾当局希望获得美国对"外岛"防御后勤支持的保证。美方认为在台湾事实上已经获得"外岛"补给的情况下，提出这一要求似无必要。叶公超指出，法律上讲，这方面存在一些问题。1951的美国军援顾问团

① 叶公超电沈昌焕转蒋介石、俞鸿钧（1954年11月19日发），顾维钧档案，Koo_0152_B212b_0138，美国哥伦比亚大学珍本与手稿图书馆藏。
② 叶公超电沈昌焕转呈蒋介石、俞鸿钧（1954年11月24日发），顾维钧档案，Koo_0152_B212b_0118，美国哥伦比亚大学珍本与手稿图书馆藏。
③ 叶公超电沈昌焕转蒋介石、俞鸿钧（1954年11月19日发），顾维钧档案，Koo_0152_B212b_0138，美国哥伦比亚大学珍本与手稿图书馆藏。

（MAAG）协议包含了"为福尔摩沙和澎湖的合法辩护"这一相当特殊的短语，没人能够对"合法"应该是什么意思做出令人满意的解释。MAAG 官员曾以"协议不允许"为由，拦截向"外岛"运送军用设备和物资。经与雷德福（Arthur W. Radford）上将会谈后，情况虽然改观，却没有从根本上解决这一问题。美方允予认真考虑。① 几天后，美方答复，对台湾所请以书面保证予防御"外岛"之补给支持事，同意照办。② 后来究竟有无形成书面保证，有待求证。无论如何，此项保证没有出现在防御"条约"所附"换文"之中，即便有此书面保证，其效力亦已大打折扣。况且，从后面事实看，美国对"外岛"的定位并未有提升表现。③

就与"条约"配套的"换文"而言，既没有删除关于军事部署亦需共同协议的规定，也没有加上美方对"外岛"补给的保证，实际上是带有屈辱与消极色彩的。台湾方面只得退而求其次，尽力减少"换文"的影响。

关于"条约"以外另有"换文"以及"换文"内容，台湾方面始终力请美方保密，但美台"条约"签订后，"换文"尚未举行时，美方对"换文"草案内容似已"以条约实施部署之名"渐予透露。美政府拟于 1955 年 1 月向新国会提出"条约"批准事，依照习惯，每年年初总统必致函参众两院对于立法或各该院应办事务优先程序有所建议，且参议院讨论条约时国务卿或其代表必须答问报告，届时更有泄漏风险。④ 台湾方面恐消息泄露后引起台湾民众强烈反对，难于因应，故颇为焦虑。⑤

按照程序，台湾当局"订约"后也要经"立法院"通过。为免美国国会讨论时的反对意见影响到台湾"立委"，台湾当局决定在美国国会审议"条约"之前，送交"立法院"。1955 年 1 月 5 日、6 日，台"立法院"经讨论普遍认为，美方

① Memorandum of Conversation, by the Director of the Office of Chinese Affairs (McConaughy), December 13,1954, *Foreign relations of the United States, 1952-1954. China and Japan (in two parts)*, Volume XIV, Part 1，pp.1021-1022.
② 沈昌焕电叶公超（1954 年 12 月 18 发），顾维钧档案，Koo_0152_B212b_0046。
③ 1955 年 1 月美国劝台湾当局放弃大陈岛，4 月初美国明确国民党退居的中国沿海岛屿并非"要塞"、只是"前哨"，必要时可以放弃。
④ 顾维钧电沈昌焕（1954 年 12 月 8 发），顾维钧档案，Koo_0152_B212b_0053，美国哥伦比亚大学珍本与手稿图书馆藏。
⑤ 沈昌焕电顾维钧（1954 年 12 月 6 发），顾维钧档案，Koo_0152_B212b_0054，美国哥伦比亚大学珍本与手稿图书馆藏。

如予发表或透露对台湾民心有极大不利,一般人民不能了解"换文"之背景,当局无论如何解释不能洗去"反攻"受到限制之印象,盼美方务予守密。[1]但8日美国总统艾森豪威尔(Dwight David Eisenhower)在咨文中提出"换文"的存在,记者们已开始多方探听。且美国新闻处已明电将杜勒斯致艾森豪威尔的报告书及"换文"实质部分用明码发致美国驻外各馆。美使馆收到新闻,记者们便不难获得,事实上已无法补救。[2]

此项"换文"实际上是按照美方的意思形成的,其内容有利于美国现任政府赢得民众及国会支持。事实上,因"条约"内容没有明文体现对台湾当局"反攻大陆"的约束,部分人士公开批评说"该约为牵引美国卷入战争漩涡之陷阱"。[3]1月8日"换文"的存在经总统咨文得以泄露,应该不是无意地"不慎"之举。事已至此,台湾当局只得接受现实。

3月3日,美台互换"批准书",而后是向联合国登记备案的程序。台湾方面表示愿予登记,但"换文"既非"条约"一部分,亦非同时签字,不得包括在内。为防止美国将"换文"一同送联合国备案,台湾方面屡次交涉。[4]美方表示,国务院法律部门认为仅送"条约"而不送"换文",不能视作履行联合国宪章规定,拒绝台湾方面的请求。[5]

因实力悬殊,在重要问题上,台湾当局的诉求其实并不能起到多大作用。其退而求其次的做法,有时多少能取得一些表面上与暂时性的效果,却不能得到美国实质上的让步。在防御"条约"的商签过程中,美台之间的分歧点不止于上述方面。除一贯有之的态度立场差异,还有一些因应新发事件的分歧。如截

---

[1] 沈昌焕电叶公超(1955年1月8发),顾维钧档案,Koo_0152_B212b_0034,美国哥伦比亚大学珍本与手稿图书馆藏。

[2] 沈昌焕电叶公超(1955年1月8发),顾维钧档案,Koo_0152_B212b_0035,美国哥伦比亚大学珍本与手稿图书馆藏。

[3] 叶公超电沈昌焕转蒋介石、俞鸿钧(1955年1月13日发),顾维钧档案,KOO_0152_B212b_0030,美国哥伦比亚大学珍本与手稿图书馆藏。

[4] "外交部"电顾维钧(1955年3月12日发),顾维钧档案,Koo_0152_B212b_0005;顾维钧电叶公超(1955年3月14日发),顾维钧档案,Koo_0152_B212b_0004,美国哥伦比亚大学珍本与手稿图书馆藏。叶公超电顾维钧(1955年7月29日发),顾维钧档案,Koo_0152_B212b_0003,美国哥伦比亚大学珍本与手稿图书馆藏。

[5] 顾维钧电叶公超(1955年8月2日发),顾维钧档案,Koo_0152_B212b_0002,美国哥伦比亚大学珍本与手稿图书馆藏。

扣船只行动是否受"条约"限制等。1954年6月22日，蒋介石下令拦截苏联油轮甫斯号（Tuapse），这是国民党第一次截获苏联资助中共物资，[①]此事引起苏联方面的情绪。交涉过程中，美国提出台湾方面在公海上截留并搜索船舶的行动，亦应根据现行办法与美协议。为引起台湾重视，美方主张应在"使用武力"项下再做解释，明文规定截船亦包括在内。台湾方面拒绝另做解释，更不愿就此"换文"。在台湾方面保证不会因截船而影响到台海安全、不会牵累美国的情况下，考虑到仅以截留物资为限，尚不足以引起大陆方面的报复性行动，杜勒斯同意台湾当局的请求，不为此事形成文字。[②]

四、美台"共同防御条约"对台澎主权认定的作用

1955年2月，在美国参议院外交委员会将美台"共同防御条约"送参议院讨论时，曾提出三项了解：

（1）关于该约第六条所规定可适用于共同协议决定之其他领土一节，参院了解于实施时须先咨询参院之同意；

（2）参院了解本约并不影响或改变第六条所指领土之法律地位及主权；

（3）参院了解本约第五条所规定之义务仅适用于外来武装攻击同时任何一方采取由"中华民国"所据"领土"出发之军事行动须经双方同意。[③]

第二项了解提出的"参院了解本约并不影响或改变第六条所指领土之法律地位及主权"有何背景？如何理解？

此项了解是为应对美国部分民主党议员对"美台防约"的质疑而产生。1955年1月12日《纽约时报》刊出的一篇报道，描述了民主党议员向国会散发的一份有关美台"共同防御条约"的私人备忘录。前国务院参事寇恒（Benjamin

---

① 《蒋介石日记》手稿，1954年6月22日，美国斯坦福大学胡佛档案馆藏。

② 叶公超电沈昌焕转蒋介石、俞鸿钧（1954年11月22发），顾维钧档案，Koo_0152_B212b_0127，美国哥伦比亚大学珍本与手稿图书馆藏。叶公超电蒋介石、俞鸿钧（1954年11月24发），顾维钧档案，Koo_0152_B212b_0124，美国哥伦比亚大学珍本与手稿图书馆藏。

③ 顾维钧电"外交部"（1955年2月8日发），顾维钧档案，Koo_0152_B212b_0013，美国哥伦比亚大学珍本与手稿图书馆藏。

V.Cohen）曾将自己对"美台防约"的意见初稿送请前国务卿艾奇逊、前国务院法律顾问费希尔（Adrian S.Fisher）、前驻菲律宾大使考恩（Myron M.Cowen）、前国务院政策计划室主任尼采（Paul H. Nitze），可能还有前空军部部长芬雷特（Thomas K. Finletter）等人研读，并提供意见。寇氏参酌这些意见完成的这份备忘录认为，批准该"条约"将首次正式承认台湾和澎湖为"中华民国领土"。其次，这种正式的承认将支持中国共产党人的主张，即对台湾、澎湖的武装攻击不会构成国际侵略，而只是中国的内战，其他国家强行干预的权利和目的将受到严重怀疑。这份报道引起美国高层重视，艾森豪威尔的安全顾问卡特勒（Robert Cutler）认为此事颇为重要，特意在国家安全会议提出这份备忘录。① 美民主党全国委员会以说帖形式将对"美台防约"的质疑密送参议院外交委员会，主张为自身利害计，美国应使台澎与中国大陆分开，不宜认定为合法之一体。② 艾奇逊等人认为，美台"防约"将"永久巩固台湾地位因而放弃美国对远东外交政策之弹性"，提醒参院审查该约时必须审慎行事。③

对于卡特勒在国家安全会议所提备忘录，杜勒斯认为国务院已经考虑到这两点，所以选择了准确的语言来回避对"台湾主权"的承诺。④ 为缓解台海危机，国务院正谋由新西兰向联合国提出"台湾海峡停火案"。订立"美台防约"正是台湾提出的接受美国安排的先决条件。经过大约一个月的紧密磋商，国务院认为"条约"及其"换文"达到了美国的主要目的：限制了"反攻"，且获得了军事部署协商权，此时的工作就是设法扫除障碍，使其通过。为此，杜勒斯先与参议院外交委员会主席乔治等议会主要人物进行了沟通，争取到其支持。接下来，共和党各领袖与民主党参议员乔治等人以全力防止任何修正案或保留案之通过。为消除部分人的疑虑，且为有助于美国对台澎主权地位的解释，上面提

① Memorandum of Discussion at the 231st Meeting of the National Security Council, Washington, January 13, 1955,United States Department of State. Glennon, John P., Editor,*Foreign relations of the United States, 1955-1957. China*,Volume II,Washington, D.C.: U.S. Government Printing Office, 1986,pp.20-21.

② 顾维钧电"外交部"（1955 年 1 月 12 发），顾维钧档案，Koo_0152_B212b_0029，美国哥伦比亚大学珍本与手稿图书馆藏。

③ 叶公超电沈昌焕转蒋介石、俞鸿钧（1955 年 1 月 13 发），顾维钧档案，Koo_0152_B212b_0030，美国哥伦比亚大学珍本与手稿图书馆藏。

④ Memorandum of Discussion at the 231st Meeting of the National Security Council, Washington, January 13, 1955,*Foreign relations of the United States, 1955-1957. China*,Volume II,p.22

出的第二项了解得以产生。乔治称，此三项了解在形式上并非保留条件，然就该约之特殊情形言，是项了解在实质上等于保留条件。三项了解"具有保留及解释之效力"，应加以尊重。①

台湾澎湖本为中国固有领土。经艰苦卓绝的抗日战争，中国人民打败日本侵略者，赢得国际上的尊重。"二战"后期的开罗会议、波茨坦会议对于台湾于战后归还中国均有明确共识，美国亦为参会大国之一。但战后部分美国人士为某种战略需要提出"台湾地位未定""台湾托管"之类的主张。为防止台湾落入中共之手，1950年夏，美国官方对台湾地位尚"无法确定"进行表述，1951年又一手策划结束对日战争状态的和约，在其中将台澎主权表述为"由日本放弃"。②美国将台澎地位悬置、使台澎"中立化"的目的，就是为干涉台海事务寻找借口。1953年共和党上台后，曾声称要将台澎的"中立化""解除"。但其实"解除中立化"后并没有实质改变，美国仍然在约束台湾大规模的军事行动，且未改变"台湾地位未定论"的说法。此时，美国同台湾当局"订约"，自有承认台湾、澎湖等地为中国领土之意，无论"条约"及"换文"如何在文字上回避对台湾、澎湖主权的直接表述，台澎属于中国的法理意义都是回避不了的。美国参议院外委会妄图以三项了解进一步为美国任意解释台澎主权留下余地，但台澎主权归属问题以及某"条约"文件是否"涉及台澎主权"的问题当由事实与法理决定，不能够任由人解释。

参议院外委会称该约"不影响或改变第六条所指领土之法律地位及主权"，"不影响或改变"的法律地位及主权原本为何？若理解为：台澎地位及主权一如此前，即美国所主张的台澎地位仍然"未决"，"并不属于中国"，那么，与自称"代表中国"的台湾当局"订约"，且称台澎为其"领土"，便是奇怪之事。况且，美国参议院外委会报告中又称，自中国"接管"台湾后美方"业已承认"其对台澎的合法权利。③那么，是不是可以得出美国认为台澎属于中国之意？这自然

---

① 顾维钧电"外交部"（1955年2月10发），顾维钧档案，KOO_0152_B212b_0012，美国哥伦比亚大学珍本与手稿图书馆藏。

② Memorandum Prepared by the Dulles Mission，Feb.3,1951,United States Department of State. Aandahl, Fredrick, Editor,*Foreign relations of the United States, 1951. Asia and the Pacific (in two parts)*,Volume VI, Part 1(Washington, D.C.: U.S. Government Printing Office, 1977),p.850.

③ 顾维钧电"外交部"（1955年2月10发），顾维钧档案，Koo_0152_B212b_0012，美国哥伦比亚大学珍本与手稿图书馆藏。

不是美政府此时的用意，且是其刻意回避的。参与寇恒所拟意见的艾奇逊、尼采等人曾是炮制"台湾地位未定论"与"台湾中立化"的主要人物，对台澎主权与地位问题自是敏感，担心因美台订立"共同防御条约"而使美国不便介入台海事务。主导"订约"的杜勒斯不是没有考虑到此点。杜勒斯曾任杜鲁门时期的外交顾问，也曾参与"台湾托管"等方案的讨论，深谙美国处理台澎地位之法。尽管与台湾当局"订约"在台澎地位的认识上有难以自圆其说的风险，但此时美国为更紧迫的局面需要应对，为使联合国介入台海冲突，杜勒斯不得不推动美台"订约"，而以文字技巧避免对"台澎主权"的直接表述。美国参议院外委会所提说法其实是空洞的，其意只是为美政府任意解释"台澎主权与地位"添一说辞而已。

五、余论

战后，美国虽与太平洋地区若干国家签订防御性条约，但并未与一个处于战时状态的国家或地区订约。[1] 与台湾当局的"共同防御条约"是个例外。台湾自提出"订约"要求已有一年多，其间也曾托请多人，希望予以推动，杜勒斯并未提高此事的优先级。1954 年 10 月，为使台湾当局接受美国所策动的"台湾海峡停火案"，美方才启动美台"订约"的程序。虽启动了程序，美国并不打算在关键问题上让步，而是抱着必使"条约"利于美国的心理。[2] 在台湾方面来说，殷切希望早日与美"订约"的心理是存在的，却也未曾一味妥协。"订约"之事主要由叶公超、顾维钧两人同美方交涉，两人皆是具有丰富经验的职业外交家。为达成尽可能对台有利的"条约"，二人同美力争、周旋，在若干问题上取得美方谅解与让步。然而，在制约台湾"反攻"等关键性问题上，仍是强势的美方获胜。台湾方面取得有限的胜利，与美方谈判原则有关。美国要在自己满意的基础上对台适度让步，在不被卷入战争的情况下，鼓励台湾所谓的"自卫权"，

---

① 美国与韩国的共同防御条约是在朝鲜停战协定达成之后才签订的。

② 1954 年 11 月，当被问及美国是否致力于"美台条约"时，杜勒斯指出："如果能够在美国政府满意的基础上达成协议，原则上我们就致力于条约。"参见 Memorandum of Conversation, by the Counselor (MacArthur)，November 5,1954，*Foreign relations of the United States, 1952-1954. China and Japan (in two parts)*，Volume XIV, Part 1，p.868.

以使其达到"适当的平衡（proper balance）"。① 正是在这个时候，美国国家安全会议形成关于远东政策的文件 NSC 5429/3，表示美国要冒着战争风险，但不主动引起战争；维持非共产主义的台湾地区政治、经济和军事的逐步改善，防止被"颠覆"；与台湾当局签订"共同防御条约"，庇护台湾（不包括国民党控制下的"外岛"），通过联合国的行动维持"外岛"现状。② 该文件订下了此后"订约"谈判的基调。也就是说，台湾当局最关心的"反攻"与"外岛"问题正是美国订下的不能让步的底线。

美国与韩国的安全条约两日便达成，与菲律宾订约亦极迅速。相较而言，美台"条约"颇为波折。美国口头上称以平等姿态与台"订约"，"对于实力悬殊一点绝未提及"，③ 只为应付实际情势。貌似平等简单的处理方式却没有带来平顺的效果，其因在于美国事实上的优势地位与强势立场。基于这样的立场，美国以带有明显的片面性质的文字对关键条款进行解释与限制，不但要将台湾方面以往对使用武力的保证法律化，还加上军事部署亦需商议这一无理要求，造成美台之间在"订约"过程中最尖锐的冲突。

在订立"共同防御条约"一事上，美台双方有建立"集体防卫"的共同利益，却也有着本质上的利益冲突。台湾方面要求"订约"的一个重要的出发点是为鼓舞士气，因而条约在彰显有强大同盟共同反共之意的同时，要塑造当局的坚强高大，至少不应有"矮化"的体现。美国"订约"的一个重要目的却是要捆住台湾当局的手脚，其目的与台湾当局的出发点是冲突的。20 世纪 50 年代，特别是国民党退台后的头几年，提振民心主要靠的是"反攻大陆"的蓝图和愿景，这一点恰恰是美国要防范的。美台本质上的利益冲突，说到底是一个中国与"两个中国"的冲突。台湾方面的军队多从大陆过去，将士思归，蒋介石以"反攻大陆"作为凝聚士气之丹药。然而，尽量减少台海两岸的维系、维持"两个中国的事实"才是美国想要达到的战略目标。基于此，不但"外岛"不能列

---

① Memorandum of Conversation, by the Counselor (MacArthur)，November 5,1954，*Foreign relations of the United States, 1952-1954. China and Japan (in two parts)*，Volume XIV, Part 1，pp.868—869.

② Draft Statement of Policy, Prepared by the NSC Planning Board,November 19,1954，*Foreign relations of the United States, 1952-1954. China and Japan (in two parts)*，Volume XIV, Part 1，pp.911-919.

③ 叶公超电沈昌焕（1954 年 11 月 17 日发），顾维钧档案，Koo_0152_B212a_0015，美国哥伦比亚大学珍本与手稿图书馆藏。

入"条约"范围，连提供"外岛"补给的承诺，美国也不肯加入"换文"。为能达成"条约"，台湾方面退而求其次，要求美国尽可能对"换文"保密，并尽量减小"换文"与"条约"关联性的体现，尽量减少其法律效力的体现。台湾方面的退让有时会得到美方暂时性的谅解与同情，但最终在关键性问题上美国并未做出妥协。

太平洋战争后，随着对远东事务越来越多的介入，美国便不断有对台湾地位与主权的随意解释。十余年中，美国官方对"台澎主权"的看法也出现了数次变化，有时是大的跳跃，有时甚至是自相矛盾的逆转。美台"共同防御条约"签订后，有人质疑它会带来台澎主权地位的改变。为此，美参议院外委会提出三项了解，声明该约不影响或改变台澎法律地位和主权。此语是含糊的，却给美政府留下极大空间。就事实与法理而言，台湾、澎湖自始至终是中国固有领土，美台"共同防御条约"体现了美国对台澎主权属于中国的认定，是对其炮制出的"台湾地位未定论"的自我否定。尽管美国又拿出所谓"实质上的保留条件"，为其任意解释台澎地位及主权留出退路。可是，台澎地位和主权早已由历史事实与法理决定，岂容随意解释？

（原载《史学月刊》2019 年第 8 期，题目有所改动）

严家淦与两蒋权力交接初探

汪小平

　　两蒋（蒋介石、蒋经国父子）权力交接在台湾现代政治史上具有重要意义。国民党退台后，相当长的时间内，除了所谓"反共复国"外，台湾政治另一个重要的特征是蒋氏父子的强人政治。因此蒋经国是否"接班"、如何"接班"，一直是当时的政治观察者感兴趣的议题，也是后来的历史学者关心的问题。严家淦是国民党退台初期的重要财经官员，曾任"财政部长"、台湾省主席、"行政院长""副总统"与"总统"。在蒋经国"接班"过程中，严氏为政治上"过渡人物"。当严家淦被蒋介石选为"行政院长"代替陈诚时，他已经是一个十分干练的财经技术官僚，且长期都是陈诚非常倚重的下属。作为技术官僚，严氏易于控制，成为蒋介石挑选"过渡人物"的最佳选择。之后，他逐渐放弃财经官僚的专业角色，转而作为一个权力的配合者，直到蒋经国最终任"总统"。由于严氏本人长期低调，无门无派，使得外界对其角色、作用和影响研究甚少。影响蒋经国"接班"的因素很多，是个宏大政治史问题，如蒋介石和蒋经国个人因素、国民党的体制、中国传统政治文化，等等，都是学者喜欢着眼观察的角度。本文拟从严家淦的从政经历出发，探讨蒋经国"接班"的过程，以期丰富蒋经国"接班"研究。

一、严家淦与两蒋的渊源

严家淦生于 1905 年，江苏吴县人。他仕途顺畅，最初成名于福建。时任财政厅厅长的严家淦，抗战时期率先在福建推行田赋征实，颇受外界好评。[①] 台湾光复初期，随老上司陈仪接收台湾，初任行政长官公署交通处处长，不到半年又改任财政处处长，此为严氏与台湾的关系的渊源。1945 年 11 月，陈仪派严家淦飞重庆向交通部述职。接着，他奉命到南京面见蒋介石，详细报告台湾接收以后交通运输的修复状况。这是严家淦第一次见蒋介石。[②] 不过当时严家淦的角色只能算是"党国青年精英"，离蒋介石财经决策圈还很远，并未给蒋介石留下多大印象。严家淦处事干练，一直执掌台湾光复初期的财政大权，历经陈仪、魏道明和陈诚三任省主席而不倒。

1949 年初，内战中失败的蒋介石决议退据台湾，他将心腹陈诚任命为台湾省主席。陈诚作为军人，不懂财经，经济政策上完全依靠严家淦。上任不久，陈诚就携时任台湾财政厅厅长严家淦飞赴杭州见蒋介石。[③] 当时，稳定台湾的经济的最迫切问题是要进行币制改革。严家淦建议陈诚去杭州面见蒋介石时，就提议币制改革，要求中央银行从上海带过来的黄金中拨付 80 万两，作为发行新台币的准备金。[④]1949 年 3 月 15 日，陈诚又带严家淦赴奉化见蒋介石，商讨财经问题。[⑤] 此行给严家淦莫大机遇，得以有机会接近权力核心，施展才干。与严家淦主张在台湾实行币制改革不同，其时宋子文主张东南沿海一体改革，而不是单单进行台币改革。蒋介石最后拒绝了宋子文，采用了严家淦的建议。1949 年 6 月 15 日，陈诚、严家淦宣布即日实施台币改革，发行新台币，收回旧台

---

① 欧素瑛等访问、记录，陈立文主编：《严家淦"总统"行谊访谈录》，(台北)"国史馆"印行，2013，第 32 页。

② 欧素瑛等访问、记录，陈立文主编：《严家淦"总统"行谊访谈录》，(台北)"国史馆"印行，2013，第 38 页。

③ 台湾省文献委员会编：《台湾省通志大事记》(下)，(台北)众文图书公司印行，1968，第 176 页。

④ 欧素瑛等访问、记录，陈立文主编：《严家淦"总统"行谊访谈录》，(台北)"国史馆"印行，2013，第 46 页。

⑤ 台湾省文献委员会编：《台湾省通志大事记》(下)，(台北)众文图书公司印行，1968，第 177 页。

币。① 币制改革隔断了台湾与大陆货币联系，避免了台币崩溃的命运。由于币制改革的成功，严家淦获得了蒋介石重视。

1949 年 6 月蒋介石到台湾，在阳明山拟设立总裁办公室，8 月 1 日总裁办公室成立，力推国民党改革。总裁办公室下面设立九个专门小组，吴国桢为第二小组组长，负责经济建议。1949 年底，吴被任命为台湾省主席，严家淦接替他成为第二小组组长，俨然成为核心财经幕僚。② 不久，陈诚任"行政院长"，任命严家淦为"财政部长"。1954 年 3 月，陈诚升为"副总统"。"行政院长"由所谓"宫廷派"俞鸿钧接任，严家淦就任台湾省政府主席兼台湾省保安司令。"财政部长"和台湾省主席当时都被看作负责经济的重要职位，严家淦在这两个位置上先后任职，可以说一时风光无两。毫无疑问，严家淦之才干已获得蒋介石的充分肯定。

除了获得蒋介石的信任，严家淦作为陈诚的干将，在陈诚和吴国桢的政争中，帮助陈诚斗败吴国桢，巩固了他作为首要财经技术官僚的地位。

国民党退台初期的财经人事布局，主要由蒋介石、陈诚、吴国桢之间的权力博弈产生。吴国桢曾经敏锐地觉察到，蒋介石任用自己为台湾省主席，是为了解决台湾的财政困难，而钱和剑是蒋介石权力集团最主要的基础。③1950 年 3 月 1 日，蒋介石"复行视事"，陈诚组阁。蒋介石在财经人事上，主要是平衡"行政厅院长"陈诚和省主席吴国桢之间的关系。吴国桢上任后，任命任显群为台湾省财政厅厅长。任氏有非常卓越的财政能力，在任期间发明统一发票，对加强税收有非常关键的作用。陈诚旋即任命严家淦为"财政部长"，以便与台湾省政府争财权。吴国桢得知严家淦任"财政部长"时，极为不满，要求自己兼任"财政部长"。蒋介石得知吴国桢的要求后，判断"其多半当受美国在台之使馆

---

① 欧素瑛等访问、记录，陈立文主编：《严家淦"总统"行谊访谈录》，（台北）"国史馆"印行，2013，第 825 页。

② 关于总裁办公室的情形和来龙去脉，参阅冯琳：《中国国民党在台改造研究（1950—1952）》，凤凰出版社，2013，第 41—46 页。《严家淦"总统"行谊访谈录》一书认为严家淦在总裁办公室成立之初就已经任经济小组组长，有误。参阅欧素瑛等访问、记录，陈立文主编：《严家淦"总统"行谊访谈录》，（台北）"国史馆"印行，2013，第 44 页。

③ 吴国桢口述，裴斐、韦慕庭整理：《从上海到台湾省主席（1946—1953）——吴国桢口述回忆》，吴修垣译，上海人民出版社，2015，第 132 页。

人员之影响也"。蒋不为所动，最后仍照原定名单提案通过。① 不久，吴国桢卷入台湾银行秘密滥发钞票案，使得陈诚有机会反戈一击。② 这个案子由陈诚面告蒋介石，最后用发行电力股票收回多发新台币。③ 陈诚的这个动作，当然离不开严家淦的工作。1952 年 4 月 11 日，蒋介石任命俞鸿钧为台湾省主席，吴国桢在与陈诚的政争中最终落败。陈诚与吴国桢之间的权力博弈，反映了所谓"中央"和地方的财权之争。陈诚虽然依靠严家淦决定财政，但是主要赋税收入仍仰赖台湾一省。吴国桢则依赖任显群处理财政，处处受到陈诚的掣肘。严家淦和任显群都是非常出色的技术官僚，双方的财经政策也大同小异。因此这场财权争夺，无非还是权力博弈。吴国桢试图挟洋自重，以此斗倒陈诚。吴氏此举犯了了蒋介石的大忌，蒋介石为了"美援"，隐忍不发，在财政有所好转之后，果断剪除吴国桢。吴国桢离台去美国后，严家淦自然成为最炙手可热的财经技术官僚。

在严家淦仕途上升之时，蒋经国的仕途也快速上升，但两人起初并无交集。退台初期，蒋介石的声誉和权力下降到最低点。蒋介石"复行视事"后，蒋经国被任命为"国防部总政治部"主任，接着又进入国民党中央委员会，帮助其父巩固权力。国民党改造后一年，蒋经国又被选为国民党常委，成为蒋介石权力集团的核心。蒋经国任"国防部总政治部"主任时，兼任特设的"总统府机要室资料组"主任。他在这个位置上既可以命令台湾保安司令部等相关部门执行具体命令，又可以通过对情报特务机关人事任免的备案，掌握全岛特务名单。④ 蒋经国为了培养自己的班底，于 1952 年 10 月，成立"中国青年反共救国团"。该团由蒋介石挂名团长，他任副职，实际控制。⑤ 蒋经国担任副团长达 20 年，把"救国团"建成他培养接班班底的重要机构。

蒋经国虽然在大陆时期有过赣南地方工作经验，但在台湾的经济和地方治理上缺少经验。蒋经国之所以不插手经济，与当时台湾特殊的经济形势有关。国

---

① 《蒋中正日记》（未刊本），1950 年 3 月 5 日，转引自吕芳上主编：《蒋中正先生年谱长篇》第九册，（台北）"国史馆"、中正纪念堂、中正文教基金会印行，2015，第 462 页。

② 吴国桢口述，裴斐、韦慕庭整理：《从上海到台湾省主席（1946—1953）——吴国桢口述回忆》，吴修垣译，上海人民出版社，2015，第 111 页。

③ 陈诚：《陈诚回忆录——建设台湾》，东方出版社，2011，第 390 页。

④ 毛德传：《蒋经国统驭台湾情报特工》，《军事历史》2004 年第 2 期。

⑤ 江南：《蒋经国传》，中国友谊出版公司，1984，第 256 页。

民党当时经济不能自立，极其依赖"美援"支持。蒋经国此前并无与美国经济官员打交道的经验，也不懂现代经济治理，很难插足。对于经济工作，国民党退台初期，技术官僚治理处于特别重要的位置。在美国经济援助台湾时期，美方一直逼迫蒋介石使用技术官僚来推行其经济改造计划。负责分配美国经济援助的"美援会"一开始就是美国驻华共同安全分署之相对机构，是原国民政府的行政部门之一支。国民党退台后，台湾当局的美援会主任委员，按规定由"行政院长"兼任，"行政院"内各主要经济职能的部门，如"经济部""财政部""中央银行"等主要负责人，另及台湾省主席，均为其委员。[①] 该会的实际地位远在"经济部""财政部"等常规经济职能的部门之上，其职权和影响力远超出美援运用范围之外，成为当局推行发展战略和制定宏观经济计划的重要部门，整个20世纪50年代，美援会是指导台湾经济的中枢机构，堪称台湾的"超级经济部"。

1950年1月26日，严家淦调升"经济部部长"，3月"行政院"改组，陈诚调严家淦任"财政部部长"，4月兼美援会副主任委员。陈诚是主任委员，但他对美援也是外行，美援会的实权掌握在严家淦等技术官僚的手里。1954年，严家淦任职台湾省主席，仍兼任美援会委员。由于严家淦熟悉美援分配流程，有关美援事项，严家淦都参与讨论。当时国民党兵源老化，当局财源有限，希望借助美援实现"国军"退伍就业和安置。因此，当1954年11月，蒋介石任命蒋经国为"国军退除役官兵辅导委员会"副主任委员（主任委员为严家淦），培养蒋经国在经济工作方面的能力是不言而喻的。

这是严家淦与蒋经国首次供职一处。"退辅会"的工作主要由蒋经国在做，严家淦只是挂名。1955年4月，严家淦委托"国军退除役官兵辅导委员会"副主任委员蒋经国代理主委职务。6月，严家淦又辞"退辅会"主委兼职，由副主委蒋经国真除。从后来政局变化来看，此事对严家淦影响非常大。对严家淦来说，他已然明白蒋介石培养儿子的决心，不仅放手"退辅会"，而且积极帮助蒋经国取得政绩。彼时，严家淦是美援会的委员，对如何利用项目争取美援得心应手。严家淦利用影响力，积极帮助争取美援。蒋经国拟定了一个计划，与美磋商，所提出计划由美援会先后于1954年11月、1955年2月提送安全分署。

① 周锈环：《严家淦与美援的运用（1948—1965）》，载吴淑凤、陈中禹编：《转型关键——严家淦先生与台湾经济发展》，（台北）"国史馆"印行，2014。

随后，美国政府同意于 1955 年会计年度移拨 1 亿美元，供增加台湾军经援助之用，其中经援项下用于退除役官兵计划者计 4200 万美元。[①] 计划项目包括：增设大同合作农场 10 处及海埔地开垦、伐木造林及采集松香、渔殖；省建设厅下成立"荣民"工程处承办建筑工程、设立技术训练机构；兴筑横贯公路；建立各科医院等九项计划；设立职业检定中心及职业介绍机构；兴筑"荣民之家"10 所。[②] 蒋经国风餐露宿，与老兵共患难，获得外界好评，赢得亲民的形象。这些工作当然都有省政府各部门共同推动，严家淦实质为蒋经国取得政绩创造了诸多便利。

二、严家淦在"蒋陈之争"中的角色

1954 年 5 月，陈诚担任"副总统"。按照"宪法"，"副总统"是备位，本身并无实权。11 月，陈诚又兼任"光复大陆设计研究委员会主任委员"，1955 年 2 月，又兼革命实践研究院主任。当时"反攻大陆"喊得震天响，虽然这两个职位也不拥有实权，但却有指标意义，似乎意味着是真"备位"。1956 年 8 月，陈诚当选中国国民党第八届中央执行委员会常务委员。10 月，中国国民党总裁提名，经"全国"代表大会通过，陈诚任中国国民党副总裁。国民党过去历史上只有汪精卫当过这个职位，给外界"陈诚就是接班人"的强烈暗示。此时，蒋介石已年近古稀，外界都在传他的接班人问题。在国民党的威权体制里，处于权力顶端的威权人物与中国封建时代的君主一样，继承问题是所谓"国本"。但是，作为所谓"革命民主"政党的国民党本身并没有完善的制度，它既不能按照民主制度选举产生，也不能明言按照君主制直接血统继承。因此，外界通过"蒋陈之争"来观察台湾当局的政治动向。

早在国民党退台之初，陈诚与蒋经国就有隔阂。陈诚反对蒋介石在军队设置政工制度。陈诚当然知道蒋介石用政工的目的无非是监军。美国国务院情报局的官员就注意到"在中央改造委员会和'国防部'之间的陈诚与蒋经国之间的

---

① 赵既昌：《美援的运用》，（台北）联经出版事业公司，1985，第 10 页。
② "美援计划说明"，1955 年，《严家淦档案》（以下称《严档》），原档号：Art12315-032018，中国社科院近代史研究所档案馆藏。

私怨。这些无法解决的矛盾的存在造成了局势的不稳定，并且呈现出潜在的爆发态势"。① 这个所谓爆发态势最后并没有发生，不过陈诚与蒋经国之间已然形成接班人争夺的暗中较量的态势。

1953 年 9 月，美国国务院情报研究所在关于蒋经国的分析中指出：

　　蒋经国在国民党中国政治王朝中的重要地位源于他的职位：（1）"国防部总政治部主任"；（2）国民党中央委员会的重要成员；（3）"中国青年反共救国团主任"。利用这三个组织的功能和活动，小蒋能够在政府和党务运作中扩大其个人权力，他已经成为他的父亲的合法接班人之一。

　　蒋经国的首要对手是陈诚，他是前"行政院长"和蒋介石的忠诚副手……②

1957 年底，"行政院长"俞鸿钧遭到"监察院"弹劾。俞鸿钧是所谓蒋介石核心权力圈子"宫廷派"成员，与宋子文和孔祥熙关系密切。很显然，"监察院"这个举动有损蒋介石的威权。经过长达六个月的政治喧嚣，蒋介石终于不得不接受俞鸿钧的辞职，改任陈诚以"副总统"的身份兼任"行政院长"。

1957 年 8 月，严家淦因"刘自然事件"辞台湾省省政府主席，调任"行政院"政务委员，兼美援会主任委员、"经安会副主任委员"。严家淦原来就与陈诚合作良好，陈诚随即请示蒋介石调任严家淦任"财政部长"。

很显然，作为技术官僚的严家淦，尽管派系色彩淡薄，也不得不卷入继承人问题之争的漩涡之中。

严家淦在陈诚与吴国桢的政争中站在陈诚一边，此次再次任职"财政部长"，势必要在接班问题中站边。

陈诚回任"行政院长"前后，就已和蒋介石在人事上产生分歧。严家淦的任职如陈诚所愿，与蒋介石并无分歧，但在"教育部长"和"行政院副院长"的

---

① 《国务院情报研究所关于"台湾国民党政权"形势的评估》（1950 年 8 月 21 日），载沈志华、杨奎松主编：《美国对华情报解密档案（1948—1976）》第七编《台湾问题》，东方出版中心，2009，第307 页。
② 《国务院情报研究所关于蒋经国之阅历、权力地位及执政能力的评估》（1953 年 9 月 8 日），载沈志华、杨奎松主编：《美国对华情报解密档案（1948—1976）》第七编《台湾问题》，东方出版中心，2009，第 329 页。

任命上，未能如陈诚意。蒋对陈强调，未来政策需与人事配合，"教育最为重要"，并提出希望"教育部长"一职由张其昀留任，而陈却属意清华校长梅贻琦，蒋介石最后勉强同意陈诚提名。后蒋介石发现，陈诚提名梅贻琦是胡适的主意，大为不满。① 陈诚回任"行政院长"期间，与蒋介石在诸多政策上有分歧，罅隙不断，已不复往日关系。

随着第三次"总统"选举日期临近，岛内各界对要求蒋介石遵守"宪法"不再当"总统"的呼声颇高。不过蒋介石决定通过修改"动员戡乱时期临时条款"，执意重选"总统"。1960 年 3 月，蒋介石当选第三届"总统"，陈诚任"副总统"。此前，台湾政坛有所谓"宪政"难题的风波，但是波澜不惊，根本无法阻止蒋介石再次担任"总统"。1963 年底，蒋介石和陈诚摊牌，陈诚欲辞去"行政院长"。11 月 23 日，蒋介石接"副总统"陈诚辞"行政院长"函。据蒋介石日记记载：

> 接辞修辞职密函，以其最近心理病态如狂自大，会前各种刁难特予容忍，而在大会期中对余提商名单竟置之不理的态度，至此再难忍受，只有准其辞去"行政院长"，否则必将使之公私两败。召见岳军（张群）转示此意。②

12 月 1 日，蒋介石决定严家淦为"行政院长"。据蒋介石日记记载：

> 与岳军谈"行政院长"问题，辞修尚劝严静波（家淦）不要干，但严已遵令不辞，乃决以严为"行政院长"也。……下午召见严家淦，面令其准备筹组"行政院"，受命而退。……晚，辞修亦来参加我结婚（纪念日）宴会，当其临别时即告其余已令严继任其"行政院长"之职，嘱其辅助之。③

这段日记颇值得注意，严家淦是陈诚内阁中最为关键的技术官僚。陈诚事前准备辞去"行政院长"职时，已经通知严家淦一体辞职，以示共进退。显

---

① 陈红民：《台湾时期蒋介石与陈诚关系探微（1949—1965）》，《近代史研究》2013 年第 2 期。
② 《蒋中正日记》（未刊本），1963 年 11 月 21 日，转引自吕芳上主编：《蒋中正先生年谱长篇》第九册，（台北）"国史馆"、中正纪念堂、中正文教基金会印行，2015，第 707 页。
③ 《蒋中正日记》（未刊本），1963 年 11 月 23 日，转引自吕芳上主编：《蒋中正先生年谱长篇》第十一册，（台北）"国史馆"、中正纪念堂、中正文教基金会印行，2015，第 707 页。

然，陈诚把严家淦当作自己派系人来看待。不过，严家淦此时显示出他从政精明一面，选择站在蒋介石一边。这估计是蒋介石最终选择严家淦继任"行政院长"的最主要原因。特别值得注意的是，严家淦虽然已经当了多年"财政部长"且当过台湾省主席，但是严在国民党内的地位还是很低，甚至都不是中央常委。在准备提名严家淦任"行政院长"的前一天，国民党匆匆提报严家淦为中常委。"行政院长"在台湾当局的体系里，位置重要不言而喻。陈诚作为位高权重的军人，出任"行政院长"颇负人望。严家淦作为一个派系色彩不浓的技术官僚，担任这个职位，当然倍受质疑，舆论一片哗然。

严家淦"组阁"后，投桃报李，旋即提名蒋经国为"国防部副部长"，其时"国防部长"是俞大维。俞大维已任"国防部长"多年，深得蒋介石信任。严家淦和俞大维皆为技术官僚，蒋介石任用这两位无派系人物，外界已经确信他将传子。1965 年 1 月，俞大维请辞，由蒋经国接任"国防部长"。

三、严家淦、蒋经国之间财经权力的交接

1963 年 12 月，严家淦接任"行政院长"，蒋经国先任"国防部副部长"，再任"部长"，掌握军权，"军国大事"继续皆由蒋氏父子掌控。蒋介石年老，此时的蒋经国实际已掌握实权，但在经济领域还是尊重技术官僚治理。1969 年蒋经国任"行政院副院长"开始经营财经权力，直到 1972 年他任"行政院长"完成财经权力的交接。蒋介石晚年与技术官僚们相处融洽，可以说整个 60 年代真正掌握台湾经济建设方向的是严家淦这样的财经技术官僚。此时，世界经济处于快速发展的时期，发达国家的跨境投资越来越活跃，台湾的经济发展在岛上或国际上都处于好时机，成功实现了经济"起飞"。1963—1973 年台湾平均经济增长率高达 11.13%，工业生产增长 18.5%，人均域内生产总值增长了 1.5 倍。外贸特别是出口贸易发展较快，1972 年的出口额比 1963 年增长了 18 倍。随着出口增长，贸易收支状况大幅改善，1971 年实现贸易顺差，扭转了 1952 年以来 18 年的逆差。工业占出口比例也在 1972 年大幅提高，超过 80%。这表明，经过 10 年经济治理，台湾从传统农业社会向工业社会现代化发展，工业已成为台

湾经济发展的主导产业。① 这其中，严家淦作为经济推手的角色功不可没。

1965 年 2 月 27 日陈诚病逝，蒋经国在台湾当局政坛已经没有具有竞争力的对手，接班将顺理成章，所谓接班人争议至此落幕。1966 年，蒋介石提名严家淦任"副总统"兼"行政院长"。严家淦被提名以后，蒋介石曾说了两句意味深长的话替严家淦宣传："严家淦同志的长处，正是我的短处，我的长处，也正是严家淦同志的短处。"② 提拔"新进"，自然要排除元老级的张群、孙科、何应钦等人，专心要他们关注"党务和军事"。但是还是有很多"老国代"不听蒋介石劝告。3 月 3 日，蒋介石与张群谈论选举事宜，日记记载：

> 又关于"副总统"选举事，不良代表乘机向"行政院"严"院长"要求平民新建住宅须与优先权等狡诈。此等民意代表存在，不仅无法实施"反攻"计划，而且只有妨碍"国家"进步也，可痛之至。③

结果，严家淦得票 782 票，仅以微弱多 30 多票，勉强过关。蒋介石本意要得千票以上为预期之标准，因此颇为懊丧。④ 蒋介石认为谷正纲在"国民大会"中，反对国民党政策与决议，不愿贯彻政策，以致影响选票，应负重大责任，并指"彼不自知其贵，而且必于强占大会秘书长职务，把持'国大'，其居心自私，已陷于危险境地"，"为使其自反、自省、自觉，不陷于自绝之境，故决明令撤职以平公愤"，决定罢免谷正纲。⑤ "副总统"选举纠纷表明，残存的民主机制对威权人物还是有牵制作用的。正因为这样，蒋介石在蒋经国接班的问题上，对"行政院"系统官僚的安排也颇费心思。

严家淦当选"副总统"后，又兼任"行政院长"。这一届"阁员"中，黄少

---

① 张敏：《战后台湾经济的发展及其战略调整》，《南京建筑工程学院学报（社会科学版）》2001年第 2 期。

② 江南：《蒋经国传》，中国友谊出版公司，1984，第 412 页。

③ 《蒋中正日记》（未刊本），1966 年 3 月 3 日，转引自吕芳上主编：《蒋中正先生年谱长篇》第十二册，（台北）"国史馆"、中正纪念堂、中正文教基金会印行，2015，第 272 页。

④ 《蒋中正日记》（未刊本），1966 年 3 月 3 日，转引自吕芳上主编：《蒋中正先生年谱长篇》第十二册，（台北）"国史馆"、中正纪念堂、中正文教基金会印行，2015，第 274 页。

⑤ 《蒋中正日记》（未刊本），1966 年 3 月 4 日，转引自吕芳上主编：《蒋中正先生年谱长篇》第十二册，（台北）"国史馆"、中正纪念堂、中正文教基金会印行，2015，第 293 页。

谷任"行政院副院长"、魏道明任"外交部长"、徐庆钟任"内政部长"、蒋经国任"国防部长"、陈庆瑜任"财政部长"、阎振兴任"教育部长"、李国鼎任"经济部长"、郑彦芬任"司法部长"、沈怡任"交通部长"、郭寄峤任"蒙藏委员会委员长",秘书长为谢耿民。① 李国鼎、沈怡都是出身美援会的技术官僚,陈庆瑜则是财经系统的官僚,长期在财政部门工作,属于退台第一代财经官员。1967年11月,蒋介石对"行政院"进行局部改组,决定以年青的俞国华接替年长的陈庆瑜,出任"财政部长",与蒋经国交好的孙运璇则接替沈怡。至于"行政院秘书长"("行政院"里排在"副院长"之后的三号人物),蒋介石要求严家淦换蒋彦士接任谢耿民。但是严家淦拒绝换谢,拖延不决。蒋介石获知后"殊出意外",指责严"不求新、求行与科学化之决心,毫不容怀,非仅不动其心而已"。11月26日上午,蒋介石接见"总统府秘书长"张群,指示其"即以所定人事办法以陶声扬〔洋〕、蒋彦士二人,任严(家淦)择其一人为秘书长之意转告,以及调整各部长,亦一并明告",如果严不同意,则告以"准备其辞职,另选'行政院'长之决心"。晚间,张群向蒋介石报告,严已照蒋介石"所示办理"。②

个性圆融、行政干练的严家淦很少与蒋介石有冲突。因此,蒋介石对严家淦"抗旨""殊出意外"。不过,蒋介石仍然给严家淦留了面子,他建议任用陶声洋目的是安抚严家淦。陶声洋也是美援会出身,研究兵器,是著名的技术官僚,与严同为上海圣约翰大学毕业,蒋彦士则是农复会系统的技术官僚,与严家淦交集不多。11月27日,"行政院"发布公告,拟以俞国华为"政务委员"兼"财政部长",查良鉴为"政务委员"兼"司法行政部部长",孙运璇为"政务委员"兼"交通部部长",蒋彦士为"行政院秘书长"。③ 可见,在蒋介石压力之下,严家淦干脆服从上意,不在人事上过多纠缠。但"行政院长"连一个"秘书长"都决定不了,严家淦的权力实际上大大削弱。这之后,严家淦主要的工作就是做蒋经国接班的过渡人物。其所擅长的财经治理,也逐渐转移到俞国华和李国鼎等新一代技术官僚。1968年初,蒋介石频频接见俞国华,1月2日,蒋介石

① 郭传玺主编:《中国国民党在台湾40年》,中国文史出版社,1993,第53页。
② 《蒋中正日记》(未刊本),1967年11月26日,转引自吕芳上主编:《蒋中正先生年谱长篇》第十二册,(台北)"国史馆"、中正纪念堂、中正文教基金会印行,2015,第469页。
③ 参阅吕芳上主编:《蒋中正先生年谱长篇》第十二册,(台北)"国史馆"、中正纪念堂、中正文教基金会印行,2015,第470页。

与俞国华商谈"整理财政与岁收增加问题",指其与台湾省政府财政厅厅长周宏涛"皆为奉化,如不能彻底整顿有效,则无以为政"。①1月3日,蒋介石接见"国防部长"蒋经国、"财政部长"俞国华与台湾省政府财政厅厅长周宏涛三人,令他等负责整顿财政,并指示要领。②可见蒋经国已经开始插手"行政院"财经系统的人事安排和工作。

俞国华是浙江奉化人,很早就和蒋经国熟悉,是他的中学同学,国民党在大陆时期曾任职南昌行营。1961年,俞国华转任"中国银行董事长"并兼任"中国产物保险公司董事长",是个非常有经验的财经官僚。蒋介石用他担任"财政部长"护驾蒋经国的意图不言而喻。至于孙运璇,则因为背景单纯而干练被蒋经国看中。

孙运璇的教育背景和蒋经国有部分类似,孙氏哈尔滨工业大学毕业,学校是苏联训练中东铁路人员而设立的,学校大多是俄罗斯教师,全部是俄式教育。这和蒋经国接受苏联教育的情况类似,两人有共同语言。作为一个技术官僚,孙运璇在台电工作颇有名声。另一方面,孙运璇与"经安会"、美援会等并无渊源关系。蒋经国属意孙运璇,显然也在意他的无门无派。③

至此,严家淦就渐渐淡出财经决策圈。1972年,蒋经国任"行政院长"后不久决定启动十大建设。严家淦予以支持,并建议核电建设列入。核电是他1963年考察访问美国时就希望引入台湾的基础建设项目。除此之外,再也难以见到他的财经治理建议。

---

① 《蒋中正日记》(未刊本),1968年1月2日,转引自吕芳上主编:《蒋中正先生年谱长篇》第十二册,(台北)"国史馆"、中正纪念堂、中正文教基金会印行,2015,第482页。

② 吕芳上主编:《蒋中正先生年谱长篇》第十二册,(台北)"国史馆"、中正纪念堂、中正文教基金会印行,2015,第483页。

③ 蒋经国和孙运璇过去曾经有过接触,因为蒋经国希望长子孝文进入"国有公司"工作,所以当他被任命为总经理时,除为子找一份工作外也希望孙运璇能看紧蒋孝文。但由于蒋孝文身份特殊,一般单位难以任用他,于是孙运璇调蒋孝文担任台电桃园区管理处长,专门查缉追讨军队、眷村偷电、积欠电费的事务。参阅谷正文:《牛鬼蛇人——谷正文情报工作档案》,(台北)书华出版社,1997,第287—288页。

四、严家淦作为"过渡人物"的角色

1975 年 4 月 5 日，蒋介石病逝。国民党中常会召开临时会议，迅速做出两项决议：其一，严家淦"副总统"，根据"宪法"第四十九条的规定，继任蒋介石遗缺；其二，蒋经国以"从政主官"同志身份，向中常会提出辞呈："经国不孝，侍奉无状，遂致总裁心疾猝发，遽尔崩殂，五内摧裂，已不复能治理政事，伏恳中央委员会衿念此孤臣孽子之微衷，准予解除'行政院'一切职务，是所至祷。"中常会责以"效死勿去"，"衔哀受命，墨绖从事"。[①] 第二天，严家淦发布一篇对外通函，表达"国丧"期间不接受外界恭贺升任"总统"：

> 天不整遗，故"总统"蒋公遽告崩殂，遗大报难，降任于藐躬。自维德薄能鲜，殊有春冰虎尾之惧，矧兹"国丧"期间，忧伤未释，岂敢受贺。渥承藻饰，益增惕厉。所望时抒嘉猷，以匡不逮为望。耑此函及，兹颂勉绥。[②]

这篇通告与国民党中央发布的决议文一样，把蒋介石去世宣传成传统时代的"皇帝驾崩"。严家淦很明白自己这个"总统"的性质，无非是让他演"周公辅成王"的戏码。就任"总统"两周以后，严家淦在 4 月 18 日上午约见当时担任"新闻局长"的钱复。严、钱两家是干亲家，严家淦的三女严隽菊是钱复母亲的义女，钱复算起来是晚辈。严家淦很客气，请钱复坐下来，跟他透露心声："我这个位置是暂时坐坐的，将来我要顺利地交给蒋经国兄。"[③] 严家淦就任"总统"以后，"行政院长"蒋经国曾经跟他商量，要在台北近郊芝山岩外双溪一带，拨出一块土地，为他建造"总统"官邸。严家淦立即婉拒了这个建议，他指着在附近护卫的李连庚说："你去拟一个安全警卫计划，这里很安全的没有问题！"[④] 严氏尽量低调，以便突出蒋经国这个"核心"。严家淦之子严隽泰回忆，1975 年

① 江南：《蒋经国传》，中国友谊出版公司，1984，第 446 页。
② 《"总统"严家淦复谢"中央"民意代表恭贺继任"总统"之通函拟稿》，1975 年 4 月 6 日，《严家淦档案》，原档号：Art128149-112046，中国社科院近代史研究所档案馆藏。
③ 陈立文主编：《严家淦"总统"行谊访谈录》，（台北）"国史馆"印行，2013，第 157 页。
④ 陈立文主编：《严家淦"总统"行谊访谈录》，（台北）"国史馆"印行，2013，第 163 页。

4月，蒋介石过世后，蒋经国当选为国民党主席时，严家淦特别向蒋经国致意，表示将亲自到蒋经国住的七海官邸向他道贺。蒋经国对严家淦的这番盛情，投桃报李，他在电话中告诉严家淦说："'总统'！应该我来看您，我到官邸去看您。"①

按照所谓"中华民国"体制，"总统"本来就是偏向"内阁制"的"双首长元首"，权力在"内阁"。蒋介石在位的时候，某种意义上其实是越权。严家淦担任"总统"，反而回到了偏向"内阁制"的旧貌。"外交"、两岸事务属于"总统"权力。钱复回忆，当"外交"人员向他汇报"外交"问题，他只听不做决定："你去和经国先生讲。"②

1978年1月7日，国民党中常会举行临时会议，同意严家淦建议，决议向十一届二中全会提案，提名蒋经国为第六任"总统"候选人。在这之前，蒋经国几次到严家淦家中，恳请他"留任"，扮演稳定力量。但他一直以年事已高拒绝。③

1978年3月11日，"国民大会"选举蒋经国为"总统"，谢东闵为"副总统"。这场早已安排好的权力交接程序和仪式，并没有发生任何意外。台湾当局当然不会放弃机会粉饰太平，媒体一阵热闹宣传。虽然严蒋交接被外界认为是一场精心设计的政治游戏，严家淦只是做了表演，没有实质影响力，但是就历史传统而论，和平交接在现代台湾政治史上还是有着重要的意义。严家淦是台湾文官系统中的代表人物，和平交接既表明了蒋经国权力基础稳固，也表明了台湾的整个文官系统正常的运行。

五、结语

《蒋经国传》的作者江南在阐述蒋介石挑选严家淦作为"过渡人物"时写道：

---

① 《严隽泰伉俪访谈录》，载陈立文主编：《严家淦"总统"行谊访谈录》，（台北）"国史馆"印行，2013，第408—454页。

② 陈立文主编：《严家淦"总统"行谊访谈录》，（台北）"国史馆"印行，2013，第393页。

③ 陈立文主编：《严家淦"总统"行谊访谈录》，（台北）"国史馆"印行，2013，第167页。

蒋先生为什么看中这位"新人"呢？说穿了，见怪不怪。我们认为的严的缺点，正是严的优点，严没有野心，没有班底，庸庸碌碌，是汉献帝型，也是林森型。天时、地利、人和，使严因缘际会，扶摇直上。[①]

江南称，严家淦"没有野心，没有班底"，诚然如此，但说他"庸庸碌碌"也与事实不符。严家淦是国民党退台后技术官僚的典型。严氏专业、精明强干，在建设台湾经济上贡献很大。他受制于政治强人，配合多于独立。作为有名无实的"副总统""总统"，实际上掩盖了严氏作为台湾重要经济推手的历史形象。但从制度稳定的角度来说，严家淦这样的技术官僚是台湾文官体系稳定的重要力量。以蒋经国为代表的强人政治在20世纪80年代后期谢幕，但是台湾整个文官体制并未发生巨大变动，而是和平转型过渡，避免了社会大动荡，其中当然有以严氏为代表的技术官僚的贡献。

（原载《晋阳学刊》2018年第5期）

[①] 江南：《蒋经国传》，中国友谊出版公司，1984，第402页。

转型失序：陈水扁与台湾地区第七次"修宪"研究（2004—2005）

翟金懿

2000 年 3 月，民进党候选人陈水扁、吕秀莲以 497.7737 万张选票、39.3%的得票率赢得台湾地区领导人选举，实现台湾地区政坛第一次政党轮替，"李登辉时代"随之终结，国民党沦为在野党，宋楚瑜另组亲民党，台湾地区政治力量重新组合开始。陈水扁在接任后面临的首要问题是"朝小野大"，即国民党在"立法院"占据多数席位，出现"行政权与'国会多数决'机制可能经常出现脱钩的情况"，导致"政治僵局不断出现"。[①] 有鉴于此，陈水扁提出成立"跨党派联合政府"的对策，包含 4 个方面内容："1. 共同推动'国会'改革，'立法委员'席次减半，单一选区两票制；2. 在'国家'安全上，坚持'中华民国'是'主权独立国家'；3. 在社会福利上，统一发放敬老津贴；4. 落实'经发会'322 项共同意见。"[②] 该建议并未获得国民党、亲民党、李登辉等的支持，加之民进党素有"派系政治"传统，"无强有力的中央党部作为政策协商的机制"，也无法"发挥以党领政的功能"，[③] "跨党派联合政府"设想流于空谈。

面对施政困境，陈水扁及民进党当局决定进行第七次"修宪"纾解。陈水扁指出，李登辉时代台湾地区经过"修宪"，所谓的"民主制度与形式"已经"初具规模"，但民众还是"不习惯深入、具有包容性与多元尊重地讨论公共政策，

---

① 朱云汉：《台湾民主发展的困境与挑战》，《台湾民主季刊》2004 年第 1 卷第 1 期，第 157 页。
② 史卫民：《解读台湾选举》，九州出版社，2007，第 220 页。
③ 彭怀恩编：《台湾政治变迁史》，（台北）风云论坛有限公司，2008，第 49 页。

在民主形式中尚未发展出成熟的民主内涵"。① 因此，"修宪"造成的结果是"越修越乱"，"整部'宪法'变得支离破碎"。② 因此，极力鼓吹"制宪"，但又囿于对两岸关系的"四不一没有"承诺，主要提出在"'不改国号'、不宣布'台独'、不将'两国论入宪'等前提之下，维持'中华民国'的'国号'，将'领土''主权''国民主权'等内涵，一体更新"。③

2004 年 3 月，陈水扁、吕秀莲组合以 50.11% 的微弱优势再次当选台湾地区"总统""副总统"。陈水扁在"就职演说"中再次表达推行"宪改"的决心，设想建立一部"合时、合身、合用的新宪法"，④ 实现"公投入宪""废除国大"，最终完成"台独"的根本目标。

一、"公民投票"是否"入宪"的政治论争

公民投票最早源于古希腊城邦，主要指"全体公民通过行使投票的权利对国家或社会的重大或特定问题进行表决的制度"。一般分为狭义上的公民投票和广义上的公民投票。狭义上的公民投票，主要指"国家全体公民或社会全体成员就某一项重大事务进行投票表决的制度"。而广义上的公民投票除了狭义的含义外，还有"某一地方行政区域单位（州、省、市、区等）的全体居民对有关地方事务进行投票表决的制度"。公民投票的类型分为"自决性公民投票"和"民主性公民投票"。其中，"自决性公民投票"是指"国际法上创设领土边界以实现独立建国或决定领土归属以合并到他国的公民投票"。从国际法的角度来看，这种投票往往是"殖民地人民和其他被压迫民族的人民实现民族自决权的重要手段"。而"民主性公民投票"是指"在某个国家或地区内，享有投票权的全体公民对本国或本地区具有重大影响的事务，以投票的方式进行表决的制度，是人民主权最直接而又最根本的实现方式"。⑤ 从某种意义上来说，公民投

① 陈水扁：《世纪首航：政党轮替五百天的沉思》，（台北）圆神出版社有限公司，2001，第 302 页。
② 陈水扁：《1.86 坪的"总统府"》，（台北）财团法人凯达格兰基金会，2010，第 79 页。
③ 周阳山：《"四不一没有"前提下的"宪政革命"》，（台北）《中国时报》2003 年 10 月 6 日，第 15 版。
④ 全国台湾研究会编：《台湾二〇〇四》，九州出版社，2005，第 482 页。
⑤ 王英津：《自决权理论与公民投票》，九州出版社，2007，第 211、219、230 页。

票可以弥补代议制民主的一些不足，有利于实现直接民主，但并不是说实现公民投票就是民主，达尔认为民主还应包含五个标准，即"有效的参与"（effective participation）、"选票的平等"（equality in voting）、"充分知情权"（gaining enlightened understanding）、"对议程的最终控制"（exercising final control the agenda）、"成年人的公民权"（inclusion of adults）。①

台湾当局推动"公投入宪"的第一步，是由"立法院"审议通过"公民投票法"。2003 年 11 月 27 日，"立法院"经"三读"程序宣布通过"公民投票法"，包括四个方面：(1)"立法院"得就重大政策提案交付"公投"；(2)"全国性公投审议委员会"之组成，依"立法院"各党团席次比例推荐产生；(3) 过高的提案、联署及通过门槛，严重背离"直接民主"的精神，妨碍"人民意志"的表达；(4)"公投提案"及审核之程序部分条文彼此矛盾，以致窒碍难行。12 月 12 日，"行政院"正式向"立法院"提出复议案。29 日，"立法院"以 118 票对 95 票，维持原决议，复议案没有获得支持。31 日，陈水扁签署"公民投票法"，标志着该法案正式生效。

"公民投票法"通过后，接下来即通过"修宪"推动"公投入宪"。在这个问题上，国、亲两党与民进党具有不同诉求。国民党和亲民党提"公民投票"是以实现"直接民主"为口号，希图解决"国大"废除后的有关"领土"和"修宪"等议题的"复决"问题，但排除通过"公投"实现"台独"的目标。民进党所提的"公投"，根本目的是通过"公投"实现"制宪"和"法理台独"。2003 年 9 月，陈水扁在民进党的党庆上就公开提出要采用"公投"方式来"制宪"，宣布"不再重蹈'修宪'的覆辙，而是要毕其功于一役，希望在 2006 年民进党 20 岁时，经由'公投'共同催生台湾'新宪法'"。② 他还制定了具体的时间表，即"2003 年完成'公投立法'、2004 年实施'公投'、2006 年'制宪'、2008 年实施'新宪'"。③ 在"公民投票法"通过后，陈水扁立即宣布根据第十七条规定，将于"总统大选"同日举行"防御性公投"，实际上是想借"公投"图谋分裂活动，"台独"野心昭然于世。陈水扁及民进党当局选择在 2003 年提出

---

① [美] 罗伯特·A. 达尔：《论民主》，中国人民大学出版社，2012，第 33 页。

② 陈水扁：《1.86 坪的"总统府"》，（台北）财团法人凯达格兰基金会，2010，第 79 页。

③ 刘国深等：《台湾政治概论》，九州出版社，2006，第 220 页。

"公投入宪",是想借"公投"炒起两岸关系和统"独"话题,为2004年"大选"拉选票,伺机"连任"。

陈水扁的提议也为岛内"台独"势力所利用,以李登辉为首的"群策会"在岛内四处活动。"群策会"成员既有李鸿禧、萧新煌、施正锋等学者,也有苏南成等社会公职人员。李登辉宣称"公投已经成为民意主流","号召"台湾人民发挥"头家"意志,制定"一套自己的宪法",同时还要透过"公投"来"表达自己的看法与主见,而不是再任人摆布"。① 在"群策会"举办的论坛上,李登辉的每一次发言都极具煽动性,还借机挑衅大陆,"台独"野心昭然若揭。

时任国民党主席连战明确表示:"摒弃任何有关'台独'的主张,坚决反对'两国论''一边一国''制宪正名'"等。② 国民党的立场是反对"制宪正名"、反对"台独",因为存在再次上台的考虑,所以并不反对"公投入宪"。

针对"台独"势力企图借"公投"分裂国家主权和领土的阴谋活动,大陆方面迅速回应。2005年3月14日第十届全国人大第三次会议通过《反分裂国家法》,其中明确规定:"台湾是中国的一部分。国家绝不允许'台独'分裂势力以任何名义、任何方式把台湾从中国分裂出去。"从《反分裂国家法》的内容可以看出,大陆方面仍然释放出最大善意和诚意,希望争取和平统一的前景。《反分裂国家法》尽管一度让民进党坐立不安,但"台独"分子并没有退缩,甚至采取一些手段进行"回击"。如民进党"立委"蔡同荣等人提出"反中国侵略法",对《反分裂国家法》提出"反制";"立委"黄昭辉起草"台湾前途决议法草案",内容依据"民进党台湾前途决议文的精神",强调"台湾是'主权独立'的'国家',台湾与大陆互不隶属"。③ "台联党"则策划公布"反中国并吞及两岸和平法草案",其除"主张依联合国宪章和平解决台海问题"外,"不排除'公投修宪'确保台湾的'主权独立'"。④

国际社会对陈水扁操纵"公投"的危害性有清晰认识,重申坚持一个中国的

① 李登辉等:《"公投制宪":群策会论坛纪实(2004.2.8—4.7)》,(台北)"财团法人群策会",2004,第22—23页。
② 纪欣编:《〈反分裂国家法〉立法大震撼》,(台北)海峡学术出版社,2005,第50—51页。
③ 李欣芳:《与彼岸斗法 泛绿纷纷提案》,(台北)《自由时报》2005年3月12日,"焦点"版。
④ 李欣芳:《台联促"公投修宪"保台湾"主权独立"》,(台北)《自由时报》2005年3月10日,"焦点"版。

立场，反对"台独"分裂活动。以美国为首的大国对陈水扁提议的"公投"持反对态度。时任美国总统布什重申美方坚持一个中国政策、遵守美中三个联合公报、反对"台独"、反对台湾当局旨在单方面改变台湾现状的言行。[①] 时任法国总统希拉克也公开、明确地反对"台独"和"公投"，赞成中国以"一国两制"解决台湾问题。[②]

迫于各方压力，2005 年 2 月 24 日，陈水扁与宋楚瑜举行会谈，重申"四不一没有"的政治立场，并承诺不通过"宪政改革"实现台湾地区"法理台独"，即"宪改"不涉及"'国家主权'、领土、台海现状的改变"。[③] 实际上，陈水扁的宣告只是保证"修宪"不涉及统"独"议题，而"公投入宪"和"废除国大"仍是民进党在这一阶段"修宪"的重点。并且在这个问题上，国民党也有相同诉求。

二、"立法院"表决"修宪"提案

根据前一阶段的"宪法增修条文"，本阶段"修宪案"的表决由"两机关"进行，"立法院"是"修宪"的提案机关，先审理、表决、公告"修宪提案"，再根据政党比例推选出任务型"国民大会代表"，召开"国民大会"对"修宪提案"进行复决。这也是第七阶段"修宪"的特点之一。

仅在"立法院"表决阶段就包括委员提案、委员会审查、院会审议、党团协商、公听会、记名表决、公告等程序，耗时近两年半。台湾地区第五届"立委"选举结束后，陆续就有"修宪"提案上交，最终统计结果为 19 件，其中，与"国会改革"（包括"立委"任期、席次、选制变更及妇女保障名额）有关的提案共 13 件，主张废除"国民大会"的有 2 件。[④]2004 年 1 月 2 日，"立法院"成立"修宪委员会"，主要审理 9 项议题，分别是"'立委'任期、席次、选区之调整；废止'任务型国代'及其职权调整；'宪法修正'程序；主权'公投入

---

① 外交部政策研究室编：《中国外交》，世界知识出版社，2004，第 38 页。
② 外交部政策研究室编：《中国外交》，世界知识出版社，2004，第 115 页。
③ 全国台湾研究会编：《台湾二〇〇五》，九州出版社，2006，第 476 页。
④ "国民大会秘书处"编：《"国民大会"会议实录》，（台北）"国民大会秘书处"，2005，第 113 页。

宪';'总统选举制度'及'阁揆'同意权;'监委'任期调整;警察预算由'中央'统一编列;选举人年龄调整;删除服兵役义务"。

其中,引起争议较多、涉及政治体制变更的议题集中在三个方面:

一是"立委"任期、席次和选制改革问题。

这项议题由陈水扁和民进党较早提出。陈水扁在 2000 年地区领导人竞选时提出"宪改政策白皮书",同年 12 月 12 日民进党籍"立委"林丰喜、叶宜津在"立法院"提出"宪法增修条文第四条修正案",提出"自第五届起'立法委员'"由原来的 225 人减少为 125 人;2001 年 3 月 3 日,张学舜、卓荣泰、张清芳等人提出"'立委'任期由三年延长为四年"和"'立委'席次应该减少为 113 人"。2001 年 12 月 15 日,民进党籍"立委"王幸男、陈其迈再度提出"宪法增修条文第四条修正案",包含三项主张:"第一,'立委'席次减少为 120 席;第二,'立委'任期自第六届起改为四年;第三,复数选区单记名非让渡投票制是一种助长派系斗争、黑金横行、分赃政治和候选人个人主义的不良制度。"提案"立委"认为,"区域立委选举"应该采取"单席次选区设计",即"每位选民拥有两票,一票投给人,一票投给党"。[①]这也是较早公开提出"单一选区两票制"的主张。

2004 年 3 月 10 日,"立法院修宪委员会"开会讨论与"'立委'任期、席次、选区的调整"相关的"修宪案" 12 项。其中多项"修宪提案"涉及"立委"席次减半,如"台联籍立委"许登宫,民进党籍"立委"张学舜、柯建铭以及国民党籍"立委"曾永权等,都在提案中建议将"立委"席次改为 113 席。

亲民党坚决反对"席次减半",提出席次应减少至 150—175 席。"澄社"成员蔡宗珍明确反对"立委"席次减半,认为骤然减半会带来"相对更少的'立委'却在'党团协商'、法案提案权等'国会权力'行使的过程中,实质上更加扩大其权力,更可能破坏委员会的专业分工与实质功能"。[②]新党主席郁慕明指出,"国会改革"应该是"功能改革",而非"数量减半",而且"席次减半"应

---

① "立法院议案关系文书","院总字"第 1627 号,委员提案第 3763 号,2001 年 12 月 15 日,转引自"档案管理局"编印:《时代轮廓——崭新与蜕变的历程:"国民大会修宪档案"专题选辑》,第 166—167 页。

② 瞿海源等:《透视"立法院":2003 年澄社监督"国会"报告》,(台北)允晨文化实业股份有限公司,2004,第 185—187。

该先"考量'立法院委员会'的情形，十二个委员会或十五个委员会所产生的立委人数就不一样，应该先确定委员会，再确定'立委'人数"。无党籍"立委"陈文茜也指出："应该将席次定为150席左右，让区域与不分区'立委'席次相当，'国会'问政品质才会提升。"①

国、民两党虽然在"立委"席次、任期等问题上有较高一致性，但在具体问题上也有不同诉求。例如民进党认为"'立委'席次减少后，'立法院'各委员会应该由12个减到9个"；国民党则希望"妇女保障名额能够提高到三成以上"。②经"朝野党团"协商，"修宪委员会"主席陈其迈宣布："立委"席次"从第七届起，由225席改为113席；选区改采单一选区两票制；不分区与侨选'立委'为34席；妇女当选席次不低于34席；立委任期改为4年；平地与山地'原住民''立委'各有3席，其中妇女保障名额各1人。"③

二是"废除国大"和"公民投票"问题。

这项议题实际上由国民党、亲民党较早提出。2003年12月3日，国民党籍"立委"廖风德和亲民党籍"立委"周锡玮等在"立法院"提出"宪法增修条文修正草案"，提出"废除'任务型国民大会'的主张，并且将原来'国民大会代表'的职权，包括'领土变更'、'宪法修正'的复决权，交由'公民投票'复决。'总统''副总统'的弹劾案则交由'司法院大法官'，组成'宪法法庭'审理"。④

2004年4月14日，"立法院修宪委员会"在"无异议"的"高度共识下"，通过国民党籍"立委"曾永权等人所提出的"宪法增修条文"第一条修正内容："废止'任务型国大'，并明定'立法院'提出的'宪法修正案'、'领土变更案'，经公告半年后，应于3个月内由'公民投票'复决"。⑤

① 萧旭岑：《郁慕明：改革功能 非数量减半 陈文茜：减为150席 提升不分区》，（台北）《中国时报》2004年8月23日，第8版。

② 杨清雄：《"立院修宪委员"会朝野达成共识第七届"立委"减为113席》，（台北）《民生报》2004年3月11日，第1版。

③ 林弘展：《2008年"立委"减为113席》，（台北）《民众日报》2004年3月11日，第2版。

④ "立法院议案关系文书"，"院总字"第1607号，委员提案第5295号，2002年12月3日，转引自"档案管理局"编印：《时代轮廓——崭新与蜕变的历程："国民大会修宪档案"专题选辑》，第167页。

⑤ 杨清雄：《"立院修宪委员"会通过"任务型国大"将废除》，（台北）《民生报》2004年4月15日，第1版。

第三是"总统、副总统"弹劾案问题。

"立法院"提出,"交付'任务型国大'议决的'总统、副总统'弹劾案",由于国、民两党存在分歧,没有达成共识。民进党"立院党团"坚持改由"公民投票决定",但国民党"立院党团"则主张"应声请大法官审理,经宪法法庭判决后决定"。① "立法院修宪委员会"讨论达成的"国会改革"共识,引起社会关注。有评论指出,这个结果"其实算不上完美",但"如果错失此一时机,则整个'国会改革'至少要因而延宕三至四年"。② 因该讨论结果还需经过"立法院三读会"程序才能定案,国、民两党积极促成"立法院"于8月召开临时会,讨论表决各政党"修宪"提案,但亲民党坚决反对。

8月3日,民进党召开"中执会",决议全力促成"立法院临时会"拟定"国会改革宪法修正案",包括"国会席次减半""单一选区两票制""公投入宪"及"废除国民大会"四项议题。4日,国民党"中常会"通过六项临时会法案,其中就有"国会减半""单一选区两票制""废止任务型国大"等"修宪提案",待亲民党参与联署后,送交"立法院"议事排入议程。③ 同日,亲民党"立院党团"召开临时座谈会,达成"两个坚持,一个改变"共识,主张下会期开议日由9月17日提前至9月2日,包括"修宪案"等议案皆留待下会期院会处理。亲民党"立院党团"总召集人刘文雄明确表示,如果国民党、民进党坚持在临时会处理"修宪"及处理其他议案,亲民党将不参加临时会。民进党"立院党团"总召集人柯建铭对此指出:"亲民党若反对处理甚至退出临时会,就必须承担'修宪案'破局的责任。"④ 亲民党的举动还招致社会批评:"成熟中道的政党不会边缘化,激进偏锋的政党才会自我泡沫化,站在'国会改革'关键时点,亲民党人真的要深刻思考,此时挡下'国会改革'的进程,对亲民党形象的得与失,更重要的是,未来议论台湾'国会与民主'发展成败之际,亲民党今天的作为,将背上永远的历史审判。"⑤ 除亲民党外,"台联党"、无党籍联盟也因实行

---

① 杨清雄:《"立院修宪委员"会通过"任务型国大"将废除》,(台北)《民生报》2004年4月15日,第1版。

② 社论:《"国会改革"机不可失》,(台北)《中国时报》2004年5月14日,第1版。

③ 罗如兰:《国民党通过六项临会法案》,(台北)《中国时报》2004年8月5日,第4版。

④ 何荣幸:《"修宪案"破局 亲民党须负责》,(台北)《中国时报》2004年8月5日,第6版。

⑤ 社论:《亲民党担得起"国会改革"破局的罪人?》,(台北)《中国时报》2004年8月6日,第1版。

"国会改革"方案后对小党不利，皆反对"单一选区两票制"改革方案。

经政党间协商沟通，决定于 8 月 11 日—24 日举行"立法院"临时会，亲民党因争取到 6 场"修宪"公听会的机会，最终同意将"修宪议程"列入临时会。其中，由"修宪委员会"举行的公听会排在 16 日—18 日举行，上午、下午各一场，邀请相关专家学者参与，而"修宪院会"定在 23 日举行，处理"修宪"提案。

在"修宪"公听会上，与会专家学者大多认为本届"立委"早已错失"修宪"时机，建议先检讨"修宪程序"，再进入实质内容"修宪"，以完成两阶段"修宪"。李念祖、彭怀恩均表示："如果采取'总统制'，'国会'应有'阁揆同意权'，以制衡'总统'的权力，而'总统选制'应采'绝对多数'，才能与'国会'有相抗衡的民意，同时赋予'总统倒阁权'。"而蔡宗珍认为："本届'国会'贸然通过修改部分'宪法条文'，将会带来更大的'宪政灾难'。"她主张两阶段"修宪"，先修程序，再修"宪法条文"。具体做法是先修改现行"修宪"的程序，终结"国民大会修宪"，废除"任务型国代"，同时"增列人民参与'修宪'权利，包括人民联署提案权与强制复决权"。①

尽管社会各界有不同的看法，并未阻挡临时会"修宪"提案表决的步伐。为确保"修宪"提案过关，各政党均下达"甲级动员令"，217 位"立委"中，只有 6 人缺席，民进党和亲民党的"立院党团"全员到齐，全部出席人数远超"修宪"门槛的 162 人。8 月 23 日，经"立法院"的"三读"程序表决，通过以国民党版"修宪案"为主要内容的"宪法增修条文"，包含"立委"席次减半、废除"国大""单一选区两票制"的"立委"选举方式、"公民投票决定'修宪案'"等内容，这与国民党在本阶段"修宪"开启前的主张基本一致。

三、"任务型国民大会"表决"修宪案"

2005 年 3 月 13 日，民进党召开所谓"坚持改革，捍卫台湾"临时代表大会。陈水扁认为这次会议"最重要的任务"是审议通过"第一届、也是最后一届的'任务型国代'提名办法，以利五月底以前顺利选出'任务型国代'，并于七月

---

① 高有智：《朝野施压 学者主张先修程序 两阶段完成"修宪"》，（台北）《中国时报》2004 年 8 月 19 日，第 4 版。

上旬复决由'立法院'所通过的'修宪草案'"。他还强调,"'立法院'去年八月通过的'修宪草案',包括'立委'席次减半、单一选区两票制的'立委'选制改革、'废除国大'以及'公投入宪'四项'国会改革'的重大'宪改议题',这不仅是近年来最重要、也是最具有突破性的一次'宪政改造'工程,其中每一项议题都是民进党长期追求的目标"。①

亲民党、"台联党"虽在2004年"立法院"临时会支持"国会改革修宪案",但在"任务型国大"集会前再提反对意见。亲民党反对"公民复决"和"单一选区两票制"。其中,"公民复决"将完全"破坏'五权宪法'架构",并"极可能遭野心人士不当利用",实际上是反对"台独"势力企图通过"公投制宪"实行分裂活动,加之"单一选区两票制"不利于小党的利益。"台联党"则坚持"制宪正名"主张,反对"单一选区两票制",暴露其"台独"本质。

"任务型国代"选举前夕,各政党的政治立场也颇有为选举造势、拉票等考量。2004年5月14日,"国代"选举开票,民进党和国民党在300名代表中占有244席,分列为"国大"第一、二位,亲民党得票率下滑,从第三大党降为第四大党("台联党"居第三)。6月6日,"任务型国民大会"召开第一次正式会议,决定6月7日邀请"立法院"代表赴会说明"宪法修正案"的要旨并且"复决"修正案。国民党方面表示:"'任务型国代'只是政党代表而非选民代表,必须按照政党立场投票,若有人意图跑票,可以'马上撤换,马上递补'。"民进党也强调:"'国大'开会时,若在表决时有跑票、废票情形出现,立即开除党籍,递补人员。"②可以看出,国、民两党对此次"修宪"较为谨慎,在本阶段"修宪"中目标较为一致,两党都决心力保"修宪案"顺利过关。亲民党、"台联党"、新党和无党籍联盟等均有反对意见。台湾团结联盟的钱林慧君认为"修宪案"的部分条文"有许多不公平之处",例如第12条的"公投入宪",本"应该属于人民的创制权却没有了,还能叫'公投入宪'吗"?③她也反对将投票门槛设得太高,重申其"制宪"主张。亲民党代表胡祖庆重申亲民党的反对"修

---

① 王贝林、邱燕玲:《民进党临全会:推动'宪改'开创安定新局》,(台北)《自由时报》2005年3月13日,"政治"版。

② 《贯彻党纪"修宪案"仍可过关》,(台北)《民众日报》2005年5月26日,第3版。

③ 《"国民大会"第一次会议速记录》(2005年6月6日),载"国民大会秘书处"编:《"国民大会"会议实录》,第227页。

宪案"的立场，还写了《宪政民主与改革》一书，提出一些改革方案和意见，交给大会记录组。他指出当前的政治困境是："首先，主政者作为大幅背离现行'双首长制'。'全民总统''全民政府'与'不释出组阁权'等主张或流于空谈，或自相矛盾，因而使得政府寸步难行。其次，'立院'运作长期存在诸多问题。推动'国会改革'有其必要性。然而在现状得到改善之前，主政者理应遵守'宪政体制'，避免问题失控。将政治责任推给'国会'多数扯后腿在任何民主国家都很难讲得通。"① 新党代表卢瑞钟指出，本次"修宪"充分反映出"国、民两大党，都只看到打压、消灭小党的利益，民进党又看到'公投入宪，台独在望'的利益，却没有看到'立法院'如此草率的'修宪案'一旦通过，将带来多大的灾难。"② 他反对"单一选区两票制"，认为一旦实施，"小党被逐出国会之外，有些会加入国、民两党，但极左和极右的人，由于没有'立法委员'可以发声，将容易改走体制外抗争、街头路线，到时候政局混乱、社会不安、经济衰退、街头流血"。③ 而在"公投入宪"方面，"国民党以为高门槛制止得了'台独公投'，其实，这又是提供一个法律漏洞，供泛绿阵营推动'台独'"。④ 无党团结联盟代表颜宽恒也认为这次"修宪"代表大党利益，目的是"要消灭小党"。民主行动联盟在"国大"宣誓时，站在议场前拉起白布条，散会后，张亚中、李日煌、黄光国还当场撕毁"国代"证书。前"立委"李桐豪指责国、民两党提出的"重复表决说"，强调"除非程序上有争议，没有一部法上有如此做法"。⑤

因民进党、国民党在本届"任务型国代"中占据绝对优势，最终投票结果没有悬念。6月7日，在出席代表298人，投赞成票者249人、反对票者48人，废票1张，超过法定人数四分之三的情况下，"国大"二次会议通过"宪法增修条文"第1、2、4、5、8及增加的第12条，于6月10日由陈水扁公布颁行。

---

① 《"国民大会"第一次会议速记录》（2005年6月6日），载"国民大会秘书处"编：《国民大会"会议实录》，第230页。
② 《"国民大会"第一次会议速记录》（2005年6月6日），载"国民大会秘书处"编：《国民大会"会议实录》，第245页。
③ 《"国民大会"第一次会议速记录》（2005年6月6日），载"国民大会秘书处"编：《国民大会"会议实录》，第245页。
④ 《"国民大会"第一次会议速记录》（2005年6月6日），载"国民大会秘书处"编：《国民大会"会议实录》，第246页。
⑤ 郑孝莉：《"修宪圣地"变成作秀舞台》，（台北）《新新闻周刊》2005年第952期，第52页。

四、"增修条文"相关内容解析

第七阶段"宪法增修条文"中，与"国民大会"相关的部分被全部删掉，最大变化是"废除国大"后实行"单一国会两票制"。具体来看，有如下几个方面的特点：

第一，"国民大会"成为历史后，"中华民国宪法"最后的"法统"象征归于无形，至此，"中华民国宪法"的实质内容大部分被掏空。"增修条文"中有关"国民大会"部分全部删除，以后"立法院"提出"宪法修正案"和"领土变更案"公告半年后进行"投票复决"，"国民大会"不复存在。亲民党代表李慧馨在开会期间发言质问："'五权宪法'是国民党总理所提出的孙文学说、三民主义理论所建构而成，在过去6次'修宪'中，已经修得支离破碎了；而今天国民党却有117位代表当选，而且全部赞成此次'修宪'，而'修宪内容'就是废除'国民大会'。我们实在搞不清楚，此次'修宪'究竟要把我们带到哪里去？"她还呼吁媒体："不要把'国民大会'妖魔化、扭曲化。"[1] 有学者指出，本次"修宪"出现"单一国会"，从政党到"国代"都应负责。"国、民两党皆对'党籍国代'威之以党纪、诱之以利，在高压与怀柔并济的状况下，使'国代'依政党或党团的意志投票，自废武功而确立了'单一国会'的架构。"政党方面，国民党和民进党因"利益结合而呈现出高度合作的样态，而各党派的'修宪'行为者，亦在时空与制度的脉络下，考虑自身利益与目标，不惜多次转变立场，以做出对自身最有利的理性化选择，造就了'国会'单一化的定位"。[2]

废掉"国大"后，其原有权力大部分转移至"立法院"，其中"修宪与变更国土的创制权"违背"直接民权"的原理，是"立法院"借着"修宪"的行为"侵夺国民大会的权限"，从"程序正义、民主正当性与法治的角度"来看，均有"不当之至"，也违背了"宪政主义与自由民主的基本原理"。[3] 值得注意的是，

---

① 《"国民大会"第一次会议速记录》（2005年6月6日），载"国民大会秘书处"编：《"国民大会"会议实录》，第188页。
② 李炳南等：《2005台湾"宪改"》，（台北）海峡学术出版社，2003，第158页。
③ 周阳山：《七次"修宪条文"逐条分析》，载周世辅、周阳山编：《"国父"思想》，"国父"思想教学研究会，1976，第512页。

"国民大会"废除后，"中华民国宪法"得以维系的"法统"自然也就不存在了，"中华民国宪法"仅保留外壳，原有精神已经变质。

第二，"立法院"的职能变化。"立法委员"人数从225人减为113人（从七届开始），任期定为四年，可以连选连任。其中，"立委"席次分配与2000年相比，变化如下：

2000 年 4 月 25 日	2005 年 6 月 10 日	减少
直辖市、县市 168 人，每县市至少 1 人	直辖市、县市 73 人，每县市至少 1 人	95 人
平地少数民族及山地少数民族各 4 人	平地少数民族及山地少数民族各 3 人	2 人
侨居"国外国民"8 人	不分区及侨居"国外国民"34 人	15 人
不分区 41 人		

根据本阶段"增修条文"规定，不分区及侨居"国外国民"的名额按照政党名单投票选举，实行"单一选区两票制"。时任"行政院研考会主任委员"叶俊荣认为，实行"单一选区"有助于"让温和稳健的候选人当选，减缓'劣币驱逐良币'的反淘汰现象"，且"两票制"采用"一票选人、一票选党"的设想，将会"强化民主政治下的政党政治"。在这样的体制下，"政党政策辩论成为选战的主轴"，还可以"强化'国会运作'的效能及正当性"，重塑"国会"形象并"大幅降低金权政治运作"。他指出，"立委"席次减半对"单一选区两票制"有积极作用，将"避免因为席次过多使得单一选区划分过小，而造成'国会'以及'中央政党'地方化的危机，协助发挥单一选区的制度量能"。[①]从"单一国会"的角度来看，"在目前的复数选区制度下，'立委'对于连任并无太高把握，表现不好的委员可能依赖政党配票而当选，表现优异的委员也可能因为被认定一定高票当选而流失选票，以落选收场"。实行新选制后，"第一次改选能够获胜的'立委'，将成为该区中唯一的现任者。连任者本来就享有知名度、募款能力、选民熟悉度以及行政资源的优势，在单一选区的制度下，又除去了配票和弃保所引发的不确定性，将使得选区中唯一的现任者优势更加被放大"。这种优

---

① 叶俊荣：《专题演讲：2005 年"宪改"所造成"宪法"变迁的典范转移》，载林文程主编：《"宪政改革"与"国家发展"——2005 年台湾"宪改"经验》，（台北）"财团法人台湾民主基金会"，2006，前言。

势放大的结果之一，是"高连任比例及长期连任的议员"。① 有反对意见指出："在单一选区的设计下，每个选区只能选出一席'立委'，加上'立委'席次减半，僧多粥少的情况下，'立委'选举过程的党内竞争和党际竞争之激烈可想而知，同一选区的同党'立委们'为了争取唯一的提名，将面临相残的局面，相互攻讦、违纪脱党参选的情形，也会较以往更为严重。"②

第三，"司法院"的职能变化。2000 年的"宪法增修条文"中，"立法院"提出"总统、副总统"弹劾案的提交对象是"国民大会"，并且需要"国大代表"总额三分之二同意，方能有效。本阶段"宪法增修条文"中规定，"立法院"提出"总统、副总统"弹劾案，应申请"司法院大法官"审理，一旦"宪法法庭"判决生效，被弹劾人就应卸任。"修宪案"列出的理由是"'总统、副总统'之罢免，对人不对事，宜由全民投票复决之。而'总统、副总统'之弹劾，系对事不对人，宜由司法机关审理之"。

有学者认为："不论是罢免还是弹劾事件，既是'对人'也是'对事'，只是'案件本质'不同而已。"因为"弹劾"属于"法律责任的追究"，属于"法律问题"，而"法律问题本质上系属是非对错的判断，须依证据认定，非凭好恶决定，故必须遵守一定法律程序，包括起诉事由、对班过程、证据法则、审理程序、判决"等，因此"立法院"应提出"具体违法失职之证据"，并且"弹劾的事由应限于与'总统、副总统'职务有关之行为。因'总统、副总统'各种行为动见观瞻，为避免产生政治上的动荡，应限于与职务有关的违法行为……但因政策失误，则不宜以弹劾追究之"。③ 最佳处理方式是另设专法，规定弹劾的具体事由，以求明确。也有学者对"大法官"在审理"弹劾案"时是否能持公平立场表示怀疑："'大法官'之中超过一半（8 位），俱由现任'总统'所提名。尽管'大法官'有其资格要件限制，但'总统'在提名时必然会考虑'大法官'本身的政治立场、意识形态，乃至人际关系与人事背景。这些因素均会影响到

---

① 盛治仁：《单一选区两票制对未来台湾政党政治发展之可能影响探讨》，载林文程主编：《"宪政改革"与"国家发展"——2005 年台湾"宪改"经验》，（台北）"财团法人台湾民主基金会"，2006，第 124 页。
② 蔡学仪：《单一选区两票制之政治影响分析》，选自梁世武编著：《单一选区两票制》，（台北）台湾商务印书馆股份有限公司，2008，第 99 页。
③ 杨颖超、赵中麟：《七次"修宪"后"中华民国宪法" Q & A》，（台北）风云论坛有限公司，2006，第 372—373 页。

'大法官'在审理'总统弹劾案'时的政治立场与专业判断。"①

第四，"宪法修正案"和"领土变更案"的提出需要全体"立法委员"四分之一的提议以及全体委员总数四分之三出席并达到出席数的四分之三的决议，才能进行公告，等公告期满半年后，由"中华民国自由地区"符合条件的选举人进行"投票复决"，有效同意票超过选举人数总额的半数，方能通过，正式生效。这意味着凡是修正"宪法"或者"变更领土"，都需要经过两个阶段。其中，"立法院"表决阶段难度不大，但"投票复决"使得这两案最终能否通过存在很大的困难。有评论指出，这条规定"对于台湾如何智慧地处理两岸关系的未来，可能构成不容小觑的考验，需要共同正视加以面对"。②

五、结语

陈水扁及民进党当局主导的第七次"修宪"的完成，既体现出政党政治下党派利益和政治利益交织、妥协的复杂面向，也形成台湾地区政治体制新格局，其结果并没有带来台湾政治稳定的局面，转型带来政党对立、社会撕裂、民主失范等负面效应至今仍然存在。

首先，这是民进党当局操纵的第一次"修宪"，也是陈水扁8年"执政"期间的唯一一次"修宪"，基本达成陈水扁及民进党当局所谓"二阶段宪改"的第一阶段目标，离"台独"目标再进一步。

2000年，民进党陈水扁上台，台湾地区首次出现政党轮替。在上台之初，陈水扁曾承诺："不会宣布'台湾独立'、不会推动'两国论入宪'、不会'更改国号'、不会推动改变现状的统'独'公投，没有废除'国统纲领''国统会'问题。"事实证明，陈水扁"就职演说"中的"四不一没有"就是骗局，"国统会""国统纲领""国民大会"都在他任期内废除。不仅如此，他还在"去中国化"的路上越走越远，不仅下令撤除公众场合带有"统一中国"及"反对台独"等字样的标语口号，还企图去掉一切带有"中国""中华"象征的名称、图案、

---

① 周阳山：《七次"修宪条文"逐条分析》，载周世辅、周阳山编：《"国父"思想》，"国父"思想教学研究会，1976，第516页。

② 社论：《欣见"国会改革修宪案"踏出实践的第一步》，（台北）《中国时报》2004年8月24日，第2版。

徽章、标志、符号。2004 年，陈水扁获得连任后，更是抛出所谓"一边一国"论、"公投入宪"，彻底抛弃一个中国原则。有舆论认为，陈水扁当局的正当性基础是"建立在本土意识以及'正名''制宪'等信念之上"的，部分选民在其"达成使台湾成为一个'正常国家'的目标"①的催化下，才选择支持他。

陈水扁自诩此次"修宪"有四方面"成就"：第一，这次"修宪"是"开始不是结束"。他在第一阶段完成复决"修宪案"后，已正式启动第二阶段"宪改工程"，委任"总统府秘书长"游锡堃加速推动筹组'宪政改造委员会'，广邀社会各阶层人士，针对"宪改"范围与程序研议共识，于 2008 年起适用。第二，他认为这次"宪改"是把"权力更完整还给人民"；他认为"宪法"就是"人民与政府之间的契约书"，这部"宪法"从当初"制定"到后来的"修正"，并没有经过"人民"的同意，而"随着这次'宪改'的完成，'国民大会'将永远走入历史，'宪改'最后的决定将完整属于'人民'所有。第三，这次"宪改"已经打破过去"守旧与僵化"的"宪政法统迷思"；他认为"宪法"存在"不是要维持任何虚幻的政治法统"，"既然'国民大会'都可以走入历史，那未来是否要维持'五权宪法'、省府的存废等，都能有所定论；过去受制于意识形态，'宪改'都只能做枝节的修正。一旦这样的迷思与心理障碍都能突破，表示我们已经做好'全面宪改'的工作"。可以发现，"废省"、抛弃"五权宪法"的架构会成为民进党研究的重点。第四，陈水扁指出，"宪改工程"是"民主深化"的重要历程，也是"进行公民教育最好机会"，为了"强化民众对'宪法'认知与认同"，未来"宪改"除"相关制度更张"外，还要"加强民众教育与倡导，透过一系列公民会议、专题座谈与媒体报道"，使"全民都对现代民主宪政思潮有正确认知，落实至生活每一层面，让台湾成为真正'民主国家'，并为其他国家所借镜"。②第三点和第四点体现出民进党企图通过"修宪"实现"台独"的分裂图谋。

其次，这一阶段"修宪"中，国民党与民进党意见趋同，国民党不再坚持维护"法统"本色，而是以再度执政和"本土化"为目标，这无疑体现出政党政

---

① 社论：《期待陈"总统"发挥政治智慧与道德勇气迷途知返》，（台北）《自由时报》2005 年 3 月 2 日，"言论"版。

② 苏永耀：《扁吁朝野合作 完成二次"宪改"》，（台北）《自由时报》2005 年 6 月 8 日，"焦点版"。

治下，政党利益和政治利益至上的倾向。如在"公民投票"和废除"国民大会"问题上，国民党并不反对。若林正丈指出，在"台湾式半总统制"之下，只要使用这些权限中的一部分，政党轮替后在野国民党占多数的"立法院"，就足以让人意识到有如新"宪政怪兽"一般的演出。[①]

最后，这一阶段"修宪"建立起新的政治秩序，并对"立委"选制进行改革，但存在明显缺陷。游盈隆指出，新选制取代了旧有的"多席次单一不可转移选票制"，一方面"革除了旧制的弊端"，"形塑稳定的两党制和政治体系的温和化"；另一方面导致"选举结果明显地'不成比例性'，而造成民意的严重扭曲"。[②] 尤其是在台湾地区现有选制下，明显对大党有利，国、民两党成为主要竞争对手，其他党派由于在"立法院"席次分配上没有优势，对台湾地区政治影响力日趋减弱。

（原载《台湾历史研究》2022 年第 1 期）

---

① ［日］若林正丈：《战后台湾政治史——"中华民国台湾化"的历程》，（台北）台湾大学出版中心，2014，第 286 页。

② 游盈隆：《苦涩的果实：论民进党八年"执政"的"民主宪政"表现》，载林万亿总编辑：《民进党八年"执政"论文集（2000—2008）》，第 605 页。

民进党与日本关系源考

王键

民进党是主张"台独"的政党，不论是其人员构成还是其党纲，都有明显的"台独"倾向。民进党自1986年成立至今，始终与日本维系着密切联系。民进党许多"大佬"深受"皇民化"影响，又长期在日本求学，日后成为民进党草创时期的重要成员。当今民进党"台独"势力泛滥，不外乎是战后日本长期扶植"台独"势力，以及美日精心培植围堵中国崛起"马前卒"的结果，亦是蒋经国时期国民党当局"本土化"治台策略严重失衡的畸形产物。

一、民进党草创时期与日本的渊源

（一）民进党的草创与日本扶植"台独"经略

奉行"台独"的民进党与日本的关系可谓"盘根错节、源远流长"。台湾统派学者王晓波指出，战后"台独"运动的起源有两条线索：一是美国霸权主义，一是日本殖民主义。[①] "台独"起源最早可追溯至1945年8月日本侵台军人策划的"台湾独立自治运动"。1945年8月15日日本天皇宣布投降，以牧泽义夫、宫中悟郎等为首的一批法西斯少壮军官串通林熊祥、许丙等台湾"皇民"，密谋以台湾岛作为日本的复兴基地，发动所谓"台湾独立自治运动"。虽然由于

---

① 王晓波：《中国是台湾人民不可剥夺的权利》，http://www.china.com.cn/zhuanti2005/txt/2004-09/10/content_5657306.htm。

此计划未获侵台日军司令官兼台湾总督安藤利吉的支持而胎死腹中，但随后仍有少数顽固的日本右翼分子与台湾"皇民"持续暗谋"台独"，此为战后"台独"最初之端倪。① 概括之，从"台独"出笼的那天起，"就只是极少数日本法西斯军人和为其做走狗的台奸因恐惧受到中国人民的惩罚而苦心谋划的一条自保之策"。②

攀藤莬丝，错综复杂。日本亦长期是战后海外"台独"势力的大本营，从"台独"势力的发展脉络来看，其本身与日本右翼势力有着千丝万缕的密切联系。③1955 年 9 月 1 日，流亡日本的廖文毅等"台独"分子在东京纠集成立"台湾共和国临时国民议会"（廖文毅当选为"议会主席"）。该"议会"于 1956 年 2 月 28 日，选出所谓的"台湾共和国临时政府"（廖文毅出任"总统"）。该"临时政府"使用日本昭和纪年，"国旗"为太阳旗上附一轮新月。"国歌"含有"世纪的东南风"等日语句式，活动经费也多来自"台湾独立后援会""日台协会"等日本右翼团体。④1960 年 2 月，一批旅日"台独"分子又结成"急独"的"台湾青年社"（后改称"台湾青年独立联盟"），并发行日文刊物《台湾青年》。"台湾青年社"首任委员长为王育德，重要成员有许世楷、黄昭堂、金美龄、罗福全、黄文雄等。1967 年 4 月"台独"分子史明在东京成立"台湾独立联合会"。这些旅日"台独"组织的骨干分子大多在台湾深受"皇民化"影响，长期在日本求学，日后成为民进党草创时期的重要成员。如许世楷取得东京大学法学博士学位后，长期在日本的大学任教。他在 1960 年参与创建"台湾青年社"后，1970 年又参与创建海外"台独"势力合流的"台湾独立联盟"（总部设于美国），并先后出任"台独联盟"日本本部委员长，"台独联盟"副主席、主席；2004 年 5 月，陈水扁任命其为"驻日本代表"。同样取得东京大学博士学位的黄昭堂先后出任"台独联盟"主席、陈水扁"总统府国策顾问"等。金美龄拥有早稻田大学博士学位，是"台独联盟"中首位女性盟员，长期在日从事"台

① 《学者新论：日本成为中国统一台湾的另一个障碍》，http://gb.cri.cn/3821/2004/07/21/148@239868_6.htm；"'台独'逆流的来龙去脉"，http://www.gov.cn/test/2006-04/26/content_266023.htm.
② 黄嘉树：《台湾能独立吗？》，南海出版公司，1994，第 24 页。
③ 岳利军：《蒋氏父子时期日本右翼势力与"台独"势力的互动情结》，《长春大学学报》2009 年第 1 期，第 93—95 页。
④ 黄嘉树：《台湾能独立吗？》，南海出版公司，1994，第 32 页。

独"活动,曾一度出任陈水扁"总统府国策顾问"。罗福全曾先后到日本早稻田大学、美国宾州大学攻读经济学硕士、博士学位,也是"台独联盟"创始盟员。陈水扁上台伊始,就任命其出任"驻日本代表",后任"亚太关系协会"会长。以1970年4月"纽约刺杀蒋经国案"而著称的黄文雄,拥有日本明治大学西洋经济史学硕士学位与美国康乃尔大学博士学位。曾任日本台湾同乡会会长,"台独联盟"日本本部委员长、拓殖大学日本文化研究所客座教授等,亦一度出任陈水扁"总统府国策顾问"。另外,"台独教父"彭明敏曾于日本殖民统治时期就读东京帝国大学(东京大学旧称);"台独大佬"辜宽敏(父亲是日本殖民统治时期台湾"皇民首富"辜显荣、母亲岩濑芳子是日本人)长期在日从事"台独"活动,一度出任"台独联盟"主席。"台独"理论家史明,也长期"蛰居"日本。由此可见,民进党在草创时期,与日本的关系就"盘根错节、源远流长"。

大约自20世纪80年代开始,为变革与现代经济社会不相适应的传统经济体制,国民党当局开始推行台湾经济"三化"(经济自由化、经济国际化、经济制度化)政策。[①]再加上美国的"民主化"压力及蒋经国"本土化"治台策略的严重失衡等缘故,岛内"台独"思潮泛滥,"台独"活动日趋公开化。

1986年9月28日,聚集岛内外"台独"分子的民进党在台北宣布成立,虽然民进党最初的党纲并没有提及"台独",但"这个在胚胎里就具有浓厚分离倾向和'台独'意识的政党,随着台湾政治环境的变化,'台独'主张日益显露;1987年5月由民进党主导的街头运动,第一次出现'台湾独立万岁'的口号"。[②]1988年1月13日蒋经国病逝,"皇民"意识浓厚的李登辉攫取权柄后即推行"渐进式台独",他以"言论自由"为名特赦"台独"分子,允许岛外"台独"分子返台等。海外"台独联盟"亦鼓励所有盟员加入民进党,民进党更公开聘请"台独联盟"主席张灿鍙为民进党"顾问"。[③]李登辉不仅成为"台独"势力的最大保护伞,而且刻意从内部肢解分裂国民党。此后,随着李登辉对"台

---

① 李非:《台湾经济发展通论》,九州出版社,2004,第146—148页。
② 陈孔立主编:《台湾历史纲要》,九州出版社,1997,第501页。
③ 李蓓蓓编著:《台港澳史稿》,华东师范大学出版社,2003,第219页。

独"势力的日趋纵容与支持以及国民党统合能力的骤降，民进党势力日趋膨胀。1991 年 10 月，民进党第五届全代会正式将"台独"主张列入其党纲。①

（二）日本极为关注民进党

毋庸置疑，奉行"台独"路线的民进党成立也是日本政界所期盼的，日本对台湾始终是"关怀备至"的。战后初期，日本吉田茂内阁就曾策划"日台邦联"(Union Between Formosa and Japan) 或"日台联合王国"(Japanese United Kingdom)。② 前台湾总督府官员井出季和太亦提出建议称"以美国军事基地为条件，用联合国委任统治为名义，移交日本来民政管理，是最为合理的措施"。③ 待其图谋不及实现后，日本则暗中资助廖文毅等"台独"分子在日本活动。但吉田茂坚称"日本政府只是把领土权放弃，归属尚未决定"。④ 日本政府将民进党的成立作为其深度介入台海问题的一个新契机，随即组成以东京大学教授若林正丈为首的研究课题组，开始对民进党进行全面的战略考察。1998 年 5 月，若林正丈又发起成立日本台湾学会。⑤

民进党推行"台独"非常需要来自岛外反华势力尤其是日本的支持。1988 年 4 月，民进党二大临时会通过之"四一七决议文"第三点提出："本党要求世界列强各国，尤其是美国、日本……应该早日重新调整对台湾的政治'外交'关系，尊重台湾在国际社会之生存权利。"⑥ 不过，基于长期执政的日本自民党与国民党具有深厚的历史渊源，民进党草创时期多与日本在野政党进行对话。

---

① 汪守军、田洪强：《略论民进党的"台独党纲"及其"绞索效应"》，《重庆社会主义学院学报》2007 年第 3 期，第 51—54 页。

② 陈肇斌：『戦後日本の中國政策——一九五〇年代東アジア國際政治の文脈』，（东京）东京大学出版会，2000，第 99—102 页。

③ ［日］井出季和太：『講和会議と台湾の帰勢』，（东京）雨天居书店，1950，第 218 页。

④ ［日］吉田茂：『世界と日本』，（东京）番町书屋，1963，第 141 页。

⑤ 1998 年 5 月汇集日本涉台研究者的日本台湾学会宣告成立，东京大学教授若林正丈出任第一任理事长（台湾政治、台湾史研究），若林正丈现任早稻田大学台湾研究所所长、教授；台湾学会现任理事长为日本经济产业省亚洲经济研究所首席研究员佐藤幸人（台湾经济研究）。该学会不定期举办会议、出版学会学报，派遣学者赴台交流等，是日本最大的涉台智囊机构。

⑥ 党朝胜、刘宏：《民进党大陆政策研究》，九州出版社，2004，第 35 页。

随着冷战结束以及美日同盟对台海的日趋重视，李登辉与民进党"台独"愈加合力拉拢日本。1994 年 3 月，李登辉与日本作家司马辽太郎对谈时，首次对日本媒体人士袒露其"台独"心怀。①1999 年 7 月 9 日，李登辉接受"德国之声"电台专访时，正式发表蔡英文等幕僚策划的"两国论"。②9 月 21 日台湾发生 7.6 级大地震，造成严重人员和财产损失。③11 月李登辉借机邀请日本右翼代表人物、东京都知事石原慎太郎以"赈灾"为名赴台，大搞"地震外交"。④11 月 15 日，中国外交部发言人指出："石原借慰问灾情之名到台湾活动，但在台湾却大放厥词，甚至称台湾为'国家'，再次暴露了其反华的政治本质和破坏中国统一大业的险恶用心，我们对此表示强烈愤慨。"⑤

日本政府对台湾岛内异常活跃的民进党"台独"倾向，早就予以高度关注。如 1999 年初，时任首相小渊惠三曾明确指令，必须迅速与陈水扁进行联系。2000 年 5 月 19 日，陈水扁的《台湾之子》在日出版；5 月 20 日石原慎太郎赴台参加陈水扁"就职典礼"并与其单独会晤，日本官方与陈水扁民进党当局建立了较为紧密的联系渠道。2000 年 3 月 18 日宣布陈水扁当选后，日本国会超党派亲台组织——日台"议员恳谈会"会长山中贞则便马上召开紧急会议，要求议员尽快熟悉陈，"与陈水扁展开正面交流"⑥

---

① 李家泉：《欲把台湾人民引向何方？——评李登辉与司马辽太郎对话》，《台声》1994 年第 7 期。

② 《1999 年李登辉为何故意抛出"两国论"？》，http://news.ifeng.com/a/20140623/40851729_0. shtml.

③ 《台湾 9.21 集集大地震 (1999 年 9 月 21 日)》，http://www.cea.gov.cn/manage/html/8a858788163 2fa5c0116674a018300cf/_content/11_05/13/1305262023051.html.

④ 《台湾"统盟"抗议石原慎太郎访台》，http://www.chinanews.com/1999-11-17/26/7967.html.

⑤ 《就日本东京都知事石原慎太郎访台破坏中国统一的言论，外交部发言人表示强烈愤慨》，http://www.people.com.cn/GB/shizheng/252/4157/4161/20010214/395451.html.

⑥ 张进山：《日本政界的台湾帮及其对中日关系的影响》，载卢晓衡主编：《中国对外关系中的台湾问题》，经济管理出版社，2002，第 81 页。

二、民进党主政时期（2000—2008：实质性发展的日台关系）

（一）倾力拓展多元化与全方位的"对日交往新体制"[①]

2000 年 3 月民进党候选人陈水扁当选台湾地区领导人，"在建党纲领中明确宣布要建立'台湾共和国'的民进党执掌台湾权力中枢"。[②] 民进党不仅由在野党一跃为"执政"党，其与日本的关系亦发生跨越式提升。此后，民进党不仅继续保持与日本在野党的联系，更积极发展与执政的日本自民党的关系，同时全面接管国民党在日本长期经营的势力范围。日本则始终坚持"以台制华、联台制华"的战略思维，面对台湾政局变迁，长期与国民党打交道的日本亦意识到须与民进党进行全面的对话，而同时之"小泉纯一郎内阁对华对美及东亚政策对于日台关系给予了直接与间接的影响"。[③] 至此，民进党主政下的日台关系进入超常规发展的八年阶段。[④]

李登辉与陈水扁民进党"台独"脉络是一致的，陈水扁主政后与李登辉多次"面晤"，请教对日工作经验。李登辉不仅"面授机宜"，并把十几年来做日本工作积累下来的关系与人脉悉数交给陈水扁。[⑤] 主要参照李登辉的对日谋略，陈水扁确定的"对日工作方针"要点是加强政党交流，克服没有正式邦交的困难；加强与日本官僚组织的接触，促进经贸合作；培养精通日本政经情势的学者和智库，经由学术交流和研讨会等民间"第二管道"与日本专家学者交换意见，凸显台日关系的重要性；增进和日本年轻政治家的接触，培育双方共同的认识；确立台日在东亚安保的共同利益，同时确立美日台三者关系的安全网。[⑥] 简言之，

[①] 严安林、黄中平：《民进党对外关系研究》，九州出版社，2004，第 94 页。

[②] 吴寄南：《冷战后的日台关系》，上海人民出版社，2009，第 200—201 页。

[③] [日] 川岛真等：《日台关系史（1945—2008）》，（东京）东京大学出版会，2009，第 197 页。

[④] 马千里：《论民进党执政时期的日台关系——以两岸统"独"之争为视角》，《重庆科技学院学报》2010 年第 5 期。杨运忠：《日台关系的新发展》，《当代亚太》2004 年第 1 期。陈永明：《日本加强与台湾关系的原因及影响》，《当代亚太》2006 年第 2 期。王键：《悄然升温的日台关系》，《新远见》2007 年第 5 期。

[⑤] 严安林、黄中平：《民进党对外关系研究》，九州出版社，2004，第 94 页。

[⑥] 台"中央社"，2005 年 5 月 30 日电。转引自吴寄南：《冷战后的日台关系》，上海人民出版社，2009，第 201 页。

民进党不仅在政治军事上积极推动建立日台"安全合作机制",而且在经济上亦大力实施"联日抗共",以便为实现其"台独"创造外部条件。

民进党当局陆续增设对日机构。2001年初,陈水扁在"总统府"内设置其亲任组长之"对日工作专案小组",是年8月设立"台日友好协会"(民进党前主席谢长廷出任会长),同时重组超党派的台湾"立法院台日交流联谊会"(国民党籍"立法院副院长"江丙坤任会长),以及"台日交流基金会"(会长是"国策顾问"金美龄)等。2002年2月,台"外交部"下增设"日本问题咨询委员会""对日工作小组"等,还进一步充实"东亚关系协会",并创办高端对话平台——"台日论坛"。此外,陈水扁特意延揽彭明敏、辜宽敏、黄昭堂与金美龄等一批亲日"台独"大佬担任"总统府资政"或"国策顾问"。日本亦相继出现"TJL——日台友好联盟""日台经济安保研究会"等右翼亲台团体。

民进党希望"以多元、多渠道的方式","重新建构台日关系"。[1] 民进党大体上沿袭国民党对日策略,持续推进与日本朝野政党的联络。陈水扁当选后,一方面与执政的自民党建立起正式联络管道,另一方面加强与在野的日本民主党的联络。2000年8月7日,由8名民进党"立委"组成的民进党访日团赴日活动。2001年4月,小林兴起等45名自民党议员成立"日台国会议员友好联盟",8月该会与民进党共同宣布成立"台日国会议员友好联盟"(民进党"立委"林重谟任会长)。2002年初民进党主席谢长廷访日;8月民进党秘书长张俊雄赴日本进行"政党交流",图谋借由"政党外交",提升与日本的"实质关系"。[2]9月4日,唐碧娥等20多名民进党"立委"发起"台日政治精英会",以日本"年轻国会议员"为交流对象,以图建立未来"沟通平台"。[3]

(二)日台交往不断突破既有框架

2000年5月,"总统府秘书长"游锡堃与"国安会咨询委员"叶国兴出访日

---

① 《"总统"参加"台日政党研讨会"开幕典礼》,《"总统府"新闻稿》2003年4月29日。陈文寿:《近期台湾与日本关系探析》,中国战略与管路研究会,http://www.cssm.org.cn/view.php?id=12027.

② 《民进党秘书长张俊雄今赴日搞"政党外交"》,http://news.eastday.com/epublish/gb/paper148/20020824/class014800005/hwz751076.htm.

③ 《民进党拉拢日本议员搞"台日政治精英会"》,http://tw.people.com.cn/GB/14812/14874/941566.html.

本，以落实民进党建立"美日台三角安全联盟"或"美日台东亚安全机制"的议题。①2001年4月，森喜朗内阁准允李登辉"赴日治病"；②12月日本将赴台官员层级提升至课长级。③2003年9月3日，"总统府秘书长"邱义仁在东京举行的"台日论坛"上称，台日已经从"沉默的伙伴关系"迈向"成熟伙伴关系"发展。④2004年7月，陈水扁任命"台独"大佬许世楷出任台湾"驻日代表"。11月24日，日本民主党"日台安保经济研究会"公开支持"台湾独立"。⑤陈水扁当局还积极运用经济筹码对日本进行拉拢，如2004年底宣布，台北至高雄的高速铁路，完全引进日本的技术。⑥

2005年3月，日本以爱知国际博览会为由，给予台湾旅客免签待遇。8月通过台湾旅客免签证特例法案，给予台湾旅客永久性免签证待遇。10月日台合力出台第一次日本版"台湾关系法（草案）"⑦，执笔者（日本国际平成大学教授）浅野和生竟辩称此举是"为了巩固亚洲的安全与繁荣等日本的国家利益"。⑧10月民进党当局还增设"日本事务会"⑨，以提升对日"外交"层级。11月底，在东京举行第30届"日台经济贸易会议"。12月民进党当局明确提出对日关系发展目标：一是要强化与日本的"准战略伙伴关系"；二是要改变1972年台日"断

---

① 王建民：《"美日台战略同盟"的台湾角色》，http://news.xinhuanet.com/world/2005-04/12/content_2819355.htm。

② 《森喜朗向李登辉发放签证，遭到日本媒体强烈抨击》，http://news.sohu.com/78/10/news144901078.shtml。日本在台湾问题上的动作得到了美国的配合。就在日本政府发给李登辉签证的4月20日，美国政府也发给了李登辉5月赴美访问母校康奈尔大学的签证。这显然是精心策划的行动。

③ 严安林、黄中平：《民进党对外关系研究》，九州出版社，2004，第98页。

④ 《日本退役将军为台军支招：购买P-3C型反潜机》，http://news.163.com/06/0109/12/271BVCVC00011234.html。

⑤ 《日本亲台帮又在闹腾，通过五项决议公然支持"台独"》，http://news.sohu.com/20041201/n223263939.shtml。

⑥ 《李登辉政治介入日本新干线挤进台湾高铁》，http://news.sina.com.cn/c/2004-12-28/10515352739.shtml。

⑦ 王键：《21世纪日本版"台湾关系法"管窥》，《东北亚学刊》2015年第3期。

⑧ [日]浅野和夫：《一九七二年体制下日台关系之再检讨——往制定日本版"台湾关系法"目标前进》，何义麟译，《台湾国际研究季刊》第3卷、第1期（2007/春季号），第59页。

⑨ 《台当局成立日本事务会，企图与日官方直接打交道》，http://news.sina.com.cn/c/2005-10-21/10368074142.shtml。2008年6月，"日本事务会"被裁撤。参见《马英九将裁撤"日本事务会"，对日思维生变》，http://news.sohu.com/20080616/n257521990.shtml。

交"后官方交往受限的状况，提高双方交流的层级。①

2006 年，日台政治交往层级进一步提升。2 月 4 日，时任外相麻生太郎在福冈演讲时公然称台湾为"国家"；3 月 9 日在参院预算委员会上再次称台湾"是一个法治国家"。②4 月"总统府秘书长"陈唐山出访日本；6 月"行政院陆委会主任"吴钊燮对日本进行"例行性访问"；7 月"立法院长"王金平和台北市长马英九亦先后访日。8 月日本农林水产省副大臣宫腰光宽赴台，并与陈水扁会谈，成为 1972 年日台"断交"后第一个正式访台的现任副大臣。③10 月民进党主席游锡堃在早稻田大学演讲时，妄言"大陆崛起"是台日面临的"最大的挑战"，必须台日"共同应对"。④

经过民进党与日本合力，最终建立了陈水扁所称之"畅达的沟通管道"和"多方的沟通管道"，日台关系进入了"三十年来最好的阶段"。⑤

三、推进日台军事合作是民进党既定目标

民进党主政后，日台关系的基础渐由"历史情结"转变为现实的战略利益，日台军事合作的战略内涵明显增强。⑥日台军事合作是美日台安全合作的重要一翼。1999 年 11 月，陈水扁在民进党"跨'世纪'政策小册子"中提出："对日关系要营造台日在东亚安全上的共同利益，建立美日台三角安全网络。"⑦2001 年1 月，陈水扁接受日本《世界》月刊专访时称："如果台海发生危机或战争，不只是台湾，日本和美国在西太平洋的地位都会受到威胁。"同年 3 月，台湾"驻

---

① 《台日关系暗流涌动，日更公开插手》，http://news.ifeng.com/taiwan/detail_2006_09/22/1037964_1.shtml.

② 《中方强烈抗议麻生公然发表违背〈中日联合声明〉的言论》，http://news.china.com/zh_cn/news100/11038989/20060309/13157791.html.

③ 《日本农林水产省副大臣 8 月访台见高官》，http://news.sina.com.cn/c/2006-09-13/103310010661s.shtml.

④ 游锡堃主席今应邀于早稻田大学演讲，主题为"台湾的生存之道"，民进党新闻稿，2006 年10 月 25 日。引自陈文寿：《近期台湾与日本关系探析》，http://www.cssm.org.cn/view.php?id=12027.

⑤ 《小泉任内台日关系，扁：30 年来最好阶段》，（台北）《自由时报》2006 年 9 月 20 日。

⑥ 吴寄南：《日台军事互动的现状、背景及未来走势》，《现代国际关系》2006 年第 9 期。肖康康：《美日台军事互动关系的新发展》，《国际资料信息》2007 年第 9 期。王键：《21 世纪初日台军事关系动态之管窥》，《台湾历史研究》第四辑，社科文献出版社，2016，第 170—182 页。

⑦ 严安林、黄中平：《民进党对外关系研究》，九州出版社，2004，第 99 页。

日代表"罗福全称："如何在日美同盟关系中寻找出台湾的利益，将作为今后对日工作的最重要项。"民进党秘书长张俊雄访日时亦表示，台湾愿意在所有领域与日本寻求最大的合作，在区域安全上，积极推动建立"美日台的东亚安全机制"。①

2002 年 2 月，台"外交部长"简又新称："美日间缔有《日美安保条约》，我与美国间则有'台湾关系法'，构成重要联结，三方共同努力确保台海安全，不但符合三方共同利益，亦符合亚太地区整体利益。"3 月，简又新提出对日工作五项重点。② 8 月 18 日，藤井严喜在台北举办的"美日台三方安保对话"会议上称，一个"独立自由"的台湾对日本至关重要，台日是"命运共同体"。③

民进党主政时期，日台军事合作日趋"制度化"。2002 年 10 月 13 日，日本首次邀请"国策顾问"黄昭堂、台湾"驻日代表"罗福全等出席海上自卫队创建 30 周年国际观舰仪式。2003 年 1 月，日本陆上自卫队退役将领长野阳一出任"日本交流协会"台北事务所情报主管，台湾"驻日代表处"随即增设"驻日军事协作组"，王伟先以"国安局特派员"身份常驻东京，专门联络日本军方高层。2003 年 7 月，"日本交流协会"台北事务所所长内田胜久公然进入台"国防部"，与"国防部副部长"康宁祥晤谈。④2004 年 7 月，台湾"国安会秘书长"邱义仁率政治安全部门多位重要人物秘访日本。在 2005 年台军举行的"汉光 21 号"演习中，日本军事顾问随同美国军事顾问一同前往参与。⑤东京财团专设"军人同行交流会"，连续举办台海问题研讨会。

在因陈水扁当局推行"法理台独"而引发两岸关系日趋紧张的形势下，挟日本抗衡大陆愈加有其现实的可能性和必要性。因此，2004 年 3 月陈水扁再次当选后，更加积极推动建立台日"安全伙伴关系"和"日台准军事同盟"。2004 年 11 月，日本防卫厅无端假设："中国在东海资源、尖阁列岛、台湾三项问题，可

---

① 王建民：《民进党积极加强台日关系的心路历程》，http://www.china.com.cn/chinese/2003/Sep/401221.htm.

② 简又新：《"我国"与日本关系之现况及展望》，台"外交部"网站，2002 年 3 月 7 日。

③ 《台召开"三方安保对话"勾结美日"拒统谋独"》，http://news.eastday.com/epublish/gb/paper141/31/class014100023/hwz746549.htm.

④ 康宁祥：《与美日互动面临新情势》，（台北）《中国时报》2014 年 7 月 15 日。

⑤ 《日本退役将军为台军支招：购买 P-3C 型反潜机》，http://news.163.com/06/0109/12/271BVCVC00011234.html.

能对日本发动攻击。"①2005 年 2 月，美日 "2+2 会议" 首次将台海安全列为美日同盟的共同战略目标，威逼中国必须 "透过对话和平解决台海问题"。②7 月 26 日，陈水扁与 "日本外国特派员协会"(FCCJ) 连线举行了 "越洋视讯会议"。他明确表示："台湾是日本最好的朋友，我也相信日本是台湾最好的伙伴，台湾与日本绝对是最好的价值同盟、也是最好的经济同盟、最好的民主同盟以及最好的安全同盟。"③11 月陈水扁在接受日本《朝日新闻》记者专访时，呼吁日本在亚太地区的安保上扮演更为积极的角色。④2006 年 10 月，陈水扁在与日本政界领袖进行卫视对话时强调："期待日本在台海两岸关系的改善方面能扮演促进者与平衡者的角色。"⑤

2007 年 2 月，台湾 "国防部副部长" 柯承亨公开表示，台湾希望获得日本反潜技术与潜艇。⑥ 日本前海上自卫队少将川村纯彦随即宣称："如果台湾尽快购买 P–3C 型反潜机，则可与美日共同对付大陆潜艇。"⑦

从深层次看，民进党时期日台军事关系的异常发展，是日台合力配合美国亚太战略，牵制中国崛起的战略筹划。马英九时期日台军事关系一度低调和谨慎，但随着民进党再度上台，日台军事关系抑或再现 "升温" 态势。

---

① 『防衛庁が予想する三つの中国が日本に攻撃を仕掛けるシナリオ』，《東京新聞》2004 年 11 月 8 日。

② 『日本外務省"共同発表日米安全保障協議委員会』，日本外務省，http://www.mofa.go.jp/mofaj/area/usa/hosho/2+2_05_02.html.

③ 《"总统"与"日本外国特派员协会"越洋视讯会议》，《"总统府"新闻稿》2005 年 7 月 26 日。引自陈文寿：《近期台湾与日本关系探析》，中国战略与管路研究会，http://www.cssm.org.cn/view.php?id=12027.

④ 《陈水扁首度支持日本将自卫队提升为"自卫军"》，http://news.xinhuanet.com/tai_gang_ao/2005—11/11/content_3764765.htm.

⑤ 《陈水扁吁建构台日战略对话及台美日安保机制》，http://news.ifeng.com/taiwan/detail_2006_10/30/1029437_0.shtml.

⑥ 《日台军事合作由秘密转向公开，重点突出情报搜集》，http://www.chinadaily.com.cn/hqjs/thjs/2012-01-03/content_4855443.html.

⑦ 《日本退役将军为台军支招：购买 P-3C 型反潜机》，http://news.163.com/06/0109/12/271BVCVC00011234.html.

四、国民党主政时期民进党与日本关系

2008 年 3 月，马英九当选台湾地区领导人，日台关系也进入新的阶段。[①] 在"和陆、友日、亲美"的口号下，马英九当局提出建立"台日特别伙伴关系"，并于 2009 年 2 月任命彭荣次出任"亚东关系协会会长"。由于马英九年曾参与"保钓运动"以及主政后积极改善两岸关系的态势，日本始终对马英九持有"异议"。而民进党则以在野党身份，积极开展与日本政界政党的交流，以图东山再起。

2008 年 6 月 10 日，台湾"联合号"海钓船被日本海保厅舰艇撞沉，[②]引发东海震荡。6 月 16 日，台湾"海巡署"九艘舰艇护卫"全家福号"海钓船进入钓鱼岛附属海域宣示"主权"。[③] 为避免两岸联手保钓，此事件最终以日本道歉及赔偿而得以平息。[④]2009 年 3 月，时任民进党主席蔡英文在访日时强调，民进党"将继续强化与日本各界的交流沟通，和朝野政党加强对话"。[⑤]

2009 年 5 月 1 日，"日本交流协会"台北事务所所长斋藤正树在中正大学举办之"国际关系学会第二届年会"上公开宣扬"台湾地位未定论"，引发台海两岸的强烈抗议。在马英九当局的坚持下，斋藤正树提前辞职回国。[⑥] 这本来是维护中华民族利益的正确之举，但民进党却肆意攻击马英九破坏日台关系。12 月蔡英文访日时，妄称 2000—2008 年间是"台日关系最好时期"，而台日关系"恶化"是马英九造成的。2011 年 10 月蔡英文再次访日时称，"愿意持续和日本进

① 吴万虹：《马英九"执政"后的日台关系》，http://www.tianjinwe.com/hotnews/gn/djt/201412/t20141229_757417.html。王键：《马英九"执政"期间之日台关系初探》，《新远见》2010 年第 4 期。

② 《台湾媒体披露日舰在钓鱼岛撞沉台渔船细节》，http://news.sina.com.cn/2008 年 6 月 11 日。

③ 《日舰撞船事件续、台湾保钓船驶入钓鱼岛千米》，http://news.sohu.com/2008 年 6 月 20 日。

④ 《日本今将正式就撞沉台湾渔船事件向台船员道歉》，http://news.163.com/2008 年 6 月 20 日。

⑤ 《民进党主席访问日本 蔡英文鼓噪"联日抗中"》，http://news.sina.com.cn/c/2009-03-20/231815341764s.shtml.

⑥ 参考黄刚：《初论斋藤发表台湾地位未定论事件》，http://www.docin.com/p-599476167.html；《日本"驻台代表"提"台湾地位未定" 遭台当局"抵制"》，http://www.chinanews.com/tw/tw-twyw/news/2009 年 7 月 7 日。《"台湾地位未定论"失言，日"驻台代表"斋藤正树请辞》，http://www.hkcna.hk/content/2009 年 12 月 1 日。

行安全议题的对话"。①

2009 年 9 月，日本民主党鸠山由纪夫内阁成立，民主党政策大纲强调，将"促进日台间的经济与文化交流"。②民主党亲台议员中津川博乡等于 2010 年 9 月 15 日成立"日台交流会"。③民进党亦随即调整对日策略，加大与民主党的联络。

2012 年 9 月，日本强施"钓鱼岛国有化"，引发台海两岸民众与全球华人的抗争。时任民进党主席苏贞昌却在 2013 年 2 月 5 日访日时宣称，台日的核心利益是一致的。④2 月 6 日民进党发言人林俊宪表示，民进党反对大陆在钓鱼岛议题上"蓄意挑衅"。⑤11 月，日本首相安倍晋三接受《华尔街日报》专访时称，"必须在亚洲制衡中国"。而民进党前主席谢长廷亦同时宣称："台湾人民心目中，最友善的国家就是日本。"⑥2015 年 10 月 6 日，蔡英文在东京与日台"议员恳谈会"对话时强调："日台之间有着不可分割的联结。"⑦

2016 年 1 月 16 日，蔡英文在胜选演讲中宣称："期待与日本在经济、安全保障、文化领域的合作。"⑧安倍晋三在参议院会议上高调祝贺蔡英文当选，并希望"日本和台湾今后能共同合作，继续促进人员往来"。⑨3 月 8 日，自民党国会议员岸信夫公然对"九二共识"妄评称，"台湾人如何看待自己'国家认同'问题，才是更重要的"；"台海安定与安全对日'生死攸关'"等。⑩对于安倍内阁的这

① 《蔡英文日本演讲，否认"九二共识"鼓吹"美日安保条约"》，http://news.ifeng.com/taiwan/special/caiyingwenfangri/content-4/detail_2011_10/04/9640433_0.shtml?_from_ralated.

② 林泉忠：《民主党时代启航、台日关系何去何从？》，（台北）《自由时报》2009 年 10 月 12 日。

③ 《日民主党议员组日台交流会》，（台北）《自由时报》2010 年 9 月 16 日。

④ 《苏贞昌访日声称"台湾日本核心利益是一样的"》，http://news.ifeng.com/taiwan/special/suzhenchangfangri/content-3/detail_2013_02/04/21919003_0.shtml。

⑤ 《民进党声称：反对大陆在钓鱼岛议题上蓄意挑衅》，http://news.ifeng.com/taiwan/special/suzhenchangfangri/content-3/detail_2013_02/07/22029938_0.shtml?_from_ralated.

⑥ 《谢长廷：台湾人民心目中最友善的国家就是日本》，http://taiwan.huanqiu.com/news/2013-11/4524791.html.

⑦ 『訪日中の民進党・蔡英文主席、日台の"絆"強調国会議員との会談で』，http://headlines.yahoo.co.jp/hl?a=20151007—00000003-ftaiwan-cn&pos=5.

⑧ ［日］冈田充：《民進党の政権復帰と両岸関係（下）危険な安倍の台湾への過剰関与面は"冷たい平和"維持か－》，《海峡两岸论》第 65 号，2016 年 4 月 8 日。

⑨ 《安倍祝贺蔡英文当选，声称"台湾是日本的老朋友"》，http://news.ifeng.com/a/20160119/47132509_0.shtml.

⑩ 《岸信夫解读九二：台湾怎样看待"国家认同"更重要》，http://www.chinatimes.com/newspapers/20160309000338—260102.

一对台思维，日本共同社资深评论员冈田充明确指出："稳定的两岸关系不仅有益于大陆、台湾，亦有益于包括美日在内的整个东亚区域，安倍政权的过度介入是危险的，必须自重。"①

今天，作为岛国的日本缺乏单独遏制中国国力强劲崛起的战略纵深和资源，因而强化美日同盟并积极扶植民进党"台独"势力压制中国崛起就成为其首选的战略目标，亦是安倍内阁渲染"中国威胁论"并推行"正常国家化"的政治需要。中国战略学者指出，台湾问题是日本对外战略全局中的一个环节和一个组成部分。日本对台政策的一举一动，莫不取决于、从属于同时也受制于日本对外战略的基本目标。②日本的台海战略始终是日本国家对外战略中的重要组成部分，不论是国民党上台还是民进党上台，如何确保自己国家利益"最大化"才是决定性的政策取向因素。而"牵制中国的崛起，始终是美日共同的战略取向"。③

简述之，在当下亲日思潮与民粹泛滥严重的台湾社会，随着奉行"台独"路线的民进党再度上台，未来日台关系的"越轨"发展将是不可回避的趋势。未雨绸缪，把脉现实，洞悉趋势。我们须严格遵照《反分裂国家法》《国家安全法》等所赋予的一切权责，折冲樽俎，做好反击民进党"台独"势力的全面准备。

（原载《中国军事科学》2016 年第 2 期）

---

① [日] 冈田充：『民進党の政権復帰と両岸関係（下）危険な安倍の台湾への過剰関与面は「冷たい平和」維持か-』，《海峡两岸论》第 65 号，2016 年 4 月 8 日。
② 武寅：《日本对外战略与台湾问题》，《世界历史》2000 年第 2 期，第 2 页。
③ 王键：《战后美日台关系史研究（1945—1995）》，九州出版社，2013，第 257 页。

以史论政：王晓波的日本殖民统治时期台湾抗日史论述与政治诉求

郝幸艳

日本殖民统治时期的台胞抗日史，是中国抗战史的重要组成部分。目前学界关于日本殖民统治时期台湾抗日史的研究成果蔚为大观，但关于台湾统派王晓波的日本殖民统治时期台湾抗日史论述尚无系统探讨。[①] 王晓波曾为"中国统一联盟"副主席、《海峡评论》总编辑，是"台湾历史研究会"创始人之一，为台湾史尤其是台胞抗日史研究奔走呼号 30 年，为文百余万言，对日本殖民统治时期台湾抗日史有着独特的见解，反映了台湾统派不同时期的政治诉求。其主导整理出版的《台胞抗日文献选新编》《乙未抗日史料汇编》与《蒋渭水全集》等史料集至今仍是学界研究日本殖民统治时期台湾史的重要参考文献。台湾辅仁大学历史系教授尹章义称，王晓波"对于日本殖民统治时期文学的研究和民族精神的发扬，已非学院和文献界中人所能及，最近为帕米尔书店编的'台湾史系列'丛书，更显示出他的功力与执着"。[②] 因此，以王晓波为个案进行探讨，可以揭示台湾统派关于日本殖民统治时期台湾抗日史论述的丰富面相及不同时

[①] 学界关于日本殖民统治时期台湾抗日史研究的学术史梳理，自 20 世纪 90 年代陆续开展，但未曾涉及统派的相关研究。萧阿勤的《回归现实——台湾 1970 年代的战后世代与文化政治变迁》（台北"中研院"社会学研究所，2007）主要是从世代的角度分析 20 世纪 70 年代的台湾抗日史论，聚焦于康宁祥、陈少廷、黄煌雄和林载爵等人的活动。郭记周的《70 年代台湾左翼运动》一文梳理了《夏潮》杂志的台湾史研究，其考察时限集中在 20 世纪 70 年代，而 20 世纪 80 年代以后统派的日本殖民统治史研究并没有呈现。

[②] 尹章义：《台湾近代史论》，（台北）自立晚报出版社，1987，第 194 页。

期的政治诉求。本文主要从民运和统运的视角，将王晓波置于具体的时代背景中，考察其不同时期的论述重点、演变及根本动因，以期丰富台湾统派的相关研究。

一、研究日本殖民统治时期台湾抗日史的缘起与早期重心

王晓波虽系中国哲学专业出身，却十分重视台湾史研究，在日本殖民统治时期台湾史研究领域长期耕耘，取得丰硕成果，引人注目。他走上台湾史研究之路，既取决于个人成长经历，也与岛内外的政治形势演变密切相关。

1943 年，王晓波出生于江西。其父任职于国民党宪兵队，1948 年随父赴台。其母从小就教导他"要为国为民马革裹尸"，并不时教唱抗日爱国歌曲。[①] 受父母影响，王晓波最喜欢读《正气文钞》和《三民主义》，"虽似懂非懂，大概知道那是救国的方针"。[②]1963 年，王晓波读高三时，台湾大学校园出现了"不要让历史批判我们是颓废自私的一代""不要做历史的罪人"的"台大学生自觉运动"。[③] 王晓波颇受触动，置即将面临的大学联考于不顾，积极参与运动，激发了朴素的爱国思想，萌生了历史责任感。[④] 后来，王晓波如愿考入台湾大学哲学系。当时哲学系师生"多标榜西学，崇尚西方自由主义，而不屑于国民党当局讲的三民主义"。[⑤] 王晓波曾追随殷海光学习逻辑实证论和自由主义，受其启蒙而向往自由民主，认为"要救中国必须自由民主"。[⑥] 直到"保钓运动"风起云涌，王氏才深刻意识到孙中山所言"民族主义这个东西，是国家图发达和种族

---

① 王晓波：《迟到了四十八年的讣告——"章丽曼女士追思纪念"缘起》，《海峡评论》2001 年第 129 期。

② 王晓波：《留待未来历史的批判：〈交锋：统"独"论战三十年〉自序》，（台北）海峡学术出版社，2002，第 2 页。

③ 张海鹏、陶文钊主编：《台湾史稿》下册，凤凰出版社，2012，第 594 页。

④ 王晓波：《民主民族主义思想的自我告白》，载氏著：《民族主义与民主运动：一个统派知识分子的探索》，（台北）海峡学术出版社，2004，第 1 页。

⑤ 王晓波：《中山先生虽死　中山主义决不死——〈孙中山思想研究〉的自我告白》，《海峡评论》2004 年第 157 期。

⑥ 王晓波：《民主民族主义思想的自我告白》，载氏著：《民族主义与民主运动：一个统派知识分子的探索》，（台北）海峡学术出版社，2004，第 1 页。

图生存的宝贝"一语的历史眼光与政治智慧。[①] 1970 年 11 月，其发表《保卫钓鱼台》一文，逐渐成为"保钓运动"的中坚人物。[②] 随着"保钓运动"的深入，台湾大学校园内民族主义高涨，激起了台湾青年"对中国的历史与台湾的位置的重新认识与检讨，重新认识中国／台湾在西方帝国主义侵凌下的第三世界的位置"。[③] 王晓波主张中国民族主义，坚持反对帝国主义对台湾政治、经济、文化的侵略，提出"三民主义统一中国"。他看到"一些自称拥有'西方民主自由'的人，又以'台湾人'自居，却曲意歪曲为帝国主义张目，而视民族主义为义和团"，[④] 同时也不敢相信"受日本殖民统治 50 年的台湾人会反对民族主义而拥护殖民主义"[⑤]。为了寻求个人对台湾的认同，加之受《大学杂志》社长陈少廷的启发，王氏开始研究台湾历史。[⑥] 在研究台湾史的过程中，王晓波发现日本殖民统治时期的台湾抗日史"更充满了爱国主义反帝反殖民的斗争精神"，因此"决心在台湾先人的奋斗史中，来寻求台湾历史的方向"。[⑦] 这项研究使其"不但找到了自己的认同"，也武装了其"反帝反殖民的爱国主义"。[⑧]

从上述王晓波的个人经历中不难看出，其之所以由哲学专业转而研究台湾历史，尤其是日本殖民统治时期的台湾史，出发点并不单纯是基于学术研究兴趣，而是以具有反抗传统的日本殖民统治时期台湾史作为切入点，以期重新振作台湾人的反帝民族精神，恢复异化的民族认同，寻求台湾未来的出路。如其所说："我研究台湾史不是为饭碗，不是为职位，也不是为学术，而是透过台湾史的学术研究追求台湾的前途和出路。"[⑨] 对王晓波而言，台湾史研究不是学术研究，而

[①] 王晓波：《中山先生虽死　中山主义决不死——〈孙中山思想研究〉的自我告白》，《海峡评论》2004 年第 157 期。

[②] 郭记舟：《70 年代台湾左翼运动》，（台北）海峡学术出版社，2014，第 17 页。

[③] 台大华夏学会：《青春之歌（中）：台大学运三十周年纪念座谈会》，《海峡评论》2003 年第 146 期。

[④] 张海鹏、陶文钊主编：《台湾史稿》下册，凤凰出版社，2012，第 514 页。

[⑤] 王晓波：《实现对蒋渭水先生在天之灵的承诺——〈蒋渭水全集〉编后记》，《海峡评论》1998 年第 94 期。

[⑥] 王晓波：《留待未来历史的批判：〈交锋：统独论战三十年〉自序》，（台北）海峡学术出版社，2002，第 5 页。

[⑦] 王晓波：《台湾史研究的自我告白》，《台湾史与台湾人》自序，东大图书公司出版社，1999，第 6 页。

[⑧] 王晓波：《留待未来历史的批判：〈交锋：统"独"论战三十年〉自序》，（台北）海峡学术出版社，2002，第 5 页。

[⑨] 王晓波：《一个破花瓶的故事——〈台湾抗日 50 年〉自序》，《海峡评论》1997 年第 80 期。

是实现政治诉求的理论武器。

1976 年王晓波加入《夏潮》杂志，和黄煌雄、林载爵、李南横等人对台湾历史资料的整理工作尽心尽力，尤其在日本殖民统治时期台湾文学研究方面，成为党外民主运动的重要一支。[①] 1979 年"美丽岛事件"后，《夏潮》被查封，王晓波前往哈佛大学任访问学者，从美国搜集了一批日本殖民统治时期台湾史资料，陆续发表了 30 余篇文章。内容涉及台湾抗日的血泪与奋斗、台胞抗日运动中的内讧与路线、日本殖民统治时期台湾史与近代中国民族运动关系、日本殖民统治时期台湾新文学运动、台湾农民的历史、孙中山与台湾同胞、"台湾结"与"中国结"等议题。其论述重点主要有如下四个方面：

其一，重视挖掘台胞反帝事迹，彰显台胞民族精神。王晓波统计了从 1895 年刘永福离台至 1915 年"噍吧哖事件"的二十年间台湾主要抗日事件及成就，并以林大北事件、大坪顶事件、归顺式场惨案、雾社事件等为例，控诉"日本殖民统治者罄竹难书的杀戮罪行"，彰显简大狮、柯铁虎、林少猫等抗日先烈悲惨壮烈的民族精神。[②] 他还注意到，非武装抗日时期的新文学同样体现了民族精神，"在台湾作家笔下的日本警察的形象是贪财、好色、凶暴的恶棍"，"台湾的作家们勇敢地将文学充当了台湾人民愤怒与良心的讲坛"。[③] 在其看来，曾经在这块土地上流血牺牲的台湾英烈的历史，应"为台湾子弟民族精神教育之一部分"，而"只有台湾英烈千秋，才能唤醒那些失去历史记忆的台湾子弟"。

其二，强调日本殖民统治时期台湾史在中国抗日史中的地位。王晓波认为两蒋时期，台当局垄断中国抗日史研究，"摧折了台胞抗日的历史，也摧折了台胞的中国意识"。[④] 为增强台胞抗日史对恢复台胞中国意识的作用，他在论述中将台胞抗日史放在整个中国，甚至世界历史的坐标系中去观察，力图提升台胞抗日史的历史地位。他指出，不否认没有抗战的胜利，就没有台湾的光复，但也要看到由马关割台起，台湾同胞为祖国做出的奋斗牺牲。"对照'七七战争'，

① 郭记舟：《70 年代台湾左翼运动》，（台北）海峡学术出版社，2014，第 85 页。

② 王晓波：《日军侵台的血债与台湾抗日的英烈》，载氏著：《台湾史论集》，中国友谊出版公司，1992，第 22—23 页。

③ 王晓波：《从日据下台湾新文学看台胞的抗日思想》，载氏著：《台湾史论集》，中国友谊出版公司，1992，第 231、239 页。

④ 王晓波：《留待未来历史的批判：〈交锋：统"独"论战三十年〉自序》，（台北）海峡学术出版社，2002，第 120 页。

当时集全国之力，外有外援，内有军队、政府等组织……而台胞在外无外援的情形下，以一岛之力，集乌合之众，血战达七年之久，虽功败垂成，然其悲壮惨烈与'七七抗战'又何所相让？"① "台湾光复，在祖国的战场上，台胞所做出的贡献也是不容抹杀的。"② 王晓波的论述突出台胞对北伐与抗日战争的贡献。在其笔下，抗战史不仅仅是国民党抗战史，也是台湾人民和大陆人民共同的抗战史。这种论述既将大陆和台湾联结在一起，跨越了两岸抗战史研究的藩篱，又打破了国民党当局对抗战史研究的垄断地位。

王晓波受日本中央大学教授姬田光义的"近代中国民族主义的'原点'正是抗日精神"一说的启发，提出康梁变法和孙中山革命的缘起是马关割台，是"台湾历史的变化促成了近代中国历史的变化"，进而将台湾抗日史视为抗日战争的原点和民族自救的原点。③ 这一论述注意到了台湾抗战和大陆之间的密切联系，将台胞抗日从台湾扩展至整个中国，使日本殖民统治时期台湾史获得一种新的历史定位和价值重估，进一步升高了台湾史的历史位阶，也显示了其力图突破将台湾史视为边陲的狭隘历史观的宏大视野和全局观。

其三，注重恢复台湾左翼的抗日历史记忆。国民党认为，这部分历史记忆与社会主义思想及共产主义有关，将其扭曲，甚至遮蔽。为重现"抗日一代台湾志士的事迹"以及"哺育下一代台湾青年的民族精神"，④ 王晓波十分注意恢复这一部分历史记忆。他不但为李友邦、赖和、王敏川、杨逵、张庆潭、刘明、陈其昌、周合源、王文明等人鸣冤，还尽力恢复同样被抹杀的农民运动。根据矢内原忠雄关于殖民地社会特征的分析，王氏提出阶级分析和民族立场并不矛盾，"农组"主要干部简吉"初期是民族主义立场，但也是阶级运动的立场，其左倾以后进行阶级斗争，还是民族主义立场的"。他呼吁，摒除政治的干扰，"把台

① 王晓波：《台湾史与近代中国民族运动》，载氏著：《台湾史论集》，中国友谊出版公司，1992，第6页。
② 王晓波：《抗战时期台胞的血泪与奋斗》，载氏著：《台湾史论集》，中国友谊出版公司，1992，第80页。
③ 王晓波：《台湾史与近代中国民族运动》，载氏著：《台湾史论集》，中国友谊出版公司，1992，第4页。
④ 王晓波：《战后"台独运动"与两岸关系之前景》，载氏著：《台湾史论集》，中国友谊出版公司，1992，第145页。

湾农民组合的这段历史还给台湾农民"。① 对被当时研究所忽视的社会主义"无产青年"，王晓波指出，"当时台胞中的活跃分子，除了'御用派'、'祖国派'、'台湾派'外，还有社会主义'无产青年'一派，包括无政府主义、自由马克思主义或人道社会主义、台湾共产党"；而在"'阶级运动即民族运动'的殖民地性质的制约下，亦脱离不了民族运动的范畴"。② 这样的论述使得台湾抗日史中因左翼色彩成为政治禁忌的阶级运动，具有了反帝民族运动的正当性。

其四，注意揭示台湾日本殖民统治时期台湾的特殊性。20 世纪 70 年代前的党外运动，虽反共反蒋，但"台独"一直不是主流。1979 年"高雄事件"后，党外的政治运动与"长老教会"合流，开始"台独化"。为驳斥"台独"所谓日本殖民统治时期出现了"台湾独立"的言论，王晓波考察了"台湾民主国"主张的本质，日本殖民统治时期新文学运动主张台湾白话文、"台湾议会设置请愿运动"以及文化协会活动的真相，指出"台湾独立"在日本殖民统治时期"是一种激进的抗日口号，不是独立的口号"。他分析说，这一口号受当时国际上盛行的"殖民地独立"思潮的影响，表达的是"台湾先从日本殖民地统治下独立出来，再回归中国"的意思；在日本殖民统治时期的抗日阵营中，"无论哪一派的思想倾向，都有其台湾具体的'殊相'意识之反映，也都具有普遍的祖国意识的'共相'，而与否认祖国的'台湾独立'之'台独意识'有异"。只有对台湾特殊性进行分析，才能正确理解当时的时代背景下一些言论的本质。③

二十世纪七八十年代王晓波的台胞抗日史论述，是以中国民族的叙事方式彰显日本殖民统治时期台胞的反帝民族精神和中华民族精神，并强调日本殖民统治时期台湾史的历史地位，将台湾史置于整个中国史的框架中诠释其特殊性。与那些片面拔高台湾历史，为"台独"铺路的做法不同，王晓波恢复台湾史的历史位置是为了改变两蒋时期台湾史被抹杀的现状，恢复台湾人民断层的历史记忆，恰恰是为了避免台湾人民认同的异化。这样的论述方式体现了王晓波的

① 王晓波：《把台湾农民的历史还给台湾农民》，载氏著：《台湾史论集》，中国友谊出版公司，1992，第 73、75 页。
② 王晓波：《日据时期"台湾派"的祖国意识》，载氏著：《台湾史论集》，中国友谊出版公司，1992，第 34 页。
③ 王晓波：《日据时期"台湾派"的祖国意识》，载氏著：《台湾史论集》，中国友谊出版公司，1992，第 55、58 页。

良苦用心，既彰显了被国民党淹没的日本殖民统治时期台湾史，又避免了"台湾史"跳脱"中国史"，进而被异化为"台独史"。

二、建构统派的"本土化"论述

1991年《海峡评论》创刊，王晓波为总编辑。1991—2004年间，王晓波围绕日本殖民统治时期台湾抗日史先后发表了10余篇文章。相对于两蒋时期王氏强调反帝民族精神、祖国认同而言，王氏的日本殖民统治时期台湾史论述重在强调台湾抗日史的"本土化"，意在建构统派的"本土化"论述。之所以出现这种变化，是因为"戒严"解除前，国民党当局长期推行反民主的白色恐怖统治，推行"动员戡乱体制"，实施"戒严法"，钳制人民参政议政的民主自由权利。当时台湾岛内虽有分离主义，但社会的主要矛盾焦点是民主和专制。1987年台湾"解严"，1988年蒋经国去世，李登辉继任"总统"。在李登辉的操纵下，国民党逐渐演变成"本土化"的国民党，政治上通过一系列所谓"本土化"措施，企图最终实现台湾的彻底转变——"去中国化"。[①] 统"独"矛盾成了这一时期的主要矛盾。

李登辉以"皇民史观"诠释日本殖民统治时期台湾史，作为"去中国化"的重要手段。在"皇民史观"的主导下，台湾岛内出现了感谢《马关条约》割台是"不幸中的大幸"，"台湾正名大游行"，制造"归顺式场惨案"的后藤新平变成了"台湾现代化的奠基者"和"现代文明的分享者"等一系列乱象。统派认为，这些对日本本殖民统治时期台湾抗日史"本质上错误认知的史观，潜移默化地影响台湾民众和青年一代"。[②]

在王晓波看来，乱象的根源就在于李登辉"以名乱实"，假"本土化"行"皇民化"政策。他说："近十数年来，'本土化'之声甚嚣尘上，然不见林献堂、蒋渭水、连雅堂诸先生，却以'人类之恶'的殖民主义为'最有良心的统治'，以'皇民化'为'本土化'，欺骗国民党，欺骗台湾人民。"为了和"台独"竞

---

① 张海鹏、陶文钊主编：《台湾史稿》下册，凤凰出版社，2012，第616—618页。
② 戚嘉林：《日据殖民在台近代化本质及其影响》，载中国社会科学院台湾史研究中心主编：《日据时期台湾殖民地史学术研讨会论文集》，九州出版社，2010，第163页。

夺历史诠释权，恢复台湾人民正确的历史记忆，他一面为"本土化"正名，一面建构统派的"本土化"论述。其中 1995 年的《台湾本土运动的异化——评陈昭瑛〈论台湾的本土化运动〉》和 2002 年的《国可灭，而史不可灭》两文最具代表性。

首先是厘清"本土化"的概念及内涵。1995 年 2 月，台湾大学教授陈昭瑛在《论台湾的本土化运动——一个文学史的考察》一文中，梳理了自日本殖民统治时期到 1995 年的台湾"反中国""本土化运动"，将之分为"反日""反西化""反中国"三个阶段。王晓波肯定了陈氏的贡献，并指出该文的两个不足：一是对"本土运动"的定义并不清晰；二是从历史的连续性来看，缺乏"台湾人本土运动"。王晓波考察了"本土化"概念的起源，认为"'本土化'是指本土主义或本土运动，乃是殖民地上反抗殖民统治的文化运动，本土运动的真正'敌我矛盾'当是殖民主义和帝国主义"。接着，王晓波补充论述了陈昭瑛忽略的"台湾人本土运动"。他还提出，二二八事件后台湾的本土运动由反日转向反美反蒋，"白色恐怖"时期遭摧折，再度出现则是七十年代的"保钓运动"以后，以《夏潮》杂志为代表展开的"乡土文学"论战、台湾史研究、"唱我们自己的歌"、关怀弱势阶级和少数民族、关心第三世界等运动。此外，王氏还进一步将"本土化运动"延伸至八九十年代，认为《夏潮》遭查禁后，能够代表台湾"本土运动"的刊物主要是夏潮系统人马创办的《人间杂志》《远望杂志》及《海峡评论》等；相关代表组织主要有"夏潮联谊会""台湾地区政治受难人互助会"、工党、劳动党及中国统一联盟。① 这些刊物和组织实际上就是当时被称之为"统派"的刊物和组织。

由上述论述可知，王晓波通过为"本土化"正名的方式，一方面意在批驳"台独"歪曲了"本土化"固有的反殖民主义的意涵，另一方面将统派积极从事的"本土化运动"向上追溯，与日本殖民统治时期的"反日"运动接轨，又与《夏潮》杂志联结起来，形成了一个历史的轴线，从宏观角度勾勒了台湾统派与日本殖民统治时期的"反日"运动一脉相承的"本土化运动"历史，有助于统派"本土化运动"正统地位的确立。

---

① 王晓波：《台湾本土运动的异化——评陈昭瑛〈论台湾的本土化运动〉》，《海峡评论》1995 年第 53 期。

2002 年，王晓波通过《国可灭，而史不可灭》一文，丰富了日本殖民统治时期台胞抗日史本土化的内涵，指明台胞抗日史尤其是文化抗日，正是所谓的"本土主义"。他进一步指出，"在台湾沦为日本殖民地后，前期为武装抗日运动，牺牲无数，抗战时期，在重庆的'台湾革命大同盟'曾估计达六十五万人之多，中期则有文化反抗运动，正是'本土主义'或'本土运动'之义"。此外，"台湾'本土运动'还有 1912 年创立的'台湾文化协会'和创办《台湾民报》，明言要抢救'汉文的种子'，及提升台湾文化。蒋渭水等"不但推动成立'本土运动'文化的'台湾文化协会'，并于 1927 年成立日据下台湾第一个本土政党'台湾民众党'"。①

从王晓波关于"本土化"的两篇文章可以看出，其论述所用史料多是两蒋时期常用的史料，但阐释的角度是从"本土化"的反殖民意涵着手，进而论证日本殖民统治时期台湾抗日史就是一部"本土化"历史。足见其反"台独"、反"皇民化"不是另起灶炉，重新提出一个"本土化"以外的新概念或新理论，而是意在和"独"派竞夺"本土化"的历史诠释权，通过厘清"本土化"反殖民的本义，赋予统派"本土化运动"以正当性。王晓波之所以采用这一方式，与其外省人的身份和统派所处政治环境息息相关。在台湾岛内统"独"对抗的语境下，本省人常常以本土代言人自居，垄断了"本土化"和"台湾主体性"的话语权，外省人因其族群身份而背负了"原罪"，常常被扣上"卖台"或"台奸"的帽子。身为外省人又主张统一的王晓波常常遭到"不爱台湾"的攻击。②因此，在"是否爱台湾"成为判定政治是否正确唯一标准的情况下，作为外省人的王晓波不得不利用"台湾本土化"的话语体系为自己的行为寻求正当性，进而证明统派才是真正的"台湾本土化"。

1991—2004 年间，王晓波除了建构统派的"本土化"论述外，还试图推动国民党与李登辉竞夺"本土化"的历史诠释权。2001 年，国民党开除了"皇民化台独"李登辉，连战成为国民党主席。王晓波认为，连战的祖父连雅堂所著的《台湾通史》《台湾语典》，"正是近代台湾本土运动之始"。论家学渊源，没

---

① 王晓波：《国可灭，而史不可灭：讲于"〈台湾通史〉影像系列纪录片座谈会"》，《海峡评论》2002 年第 143 期。

② 高志敏：《政治干预学术的恶行》，（台北）《自由时报》1997 年 6 月 19 日。

有任何人能比连战"更有资格，更有身份主张台湾'本土化'了"。他在给连战的一封信中先是回顾了国民党的革命史，接着指出"中国国民党先贤先烈同志一直在台湾反抗日本殖民统治，从事'本土化'抗争牺牲，曾几何时，却变成了台湾的'外来政权'，以日本殖民统治为'最有良心的统治'的李登辉居然变成了台湾'本土化'人物的代表"，① 希望连战能起而抗之。2004年陈水扁再次执政，这一政治形势的变化最终促成了统派和国民党联合对抗"台独"之势。

三、构建国民党与台湾和祖国的联结

2004年，王晓波论述日本殖民统治时期台湾抗日史的文章虽然有所减少，但为数不多的文章里仍能体现出统派当时努力的新动向，即突出国民党与台湾、台湾与祖国的联结。这种新动向的出现，与陈水扁胜选前后台湾政治形势的新趋向直接相关。

一方面，陈水扁当局"去中国化"愈演愈烈。2003年台湾地区领导人选举进入最后倒计时阶段时，陈水扁以"正名""制宪""改国号"等手段激发"深绿"民众，争夺选票。民进党还利用二二八事件做文章，声称"国民党是外来政权"，通过去国民党达到"去中国化"的炒作日益激进。② 2004年2月28日，民进党举行了声势浩大的"牵手护台湾"活动，宣称台湾是一个"主权独立国家"。③ 2004年11月"立委"选举前夕，"考试院长"姚嘉文放言"国父是外国人"，主张废掉"国父"。同时，陈水扁也声称"台湾与日本的关系悠久"，台日共同"面对来自中国的威胁"。④

2005年8月，马英九当选为国民党主席，为孤立无援的民间统派与国民党在野统派的合作提供了契机。王晓波虽是统派立场，但一向秉持团结一切反对

---

① 王晓波：《国民党就是民族主义党 就是本土化党——公开给连战主席的信》，《海峡评论》2002年第133期。

② "中央社通讯"：《不恋栈"副总统"宁为有良心的台湾人》，2003年3月1日。

③ "中央社通讯"：《陈"总统"：高雄港即将成为台湾首个自由贸易港区》，2004年2月19日。

④ 社论：《中国的再统一，才是台湾的真光复——论光辉十月与台湾爱国主义传统》，《海峡评论》2004年166期。

力量的策略，以促进两岸统一为职志。此时的马英九在两岸关系上主张："台湾不应'去中国化'，而应勇敢地承认我们的文化与历史根源。同时，我们应有开阔的心胸，吸纳中国大陆在内所有的思想文化，以涵养这块土地，成长茁壮。"① 在看待日本殖民统治时期台湾历史方面，马英九与王晓波有诸多共通之处。2005 年 9 月 9 日，在日本受降六十周年纪念会上，蒋渭水、李友邦二位台湾抗日英雄的巨幅照片首次挂在国民党中央党部前。10 月 25 日，马英九又以"重温先贤典范，再造台湾精神"为题，发表纪念台湾光复节文告，批判"皇民史观"。有媒体评论道："即使在大陆出身的人（外省人）当中，马主席也是具有特别强烈的中国人意识的政治家，国民党在马英九当选主席后，对曾经在日本殖民地统治时期遭到镇压而牺牲的台湾籍的抗日英雄开始进行宣扬。"② 王晓波与马英九"在台大学生时期，同为'保钓'的战友"。③ 台大政治系名誉教授张麟征论及两人关系时提出，"王晓波教授是马英九的好友，尤其是台湾史方面指导马英九甚多"。④ 因此，马英九当选国民党主席后，统派与国民党的合作具备了可能性。

王晓波认为，陈水扁当选后日益激进的"台独"言行，不免将台湾推向战争的深渊。于是，王晓波从台湾人民安全、两岸和平统一乃至亚洲的和平稳定出发，提出必须与一切岛内现存的反"台独"的政治势力合作，共同遏止"台独"势力的发展，以阻止"台独政府"向"台独战争"冒进的方针。⑤ 但是，经过"李登辉篡党夺权十二年，及陈水扁'违宪窃国'六年，国民党的中心思想被掏空，社会的主流价值被扭曲"，国民党"未能发挥严格监督和制衡的反对党功能"。⑥

王晓波一向认为，"历史问题其实是更高战略层级的政治问题"。"国民党虽在台失去了'政权'，但如果连国民党与台湾的历史也失去，则国民党在台就永无翻身之日，永远只能是未来台湾历史上的'外来政权'"。因此，国民党必须

---

① 马英九：《国民党的路线与发展方向》，《海峡评论》2005 年 177 期。
② 社论：《马英九仍在内忧外患中——国民党胜选后的政治观察》，《海峡评论》2006 年 181 期。
③ 王晓波：《马英九的"爱台湾"和"诚信"问题》，《海峡评论》1998 年第 91 期。
④ 张钧凯整理：《〈海峡评论〉20 周年纪念会发言纪录》，《海峡评论》2011 年第 241 期。
⑤ 王晓波：《"白色恐怖"与台湾爱国主义传统——兼论当前台湾爱国主义的历史任务》，《海峡评论》2004 年第 167 期。
⑥ 社论：《去殖民化，才能展现出台湾的主体性——论马英九的台湾历史论述》，《海峡评论》2005 年第 178 期。

从"联结台湾"开始，唯有"联结台湾"，才会有中国国民党。[①] 因此，重新挖掘日本殖民统治时期台湾抗日史，帮助马英九重建国民党历史论述以对抗民进党，成为王晓波这一时期的主要任务。

为了回答"台湾要怎么联"这一问题，王晓波发表了《去殖民化，才能展现出台湾的主体性——论马英九的台湾历史论述》一文。他在该文中称，台湾闽南人自称河洛人，台湾人本来就是中国人，从河洛到闽南、到台湾的整部台湾河洛人的历史就是证明。为了联结国民党与台湾的历史，该文强调兴中会在台湾成立，会员也有台湾人。兴中会和同盟会都是国民党前身，而且都以"恢复中华"为追求，台湾同盟会会员蒋渭水等还推动成立了台湾文化协会和台湾民众党，因此可以说自兴中会成立以来，国民党就与台湾历史血肉相连。该文又以孙中山逝世后，台湾"新文学之父"赖和的哀悼之情和蒋渭水深深接纳孙先生最后的呼声"和平、奋斗、救中国"为例，说明对孙中山对台胞的影响，将孙中山的救中国、统一中国和台湾联结了起来。

不久，王晓波又在《海峡评论》社论《孙中山的革命志业与台胞抗日运动》中，从更广阔的视角，以更为翔实的史料专门论述台湾和国民党、和祖国大陆的联结问题。这篇社论首先指出："近代中国民族自救运动的历史与台湾命运息息相关……台湾的命运也与中国民族自救运动和中国国民党的历史息息相关。"鉴于"戒严"时期的中国近现代史只是"蒋介石传"，与大陆关系的历史极其缺乏，王晓波除了阐释孙中山等同盟会会员在台湾的活动、对台湾的影响外，还特别增加了台籍志士参与中国近现代历史进程的内容，如台湾同盟会的讨袁革命、新文化运动对台湾文学的影响等。该社论强调指出："原台湾同盟会同志以蒋渭水为首推动成立'台湾文化协会'，推林献堂为总理，即采中国国民党的总理制。""蒋渭水在《台湾新民报》（时为周刊）上发表《中国国民党之历史》，连载四十期，详述国民党的主义和历史。"

其实，王晓波在两蒋时期的文章中也常常用到上述材料，只是重在强调中国近代民族自救运动与日本殖民统治时期台湾抗日史的关系，突出台湾历史的重要性，强调台湾同胞与祖国共命运。陈水扁上台时，王氏特别在"兴中会"和"同盟会"前增加其是国民党前身的说明，以及蒋渭水台湾同盟会会员的身份，

① 社论：《马英九仍在内忧外患中——国民党胜选后的政治观察》，《海峡评论》2006 年 181 期。

意在突出中国近代民族自救运动中的台湾历史与国民党与祖国历史进程之间的联系。这样的论述，不仅有其现实政治的考虑，更有深沉的历史文化使命感在内。同时，以往将孙中山与台湾抗日志士联结时，孙中山象征的是祖国，联结的是台湾和祖国的历史；而这一时期孙中山象征的既是中国也是国民党，联结的是中国、台湾和国民党的历史。以往论述罗福星和蒋渭水是为了突出其反帝民族精神，而这一时期则特意强调罗福星等人的国民党身份，强调台湾文化协会采用国民党的总理制，意在彰显国民党为台湾做出的牺牲及其和台湾的密切联系。需要说明的是，王晓波联结国民党、台湾和祖国的良苦用心，是希望国民党"恢复创党的理想，结合志士，争取台湾人民认同，恢复台湾人民爱国主义传统……实行三民主义于全中国"。[1]

王晓波关于陈水扁时期的历史论述以及与国民党联手作战的策略，对于推动日本殖民统治时期台湾抗日史发展不无作用。2008 年，马英九当选台湾地区领导人后，随即加强对日本殖民统治时期台湾历史的重视，接见了"台湾抗日志士亲属协进会"。"七七"纪念日，李友邦和严秀峰之子也代表台籍抗日将领后人致辞。[2]马英九主政期间，积极推动"98 课纲"调整。尽管"98 课纲"因绿营阻挠等而收效甚微，但经过王晓波和《海峡评论》同仁的努力，该"课纲"中有关日本殖民统治时期台湾史扭曲的历史叙述得以还原部分历史真相，并在"课纲"论战中扩大了传播范围。

四、结论

王晓波本是中国哲学专业，经"保钓运动"产生了反帝民族思想，形成了和平统一认识，为寻求台湾未来的出路，走上了台湾史研究之路，形成了有关日本殖民统治时期台湾抗日史的诸多论述。两蒋时期，王晓波认为国民党对外亲美媚日，对内高压统治，垄断历史诠释权，以致台湾民族精神教育不足，导致台湾青年出现认同异化。1972 年，台湾大学"民族主义座谈会"论战充分暴露

---

[1] 社论：《孙中山的革命志业与台胞抗日运动纪念兴中会创立 111 周年》，《海峡评论》2005 年第 180 期。

[2] 社论：《实话实说，就事论事——论马英九对抗日战争史研究的呼吁》，《海峡评论》2011 年第 248 期。

了这种异化。因此，该时期王晓波的论述主要是突破国民党当局对台湾历史诠释权的垄断，以日本殖民统治时期的台胞反帝民族主义精神和祖国情怀为切入点，试图振兴民族精神，纠正异化的认同。李登辉主政时期统"独"矛盾加剧，"去中国化"的"本土化"论述逐渐成为主流论述。1991—2004 年间，王晓波主要以《海峡评论》为阵地，为"本土化"正名，建构统派日本殖民统治时期台湾抗日史反帝"本土化"论述。2004 年陈水扁再次主政后，"去国父""国民党为外来政权"等"去中国化"的闹剧愈演愈烈，两岸关系岌岌可危。2005 年，与王晓波交好的马英九当选为国民党主席。王晓波鉴于国民党陷入"外来政权"的困境，为联合国民党共同对付"台独"，重建岛内统一动力，除继续批驳"台独"对日本殖民统治时期台湾史的扭曲外，还致力于恢复国民党、台湾和祖国三者之间的联结。王晓波不同时期的日本殖民统治时期台湾史论述均与当时的时代主题高度呼应，论述重点虽有所调整，但始终坚持一个中国立场的叙事方式，既体现出他个人对日本殖民统治时期台湾抗日史的认识，凸显其特定的政治与文化立场，也是台湾统派不同历史时期民主和统一运动的写照。于王晓波而言，建构日本殖民统治时期台湾抗日史相关论述乃是与台湾当局竞夺历史诠释权，重塑台湾人民的历史记忆，为促进民主运动和统一运动提供丰富的历史资源和理论武器。这才是王晓波之日本殖民统治时期台湾抗日史论述的真正意义，充分体现了其以史论政的特色。

（原载《河北师范大学学报（哲学社会科学版）》2019 年第 6 期）

台湾"新课纲"建构"台独"史观探析

——2017年新版"课纲草案"台湾史部分的探析

李理

　　台湾历史教育纷争的起始是1994年李登辉当局推出的《认识台湾》教科书。其后台湾又经过了两次蓝绿政党轮替,虽然关于历史教育变革的争议不断,但是其中的大趋势基本不变,也就是从《认识台湾》教科书开始,在所谓的"同心圆史观"理论的基础上加深加广,肯定日本殖民统治者在台湾的现代化建设,竭力淡化两岸的历史联结。回头检视这二十余年来的历史教育的"去中国化"争议,与其说是统"独"之争,不如说是"独独之争",意即民进党的"台独"对抗国民党的"独台",基本不脱岛内政治的蓝绿格局。民进党企图利用历史教育将"台湾意识"上升为"台独意识",而国民党则是将"台湾意识"视作其统治正当性与"正统"历史论述辩护的工具。教科书的本质就是统治机器垄断意识形态的管道。二十余年来,台湾历史教育的不断变动、反复折腾,其实就是蓝绿格局"独独之争"的最高体现,这也是马英九当局的"课纲微调"以失败告终的根本原因。

一、台湾历史教育去"中国化"的回顾

　　李登辉上台后,放弃一个中国原则,开始抛售"两个中国论";并以"中华民国在台湾"为借口,进行"废省"和"修宪",强力推行"总统"直选,企图以"脱中国化"和"台湾化",来建立自中国脱离出去的"合法性"。李登辉认

为，台湾要想从中国脱离出去，必须在文化上去除"大中国思想"。台湾教育的改革必须进行，历史教育则是重中之重。

（一）初中历史课程台湾史从中国史的分离——"认识台湾"历史课程的设立

1994 年，台湾教育主管部门修订了"国民中学课程标准"，增订"认识台湾"为必修课程。依据这一"课程标准"，"认识台湾"分为"社会篇""历史篇"与"地理篇"。根据这一课程标准所编辑的教科书于 1995 年开始撰写，1997 年春天完成初稿。其历史课程教学目标、教学纲要及教科书章节目录，参见表 1 和表 2。

表 1　1994 年版与 1983 年版初中历史课程教学目标对比表

1983 年版初中历史课程教学目标	1994 年版初中历史课程及"认识台湾（历史篇）"教学目标	
	历史	认识台湾（历史篇）
1. 使学生明了中华民族的演进和历代疆域的变迁。 2. 使学生就小学社会学科所学基础，进一步明了我国政治、社会、经济、文化的发展，以期增强其爱国家、爱民族的情操与团结合作的精神。 3. 使学生认识民族的传统精神、国民的地位与责任。 4. 使学生明了世界各民族历史的演进、文化的发展、时代的趋势以及我国在国际上的地位与责任。	1. 引导学生了解历史知识的本质。 2. 引导学生对历史发生兴趣，俾能主动学习。 3. 引导学生认清国家创建的艰辛及个人的责任。 4. 培养学生具有开阔的心胸并成为具有世界观的国民。	1. 认识各族群先民开发台、澎、金、马的史实，加强承先启后、继往开来的使命感，并培养团结合作的精神。 2. 认识自己生活周遭环境，培养爱乡爱国的情操与具有世界观的胸襟。 3. 增进对台、澎、金、马文化资产的了解，养成珍惜维护的观念。

资料来源：台"教育部"，"国民学中学课程标准"(1983)；"国民学中学课程标准"(1994)。

由表 1 可以看出，1994 年版的中学历史课程标准对教学目标、历史课程意义的阐述与 1983 年课程纲要相比，发生了翻天覆地的变化。1983 年的课程纲要，要求学生了解的是中华民族的演进以及中国的政治、社会等的发展，以期增强学生热爱中国的情感，培养学生的中华民族情操。而 1994 年课程纲要的教学目标则只字不提"中华民族"和"中国"，而代之以"历史知识的本质""认清国家创建的艰辛及个人的责任"之类的模糊、隐晦的表述，还提出将学生培养成为具有"世界观"的国民。

表2　1994年版初中"认识台湾（历史篇）"教材纲要

1994年版初中"认识台湾（历史篇）"教材纲要			1994年版初中"认识台湾（历史篇）"教科书章节		
壹	导论		第一章	导论	
贰	考古遗址与少数民族的部落社会	一、考古遗址 二、少数民族的部落社会	第二章	史前时代	第一节　文化演进 第二节　少数民族社会
叁	国际竞逐时期（荷兰、西班牙）		第三章	国际竞争时期	第一节　汉人与日本人的活动 第二节　荷兰人与西班牙人的殖民统治
肆	郑氏治台时期（或明郑时期）	一、政制建置与文教发展 二、屯垦与贸易	第四章	郑氏治台时期	第一节　政治与文教 第二节　垦殖与贸易
伍	"清领"时代前期	一、治台政策 二、农垦与商业 三、汉人社会的建立与发展	第五章	"清领"时代前期	第一节　政治演变 第二节　经济活动 第三节　社会与文教发展
陆	"清领"时代后期	一、开港与国际贸易 二、日军侵台与"治台"政策的改变 三、近代化的经营 四、反割台与"台湾民主国"	第六章	"清领"时代后期	第一节　开港与国际贸易 第二节　日军侵台与清廷治台政策的改变 第三节　建省后的积极建设
柒	日本殖民统治	一、统治政策及其演变 二、殖民经济的发展 三、差别待遇的新式教育 四、抗日及政治文化运动	第七章	日本殖民统治时期的政治与经济	第一节　台湾民主国与武装抗日 第二节　政治与社会控制 第三节　殖民经济的发展
			第八章	日本殖民统治时期的教育、学术与社会	第一节　教育与学术发展 第二节　社会变迁 第三节　社会运动

捌	"中华民国在台湾"	一、战后初期台湾的政局 二、"戒严"体制下的政经与社会 三、"解严"后多元社会的发展 四、中共"威胁"下的"国防"与"外交"	第九章	"中华民国在台湾"的政治变迁	第一节 初期的政治 第二节 "中央政府""迁台"后的政治发展 第三节 "外交"与两岸关系
			第十章	"中华民国在台湾"的经济、文教与社会	第一节 经济发展 第二节 社会变迁 第三节 社会变迁
玖	未来展望		第十一章	未来展望	

由表 2 可以看出,它一反过去连横《台湾通史》和郭廷以《台湾史事概说》的说法,将台湾史的开端与中华文明相隔离,这一联系设定在郑成功来台之后。在这以前,台湾史的阶段为"史前时期"和"国际竞争时期"。特别是在"国际竞争时期"部分,将汉人与日本人相提并论,试图从历史的角度证明台湾是多元文化的社会,以显示台湾与中华农业文明的区别。

(二)"同心圆理论"下消亡"历史科"

1995 年 1 月 23 日,杜正胜在《联合报》上发表《历史教育要如何松绑》一文,明确提出"台湾教育要改革,教育改革是社会改造的大工程",[①]"课程设计的终极目标是要把该学科的基本知识、观念和方法传授给学习者,融铸成为人格的一部分。在小学、中学、大专长达十五六年的学习过程中,课程内容当随学习者年纪的成长而循序地进阶。此一原则历史教育自然也不例外,小学到大专全程的历史课程设计应从学习者生活地区的历史推到全省、全国、全世界的历史,从现代、近代的历史推到古代、远古的历史,其时空范畴年纪愈小愈切身,随年龄人格之成长而逐渐扩大"。他"强调历史课程设计应有先后缓急之别,以"同心圆"观念来说,以学习者的时空环境为中心,一圈圈往外推移,先详内而后详外,才算是完整的历史教育"。[②]这就是杜正胜所谓的"同心圆理论",其中心问题是如何立足台湾,看待台湾与外界的历史联系。

---

① 杜正胜:《历史教育要如何松绑》,《联合报》1995 年 1 月 23 日。
② 杜正胜:《历史教育要如何松绑》,《联合报》1995 年 1 月 23 日。

杜正胜建构的"同心圆历史课程"架构为:"第一圈是乡土史(县市或北、中、西、南、东地区),第二圈是台湾史(或含闽粤东南沿海),第三圈是中国史,第四圈是亚洲史,第五圈是世界史。"与"同心圆历史课程"相对应的教育阶段分配为:"小学中低年级历史教育的重心放在第一圈,高小一、二圈,'国中'二、三圈,高中二、三、四圈,大学三、四、五圈。"①

表3 "同心圆"的历史课程构想

第一圈乡土史	县市或北、中、南、西、东地区	中低小	高小			
第二圈台湾史	台湾,或含闽粤东南沿海			初中	高中	大学
第三圈中国史						
第四圈亚洲史	亚洲,含西太平洋					
第五圈世界史						

由表3来分析,杜正胜所谓的"同心圆理论",不是传统历史学时间上的由远及近,实质上是地理空间上的"由近及远",即以台湾乡土史、台湾史为圆心,往外扩张的历史。其最大的"创新"就是把台湾史与中国史完全分割开来,台湾史与中国史不再属于一个历史体系之内,而是各自单独地存在。隐藏着"台湾史"是"我们台湾人"的历史,"中国史"是"他们大陆人"的历史,"台湾史"必须从"中国史"中脱离出来,以显示"台湾的主体性"。这一历史思维方式,具有鲜明的"台湾民族国家"的"台独"倾向。在各界就杜正胜的"同心圆理论"进行争论之时,台湾教育主管部门又宣布了一个更另各界哗然的决定,即从1997年开始重新规划初中及小学"九年一贯"课程的七大学习领域,并委托各领域规划小组进行项目研究。

何谓"九年一贯"呢?台湾现行学制采用的是"六三三四学制",即小学六年、初中三年、高中三年、大学四年,其中小学六年为义务教育。1968年时,又将初中三年改为义务教育,称为"国民中学",简称"国中"。自九年制义务教育实施以来,小学和初中的课程都是各自实施的。这次台湾教育主管部门通过"九年一贯"的改革,将小学六个学年与初中三个学年的课程连成一贯,不

① 杜正胜:《历史教育要如何松绑》,《联合报》1995年1月23日。

再分小学课程与初中课程。

"九年一贯"课程涉及最大的问题，就是合科与分科问题；引起的最大争议，就是历史课程作为单一学科的消亡。台湾教育主管部门所规划的七大学习领域为：语文、健康与体育、社会、艺术与人文、数学、自然与科技、综合活动，[①]而历史学科并没有被纳入这七个领域之中。将历史课程并入社会科之后，台湾的初中、小学将没有历史这一门课程；历史相关知识也是以台湾乡土史及台湾史为主，在十三项学习内容中，有七项是台湾乡土史及台湾史的内容，而中国史只有两项。"灭其国先亡其史"的用意非常明显。

2000 年陈水扁再次上台后，继承李登辉的"台独"路线，令教育主管部门加速推动实施"九年一贯"课程。2002 年 9 月，教育主管部门公布"国民中小学九年一贯课程暂行纲要"，规定"学习领域"为七大项，依次是"语文""健康与体育""社会""艺术与人文""自然与生活科技""数学""综合活动"。"社会科"的学习内容包括：历史文化、地理环境、社会制度等。这样，就把以前的公民、历史、地理三科编写在一本教科书内，命名为"社会科"。把"历史科"并入"社会科"，其目标是从历史教学上，改变青少年对中国历史的认同。同时，以与"九年一贯"衔接为由，教育主管部门开始加快高中历史课程的改造。

（三）高中历史课程台湾史与中国史的分离

2004 年陈水扁再次上台后，任命"同心圆理论"的提出者杜正胜为"教育部长"。10 月 18 日，杜正胜在"立法院"答询时表示，修订中的"高中课程暂行纲要"将改变目前使用的高中历史课程，台湾史、中国史和世界史的比例将由大约 1：2：1 修正为 1：1：1，为新的高中历史课程定基调。[②] 11 月 9 日，台湾教育主管部门在网站上发布了重新修订的"课纲草案"。其内容如下：

---

① "教育部"："国民教育阶段九年一贯课程总纲纲要"，台"教育部"，1998，第 8—9 页。
② 《高中历史台湾中国世界各 1/3》，《联合报》2004 年 10 月 19 日。

表 4　2004 年 11 月 9 日公布的"高中历史课程纲要草案"第一册（台湾史）部分

单元	单元名称	主题	重点
一、	早期的历史 （史前—19 世纪）	1. 源远流长	＊"南岛语族"与台湾少数民族 ＊历史时期的演变
		2. 从海上来	＊涉外事件 ＊汉人移民
		3. 开枝散叶	＊贸易与产业 ＊社会与文化
二、	日本踞台时代 （20 世纪前半）	1. "政府"的作为	＊统治政策与台民反应 ＊基础建设与经济发展
		2. 社会的变迁	＊殖民地的社会与文化 ＊文学艺术的发展
		3. 战争期的台湾社会	＊"皇民化运动"等措施 ＊太平洋战争与战时体制
三、	战后的台湾 （20 世纪后半） （一）	1. 战后初期的台湾	＊国民政府接收与二二八事件 ＊省政府成立后的政经发展与"中华民国政府"
		2. 威权体制下的"内政"与"外交"	＊威权体制的形成及其对"宪政"、人权的侵害 ＊国际情势的变化与政治改革的要求
		3. 威权体制的转型与自由民主的改革	＊蒋经国时代 ＊"宪政"改革与"总统"直选
四、	战后的台湾 （20 世纪后半） （二）	1. 经济发展	＊从进口替代到出口扩张 ＊十大建设与经济转型
		2. 社会文化的发展	＊社会转型与社会运动的兴起 ＊教育文化的发展
		3. 台海两岸关系与全球化的挑战	＊台海两岸关系的演变 ＊台湾与经贸全球化

由表 4 可知，重新修订后的"课程纲要"，把"台湾史"与"中国史"完全分割，实现了高中历史教科书部分"台湾史"的独立成册。不仅如此，"台湾史"的编纂安排上具有明显的美化日本殖民者、"去中国化"的用意。清朝统治的242 年（1683—1895 年）蒸发了，台湾历史从"早期的历史（史前至 19 世纪）"直接跨越到"日本统治时期（20 世纪前半）"。连号称"台独史纲"的《台湾四百年史》都无法避开的清朝对台湾的统治，在杜正胜担任"教育部长"后，竟

然在高中历史中 "只字未提", 其 "去中国化" 的用意何其明显。

"课纲" 还把 "中华民国史" 截成两半, 1945 年以前部分列为 "中国史", 1949 年以后部分列为 "台湾史", 1945—1949 年的部分则被阉割掉了。杜正胜给出的理由是, 辛亥革命及中华民国成立时, 台湾还在日本的殖民统治之下。① 而为了论述 "以台湾为主体性" 的史观, 教育主管部门竟然把孙中山建国列为古代。在各界质疑下, 杜正胜解释为 "作业疏失", 应是中国史才正确。② "新纲要" 还将 《开罗宣言》 定位为 "新闻公报", 并将 "旧金山和约" 及 "中日和约" 纳入, 以突出体现 "台湾地位未定论";③ 又以大篇幅介绍二二八事件和 "戒严" 时期对人权的侵害等。

(四) 马英九时期未能修改的历史课程纲要

2008 年马英九上台, 教育主管部门于次年对部分 "课纲" 进行修正, 但 "高中历史课程纲要" 基本没有变动。直到 2012 年时, 教育主管部门才对 "高中历史课程纲要" 进行了修正。

从内容来看, 2012 年修订后的 "课程纲要" 虽然比 2004 年 12 月版更符合历史史实, 但仍存在着一些问题。2004 年的 "纲要" 将台湾史分为 "早期台湾" "清代的长期统治" "日本统治时期" "当代台湾与世界" 四个部分; 2012 年修订后的 "课程纲要" 也将台湾史分为四个部分, "早期台湾" 及 "日本统治时期" 没有变动, 而将清代部分修正为 "清朝统治时期", 将 "当代台湾与世界" 部分修改为 "'中华民国' 时期: 当代台湾"。

此外, 2012 年版的 "课程纲要" 中也存在着重要的史实问题。诸如 "南岛语族群" "滨田弥兵卫事件" "郑氏统治" "日本统治时期" "台民的反应" 等, 存在着重新修订的客观要求。

2014 年 1 月 27 日, 台湾教育主管部门召开 "12 年国教新课纲" 课程审议会, 决定微调 "高中课程纲要", 其中就包括台湾史部分。台湾教育主管部门还特别强调, "课纲微调" 是中性地呈现历史, 将于 2015 学年度的高一新生适用。

---

① 《对 〈高中历史课程纲要草案〉 的基本认识》, 《海峡评论》 2004 年第 168 期。
② 《人为改造的历史传不久》, 《联合报》 2004 年 11 月 10 日。
③ 《台湾地位未定? 蓝博洲: 阴谋》, 《联合报》 2004 年 11 月 11 日。

微调后的"课程纲要"将"中国"改为"中国大陆",将"日本统治时期"改为"日本殖民统治时期",涉及慰安妇的描述增加"被迫"两字。从单元内容来看,只有第三单元加上"殖民"字样。"日本殖民统治时期"的表述,完全符合历史史实。

表5　2014年台湾史的"课纲"单元内容微调情况

2012年台湾史"课纲"单元	2014年新台湾史"课纲"单元微调后之内容
一、早期台湾 二、清朝统治时期 三、日本"统治"时期 四、"中华民国"时期:当代台湾	一、早期台湾 二、清朝统治时期 三、日本殖民统治时期 四、"中华民国"时期:当代台湾

从高中台湾史"课程纲要"微调后之单元主题来看,其修改的内容很少。

表6　2012年和2014年高中台湾史单元主题对照表

	2012年高中台湾史单元主题	2014年高中台湾史微调后的单元主题
第一单元	(一)十六世纪中叶以前的台湾与少数民族	(一)十六世纪中叶以前的台湾与少数民族
	(二)国际竞逐时代	(二)汉人来台与国际竞逐时代
	郑氏统治时期	明郑统治时期
第二单元	(一)开港以前政治经济的发展	(一)开港以前政治经济的发展
	(二)开港以前社会文化的发展	(二)开港以前社会文化的发展
	(三)开港以后的变迁	(三)开港以后的变迁
第三单元	(一)殖民统治前期政治经济发展	(一)殖民统治前期的政治经济发展
	(二)战争时期的台湾	(二)殖民统治时期的社会文化变迁(顺序变更)
	(三)殖民统治下的社会文化变迁	(三)战争时期的台湾(顺序变更)
第四单元	(一)从"戒严"到"解严"	(一)从光复到"政府迁台"
	(二)经济发展与挑战	(二)20世纪40到60年代的政经发展
	(三)社会变迁	(三)20世纪80年代以后的政经发展
	(四)文化发展	(四)社会变迁与文化发展(三、四并合而成)

由表6可见,此部分微调内容并不多,主要问题为郑成功收复台湾后所建立

的政权的性质。"郑氏"意指"郑成功家族"一家之政权,"明郑"意指郑成功收复台湾后建立的政权具有"明王朝"的国家性质。1662 年郑成功收复台湾后,改赤崁为东都明京,设一府二县。郑成功的儿子郑经改东都明京为东宁;依陈永华之议,移植明朝中央官制,仍奉已死的南明永历帝之正朔。2014 年以前的历史课本中涉及此部分内容时,都使用"明郑"称之。将"明郑"修改为"郑氏",显然是为了去除掉郑成功家族在台湾统治的国家性质,达到"去中国化"的目的。

从"单元主题的重点"来看,2014 年台湾史"课程纲要"单元主题的"重点"也进行了修正。

表7　2012 年和 2014 年高中台湾史单元主题重点对照表

单元	2012 年高中台湾史的重点	2014 年高中台湾史微调后的重点
第一单元	1. 考古发掘与文献记载 2. 台湾的少数民族	1. 考古发掘与文献记载 2. 台湾的少数民族
	1. 大航海时代 2. 荷西"治台"	1. 汉人来台与大航海时代 2. 荷西"入台"
	1. 汉人政权的各项措施 2. 涉外关系	1. 各项措施(删除"汉人政权的") 2. 涉外关系
第二单元	1. 治台政策与相关措施 2. 农商业的发展	2. 治台政策与相关措施 2. 农商业的发展
	1. 族群关系 2. 社会流动 3. 文化发展	3. 族群关系 4. 社会流动 3. 文化发展
	1. 外力的冲击与清朝的因应 2. 社经与文化	2. 外力的冲击与清朝的因应 2. 社经与文化
第三单元	1. 统治政策与台民反应 2. 具有殖民性质的经济发展	1. 殖民统治政策与台民反应 2. 具有殖民性质的经济发展
	1. "皇民化"政策与台人的因应 2. 太平洋战争与战时体制	1. 社会变迁 2. 文化发展
	1. 社会变迁 2. 文化发展	1. "皇民化"政策与台人的因应 2. 台人与抗日战争(新加) 3. 太平洋战争的爆发

续表

第四单元	1. 接收台湾与退台 1. 民主政治的道路 3. 国际关系与两岸关系的演变	1. 光复台湾与"制宪" 2. 二二八事件 3. "中央政府迁台"
	1. 经济成长 2. 社会与环保问题	1. 土地改革与地方自治 2. 两岸关系、反共政策以及白色恐怖、"保钓事件"与国际关系的变化 3. 经济成长
	1. 社会形态的改变 2. "解严"前后生活的变化	1. 实质"外交"的拓展与民主政治的道路 2. 经济起飞 3. 两岸关系的演变
	1. 教育发展 2. 多元文化的发展	1. 社会形态的改变及"解严"前后生活的变化 2. 社会、环保与教育 3. 中国文化与多元文化的发展

由表7可见，此部分最大的调整主要有两处：

第一，在第三单元部分增加了"台人与抗日战争"。台湾自被日本割占的那天起，台湾人民就开始了反抗日本殖民统治者的斗争。此斗争前期为武装抗日，后期为非武装抗日。台湾人民的武装抗日，是中华民族反抗日本军国主义对外扩张的起点，更是中华民族抗日战争的重要组成部分。故新增这部分内容，既符合历史史实，也便于学生了解日本殖民统治时期台湾人民的反抗情况。

第二，在第四单元部分增加了"光复""制宪""二二八事件""政府迁台""土地改革""地方自治""白色恐怖""保钓事件"等具体历史事件及政策性的史实。可以说微调后的"课纲"，更好体现了这个时期台湾历史的特色。

单元"说明"是就此单元的内容进行具体阐释的指导，此部分内容较2012年的"课程纲要"更为细致具体。除上述"单元、主题、重点"微调的内容外，主要增加的内容如下：

（1）说明汉人赴台澎的缘由与经过，如宋元对澎湖的经营及明代颜思齐、郑芝龙入台，并说明少数民族和汉人的互动。（第一单元）

（2）说明清廷在台湾的现代化建设，如电报、教育和铁路，使台湾成为当时全中国最先进的省份。（第二单元）

（3）台湾与甲午战后晚清变法运动与辛亥革命之互动，包括孙中山来台寻求台人支持，以及台人参与革命及中华民国之建立。（第三单元）

（4）说明中国宣布对日作战并声明废除《马关条约》、抗战中军民死伤惨重以及台人李友邦等赴大陆参与抗战。（第三单元）

（5）说明《开罗宣言》《波茨坦宣言》内容与中国政府光复台湾。并叙述《中华民国宪法》的制定与台湾代表的参与。（第四单元）

（6）说明"三七五减租""耕者有其田"等土地改革的过程与影响，以及当局推动地方自治的过程及其对民主发展的意义。（第四单元）

（7）说明台海对峙、"八二三炮战"、反共政策与白色恐怖。（第四单元）

（8）说明十大建设、科学园区、资讯业的发展，介绍此阶段重要经济政策的推手，如孙运璿等。（第四单元）

（9）叙述此时期两岸关系的演变及具有影响性的重大事件，从"三不政策"、开放探亲、"国统纲领"、辜汪会谈、飞弹危机到世界分工体系下的两岸经贸关系。（第四单元）

（10）说明中华文化在台湾的保存与创新，以及文化的多元发展。（第四单元）

从上述新增加内容来看，2014年版"课程纲要"着重强调了汉人赴台及清代台湾在中国各省中的先进地位；日本殖民统治时期台湾人民与大陆人民的互动及台湾人民反抗日本殖民统治的斗争，彰显了台湾人民的主体性；对日抗战与台湾的关系及台湾人民的贡献。特别是第四单元说明内容明显增加，使战后台湾的历史更加完整丰满。

通过以上分析来看，2014年修订的"课程纲要"对台湾史实有了更为准确细致的说明，也显示其"以台湾为主体性"的台湾史特色。但这样的"课纲微调"却遭到台湾各界的反对，不能不说是"台独"的意识形态在作怪。

二、蔡英文上台后消亡"中国史"的历史课纲

2016年，蔡英文上台后，便积极快速地推行"去中国化"的"文化台独"。蔡英文在5月20日做"就职演说"时，就迫不及待地宣布要废除"微调课纲"。

5月31日，台湾教育主管部门正式废止"104课纲"，并对马英九当局后期修订（但未公告）的"十二年国民义务教育社会领域历史科课纲"予以抛弃。2017年7月3日，台湾"国家教育研究院"公布"十二年国民义务教育社会领域课纲草案"。

依据7月3日公布的"普通高中历史课纲"草案内容，高中历史不再分为台湾史、中国史及世界史，而是分成"台湾相关""中国与东亚的交会""台湾与世界"三个分域，各2学分。此"课纲"将高中"历史科"必修8学分减为6学分；将中国史纳入东亚史的脉络，中国史部分从1.5册减为1册，但不独立成册，也不使用朝代编年史的叙述方式，而是将其肢解，以主题的方式融入东亚历史中，从而彻底消亡了中国史。此外，以观念性的知识表述，取代以编年叙事为纲目的主题，并将其作为课程编写与教学的准则。

此"课纲"草案外界关注最多的，是所谓的"分域架构"。即不再依循原"台湾史""中国史""世界史"的架构，不论是初中还是高中"课纲"，都改以三个分域，即"台湾相关分域""中国与东亚的历史交会""台湾与世界"，如此一来，将台湾史作为"国史"，将中国史并入东亚史中，世界史更浅显化。

这种"分域架构"只是表现的问题，实质的问题是利用此种"分域架构"方式，将中国史肢解消亡了，"台湾史"不与"中国史"相衔接，形成"台湾史"与"东亚史"的直接联系，从而达到"去中国化"，建构"台湾国史"观的目的。

7月3日公开的历史"课纲"究竟如何以"台湾少数民族"为基础，建构"台湾国史"观，必须从其"课纲"本身进行分析。台湾"普通型高级中等学校历史课纲草案"分为"学习表现"及"学习内容"两块。其"学习内容"涵盖初中及普通型高级中等学校两个部分，并直接指定为"必修课程"。

"课纲草案"对"历史"部分的总引文为："初中及高中必修的历史课程采用分域架构，从人民的主体观点出发，以由近及远、略古详今为原则规划。初中历史课程采长时段的通史架构设计，建立学习者对当代世界形塑过程的基本认识。高中历史必须课程依时序选择基本课题设计主题，透过历史资料的阅读和分析，培养学习者发现、认识及解决问题的基本素质。"

由于此次"课纲"草案明确规定采取"分科或领域教学"，故在中学历史课程中采取的是"长时段的通史架构"设计，按台湾史区域、中国史区域及世界史区域编成一个通课"纲要"。下面，拟就台湾史部分进行分析。

（一）初中历史"课纲"草案台湾史部分存在的问题

初中台湾史部分依然是采取通史方式，从大主题上划分为"早期台湾""清帝国的统治""日本帝国的统治""当代台湾"四个大主题及两个"历史考察"。

"帝国"一词并没有非常精准的科学定义，但无论是从使用习惯还是从使用场合来看，一般有"恣意向外扩张的国家"的意思。将清政府对台湾的合法统治与日本对台湾的殖民统治相提并论，并都使用"帝国"称之，显然是将清政府对台湾的统治视为"扩张"，将清政府也视为外来"统治者"。

1."早期台湾"

该部分下分为两个项目："史前文化与台湾少数民族"与"大航海时代的台湾"。"史前文化与台湾少数民族"又进一步细分为"考古发掘与史前文化"与"台湾少数民族的迁徙与传说"两个条目。

B 早期台湾	a. 史前文化与台湾少数民族	1. 考古发掘与史前文化 2. 台湾少数民族的迁徙与传说	1. 本"课纲"在台湾所属这个分域指称的"原住民族"与"原住民"，是从历史文化的角度思考，包含"法定少数民族""平埔人"及其他少数民族族群。 2. 台湾最早的主人们没有留下文字资料，要追索他们在台湾的足迹，考古资料和口头传说是最重要的两个途径。

"大航海时代的台湾"的两个分条目为："十六、十七世纪东亚海域的各方势力；少数民族与外来者的接触"。

b. 大航海时代的台湾	1. 十六、十七世纪东亚海域的各方势力。 2. 台湾少数民族与外来者的接触。	台湾是东亚交通的辐辏之地，十六、十七世纪来到亚洲的欧洲人，和早就生活在台湾的少数民族，以及从事走私贸易的中、日商人，产生了对抗、竞争、合作等种种互动。这一项目建议讨论： 1. 东亚海域各方人群和势力在台湾的遭遇与互动。 2. 少数民族（包含平埔族群）与外来者的接触、回应与处境。

存在的问题：

（1）无论是1994年的"认识台湾"历史"课纲"还是2004年的高中台湾史"课纲"，皆以"原住民"来开篇，虽有意强调台湾的少数民族是源自大陆的"南岛语系"，但没有以"民族"一词来称呼。而此次的"课纲"，以"台湾原住民族"来称呼"原住民"，实质的用意就是将台湾少数民族作为"台湾民族"的基础，结合"课纲"中以少数民族为主线的原则，"台湾民族史观"在初中、高中历史教育中正式浮出水面。

（2）以"大航海时代"切断早期中国大陆与台湾在历史发展过程中的联系，将台湾与世界直接联系起来，实为"去中国化"的史观刻意而为。

（3）以"十六、十七世纪东亚海域的各方势力"条目取代了以往的"荷兰统治"及"明郑时期"，有意将明郑在台湾的统治与日本、荷兰、西班牙等并提，以否定明郑在台湾统治的国家性质。

（4）"台湾少数民族与外来者的接触"条目部分有意将极少数的"原住民"提高到民族的高度，将台湾少数民族作为台湾历史的"原始主体民族"，将大量汉民族的迁入者视为"外来者"，并暗示明郑时期大量的迁入者都是"外来者"，再次否定明郑在台湾统治的合法性及国家性质。

2."清帝国的统治"

该部分下分为两个项目："政治经济的变迁；社会文化的变迁。"

"政治经济的变迁"下又分为两个条目："'清帝国'的统治政策；农商业的发展"。"社会文化的变迁"下又分为两个条目："'原住民'社会及其变化；汉人社会的活动"。

C. "清帝国" 时期的台湾	a. 政治经济 的变迁	"清帝国"的统治 政策 农商业的发展	在"清帝国"统治之下，移入边区台湾的 汉人带动经济发展，形塑社会结构，并对 少数民族（包含平埔族群）社会造成影响。 这一主题建议在上述脉络下讨论： "清帝国"的族群政治。 台湾农、商业关系紧密的经济特质。 帝国体制内外少数民族（包含平埔族群） 社会、文化的动态（包括土地流失问题）。 汉人在台湾的活动特色。
	b. 社会文化 的变迁	"原住民"社会及 其变化 汉人社会的活动	

存在的问题：

（1）"清"与"日本"并称"帝国"，将清朝对台湾的合法统治视为具有"殖民性质"的"外来政权"。

（2）将"'原住民'社会及其变化"作为单独条目，体现"课纲"以台湾少数民族为基础，创造"台湾民族"的意识及史观。

（3）将"汉人社会"作为条目，显然是与"原住民"相对应的，强调其为"外来民族"。

3. "日本帝国的统治"

该部分下分为"政治经济的变迁；社会文化的变迁"两个项目。其下又细分为六个分条目："政治经济变迁"部分下分"政治体制的建立与反殖民运动；基础建设与产业政策；'理藩'政策与'原住民'社会的对应"。"社会文化的变迁"部分下分"现代教育与文化启蒙运动；都会文化的出现；新旧文化的冲突与在地社会的调适"。

E. 日本帝 国时期的 台湾	a. 政治经济 的变迁	1. 殖民统治体制的建立。 2. 基础建设与产业政策。 3. "理藩"政策与"原住民"社会的对应。	日本帝国以现代化国家的管理技术殖民 统治台湾，其统治体制与经济措施兼具 现代化与殖民化的特色。这一主题建议 在上述脉络下讨论： 1. 帝国政策对台湾少数民族、汉民族的 冲击，包括土地及林野政策等。 2. 西式的学校教育体制、都会文化等呈 现的和、洋并存现象。 3. 所谓"在地社会"，应包括少数民族 （包含平埔族群）社会与汉人社会。
	b. 社会文化 的变迁	1. 现代教育与文化启蒙 运动。 2. 都会文化的出现。 3. 新旧文化的冲突与在 地社会的调适。	

存在的问题：

（1）"统治体制的建立"代表"殖民统治体制"，间接否定日本殖民台湾的性质，显然与后面的"反殖民运动"不相宜。

（2）以"反殖民运动"代表传统史观上的"武装反抗"的抗日斗争，以运动代表斗争，弱化台湾人民反对日本殖民者入台，以达到媚日之目的。

（3）以"基础建设与产业政策"作为条目，来强调台湾的现代化起始于日本殖民统治，既淹没了清时期对台湾的开发对台湾的贡献，也间接强调了国民党退台后的统治基础是日本所构建的。

（4）无视日本殖民统治时期的差别教育，并将之视为"现代教育与文化的启蒙"。

（5）将殖民地文化作为"新文化"，将反殖民地的文化斗争变成"新旧文化的冲突"，并人为地将后期台湾人民的民族民主运动变为"在地的调适"。

4．"当代台湾"

该部分包括"政治'外交'的变迁；经济社会的变迁"两部分。其中"政治'外交'的变迁"下又细分为"'中华民国'统治体制的移入与转变；二二八事件与白色恐怖；台海两岸关系的冲突与变动；台湾的'国际地位'与'外交'困境"四个分条目。"经济社会的变迁"下又细分为"经济发展与社会转型；大众文化的演变"两个分条目。

F. 当代台湾	a. 政治"外交"的变迁	"中华民国"统治体制的移入与转变。 二二八事件与白色恐怖。 "国家政策"下的少数民族。 台海两岸关系与台湾的"国际"处境	有关当代台湾的历史变迁，除了项目、条目已经明示的课题，这一主题可留意讨论： 1. 1945 年以后移入台湾的"中华民国"统治体制，以及其后因应民主化运动所推动的政治改革。 2. 不同性别、族群在二二八事件与"白色恐怖"时期受难的情形、受难者家庭及社会所受到的影响，以及历史真相与和解的关系。 3. 少数民族（包含平埔族群）的身份认定、教育、语言、土地等统治政策的影响，与少数民族的国际权利复振。 4. 金门、马祖在台海两岸关系变动中所扮演的角色，以及 20 世纪 70 年代以后台湾面临的"外交"困境。 5. 农山渔村在经济发展中的角色与变化，以及人们因应产业新形态的选择与活动。 6. 从人民生活经济出发，不同时期社会的流行文化。
	b. 经济社会的变迁	经济发展与社会转型。 大众文化的演变。	

存在的问题：

"中华民国"统治体制的移入，取代了从日本殖民者手里接收。

（1）"二二八"与"白色恐怖"并用，以体现国民党的威权统治。

（2）将两岸关系的"冲突与变动"作为小节，以突显两岸矛盾，让学生产生敌对意识。

（3）将"国际地位"与"外交"困境作为基本条目，从而将台湾"国际地位"及"外交"困境的责任都推给大陆。

（二）普通高中历史"课纲"草案台湾史部分存在的问题

普通高中"课纲"与初中"课纲"一样，打破传统台湾史、中国史与世界史分册的做法，将三部分完全以主题方式显现。从高中历史"课纲"主题部分来看，完全打破以往从《认识台湾》初中历史课程中台湾史及以前各版本"课纲"中以时间编年朝代来叙述历史的传统方式，三个主题将整个台湾史概括其中，特别是"现在国家的形成"已经将台湾作为一个"国家"来史论。

第一部分为"导论"，其内容如下：

主题	项目	条目	说明
A. 如何认识过去？		谁的历史？谁留下的史料？谁写的历史？	我们是谁？从何而来？走向哪里？是哪些人书写的历史定义了我们？这一主题建议从提问开始，思考历史。

第二部分为"多元族群社会的形成"，其内容如下：

B. 多元族群社会的形成	a. 少数民族	我群界定、先住民与"原住民"分类。 当代少数民族的处境与权利伸张。	探讨这个项目，可留意以下问题： 少数民族个人、各部落（社）、各群、各族如何界定自己与他人？不同时期他者如何称呼与分类先住民、少数民族。 在探讨当代少数民族的处境前，应对初中所学不同政权的少数民族政策及其对少数民族的影响有简单的回顾与讨论。 少数民族（包含平埔族群）权利、社会文化复振的历史与发展。
	b. 移民社会的形成	早期移民的历史背景及其影响。 战后来台的各方移民。	探讨这个项目，可留意以下问题： 早期移民着重清代与闽粤两省赴台移民者，探讨其移台选择、渡海过程、抵台生活适应等。 条目所谓"各方移民"，除大陆各省及地区移民之外，亦包括由滇缅、大陈列岛等地来台者，以及20世纪80年代以后的婚姻移民与国际移工。

"多元族群社会的形成"部分，将"原住民"作为一个单独的项目，结合第二主题下的"'原住民族'的语言、传统信仰与祭仪"一节，史论中"原住民"相关历史的占比远远高于以前各版本，凸显其以台湾"原住民族"为主线的原则，也显现其要表达的"台湾民族史观"。此部分还以"移民社会的形成"，取代了以往明郑、清政府对台湾的统治历史，有意去除"中国人政权"对台湾社会所做的巨大贡献。此部分还将台湾民众分为"早期移民"及"战后来台的各方人士"两部分，这明显是以省籍矛盾中的本省人、外省人史观来进行区隔使用的。

第三部分为"经济与文化的多样性"，其内容如下：

C. 经济与文化的多样性	a. 经济活动	台湾历史上的商贸活动。 台湾历史上的土地问题。	探讨这个项目，可留意以下问题：海岛台湾的经济特质有两个核心：一是对外，有赖以谋利的商贸活动；一是对内，有农业、山林等产业，及其所关涉的土地问题（包括少数民族土地课题）。
	b. 山海文化	"原住民族"的语言、传统信仰与祭仪。 多元的信仰与祭祀活动。 从传统到现代的文学与艺术。	探讨这个项目，可留意以下问题： 1. "多元的信仰"包含佛教、道教、民间宗教、基督教、伊斯兰教及少数民族、汉族的信仰改宗及与自身传统文化的可能冲突。 2. "从传统到现代的文学与艺术"包含少数民族、汉族的文学与艺术。

"经济与文化的多样性"部分包括"经济活动、山海文化"两个项目。无论是"商贸活动"还是"土地问题",都离不开台当局的政策。台湾的商贸活动开启于以郑芝龙为首的海商集团,当时的台湾已经被纳入世界贸易体系之中。从明郑时期开始,大量的汉民族移入台湾,清代是台湾经济体系的形成期,更是台湾地区中华历史文化发展的繁盛期,但"课纲"却以"山海文化"来取代中华文化,将"'原住民族'的语言、传统信仰与祭仪""多元的信仰"等作为单独条目,其用心极为险恶。

第四部分为"现代国家的形塑",内容如下:

D. 现代"国家"形塑	a. 台、澎、金、马如何成为一体?	1. 从地方到"中央"。 2. 国际局势与台湾地位。 3. 教育、语言与基础建设。	台、澎、金、马形成一体的历程,有外在国际情势发展的影响,亦内部体制变革、政策引导的历史脉络。探讨这个项目,可留意以下问题: 1. 十七世纪以降的历史上变迁,可以由地方建制至"中央宪政"、从威权到民主的发展,探讨"台澎金马"名词连接出现的时序过程。 2. 国际处境:包括因战争而缔结的条约,相关的宣言、决议文及公报等。 3. 探讨现代"国家"基础条件的发展,可包括"国民教育"、两次"国语运动"、交通设施、时间及度量衡制度等。
	b. 追求自治与民主的轨迹	1. 日本殖民统治时期的人权情况与政治、社会运动。 2. 战后的民主化追求与人权运动。 3. 战后的社会运动。	探讨这个项目,可留意以下问题: 1. 日本殖民统治时期的人权情况,以及台湾人民向殖民者要求政治参与权利,并透过社会运动争取农民和劳工权益的过程。 2. 战后台湾人民对于政治民主化的追求与人权运动,包括二二八事件与"白色恐怖"时期对人权的侵害,以及相关转型正义的追求与推动。 3. 战后的社会运动包括消费者运动、居住权运动、性别平等运动、环保运动等。

第三个主题"现代国家的形塑",显示"课纲"具有强烈的"两国论"意识。其下条目"台、澎、金、马如何成为一体?"显然是对"台湾国"范围的界定。下分三个条目中的"从地方到'中央'"再次显示其将台湾作为"国家"的意识。而"国际局势与台湾地位"显然是要向学生说明台湾的地位是由大陆"打压"造成的。将日本殖民统治时期反殖民压迫的民族民主运动,与战后的"党外

运动""台独运动"等所谓"人权"运动这两种性质完全不同的运动，作为其追求现在"国家"的轨迹。

综上所述，台湾的初高中历史课程的"去中国化"已经进行了二十多年。蔡英文上台后，更是变本加厉。2017 年 7 月 3 日公布的"十二年国民义务教育社会领域课纲草案"中的"台湾史"部分，不仅在编排上打破原来的编年体例，将中国史肢解，融入东亚史的主题，更在初高中台湾史"课纲"中有意去除"中国人政权"对台湾社会所做的巨大贡献，以历史主题的方式显现其想要表达的部分，以突显其"一边一国"的"台独"本质。通过分析此"课纲"的具体内容，可以非常明显地看出其特性：一是将视台湾为一个"国家"的"两国论"史观融入台湾初高中历史课程中；二是以台湾少数民族作为"台湾民族"的基础，创造了"台湾民族史观"。而从《认识台湾》历史篇以来的台湾初高中的历史"课程纲要"，意在培养脱离大中华意识的所谓"台湾民族意识"，将使台湾的下一代失去大中华民族文化的根基。此次的"课程纲要"大约要使用 10 年，将会对必须遵循史纲编排的教科书产生重大影响。特别是高中教科书用问题设计引导学生思考历史，而对历史史实的不了解，将使学生更容易被涉及历史知识的意识形态所操控。目前，根据此"课纲"编撰的历史教科书已经进入台湾初高中历史课程中，对未来两岸和平的影响难以估量。

21世纪以来台日关系的演变

——兼及台日结构性矛盾与未来走势因素

王键

　　从属于中日关系的中国台湾地区与日本的关系（以下简称"台日关系"）不仅长期困扰并影响中日关系与台海局势，更是美日牵制与防范中国的战略筹码。1972年中日复交以来，日本承诺与台湾只保持经贸、文化领域的民间层次交往，但日本政界亲台势力一直试图突破这一限制。

　　本文拟对21世纪以来，陈水扁时期与马英九时期的台日关系予以简要回顾，并结合蔡英文当局的对日动态，以及影响这一关系的诸外部因素等做一综合分析，进而预测未来台日关系的趋势。

一、陈水扁时期的台日关系

　　2000年5月至2008年5月，以"台独"为圭臬的民进党执掌台湾权力中枢，台日关系发生了"急鼓繁弦"的变化，由最初的"试探与建构"新的架构，到"深化与共融"的急速推进，台日关系"突破性"延伸成为定势。

（一）"试探与建构"：陈水扁第一任期（2000.5—2004.5）

　　2000年3月18日，民进党候选人陈水扁当选台湾地区领导人，"台独"政党首次执掌台湾权力中枢，"堪称台海局势中前所未有的重大转折"。[①] 随着国民

---

① 吴寄南：《冷战后的日台关系》，上海人民出版社，2009，第201页。

党下台与民进党上台，相对低调的台日关系发生急剧变化。陈水扁上台后，日本首相小渊惠三指示自民党执行部尽快与民进党建立联络管道，自民党国会议员麻生太郎等人随即赴台与陈水扁会晤。① 民进党上台后不仅对中日关系带来冲击，更给台日关系的延续与发展注入不确定因素，"试探与架构"新的关系架构成为这一时期台日关系的最大特点。

1998 年民进党在其"政策建言书"中指出："若台湾得以加入以美日为核心的集体安全体系，将能以之作为我自由与民主的重要凭恃。"② 此建言勾勒出民进党最初之对日策略蓝图。2000 年 5 月民进党上台后，陈水扁提出"对日工作方针"，其要点是加强政党交流与日本政府机构的接触；培养精通日本政经情势的学者和智库；增进和日本年轻政治家的接触；确立台日双方在东亚安保的共同利益，同时确立美日台三者关系的安全网。③ 陈水扁指定"台独"大佬罗福全出任台湾"驻日代表"，他在赴任前接受《中国时报》专访时称，他将与日本政界各党派采取多渠道、多层面的"外交"。④

2002 年 3 月 27 日，台湾"外交部长"简又新提出民进党对日工作五项重点：一是推动高层互访，提升双方实质关系；二是强化与日本官方接触，提升双方官方的交往层次；三是促使日本与台湾建立"安保对话机制"；四是推动促进台日签署"自由贸易协定"；五是吁请日本支持台湾加入国际组织。⑤ 是年 9 月，简又新又提出民进党对日工作六项"具体而明确的目标"，在重申五项重点的基础上，特别呼吁日本对台湾"开放天空"，增加直飞日本的航点与班次以及签署"度假打工协定"等。⑥

陈水扁当局为加强对日联络，2001 年初在台湾"总统府"内设置由其亲任组长的"对日工作专案小组"；同年 8 月先后设立"台日友好协会""台日国会议员友好联盟"与"日台交流基金会"等，同时重组超党派的"立法院台日交流联谊会"。2002 年 2 月台湾"外交部"设立"日本问题咨询委员会"及"对日

---

① 张进山：《日本政界的台湾帮及其对中日关系的影响》，《日本学刊》2001 年第 2 期。

② http://taiwan.yam.org.tw/china_policy/p_us-jp1.htm.

③ 台"中央社"，2005 年 5 月 30 日电。

④ 《罗福全推动多角度多层面对日外交》，（台北）《中国时报》2000 年 5 月 24 日。

⑤ http://www.mofa.gov.tw/Mobile/PolicyReport_Content.aspx?s=01B0A595403C50C3.

⑥ 严安林、黄中平：《民进党对外关系研究》，九州出版社，2004，第 92 页。

工作小组"。2005 年 10 月 15 日，再以任务编组方式设置统合对日业务的"日本事务会"。对于陈水扁试图将台日关系"制度化"的态势，日本也给予积极配合，如 2002 年外务省修改限制课长级以上官员访台的规定。[①]

2001 年初美国小布什政府与日本小泉纯一郎内阁相继成立，同年底大陆与台湾同时加盟世界贸易组织（WTO），台湾的外部政经环境发生较大变化。由此，台日亟待创建新的对话平台。作为台日欲突破制约其发展关系的"1972 年体制"，势必取得"影响日本与台湾对外关系以及其彼此互动的最关键因素"[②]——美国的战略支撑。"对台湾而言，日本是台湾对美非常重要的窗口，美国是台湾国际关系最有力的伙伴。透过日本去游说美国应保护台湾，不只有利于日本，也比台湾自己去游说美国效果更大"。[③]另外，台湾也期待"透过台日美三方关系，加强与日本的交流及合作项目"。[④]而美国关注日台之间的联系，"实际上是关注长久保持台湾海峡局势'和而不统'的局面"。[⑤]而史实亦证实，"李登辉与陈水扁都立足于日美同盟的延长线上，尤其事关台湾海峡的安全问题，必须由日美同盟的立场为出发点，以此影响日本、美国与台湾的关系"。[⑥]

日本朝野合力暗中支持台湾民进党。2000 年 4 月 15 日，民主党"日台恳谈会"成立；2001 年 5 月，自民党"日台友好议员联盟"成立。2002 年 5 月民主党干事长菅直人在上海国际问题研究院演讲时，宣称"应允许台湾加入联合国"。[⑦]2004 年 10 月 3 日，内田胜久在"日台论坛"上声称：两岸问题已是"国际问题"。

台湾地区与日本的军事、政治交流不断提升。2003 年 6 月台军"爱国者"导弹实弹试射以及 2004 年 3 月台军"康平"水雷实弹操演，都有日本自卫队将领现场观察。2000 年 7 月 17 日，民进党前主席施明德在日本参议院会馆做题为

① ［日］福田円：『ポスト台湾民主化と日本—関係の制度化と緊密化』，载东京大学东洋文化研究所编：『東洋文化—特集：繁栄と自立のデレレンマ—ポスト民主化台湾の国際政治経済学』9 号，2014，第 100 页。
② 蔡东杰：《后冷战时期台日特殊关系发展分析》，《台湾国际研究季刊》第 3 卷第 2 期，第 187 页。
③ 张炎宪、陈美蓉主编：《许世楷与台湾认同外交》，（台北）吴三连台湾史料基金会，2013，第 173 页。
④ 《统合战力，对日小组主导》，（台北）《自由时报》2002 年 9 月 28 日。
⑤ 郭震远：《台湾问题与亚太地区安全》，（台北）《国际展望》2000 年第 18 期。
⑥ 张炎宪、陈美蓉主编：《许世楷与台湾认同外交》，（台北）吴三连台湾史料基金会，2013，编序。
⑦ 《强化美日台关系，形成亚太民主防线》，（台北）《自由时报》2003 年 9 月 29 日。

"台湾是'主权独立国家'"的演讲。2001 年 4 月 20 日，森喜郎内阁给李登辉发放赴日签证。2002 年 11 月，小泉内阁顾问冈本行夫领衔的"对外关系特别小组"提交《21 世纪日本外交基本战略报告书》，明确提出要适应台海两岸形势的变化，进一步强化交流协会的功能。[①]

2002 年 9 月 29 日，陈水扁在接受日本《朝日新闻》专访时指出，台日在政治、军事、安保方面都还有许多可以合作的空间。[②]同年 10 月，由台湾"外交部"提供专项资金，在早稻田大学设立了台湾研究所。2004 年 4 月 2 日，陈水扁在接受日本《读卖新闻》专访时，声称台海两岸已是"一边一国"。陈水扁基本承袭了李登辉的对日思路，强化建构民进党对日策略与对日联络架构，更把日本视为其"台独"路线的最强劲伙伴。

（二）"深化与共融"：陈水扁第二任期（2004.5—2008.5）的日台关系

随着民进党与日本关系的急速推进，陈水扁更试图以"毕其功于一役"之势取得"台独"目标的重大突破，经历"试探与建构"的台日关系开始进入"深化与共融"。

2004 年 5 月 20 日，陈水扁再次就任台湾地区领导人。7 月 5 日，陈水扁任命"台独"大佬许世楷出任台湾"驻日代表"。许世楷确定其对日工作三原则：第一，向日本游说台湾有"制宪"的需求；第二，提高台日"国安"交流层次；第三，促进文化交流。[③]许世楷随后更隐晦地表示："我到日本并不是要推销台湾'独立'，而是要推销台湾'制宪'的必要性。"[④]

2004 年 5 月 18 日，中津川博乡等 27 位民主党国会议员成立"日台安保经济研究会"。[⑤]7 月 24 日，台湾"国安会秘书长"邱义仁携多名"国安"高官密访日本；8 月 15 日，日本民主党参议员村田莲舫访台并会见陈水扁；10 月 3 日，邱义仁公开宣称，陈水扁当局支持日本成为联合国常任理事国。

---

① 『21 世纪日本外交の基本戦略—新たな時代、新たなビジョン、新たな外交』，http://www.kantei.go.jp/.

② 《强化美日台关系，形成亚太民主防线》，（台北）《自由时报》2002 年 9 月 29 日。

③ 张炎宪、陈美蓉主编：《许世楷与台湾认同外交》，（台北）吴三连台湾史料基金会，2013，第145 页。

④ 《新任"驻日代表"许世楷，赴日推销台湾制宪》，（台北）《自由时报》2004 年 7 月 21 日。

⑤ 《日国会议员成立日台安保经济研究会》，（台北）《自由时报》2004 年 5 月 17 日。

2005 年 1 月 28 日，陈水扁在接受日本共同社专访时声称，日美台应建立"安全同盟"。2 月 2 日，时任台"行政院长"谢长廷在接受日本《产经新闻》专访时指出，为了强化今后日美台的"安全防卫关系"，日本也需要一部类似美国"与台湾关系法"的法律。

史实证实，后冷战时期美日同盟战略性巩固与台日关系密切化几乎是同步的。2005 年 2 月 19 日，美日"2+2 会议"将"台海问题"列为美日"共同战略目标"之一。①2 月 25 日，日本外务省发言人高岛肇久在记者会上说，日本对台政策没有发生任何变化。②但在 3 月 14 日全国人大通过《反分裂国家法》后，小泉首相立即表示，"日本反对以武力解决台湾海峡的问题"。③8 月，日本国会通过"台湾观光客免签证特别条例法案"。

在"台北驻日经济文化代表处"的资助下，2005 年 10 月 12 日，日本平成国际大学教授浅野和生正式发布其制订的日本版"台湾关系法"（全称"日台相互交流基本关系法"）草案。该法共有七项条文，其中较重要的两项分别是"促进日台更进一步广泛、密切而友好的商业、文化与其他方面的交流"，以及"在亚太和平安全基础上的日本外交运作，始合乎日本的政治、经济与安全保障上的利益"。④

日台双方"利益共生关系"继续得到加强，2006 年 8 月 15 日，日本农林水产省副大臣宫腰光宽赴台与陈水扁会面，成为 1972 年以来首位与台湾地区领导人会晤的日本现职副大臣。⑤

民进党当局持续加强与美日的安保合作，包括 2005 年 3 月日本军事顾问观摩台军"汉光演习"；5 月台湾"国防部总政战局局长"胡镇埔上将访日；6 月日本军事顾问指导台湾海军水雷演练。2006 年初日台建立"反恐连线"。9 月陈水扁在接受日本富士电视台采访时称，期待和日本缔结"准军事同盟"。10 月 30 日，他再次声称，期待推动建立"台美日安保机制"。由此，在美、日、台

---

① 『共同発表 日米安全保障協議委員会』，http://www.mofa.go.jp/mofaj/area/usa/hosho/2+2_05_02.html.

② 《日本外务省发言人称日对台政策没有变化》，http://news.xinhuanet.com/world/2005-02/25/content_2620809.htm.

③ 《美日抨击，"中国破坏台海稳定"》，（台北）《自由电子报》2005 年 3 月 15 日。

④ 《学者版台湾关系法草案出炉》，（台北）《自由时报》2005 年 10 月 12 日。

⑤ 《日农林（水产）副大臣八月密访扁》，（台北）《自由时报》2006 年 9 月 13 日。

湾地区各自利益的驱使下,"美日台同盟的雏形已经跃上纸面"。[①] 中国学者更明确指出,在美国的中介下,一个针对中国的日美台"准军事同盟"正在悄悄形成。[②]

综上所述,虽然陈水扁"急独"路线并不符合美日战略利益,亦有抵牾、冲突的一面,但陈水扁主政期间台日关系获得"突破性"发展,如日本版"与台湾关系法"成为公开议题,台湾与美日安保合作亦有重大进展。

二、马英九时期的日台关系

2008 年 5 月至 2016 年 5 月,台日关系仍保持发展势头,但呈不确定的缓进态势。由"折冲与缓进"再到"跌宕与反复",既取得"台日渔业协议""台日投资协议"等实质性成果,亦有冲之鸟礁海域渔业纠纷"激化"态势等。

(一)"折冲与缓进":马英九第一任期(2008.5—2012.5)

2008 年 3 月 22 日,国民党候选人马英九当选台湾地区领导人,台日关系又迎来新的"融合点"。经历陈水扁"急鼓繁弦"的发展图景,在马英九"活路外交"理念下,折冲与缓进构成这一时期台日关系的特征。2007 年 11 月 20日,马英九竞选团队发表题为《活路外交拥抱全球》的"外交政策小册子"称:我们支持"美日安保"作为维护东亚的重要机制;台湾应该与日本建构企业的策略联盟,共同开发大陆的市场;我们希望与日本早日协商签署"自由贸易协定"。[③] 这是最初体现马英九对日思路的叙述。

马英九积极改善两岸关系,同时亦促进台日关系的发展,既有力求经济平衡的需求,亦有维系政治平衡的考虑。为构建独立的对日策略,6 月初台湾"外交部"宣布裁撤陈水扁设置的"日本事务会",但至 7 月初又设置"对日专门小组"。[④] 7 月末,马英九再下令设置隶属"总统府"的跨"部会"对日工作小组,由"国安会秘书长"苏起负责协调。8 月 20 日,马英九任命冯寄台出任台湾"驻

---

① 郑永年《中国面对美日台联盟》,(台北)《联合早报》2005 年 2 月 22 日。
② 吴寄南:《日台军事互动的现状、背景及未来走势》,《现代国际关系》2006 年第 9 期。
③ 《活路外交拥抱全球》,http://www.ma19.net/poli-cy4you/diplomacy.
④ 《对日工作,将成立专责小组》,(台北)《联合报》2008 年 7 月 6 日。

日代表"。虽然马英九高度重视对日关系，但日本仍担忧"日台关系可能有变薄弱的危险性"。① 另外，由于马英九在"就职演说"中未提及日本，引发日方不满，认为马英九仅将日本视为"经济伙伴"。②

2008 年 6 月 10 日，发生了台湾"联合号"渔船被日本舰艇撞沉事件。6 月 12 日，马英九当局对日严正抗议；6 月 16 日，台"海巡署"舰艇进入钓鱼岛海域宣示"主权"。③ 为避免两岸联合保钓，6 月 20 日，"日本交流协会"台北事务所副所长舟町仁志到"联合号"船长何鸿义家中，当面递交道歉信并表示赔偿。④

为消除日本对其"亲中反日"倾向的质疑，2009 年 1 月 7 日，马英九在台北市日本工商会举办的"新年联谊酒会"上宣称，"让台日真正成为特别伙伴关系"。⑤ 1 月 20 日，台"外交部长"欧鸿链正式宣布 2009 年为"台日特别伙伴关系促进年"，并全面推动经贸、文化、青少年、观光及对话五个面向的交流。日本外务省副发言人川村泰久当天表示，马英九重视对日关系，日方给予高度肯定。⑥

然而，台日关系仍呈曲折发展之势。2009 年 5 月 1 日，日本"交流协会"台北事务所所长斋藤正树公开宣称"台湾地位未定论"，引发台湾社会强烈抗议。9 月 13 日晚，日本海保厅非法拘押台湾基隆籍"福尔摩沙酋长 2 号"海钓船。而台"外交部次长"侯清山则称，台湾将以"保障人船安全"为交涉原则继续交涉，但不会影响台日关系。⑦

2009 年 8 月 31 日，日本民主党在众议院选举中取代自民党成为第一大党，由于民主党推行"美亚并重"外交，故有台湾媒体认为对台日关系"是一种危

---

① 《池田维：台日关系可能变弱》，（台北）《自由时报》2008 年 7 月 19 日。
② 《读卖：日应加强与马对话》，（台北）《中国时报》2008 年 6 月 26 日。
③ 『尖閣諸島：魚釣島沖に臺灣抗議船、政府艇も海保、領海侵入警告』，『毎日新聞』2008 年 6 月 16 日西部夕刊。
④ 《日高官因台渔船被撞时间公开谢罪，并鞠躬道歉》，http://www.xinhuanet.com/tw/2008-06/17/content_8383119.htm.
⑤ 《今年是"台日关系促进年"》，（台北）《中国时报》2009 年 1 月 8 日。
⑥ 日本外务省：《日方肯定马英九推动日台务实关系》，台"中央社"2009 年 1 月 21 日电。
⑦ 《马英九强硬表态，"我人民不该被日方带走"!》，http://news.ifeng.com/taiwan/1/detail_2009_09/16/1035489_0.shtml.

机"。①但马英九则认为:"台日沟通管道顺畅,即使是政党轮替,日本的对台政策应不会有太大的改变。"②9月9日,在东京举办的"台日论坛"上,民主党众议员长岛昭久表示,日本的台海政策不会改变。9月15日,中津川博乡等21位民主党国会议员成立"日本·台湾交流促进议员之会交流会","为日台在安全保障、经济、文化等各项问题扮演沟通角色"。③9月16日,鸠山由纪夫内阁成立。至此,日本民主党暂且取代自民党,成为台日关系的主要政治推手。

为促进与日本的全方位沟通,马英九密集接见日本访客。2008年7月,会见日本"世界和平研究所"理事长大河原良雄等人。8月6日,会见日本自民党参议员矢野哲朗。2009年10月14日,会见日本民主党众议员小林兴起。2010年2月4日,会见日本新任"交流协会"台北事务所所长今井正。7月23日,在会见日本超党派友好议员访问团时指出,希望在两岸签订《海峡两岸经济合作框架协议》(ECFA)后,也能与日本进行经贸方面的合作。8月9日,在会见日本民主党众议员中津川博乡等人时称,台日现在是"制度化"发展的时机。④10月10日,会见日本前首相麻生太郎。10月31日,会见日本前首相安倍晋三。11月1日,在会见日台"议员恳谈会"访台团一行时指出,ECFA的生效是台日厂商合作的新契机。根据日本智库的研究,日本厂商单独赴大陆投资,成功率为68%,如果能与台湾的贸易伙伴合作,成功率则可提升至78%。⑤12月21日,会见参加"台日论坛"的日本代表团。2011年1月10日,会见日本自民党众议员小池百合子。

为促成台北故宫博物院赴日展览,3月25日,日本参议院通过《海外美术品公开促进法》。⑥9月22日,日本与台湾地区签署"日台投资协议"。以上动态显见日台关系升温显著。2011年3月11日,日本发生福岛大地震,台湾共计募捐187.4亿日元。⑦马英九当局为拉近台日关系,积极建构"特殊伙伴关系",

---

① 《日中台的明潮与暗流》,(台北)《自由时报》2009年9月18日。

② 《寺岛实郎访台,建立沟通管道?》,(台北)《中国时报》2009年8月19日。

③ 《日民主党议组"日台交流会"》,(台北)《自由时报》2010年9月16日。

④ http://www.president.gov.tw/Default.aspx?tabid=131&itemid=22167&rmid=514.

⑤ http://www.president.gov.tw/Default.aspx?tabid=131&itemid=22715&rmid=514.

⑥ 《日本国会通过"海外美术品等公开促进法"》,http://www.cna.com.tw/postwrite/Detail/79931.aspx#.WFfQDOyeorA.

⑦ 『最近の日台關係と臺灣情勢』,http://www.mofa.go.jp/mofaj/area/taiwan/pdfs/kankei.pdf.

取得诸多"实质性"成效，以 2011 年台湾对日地震捐赠为标志，呈现日台关系"高峰值"。

（二）"跌宕与反复"：马英九第二任期（2012.5—2016.5）

2012 年 1 月 14 日，马英九再次当选台湾地区领导人。2 月 28 日，马英九任命"外交部常务次长"沈斯淳接任"驻日代表"。5 月 20 日，马英九在"就职演说"中强调，台日现在是 40 年来最友好的特别伙伴关系。[①]5 月 30 日，沈斯淳在东京称："在前任冯代表 3 年多任期内，台日签署了'打工度假协议''加强合作备忘录''投资协议''台日专利审查高速公路备忘录'，并经由'航约修约换文'，实现了台北松山与东京羽田直航及开放天空。此外，我亦增设'驻扎幌办事处'及成立台北文化中心、日本国会通过《海外美术品公开促进法》，让台北故宫文物在未来得以在日本展出等具体成果。"[②]马英九采取"活路外交"政策，台日关系获得显著提升与改善。

自 2012 年 7 月 9 日起，日本政府准可在日台湾人的居留卡"国籍"栏注记"台湾"，而非"中国"。[③]9 月 11 日，野田佳彦内阁对钓鱼岛强施"国有化"，中日东海争端空前激化；9 月 14 日，中国海监船开始巡航钓鱼岛海域。马英九虽曾表示"对必须坚持之事物，一寸都不会让步"，[④]但很快改变对日策略。11 月 14 日，台湾高雄籍渔船"日大盈"号在日本北海道钏路附近海域遭日本海保厅巡逻艇追捕，但最终却以台湾当局"妥协与退让"而平息风波。[⑤]11 月 28 日，马英九在接见日本"交流协会会长"大桥光夫时，罕见地给予访宾"拥抱"而非"握手"。马英九希望透过制度性的安排，让双方关系更为紧密。[⑥]马英九对日之"复杂性"与"多变性"可见一斑。

---

① http://www.president.gov.tw/Default.aspx?tabid=131&itemid=27200.

② 《"驻日代表"沈斯淳到任演说》，http://www.roc-taiwan.org/jp/post/1888.html.

③ 《等了 40 年，旅日台侨国籍改回台湾》，（台北）《自由时报》2012 年 7 月 10 日。

④ 《马英九出席"七七事变 75 周年"特展开幕典礼暨记者会》，http://www.president.gov.tw/Default.aspx?tabid=131&itemid=27658&rmid=514.

⑤ 《日本追千里抓台湾渔船，台日小心处理谨防事闹大》，http://www.taihainet.com/news/twnews/twdnsz/2012-11-17/980017.html.

⑥ 《马英九见日本客人用拥抱代握手，全程避谈钓鱼岛》，http://news.sohu.com/20121128/n358909514.shtml.

面对来自中国的强大压力，日本对台继续采取怀柔之策。2013 年 1 月 31 日，日本外务大臣岸田文雄在致"交流协会"成立 40 周年贺词中表示："东日本大地震之后，台湾对日本提供了打破规格的支持，日本亦为表达对台湾的感谢而举办了无数的活动，这一切正反映着日台关系的亲密。"①4 月 10 日，"日台渔业协议"签署，日方"慨然"允许台湾渔民在钓鱼岛专属经济区作业。5 月 1 日，马英九接见日本众议员岸信夫担任会长的日本自民党"促进日台经济文化交流年轻议员会"一行。5 月 2 日，马英九高调宣称："现在的台日关系处于 60 年来最好的状态。"11 月 5 日，日台签署"台日电子商务合作协议"等 5 项协议。

2014 年 2 月 17 日，自民党"促进日台经济文化交流年轻议员会"在与外务省涉台联席会议上决定，将以推动日本版"与台湾关系法"为目标，作为日本与台湾加强关系的法律依据。② 2015 年 8 月 25 日，马英九在第五届"台美日三方安全对话研讨会"开幕典礼上致辞时称：过去 60 年来，我们与日本签了 58 项协议，其中就有 43% 是过去 7 年所签署的，具体反映了这段时间台日关系的紧密。③ 以上动态足见马英九时期，台日关系稳中有进。

由此，日本学者认为马英九时期"良好且稳定的日台关系应该可稳定东亚的国际环境"④，日本一度担忧的马英九反日色彩也几乎褪色。与陈水扁比较，马英九时期台湾地区与日本的军事关系略显低调与迂缓，虽然 2009 年马英九提倡的"台日特别伙伴关系"包含"日台安全合作对话"。⑤ "台日渔业协议"亦是在安全合作上达成的重要"共识"，⑥ 但更多呈现的是"美日台三方安全框架下"的互动合作。另外，马英九时期台日经济关系"国际化"态势显著，即合作向东南亚及其他地区共同投资或技术开发等。

---

① 《岸田外务大臣致交流协会成立 40 周年纪念之贺辞》，https://www.koryu.or.jp/taipei-tw/ez3_contents.nsf/04/A1A437D29C15E74549257B0400132FE0?OpenDocument.
② 《日议员推动"日版台湾关系法"》，https://www.chinatimes.com/newspapers/201402180003 84-260102.
③ http://www.president.gov.tw/Default.aspx?tabid=131&itemid=35462&rmid=514.
④ [日] 松田康博：《马英九当局下的日台关系》，青岛海洋大学"日台关系研讨会"论文，2014 年 5 月 10 日。
⑤ [日] 川岛真：『新時代の日台關係と臺灣の日本研究』，徐庆兴、太田登主编：『國際日本學研究の基礎——台日相互理解の思索と實踐に向けて』，台大出版中心，2013，第 152 页。
⑥ 《严安林：美日台安全合作影响两岸和平发展》，http://www.crntt.com/doc/1039/5/8/6/103958626.html?coluid=93&kindid=12330&docid=103958626&mdate=1010001917.

值得一提的是，就在马英九第二任期结束前夕，台日关系再呈跌宕之势。2016 年 1 月 17 日，日本"交流协会会长"大桥光夫急促赴台拜会民进党当选人蔡英文，但对马英九连最起码的礼节拜会也没有；3 月 16 日，趁马英九访问南美之际，大桥光夫再赴台拜会蔡英文。①4 月 9 日，卸任在即的马英九登上邻近钓鱼岛的彭佳屿，呼吁日本解决冲之鸟礁海域渔业纠纷。4 月 26 日，日本海保厅舰艇在冲之鸟礁公海非法扣押台湾渔船"东圣吉 16 号"并强索 170 万新台币罚金；4 月 28 日与 29 日，台湾"驻日代表"沈斯淳与台湾"外交部长"林永乐先后向日方提出抗议。5 月 6 日，马英九对来台斡旋的日本国会议员岸信夫指出，冲之鸟礁问题如果无法协商解决，希望双方将争议交付国际调解或国际仲裁来解决争议。②

综上所述，马英九时期的台日关系呈现一定的复合性和非对称性特点，但主导权始终操控在日本手中。在两岸关系和平发展的大背景下，日台既取得诸多"实质性"具体成效，亦呈现个别结构性矛盾"激化"态势。

三、蔡英文上台以来的台日关系趋势

自 2016 年 5 月台湾民进党再次上台初始，台日关系"热络化"态势显著，但难以调和的日台间结构性矛盾依旧持续，由以往相互过高"期待"逐渐回落到维护利益的现实层面，故"企盼与徘徊"构成当下台日关系的特征。未来台日关系更趋提升，合力抗衡大陆的利益趋向仍是最大变量。

（一）企盼与徘徊：蔡英文上台初期日台关系动态

2016 年 1 月 16 日晚，蔡英文就任台湾地区领导人后随即宣称："期待与日本在经济、安全保障、文化领域的合作。"③安倍首相在参议院会议上称："台湾是日本的老朋友，高度期待今后日台双方扩大合作。"④1 月 27 日，自民党日台"议

① 2016 年 4 月 10 日，大桥光夫第三次访台时，终于与马英九礼节性见面。参见 [日] 小笠原欣幸《"冲之鸟礁"事件，日台关系激烈震荡》，http://newtalk.tw/news/view/2016-05-07/72936。
② 《马英九告诉岸信夫：冲之鸟礁不到这房间 1/8》，《联合晚报》2016 年 5 月 6 日。
③ [日] 冈田充:『民進党の政権復帰と両岸関係（下）危険な安倍の台湾への過剰関与面は「冷たい平和」維持か－』，《海峡两岸论》第 65 号，2016 年 4 月 8 日。
④ （台北）《自由时报》2016 年 1 月 18 日。

员恳谈会"干事长古屋圭司携带安倍首相亲笔信赴台与蔡英文晤谈。3月8日，自民党国会议员岸信夫公然妄称，台海安定与安全对日"生死攸关"。①

4月27日，民进党前主席谢长廷在接受《日本经济新闻》专访时表示，希望台日从一般伙伴关系上升到战略性伙伴甚至是命运共同体。5月5日，岸信夫等多位亲台国会议员赶赴台北，提前祝贺蔡英文并与其密谈。5月20日，蔡英文正式就任台湾地区领导人。当天，日本内阁官房长官菅义伟表示，日本政府将基于与台湾维持非官方间实务关系的立场，期望日台的合作与交流进一步深化。②日本舆论认为："今后的日台关系毫无疑问会比现在更好。"③5月26日，由日本地方议员组成的"日台友好议员协议会"成立，宣称"日台地方交流的纽带是坚固的，缔造了超过一般'外交'关系的民间交流的亲善友好基础"。④

4月27日，台湾"立法院"设立跨党派"台日交流联谊会"，由民进党籍"立法院长"苏嘉全担任会长。5月6日，岸信夫等6位日本自民党众议员以及日本"交流协会"台北事务所代表沼田干夫专程出席成立大会。⑤5月27日，蔡英文任命邱义仁出任"亚东关系协会会长"；6月3日，蔡英文任命谢长廷为台湾"驻日代表"。

6月10日，台湾"驻日代表"谢长廷与民进党籍高雄市长陈菊、台南市长赖清德赴熊本县地震灾区，表达民进党的"深厚关怀"。6月14日，日本民进党代表村田莲舫赴台湾"驻日代表处"拜会谢长廷。9月11日，谢长廷在东京举行的第11届台湾"主权"纪念演讲会上强调，台湾与日本在地震、台风等灾害发生后，彼此相互支持，成为一个"命运共同体"。⑥9月17日，谢长廷在《朝日新闻》撰文，呼吁日本持续支持"台湾参与国际民航组织大会"（ICAO）及相

---

① 《岸信夫解读九二：台湾怎看待国家认同更重要》，http://www.chinatimes.com/newspapers/20160309000338-260102。

② 《美日贺蔡英文就职，盼稳定区域和平》，http://news.stnn.cc/hk_taiwan/2016/0521/317774.shtml.

③ （台北）《自由时报》2016年5月23日。

④ 『地方议员で作る「全国日台友好议员协议会が発足」』，http://blog.taiwannews.jp/?cat=5&paged=3.

⑤ 《立法院台日交流联谊会成立，苏嘉全：面对争议与冲突，要用智慧解决》，http://www.ly.gov.tw/01_lyinfo/0101_lynews/lynewsView.action?id=42854.

⑥ 《"驻日代表"谢长廷出席台湾主权纪念演讲会》，http://www.roc-taiwan.org/jp/post/7314.html.

关活动。①

10 月 6 日，蔡英文在接受日本《读卖新闻》专访时表示，日本历届政府都对台湾友善，尤其是现在的日本政府更积极地想跟台湾有更多的合作来强化双方关系。蔡英文期盼台日加大合作力道，寻求彼此经济上互补与合作的机会。10 月 10 日，蔡英文在招待参加"双十典礼"的 40 位日本访客的午宴致辞中表示，希望台日彼此可以分享资源，相互协力，深入新兴国家，特别是东盟和南亚的潜力市场。②

有台湾学者认为，基于三大因素，台日关系即将迎来"全面提升的新时代"。"其一，在各自面对的'中国崛起'压力下，台日进一步强化关系符合双方的利益与战略；其二，安倍晋三是 1972 年台日'断交'以来最亲台的首相，而台湾也适逢高度重视日本且与安倍互动良好的蔡英文时代；其三，两岸关系降温，意外创造了台日关系更多着力的空间。"③

（二）微妙与回落：台日关系有限度"提升"已是定势

无论是国民党上台还是民进党上台，台日关系有限度"提升"已是定势，此亦是台日双方互相利用的具体体现。按照东京大学教授川岛真的逻辑："20 世纪 90 年代以后，随着台湾的民主化和经济发展，日本的台湾观和日台关系都发生了巨大变化，应该说是日本与台湾双方的'民间'和'社会'成为主角，构筑了如此紧密的关系。"④

2016 年 3 月 8 日，日本"交流协会"总务部长柿泽未知发表谈话称，台日关系近 40 年最佳，且近 5 年陆续签署投资、租税等"合作协议"，争议 10 余年的"渔业协议"亦完成签署，几乎等同签订"自由贸易协议"。柿泽未知指出，自 21 世纪起，台日双方民间交流日趋兴盛，2000 年日台双向往来旅客仅 173 万人次，2015 年已逾 540 万人次，成长逾 3 倍。在 3·11 东日本大地震后，日本人

---

① 《谢长廷投书日媒，吁日挺台参与 ICAO》，http://www.chinatimes.com/realtimenews/20160917002127-260408.

② http://www.cna.com.tw/news/aipl/201610100185-1.aspx.

③ 林泉忠：《〈自由广场〉台日关系"黄金两年"升级之道》，（台北）《自由时报》2016 年 5 月 31 日。

④ ［日］川岛真：《日本与台湾——支撑无邦交信赖关系的基础》，http://www.nippon.com/cn/in-depth/a02204/.

对台湾人的好感度已更进一步上升。2014 年，台湾是日本第 4 大出口地、第 11 大进口地；从贸易总量来看，台湾是日本第 4 大贸易对象。"从各种方面来看，台湾都是日本重要的贸易伙伴"。①

12 月 12 日，再次出任日本外务省副大臣的岸信夫在接受台湾《自由时报》专访时指出，日本政府把台湾视为与日本具有共同的基本价值观，并且与日本之间保持紧密的经济关系与人员往来的伙伴，也是日本的重要朋友。日本政府愿意进一步深化日台之间的经济、文化等领域的合作与交流。② 毋庸置疑，岸信夫的表态代表着安倍内阁对台政策的基本走向。12 月 13 日，日本"交流协会"台北事务所举办"天皇生日酒会"，台湾"亚东关系协会会长"邱义仁致辞说，台日关系要进入新阶段，不只在经济与观光等层面合作，也盼望和日本在"新南向政策"、防灾、科研与安全问题等上多方面合作。③

2016 年，美日与台湾地区智库互动频繁。2016 年 4 月 26 日，"美日台三方安全对话"在台北举行。此次对话标志着美日台在暌违八年后，重启"三方二轨外交"平台。④11 月 21 日，"台美日三方安全对话"第一回合"亚洲安全保障会议"在东京召开。⑤12 月 14 日，"2016 年台美日暨亚太区域伙伴安全对话研讨会"在台北举行，会议特别安排"台美日三方'国会议员'对话"的议程。⑥

虽然日台存在一系列难以调和的结构性矛盾，但日本对台政策更多遵循的是其自身的逻辑走向，如何确保其目的性价值的实现是其最高目标，而鲜及其他。台湾地缘战略的重要价值，决定日本绝不会放任日台关系持续"滑坡"。2016 年 8 月中旬，日本外务省亚洲大洋洲局审议官垂秀夫低调赴台出任"交流协会调查

---

① 《日方：与台关系 40 年最佳，就像签 FTA》，http://www.cna.com.tw/news/firstnews/2016 03085004-1.aspx?utm_source=feedburner&utm_medium=feed&utm_campaign=Feed%3A+cnaFirstNews+%2 8Central+News+Agency+%7C+BreakingNews%29.

② [日] 岸信夫：《维护区域稳定美日台应强化交流》，（台北）《自由时报》2016 年 12 月 12 日。

③ 《台日关系新页，邱义仁：盼与日本合作安全问题》，（台北）《自由时报》2016 年 12 月 13 日。

④ 台湾智库在 2002—2008 年间与日本冈崎研究所及美国传统基金会、美国企业研究所及 Vanderbilt 大学共同举办"美日台三方战略对话"，在六年间分别于台北、东京及华府举行两轮、八回合闭门会议。作为"台美日三方二轨外交"代表性会议，时隔八年，美日双方于 2015 年底开始积极与台湾智库接洽重启台美日三方对话事宜。参见《2016/05/16 台湾智库重启"台美日三方安全对话"新闻稿》，http://www.taiwanthinktank.org/chinese/page/3127/print.

⑤ 《台湾智库：第三阶段台美日三方安全对话第一回合于东京举行》，http://www.taiwanthinktank.org/chinese/page/5/61/3176/02016/12/14.

⑥ http://www.mofa.gov.tw/News_Content.aspx?n=8742DCE7A2A28761&s=92EB0C78381E88AE.

员",其公开身份则是台湾中兴大学访问学者。台湾媒体称,派直接受命于岸信夫外务副大臣的垂秀夫到台湾可以"加强连结日台的地下管道",执行"防止台湾在中国的压力下遭到并合"的任务。①

就在日台之间复杂而微妙的时刻,影响日台关系的重大变量——美国因素骤然生变。2016 年 11 月 19 日,共和党候选人特朗普当选下一届美国总统。虽然特朗普多次宣称放弃"跨太平洋伙伴关系协定"(TPP),但基于 TPP"将涉及日本未来在亚太地区的影响力",② 日本众议院仍于 11 月 10 日表决通过 TPP 议案。但 2017 年 1 月 23 日特朗普正式宣布退出 TPP,③ 美国新政府施政的不确定性给日台之间的发展骤增多重变数。

2016 年 12 月 12 日,关于日本版"与台湾关系法"的动态,日本外务副大臣岸信夫承认虽然"日本政府目前没有在做任何的动作,但是国会议员有在进行这方面的研究"。④ 为恢复趋于"停滞"的台日关系,12 月 29 日,日本"交流协会"宣布:自 2017 年 1 月 1 日起,"交流协会"将变更名称为"日本台湾交流协会"。⑤ 台湾舆论认为,此举"是台日一九七二年'断交'后的最大突破,日方首次正视台湾存在,回应台湾人'使用台湾名称'的愿望,也显示日本愿以'国对国'模式处理对台关系的决心"。⑥

"交流协会"变更名称绝非贸然之举,而是意味着日台关系的某种提升。日本"除了继续与台湾强化经贸往来之外,包括'农产品进口议题''台日 EPA'及'新南向政策',也可能开始会与台湾触及其他议题的开展。尤其是'与台湾关系法'的提出被视为重要指标,一旦正式提出,则意谓台湾与日本的关系虽然是非正式的'外交'关系,但已从经贸往来进入国际政治与'外交'甚至军事的交流合作"。⑦

---

① 《交流协会人事案,凸显日忧台遭并吞》,(台北)《自由时报》2016 年 9 月 3 日。

② [日]加藤嘉一:《对日本来说,TPP 为何重要?》,http://cn.nytimes.com/world/20150714/cc14kato/zh-hant/。

③ 《特朗普签署行政命令,宣布美国退出 TPP》,http://www.xinhuanet.com/world/2017-01/24/c_129459738.htm。

④ [日]岸信夫:《维护区域稳定美日台应强化交流》,(台北)《自由时报》2016 年 12 月 12 日。

⑤ 《公益财团法人交流协会变更名称》,https://www.koryu.or.jp/taipei-tw/ez3_contents.nsf/Top/0E7787A8ABC0A92B49258096007E46C0?OpenDocument。

⑥ 《日对台机构正名:"日本台湾交流协会"》,(台北)《自由时报》2016 年 12 月 29 日。

⑦ 《"日本台湾交流协会"正名的战略意义》,《苹果日报》2016 年 12 月 29 日。

2017 年 1 月 3 日，"日本台湾交流协会"台北事务所举行挂牌仪式。当天，中国外交部发言人耿爽在例行记者会上指出，中方敦促日方恪守中日联合声明确定的原则和迄今向中方所做的承诺，坚持一个中国原则，妥善处理涉台问题，不要向台湾当局和国际社会发出错误的信号，也不要给中日关系制造新的干扰。①

面对当下日台关系的停滞与徘徊，一些日本学者开始对马英九时期的日台关系给予重新评价。如台湾政治大学国际关系研究中心助理研究员石原忠浩指出，马英九时期"台日能够有进展务实关系的最大的因素是，台湾与经贸上最密切的伙伴，而军事上是假想敌的大陆之间的稳定关系"。②东京大学教授川岛真亦认为，有必要注意到马英九时期，日台关系有了长足的进展。"日台渔业协定"或者"投资协定"等，都是在马英九时期签署的。③2016 年 12 月 13 日，日本"交流协会"台北事务所所长沼田干夫更在"天皇生日酒会"致辞时，高调感谢马英九八年来为发展日台关系所做的贡献。④

四、台日结构性矛盾和未来走势因素

不可忽略的一个现实是，台日之间既有利益相对一致的一面，也有利益对立与相互利用的一面。即使民进党上台以来，台日在冲之鸟礁海域渔业纠纷、福岛等五县食品解禁及日台经贸合作等方面依旧存在并延续着难以调和的结构性矛盾。

（一）冲之鸟礁海域渔业纠纷

日本舆论最初认为，蔡英文上台后，东日本大地震的灾区食品输台与"冲之鸟礁"两个迫切问题，将会比马英九当局更容易解决。⑤但事与愿违，这两个问

---

① 《2017 年 1 月 3 日外交部发言人耿爽主持例行记者会》，http://www.fmprc.gov.cn/web/fyrbt_673021/t1428075.shtml.

② ［日］石原忠浩：《马英九'政权'下的台日关系：冲击、进展、限制》，"新时代的台日关系——社会科学领域的学术对话"研讨会论文，2016 年 12 月 17 日—18 日。

③ ［日］川岛真：《蔡英文"执政"的台日关系》，（台北）《联合早报》2016 年 6 月 10 日。

④ 《台日关系新页，邱义仁：盼与日本合作安全问题》，（台北）《自由时报》2016 年 12 月 13 日。

⑤ （台北）《自由时报》2016 年 5 月 23 日。

题迄今没有得到任何实质性的解决,日台经贸合作的进程亦严重拖延。

众所周知,中日在东海存在领土争端的结构性矛盾,缠绕于钓鱼岛海域与冲之鸟礁海域的日台渔业纠纷则从属于这一矛盾。长期以来,日本海上保安厅以武力驱赶、重金课罚等手段阻挠台湾渔船在东海传统海域作业。陈水扁当局虽于 2003 年公布"专属经济海域暂定执法线",但严禁"海巡署"舰艇出海护渔。2013 年,日本与马英九当局达成允准台湾渔民在钓鱼岛部分"专属经济海域"捕捞的"渔业协议",但不包括钓鱼岛以北东海海域以及八重山群岛以南日台重叠海域,冲之鸟礁海域也不在协议范围。事实上,2002 年时任"国安会秘书长"的邱义仁曾与日方达成"政治默契",台湾渔船可以进入冲之鸟礁海域捕鱼,而日本公务船进入时,会主动通报台方撤离。^①但 2016 年 4 月"东圣吉 16 号"事件发生后,默契遂告破裂。

2016 年 5 月民进党再次上台后,欲与日方解决冲之鸟礁海域渔业纠纷。5 月23 日,台"行政院"发言人童振源宣布,即日成立协商渔业纠纷的"台日海洋事务合作对话机制"。^②7 月 22 日,台"外交部"表示,台湾重视冲之鸟礁海域内渔捕自由,将积极与日方交涉,维护渔民权益。^③

但在随后的交涉过程中,由于日方的强硬态势,原定 7 月 28 日举行的"日台海洋合作对话"延期。为缓解日本与民进党当局的矛盾,8 月 1 日,台"立法院长"苏嘉全在日宣称,台日间如同"夫妻关系"。^④8 月 2 日,日本驻香港首席领事井川原贤宣称,日台关系仍在框架内,日本对台政策没有变化,也不打算做出"打破性"行动,日方无意炒作日台关系。^⑤井川原贤的表态显然是对民进

---

① 《对日一面倒,筹码丢光光》,http://www.chinatimes.com/com/newspapers/20161103000423-260109.《台日或用捕鱼权换"辐射食品",淡化岛屿争议》,http://big5.taiwan.cn/Taiwan/jsxw/201611/t20161101_11610274.htm.

② http://www.chinatimes.com/cn/realtimenews/20160523004181-260407.

③ http://www.cna.com.tw/news/aipl/201607220258--1.aspx?utm_source=feedburner&utm_medium=feed&utm_campaign=Feed%3A+rsscna%2Fpolitics+%28Central+News+Agency+%7C+Politics%29.

④ 《台日像夫妻一样,苏嘉全:偶有摩擦可坐下来谈》,(台北)《自由时报》2016 年 8 月 2 日。

⑤ https://mp.weixin.qq.com/s?__biz=MzA3MTAyMzAxMg==&mid=2650516848&idx=1&sn=15a1c14d8f9da50996225f1bab4471df&mpshare=1&scene=1&srcid=1218JX7M595PoDmd2vlcNq9c&pass_ticket=7ZCadN%2BgYgUi%2BiI5Dx9jWmcbaxTZqOQ23E%2FiZWADIELHZ2WhRDPwtWgL7IoH2Y%2Fl#rd.

党当局的"警示",更在一定程度上呈现了日台关系复杂化的趋势。其实,早有日本学者提出,虽然蔡英文将日本定位为"台湾的友好国家",有意和日本签署"经济伙伴关系协定"(EPA),在台湾申请参加国际经济组织之际,期待得到日本的支持,但不能就此认为蔡英文担任台湾地区领导人期间,日台关系就会顺风顺水。[1]

2016 年 10 月 6 日,蔡英文对日本媒体宣称,台日近期将开启"海洋事务合作对话机制",台日在冲之鸟礁的议题上存在"一些不一样"的立场,但自己最关切的是台湾渔民能否在相关水域自由捕鱼。[2]10 月 31 日,延宕已久的"日台海洋合作对话"第一次会议终于在东京举行,但未有任何进展。[3] 由此可见,日台政治需求与实际利益不协调所带来的矛盾,是难以调和的。

(二)日本输台食品解禁

由于东日本大地震造成严重的核泄漏事故,自 2011 年 3 月 25 日,台湾暂停福岛、群马、栃木、茨城及千叶五县食品输台;2015 年 5 月 15 日起,再对日本输台食品一律实施"双证"(产地证明与核辐射检验证明)管制措施。2016 年 11 月,在日方的催促下,民进党当局拟解除对群马、栃木、茨城、千叶四县输台食品的进口限制,而福岛暂不解禁。[4]

在台湾民众的普遍抵制下,2016 年 11 月 16 日,台"行政院"发言人徐国勇宣布,台湾坚持四项禁止原则:一、福岛县食品禁止进口。二、原先不准进口之群马、栃木、茨城、千叶四县市的茶、水、婴儿奶粉及野生水产品四类产品依旧禁止进口。三、上述四县市未检附官方产地证明、核辐射检验证明双证件的食品禁止进口。四、美国、日本不能上市的食品,台湾禁止进口。[5]11 月 17 日,日本"交流协会总务部长"柿泽未知在东京"反驳"称,日本福岛周边

---

① [日]川岛真:《蔡英文"执政"的日台关系》,(台北)《联合早报》2016 年 6 月 10 日。

② 蔡英文:《期待加大与日合作》,(台北)《联合早报》2016 年 10 月 8 日。

③ 《台日海洋事务合作对话首届会谈,冲之鸟礁议题无进展》,http://www.chinatimes.com/resltimenews/20161031004719-260408.

④ http://www.chinatimes.com/cn/newspapers/201611077000316-260114.

⑤ http://tbnews.com.tw/topnews/20161117-12002.html.

县市辐射剂量比台北还要低。①11 月 18 日，台"行政院"再次明确表示，对日本福岛核污染地区食品继续坚持四项禁止原则。②

11 月 29 日，"日台经贸会谈"在台北举行，日本"交流协会会长"大桥光夫在开幕致辞中，要求台湾尽速解禁日本食品进口。③12 月 21 日，日本学者小笠原欣幸撰文指出："日台间最大的问题就是台湾禁止进口日本食品。"④亦有台湾官员指出："因台湾仍全面禁止日本福岛等五县受核灾影响地区的食品，台日关系的推展受到延宕，日本对台湾无法以科学依据处理进口食品问题感到不满，但安倍政府仍努力在象征、实质层面提升对台关系，而日本愿意给台湾更多时间处理包括食品进口等问题，都是很明显的友台作为。"⑤然而，基于台湾民众强劲的反对势头，此事或许长期延宕。

由此可见，虽然蔡英文当局迫切希望提升台日关系，但台湾民众对日本核污染食品的"恐惧心态"在短期内难以消歇，台日间仍然存在较大偏差。

（三）"日台经贸合作"进程

解禁日本食品亦涉及日台贸易结构的不平衡。长期以来，日本对台湾农产品输日极为严苛，曾多次爆发贸易摩擦。⑥据台"农委会"统计，"福岛核灾"后，日本对台农产品贸易顺差持续扩大，2015 年达到 2.1 亿美元，足证台方对核灾区食品的管制措施未形成日本农产品、食品在台市场地位的不利条件，反倒是台湾输日农产品在日本的"非关税贸易障碍"及较高进口税率（例如凤梨的关税为 17%）下，迟迟未能有效打开市场。⑦。

由于冲之鸟礁海域渔业纠纷与日本食品解禁等矛盾的难以调和，"日台经贸

① 《核食安全？"日本交流协会"竟称：台北辐射量比福岛高》，http://w.huanqiu.com/r/MV8wXz k2OTE5MjJfMTI2Ml8xNDc5MzUwNTIw.
② 《台"行政院"：日本核污染食品绝对不会开放进口》，http://taiwan.huanqiu.com/article/2016-11/9699408.html.
③ 《日本提福岛食品解禁，我拒讨论》，（台北）《联合报》2016 年 12 月 1 日。
④ ［日］小笠原欣幸：『食品輸入規制問題でかみ合わない日台、"急がば回れ"』，http://wedge.ismedia.jp/articles/-/8500.
⑤ http://www.msn.com/zh-tw/news/other/ 改名"日台交流协会"——涉外人士安倍以"国对国"方式处理对台关系 /ar-BBxDpun.
⑥ 张瑞德：《日台贸易摩擦的原因及其影响》，《世界经济文汇》1984 年 第 1 期。林长华：《试论战后的日台贸易关系》，《台湾研究集刊》2000 年第 1 期 .
⑦ 《日本人也怕核灾食品》，http://www.chinatimes.com/cn/newspapers/20161130000490-260109.

合作"进程亦被严重拖延。蔡英文上台之前就多次呼吁推动"台日 FTA",①但日本食品解禁问题成为推进"台日经贸合作"的最大障碍。日本外务省亚洲大洋洲局参事官四方敬之明确表示,台湾还存在对日食品的限制,对日本政府来说,要与台湾进行 FTA 的谈判是比较困难的。②另外,台湾推动"台日 FTA"是企图提升台日关系"国家化"的重要考量,在中国坚决反对以及美国退出 TPP 的形势下,目前日台主要以签订"经济伙伴协议"为目标。

2016 年 3 月,台湾工业总会副秘书长蔡宏明在日本"交流协会"演讲时称,台日已签署投资、税务、电子商务合作等"协议",未来也可在合作参与 TPP、"区域伙伴关系协定"(RCEP)的目标下,共同描绘迈向"日台 EPA"的"路径图",建立"台日经贸战略对话机制",探讨解决双方敏感争议性议题,并建立多层次的"台日产业合作架构"。③但在美国确定退出 TPP 的当下,日本对中国参与的 RCEP 有着更大兴趣。2 月 27 日,中日及东盟等 16 个国家在神户市举行 RCEP 工作层面谈判会议,④"日台 EPA"进程充满变数。简言之,日台经贸合作与日本食品解禁、冲之鸟礁海域渔业纠纷等结构性矛盾将持续延宕,亦是观察民进党执政时期的台日关系动态走向的重要变量。

(四) 台日关系的未来走势

任何一对双方关系的发展,除了双方各自的利益驱动因素外,很大程度上受到各种外部环境的催化与制约,台日关系也不例外。对于未来台日关系走向的观察,需在中美关系、中日关系、日美关系与两岸关系复杂关联的大背景下持续关注,各种因素相互作用的历史合力是事物发展的终极原因。目前,中美"兼容共存"与中日"相互依存"的大格局已基本形成,台日在经济和安全合作等方面也存在进一步拉近的动力、动机,但当下之台日关系处于一种"尴尬"境地也是事实。面对台湾民众的强势反对,民进党当局无法应承日方希望解除福

---

① 《蔡英文:希望签署台日自由贸易协议》,(台北)《联合报》2016 年 3 月 8 日。
② 《限制日本食品难谈 FTA》,(台北)《自由时报》2016 年 12 月 13 日。
③ 《工总蔡宏明副秘书长赴日就"台湾产业发展与台日关系"进行专题演讲》,http://www.cnfi.org.tw/wto/all-effort.php?id=50&t_type=s.
④ 《RCEP 谈判会议在神户开幕,日本警惕中国掌握主导权》,http://china.kyodonews.jp/news/2017/02/124872html.

岛五县食品进口禁令的呼吁；再就是，由于日方不认可台湾渔民的冲之鸟礁海域捕捞权益，台日经贸合作运转乏力。然而，从长远来看，台日关系将继续保持有限度的"提升"势头，尤其是未来双方海洋安全合作的可能性仍是存在的。

近年来，日本反复强调"正常国家化"就是日本作为西太平洋海上强国的再次崛起，更有人渲染"海陆对抗论"并引申到"海洋亚洲"代表日本与"大陆亚洲"代表中国的对立。[①] 由此，在台湾"明确表明其在钓鱼岛问题上不与中国大陆合作的立场"[②] 的前提下，"日台渔业协议"得以在 2013 年 4 月签订。安倍内阁在新海洋战略中着力提升台湾的战略地位，积极主张在日本"拥有主权"的前提下，日台共同开发钓鱼岛周边的渔业资源和海底石油资源；同时利用台湾处于"第一岛链"的战略地位，围堵中国向海洋发展；还试图通过拉拢台湾，构建日本主导的"海洋国际联盟"。[③] 简言之，民进党主政时期日台安保合作在很大程度上就是海洋安全合作问题，日台相互需求趋势必将促使日台海洋领域的深度合作，而蔡英文极力呼吁日本参与"新南向政策"动态，也可视为未来日台海洋合作的重要领域之一。

蔡英文上台伊始，就把日本定位为"新南向政策"最有力的合作伙伴。2016年 9 月 20 日，蔡英文在会见日本民进党众议员长岛昭久时表示，台湾积极推动"新南向政策"，希望在适当时机与日本合作，共同执行"新南向政策"的部分计划。[④] 日本外务省亚洲大洋洲局参事官四方敬之认为："日本与台湾的企业具有产业链关联，未来可以一起在东南亚地区合作开展商业活动。"[⑤] 台湾政治大学教授李世晖认为，蔡英文当局"新南向政策"的提出，"与海洋国家思想形成与发展具有密切的关联……1960 年代之后的海洋国家日本，以东南亚为开端，快速地与南亚国家、纽澳等地建立起密切的经贸往来关系，进而发展成为足以影响

---

① [日] 白石隆：『海の帝国——アジアをどう考えるか—』，中内公論新社，2000，第178—198页。

② 『日台议漁業協議、中台の连携阻止が狙い—首相が説明』，『日本経済新闻』2014 年 4 月 23 日。

③ 朱晓琦、朱中博：《对日本新海洋战略的解读——涉台问题的视角》，《太平洋学报》2015 年第6 期。

④ 《"总统"接见日本民进党"国轴会"长岛昭久众议员一行》，http://www.president.gov.tw/Default.aspx?tabid=131&itemid=38054&rmid=514.

⑤ 《台日可在东南亚连手开创商机》，（台北）《自由时报》2016 年 12 月 13 日。

国际经贸体制发展的重要国家，而台湾也试图以日本为师"。①

笔者认为，未来台日关系提升定势难以改变。首先，日本视冷战结束为其实现政治大国的重要契机，更积极协助美国介入台湾问题。21 世纪以来台日关系的实质性发展，就是在这种背景下提升的。2017 年 2 月，日本防卫省防卫研究所公布的《中国安全保障报告（2017）》称："中国今后仍将加强解放军的力量，保持军事实力，阻止美国介入台湾海峡问题。"②3 月 4 日，台"国防部"宣布，美国太平洋司令部现役将官将参加本年度台军"汉光 33 号演习"。③可以预见，美日同盟下的日台军事情报、军事交流或更隐秘、更低调，但更具有实质性。其次，台湾问题是日本对外战略全局中的一个环节和组成部分，谋求"以台制华"以及日美同盟的战略需求，始终是日本"关注"台湾问题的根本性因素。虽然日台存在一些难以调和的矛盾，但日本对民进党的信任程度远远超过国民党，加强与蔡英文当局合作仍是不变的定势。2017 年 1 月下旬，日本陆海空自卫队举行设想台海发生军事冲突的演习，就有"力挺"蔡英文当局的战略意义。再次，民进党再次上台后，上述矛盾依旧存在且一度呈焦灼之势，台日关系由以往相互过高期待逐渐回落到维护利益的现实层面，影响台日关系走势的中美、中日、日美关系以及两岸关系诸要素亦将顺应调整，但不确定性增多。从民进党当局外事政策选择大势上看，未来台日关系将更趋提升，合力抗衡中国大陆的利益趋向仍是最大变量。最后，受美日主导的 TPP 退潮、中国参与的 RCEP 日趋升温等外部因素变量影响，日台继续推进 EPA 的同时，加大海洋合作或共同开发东南亚或将是未来台日关系发展的一个风向标。

台日关系的刚性制约因素亦是多重存在的，日本图谋提升这一关系不仅受制于强劲崛起的中国，亦需与美国对台政策相契合，而非相对撞。尤其在特朗普上台后，美日、美台关系等不确定因素增多，台日关系的未来走势亦充满不确定性。笔者强调，台日关系从来都不是单独存在的，只是依附于中日关系的一

---

① 李世晖：《"国家"利益下的台日关系：海洋"国家"间的互动与挑战》，台湾政治大学"新时代的台日关系——社会科学领域的学术对话"研讨会论文，2016 年 12 月 17 日—18 日。

② 防衛省防衛研究所：『中国安全保障レポート』，http://www.nids.mod.go.jp/publication/chinareport/pdf/china_repoet_JP_web_2017_AO1.pdf。

③ 『米軍が台湾の演習に現役将官派遣へ断交以来で初、軍事交流を格上げ』，http://www.sankei.com/world/news/170305/wor1703050003-n1.html。

个重要组成部分，中日关系中的台湾因素或两岸关系中的日本因素将长期存在，并持续发挥影响。

（原载《日本学刊》2017 年第 2 期）

后　记

　　中国社会科学院台湾史研究中心成立于 2002 年 9 月 28 日，主要依托中国社会科学院近代史研究所台湾史研究室。作为中国社会科学院一个非营利性、非实体性的学术研究机构，台湾史研究中心的成立，意在推动、组织、协调台湾史的学术研究，从学科建设的角度，对台湾历史进行综合研究，开展与台湾、香港、澳门地区和国外学者的合作与交流，推动台湾史学术研究的深入发展，为祖国统一与学术进步服务。

　　追本溯源，近代史研究所的台湾史研究源头可以上溯到本所前辈学者刘大年、丁名楠、余绳武三位先生 1956 年合著的《台湾历史概述》，他们坚持马克思主义唯物史观，从中美关系中的台湾问题的角度研究台湾历史，至今仍然具有重要的方法论指导意义。遗憾的是，这个学术研究传统曾经一度有所中断。直到 2002 年台湾史研究中心与台湾史研究室成立，近代史研究所的台湾史学科建设才重新起步。近二十年来，台湾史中心同仁筚路蓝缕，携手奋斗，始终致力于推动台湾历史研究的深入发展，加强与海内外台湾史学界的学术交流和合作。在各位同仁的共同努力下，中心已建设成台湾史研究的学术重镇，为海内外台湾史学界搭建了一个重要的学术交流平台，近代史研究所以此为基础的台湾史学科也已成为海峡两岸台湾史学界具有鲜明特色和优势、有一定影响和地位的新兴学科。

　　春华秋实二十载，砥砺奋进谱新篇。值此中心成立二十周年到来之际，中心特收集各位同仁有代表性的台湾史研究论文，汇编出版《台湾史研究的传承与创新：中国社会科学院台湾史研究中心二十周年论文选集》，为我们二十年甘苦与共的努力奋斗做一个小结，也为未来继续奋斗的征程奠下一块基石，同时接受学界的检阅与批评，与各方同道在切磋砥砺中奋力前进。需要特别说明的是，本书题名"台湾史研究的传承与创新",既是对本所前辈学者刘大年先生等人开创台湾史研究学术传统的接续,也是对中心未来进一步开拓与深化台湾史研究的期望。

本书共收录曾经与现在在中心工作和学习的 17 位同仁论文 25 篇,按内容及时序大致分为 4 组:第一组的 2 篇论文,关于台湾史研究理论与方法问题;第二组的 6 篇论文,关于清代及早期台湾历史研究;第三组的 7 篇论文,关于日本殖民统治时期台湾史研究;第四组的 10 篇论文,关于战后台湾史研究。这样编排不一定合理,请作者及读者诸君鉴谅。这些论文是本中心台湾史研究部分成果的集中展示,虽然在学术造诣方面难免有所参差,但都从不同的侧面深化了相关专题的研究,对于推进台湾史学科建设不无裨益,亦请学界同道不吝批评指教。

中国社会科学院学部委员张海鹏先生是台湾史中心的开创者和台湾史学科建设的领路人。是先生的睿智与远见卓识,让台湾史中心得以在近代史研究所落地生根并茁壮成长;是先生的创榛辟莽与坚守,精心培育了近代史研究所台湾史研究的学术芳华。如今,年届耄耋的先生仍在为台湾史学科建设摇旗呐喊,我们更没有暂停歇息或放慢脚步的理由,唯有在先生的指引下勉力前行。在此,对海鹏先生深表由衷的敬意和诚挚的谢忱!

本书的文字编辑由中国社会科学院近代史研究所台湾史研究室负责,李细珠、程朝云、冯琳、汪小平、郝幸艳、卢树鑫做了具体编校工作。

最后,要特别感谢九州出版社的领导,为本书的顺利出版费力尤多。同时,衷心感谢学界同道多年来对本中心台湾史学科建设给予的关心与厚爱,并诚恳地希望诸位继续给予支持。

中国社会科学院近代史研究所台湾史研究室
2021 年 9 月 8 日